# Inhaltsverzeichnis


| | | |
|---|---|---|
| **1** | **Die Berufsbildung** | 9 |
| 1.1 | Das duale Ausbildungssystem | 9 |
| 1.2 | Das Berufsbildungsgesetz (BBiG) | 10 |
| 1.3 | Die Ausbildungsordnung | 11 |
| 1.4 | Der Ausbildungsvertrag | 11 |
| 1.5 | Der Jugendarbeitsschutz | 14 |
| **2** | **Die Grundlagen des Wirtschaftens** | 18 |
| 2.1 | Die Notwendigkeit des Wirtschaftens | 18 |
| 2.1.1 | Die Bedürfnisse | 18 |
| 2.1.2 | Der Bedarf | 19 |
| 2.1.3 | Die Güter | 20 |
| 2.2 | Markt und Preis | 21 |
| 2.2.1 | Die Ausgleichsfunktion des Marktes | 21 |
| 2.2.2 | Der Marktmechanismus | 21 |
| 2.2.2.1 | Die Nachfrage | 21 |
| 2.2.2.2 | Das Angebot | 23 |
| 2.2.2.3 | Die Bildung des Marktprcises | 23 |
| 2.3 | Das ökonomische Prinzip | 25 |
| 2.4 | Die Produktionsfaktoren | 26 |
| 2.4.1 | Die volkswirtschaftlichen Produktionsfaktoren | 26 |
| 2.4.2 | Die betriebswirtschaftlichen Produktionsfaktoren | 28 |
| 2.4.3 | Kombination und Substitution der Produktionsfaktoren | 29 |
| 2.4.4 | Die Knappheit der Produktionsfaktoren | 31 |
| 2.5 | Unternehmerische Ziele | 32 |
| 2.6 | Die Beziehungen zwischen Produktion und Konsum: Der Wirtschaftskreislauf | 33 |
| 2.7 | „Betriebswirtschaft" und „Volkswirtschaft" | 35 |
| **3** | **Der betriebliche Leistungsprozeß** | 39 |
| 3.1 | Die Aufgaben der Sach- und Dienstleistungsbetriebe in der Gesamtwirtschaft | 39 |
| 3.2 | Die Aufgaben des Industriebetriebes | 40 |
| 3.3 | Die Aufgaben der Handels- und Dienstleistungsbetriebe | 42 |
| 3.4 | Leistungsprozesse in Sach- und Dienstleistungsbetrieben | 43 |
| 3.5 | Fertigungsverfahren | 47 |
| 3.5.1 | Fertigungsverfahren nach der Menge gleichartiger Erzeugnisse | 48 |
| 3.5.1.1 | Die Massenfertigung | 48 |
| 3.5.1.2 | Die Serienfertigung | 48 |
| 3.5.1.3 | Die Sortenfertigung | 49 |
| 3.5.1.4 | Sonderformen der Mehrfachfertigung | 49 |
| 3.5.1.5 | Die Einzelfertigung | 50 |
| 3.5.2 | Fertigungsverfahren nach der Organisation der Betriebsmittel | 51 |
| 3.5.2.1 | Die Werkbankfertigung | 51 |
| 3.5.2.2 | Die Werkstättenfertigung | 52 |
| 3.5.2.3 | Das Flußprinzip | 53 |
| **4** | **Rechtliche Grundlagen für das Funktionieren des Wirtschaftsprozesses** | 59 |
| 4.1 | Ausgewählte Rechtsbegriffe | 59 |
| 4.1.1 | Rechtssubjekte | 59 |
| 4.1.1.1 | Rechtsfähigkeit | 60 |
| 4.1.1.2 | Geschäftsfähigkeit | 60 |
| 4.1.2 | Rechtsobjekte | 63 |
| 4.1.2.1 | Sachen | 64 |
| 4.1.2.2 | Rechte | 64 |
| 4.1.3 | Besitz und Eigentum | 66 |
| 4.2 | Rechtsgeschäfte | 68 |
| 4.2.1 | Wesen und Arten | 68 |

| | | |
|---|---|---|
| 4.2.2 | Äußere Form der Rechtsgeschäfte | 69 |
| 4.2.3 | Zustandekommen von Rechtsgeschäften (Verträgen) | 72 |
| 4.3 | Verpflichtungs- und Verfügungsgeschäft | 75 |
| 4.3.1 | Verpflichtungsgeschäft | 75 |
| 4.3.2 | Verfügungsgeschäft (Erfüllungsgeschäft) | 77 |
| 4.3.3 | Vertragsfreiheit | 79 |
| 4.3.3.1 | Grundsatz der Vertragsfreiheit | 79 |
| 4.3.3.2 | Grenzen der Vertragsfreiheit | 79 |
| 4.4 | Wichtige Verträge des Wirtschaftslebens | 83 |
| 4.4.1 | Werkvertrag und Werklieferungsvertrag | 83 |
| 4.4.2 | Mietvertrag und Pachtvertrag | 83 |
| 4.4.3 | Dienstvertrag | 85 |
| 4.4.4 | Verträge in der Praxis der Wirtschaft | 85 |
| **5** | **Absatzwirtschaft** | 87 |
| 5.1 | Käufer- und Verkäufermarkt | 87 |
| 5.2 | Die Marktforschung | 88 |
| 5.2.1 | Die Beschaffung von Informationen durch die Marktforschung | 89 |
| 5.2.1.1 | Die Sekundärforschung (Schreibtischforschung) | 89 |
| 5.2.1.2 | Die Primärforschung (Feldforschung) | 90 |
| 5.2.2 | Die Methoden der Marktforschung | 90 |
| 5.2.2.1 | Die Marktuntersuchung (Marktanalyse) | 90 |
| 5.2.2.2 | Die Marktbeobachtung | 90 |
| 5.3 | Der Absatzplan | 92 |
| 5.3.1 | Der Zusammenhang des Absatzplanes mit den übrigen Teilplänen | 92 |
| 5.3.2 | Der Absatzplan und seine Teilpläne | 93 |
| 5.4 | Die absatzpolitischen Instrumente (Mittel) | 95 |
| 5.4.1 | Die Werbung | 95 |
| 5.4.1.1 | Die Aufgaben der Werbung | 95 |
| 5.4.1.2 | Die Arten der Werbung | 97 |
| 5.4.1.3 | Die Werbeplanung | 99 |
| 5.4.1.4 | Die Kritik an der Werbung | 103 |
| 5.4.2 | Die Preispolitik | 105 |
| 5.4.2.1 | Die Preisdifferenzierung | 105 |
| 5.4.2.2 | Die Möglichkeit der Einflußnahme auf den Handel | 106 |
| 5.4.2.3 | Die Rabattpolitik | 107 |
| 5.4.2.4 | Die Konditionenpolitik | 107 |
| 5.4.3 | Die Produkt- und Sortimentspolitik | 108 |
| 5.4.3.1 | Die Produktpolitik | 108 |
| 5.4.3.2 | Die Sortimentspolitik | 111 |
| 5.4.4 | Die Serviceleistungen | 113 |
| 5.5 | Rechtliche Bestimmungen zum Absatz | 114 |
| 5.5.1 | Der unlautere Wettbewerb | 114 |
| 5.5.2 | Die Preisauszeichnungspflicht | 115 |
| 5.5.3 | Der Rechtsschutz der Erzeugnisse | 116 |
| 5.5.4 | Verbraucherschutz und Verbraucheraufklärung | 117 |
| 5.5.4.1 | Verbraucherschutz | 117 |
| 5.5.4.2 | Verbraucheraufklärung | 121 |
| 5.6 | Die Distributionspolitik | 123 |
| 5.6.1 | Die eigene Absatzorganisation | 124 |
| 5.6.1.1 | Die Organisationsformen | 124 |
| 5.6.1.2 | Das Vertriebssystem | 127 |
| 5.6.2 | Die Wahl der Absatzwege | 130 |
| 5.6.2.1 | Der direkte Absatz | 130 |
| 5.6.2.2 | Der indirekte Absatz | 131 |
| 5.6.2.3 | Die Kombination von Absatzwegen | 131 |
| 5.6.3 | Die Absatzmittler | 133 |
| 5.6.3.1 | Die Funktionen der Handelsbetriebe | 133 |
| 5.6.3.2 | Die Betriebsformen des Großhandels | 133 |
| 5.6.3.3 | Die Betriebsformen des Einzelhandels | 134 |
| 5.7 | Güterverkehr | 136 |
| 5.7.1 | Übersicht | 136 |




39924

| | | |
|---|---|---|
| 5.7.2 | Bundespost | 136 |
| 5.7.2.1 | Paket | 136 |
| 5.7.2.2 | Postgut | 140 |
| 5.7.2.3 | Päckchen | 140 |
| 5.7.2.4 | Brief | 142 |
| 5.7.2.5 | Warensendung | 143 |
| 5.7.3 | Bundesbahn | 145 |
| 5.7.3.1 | Stückfracht (Stückgut) | 145 |
| 5.7.3.2 | Expreßgut | 149 |
| 5.7.3.3 | Wagenladung | 152 |
| 5.7.4 | Güterkraftverkehr | 154 |
| 5.7.5 | Schiffahrt | 155 |
| 5.7.6 | Luftfrachtverkehr | 155 |
| 5.7.7 | Kombinierter Verkehr | 156 |
| 5.7.8 | Wahl der Beförderungsart | 156 |
| 5.7.9 | Transportversicherung | 158 |
| **6** | **Beschaffungswesen** | 160 |
| 6.1 | Bedeutung der Beschaffung für den betrieblichen Leistungsprozeß | 160 |
| 6.2 | Bedarfsermittlung | 161 |
| 6.2.1 | Mengenplanung (Disposition) | 161 |
| 6.2.1.1 | Die verbrauchsgesteuerte Disposition | 161 |
| 6.2.1.2 | Die bedarfsgesteuerte Disposition | 163 |
| 6.2.1.3 | Die termingesteuerte Disposition | 163 |
| 6.2.2 | Die wirtschaftliche Bestellmenge | 164 |
| 6.2.3 | Zeitplanung (Zeitdisposition) | 164 |
| 6.3 | Lieferantenauswahl | 166 |
| 6.3.1 | Bezugsquellenermittlung | 166 |
| 6.3.2 | Auswahlgesichtspunkte | 168 |
| 6.4 | Angebotsanalyse | 169 |
| 6.4.1 | Die Anfrage | 169 |
| 6.4.2 | Inhalt des Angebotes | 170 |
| 6.4.3 | Bindung an das Angebot | 176 |
| 6.4.4 | Angebotsvergleich | 178 |
| 6.5 | Die betriebliche Abwicklung der Bestellung und des Wareneingangs | 182 |
| 6.5.1 | Die Bestellung | 182 |
| 6.5.2 | Die Auftragsbestätigung | 183 |
| 6.5.3 | Die Überwachung des Lieferungstermins | 183 |
| 6.5.4 | Mit dem Wareneingang verbundene Arbeiten | 184 |
| 6.5.5 | Die Rechnungsprüfung | 184 |
| 6.6 | Vertragsverletzungen | 186 |
| 6.6.1 | Sachmängel (Mängelrüge) | 186 |
| 6.6.1.1 | Gewährleistung | 186 |
| 6.6.1.2 | Garantie | 191 |
| 6.6.1.3 | Kulanz | 191 |
| 6.6.2 | Lieferungsverzug | 194 |
| 6.6.3 | Annahmeverzug (Gläubigerverzug) | 199 |
| **7** | **Zahlungsverkehr und Überwachung von Zahlungsterminen** | 204 |
| 7.1 | Zahlungsmittel | 204 |
| 7.2 | Zahlungsarten | 204 |
| 7.3 | Zahlungsformen | 205 |
| 7.3.1 | Überblick | 205 |
| 7.3.2 | Die Formen der Barzahlung | 206 |
| 7.3.3 | Die halbbare Zahlung | 208 |
| 7.3.3.1 | Zahlschein und Barscheck | 208 |
| 7.3.3.2 | Besonderheiten bei der Bundespost | 210 |
| 7.3.4 | Die bargeldlose Zahlung | 213 |
| 7.3.4.1 | Die Gironetze | 213 |
| 7.3.4.2 | Die bargeldlose Zahlung im einzelnen | 214 |
| 7.3.4.3 | Verrechnungsscheck | 218 |
| 7.3.4.4 | Wechsel | 220 |

| | | |
|---|---|---|
| 7.3.4.5 | Der Einsatz der Datenverarbeitung beim Zahlungsverkehr | 220 |
| 7.3.4.6 | Neue Entwicklungen beim bargeldlosen Zahlungsverkehr | 222 |
| 7.3.5 | Die Zahlung mit Scheck | 226 |
| 7.3.6 | Die Zahlung mit Wechsel | 230 |
| 7.4 | Die Überwachung der Zahlungstermine | 241 |
| 7.4.1 | Die Überwachung der Liquidität | 241 |
| 7.4.1.1 | Geldbedarfsplan | 242 |
| 7.4.1.2 | Finanzbedarfsplan | 244 |
| 7.4.1.3 | Kreditplan | 246 |
| 7.4.1.4 | Der tägliche Finanzstatus | 248 |
| 7.4.2 | Die Überwachung der offenen Forderungen | 249 |
| 7.4.2.1 | Unberechtigter Abzug von Skonto | 249 |
| 7.4.2.2 | Verspätete Zahlung | 250 |
| 7.4.2.3 | Ausfall von Forderungen | 254 |
| 7.4.2.4 | Verjährung von Forderungen | 264 |
| 7.4.2.5 | Factoring | 267 |
| 7.4.3 | Überwachung der Skontowahrnehmung | 269 |
| **8** | **Rechtsformen der Unternehmen** | 271 |
| 8.1 | Rechtliche Grundlagen | 271 |
| 8.1.1 | Der Kaufmann | 271 |
| 8.1.1.1 | Kaufmannsarten | 271 |
| 8.1.1.2 | Voll- und Minderkaufmann | 273 |
| 8.1.2 | Die Firma | 274 |
| 8.1.3 | Handelsregister | 278 |
| 8.1.4 | Mitwirkung und Mitbestimmung der Arbeitnehmer | 281 |
| 8.1.4.1 | Das Betriebsverfassungsgesetz (BetrVG) von 1972 | 281 |
| 8.1.4.2 | Die Mitbestimmung (Unternehmensverfassungsrecht) | 284 |
| 8.2 | Die Rechtsformen im einzelnen | 289 |
| 8.2.1 | Überblick | 289 |
| 8.2.2 | Einzelunternehmung | 290 |
| 8.2.3 | Stille Gesellschaft | 291 |
| 8.2.4 | BGB-Gesellschaft (Gelegenheitsgesellschaft) | 292 |
| 8.2.5 | Offene Handelsgesellschaft (OHG) | 293 |
| 8.2.6 | Kommanditgesellschaft (KG) | 295 |
| 8.2.7 | GmbH (AG) & Co. | 297 |
| 8.2.8 | Gesellschaft mit beschränkter Haftung (GmbH) | 298 |
| 8.2.9 | Aktiengesellschaft (AG) | 301 |
| **9** | **Finanzierung und Investition** | 310 |
| 9.1 | Begriffe und Zusammenhänge | 310 |
| 9.2 | Investition | 312 |
| 9.2.1 | Investitionsarten | 312 |
| 9.2.2 | Investitionsmotive | 313 |
| 9.3 | Finanzierung | 313 |
| 9.3.1 | Überblick über die Finanzierungsarten | 313 |
| 9.3.2 | Eigenfinanzierung | 314 |
| 9.3.2.1 | Beteiligungsfinanzierung | 314 |
| 9.3.2.2 | Selbstfinanzierung | 318 |
| 9.3.2.3 | Kosten der Eigenfinanzierung | 327 |
| 9.3.3 | Finanzierung aus freigesetztem Kapital | 328 |
| 9.3.4 | Fremdfinanzierung | 331 |
| 9.3.4.1 | Überblick über die Kreditarten | 331 |
| 9.3.4.2 | Kreditvertrag | 333 |
| 9.3.4.3 | Personalkredit (Blankokredit) | 335 |
| 9.3.4.4 | Verstärkter Personalkredit | 336 |
| 9.3.4.5 | Dinglich gesicherter Kredit | 344 |
| 9.4 | Leasing | 357 |
| 9.5 | Folgen falscher Finanzierungsentscheidungen | 358 |
| 9.5.1 | Die notleidende Unternehmung | 358 |
| 9.5.2 | Die Sanierung | 360 |
| 9.5.3 | Außergerichtlicher Vergleich (Akkord) | 362 |



39926

| | | |
|---|---|---|
| 9.5.4 | Konkurs und Bankrott | 363 |
| 9.5.4.1 | Konkurs | 363 |
| 9.5.4.2 | Bankrott | 366 |
| 9.5.5 | Gerichtlicher Vergleich | 369 |
| 9.5.6 | Anschlußkonkurs | 371 |
| 9.5.7 | Zwangsvergleich | 372 |
| 9.5.8 | Die Liquidation | 372 |
| **10** | **Die Wirtschaftsordnung** | 376 |
| 10.1 | Problemstellung und Begriffsbildung | 376 |
| 10.2 | Das Modell der freien Marktwirtschaft | 377 |
| 10.3 | Das Modell der Zentralverwaltungswirtschaft | 379 |
| 10.4 | Die Soziale Marktwirtschaft in der Bundesrepublik Deutschland | 381 |
| 10.4.1 | Ziele der Sozialen Marktwirtschaft | 381 |
| 10.4.2 | Merkmale einer sozial gebundenen Wettbewerbsordnung | 382 |
| 10.4.2.1 | Privates Eigentum und öffentliches Eigentum | 383 |
| 10.4.2.2 | Vertrags- und Gewerbefreiheit | 383 |
| 10.4.2.3 | Tarifautonomie | 384 |
| 10.4.2.4 | Markteingriffe des Staates (Arten) | 385 |
| 10.4.2.5 | Bereiche staatlichen Eingreifens | 386 |
| **11** | **Grundzüge der Wirtschaftspolitik** | 392 |
| 11.1 | Hauptziele der Wirtschaftspolitik | 392 |
| 11.2 | Wirtschaftspolitische Zielkonflikte | 393 |
| 11.2.1 | Preisniveaustabilität – Vollbeschäftigung | 394 |
| 11.2.2 | Außenwirtschaftliches Gleichgewicht – Vollbeschäftigung | 395 |
| 11.2.3 | Preisniveaustabilität – Wirtschaftswachstum | 395 |
| 11.2.4 | Wirtschaftswachstum – außenwirtschaftliches Gleichgewicht | 396 |
| 11.3 | Gesamtwirtschaftliche Ungleichgewichte | 398 |
| 11.3.1 | Geldwertschwankungen | 398 |
| 11.3.1.1 | Messung von Geldwertveränderungen | 398 |
| 11.3.1.2 | Ursachen für die Ungleichgewichte beim Geldwert | 400 |
| 11.3.1.3 | Auswirkungen von Geldwertschwankungen | 405 |
| 11.3.2 | Beschäftigungsschwankungen | 408 |
| 11.3.2.1 | Messung des Beschäftigungsstandes | 408 |
| 11.3.2.2 | Ursachen für die Ungleichgewichte in der Beschäftigung | 410 |
| 11.3.3 | Außenwirtschaftliche Ungleichgewichte | 412 |
| 11.4 | Grundprobleme der Industriegesellschaft | 413 |
| 11.4.1 | Grenzen des quantitativen Wachstums | 413 |
| 11.4.2 | Umweltschutz | 416 |
| 11.4.2.1 | Ökologie und Ökonomie | 416 |
| 11.4.2.2 | Ziele der Umweltschutzpolitik | 417 |
| 11.4.2.3 | Instrumente der Umweltschutzpolitik | 419 |
| 11.4.3 | Einkommens- und Vermögensverteilung | 422 |
| 11.5 | Schwankungen gesamtwirtschaftlicher Entwicklungen und Einwirkungsmöglichkeiten | 423 |
| 11.5.1 | Konjunkturelle und saisonale Schwankungen | 423 |
| 11.5.1.1 | Begriffe | 423 |
| 11.5.1.2 | Konjunkturphasen | 425 |
| 11.5.1.3 | Konjunkturindikatoren | 425 |
| 11.5.2 | Fiskalpolitik | 428 |
| 11.5.2.1 | Begriffe | 428 |
| 11.5.2.2 | Das klassische Haushaltsprinzip | 430 |
| 11.5.2.3 | Die Theorie von Keynes | 430 |
| 11.5.2.4 | Antizyklische Fiskalpolitik | 432 |
| 11.5.2.5 | Konjunktursteuerung auf der Grundlage des Stabilitätsgesetzes | 432 |
| 11.5.3 | Geldpolitik der Deutschen Bundesbank | 436 |
| 11.5.3.1 | Stellung und Aufgaben der Deutschen Bundesbank | 436 |
| 11.5.3.2 | Das geldpolitische Instrumentarium der Deutschen Bundesbank | 438 |
| 11.5.3.3 | Mindestreservepolitik | 440 |
| 11.5.3.4 | Diskontpolitik | 442 |
| 11.5.3.5 | Lombardpolitik | 445 |

11.5.3.6 Offenmarktpolitik ... 447
11.5.3.7 Geldmengenbegriffe ... 448
11.6 Globale Probleme ... 450
11.6.1 Die Bevölkerungsentwicklung ... 450
11.6.2 Die Zerstörung von Lebensräumen in der Dritten Welt ... 453
11.6.3 Wohlstandsmehrung im Nord-Süd-Gefälle ... 456
11.7 Überstaatliche Zusammenschlüsse und Konferenzen ... 463

**12 Steuern und Versicherungen** ... 477
12.1 Überblick über die Steuerarten ... 477
12.1.1 Einkommensteuer ... 478
12.1.1.1 Einkommensteuer (im eigentlichen Sinn) ... 479
12.1.1.2 Lohnsteuer ... 481
12.1.2 Die Umsatzsteuer ... 490
12.2 Überblick über die Versicherungsarten ... 493
12.2.1 Soziale Sicherung der Arbeitnehmer ... 494
12.2.1.1 Ziele, Merkmale und Probleme der Sozialversicherung ... 494
12.2.1.2 Die Entwicklung der sozialen Sicherung ... 495
12.2.1.3 Zweige der Sozialversicherung ... 495
12.2.1.4 Die Krankenversicherung ... 496
12.2.1.5 Die Rentenversicherung der Arbeiter und Angestellten ... 499
12.2.1.6 Die Arbeitslosenversicherung ... 502
12.2.1.7 Die Unfallversicherung ... 505
12.2.2 Personenversicherungen ... 508
12.2.2.1 Lebensversicherung ... 508
12.2.2.2 Private Krankenversicherung ... 509
12.2.2.3 Private Unfallversicherung ... 509
12.2.3 Sachversicherungen ... 510
12.2.4 Vermögensversicherungen ... 510
12.2.4.1 Haftpflichtversicherung ... 510
12.2.4.2 Kreditversicherung ... 510
12.2.5 Kraftfahrtversicherung ... 511
12.2.5.1 Kraftfahrzeug-Haftpflichtversicherung ... 511
12.2.5.2 Fahrzeugversicherung ... 512
12.2.5.3 Kraftfahrt-Unfallversicherung ... 512
Verzeichnis der verwendeten Gesetzesabkürzungen ... 513
Sachwortverzeichnis ... 514



39928

# 1 Die Berufsbildung

Die Bundesrepublik Deutschland ist ein Staat mit nur unbedeutenden Bodenschätzen, aber mit hoher Bevölkerungsdichte. Der Wohlstand der Bürger hängt deshalb in einem hohen Maße von der **beruflichen Leistungsfähigkeit der Arbeitnehmer** ab. Hochwertige, international wettbewerbsfähige Güter und Dienstleistungen können nur erstellt werden, wenn die Arbeitnehmer im höchsten Maße qualifiziert sind. Die Berufsausbildung hat die Aufgabe, junge Arbeitnehmer zur Ausübung einer qualifizierten Berufstätigkeit zu befähigen. Neben der Vermittlung von Fertigkeiten und Kenntnissen sind aber auch noch soziale, individuelle und ökologische Fähigkeiten wichtig.

Berufliche Bildung stellt somit

- neben den übrigen Zweigen der Bildung (Gymnasium, Universität) einen eigenen gleichberechtigten Bildungsbereich dar und
- legt als Erstausbildung die Grundlage für die berufliche Weiterbildung.

## 1.1 Das duale Ausbildungssystem

Unter dualem Ausbildungssystem bzw. dualer Berufsausbildung versteht man eine Ausbildung, die durch

- eine **Unterweisung im Betrieb** und
- den **Unterricht in der Berufsschule**

erfolgt. Der Ausbildungsbetrieb und die Berufsschule verfolgen **gemeinsam** das Ziel, die für einen zu erlernenden Beruf erforderlichen Fertigkeiten und Kenntnisse zu vermitteln. Während sich der Betrieb berufspraktischen Fähigkeiten widmet, ist es die Aufgabe der Berufsschule, berufstheoretisches und allgemeines Wissen zu unterrichten.

Für neugeordnete Berufe wird im ersten Ausbildungsjahr in der Grundstufe eine berufliche Grundbildung vermittelt. Sie wird entweder als Berufsgrundbildungsjahr in kooperativer Form oder als Berufsgrundbildungsjahr in vollzeitschulischer Form (Berufsgrundschuljahr) durchgeführt. Im Berufsgrundschuljahr (Berufe der Hauswirtschaft, holzverarbeitende Berufe) hat die Berufsschule neben den allgemeinen und fachtheoretischen Kenntnissen auch die fachpraktischen Kenntnisse und Fertigkeiten zu vermitteln. Im (üblichen) Berufsgrundbildungsjahr in kooperativer Form fehlt die Fachpraxis. Der Berufsschüler ist zugleich Auszubildender. Auf die einjährige Grundstufe baut eine meist zweijährige Fachstufe auf.

Die Neuordnung der Ausbildungsberufe ist eine Folge der Ausbreitung der Informations- und Kommunikationstechnik. Die Veränderungen in der Arbeitswelt führen auch zu neuen Herausforderungen für die duale Ausbildung. Neben der fachlichen Qualifikation muß künftig der Vermittlung grundlegender, breit verwertbarer **„Schlüsselqualifikationen“** eine große Beachtung geschenkt werden. Die Arbeitnehmer müssen ihre Aufgaben ganzheitlich und flexibel lösen. Im einzelnen werden folgende Qualifikationen gefordert:

- Verbesserung der Ausdrucksfähigkeit („Sprachkompetenz“),
- Förderung sozialer Eigenschaften, um die Teamfähigkeit zu verbessern („soziale Kompetenz“),
- Förderung des kulturellen Wissens, um die Einigung Europas zu erleichtern,

– Entwicklung von Handlungskompetenz,
– Förderung des „vernetzten“ Denkens, das ganzheitliches Problemlösen ermöglicht,
– Förderung des ökologischen Denkvermögens,
– Förderung der Kritikfähigkeit usw.

Die Kooperation bzw. die Arbeitsteilung zwischen den Betrieben und den Schulen wird aus dem folgenden Schaubild deutlich:

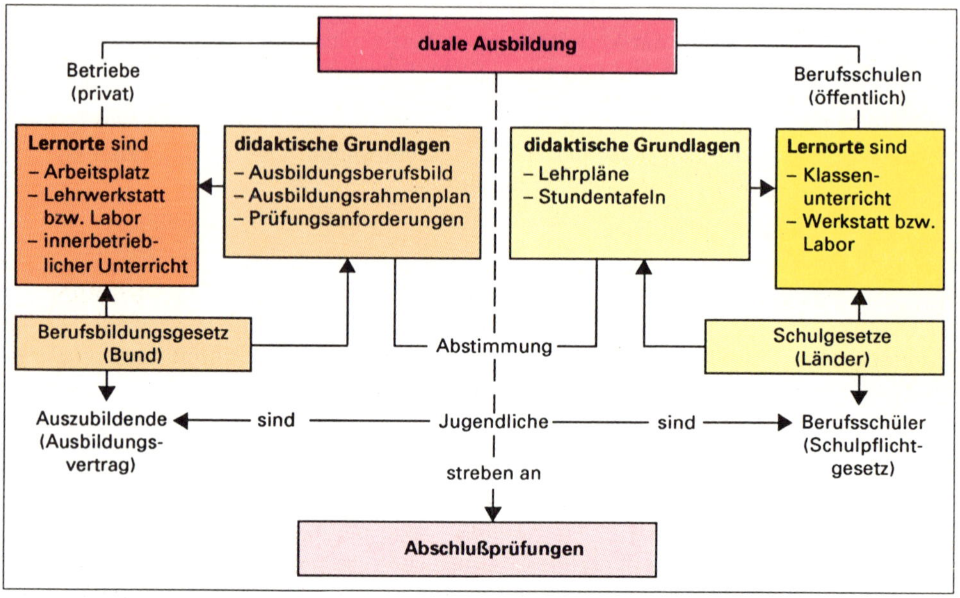


Die Schulen und die Betriebe sind gegenwärtig herausgefordert, neue Ausbildungsmethoden (Planspiele, Lernen in der Übungsfirma, Projektarbeit, Arbeiten mit der Literatur usw.) zu entwickeln, die eine Vermittlung solcher Qualifikationen ermöglichen.

## 1.2 Das Berufsbildungsgesetz (BBiG)

Die Berufsausbildung ist in Deutschland in einem Bundesgesetz, dem **Berufsbildungsgesetz (BBiG),** geregelt.

Dieses Gesetz regelt z. B.

– die Zuständigkeit für die Berufsausbildung (z. B. Industrie- und Handelskammer, Handwerkskammer),
– den Inhalt des Ausbildungsvertrages,
– die Ausbildungsberechtigung,
– die Ausbildungsordnung (Berufsbild, Ausbildungsrahmenplan, Prüfungsanforderungen),
– das Prüfungswesen,
– die berufliche Fortbildung und Umschulung.

Die schulische Ausbildung wird durch die Bundesländer (Schulpflichtgesetz, Lehrpläne usw.) geregelt.

1 didaktisch = unterrichtskundlich

## 1.3 Die Ausbildungsordnung

Der rechtliche Rahmen der Berufsausbildung wird durch die **Ausbildungsordnungen** abgesteckt. Sie werden durch den Bundesminister für Wirtschaft im Einvernehmen mit dem Bundesminister für Arbeit und Sozialordnung durch Rechtsverordnung erlassen.

Die einzelne Ausbildungsordnung legt fest

- die **Bezeichnung** des Ausbildungsberufes,
- die **Ausbildungsdauer,**
- die Fertigkeiten und Kenntnisse, die Gegenstand der Berufsausbildung sind **(Ausbildungsberufsbild),**
- eine Anleitung zur sachlichen und zeitlichen Gliederung der Fertigkeiten und Kenntnisse **(Ausbildungsrahmenplan),**
- die **Prüfungsanforderungen** für die Abschlußprüfung.

Das **Berufsbild** weist (zumeist in knapper Form) die Kenntnisse und Fertigkeiten aus, die in dem genannten und staatlich anerkannten Beruf (z. B. Kommunikationselektroniker, Kaufmann/Kauffrau für Bürokommunikation) zu fordern sind. Der **Ausbildungsrahmenplan** nimmt eine sachliche und zeitliche Gliederung vor und stellt damit die Grundlage für die betrieblichen Ausbildungspläne dar. Die **Prüfungsanforderungen** enthalten konkrete Angaben über den Prüfungsgegenstand bzw. die Prüfungsgebiete und deren Gewichtung.

## 1.4 Der Ausbildungsvertrag

Die Berufsausbildung wird durch einen schriftlichen Vertrag zwischen dem Ausbildenden (z. B. Betrieb) und dem Auszubildenden begründet. Ist der Auszubildende noch minderjährig, so unterschreibt sein gesetzlicher Vertreter (Vater, Mutter, Vormund). Der Vertrag muß mindestens enthalten (§ 4 Abs. 1 BBiG):

- Art, sachliche und zeitliche Gliederung sowie Ziel der Berufsausbildung, insbesondere die Berufstätigkeit, für die ausgebildet werden soll,
- Beginn und Dauer der Ausbildung,
- Ausbildungsmaßnahmen außerhalb der Ausbildungsstätte,
- Dauer der regelmäßigen täglichen Ausbildungszeit,
- Dauer der Probezeit,
- Zahlung und Höhe der Vergütung,
- Dauer des Urlaubs,
- Kündigungsvoraussetzungen.

Das Ausbildungsverhältnis ist bei der **zuständigen Stelle** (z. B. Industrie- und Handelskammer, Handwerkskammer) in das **Verzeichnis der Berufsausbildungsverhältnisse** einzutragen (§ 31 f BBiG). Damit wird eine erste Bedingung für die Teilnahme an der Abschlußprüfung erfüllt.

Die Regelung und die **Überwachung** der Berufsausbildung erfolgen durch die sog. zuständigen Stellen. Dies sind z. B. die

| | | |
|---|---|---|
| Industrie- und Handelskammer | → | für industrielle und für kaufmännische Berufe, |
| Handwerkskammer | → | für handwerkliche Berufe, Büroberufe, |
| Ärztekammer | → | für Arzthelfer/-innen, |
| Behörden | → | für hauswirtschaftliche Berufe. |

Nach dem BBiG obliegen den zuständigen Stellen folgende Aufgaben:
- **Überwachung** der Durchführung der Berufsausbildung (§ 45),
- **Förderung** der Berufsausbildung durch **Beratung** der Ausbildenden und der Auszubildenden (§ 45),
- **Eignungsfeststellung** der Ausbildungsbetriebe (§ 23),
- **Verkürzung der Ausbildungszeit** (§ 29 Abs. 2),
- **Verlängerung der Ausbildungszeit** (§ 29 Abs. 3),
- Führen des **Verzeichnisses der Berufsausbildungsverhältnisse** (§§ 31 bis 33),
- Errichtung der **Prüfungsausschüsse und die Abnahme der Abschlußprüfungen** (§ 36),
- **Erlaß der Prüfungsordnung** (§ 41),
- Durchführung von **Zwischenprüfungen** (§ 41).

Im Ausbildungsvertrag verpflichten sich Ausbildender und Auszubildende/Auszubildender zur Einhaltung der im BBiG formulierten **Pflichten**:

## Pflichten des Ausbildenden (§§ 6 bis 8, 10)

| | |
|---|---|
| **Ausbildungspflicht** | Er muß die Fertigkeiten und Kenntnisse, die das Berufsbild vorschreibt, vermitteln. Er muß den Auszubildenden zum Besuch der Berufsschule und zur Führung eines Berichtsheftes anhalten. Ausbildungsmittel (Werkzeuge usw.) sind kostenlos zur Verfügung zu stellen. |
| **Fürsorgepflicht** | Dem Auszubildenden dürfen nur Verrichtungen übertragen werden, die dem Ausbildungszweck dienen und seinen körperlichen Kräften angemessen sind. Der Auszubildende ist zur Sozialversicherung anzumelden, die Bestimmungen des Jugendarbeitsschutzgesetzes sind einzuhalten. |
| **Freistellungspflicht** | Der Auszubildende ist zum Berufsschulunterricht, zu Prüfungen und zu überbetrieblichen Maßnahmen freizustellen. |
| **Vergütungspflicht** | Dem Auszubildenden ist die in den Tarifverträgen bzw. im Ausbildungsvertrag vereinbarte Vergütung zu zahlen. |
| **Zeugnispflicht** | Der Ausbildende hat dem Auszubildenden bei Beendigung des Ausbildungsverhältnisses ein Zeugnis auszustellen. Dieses muß Angaben über Art, Dauer und Ziel der Ausbildung sowie über die erworbenen Fertigkeiten und Kenntnisse enthalten. Auf Verlangen des Auszubildenden sind auch Angaben über Führung, Leistung und besondere fachliche Fähigkeiten aufzunehmen. |

## Pflichten des Auszubildenden (§ 9)

| | |
|---|---|
| **Lernpflicht** | Er hat sich zu bemühen, die Fertigkeiten und Kenntnisse zu erwerben, die erforderlich sind, um das Ausbildungsziel zu erreichen. |
| **Dienstleistungspflicht** | Er muß die ihm im Rahmen seiner Ausbildung aufgetragenen Verrichtungen sorgfältig ausführen. |
| **Gehorsamspflicht** | Er muß den Weisungen des Ausbildenden oder anderer weisungsbefugter Personen folgen. Die im Ausbildungsbetrieb geltende Ordnung ist zu beachten. |
| **Schweigepflicht** | Über Geschäftsgeheimnisse (z. B. Umsatz, Kundenlisten) ist Stillschweigen zu wahren. |


399212

| | |
|---|---|
| **Haftpflicht** | Er muß Werkzeuge, Maschinen und sonstige Einrichtungen pfleglich behandeln. Eine Haftpflicht entsteht für vorsätzlich und für grob fahrlässig verursachte Schäden. |
| **Schulpflicht** | Er muß am Berufsschulunterricht und an überbetrieblichen Ausbildungsmaßnahmen teilnehmen. |
| **Führung des Berichtsheftes** | Er muß ein Berichtsheft führen, wenn dies von ihm im Rahmen der Ausbildung verlangt wird. |
| **Gesetzliches Wettbewerbsverbot** | Nach § 60 HGB darf er ohne Einwilligung des Ausbildenden keine Nebenbeschäftigung ausüben. |

## Beginn und Beendigung der Berufsausbildung

Das Ausbildungsverhältnis beginnt mit der **Probezeit.** Sie muß mindestens einen Monat und darf höchstens drei Monate betragen (§ 13 BBiG). Während der Probezeit kann das Ausbildungsverhältnis jederzeit **ohne Einhaltung einer Kündigungsfrist** gekündigt werden. **Nach Ablauf** der Probezeit ist dies nur noch **schriftlich** unter **Angabe von Gründen** möglich (§ 15 BBiG),

- wenn ein **wichtiger Grund** vorliegt (z. B. grobe Pflichtverstöße gegen §§ 6 bis 10 BBiG). Jede Seite kann fristlos kündigen, allerdings nur innerhalb von zwei Wochen nach Bekanntwerden des Kündigungsgrundes. Jede Seite kann Schadenersatz (z. B. für Insertionskosten[1]) verlangen, wenn die andere Seite den Schaden zu vertreten hat (§ 16 BBiG).
- Bei einem **Berufswechsel.** Es ist eine Kündigungsfrist von vier Wochen einzuhalten.
- Beim Tod des Ausbildenden oder beim Konkurs des Betriebes. Auch hier gilt eine Kündigungsfrist von vier Wochen.

Das Ausbildungsverhältnis **endet** mit dem Ablauf der Ausbildungszeit. Besteht der Auszubildende vorher die Abschlußprüfung, so endet die Ausbildung mit dem Bestehen der Prüfung. Besteht er die Prüfung nicht, so verlängert sich das Ausbildungsverhältnis auf sein Verlangen hin bis zur nächstmöglichen Wiederholungsprüfung, höchstens jedoch um ein Jahr (§ 14 BBiG).

Die zuständige Stelle kann die Ausbildungszeit **auf Antrag kürzen**, wenn zu erwarten ist, daß der Auszubildende das Ausbildungsziel in der kürzeren Zeit erreicht (§ 29 BBiG). Bei Vorliegen eines mittleren Bildungsabschlusses ist in der Regel eine Verkürzung um sechs Monate, für Abiturienten um ein Jahr möglich.

## Aufgaben

1. Begründen Sie, warum die Berufsausbildung in Deutschland für den Wohlstand der Bürger eine besondere Bedeutung hat.
2. Welche Bedeutung hat das BBiG für die Ausbildung?
3. Welches Ordnungsmittel gibt Auskunft über Fertigkeiten und Kenntnisse eines Ausbildungsberufes?
4. Welche Pflichten hat der Ausbildende und welche der Auszubildende?
5. Was gilt für die Kündigung von Ausbildungsverträgen vor und nach Beendigung der Probezeit?
6. Wann enden Ausbildungsverhältnisse?
7. Manfred Bergler hat an der Realschule einen mittleren Bildungsabschluß erworben. Kann er seine Ausbildungszeit verkürzen? Wenn ja, was müßte er tun?

1 Kosten für Zeitungsanzeige

## 1.5 Der Jugendarbeitsschutz

### Jugendarbeitsschutz für wen – und wann?

***Das Jugendarbeitsschutzgesetz gilt für die Beschäftigung aller Personen, die noch nicht 18 Jahre alt sind (Jugendliche und Kinder).***

### Arbeitszeit – 5-Tage-Woche

- Die Arbeitszeit der Jugendlichen darf **nur 8 Stunden täglich** und **nur 40 Stunden wöchentlich** betragen. Sie darf auf $8\frac{1}{2}$ Stunden täglich verlängert werden, wenn sie dafür an einzelnen Werktagen derselben Woche verkürzt wird.

  In der Landwirtschaft dürfen Jugendliche über 16 Jahre während der Erntezeit bis zu 9 Stunden täglich und bis zu 85 Stunden in der Doppelwoche beschäftigt werden.
- Jugendliche dürfen nur an **5 Tagen in der Woche** beschäftigt werden.

### Sonntagsruhe – Feiertagsruhe

- Auch an Sonntagen dürfen Jugendliche grundsätzlich nicht beschäftigt werden.
- Abweichend davon ist die Beschäftigung an Sonntagen zulässig
  - in Krankenanstalten sowie in Alten-, Pflege- und Kinderheimen,
  - in der Landwirtschaft und Tierhaltung mit Arbeiten, die auch an Sonn- und Feiertagen naturnotwendig vorgenommen werden müssen,
  - im Familienhaushalt, wenn der Jugendliche in die häusliche Gemeinschaft aufgenommen ist,
  - im Schaustellergewerbe,
  - bei Musikaufführungen, Theatervorstellungen und anderen Aufführungen sowie bei Direktsendungen im Rundfunk und Fernsehen,
  - beim Sport,
  - im ärztlichen Notdienst,
  - im Gaststättengewerbe.
- Jeder 2. Sonntag soll, mindestens 2 Sonntage im Monat müssen beschäftigungsfrei bleiben. Die 5-Tage-Woche ist stets durch Freistellung an einem anderen berufsschulfreien Tag sicherzustellen.
- Am 1. Weihnachtsfeiertag, am 1. Januar, am 1. Osterfeiertag und am 1. Mai dürfen Jugendliche überhaupt nicht beschäftigt werden. Darüber hinaus dürfen Jugendliche am Heiligen Abend und an Silvester nur bis 14 Uhr tätig sein.

### Ruhepausen – Freizeit – Urlaub

- Jedem Jugendlichen sind Ruhepausen wie folgt zu gewähren:
  - bei einer Arbeitszeit von mehr als $4\frac{1}{2}$ bis zu 6 Stunden **30 Minuten,**
  - bei einer Arbeitszeit von mehr als 6 Stunden **60 Minuten.**

  Als Ruhepausen gelten nur Arbeitsunterbrechungen von mindestens 15 Minuten. Länger als $4\frac{1}{2}$ Stunden hintereinander dürfen Jugendliche nicht beschäftigt werden.
- Lage der Ruhepausen:

  frühestens **1 Stunde nach Beginn** und spätestens **1 Stunde vor Ende** der Arbeitszeit.
- Nach Beendigung der täglichen Arbeitszeit hat der Jugendliche bis zum nächsten Arbeitsbeginn eine ununterbrochene Freizeit von **mindestens 12 Stunden** zu erhalten.

- Für jedes Kalenderjahr ist dem Jugendlichen ein bezahlter Erholungsurlaub wie folgt zu gewähren:
  - mindestens 30 Werktage, wenn der Jugendliche zu Beginn des Kalenderjahres noch nicht 16 Jahre alt ist,
  - mindestens 27 Werktage, wenn der Jugendliche zu Beginn des Kalenderjahres noch nicht 17 Jahre alt ist,
  - mindestens 25 Werktage, wenn der Jugendliche zu Beginn des Kalenderjahres noch nicht 18 Jahre alt ist.

## Berufsschule und Prüfungen

- Der Jugendliche ist für die Teilnahme am Berufsschulunterricht von jeglicher Beschäftigung **freizustellen.**

  Er darf nicht beschäftigt werden
  - vor einem vor 9 Uhr beginnenden Unterricht,
  - **einmal in der Woche** an einem Berufsschultag mit mehr als 5 Unterrichtsstunden von mindestens je 45 Minuten,
  - in Berufsschulwochen mit einem planmäßigen Blockunterricht von mindestens 25 Stunden an mindestens 5 Tagen; zusätzliche betriebliche Ausbildungsveranstaltungen bis zu 2 Stunden wöchentlich sind zulässig.
- Der Jugendliche ist weiter freizustellen
  - für die Teilnahme an Prüfungen und außerbetrieblichen Ausbildungsmaßnahmen, die aufgrund öffentlicher oder vertraglicher Bestimmungen außerhalb der Ausbildungsstätte durchgeführt werden,
  - an Arbeitstagen, die der schriftlichen Abschlußprüfung unmittelbar vorangehen.
- Ein Entgeltausfall darf in keinem Fall eintreten.
- Die Vorschriften über die bezahlte Freistellung für den Berufsschulunterricht gelten auch für über 18 Jahre alte Personen, die noch berufsschulpflichtig sind.

## Nachtruhe

- Grundsätzlich dürfen Jugendliche nur in der Zeit von **6 Uhr bis 20 Uhr** beschäftigt werden.

  Soweit es zur Erreichung des Ausbildungszieles erforderlich ist, dürfen Jugendliche über 16 Jahre
  - im Gaststättengewerbe bis 22 Uhr,
  - in Bäckereien und Konditoreien sowie in der Binnenfischerei ab 5 Uhr,
  - in Molkereien, im Bergbau und in Hüttenwerken ab 6 Uhr,
  - in der Landwirtschaft ab 5 Uhr oder bis 21 Uhr,
  - in mehrschichtigen Betrieben bis 23 Uhr

  tätig sein.

  Jugendliche über 17 Jahre dürfen in Bäckereien ab 4 Uhr beschäftigt werden.

## Samstagsruhe

- **An Samstagen** dürfen Jugendliche grundsätzlich **nicht** beschäftigt werden. Zulässig ist die Beschäftigung an Samstagen nur
  - in Krankenanstalten sowie in Alten-, Pflege- und Kinderheimen,
  - in offenen Verkaufsstellen, in Betrieben mit offenen Verkaufsstellen, in Bäckereien und Konditoreien, im Friseurhandwerk und im Marktverkehr,

– im Verkehrswesen,
– im Familienhaushalt,
– im Gaststätten- und Schaustellergewerbe,
– bei Musikaufführungen, Theatervorstellungen und anderen Aufführungen, bei Aufnahmen im Rundfunk sowie bei Film- und Fotoaufnahmen,
– bei außerbetrieblichen Ausbildungsmaßnahmen,
– beim Sport und
– im ärztlichen Notdienst,
– in Reparaturwerkstätten für Kraftfahrzeuge.

- Mindestens 2 Samstage sollen im Monat beschäftigungsfrei bleiben. Werden Jugendliche an Samstagen beschäftigt, ist die 5-Tage-Woche dadurch sicherzustellen, daß sie an einem anderen berufsschulfreien Arbeitstag derselben Woche von der Arbeit freigestellt werden.

Können Jugendliche in Verkaufsstellen, Betrieben mit offenen Verkaufsstellen, in Bäckereien, Konditoreien, im Friseurhandwerk und im Marktverkehr an Samstagen nicht 8 Stunden beschäftigt werden, kann die ausfallende Arbeitszeit an dem Tag bis 13 Uhr ausgeglichen werden, an dem die Jugendlichen Ersatzfreizeit erhalten müssen.

## Beschäftigungsverbote und Beschäftigungsbeschränkungen

- Jugendliche dürfen grundsätzlich **nicht mit gefährlichen Arbeiten beschäftigt** werden. Das sind:
  – Arbeiten, die ihre Leistungsfähigkeit übersteigen,
  – Arbeiten, bei denen sie sittlichen Gefahren, schädlichen Einwirkungen von Lärm, Erschütterungen, Strahlen oder von giftigen, ätzenden oder reizenden Stoffen ausgesetzt sind,
  – Arbeiten, bei denen ihre Gesundheit durch Hitze, Kälte oder starke Nässe gefährdet wird.

- Jugendliche dürfen auch nicht beschäftigt werden
  – mit Akkordarbeit und sonstigen Arbeiten, bei denen durch ein gesteigertes Arbeitstempo ein höheres Entgelt erzielt werden kann,
  – mit Arbeiten, bei denen ihr Arbeitstempo nicht nur gelegentlich vorgeschrieben, vorgegeben oder auf andere Weise erzwungen wird.

## Gesundheitliche Betreuung

- Für die Durchführung aller Untersuchungen hat der Arbeitgeber den Jugendlichen von der Arbeit ohne Entgeltausfall freizustellen. Die Kosten der Untersuchungen trägt das Land.

- **Erstuntersuchungen**

  Ein Jugendlicher darf erst beschäftigt werden, wenn er innerhalb der letzten 14 Monate von einem Arzt nach seiner Wahl untersucht worden ist und dem Arbeitgeber eine von diesem Arzt ausgestellte Bescheinigung vorliegt.

- **Erste Nachuntersuchung**

  Ein Jahr nach Aufnahme der ersten Beschäftigung ist dem Arbeitgeber eine weitere Bescheinigung darüber vorzulegen, daß der Jugendliche nachuntersucht worden ist.



399216

## Aufsicht

- Die Aufsicht über die Ausführung des Jugendarbeitsschutzgesetzes und der einschlägigen Rechtsverordnungen obliegt den Gewerbeaufsichtsämtern, in Bergbaubetrieben den Bergämtern.
- Die Gewerbeaufsichtsämter
  - sind berechtigt, die Arbeitsstätten Jugendlicher zu besichtigen,
  - haben schwerwiegende Verstöße gegen das Gesetz den Industrie- und Handelskammern sowie Handwerkskammern und Arbeitsämtern mitzuteilen,
  - können unter bestimmten Voraussetzungen befristete Ausnahmen bewilligen und
  - sind über die Ausstellung von Lohnsteuerkarten an Kinder durch die ausstellende Behörde zu unterrichten.

## Strafen und Bußgelder

- Wer als Arbeitgeber vorsätzlich oder fahrlässig gegen die Vorschriften des Jugendarbeitsschutzgesetzes verstößt, handelt ordnungswidrig und kann mit einer **Geldbuße bis zu 20 000,00 DM** belegt werden.

  Vorsätzliche Verstöße, durch die Kinder oder Jugendliche in ihrer Gesundheit oder Arbeitskraft gefährdet werden, können sogar mit **Freiheitsstrafe** bis zu einem Jahr oder mit Geldstrafe bestraft werden. Das gleiche gilt, wenn Verstöße beharrlich wiederholt werden. Wer die Gefahr fahrlässig verursacht, kann mit Freiheitsstrafe bis zu sechs Monaten oder mit Geldstrafe bis zu 180 Tagessätzen bestraft werden.
- Ein neuer Bußgeldkatalog trägt dazu bei, daß die Verfolgung und Ahndung von Verstößen intensiviert und einheitlich im Bundesgebiet gehandhabt wird.

Auszug aus: Gesetz zum Schutze der arbeitenden Jugend (Jugendarbeitsschutzgesetz), Abdruck herausgegeben vom Bayerischen Staatsministerium für Arbeit, Familie und Sozialordnung, Nr. 10/91/32.

## Aufgaben

Prüfen Sie folgende Fälle nach dem JArbSchG:

1. Ein 17jähriger Auszubildender, der in einer Textilfabrik ausgebildet wird, soll in den nächsten Wochen in der Versandabteilung schwere Kisten verladen.
2. Ein 17jähriger Hilfsarbeiter arbeitet in der Bauindustrie im Gruppenakkord.
3. Ein Betrieb setzte für die jugendlichen Auszubildenden folgende Arbeitszeiten und Pausen fest:

   | | | | |
   |---|---|---|---|
   | Arbeitsbeginn | 6.00 Uhr, | Frühstückspause | 8.00 bis 8.10 Uhr, |
   | Arbeitsende | 15.00 Uhr, | Mittagspause | 12.00 bis 12.30 Uhr. |

4. Ein Betrieb beginnt um 7.00 Uhr mit der Arbeit. Die jugendlichen Auszubildenden haben um 8.50 Uhr Berufsschulbeginn. Der Ausbildungsleiter möchte, daß die Jugendlichen von 7.00 Uhr bis 8.30 Uhr beschäftigt werden.
5. Ein 19jähriger Auszubildender soll 5 Tage lang hintereinander 10 Stunden arbeiten, weil im Büro mehrere Angestellte erkrankt sind.
6. Ein 15jähriger hat von 8.00 Uhr bis 11.20 Uhr und von 13.00 Uhr bis 14.30 Uhr Berufsschulunterricht und soll ab 15.00 Uhr wieder im Betrieb arbeiten.
7. Ein 17jähriger Auszubildender beginnt am 01.08. seine Berufsausbildung und möchte im Januar des folgenden Jahres Urlaub machen. Wieviel Urlaubstage stehen ihm zu?
8. Ein jugendlicher Auszubildender ist an einem Wochentag 6 Stunden im Betrieb beschäftigt. Wie lange muß die Ruhepause mindestens sein?
9. Ein jugendlicher Auszubildender soll wegen Inventurarbeiten bis 22.00 Uhr arbeiten.

# 2 Die Grundlagen des Wirtschaftens

## 2.1 Die Notwendigkeit des Wirtschaftens

Wir leben nicht im Schlaraffenland. Nur ganz wenige Güter (z. B. die Luft) stellt uns die Natur zur unmittelbaren Bedürfnisbefriedigung in unbegrenzter Menge zur Verfügung. Von der Luft allein können wir aber nicht leben. Wir müssen die in der Natur vorkommenden Güter be- und verarbeiten, um unsere Bedürfnisse befriedigen zu können. Wirtschaftsbetriebe übernehmen (neben den privaten Haushaltungen) die konsumgerechte Aufbereitung der in der Natur vorkommenden Güter. Da diese Güter nur in begrenzten Mengen vorkommen, also knapp sind, müssen wir sparsam mit ihnen umgehen.

***Wir müssen wirtschaften, um knappe Güter in einer konsumgerechten Form für die Bedürfnisbefriedigung bereitzustellen.***

Allerdings müssen auch heute schon wirtschaftliche Maßnahmen ergriffen werden, um die Qualität des „freien" Gutes Luft zu sichern (z. B. Verordnungen zur Begrenzung von Abluftschadstoffen).

### 2.1.1 Die Bedürfnisse

***Die Bedürfnisse stellen die Motive für das ökonomische Handeln dar. Treten bei uns Gefühle des Mangels auf (z. B. Hunger, Durst), so entsteht das Bestreben, dieses Mangelerlebnis zu beseitigen.***

Wir wollen das aufgetretene Bedürfnis befriedigen (z. B. durch Essen, Trinken). Beurteilen wir die Bedürfnisse nach ihrer Dringlichkeit, so stellen wir fest, daß diese für uns nicht gleich wichtig sind. Manche Bedürfnisse müssen unbedingt befriedigt werden; viele werden nur befriedigt, um sich einen bestimmten Lebensstandard zu schaffen oder zu erhalten. Oft werden solche Bedürfnisse von der Gesellschaft geweckt. Wer auf eine Bedürfnisbefriedigung verzichtet, kann nicht „mitreden" und läuft im schlimmsten Fall Gefahr, von der Gesellschaft geächtet zu werden (z. B. beim Verzicht auf bestimmte Kleidungsstücke im Beruf, wie der Krawatte).

Wir unterscheiden nach der Dringlichkeit:

- **Existenzbedürfnisse,** wie Essen, Trinken, Wohnen, Bewegung, Information usw. Die Deckung dieser Bedürfnisse ist für das Überleben unbedingt erforderlich.
- **Kulturbedürfnisse.** Viele Bedürfnisse treten erst mit einem kulturell-zivilisatorischen Entwicklungsstand der Gesellschaft auf (z. B. Auto fahren, Unterhaltung, Bildung, Urlaub). Die Deckung dieser Bedürfnisse ist nicht unbedingt erforderlich; sie kann in schlechten Zeiten unterbleiben bzw. hinausgeschoben werden (z. B. der Kauf eines neuen Autos).
- **Luxusbedürfnisse,** wie das Verlangen, eine Weltreise zu machen, oder der Wunsch, eine Entfernung in einem Sportwagen zurückzulegen.

Wie ein Bedürfnis zu charakterisieren ist, hängt auch von der subjektiven Situation einer Person ab. So ist der Besitz eines Automobils für viele Personen (z. B. für Handelsvertreter, Reparaturbetriebe) lebensnotwendig. Andererseits bestimmt auch die Gesellschaft die Beurteilung von Bedürfnissen. So wurde das Fernsehen früher als Befriedigung eines Luxus-, heute dagegen als Befriedigung eines Existenzbedürfnisses betrachtet.



399218

Bedürfnisse sind also

- subjektiv,
- von der Gesellschaft bestimmt,
- Änderungen unterworfen.

Die Analyse der Bedürfnisse ist bedeutsam für das Marketing der Unternehmen (vgl. 5.1): Die Nachfrage nach Gütern für Luxus- und Kulturbedürfnisse reagiert stärker als die nach Gütern für Existenzbedürfnisse. Dies setzt folglich ein unterschiedliches wirtschaftliches Verhalten der Anbieter voraus. Auch bei der Zwangsvollstreckung spielt die Unterscheidung der Bedürfnisse eine Rolle. Die für lebensnotwendig erklärten Güter sind praktisch unpfändbar.

Man kann die Bedürfnisse weiter in **Individual-** und in **Kollektiv-** oder **Gemeinschaftsbedürfnisse** einteilen, je nachdem ob ein Bedürfnis bei einer einzelnen Person oder bei einer Gruppe von Personen auftritt:

- **Individualbedürfnisse:** Essen, Trinken, Erholung usw.
- **Gemeinschaftsbedürfnisse:** Straßenbau, Unterricht, Sicherheit für die Bürger eines Staates usw.

### 2.1.2 Der Bedarf

Für die Umsatzplanung der Unternehmen ist die Unterscheidung der Begriffe Bedürfnis und Bedarf nötig: So erfahren wir in einer Befragung, daß sehr viele Autofahrer gern einen Sportwagen besitzen würden. Doch

- der Wunsch wird nie Wirklichkeit, weil z. B. Sportwagen über eine zu geringe Zahl von Sitzplätzen verfügen und
- die Kaufkraft zur Anschaffung und zur Unterhaltung des Wagens fehlt.

Fallen solche Absatzhemmnisse weg, so wird das Bedürfnis wirtschaftlich interessant. Wir sprechen dann von Bedarf.

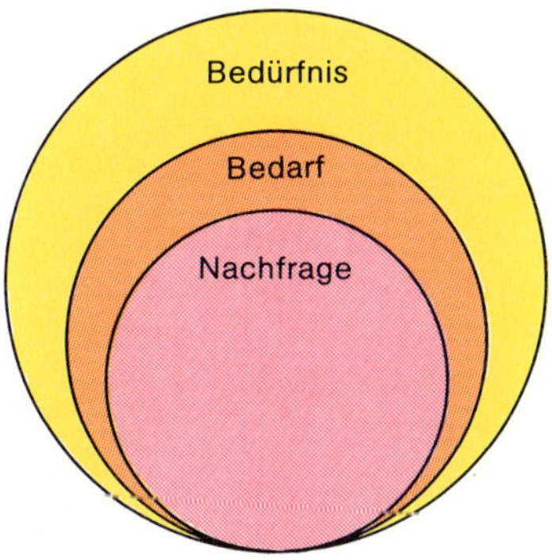


***Bedarf ist die Summe aller durch einen Kaufwunsch und durch Kaufkraft (Einkommen, Vermögen) abgestützter Bedürfnisse.***

***Der auf dem Markt tatsächlich realisierte Bedarf heißt Nachfrage.***

Die Werbung versucht, den Bedarf zu wecken, indem sie bei den Verbrauchern Konsumwünsche erzeugt. Oft kommt der Einführung neuer Erzeugnisse (z. B. Stereoanlagen) eine Bedarfsströmung seitens der Verbraucher entgegen. Bei diesem **latenten Bedarf**[1] ersparen sich die Anbieter besonders intensive Werbemaßnahmen.

1 Latenter Bedarf = vorhandener, aber noch nicht zu Tage getretener Bedarf.

## 2.1.3 Die Güter

***Güter sind die Mittel, mit denen eine Bedürfnisbefriedigung herbeigeführt wird.***

Mittel, welche die Natur unbegrenzt und unentgeltlich zur Verfügung stellt, nennen wir **freie Güter** (z. B. Luft, Meerwasser, Sand in der Wüste). Die meisten Güter stehen allerdings nur in einem begrenzten Umfang und nicht in der von uns gewünschten Art und Weise zur Verfügung (Rohstoffe, Energie). Wir müssen deshalb bei der bedarfsgerechten Aufbereitung und beim Konsum dieser Güter sparsam mit ihnen umgehen. Man spricht folglich von **knappen Gütern** oder von Wirtschaftsgütern. Sie können sein:

- **Sachgüter** (z. B. Lebensmittel, Bücher, Elektrogeräte),
- **Dienstleistungen** (z. B. Reparaturen, Beratung, Unterricht),
- **Rechte** (z. B. Patente, Lizenzen, Markenname, Nutzungsrechte).

Aber auch die freien Güter unterliegen immer mehr der Bewirtschaftung. Durch die zunehmende Umweltverschmutzung müssen Flüsse und Seen, aber auch das Meerwasser „aufbereitet", d. h. gereinigt, werden. Vielen Industriebetrieben werden Auflagen gemacht, um eine weitere Umweltverschmutzung zu verhindern.

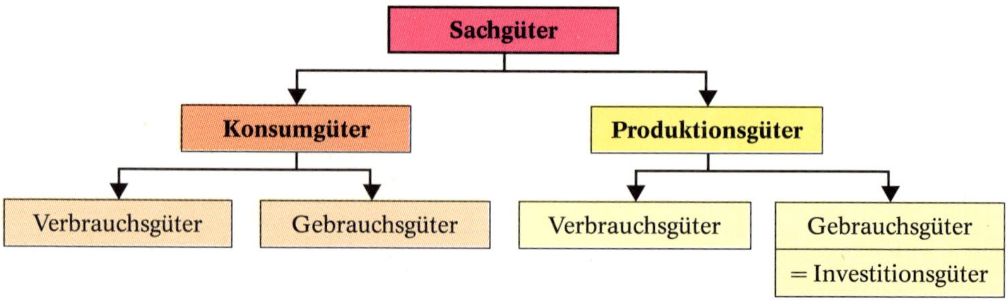


Eine weitere Unterscheidung teilt die Güter in **Konsum-** (z. B. Lebensmittel, Fernsehgeräte) und **Produktionsgüter** (z. B. Drehbank, Rohstoffe) ein, je nachdem, ob als Abnehmer der private Konsument oder ein Wirtschaftsbetrieb auftritt. Konsumgüter dienen der unmittelbaren Bedürfnisbefriedigung, Produktionsgüter werden bei der Herstellung und beim Vertrieb aller Güter benötigt. Wir finden sowohl bei Konsumgütern als auch bei Produktionsgütern reine **Verbrauchsgüter** und **Gebrauchsgüter.** Verbrauchsgüter verlieren durch eine einmalige Verwendung ihren wirtschaftlichen Wert, Gebrauchsgüter durch eine mehrmalige Nutzung. Die Unternehmen drücken die Wertminderung von Gebrauchsgütern durch die Abschreibung aus. Manche Erzeugnisse können sowohl den Konsum- als auch den Produktionsgütern zugerechnet werden. Automobile, Schreibmaschinen werden von Haushaltungen und von Betrieben nachgefragt. Die Vertriebsaktivitäten der Hersteller sind folglich auf den Abnehmerkreis abzustimmen.

Maschinen, Fahrzeuge, Einrichtungsgegenstände, die von Betrieben angeschafft werden, nennen wir **Investitionsgüter,** ihre Produzenten Betriebe der Investitionsgüterindustrie. Da mit Hilfe der Investitionsgüter die Produktion und der Vertrieb der übrigen Güter bewirkt wird, ist diesem Bereich besondere Aufmerksamkeit zu schenken. Auf eine Erhöhung der Nachfrage nach Investitionsgütern folgt eine Steigerung der gesamten Güterproduktion, da die Betriebe ihre neu angeschafften Anlagen auch nutzen wollen. Natürlich wird eine Investition nur dann vorgenommen, wenn die Unternehmer eine Erhöhung der Nachfrage erwarten.


399220

Unter den Gütern gewinnen **Dienstleistungen** ein immer stärkeres Gewicht. Wirtschaftszweige mit hohen Zuwachsraten in diesem Bereich sind z. B. die Tourismusbranche, Versicherungen, Banken, Reparatur- und Servicebetriebe, Beratungsdienste. Diese Betriebe beschäftigen zunehmend viele Menschen, während im Produktionsbereich die Beschäftigtenzahl rückläufig ist. Man spricht deshalb schon von einer Dienstleistungsgesellschaft.

## 2.2 Markt und Preis

### 2.2.1 Die Ausgleichsfunktion des Marktes

Wer bestimmt, welche Güter und Leistungen produziert bzw. angeboten werden: die Unternehmen, die Haushalte oder gar ein Ministerium? Die Produzenten informieren sich über den Bedarf der Käufer und über deren Preisvorstellungen. Auch die Käufer verschaffen sich Informationen über das Angebot. Wir können dies gut auf Wochenmärkten beobachten. Dort treffen sich Anbieter und Nachfrager an Verkaufsständen und verschaffen sich „vor Ort" einen Marktüberblick (**konkreter** Markt). In der Wirtschaftstheorie verstehen wir allerdings unter Markt jedes Zusammentreffen von Angebot und Nachfrage, z. B. im Telefongespräch (**abstrakter** Marktbegriff).

***Den Ort, an dem Anbieter und Nachfrager zusammentreffen, Informationen einholen und Tauschhandlungen (Güter gegen Geld) vornehmen, bezeichnet man als Markt. Er ist geographisch nicht festgelegt.***

Der Ausgleich der unterschiedlichen Interessen erfolgt in der Marktwirtschaft über den Preis:

- Verkäufer wollen einen möglichst hohen Preis erzielen,
- Käufer einen möglichst niedrigen Preis zahlen.

Um möglichst viele Wünsche zu befriedigen, machen Anbieter und Nachfrager Abstriche von ihren Vorstellungen. Wer zu relativ hohen Preisen anbietet, verliert Nachfrager, da sich diese dann an billigere Anbieter halten. Ist das Preisniveau in einem Markt insgesamt zu hoch, geht die Gesamtnachfrage zurück. Die Unternehmer werden dann die Preise senken müssen. Andererseits bestimmt auch die Nachfrage den Preis: Ist ein knappes Gut sehr begehrt, so sind die Nachfrager bereit, höhere Preise zu zahlen. Übersteigt das Angebot die Nachfrage, so sinken die Preise. Diese **Marktmechanismen** sind besonders gut bei Versteigerungen zu beobachten.

### 2.2.2 Der Marktmechanismus

***Auf dem Markt treffen sich Angebot und Nachfrage. Hier vollzieht sich die Preisbildung.***

Um den Marktgesetzen auf die Spur zu kommen, werden wir das Nachfrage- und das Angebotsverhalten näher untersuchen.

## 2.2.2.1 Die Nachfrage

***Zwischen dem Preis eines Gutes und der Nachfragemenge besteht ein Zusammenhang: Bei niedrigen Preisen werden die Nachfrager eine größere Gütermenge kaufen als bei hohen Preisen.***

Dies hat zwei Gründe:

- Preissenkungen locken **neue** Käufer an,
- Preissenkungen reizen die **bisherigen** Käufer zu **zusätzlichen** Käufen.

Preiserhöhungen führen zu einer sinkenden Nachfrage, weil

- **die Nachfrager** sich beim Konsum **einschränken,**
- **die Nachfrager** das teuer gewordene Produkt durch ein anderes **ersetzen** (z. B. Butter durch Margarine). Wir sprechen von **Substitution.**

Stellen wir diese Zusammenhänge grafisch dar, so erhalten wir die **Nachfragekurve** (Nachfragefunktion) eines Gutes:

| | | | | | | | | | | | |
|---|---|---|---|---|---|---|---|---|---|---|---|
| Preis pro Stück | 10 | 9 | 8 | 7 | 6 | 5 | 4 | 3 | 2 | 1 | 0 |
| Nachfrage | 0 | 5 | 10 | 15 | 20 | 25 | 30 | 35 | 40 | 45 | 50 |

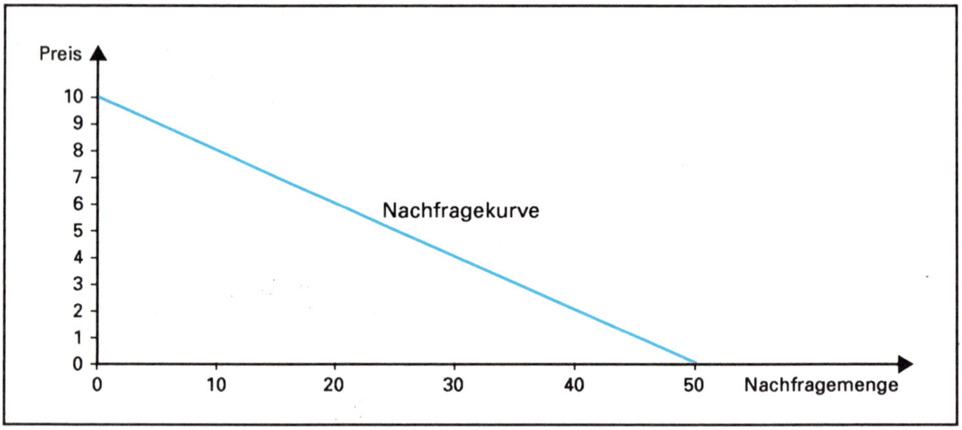


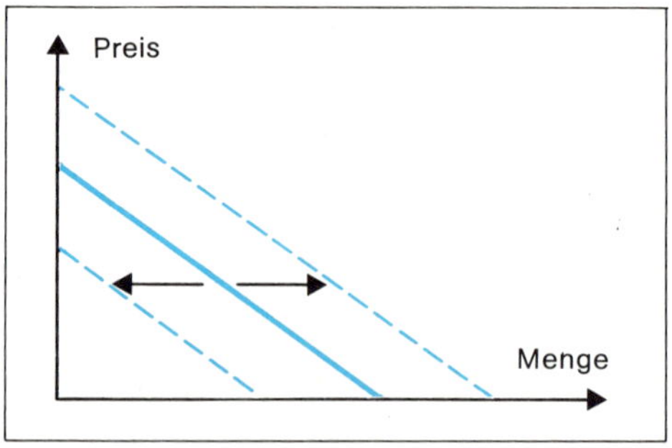


Das Nachfrageverhalten ist aber nicht nur durch den Preis zu erklären. Das **Einkommen** und die **Dringlichkeit,** ein Bedürfnis durch ein bestimmtes Gut zu befriedigen, spielen auch eine wichtige Rolle. Steigt z. B. das Einkommensniveau insgesamt bei gleichem Preisverhalten an, so kann zu jedem Preis mehr nachgefragt werden. Die Nachfragekurve verschiebt sich nach rechts. Sinkt das Einkommensniveau, so tritt eine Verschiebung der Nachfragekurve nach links ein. Bei gleichgebliebenem Preisverhalten kann jetzt zu jedem Preis nur eine geringere Menge nachgefragt werden.

## 2.2.2.2 Das Angebot

***Die Angebotskurve gibt die Beziehungen zwischen den Preisen und den Angebotsmengen wieder. In der Regel wird bei höheren Preisen eine größere Gütermenge angeboten als bei niedrigen Preisen.***

Diesen Zusammenhang zeigt der Verlauf der Kurve:

| Preis pro Stück | 1 | 2 | 3 | 4 | 5 | 6 |
|---|---|---|---|---|---|---|
| Angebotsmenge | 0 | 10 | 20 | 30 | 40 | 50 |

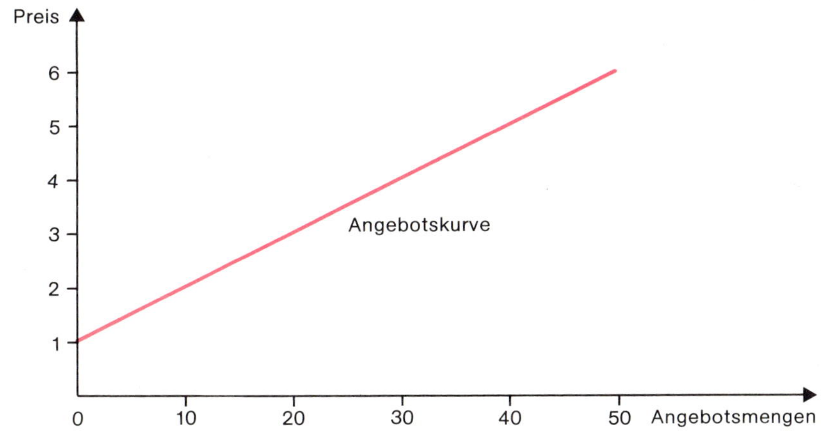


Von welchen Zielsetzungen lassen sich die Anbieter leiten? Mit dem Verkaufspreis möchten sie die Kosten decken und einen zufriedenstellenden Gewinn erwirtschaften. Als Preisuntergrenze sind somit die **Kosten** anzusehen.

***Solange die Anbieter zusätzliche Erträge erwirtschaften können, die über die zusätzlichen, durch die Mehrproduktion verursachten Kosten hinausgehen, werden sie ihr Güterangebot erhöhen. Je höher der Marktpreis ist, desto größer ist die Angebotsmenge, die einen größtmöglichen Gewinn gewährleistet.***

## 2.2.2.3 Die Bildung des Marktpreises

Der Lehre von den Marktformen liegt das **Gesetz von Angebot und Nachfrage** zugrunde. Nach diesem Gesetz bestimmt sich der Preis nach dem Verhältnis des Angebots zur Nachfrage:

– ***Steigt das Angebot im Verhältnis zur Nachfrage (Überangebot, Angebotsüberhang), dann sinkt der Preis.***
– ***Steigt die Nachfrage im Verhältnis zum Angebot (Übernachfrage, Nachfrageüberhang), dann steigt der Preis.***

Dieses Gesetz läßt sich natürlich auch **umkehren:** Danach bestimmt der Preis sowohl die angebotene als auch die nachgefragte Menge.

Verdeutlichen wir uns das **Gesetz von Angebot und Nachfrage** grafisch:

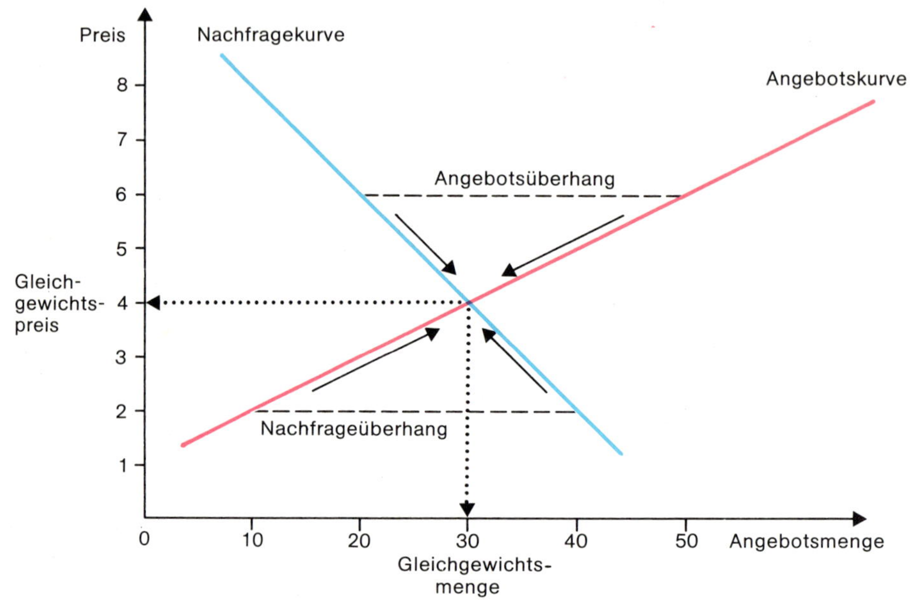


Angebots- und Nachfragekurve schneiden sich beim Preis von 4,00 DM **(Gleichgewichtspreis)** und bei der Menge 30 Stück **(Gleichgewichtsmenge).** Wie kommt es dazu?

- Liegt der Preis unter dem Gleichgewichtspreis, z. B. bei 2,00 DM, so werden die Anbieter nur 10 Stück anbieten, die Nachfrager dagegen 40 Stück nachfragen. Der Markt befindet sich in einem Ungleichgewicht. Es herrscht ein **Nachfrageüberhang** von 30 Stück, d. h. 30 Nachfrager kommen nicht zum Zuge. Da die Nachfrager in einem starken Wettbewerb stehen, werden die Anbieter die Preise anheben können.
- Liegt der Preis über dem Gleichgewichtspreis, z. B. bei 6,00 DM, so werden die Anbieter zwar 50 Stück anbieten, die Nachfrager werden aber nur 20 Stück kaufen. Auch hier befindet sich der Markt in einem Ungleichgewicht. Es besteht ein **Angebotsüberhang** von 30 Stück. Jetzt stehen die Anbieter zueinander in einem starken Wettbewerb, der sie zwingt, die Preise zurückzunehmen.
- Die Preisbewegung kommt in beiden Fällen erst zum Stillstand, wenn der **Gleichgewichtspreis** erreicht ist. Dann entsprechen sich Angebots- und Nachfragemengen. Alle Anbieter und Nachfrager, die bei diesem Preis auftreten, kommen zum Zuge: **Der Markt wird geräumt.**

## 2.3 Das ökonomische Prinzip

Wir arbeiten wirtschaftlich, wenn wir mit knappen Gütern eine größtmögliche Bedürfnisbefriedigung erzielen. Dieser Grundsatz gilt für jedes wirtschaftliche Handeln. Wir sprechen vom ökonomischen (wirtschaftlichen) Prinzip oder vom Rationalprinzip.

**Ökonomisches Prinzip**

**Maximalprinzip**

Es soll unter Einsatz einer gegebenen Menge (= Aufwand) ein größtmöglicher (maximaler) Ertrag erwirtschaftet werden.

**Beispiele:**
- Aus 1 t Stahl sollen möglichst viele Werkzeuge gefertigt werden,
- mit einem Werbeetat von 1 Mio. DM sollen möglichst viele Werbeappelle erfolgen,
- ein Autofahrer will mit einem Tankinhalt möglichst viele Kilometer fahren.

**Minimalprinzip**

Es soll ein bestimmter Ertrag unter Einsatz einer möglichst kleinen (minimalen) Menge erzielt werden.

**Beispiele:**
- Beim Wareneinkauf ist der preisgünstigste Lieferant auszuwählen,
- beim Warenversand ist die billigste Versandart auszuwählen,
- zur Fertigung von 1000 Werkzeugen soll möglichst wenig Material verbraucht werden.

Das ökonomische Prinzip kommt in den Zielvorstellungen der Unternehmung zum Ausdruck und wird durch Kennziffern dargestellt.

Mit der Forderung nach Verwirklichung des ökonomischen Prinzips wird ein Widerspruch zwischen Ökonomie und Ökologie sichtbar: Läßt man sich ausschließlich vom wirtschaftlichen Handeln leiten, können ökologische Ziele aus den Augen verloren gehen. So sind die bereits entstandenen Umweltschäden, die vom Bundesumweltamt bereits jährlich auf mehr als 100 Milliarden DM geschätzt werden, auf ungebremste Produktions-, Verkehrs- und Konsumausweitungen zurückzuführen.

Dies bedeutet:
- bewußte und kontrollierte Anwendung des wirtschaftlichen Prinzips (z. B. Automobilbau von kraftstoffsparenden Fahrzeugen),
- ökonomisches Handeln stößt an seine Grenzen, wenn vielfältige Tier- und Pflanzenarten bedroht sind,
- durch vorsorglichen Umweltschutz Naturschäden vermeiden,
- Maßnahmen für den Umweltschutz schaffen neue Arbeitsplätze. In diesem Bereich gibt es keinen Widerspruch zwischen Ökonomie und Ökologie.

***Die Anwendung des ökonomischen Prinzips ist in Einklang mit den ökologischen Erfordernissen zu bringen. Die Forderungen nach einer umweltverträglichen Produktion, einer umweltverträglichen Güterverteilung und nach einem ökologischen Verhalten der Haushalte bedeutet, daß ökologische Rahmenbedingungen bei allen wirtschaftlichen Handlungen zu berücksichtigen sind.***

## 2.4 Die Produktionsfaktoren

***Produktionsfaktoren sind die aus technischen oder wirtschaftlichen Gründen zur Produktion von wirtschaftlichen Gütern unentbehrlichen Elemente.***

Die Wirtschaftstheorie versucht, Beziehungen zwischen dem Einsatz an Produktionsfaktoren (Input) und den erstellten Leistungen (Output) herzustellen. Dabei geht es in der **Volkswirtschaftslehre** um Erkenntnisse bei der Erstellung des Sozialprodukts, der Ermittlung des Wirtschaftswachstums, der Einkommensbildung und der Einkommensverteilung. In der **Betriebswirtschaftslehre** geht es um die Wirtschaftlichkeit der Produktion. Es sollen Rationalisierungsmaßnahmen, d. h. Verbesserungen bei der Kosten- und Ertragssituation der Betriebe, sichtbar werden. Für die Zwecke der Volkswirtschaftslehre genügt deshalb eine globale Einteilung der Produktionsfaktoren, während die Betriebswirtschaftslehre eine detaillierte Aufteilung vornimmt.

### 2.4.1 Die volkswirtschaftlichen Produktionsfaktoren

Sehen wir uns einfache Produktionsvorgänge an: In der Landwirtschaft entsteht durch die Bearbeitung des Bodens ein Ertrag – der Töpfer entnimmt der Natur Tonerde und fertigt daraus einen Krug. In beiden Fällen entstehen Fertigerzeugnisse. Wir erkennen die **ursprünglichen** (originären) **Produktionsfaktoren Boden** (bzw. Natur) und **Arbeit.** Doch mit diesen beiden Elementen kommt man in der Regel nicht aus. Bei schwierigeren Produktionsvorgängen und um wirtschaftlicher arbeiten zu können, erstellt man Maschinen und Werkzeuge zur Fertigung der Konsumgüter. Zur rationelleren Fertigung nimmt man also eine **„Umwegproduktion“** vor. Die Maschinen und Werkzeuge stellen den **abgeleiteten Produktionsfaktor Kapital** dar. Man bezeichnet Kapital in der Volkswirtschaftslehre folglich auch als **„Produzierte Produktionsmittel“.** Bei hochentwickelten Volkswirtschaften ist der Anteil des Kapitals sehr hoch.

**Produktion durch wirtschaftliche Kombination der Produktionsfaktoren**

↓

| **Boden** (Natur) | + | **Arbeit** (menschliche Arbeitskraft) | + | **Kapital** (produzierte Produktionsmittel) |
|---|---|---|---|---|
| ursprüngliche Poduktionsfaktoren | | | | abgeleiteter Produktionsfaktor |

#### Der Produktionsfaktor Boden

Der Produktionsfaktor Boden ist **absolut knapp,** d. h. er ist nicht vermehrbar.

***Unter Boden versteht man in der Volkswirtschaftslehre die wirtschaftlich genutzte Natur.***

Der Boden leistet durch seine ökonomische Nutzung einen dreifachen Beitrag:

**Ökonomische Funktionen des Bodens**

| Abbau von Rohstoff- und Energievorkommen (Ressourcen) | Anbau (Landwirtschaft) | Standort für Unternehmen und Haushalte |
|---|---|---|

Beim **Abbau von Rohstoff- und Energievorkommen** treten heute **große Probleme** für die Menschen auf: Die **Endlichkeit vieler Rohstoffe** (vor allem Gold, Silber, Zink usw.) und der **Energie** (Öl, Kohle, Erdgas, Uran) ist deutlich bewußt geworden.

Für die Industrienationen ist es besonders schmerzlich, daß die wichtigsten Ressourcen[1] vorwiegend in den Entwicklungsländern zu finden sind. Es ist somit ein wichtiges Ziel der deutschen Wirtschaftspolitik, die Beschaffung der Rohstoffe und der Energie zu sichern.

Mit der **zunehmenden Verknappung** der Ressourcen gehen Preissteigerungen für die Rohstoffe einher. Das bedeutet für die Industriebetriebe laufend steigende Faktoreinsatzkosten. Andererseits führt die Rohstoffknappheit zu einer starken Abhängigkeit der Industriestaaten von den Rohstoffländern. Schließlich verursacht die Verwertung der Rohstoff- und Energievorkommen in den Industrieländern eine **große Umweltbelastung** z. B. durch Kraftwerke, Zementfabriken, Hochöfen. Die Wirtschaft muß große Anstrengungen unternehmen, um die Umweltbelastung für die Bevölkerung zu vermindern.

**Der Anbau des Bodens:** Durch neue Anbaumethoden und durch den Einsatz von Düngemitteln ist der landwirtschaftliche Ertrag in den letzten Jahrzehnten bedeutsam gestiegen. Trotzdem bedeutet die Verbesserung und Vergrößerung landwirtschaftlich nutzbaren Bodens in Anbetracht der wachsenden Erdbevölkerung eine wichtige und schwierige Aufgabe.

**Der Standort:** Viele Unternehmen haben keine freie Standortwahl. Sie sind standortgebunden, z. B. die Rohstoffgewinnung. Andere Betriebe haben zwar Wahlmöglichkeiten, diese sind aber auf die Auswahl des geeigneten Standorts unter mehreren Möglichkeiten beschränkt. Solche Unternehmen sind bei der Standortwahl nur relativ frei. In der Landwirtschaft sind als Kriterien die Fruchtbarkeit des Bodens und die klimatischen Eigenheiten wichtig. Für andere Wirtschaftsbetriebe sind verkehrsmäßige Erschließung der Grundstücke, geologischer Gehalt des Bodens (z. B. an Grundwasser), Lage zum Absatzmarkt, Grundstückspreise u. a. wichtig.

### Der Produktionsfaktor Arbeit

***Menschliche Arbeit, d. h. geistige, körperliche und schöpferische Tätigkeit, zielt auf den Erwerb von Einkommen ab.***

Vom Standpunkt der Produktion bewirkt sie zusammen mit den Produktionsfaktoren Boden und Kapital die Erstellung von Leistungen. Nach marxistischer Theorie ist die Arbeit der eigentliche Produktionsfaktor.

Gesamtwirtschaftlich müssen zwei **Aspekte der Arbeit** gesehen werden:

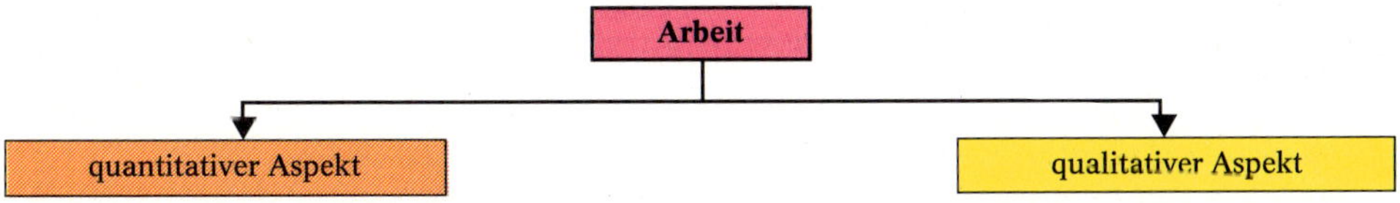


Unter dem **quantitativen Aspekt** stellt sich einer Volkswirtschaft die Frage, ob eine ausreichende Zahl von Arbeitskräften zur Bewältigung der gestellten Aufgaben vorhanden ist. Die Industrieländer „beziehen“ zur Deckung ihres Arbeitsbedarfs schon längere Zeit Arbeitskräfte aus Ländern mit hohen Arbeitslosenquoten („Gastarbeiter“).

1 Rohstoffquellen

Der **qualitative Aspekt** der Arbeit ist heute sehr bedeutsam geworden. Es geht darum, für bestimmte Aufgaben geeignete Arbeitskräfte zu finden. Da in der Wettbewerbswirtschaft die Unternehmen die besten Marktchancen haben, die den größtmöglichen technischen und ökonomischen Fortschritt verwirklichen, ist der Aus- und Weiterbildung große Aufmerksamkeit zu widmen. Im Welthandel ist dies für rohstoffarme Länder (wie die Bundesrepublik Deutschland) von entscheidender Bedeutung. In der heutigen Wirtschaftstheorie wird deshalb das „Know-how" (geistiges Kapital) zuweilen als eigener Produktionsfaktor gesehen. Für Arbeitnehmer ist aber nicht nur Spezialwissen zu fordern. Da sich die beruflichen Aufgaben fortwährend wandeln, ist auf eine hohe berufliche Beweglichkeit (Mobilität) zu achten.

**Der Produktionsfaktor Kapital**

***Durch das Zusammenwirken der ursprünglichen Produktionsfaktoren Boden und Arbeit entsteht Kapital.***

So kann ein Kraftfahrzeughandwerker, der in seiner Garage Automobile repariert,

- seinen Ertrag ausgeben, d. h. konsumieren, oder
- seine Erträge sparen (also Konsumverzicht leisten) und sich Maschinen und Werkzeuge anschaffen, mit denen er schneller, besser und billiger reparieren kann.

Im zweiten Fall hat unser Handwerker **Kapital** gebildet. Er hat investiert. Ein anderer Betrieb hat für ihn Güter bereitgestellt, die nicht für den Konsum, sondern für eine rationellere Fertigung von Konsumgütern produziert wurden. Bei der Erstellung von Kapitalgütern spricht man in der Volkswirtschaftslehre deshalb auch von Umwegproduktion. Die Kapitalgüter selbst bezeichnet man als produzierte Produktionsmittel. Der Vorgang der Anschaffung dieser Güter heißt **Investition.** Da die Investitionsgüter einer Abnutzung unterliegen, müssen sie am Ende ihrer Nutzungsdauer ersetzt werden (Ersatzinvestititon). Durch die Ersatzinvestition versucht man, die Kapazität eines Unternehmens zu erhalten. („Substanzerhaltung"). Die Neu- oder Nettoinvestition, die also über die Substanzerhaltung hinausgeht, erweitert die Kapazität eines Unternehmens, führt gesamtwirtschaftlich zu Wirtschaftswachstum.

***Kapitalbildung ist nur durch Sparen und Investition möglich.***

## 2.4.2 Die betriebswirtschaftlichen Produktionsfaktoren

Nehmen wir an, es sollen Normschränke aus Eisenblech gefertigt werden. Was wird dazu benötigt? Der Betrieb braucht erst einmal die Apparatur, mit der gefertigt werden soll:

- ***eine Werkshalle,***
- ***Maschinen zum Blechschneiden, Bohren, Entgraten,***
- ***Geräte und Vorrichtungen zum Schweißen, Entfetten, Lackieren,***
- ***spezielle und universelle Werkzeuge, um die Maschinen richtig einstellen zu können,***
- ***Werkzeuge für Handarbeiten,***
- ***Transport- und Hebeeinrichtungen.***

Wir sprechen hier von **Betriebsmitteln.**

Dann müssen alle jene Stoffe besorgt werden, die während des Produktionsprozesses verbraucht werden und somit die Grundlage des späteren Fertigerzeugnisses darstellen:

- ***Rohstoffe (Eisenblech, Kunststoff),***
- ***Hilfsstoffe (Schweißmaterial, Schrauben, Lacke),***
- ***Betriebsstoffe (Schmiermittel wie Öl, Graphit),***
- ***Teile (Türverschlüsse, Bodenrollen).***

Diese Materialien nennen wir **Werkstoffe.**

Neben diesen rein materiellen Voraussetzungen muß der Betrieb natürlich noch Personal bereitstellen. Da sind einmal Arbeitskräfte erforderlich, die unmittelbar an der Planung, der Produktion, aber auch bei der Beschaffung und beim Absatz mitwirken:

- ***Facharbeiter,***
- ***Hilfskräfte,***
- ***Techniker,***
- ***Mitarbeiter im Einkauf und im Vertrieb usw.***

} ***ausführende Arbeitskräfte***

Zur Verwaltung und Steuerung des Betriebes sind aber auch noch Mitarbeiter nötig, die nur indirekt an der Leistungserstellung beteiligt sind. Diese Mitarbeiter haben die Aufgabe, den Einsatz von Betriebsmitteln, Werkstoffen und ausführenden Arbeitskräften insgesamt zu steuern und zu kontrollieren. Oder anders gesagt:

Ihnen obliegen die sog. Managementfunktionen **Planung, Leitung und Organisation.** Sie haben also eine leitende Funktion:

- ***Geschäftsführer,***
- ***Abteilungsleiter,***
- ***Meister usw.***

} ***leitende (führende) Arbeitskräfte***

Man nennt diesen Produktionsfaktor deshalb auch den **dispositiven Faktor.**

***Die Erstellung der betrieblichen Leistung erfolgt durch das Zusammenwirken der Produktionsfaktoren Betriebsmittel, Werkstoffe, ausführende und leitende Arbeitskräfte.***

Dabei sorgen die leitenden Mitarbeiter für die **wirtschaftlichste Kombination** der übrigen Produktionsfaktoren:

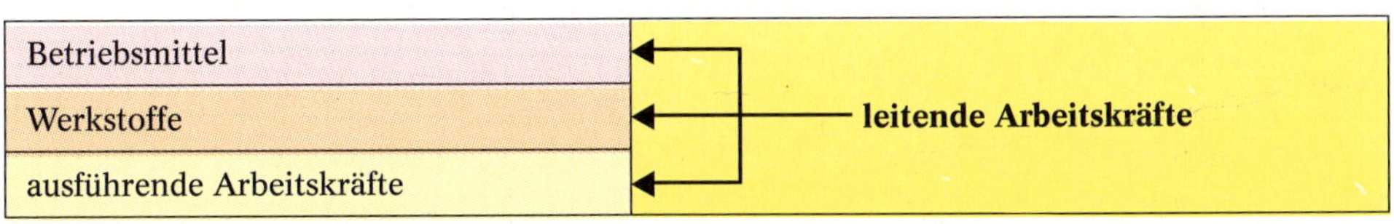


## 2.4.3 Kombination und Substitution der Produktionsfaktoren

***Unter Produktion verstehen wir die Kombination der Produktionsfaktoren zur Erstellung einer betrieblichen Leistung.***

Betrachten wir die zur Produktion eines Blechschranks erforderlichen Produktionsfaktoren:

| Beispiele | betriebswirtschaftliche Produktionsfaktoren | volkswirtschaftliche Produktionsfaktoren |
|---|---|---|
| Bandsäge, Schneidevorrichtung, Montageplatz usw. | Betriebsmittel | Sachkapital / Boden |
| Walzbleche, Lacke, Montagematerial usw. | Werkstoffe | Sachkapital / Boden |
| Ingenieure, Meister, Arbeiter usw. | leitende und ausführende Arbeit | Arbeit |

Aus dem Beispiel lassen sich zwei scheinbare Gegensätze ableiten:

| Das Verhältnis der Produktionsfaktoren zueinander ist | |
|---|---|
| veränderlich. | nicht veränderlich. |
| Die Produktionsfaktoren sind untereinander (in bestimmten Grenzen) austauschbar. | Die Produktionsfaktoren stehen in einem festen Verhältnis zueinander. |
| substituierbare (ersetzbare) Produktionsfaktoren | komplementäre (sich ergänzende) Produktionsfaktoren |

Die Produktionsfaktoren sind **substituierbar,** wenn z. B. bei der Produktion das Verhältnis von Arbeit und Kapital verändert werden kann. Dies ist der Fall, wenn

- für die Ausführung von Arbeitsgängen verschiedene Arbeitsverfahren in Frage kommen, z. B. kann man ein Loch bohren oder stanzen, die Seitenteile des Schrankes sägen oder schneiden, bei der Montage schrauben oder schweißen usw.,
- für ein Arbeitsverfahren mehrere Betriebsmittel mit einem unterschiedlichen Mechanisierungsgrad bereitstehen, z. B. ein Halb- oder Vollautomat.

Natürlich kann man bei keinem der Arbeitsverfahren auf einen der Produktionsfaktoren verzichten, auch nicht bei vollautomatischer Fertigung: Mitarbeiter müssen die Produktion vorbereiten und überwachen, Maschinen und Werkzeuge kosten Geld. Deshalb ist Substituierbarkeit immer nur in bestimmten Grenzen möglich. In diesem Rahmen ist die kostengünstigste Produktionsweise unter Berücksichtigung des wirtschaftlichen Prinzips anzustreben.

***Die Minimalkostenkombination gibt das Verhältnis der Produktionsfaktoren an, bei dem die Produktionskosten am niedrigsten sind (Minimalprinzip). Preiserhöhungen bei einem Produktionsfaktor führen zu einer neuen Minimalkostenkombination.***

In der Praxis stellt sich das Problem der kostengünstigsten Fertigung mit der Festlegung der Fertigungsmenge (kritische Menge), von der ab ein Arbeitsverfahren wirtschaftlicher ist als ein anderes.

**Beispiel:** *Verfahren a) Werkzeugkosten 10 000,00 DM*
*Material- und Lohnkosten 10,00 DM pro Stück*
*Verfahren b) Werkzeugkosten 15 000,00 DM*
*Material- und Lohnkosten 5,00 DM pro Stück*

**Lösung:**

| Menge (Stück) | Kosten (in TDM) a) | Kosten (in TDM) b) |
|---|---|---|
| 0 | 10 | 15 |
| 500 | 15 | 17,5 |
| 1 000 | 20 | 20 |
| 1 500 | 25 | 22,5 |
| 2 000 | 30 | 25 |

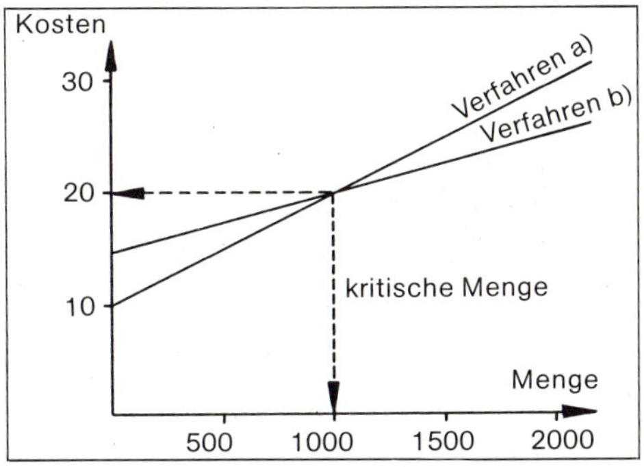


In vielen Fällen sind die Produktionsfaktoren nicht substituierbar, sondern **komplementär:** Hat sich der Betrieb durch Investition auf ein Fertigungsverfahren festgelegt, so ist das Verhältnis der Produktionsfaktoren fest. Es kann zumindest kurzfristig nicht geändert werden.

- So wird eine Maschine von einer Person bedient, eine zweite würde nur herumstehen.
- Eine Montagegruppe besteht aus fünf Personen. Eine Änderung kann nur langfristig durch Verwirklichung des technischen Fortschritts eintreten.

In diesen Fällen ist folglich eine Minimalkostenkombination nicht möglich.

***Da die Festlegung der Betriebsmittel langfristig erfolgt, herrschen in der Praxis komplementäre Produktionsfaktoren vor. Nur bei einer Wahlmöglichkeit zwischen mehreren Arbeitsverfahren bzw. verschiedenen Betriebsmitteln sind Produktionsfaktoren in Grenzen austauschbar.***

## 2.4.4 Die Knappheit der Produktionsfaktoren

Begreift man den Produktionsprozeß als eine Kombination der Produktionsfaktoren, so ist zu verstehen, daß eine **unbegrenzte Ausweitung der Güterherstellung** aus mehreren Gründen **nicht möglich** ist:

- Die Produktionsfaktoren stehen nur in beschränktem Umfang zur Verfügung (Energie, Rohstoffe), sie sind **knapp.**
- Eine weitere Erhöhung der Produktion führt zu einem erhöhten Verbrauch an Energie und an Werkstoffen, der in der Regel auch eine höhere **Umweltbelastung** durch Abfälle und Schadstoffe bewirkt.
- Natürlich führt dies auch zu einem **schnelleren Verbrauch endlicher Vorräte.**

Dem **Spannungsverhältnis zwischen Ökonomie und Ökologie** ist in geeigneter Weise schnell und wirksam Rechnung zu tragen (vgl. 11.4.2).

## 2.5 Unternehmerische Ziele

Auch in einer Marktwirtschaft können wir Betriebe mit unterschiedlichen Zielsetzungen beobachten:

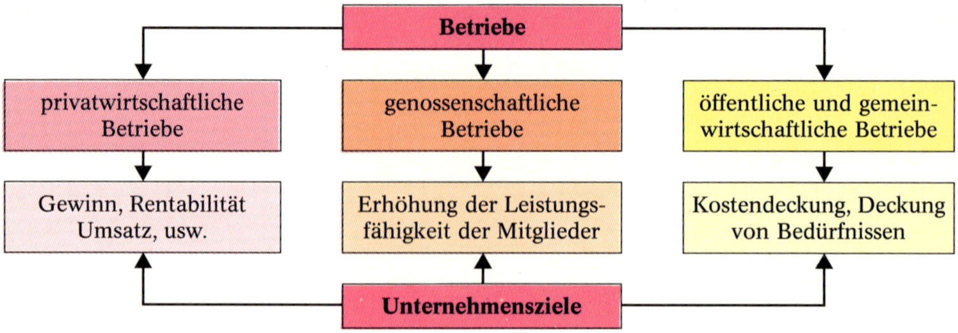


### Verzinsung des investierten Kapitals

Die meisten **Unternehmungen** in einer marktwirtschaftlichen Wirtschaftsordnung versuchen, möglichst viel („maximal“) Gewinn zu erwirtschaften. Da für die Formulierung des Gewinnziels der „maximale“ Gewinn ein viel zu unklarer Begriff ist, legen die Unternehmer je nach ihrem subjektiven Anspruch den Gewinn fest, mit dem sie sich zufrieden geben würden.

***Der Maßstab für den zufriedenstellenden Gewinn ist das eingesetzte Eigenkapital.***

Beziehen wir den Gewinn auf das eingesetzte Eigenkapital, dann erhalten wir die **Rentabilität (des Eigenkapitals):**

$$\text{Rentabilität des Eigenkapitals} = \frac{\text{Gewinn} \cdot 100}{\text{eingesetztes Eigenkapital}}$$

Als Untergrenze für die Rentabilität ist dabei der Bankzinssatz für langfristige Gelder anzusehen. Die Rentabilität bzw. der Gewinn ist eine wichtige Größe für die betriebliche Planung.

### Das Solidaritätsprinzip

**Genossenschaftliche Betriebe** haben die Absicht, die Leistungsfähigkeit ihrer Mitglieder zu stärken. (Parole der ersten Genossenschaften: „Einer für alle, alle für einen!“)

**Beispiel:** *Einkaufsgenossenschaften (z. B. des Spielwarenhandels, der Drogisten) versuchen, durch Zusammenfassung von Kleinaufträgen zu großen Bestellungen die Vorteile des Großeinkaufs zu erhalten und diese an ihre angeschlossenen Betriebe weiterzugeben.*

In der Praxis werden die von der Genossenschaft erwirtschafteten Gewinne nicht voll an die Genossen weitergegeben. Man verwendet diese Gewinnanteile zur Rationalisierung, aber auch zur Expansion. Ziel hierfür ist, die Wettbewerbsfähigkeit der Genossenschaft selbst zu erhalten und zu stärken.

### Das Kostendeckungsprinzip

**Öffentliche Betriebe** (Bundesbahn, Bundespost, Energie- und Wasserversorgungsbetriebe) und **gemeinwirtschaftliche Betriebe** (gemeinnütziger Wohnungsbau) sollen gemeinschaftliche, d. h. öffentliche Bedürfnisse, decken (Versorgungsprinzip). Ihr Ziel kann es nicht sein, bedeutende Gewinne zu erwirtschaften. Um dauerhaft wirtschaften zu können, müssen solche Betriebe aber zumindest ihre Kosten decken. Geringe Gewinne werden natürlich gern in Kauf genommen. Manchmal erzielen auch öffentliche Betriebe stattliche Gewinne, ohne daß man dann die Preise für ihre Leistungen herabsetzt. Solche Gewinne werden dann dazu verwendet, Verluste von Schwesterfirmen abzumildern.

### Das Sicherheitsstreben

Auf **risikoreichen Märkten** geben sich Unternehmer oft mit den Entscheidungen zufrieden, die das geringste unternehmerische Risiko bergen (z. B. bei der Auswahl zukünftiger Absatzgebiete im Export).

Die allgemeinen Unternehmensziele werden in den betrieblichen Teilbereichen zu konkreten Zielen geformt: Beschaffung (Erzielung von Rabatten), Produktion (Kosteneinsparungen), Absatz (höherer Marktanteil), Verwaltung (bessere Informationen), Finanzierung (Verbesserung der Zahlungsfähigkeit) usw.

### Umweltverträglichkeit betrieblicher Maßnahmen

Hemmungsloses Umsatz- und Gewinnstreben kann zu großen, nicht mehr gutzumachenden Umweltschäden führen. Deshalb sind betriebliche Maßnahmen auf ihre Umweltverträglichkeit zu prüfen. Viele Betriebe richten Abteilungen ein, deren Aufgabe es ist, eine ökologische Kontrolle vorzunehmen. Dies verursacht natürlich höhere betriebliche Kosten, kann aber über einen Prestigegewinn auch zu zusätzlichen Erträgen führen.

## 2.6 Die Beziehungen zwischen Produktion und Konsum: Der Wirtschaftskreislauf

Früher waren die Menschen Selbstversorger. Der Haushalt und die Arbeitsstätte waren eine Einheit. Heute sind die Stätten von Produktion und Konsum arbeitsteilig voneinander getrennt. Welche Beziehungen treten zwischen Haushalten und Unternehmungen auf?

Haushalte bieten den Unternehmen Produktionsfaktoren (Arbeitskraft, Boden, Kapital) an und erzielen daraus Einkommen (Lohn oder Gehalt, Miete oder Pacht, Zinsen). Für Arbeitnehmerhaushalte ist Lohn oder Gehalt die wichtigste, oft sogar die ausschließliche Einkommensart. In den Unternehmen werden mit Hilfe der Produktionsfaktoren nach dem ökonomischen Prinzip Güter und Leistungen erstellt, die von den Haushaltungen nachgefragt, d. h. gekauft, und aus ihrem Einkommen bezahlt werden.

***Einem Strom von Gütern und Leistungen (Güterkreislauf) fließt ein gleich großer Geldkreislauf entgegen.***

Dieses Modell des **einfachen Wirtschaftskreislaufs** betrachtet nur die Sektoren Unternehmen und Haushalte. Die Beziehungen dieser beiden Sektoren zum Staat, zum Ausland und zu den Banken werden außer acht gelassen. Unter Berücksichtigung dieser Einschränkungen besagt das Kreislaufmodell, daß

- nur **so viele Güter nachgefragt** werden können, **wie produziert** wurden,
- die Unternehmen nur Güter absetzen können, wenn die Haushalte über ausreichende **Einkommen** verfügen,
- bei einer stationären (d. h. nicht wachsenden und nicht schrumpfenden) Volkswirtschaft die **Geld-** und **Güterströme gleich groß** sind.

Fassen wir alle Unternehmen und alle Haushalte zu je einem Sektor zusammen, so läßt sich der „Wirtschaftskreislauf" wie folgt darstellen:

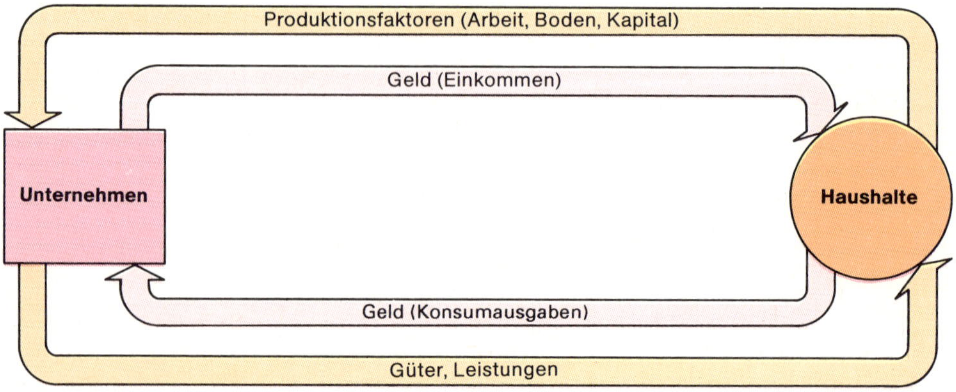


Nun wissen wir aber, daß die Haushalte nicht ihr gesamtes Einkommen für den Konsum ausgeben. Ein Teil des Einkommens wird gespart. Die Haushalte üben gegenwärtig einen **„Konsumverzicht"** aus. Werden die gesparten Beträge im Haushalt aufbewahrt (z. B. im „Sparstrumpf"), so sprechen wir von Horten. In diesem Fall wird dem Kreislauf Geld entzogen, das nun für die Güterproduktion nicht mehr zur Verfügung steht. In der Regel übergeben wir aber unsere Spargelder den Banken und Sparkassen, welche die Ersparnisse an die Unternehmen ausleihen. Der Geldkreislauf ist geschlossen.

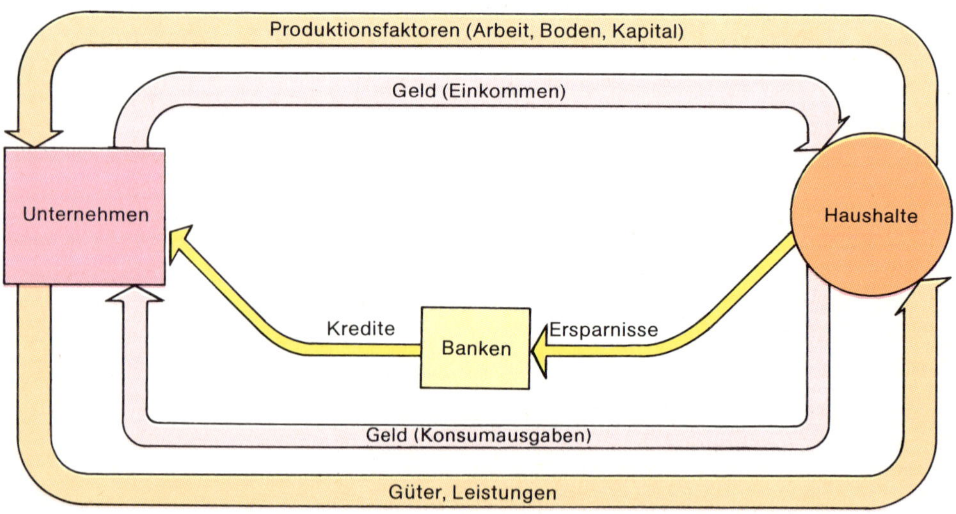


Aus diesem – um die Banken – **erweiterten Kreislaufmodell** können wir ableiten, daß

- die Höhe der **Konsumausgaben** die Güterproduktion bestimmt,


399234

- die Unternehmen unsere **Ersparnisse** für die Anschaffung von Investitionsgütern benötigen,
- die Unternehmen nur soviel **investieren** können, wie **gespart** wird,
- die gesamte Produktion von Gütern und Leistungen einer Volkswirtschaft (das **„Sozialprodukt")** gleich groß mit der **Summe der Konsumausgaben** und **der Ersparnisse** ist,
- das **Volkseinkommen** der Höhe des **Sozialprodukts** entspricht.

In einer absolut **freien Marktwirtschaft** bestimmen die Unternehmen und die Haushalte selbständig (autonom) über Angebot und Nachfrage. Der Marktausgleich wird mit der Preisbildung vorgenommen. Das freie Spiel der Kräfte benachteiligt allerdings leistungsschwache Marktpartner (Alte, Kranke, alleinstehende Mütter, Unternehmen mit ungünstigen Standorten usw.). Deshalb greift **der Staat** in der **sozialen Marktwirtschaft** lenkend ein durch

- seine **Gesetzgebung** (z. B. Mutterschutz, Sozialgesetzgebung, Mieterschutz, Verbraucherschutz) und durch
- Gewährung von **Subventionen** (z. B. für die Landwirtschaft, Mietbeihilfen, Kindergeld, Berlinhilfe);
- mit einer verschieden hohen **Besteuerung** der Einkommen („Progression") belastet der Staat die Bezieher höherer Einkommen stärker. Außerdem stehen den Steuerpflichtigen Freibeträge und der Ansatz bestimmter Ausgaben zur Berücksichtigung ihrer persönlichen, beruflichen und sozialen Situation zu.

Diese staatlichen Eingriffe ändern an den Aussagen über den Wirtschaftskreislauf genauso wenig wie die Tatsache, daß der Staat als Unternehmer auftritt (Bahn, Post, Bundesbank) bzw. einen Haushalt darstellt, der über Einnahmen und Ausgaben verfügt.

Es könnte lediglich sein, daß der **Außenhandel** die Geld- und die Güterströme, also den Kreislauf, stört. Solange aber die Zu- und Abflüsse aus dem Export und dem Import von Gütern, Kapital und Leistungen gleich groß sind, ist auch die Außenwirtschaft neutral, verändert also unsere Aussagen im Kern nicht. Die Regierungen versuchen deshalb, keine **„Ungleichgewichte"** (z. B. Export- oder Importüberschuß) entstehen zu lassen.

## 2.7 „Betriebswirtschaft" und „Volkswirtschaft"

Die Orte, an denen das ökonomische Prinzip angewendet wird, sind entweder Unternehmen oder Haushalte. Beide „Betriebe" erwerben zur Bedürfnisbefriedigung Güter und müssen sparsam mit ihnen umgehen. Die **Betriebswirtschaftslehre** beschäftigt sich besonders mit dem wirtschaftlichen Handeln im und um das Unternehmen. Die Haushalte sind nur dann Gegenstand der Betriebswirtschaftslehre, soweit sie als Verbraucher oder als Arbeitnehmer betriebliche Prozesse beeinflussen. Das Wirtschaften im Haushalt selbst wird nicht dargestellt.

Die Beziehungen

- der Unternehmen untereinander,
- der Unternehmen mit den Haushalten,
- der Unternehmen und der Haushalte zum Staat,
- der Unternehmen und der Haushalte zum Ausland

sind Gegenstand der **Volkswirtschaftslehre.** Allerdings ist für die volkswirtschaftliche Betrachtung weder der Haushalt selbst noch das Unternehmen in seinen inneren Strukturen interessant. Die Volkswirtschaftslehre untersucht die wirtschaftlichen Beziehungen zwischen diesen Einheiten und leitet daraus Gesetzmäßigkeiten ab (Marktpreisbildung, Wirtschaftskreislauf, Konjunkturbewegung, Regelung der Geldmenge usw.).

Innerhalb eines **weltwirtschaftlichen** Zusammenhangs muß sich jede Volkswirtschaft ihre Rolle im internationalem Handel aussuchen. Durch **internationale Arbeitsteilung** versuchen Staaten, die Vorteile der Arbeitsteilung zu nutzen. Jede Volkswirtschaft produziert die Güter, für die sie aufgrund der qualitativen und quantitativen Ausstattung mit Produktionsverfahren am geeignetsten erscheint. So wird die deutsche Landwirtschaft kaum versuchen, in Treibhäusern Orangen anzubauen. Südfrüchte können südliche Länder billiger produzieren. Deutsche Landwirte können dafür andere Staaten mit Molkereiprodukten versorgen. Der über den inländischen Bedarf hinausgehende Produktionsüberschuß wird demnach exportiert. Die Vorteile der internationalen Arbeitsteilung werden allerdings mit einer größeren Abhängigkeit der Staaten untereinander erkauft.

## Zusammenfassung

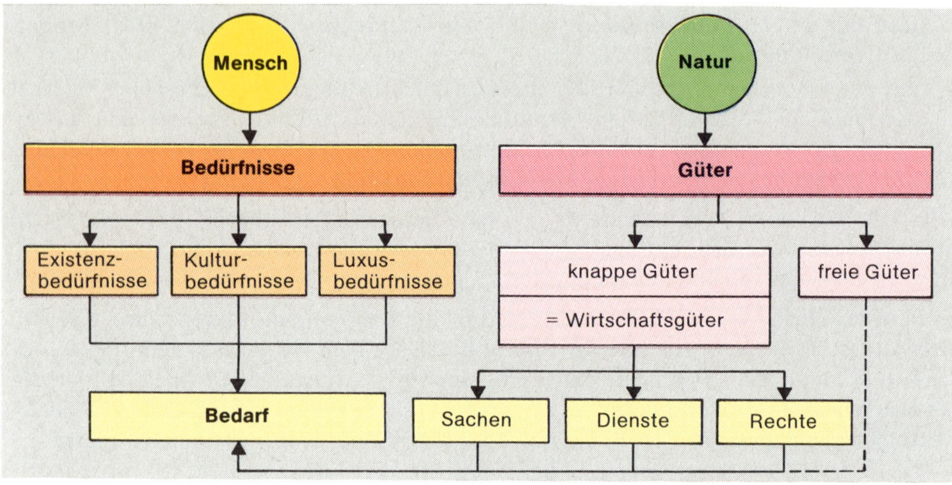


- Güter, die von privaten Haushaltungen gekauft werden, heißen Konsumgüter. Werden sie von Betrieben gekauft, nennen wir sie Produktionsgüter.
- Gebrauchsgüter, die von den Betrieben angeschafft werden, heißen Investitionsgüter.

---

- Minimalprinzip: möglichst geringer Aufwand ⟶ gegebener Ertrag
- Maximalprinzip: gegebener Aufwand ⟶ möglichst hoher Ertrag

---

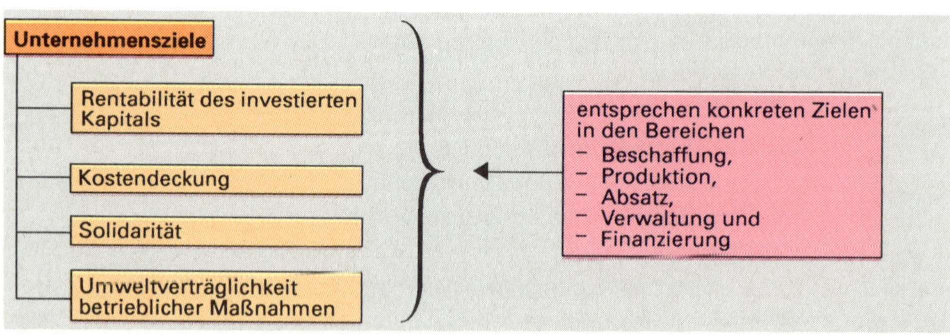

- Zwischen Unternehmen und Haushalten fließen in entgegengesetzter Richtung gleich große Güter- und Geldströme.
- Die Ersparnisse werden von den Unternehmen zur Investition benötigt. Die Banken dienen als Kapitalsammelstellen. Durch Horten wird dem Wirtschaftskreislauf Geld entzogen.
- Das Sozialprodukt einer Volkswirtschaft wird von den Konsumausgaben und den Ersparnissen bestimmt.

**Zusammenfassung:**

Volkswirtschaftliche Produktionsfaktoren:

Die betriebswirtschaftlichen Produktionsfaktoren:

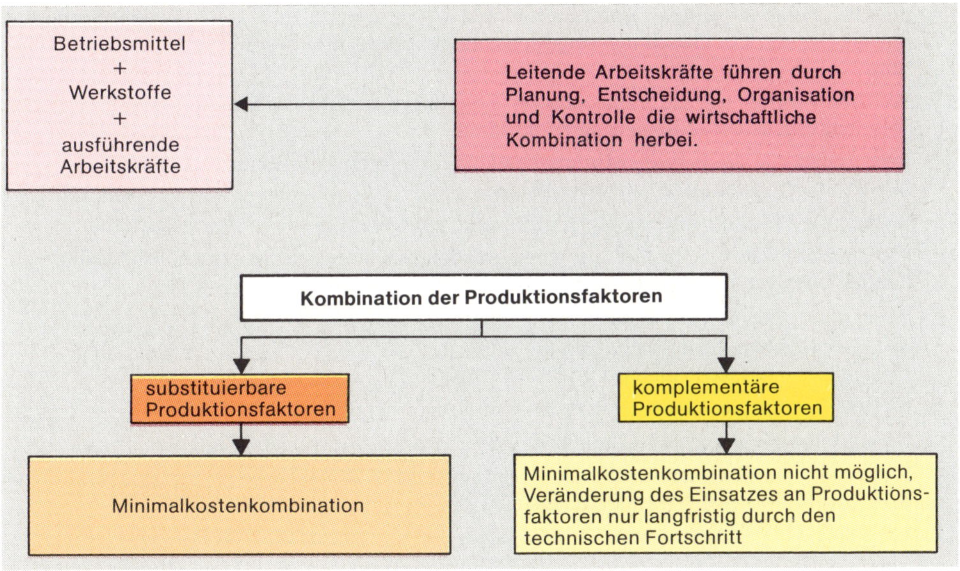


- Der Ort, an dem Anbieter und Nachfrager zusammentreffen, um sich zu informieren und/oder zu kaufen oder zu verkaufen, heißt Markt.
- Das Instrument der Verständigung zwischen Anbietern und Nachfragern ist der Preis.
- **Nachfragekurve:** Steigende Preise führen zu einer sinkenden Nachfrage, sinkende Preise führen zu einer steigenden Nachfrage.
- **Angebotskurve:** Steigende Preise erhöhen das Güterangebot und umgekehrt.
- **Bildung des Marktpreises:** Der Schnittpunkt von Angebots- und Nachfragekurve ergibt den Gleichgewichtspreis. Es wird der größtmögliche Umsatz erzielt. Angebot und Nachfrage sind gleich groß.

## Aufgaben

1. Nennen Sie weitere Existenz-, Kultur- und Luxusbedürfnisse.
2. Der für das „tägliche Leben" nicht erforderliche Teil des Einkommens wird „frei verfügbares" Einkommen genannt. Für welche Güter ist die Höhe dieses frei verfügbaren Einkommens wichtig? Warum?
3. Unterscheiden Sie: Bedürfnis – Bedarf – Nachfrage.
4. Warum machen Konsumgüter andere Vertriebsaktivitäten erforderlich als Produktionsgüter?
5. Welche Produzenten von Investitionsgütern kennen Sie?
6. Nennen Sie weitere Beispiele für das Maximal- und das Minimalprinzip.
7. Nennen Sie öffentliche, gemeinwirtschaftliche und genossenschaftliche Betriebe an Ihrem Wohnsitz und erklären Sie deren Unternehmensziele ausführlich.
8. Warum sind Geld- und Güterströme gleich groß?
9. Begründen Sie, warum Horten in großem Umfang zu einem sinkenden Sozialprodukt führt.
10. Welche Rolle spielen die Banken im Wirtschaftskreislauf?
11. Was besagt die Gleichung: Volkseinkommen = Konsumausgaben + Ersparnisse?
12. Werden die Ersparnisse von den Unternehmern voll als Kredite nachgefragt, so können wir die Gleichung abwandeln: Volkseinkommen = Konsumausgaben + Investition. Formulieren Sie die von der Gleichung aufgestellte Behauptung, und begründen Sie diese Behauptung.
13. Welchen Einfluß hat die Höhe unserer Ersparnisse auf das Volkseinkommen? Wie sind „Maßhalteappelle" der Regierung zu erklären?
14. Beschreiben Sie die Begriffe Minimalkostenkombination, substituierbare und komplementäre Produktionsfaktoren, kritische Menge.
15. Suchen Sie Beispiele für komplementäre und substituierbare Produktionsfaktoren.
16. Warum hat es keinen Einfluß auf den Kartoffelpreis, wenn ein Bauer die Produktion verdoppelt oder ganz einstellt?
17. „Der Marktpreis ist ein Datum."
    a) Unter welchen Voraussetzungen gilt das?
    b) Wie verhalten sich Anbieter und Nachfrager?
18. Warum beginnt die Angebotskurve bei 1 und nicht bei 0?
19. Formulieren Sie die genaue Umkehrung des Gesetzes von Angebot und Nachfrage.
20. Weisen Sie dieses Gesetz im Bereich der Landwirtschaft nach, indem Sie eine gute Ernte bzw. eine schlechte Ernte unterstellen.
21. Für folgende Preise eines Erzeugnisses gelten die Nachfrage- und Angebotsmengen:

| Preis pro Stück | Nachfrage | Angebot |
|---|---|---|
| 40,00 DM | 1 100 | 300 |
| 44,00 DM | 1 000 | 500 |
| 52,00 DM | 800 | 800 |
| 60,00 DM | 600 | 1 100 |
| 64,00 DM | 500 | 1 300 |
| 72,00 DM | 300 | 1 600 |

Ermitteln Sie den Gleichgewichtspreis und den größten Umsatz. Berechnen Sie dazu die jeweiligen Umsätze, Kosten und Gewinne unter der Bedingung, daß die Selbstkosten für ein Stück 35,00 DM betragen. Zeichnen Sie die Angebots- und die Nachfragekurve.

# 3 Der betriebliche Leistungsprozeß

## 3.1 Die Aufgaben der Sach- und Dienstleistungsbetriebe in der Gesamtwirtschaft

***Die Wirtschaft übernimmt die Aufgabe, knappe Güter in eine bedarfsgerechte Form umzuwandeln und der menschlichen Bedürfnisbefriedigung zuzuführen.***

Jeder Betrieb sucht sich dabei das Produktions- und Absatzspektrum[1] heraus, das er am wirtschaftlichsten bereitstellen kann. Durch die Spezialisierung auf bestimmte Produkte entsteht eine Vielzahl unterschiedlicher Sachleistungsbetriebe, die wir nach der Produktionsstufe in Betriebe der Rohstoffindustrie, der Grundstoffindustrie und in Fertigungsbetriebe für Halb- und Fertigerzeugnisse einteilen.

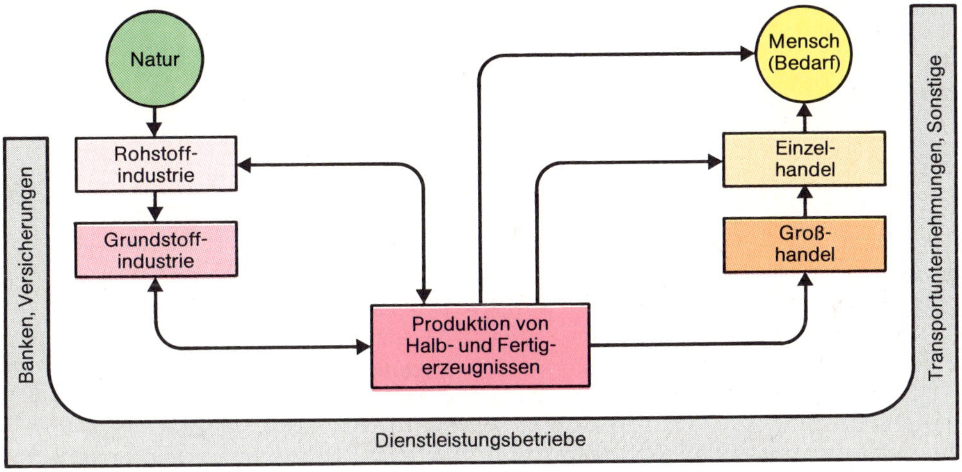


### Die Gewinnung von Rohstoffen

In der ersten Produktionsstufe werden der Natur Rohstoffe entnommen (Kohle, Holz, Bauxit, Früchte usw.). Wir sprechen von **„Urproduktion"**. Die noch unbearbeiteten Stoffe sind zur Bedürfnisbefriedigung noch nicht geeignet. Erze müssen ausgeschmolzen, Rohöl „aufgeschlossen" werden. Eine Ausnahme bilden z. B. Früchte. Zwar erfolgt nach der Ernte in der Regel bereits der Vertrieb an die Verbraucher, doch stellen Früchte für manche Industriebetriebe (Konservenindustrie, Süßwarenindustrie usw.) wichtige Rohstoffe dar.

### Die Herstellung von Grundstoffen

Auf dieser Stufe werden aus den noch unbearbeiteten Rohstoffen Grundstoffe, d. h. die **Ausgangsmaterialien** der Fertigprodukte, hergestellt.

**Beispiele:**

| | | | | |
|---|---|---|---|---|
| **Rohstoff** | *Erz* | *Kautschuk* | *Bauxit* | *Weizen* |
| **Grundstoff** | *Eisen, Stahl* | *Gummi* | *Aluminium* | *Mehl* |

1 Produktionsspektrum = Produktionsprogramm; Absatzspektrum = Vertriebsprogramm, Sortiment

### Die Produktion von Halb- und Fertigerzeugnissen

Ein Automobilwerk produziert nicht alles selbst: Lampen, Batterien, Schlösser usw. werden von „Zulieferern" bezogen. Alle diese Produkte, die für sich selbst nicht verwendungsfähig sind, nennen wir **Halberzeugnisse** (Rohlinge, Teile, Baugruppen). Der Automobilproduzent muß entscheiden, welche Teile des Automobils bezogen und welche selbst produziert werden sollen. Entschließt er sich zur Eigenfertigung (z. B. von Getrieben, Motoren), so entsteht ein Industriebetrieb mit einer großen Produktionstiefe.

Bei der Durchführung seiner Aufgaben wird der Industriebetrieb von Handels- und anderen Dienstleistungsbetrieben unterstützt. Da der Betrieb nicht jede Aufgabe selbst wahrnehmen kann, beansprucht er die Leistungen anderer Betriebe:

- Handelsbetriebe übernehmen die Güterverteilung (Distribution) bis zum Verbraucher,
- Banken, Versicherungen, Verkehrsbetriebe usw. haben sich auf die Bereitstellung vielfältiger Dienstleistungen spezialisiert.

| Betriebe | Produktion (Sachleistungsbetriebe) | Handel | Dienstleistungsbetriebe |
|---|---|---|---|
| Aufgabe | Umwandlung der Produktionsfaktoren in Halb- und Fertigerzeugnisse | Distribution der Erzeugnisse | erstellen Leistungen für<br>– Produktion<br>– Handel<br>– Verbraucher |
| Beispiele | – Investitionsgüter<br>– Konsumgüter | – Großhandel<br>– Einzelhandel<br>– Exporteure<br>– Importeure | – Gastgewerbe<br>– Banken<br>– Versicherungen<br>– Spediteure<br>– Friseure |

## 3.2 Die Aufgaben des Industriebetriebes

Betrachten wir die Aufgaben, denen sich der Industriebetrieb zur Erstellung seiner Leistung widmet:

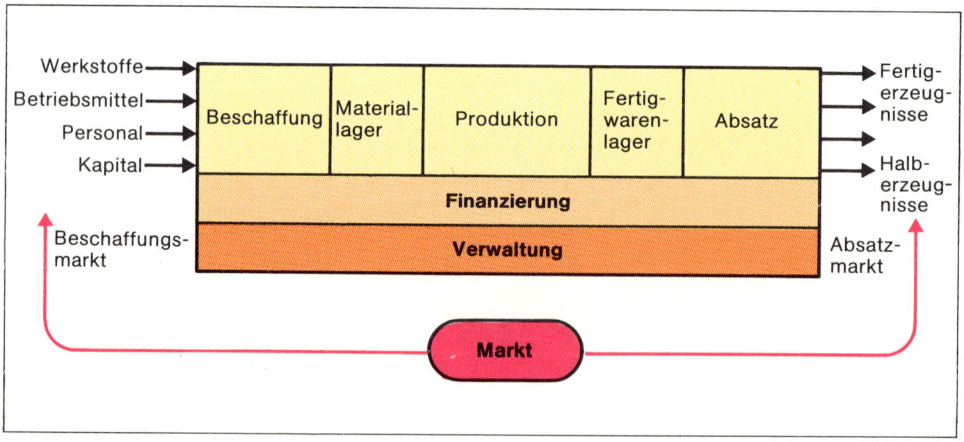




399240

***Beschaffung, Produktion, Absatz, Verwaltung und Finanzierung sind die Hauptaufgaben (Grund- oder Hauptfunktionen) des Industriebetriebes. Dazu tritt die Lagerhaltung als Teilfunktion der Beschaffung der Produktion und des Absatzes, weil eingekaufte Materialien nicht sofort verbraucht bzw. gefertigte Waren nicht sofort verkauft werden können.***

### Die Beschaffung

Unter Beschaffung im weiteren Sinne verstehen wir die **Ausstattung des Betriebes mit** den zur Leistungserstellung erforderlichen **Produktionsfaktoren.** Gegenstand dieses Beschaffungsbegriffes sind dann:

- **Werkstoffe** (Roh-, Hilfs- und Betriebsstoffe, Teile),
- **Betriebsmittel** (Gebäude, Maschinen, Fahrzeuge, Büroeinrichtung),
- **Personal** (Fach- und Hilfskräfte),
- **Kapital** (lang- und kurzfristiges Kapital zur Finanzierung des Aufbaus und der Unterhaltung des Betriebes).

### Die Produktion

Die Fertigung ist die **zentrale Aufgabe** des Industriebetriebes. Hier erfolgt die **Erstellung der betrieblichen Leistung** unter Einsatz der Produktionsfaktoren.

### Der Absatz

Bei einer voll ausgebauten Absatzfunktion beliefert der Industriebetrieb die Verbraucher direkt. Er benötigt dann eine eigene Absatzorganisation auf Groß- und Einzelhandelsebene. Voraussetzung ist natürlich, daß der Betrieb ein ausreichendes und attraktives Sortiment anbieten kann. Meistens verzichten die Produzenten auf einen Teil ihrer Absatzfunktion. Sie überlassen dann dem Groß- und dem Einzelhandel bestimmte Aufgaben (z. B. Beratung der Verbraucher, Kundendienst, Kreditgewährung, Transport der Ware u. a.). Mit der Einschaltung des Handels entstehen dem Industriebetrieb neue Aufgaben wie Angebotserstellung, Beratung und Umwerbung des Handels usw.

### Die Verwaltung

Verwaltung und Finanzierung sind **übergreifende** betriebliche Aufgaben. Sie betreffen alle übrigen Funktionen: Die Personalabteilung stellt Mitarbeiter für alle Abteilungen ein, die Buchhaltung verbucht alle Vorgänge vom Materialeinkauf bis hin zum Verkauf der Fertigerzeugnisse, die Geschäftsleitung verantwortet und leitet alle Bereiche und Abteilungen.

Teilaufgaben der Verwaltung sind:

- Geschäftsleitung,
- Betriebs- und Finanzbuchhaltung,
- Kalkulation,
- Statistik,
- Planung,
- Organisation,
- Datenverarbeitung,
- Prüfwesen (Revision),
- Personalwesen,
- Aus- und Weiterbildung.

### Die Finanzierung

Die Finanzierung übernimmt die Aufgabe, alle Bereiche des Unternehmens in ausreichendem Maße mit **Kapital** zu versorgen. Greifen wir uns einige Teilaufgaben der Finanzierung heraus:

- Im Bereich der **Beschaffung:** das Materiallager muß eingerichtet werden; Löhne für das Lagerpersonal müssen überwiesen werden; Roh-, Hilfs- und Betriebsstoffe müssen bezahlt oder gestundet werden.
- Im Bereich der **Produktion:** Räume, Maschinen, Transportgeräte müssen beschafft werden; Löhne und Gehälter für Arbeiter, Meister und Ingenieure bezahlt werden.
- Im Bereich des **Vertriebs:** Löhne für Lagerarbeiter; Gehälter für Sachbearbeiter, Marktforscher; die Absatzorganisation muß errichtet und unterhalten werden; Werbemaßnahmen müssen finanziert werden.
- Im Bereich der **Verwaltung:** Aufbau der betrieblichen Organisation und deren Unterhaltung kosten Geld.

## 3.3 Die Aufgaben der Handels- und Dienstleistungsbetriebe

### Handelsbetriebe

- stellen aus den vielen Produktionsprogrammen der Hersteller ein für die Verbraucher attraktives Warenangebot zusammen (Sortimentsfunktion),
- überbrücken die zeitliche und räumliche Diskrepanz[1] zwischen Produktion und Konsum durch Lagerhaltung und Transport,
- gruppieren die großen Produktionsmengen in kleine Nachfragemengen um. Statt mit einer riesigen Zahl von Verbrauchern hat es der Industriebetrieb nur mit relativ wenigen Handelsbetrieben zu tun.
- übernehmen Reparatur- und Serviceleistungen,
- beraten und informieren die Verbraucher.

### Verkehrsbetriebe

- beraten, indem sie über die Transportmöglichkeiten Auskünfte geben bzw. Frachtverträge vermitteln (Spediteure),
- führen den Warentransport durch (Frachtführer),
- übermitteln Nachrichten (Bundespost).

### Banken

- verschaffen den Betrieben Fremdkapital,
- helfen bei der Beschaffung von Eigenkapital (Ausgabe neuer Aktien, Vermittlung von Gesellschaftern),
- beschaffen die für den Import erforderlichen ausländischen Zahlungsmittel,
- führen den Zahlungsverkehr mit Kunden und Lieferern durch.

1 Unterschied



399242

### Versicherungen

- übernehmen betriebliche Risiken gegen Zahlung von Prämien.

**Weitere Dienstleistungsbetriebe,** wie z. B. Werbeagenturen, Organisationsbüros, Anwaltskanzleien, Maler- und Tapezierbetriebe, stellen den Betrieben ihre Leistungen zur Verfügung.

## 3.4 Leistungsprozesse in Sach- und Dienstleistungsbetrieben

Aus den Grundfunktionen der Betriebe ergeben sich auch deren spezifischen Leistungsprozesse.

***Unter einer betrieblichen Leistung versteht man die Erstellung und Bereitstellung von Sachgütern und Dienstleistungen.***

### Der Leistungsprozeß im Produktionsbetrieb

Den Prozeß der Gewinnung von Rohprodukten, ihre Be- und Verarbeitung bis hin zum fertigen Erzeugnis bezeichnen wir als **Produktion.** Dies ist die **zentrale Aufgabe** der **Industriebetriebe.** Durch die Produktionswirtschaft unterscheidet sich der Industriebetrieb grundlegend von allen anderen Betrieben, wie z. B. Handels-, Bank- oder Versicherungsbetrieben.

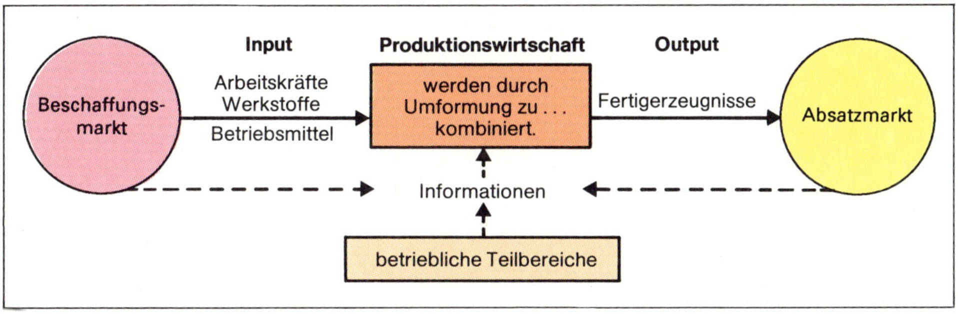


Wir können manchmal ganz kurze **Produktionsprozesse** beobachten: In einer Töpferei formt man z. B. aus Lehm einen Krug, der gebrannt, bemalt und glasiert schon ein Fertigerzeugnis darstellt. Dagegen ist die Produktion von Automobilen sehr viel komplizierter. Blech, Kupfer, Kunststoffe, Lack usw. müssen in **„Vorstufen“** von anderen Industriebetrieben erzeugt werden. Dazu kommen noch die vielen Einzelteile und Produkte (Reifen, Stoßdämpfer, usw.), die als Ergebnis mehrerer **Produktionsstufen** bei der Montage benötigt werden.

Betrachten wir den zur Produktion eines Blechschrankes ablaufenden Prozeß: Erforderlich sind

- Walzbleche, Montagematerial, Lacke, Schmiermittel usw. **(Werkstoffe),**
- Bandsägen, Pressen, Bohrmaschinen, Lackieranlagen usw. **(Betriebsmittel),**
- Ingenieure, Meister, Arbeiter, Angestellte **(Personal),**
- Geldmittel **(Kapital),**
- Energie, Mieten **(Dienste).**

(Zum Verfahren der Leistungserstellung vgl. 3.5.)

Der Einsatz dieser betrieblichen Produktionsfaktoren verursacht Kosten; deshalb wird die kostengünstigste Produktionsweise angestrebt.

Weil die nichterneuerbaren Energievorräte nur noch wenige Jahrzehnte zur Verfügung stehen, ist mit Preiserhöhungen auf diesem Sektor zu rechnen. Wird der Produktionsfaktor Energie in Zukunft teuerer, so muß der Verbrauch so sparsam wie möglich vorgenommen werden, was zu einer **neuen** Minimalkostenkombination führt.

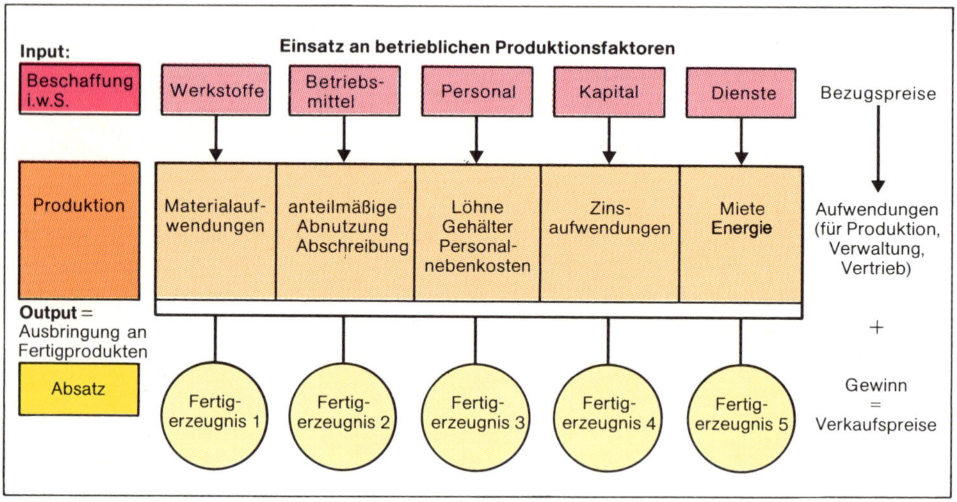


Teilaufgaben der Produktion sind:

- Forschung und Entwicklung,
- Planung und Vorbereitung des Fertigungsprozesses,
- Fertigung,
- Durchführung von Rationalisierungsmaßnahmen,
- Produktprüfung,
- Lagerung.

In dem Schema ist zu erkennen, daß die betriebliche Leistung in der Phase der Produktion ihren bedeutendsten Wertzuwachs erfährt, ihren endgültigen Wert aber erst mit dem Verkauf erhält.



399244

## Der Leistungsprozeß im Handelsbetrieb

Zu den Dienstleistungsbetrieben gehören die Handelsbetriebe. Auch sie bringen keine Güter hervor. Ihre Leistung besteht darin, die Güter von den Herstellern (manchmal auch von anderen Handelsbetrieben oder Haushalten) zu den Abnehmern (Betriebe oder Haushalte) weiterzuleiten.

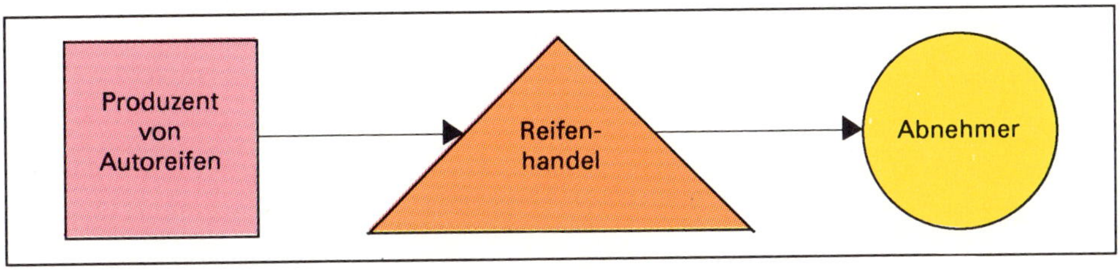


Bei dieser Umgruppierung von Waren kauft der **verteilende Handel** Güter in größeren Mengen vom Hersteller, um sie in kleineren Mengen an den Endabnehmer (z. B. Privathaushalt) zu verkaufen.

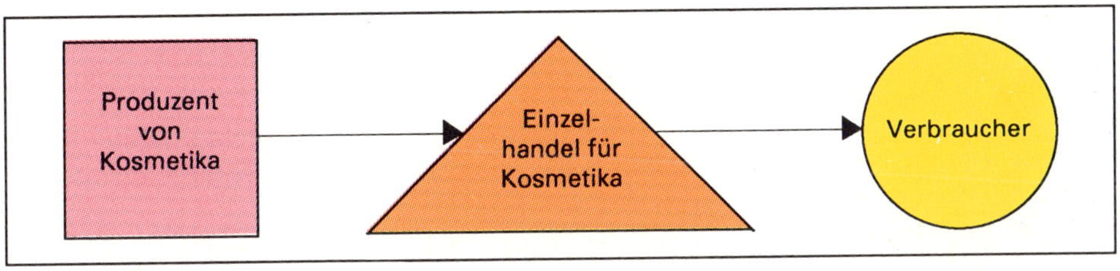


Der **sammelnde Handel** kauft Produkte in kleineren Mengen ein, sammelt und sortiert sie und verkauft sie in größeren Mengen an den Endabnehmer (so z. B. bei landwirtschaftlichen Erzeugnissen, Fellen, Holz, Recyclingprodukten).

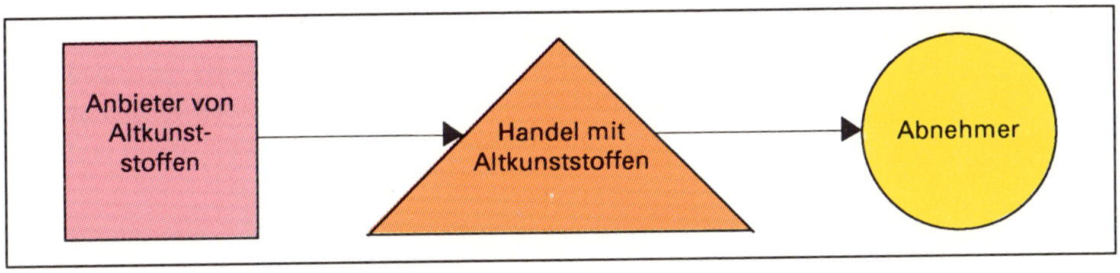


Die Handelsbetriebe entlasten also die Produktionsbetriebe, indem sie ihnen die wesentlichen Aufgaben des Absatzes abnehmen.

Die Hauptleistung des Handelsbetriebes besteht in der **Sortimentsgestaltung.** Der Handel trifft aus den vielfältigen Angeboten der Hersteller eine Auswahl an Gütern und stellt sie zu einem Sortiment zusammen, das den Wünschen seiner Kunden nach Art, Güte, Preis und Umfang entspricht. Die Kunden können aus dem Sortiment, das sich aus den Angeboten verschiedener Hersteller zusammensetzt, wählen, prüfen und, ohne lange Wege zurückzulegen, kaufen.

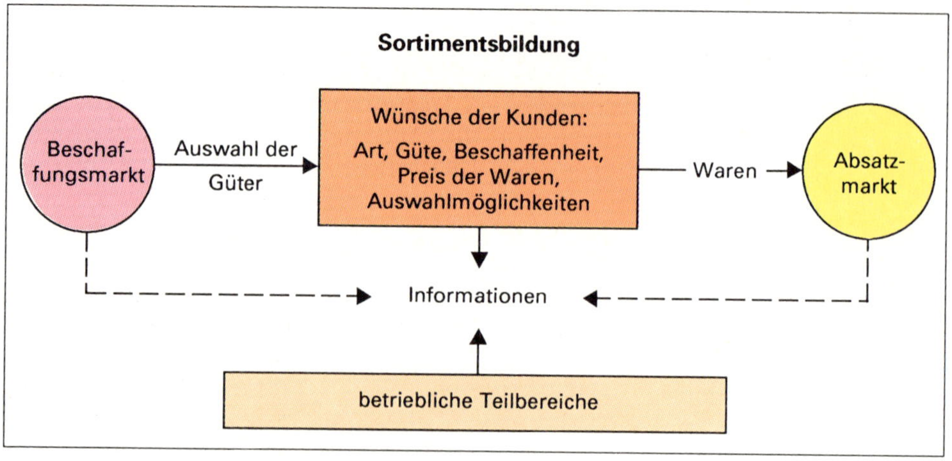


Die **Sortimentsgestaltung** des Handels ist abhängig von

- der **Branche** (Bekleidung, Haushaltswaren, Fahrräder),
- der **Betriebsform** (z. B. im Einzelhandel: Fachgeschäft, Warenhaus; im Großhandel: Zustell- oder Abholgroßhandel),
- dem **Kundenkreis** (Kaufverhalten und der Kaufwünsche).

Der besondere Charakter der betrieblichen Leistung im Handel besteht in seiner **Sortimentsstruktur.** Der Händler muß entscheiden, wie sich sein Sortiment zusammensetzen soll. Aus welchen

- **Warengruppen** (z. B. Herren-, Damen- und Kinderfahrräder),
- **Artikeln** (z. B. Touren- oder Rennräder),
- **Sorten** (Kinderräder in bestimmten Größen und Farben)

soll sich sein Sortiment zusammensetzen?

Welchen Umfang soll das Sortiment einnehmen?

- Ein **breites Sortiment** enthält viele Warengruppen, aber meistens besteht nur eine geringe Auswahl innerhalb einer Warengruppe **(flaches Sortiment).** Ist das Sortiment nur auf eine oder wenige Warengruppen beschränkt, so handelt es sich um ein **schmales Sortiment.** Je mehr Artikel und Sorten der Händler anbietet, um so **tiefer** ist ein Sortiment.

Der Erfolg der betrieblichen Leistung des Handels hängt oft davon ab, aus welchen Warenarten sich sein Sortiment zusammensetzt.

Sortimentszusammensetzung

**beratungsfreie** bzw. erklärungsbedürftige Güter, z. B. Schrauben, Dübel, elektrische Bohrmaschinen.

**materialorientiert,** z. B. Lederwaren, bzw. bedarfsorientiert, z. B. Heimwerkerbedarf, Reise- und Freizeitbedarf.

**Kern- und Randsortiment,** z. B. das Kernsortiment Herrenoberbekleidung wird abgerundet durch Schuhe, Schirme, Zeitschriften.

## Zusammenfassung

1\. Betriebe

**Sachleistungsbetriebe**

- Rohstoffgewinnung (Urproduktion)
- Grundstoffindustrie
- Herstellung von Halb- und Fertigerzeugnissen (Industrie und Handwerk)

**Dienstleistungsbetriebe**

- Handel
  - Großhandel
  - Einzelhandel
- Verkehrsbetriebe
- Kreditinstitute
- Versicherungsbetriebe
- sonstige Betriebe
  - Friseur
  - Steuerberater
  - Werbeagentur
  - Reisebüro

2\. Die betrieblichen Grundfunktionen der Industrie sind:
Beschaffung, Produktion, Absatz, Lagerhaltung, Verwaltung und Finanzierung.

3\. Die Dienstleistungsbetriebe stellen auf allen Stufen des Wirtschaftsprozesses ihre Leistungen den Betrieben zur Verfügung.

4\. Die Hauptaufgabe der Industrie besteht in der Produktionswirtschaft. Hier werden Produktionsfaktoren im Rahmen eines Umwandlungsprozesses zu verkaufsfähigen Erzeugnissen kombiniert.

5\. Die zentrale Aufgabe des Handels besteht in der Sortimentsgestaltung.

## Aufgaben

1. Erläutern Sie am Beispiel der Bleistiftherstellung das Zusammenwirken der Betriebe auf unterschiedlichen Wirtschaftsstufen.
2. Welche ergänzende Rolle spielen in diesem Prozeß die Dienstleistungsbetriebe?
3. Welche besonderen Aufgaben übernimmt der Handel für die Industrie?
4. Nennen Sie weitere Dienstleistungsbetriebe und deren Leistungen.
5. Können Sie sich erklären, warum man den „Dienstleistungssektor" für den Wirtschaftszweig mit den günstigsten Entwicklungsmöglichkeiten hält?
6. Welche Arten von Dienstleistungen bezieht Ihr Ausbildungsbetrieb?

## 3.5 Fertigungsverfahren

***Mit der Entscheidung über die Fertigungsverfahren versucht der Industriebetrieb, in der Fertigung laufend eine optimale Kombination der Produktionsfaktoren zu erreichen.***

Damit werden Art und Höhe der **Kosten** vorbestimmt, aber auch die **Ertragschancen** beeinflußt:

- Wie hoch sind die Personalkosten?
- Wie hoch sind die maschinenabhängigen Kosten (Abschreibungen, Instandhaltung usw.)?

- Wie hoch sind die Zinsen? (Wie lange dauert der Produktionsprozeß? usw.)
- Wie hoch sind die Stückkosten (als Basis für den Verkaufspreis und für die Wettbewerbsfähigkeit)?
- Wie gut soll die Qualität der Erzeugnisse sein?

## 3.5.1 Fertigungsverfahren nach der Menge gleichartiger Erzeugnisse

Nach der **Häufigkeit der Leistungswiederholung** unterscheiden wir Einzel- und Mehrfachfertigung (Serien-, Sorten- und Massenfertigung).

### 3.5.1.1 Die Massenfertigung

***Bei der Massenfertigung werden große Mengen standardisierter Erzeugnisse über einen zeitlich unbegrenzten Zeitraum ohne Veränderung für den anonymen Markt auf denselben Betriebsmitteln aus gleichen Werkstoffen produziert.***

Der Betrieb fertigt hier **im voraus auf Lager,** ohne bereits unbedingt über Kundenbestellungen zu verfügen.

**Beispiele:** *Gaswerk, Zementwerk, Bierflaschenfabrik, Ölraffinerie, Zigarettenhersteller.*

**Vorteile** der Massenfertigung:

- Der Einsatz von Spezialmaschinen ist möglich.
  Der hohe Mechanisierungsgrad bedingt relativ niedrige Personalkosten.
- Die dafür anfallenden (in der Regel fixen) maschinenabhängigen Kosten nehmen mit steigender Ausbringungsmenge pro Stück ab.
- Die Arbeitsvorbereitung beschäftigt sich mit dem Prozeß der Planung und der Steuerung der Produktion nur einmal (vor dem Anlaufen der Produktion). Sie beschäftigt sich dann mit Kontrollaufgaben und Rationalisierungsmaßnahmen.
- Der Fertigungsprozeß ist übersichtlich, die Qualitätskontrolle offensichtlich.

**Nachteile** der Massenfertigung:

- Auf individuelle Käuferwünsche kann keine Rücksicht genommen werden.
- Die Fertigung ist anlagen- und kapitalintensiv.
- Bei Marktänderungen ist der Betrieb relativ unelastisch.
- Bei Produktänderungen werden komplizierte und zeitraubende Umstellungsarbeiten erforderlich.

### 3.5.1.2 Die Serienfertigung

***Bei der Serienfertigung werden standardisierte Erzeugnisse in meistens von vornherein beschränkter Stückzahl produziert.***

Manchmal läuft eine Serie so lange, bis Marktänderungen ein neues Produkt und damit eine neue Serie erzwingen. Die Produkte der einzelnen Serien unterscheiden sich voneinander, sind aber innerhalb einer Serie gleich.

Soll eine **neue Serie** anlaufen, so muß der gesamte Maschinenpark für die folgende Produktion **umgerüstet** werden. Beim Umbau sind für neue Werkzeuge, Vorrichtungen, Schablonen, aber auch möglicherweise für neue Födereinrichtungen zu sorgen. Für die „Einsteller", welche das „Rüsten" der Anlagen durchführen, sind Löhne zu bezahlen. Zu diesen **Rüstkosten** gehören noch: Entwicklungskosten der neuen Serie und die während des Produktionsstillstands anfallenden (fixen) Kosten (Zinsen, Miete usw.). Alle diese Kosten sind in ihrer Höhe von der Größe der Serie, ihrer Auflage, unabhängig. Man bezeichnet sie deshalb auch als **auflagenfixe Kosten.** Legt man diese Kosten auf die Stückzahl der produzierten Güter um, so erkennt man, daß die Stückkosten um so niedriger sind, je größer die Auflage ist. Diese Erscheinung bezeichnet man als **Auflagendegression.**

Zu groß darf eine Auflage deshalb auch nicht sein. Es entstehen die mit hohen Fertigwarenbeständen verbundenen Kosten: z. B.

- Kosten für die Lagerhaltung,
- Zinsen für das in die Bestände gebundene Kapital,
- Kosten für das Lagerrisiko (Verderb, Mode).

Die Produktionsmenge, von der ab der durch die Auflagendegression erzielte Kostenvorteil gerade durch zusätzliche Lagerkosten aufgezehrt wird, heißt **„optimale Losgröße".**

### 3.5.1.3 Die Sortenfertigung

***Werden mehrere Erzeugnisse aus den gleichen Grundstoffen bei gleichen Fertigungsverfahren produziert, so spricht man von Sortenfertigung. Dabei weisen die Endprodukte geringfügige Unterschiede auf.***

Häufig wird die Produktion verschiedener Sorten parallel auf gleichen Anlagen vorgenommen. Der Zeitraum der Sortenproduktion bzw. die Höhe der gesamten Produktionsmenge steht dabei von vornherein noch nicht fest.

**Beispiele:** *Brauerei, Ziegelei, Walzwerk, Schraubenfabrik, Bekleidungsindustrie.*

### 3.5.1.4 Sonderformen der Mehrfachfertigung

Kuppel-, Chargen- und Parteifertigung sind Sonderformen der Mehrfachfertigung. Bei der **Kuppelproduktion** fallen während der Bearbeitung eines Rohstoffes ab einem bestimmten Punkt (split-off-point) zwangsläufig zwei oder mehrere Produkte an. In der Regel ist das Mengenverhältnis der Kuppelprodukte konstant, d. h. nicht beeinflußbar.

**Beispiele** *für Kuppelprodukte:*

- *Koks, Teer und Ammoniak bei der Produktion von Leuchtgas,*
- *Roheisen, Gas und Schlacke im Hochofen,*
- *Fleisch, Häute, Knochen im Schlachthaus.*

Partie- und Chargenfertigung sind Sonderformen der Sortenfertigung. Bei der **Chargenfertigung** erfolgt die Produktion in verschiedenen, für sich **selbständigen Einheiten (z. B. Hochöfen).** Dabei bilden sich für jede Einheit **qualitative Unterschiede bei den**

**Endprodukten** (Chargen) heraus. Häufig versucht man, diese Unterschiede durch Mischen zu beseitigen. Die Qualitätsunterschiede bei der Chargenfertigung ergeben sich, weil

- qualitativ unterschiedliche Materialien verarbeitet werden,
- (chemische) Produktionsprozesse manchmal nicht vollständig beherrschbar sind (z. B. Schmelzen).

Treten bei der Bearbeitung eines **Fertigungsmaterials** (z. B. Häute) **unterschiedliche Endprodukte** (z. B. Leder, Federn, Baumwolle) auf, so werden diese nach gleichen Qualitätsmustern sortiert. Jede dieser Partien wird nun für sich weiterbearbeitet. Wir sprechen in diesem Fall von **Partiefertigung.**

### 3.5.1.5 Die Einzelfertigung

***Wird nur ein Erzeugnis einer Art produziert, so sprechen wir von Einzelfertigung.***

Eine Wiederholung der Produktion des einzelnen Erzeugnisses ist nicht geplant, kommt aber vor.

**Beispiele:** *Anlagenbau („Einrichtungsindustrie"), Großmaschinenbau, Schiffsbau, Turbinenbau. Sehr oft kommt die Einzelproduktion in Betrieben mit Mehrfachfertigung in bestimmten Abteilungen vor (Werkzeugmacherei, Modellbau).*

**Kennzeichen der Einzelfertigung** sind:

- Die Auflagendegression stellt sich nicht ein.
- Die Fertigungsplanung muß jeden Vorgang individuell bearbeiten.
- Es werden anpassungsfähige Betriebsmittel (Universalmaschinen) eingesetzt.
- Die der Einzelfertigung meist entsprechende Organisationsform ist die Werkstättenfertigung.
- Es ist schwierig, eine gute Auslastung aller Betriebsmittel zu erreichen.
- Handarbeit spielt eine große Rolle. Die Mitarbeiter müssen vielseitig verwendbar sein.

Durch welche **Maßnahmen** lassen sich die **Nachteile der Einzelfertigung** zumindest **abmildern?**

- Soweit es die Marktstellung zuläßt: **keine Sonderwünsche** der Kunden annehmen;
- durch **Normung und Typung** versuchen, zu Kleinserien zu kommen:
  - Normteile und sonstige mehrfach (in verschiedenen Erzeugnissen) verwendbare Einzelteile können in der Vorfertigung in Serie produziert werden. In der Endmontage bleibt es hier bei der Einzelfertigung.
  - Beim Baukastensystem werden verschiedene Baugruppen (Motoren, Getriebe, Generatoren u. a.) in Serie gefertigt. Durch vielfache Kombinationsmöglichkeiten ergeben sich unterschiedliche Endprodukte.
  - Manchmal können ähnliche Teile zu Teilefamilien zusammengefaßt werden. Eine Teilefamilie wird dann mit denselben Betriebsmitteln (Maschinen und Werkzeugen) hergestellt. Teuere Rüstvorgänge werden somit vermieden.

- **Sonderwünsche erst in der letzten Fertigungsstufe** einarbeiten.
- Fertigerzeugnisse durch **Nacharbeiten** den individuellen Kundenwünschen anpassen.

Da der Betrieb bei der Einzelfertigung erst nach Vorliegen eines Auftrages mit der Planung beginnen kann, sprechen wir auch von **Auftragsfertigung.** Eine Produktion im voraus (Lagerfertigung für den anonymen Markt) ist nicht möglich. Dadurch entfällt die Möglichkeit, Marktschwankungen durch ein Fertigungswarenlager auszugleichen. Unterbleiben bei schlechter Geschäftslage Kundenbestellungen, so schlägt dies sofort auf die Fertigungskapazität zurück: Verluste aus Unterbeschäftigung drohen, weil

- Löhne, Mieten, Zinsen weiter bezahlt werden müssen,
- die betrieblichen Produktionsfaktoren (besonders die Betriebsmittel und das Personal) nicht exakt an die Auftragslage angepaßt werden können.

Um solche Nachteile auszuschließen, werden Aufträge nicht sofort ausgeführt. Es entsteht ein Bestand an unerledigten Aufträgen: der **Auftragsbestand.** Der Betrieb schafft sich somit ein **Polster,** um seine Kapazität gleichmäßig auslasten zu können.

## 3.5.2 Fertigungsverfahren nach der Organisation der Betriebsmittel

Mit der **räumlichen Anordnung** der einzelnen Arbeitsplätze legt der Betrieb seine Ablauforganisation fest. Damit wird der Arbeitsablauf in der Fertigung und somit der Materialfluß vorgezeichnet. Eine rationelle Organisation der Betriebsmittel bestimmt die Wirtschaftlichkeit der Fertigung. Bei der Lösung dieses Organisationsproblems werden uns folgende Ziele leiten müssen:

- Die Arbeitsgegenstände sollen während der Fertigung **kürzeste Wege** durchlaufen, damit Raumkosten und Zinsen gespart werden.
- Es sollen „**Wartezeiten**" und „**Warteschlangen**" vermieden werden. Unter Wartezeit versteht man jenen Zeitraum, in dem ein Mitarbeiter seine Arbeit unterbrechen muß, weil der Materialnachschub ausbleibt. Warteschlangen entstehen, wenn an einem Betriebsmittel langsamer gearbeitet wird als in der vorhergehenden Fertigungsstufe. Die sich vor dem langsameren Betriebsmittel anhäufenden Arbeitsgegenstände bedeuten eine Zeitverzögerung in der Fertigstellung des Auftrages.
- Da der Fertigungsprozeß von Menschen durchgeführt und überwacht wird, müssen **humane Arbeitsbedingungen** geschaffen und erhalten werden.

### 3.5.2.1 Die Werkbankfertigung

Bei der Werkbankfertigung wird ein Erzeugnis an einem **ortsgebundenen Arbeitsplatz** erstellt. Hilfsmittel wie Werkzeuge werden dabei um den Arbeitsplatz herum gruppiert. Da in der Regel nur ein niedriger Mechanisierungsgrad gegeben ist, werden von den eingesetzten Mitarbeitern vielseitige Kenntnisse und Fertigkeiten verlangt. Die Werkbankfertigung finden wir besonders im **Handwerk** (Schneider, Schuster, Reparatur von Kraftfahrzeugen), aber auch in **einzelnen Abteilungen** von Industriebetrieben (Modellbau, Werkzeugbau).

## 3.5.2.2 Die Werkstättenfertigung

Werden Arbeitsabläufe in einzelne Verrichtungen zerlegt (Arbeitszerlegung), so können Arbeiten mit gleichen oder ähnlichen Aufgaben räumlich zusammengefaßt werden. Bei dieser **verfahrensgebundenen Ordnung** kommt es zur **Anordnung gleichartiger Maschinen in Werkstätten.** Welche Besonderheiten, Vorzüge und Probleme sind mit diesem Fertigungsverfahren verbunden? Ein Beispiel soll uns die Antworten auf diese Frage geben.

Zur Produktion eines Normschrankes aus Walzblech werden folgende Arbeitsvorgänge und folgene Betriebsmittel ausgewählt:

| Nr. | Vorgang | Betriebsmittel |
|---|---|---|
| 1 | sägen | Bandsäge |
| 2 | feilen | Werktisch 1 |
| 3 | stanzen | Handhebelpresse |
| 4 | graten | Werktisch 2 |
| 5 | abkanten | hydraulisch gesteuerte Presse |
| 6 | Gewinde schneiden | Bohrmaschine mit Gewindeschneidekopf |
| 7 | entfetten | Galvanikbad |
| 8 | lackieren | Spritzkabine |
| 9 | verschrauben | Montageplatz |

Sind in einem Betrieb die Anlagen nach dem Verrichtungsprinzip angeordnet, so ergibt sich dabei folgender **Materialfluß:**

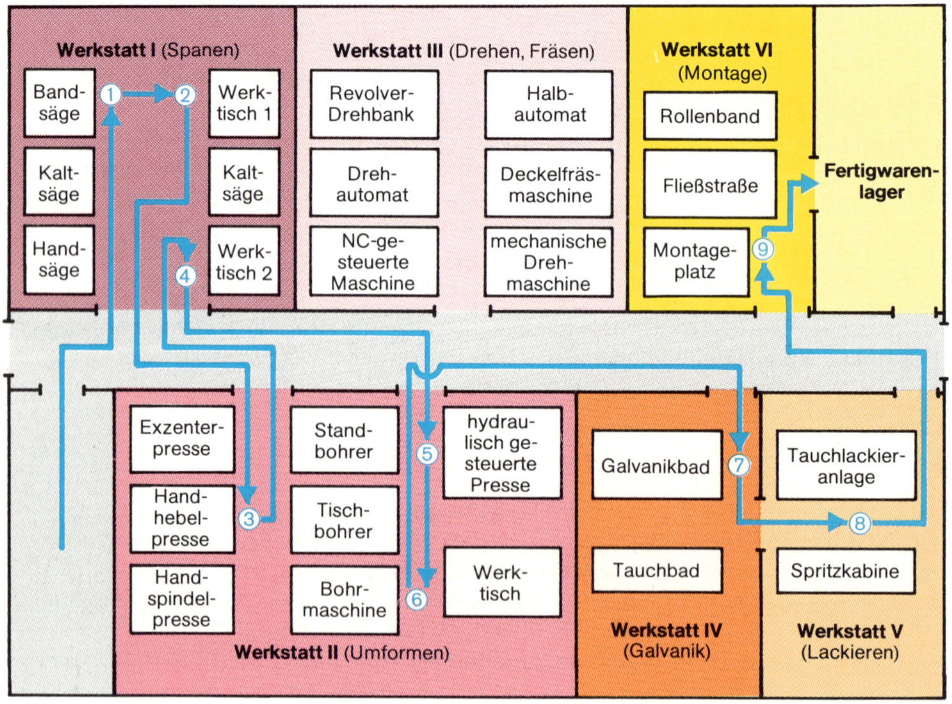




399252

Diese Anordnung der Betriebsmittel ist von **Vorteil,**

- wenn ein vielfältiges Produktionsprogramm unter einem ständigen Wechsel der Arbeitsverfahren gefertigt wird;
- wenn kleine Losgrößen produziert werden (Einzel- und Kleinserienfertigung);
- wenn eine bestimmte Folge von Arbeitsvorgängen bei verschiedenen Produkten nicht gegeben ist;
- wenn die zeitliche Abstimmung in Form von Arbeitstakten nicht erreicht werden kann;
- wenn bestimmte Arbeitsplätze räumlich abgetrennt werden müssen, weil sie ihre Umgebung durch Gase, Hitze, Lärm usw. beeinträchtigen;
- wenn wegen der Lage auf dem Absatzmarkt eine große Programmelastizität gewünscht wird;
- weil Betriebsstörungen bei einem Betriebsmittel sich nicht auf andere auswirken;
- weil Mitarbeiter vom Arbeitstempo der vorhergehenden Fertigungsstufe weitgehend unabhängig sind;
- weil die damit verbundene relative Unabhängigkeit den Leistungswillen stärkt und motiviert.

Die Werkstättenfertigung weist allerdings einige betriebswirtschaftlich sehr bedeutsame **Nachteile** auf:

- Der lange Materialfluß bindet die in der Produktion verbrauchten Werte zeitlich auch länger (hohe Kapitalbindung).
- Deshalb ergeben sich hohe Zinsaufwendungen.
- Der Transport der Arbeitsgegenstände muß bei unterschiedlichen Arbeitsfolgen und zwischen wechselnden Arbeitsplätzen möglichst variabel erfolgen.
- Es entstehen hohe Kosten für den innerbetrieblichen Transport.
- Die Kapazitätsauslastung aller Betriebsmittel ist schwierig.
- Die Terminplanung ist schwierig.
- Die Fertigungsplanung und die Fertigungssteuerung sind aufwendig und kompliziert.
- In den einzelnen Werkstätten entstehen Zwischenlager, die die ohnehin langen Durchlaufzeiten noch erhöhen.

### 3.5.2.3 Das Flußprinzip

Der zeitraubende Materialfluß wird verkürzt, wenn man die Betriebsmittel räumlich nach der bei der Produktion erforderlichen **Arbeitsfolge** anordnet. Die Organisation der Betriebsmittel wird hier also durch den Ablauf der Arbeitsverfahren bestimmt **(ablaufgebundene Ordnung).** Für die Produktion des Normschrankes erhalten wir somit den folgenden Aufbau der Anlagen:

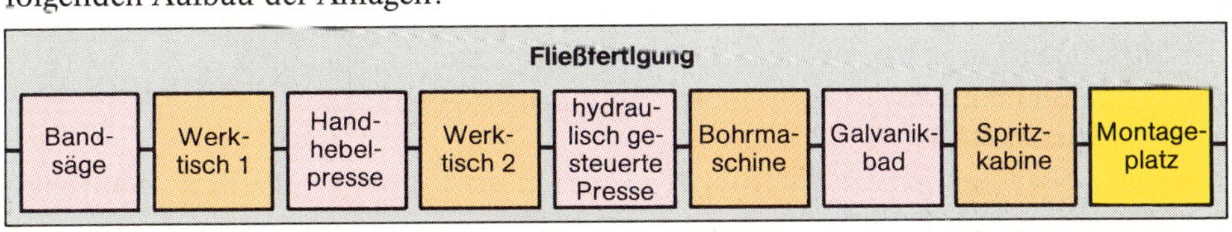


Für den Betrieb wird eine derartige Anordnung der Betriebsmittel nur dann sinnvoll sein, wenn große Erzeugnismengen gefertigt werden können. Da sich der Betrieb beim

Kauf der Anlagen langfristig bindet, müssen nach Verwirklichung des Flußprinzips die Arbeitsverfahren gleich bleiben. Das bedeutet, daß ein Wechsel des Produktionsprogrammes nicht bzw. nur nach aufwendigen Rüstarbeiten in Frage kommt.

Das Flußprinzip wird betriebswirtschaftlich gekennzeichnet durch folgende

| Vorteile | Nachteile |
|---|---|
| – relativ geringe Transportwege<br>– keine bzw. kleine Zwischenlager<br>– kurze Durchlaufzeiten<br>– Einsparung von Personal<br>– Verwendung ungelernter Arbeitskräfte möglich<br>– kurze Einarbeitungszeiten für die Mitarbeiter<br>– Zuteilung von Aufgaben je nach Eignung und Neigung möglich<br>– durch Übungseffekt große Arbeitsroutine<br>– Fertigungsprozeß ist übersichtlich<br>– Fertigungsplanung und -steuerung sind einmalige Aufgaben<br>– fertigungssynchrone Belieferung[1] ist möglich | – hohe Investitionen (Kapitalaufwand)<br>– hohe Fixkosten (Abschreibungen, Zinsen)<br>– relativ unelastisch bei Marktänderungen<br>– relativ unelastisch bei speziellen Kundenwünschen<br>– große Empfindlichkeit bei Beschäftigungsschwankungen<br>– große Empfindlichkeit der Anlagen bei Betriebsstörungen<br>– hohe Rüstkosten |

Fließarbeit ist stark **arbeitsteilige Arbeit.** Das bedeutet, daß der einzelne Mitarbeiter kleinste Arbeitsverrichtungen zu vollziehen hat. Dies führt zu

- einseitiger Belastung von Muskeln und Gelenken,
- frühzeitiger Ermüdung,
- speziellen Erkrankungen (z. B. Bandscheibenschäden),
- Arbeitsunlust wegen der Monotonie und zu
- einer mit steigender Arbeitszerlegung schwindenden Werkfreude.

Um Fließarbeit **humaner** zu gestalten, werden gegenwärtig verschiedene Versuche unternommen:

- Durch Abspielen von Unterhaltungsmusik will man die Stimmung bei der Arbeit heben.
- Durch einen Arbeitsplatzwechsel (Job-Rotation) versucht man, Mitarbeiter neu zu motivieren.
- Durch Aufnahme mehrerer, gleichartiger Verrichtungen (Job-Enlargement) wird die Arbeit wieder abwechslungsreicher, der Prozeß der Arbeitszerlegung also teilweise revidiert.
- Die Arbeit wird durch qualitativ höherwertige Verrichtungen angereichert (Job-Enrichment), z. B. der Monteur führt Qualitätsprüfungen mit durch.
- Durch Bildung von Arbeitsgruppen (Gruppenfertigung) soll mehr Sozialverhalten praktiziert werden.
- Durch Schaffung von Zwischenlagern versucht man, die wechselseitigen Abhängigkeiten zwischen den Arbeitsplätzen abzubauen.

---

1 Unter Verzicht auf ein Vorratslager werden vom Lieferanten nur die täglich benötigten Fertigungsmengen „abgerufen“ und geliefert (auch JIT-Methode genannt, JIT = Just-in-time).



399254

## Die Fließfertigung (Fließbandfertigung)

Bei der **Fließfertigung** werden die einzelnen Arbeitsplätze durch **mechanische Fördermittel** (häufig Fließband, Rollen, Schleppkettenförderer, Hängeförderer, Rutschen usw.) miteinander verbunden. Dies bedingt eine **organisatorische** und eine **zeitliche Abstimmung** während der gesamten Fertigung. Wartezeiten und Warteschlangen werden vermieden, wenn die einzelnen Arbeitsvorgänge an den verschiedenen Arbeitsplätzen gleich viel Zeit beanspruchen, also „getaktet" sind.

$$\text{Taktzeit} = \frac{\text{Arbeitszeit (je Stunde, Schicht, Tag)}}{\text{Sollausbringung (je Stunde usw.)}} \cdot \text{Bandwirkungsfaktor}$$

Der Bandwirkungsfaktor berücksichtigt Störungen der Anlagen, die das gesamte Fließsystem beeinträchtigen. Er ist deshalb immer kleiner als 1,0.

Durch die zeitliche Bindung der Fließfertigung werden die arbeitenden Menschen abhängig vom vorhergehenden und vom nachfolgenden Arbeitsplatz. Da andererseits die Arbeitsteilung konsequent angewandt wird, ist hier der produktive Anteil des einzelnen Mitarbeiters am Fertigprodukt außerordentlich gering. Deshalb werden bei diesem Fertigungsverfahren **die Monotonie, die Sinnentleerung** der Arbeitswelt und **der nervliche Streß** besonders stark empfunden.

## Die Reihenfertigung (Fließstraßenfertigung)

Bei der Reihenfertigung erfolgt die Organisation der Betriebsmittel nach dem Arbeitsablauf, wie bei der Fließfertigung. Es besteht jedoch **keine zeitliche Bindung zwischen den einzelnen Arbeitsplätzen.** In der Regel werden auch keine mechanischen Fördermittel eingesetzt. Der Transport erfolgt mit Hilfe von Elektrokarren, von Gleisfördermitteln oder mit sonstigen mobilen Geräten. **Zwischenlager** sorgen als Vorratspuffer dafür, daß an den einzelnen Arbeitsplätzen weitgehend unabhängig voneinander gearbeitet werden kann. Da die Anordnung der Produktionsmittel nur einen ungefähren Ablauf festlegt, sind geringe **Variationsmöglichkeiten beim Fertigungsablauf** möglich. So können einzelne Betriebsmittel beim Fertigungsdurchlauf übersprungen werden, bzw. ein Arbeitsgegenstand kann ein Betriebsmittel oder sogar eine Anlagengruppe wiederholt durchlaufen.

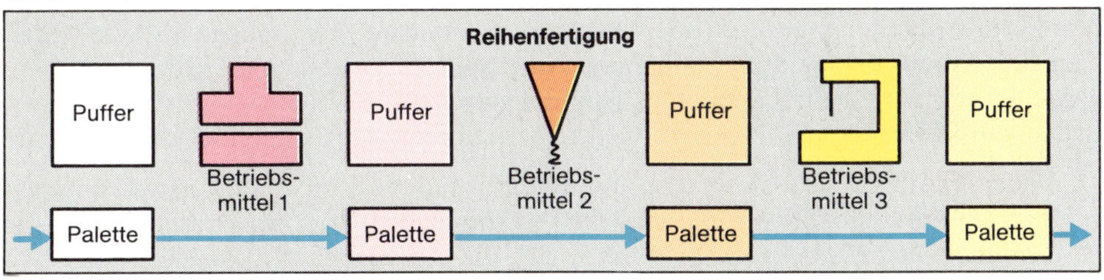


Die Reihenfertigung wird durch folgende **Kriterien** gekennzeichnet:

- Der Fertigungsablauf ist gegenüber der reinen Fließfertigung flexibler.
- Es treten Wartezeiten und Warteschlangen auf.
- Die Kapazitätsauslastung bei allen Betriebsmitteln ist schwer zu erzielen.
- Die Fertigung verschiedener, ähnlicher Erzeugnisse ist möglich.
- Innerhalb des Produktionsspektrums ist absatzwirtschaftlich eine gute Elastizität vorhanden.

- Der Materialfluß gegenüber der Werkstättenfertigung ist kürzer.
- Wegen der Puffer besteht gegenüber der Fließfertigung ein größerer Raumbedarf (höhere Raumkosten im Bereich der Fertigung).

## Die Gruppenfertigung

Betriebe mit reiner Fließfertigung – und der damit häufig verbundenen inhumanen Arbeitswelt – beobachten immer wieder, daß trotz Rationalisierungsmaßnahmen in der Fertigung oft kein wesentlicher Produktivitätsfortschritt eintritt. Zuweilen kann sogar ein Ansteigen der Kosten in der Fertigung durch eine Zunahme bei den Krankmeldungen oder durch erhöhte Ausschußquoten auftreten. Man versucht heute, mit Hilfe der Gruppenfertigung eine **höhere Arbeitsbefriedigung** zu bewirken und damit die **Arbeitsproduktivität** positiv zu beeinflussen.

Bei der Gruppenfertigung ist die Fertigung in verschiedene Abschnitte bzw. das zu fertigende Erzeugnis in verschiedene Baugruppen aufgelöst. Die Anlagen werden so angeordnet, daß in einer Maschinengruppe **ein Fertigungsabschnitt,** bzw. eine Baugruppe **selbständig,** von den übrigen Fertigungsabschnitten **relativ unabhängig** produziert werden kann. **Innerhalb der einzelnen Gruppen** finden wir die **Fließfertigung** vor. Man spricht deshalb auch von Fließinseln bzw. von Nestfertigung:

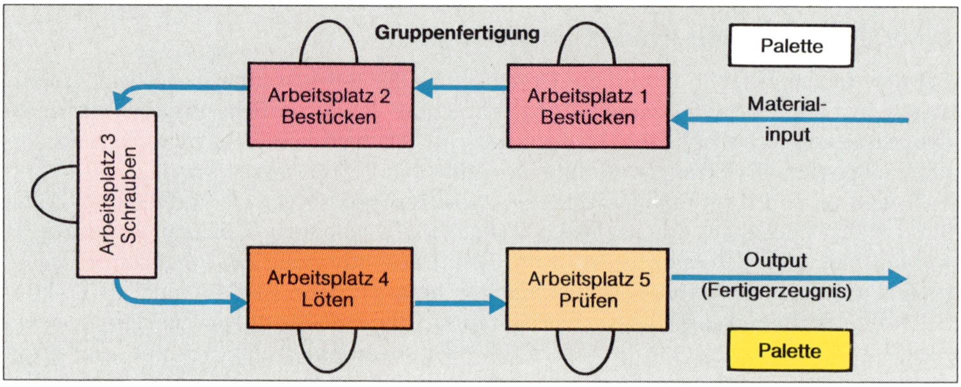


Die in einer Maschinengruppe (oder Gruppe von Arbeitsplätzen) tätigen Mitarbeiter bilden eine **Arbeitsgruppe.** Innerhalb dieser Arbeitsgruppe entstehen die gleichen Abhängigkeiten wie am Fließband, doch ist jetzt die gegenseitige Abhängigkeit auf eine überschaubare kleine Gruppe begrenzt. Gegenüber anderen Arbeitsgruppen ist man unabhängig.

Dieses Fertigungsverfahren bringt folgende Vorzüge mit sich:

- Innerhalb einer Arbeitsgruppe können sich die betroffenen Mitarbeiter die Arbeitsplätze selbst zuteilen.
- Die Gruppenmitglieder können untereinander die Arbeitsplätze jederzeit tauschen (Job-Rotation).
- Die Mitglieder der Arbeitsgruppe bestimmen das Arbeitstempo und damit ihren Lohn (im Falle der Entlohnung in Form des Gruppenakkordlohnes) selbst.
- Sinkt bei einem Gruppenmitglied die Leistungsfähigkeit einmal ab, so können die übrigen die Einbuße durch Mehrarbeit bei einem kurzfristigen Arbeitsplatzwechsel wieder wettmachen.

## Zusammenfassung

- **Fertigungsverfahren nach**
  - **der Menge gleichartiger Erzeugnisse**
    - **Massenfertigung** – zeitlich unbegrenzte Fertigung großer Mengen standardisierter Erzeugnisse
    - **Serienfertigung** – Fertigung standardisierter Erzeugnisse in begrenzter Stückzahl (Losgröße)
    - **Sortenfertigung** – Fertigung mehrerer Erzeugnisse aus gleichen Grundstoffen bei gleichen Fertigungsverfahren
    - **Einzelfertigung** – Fertigung von einzelnen Stücken
  - **der Organisation der Betriebsmittel**
    - **Werkbankfertigung** – ortsgebundener Arbeitsplatz, Hilfsmittel werden um Arbeitsplatz herumgruppiert
    - **Werkstättenfertigung** – Zerlegung von Arbeitsabläufen und Zusammenfassung einzelner Verrichtungen in Werkstätten (verfahrensgebundene Ordnung)
    - **Flußprinzip** – Anordnung der Betriebsmittel nach der Arbeitsfolge (ablaufgebundene Ordnung)
      - **Fließ(band)fertigung** – Verbindung einzelner Arbeitsplätze durch mechanische Fördermittel, Arbeitstakt (zeitliche Abstimmung)
      - **Reihenfertigung (Fließstraßenfertigung)** – keine zeitliche Abstimmung, Zwischenlager
      - **Gruppenfertigung** – Bildung mehrerer selbständiger Arbeitsgruppen, innerhalb der Gruppe herrscht Flußprinzip

## Aufgaben

1. Nennen Sie Beispiele für Massenfertigung, Sorten-, Serien- und Einzelfertigung.
2. Warum sinken in der Regel mit zunehmender Fertigungsmenge die Stückkosten?
3. In der Praxis haben auch Betriebe, die für den anonymen Markt fertigen, einen Auftragsbestand. Warum?
4. Bei der Produktion eines Werkstückes treten 150,00 DM Werkzeugkosten und 30,00 DM Rüstkosten einmalig auf. Die Materialkosten pro Stück betragen 1,00 DM, die Lohnkosten 2,00 DM pro Stück. Berechnen Sie die Stückkosten unter Berücksichtigung der einmalig auftretenden Kosten für folgende Losgrößen: 10, 20, 30, 40, 50, 60, 90 und 100 Stück. Zeichnen Sie die gefundenen Werte in eine nach dem untenstehenden Vorbild gefertigte Skizze ein, und verbinden Sie die Punkte zu einer Kurve.

   Angenommen, die produzierten Mengen müssen kurzfristig gelagert werden. Die Lagerkosten (Miete, Zinsen) werden mit 0,15 DM pro Stück angenommen. Wie hoch sind die Lagerkosten bei den jeweiligen Produktionsmengen? Tragen Sie die Lagerkostenkurve in die Zeichnung ein. Wie ist der Schnittpunkt der beiden Kurven zu kennzeichnen?

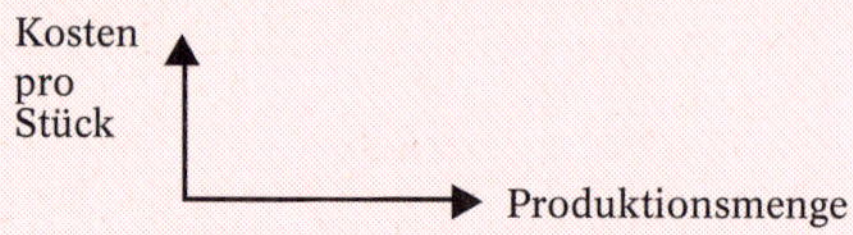


5. Viele Betriebe gehen von der Fließfertigung zur Gruppenfertigung über. Was versprechen sich diese Betriebe davon?
6. Bei der Bestückung von Leiterplatten werden an einem Arbeitsplatz von nun an alle Bauteile gesteckt. Eine Mitarbeiterin bestückt also eine Leiterplatte vollständig, während sie vorher nur ein einzelnes Element angebracht hatte. Welche Maßnahme wurde durchgeführt? Was wurde Ihrer Meinung nach erreicht, was nicht?
7. In einer Werkshalle (Reifenfertigung) wurden Rüstarbeiten früher durch Fachkräfte (Einrichter) besorgt. Jetzt soll das Bedienungspersonal für die Maschinen die Rüstarbeiten selbst mit übernehmen. Dabei müssen Pläne gelesen und Werkzeuge angefordert werden. Welche Maßnahme wurde durchgeführt?
8. Welche Kapitalintensität ergibt sich bei den einzelnen Fertigungsverfahren? Was sind die betriebswirtschaftlichen Konsequenzen?
9. In einem Fließsystem, an dem täglich 8 Stunden gearbeitet wird, sollen täglich 960 Werkstücke montiert werden. Der Bandwirkungsfaktor wird mit 0,9 vorgeplant. Berechnen Sie die geplante Taktzeit.
10. Die Fertigungsleitung vereinbart mit dem Betriebsrat eine Taktzeit von 0,8 Minuten. An einem achtstündigen Arbeitstag sollen 570 Werkstücke fertiggestellt werden. Welcher Bandwirkungsfaktor wurde bei den Verhandlungen unterstellt?

# 4 Vertragsrecht

## 4.1 Ausgewählte Rechtsbegriffe

### 4.1.1 Rechtssubjekte

***Personen, die innerhalb der Rechtsnormen des Privatrechts als Träger des Rechts tätig werden können, werden als Rechtssubjekte bezeichnet.***

Das BGB kennt zwei Arten von **Personen:**

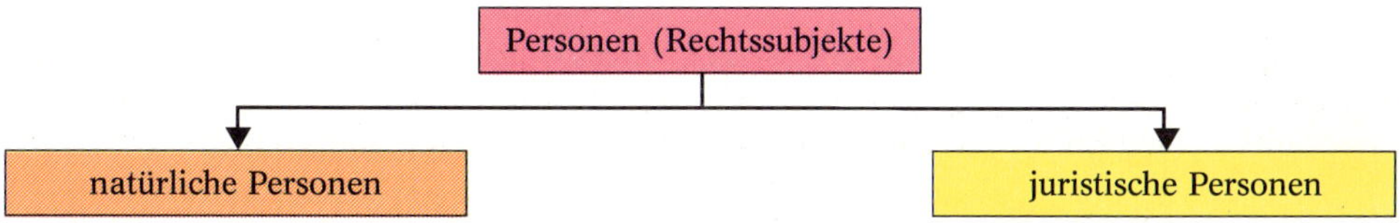


**„Natürliche Person"** ist der juristische Ausdruck für **Mensch.**

**„Juristische Personen"** sind Vereinigungen von Personen oder auf Dauer gebundene Vermögensmassen,

- die eine eigene organisatorische Einheit besitzen,
- denen die Rechtsordnung die Rechtsfähigkeit verleiht.

Es handelt sich um eigene Rechtspersönlichkeiten, die durch ihre **Organe** oder **besondere Vertreter** handeln. Die Art der Organe ist in Gesetzen oder in der Satzung der juristischen Person festgelegt.

Man unterscheidet folgende **juristische Personen:**

| **Juristische Personen des Privatrechts**<br>Die Entstehung und Verfassung beruhen auf den Rechtsnormen des Privatrechts, insbesondere des Gesellschaftsrechts. | **Juristische Personen des öffentlichen Rechts**<br>Entstehung und Verfassung beruhen auf den Rechtsnormen des öffentlichen Rechts. Gleichwohl können sie privatrechtlich handeln (z. B. Kauf von Grundstücken, Mieten von Geschäftsräumen). |
|---|---|
| – eingetragene Idealvereine (e. V.)<br>Ihr Zweck ist nicht auf einen wirtschaftlichen Geschäftsbetrieb gerichtet (z. B. Sportverein, Kunstverein).<br>– wirtschaftliche Vereine<br>Ihr Zweck ist auf einen wirtschaftlichen Geschäftsbetrieb gerichtet.<br>– Aktiengesellschaften (AG)<br>– Gesellschaften mit beschränkter Haftung (GmbH)<br>– Kommanditgesellschaften auf Aktien (KGaA)<br>– eingetragene Genossenschaften (eG)<br>– Versicherungsvereine auf Gegenseitigkeit (VVaG)<br>– bergrechtliche Gewerkschaften<br>– Stiftungen des Privatrechts | – Körperschaften, z. B.<br>- Gebietskörperschaften (Bund, Länder, Gemeinden)<br>- Sozialversicherungsträger (z. B. Ortskrankenkassen)<br>- Industrie- und Handelskammern<br>– Anstalten, z. B.<br>- Deutsche Bundesbank<br>- Rundfunk- und Fernsehanstalten<br>- öffentlich-rechtliche Kreditinstitute (Sparkassen, Girozentralen)<br>– Stiftung, z. B.<br>- Stiftung Warentest<br>- Stiftung Preußischer Kulturbesitz |

**Keine juristischen Personen** sind diese Personengesellschaften: offene Handelsgesellschaft (OHG) und Kommanditgesellschaft (KG). Sie handeln nicht durch Organe, sondern durch Geschäftsführer, die in der Regel mit den Eigentümern identisch sind.

***Rechtssubjekt kann nur sein, wer die Rechtsfähigkeit besitzt.***

### 4.1.1.1 Rechtsfähigkeit

***Unter Rechtsfähigkeit versteht man die Fähigkeit, Träger von Rechten und Pflichten zu sein.***

Das bedeutet: Ein Säugling kann Erbe seines Vaters werden. Der Nachlaß kann sowohl aus Rechten (z. B. Forderungen, Eigentumsrechten) als auch aus Pflichten (z. B. Verbindlichkeiten, Dauerschuldverhältnissen) bestehen.

**Natürliche Personen** (Menschen) besitzen die Rechtsfähigkeit:

- Sie **beginnt** mit der Vollendung der Geburt (§ 1 BGB).
- Sie **endet** mit dem Tode oder der Todeserklärung (z. B. bei Verschollenen).

**Juristischen Personen** wird die Rechtsfähigkeit **verliehen** durch

- die **Eintragung** in ein öffentliches Register (z. B. Eintragung eines Vereins in das Vereinsregister),
- **Verwaltungsakt** (z. B. Genehmigung einer privatrechtlichen Stiftung durch das Amtsgericht),
- ein **Gesetz** (z. B. Bundesanstalt für Arbeit durch das Arbeitsförderungsgesetz).

Entsprechend wird einer juristischen Person die Rechtsfähigkeit **entzogen.**

### 4.1.1.2 Geschäftsfähigkeit

Ein neugeborenes Kind kann keine Erbschaft ablehnen, da es nicht **rechtswirksam** handeln kann. Voraussetzung für rechtswirksame Handlungen ist die **Geschäftsfähigkeit.**

***Unter Geschäftsfähigkeit versteht man die Fähigkeit, durch eine eigene Willenserklärung rechtswirksam Rechte und Pflichten zu erwerben.***

Das BGB stuft die Geschäftsfähigkeit unter den Gesichtspunkten **„Alter“** und **„geistige Reife“** ab:

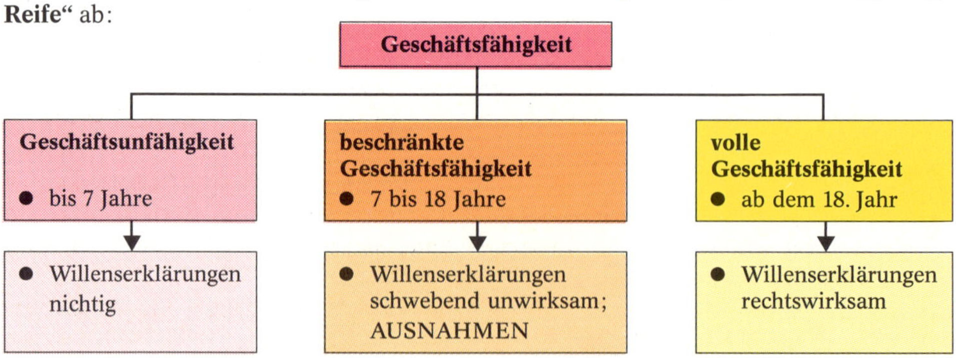

**Volle Geschäftsfähigkeit** (= Volljährigkeit):

***Jeder Mensch, der das 18. Lebensjahr vollendet hat, ist geschäftsfähig. (§ 2 BGB)***

**Beschränkte Geschäftsfähigkeit**

***Ein Minderjähriger, der das 7. Lebensjahr bereits, das 18. Lebensjahr noch nicht vollendet hat (§ 106 BGB), ist beschränkt geschäftsfähig.***

**Geschäftsunfähigkeit**

***Ein Minderjähriger vor Vollendung des 7. Lebensjahres ist geschäftsunfähig. (§ 104 Satz 1 BGB)***

Das gleiche gilt für **Volljährige,** die

- auf Dauer geistesgestört sind (§ 104 Satz 2 BGB),
- bewußtlos oder vorübergehend geistesgestört sind (§ 105 Satz 2 BGB).

***Durch die jeweilige Stufe der Geschäftsfähigkeit wird bestimmt, in welchem Umfang die Handlung einer natürlichen Person rechtswirksam ist:***

- Ein **unbeschränkt Geschäftsfähiger** handelt **stets rechtswirksam.**
- Willenserklärungen eines **Geschäftsunfähigen** sind **stets nichtig,** d. h., sie werden vom Gesetz so behandelt, als gäbe es sie überhaupt nicht (§ 105 Abs. 1 BGB). Anstelle des Geschäftsunfähigen handeln seine **Eltern** oder ein **Vormund** (gesetzlicher Vertreter).
- Willenserklärungen **beschränkt Geschäftsfähiger** sind **schwebend unwirksam** (§ 108 BGB), d. h., keiner der Vertragspartner kann ein Recht aus dem Vertrag ableiten. Dieser Schwebezustand kann jedoch behoben werden:

***Ein beschränkt Geschäftsfähiger kann rechtswirksam handeln:***

- Die vorherige Zustimmung (Einwilligung) der gesetzlichen Vertreter liegt vor.
- Die nachträgliche Zustimmung (Genehmigung) der gesetzlichen Vertreter wird nachgereicht (§ 108 BGB).
- Durch seine Willenserklärung erlangt er nur einen rechtlichen Vorteil (z. B. Entgegennahme einer Schenkung) (§ 107 BGB).
- Der Vertrag wird durch den „Taschengeldparagraph" (§ 110 BGB) gedeckt. Dies ist immer dann der Fall, wenn er Geld ausgibt, das ihm
  - vom gesetzlichen Vertreter zur freien Verfügung überlassen wurde (Taschengeld),
  - vom gesetzlichen Vertreter zu einem bestimmten Zweck überlassen wurde,
  - mit Zustimmung des gesetzlichen Vertreters von einem Dritten (z. B. Tante, Großmutter) für einen bestimmten Zweck (z. B. Kauf einer Stereoanlage) überlassen wurde.
- Mit Genehmigung des Vormundschaftsgerichts betreibt er einen Gewerbebetrieb selbständig (z. B. einen ererbten Betrieb) **und**

  die Rechtsgeschäfte fallen im Zusammenhang mit dieser Tätigkeit an (z. B. Kauf eines Grundstücks für Geschäftszwecke) (§ 112 BGB).
- Er wurde vom gesetzlichen Vertreter zum Abschluß eines Dienst- oder Arbeitsverhältnisses ermächtigt (§ 113 BGB).

***Für Volljährige kann vom Vormundschaftsgericht ein Betreuer bestellt werden.***

**Voraussetzungen** für die Betreuung eines **Volljährigen** sind:

- Es liegt eine psychische Krankheit vor.
- Es liegt eine körperliche, geistige oder seelische Behinderung vor.
- Das Vormundschaftsgericht hat die Betreuung beschlossen.

Der Gerichtsbeschluß bleibt jedoch ohne Auswirkung auf die Geschäftsfähigkeit des Betreuten. Dies ändert sich jedoch, wenn das Gericht den **Einwilligungsvorbehalt** anordnet. Durch den Vorbehalt wird der Betreute einem **beschränkt Geschäftsfähigen** gleichgestellt:

- Er benötigt die Einwilligung des Betreuers, wenn er rechtswirksame Willenserklärungen abgeben will.
- Er kann stets rechtswirksame Willenserklärungen abgeben, die ihm lediglich einen rechtlichen Vorteil bringen.

Er ist stets einem **Volljährigen** gleichgestellt, wenn es sich um

- geringfügige Geschäfte des täglichen Lebens (z. B. Einkauf von Lebensmitteln),
- die Eheschließung,
- das Testament handelt.

***Juristische Personen erhalten die Geschäftsfähigkeit zusammen mit der Rechtsfähigkeit verliehen.***

## Zusammenfassung

**Rechtssubjekte**
Träger des Rechts

**Natürliche Personen**
(Menschen)

**Juristische Personen**
(Personenvereinigungen oder Vermögensmassen mit eigener Rechtspersönlichkeit)

Sie verfügen über folgende Eigenschaften:

**Rechtsfähigkeit**
(Fähigkeit, Träger von Rechten und Pflichten zu sein)

| Natürliche Personen | Juristische Personen |
| --- | --- |
| - Beginn: Vollendung der Geburt<br>- Ende: Tod oder Todeserklärung | - Beginn: Eintragung in ein öffentliches Register, Gesetz, Verwaltungsakt<br>- Ende: Löschung im Register, Gesetz, Verwaltungsakt |

**Geschäftsfähigkeit**
(Fähigkeit, durch eigene Willenserklärung rechtswirksam Rechte und Pflichten zu erwerben)

| Natürliche Personen | Juristische Personen |
| --- | --- |
| Sie wird vom Menschen in drei Stufen erworben:<br>- Geschäftsunfähigkeit<br>- beschränkte Geschäftsfähigkeit<br>- Geschäftsfähigkeit | - Sie wird der juristischen Person zugleich mit der Rechtsfähigkeit verliehen.<br>- Die juristische Person handelt durch Organe. |

## Aufgaben

1. Ist ein Rechtsgeschäft zustande gekommen?
   a) Der neunzehnjährige Friedrich verliert beim Wetten auf der Trabrennbahn 10 000,00 DM.
   b) Klaus hat als Fünfzehnjähriger mit Zustimmung seiner Eltern einen Arbeitsvertrag geschlossen. Diesen hat er zwei Jahre später gekündigt, da er als LKW-Beifahrer mehr Geld verdient.
   c) Moritz ist sechs Jahre alt. Seine Großmutter schenkt ihm 1 200,00 DM mit der Auflage, sich mit diesem Geld ein Trekkingrad zu kaufen.
   d) Die sechzehnjährige Astrid darf monatlich 420,00 DM ihrer Ausbildungsbeihilfe als Taschengeld behalten. Nachdem sie acht Monate lang gespart hat, kauft sie sich einen CD-Player für 800,00 DM.
   e) Die sechzehnjährige Schülerin Gisela hebt von ihrem Sparbuch 800,00 DM ab und kauft sich davon einen Doppelkassettenrecorder.
   f) Eine entfernte Verwandte hat den Eltern des zwölfjährigen Peter 300,00 DM übersandt mit der Bitte, diese ihrem Sohn mit der Auflage auszuhändigen, damit seine Modelleisenbahnanlage zu vergrößern. Peter kauft sich mit diesem Geld eine Autorennbahn.
   g) Rainer ist siebzehneinhalb Jahre alt und besitzt einen Führerschein der Klasse 3. Er kauft sich heimlich einen Gebrauchtwagen für 6 000,00 DM.
   h) Jürgen ist fast achtzehn Jahre alt und betreibt eine von seinem Vater ererbte Spritzgießerei. Um seinen Arbeitnehmern den täglichen Weg zur Arbeit zu erleichtern, erwägt er den Kauf eines Kleinbusses. Der Autohändler gewährt ihm 20 % Rabatt auf den Kaufpreis des Busses, wenn er gleichzeitig ein Wohnmobil kauft. Da Jürgen in zwei Monaten ohnehin volljährig wird und dieses Ereignis mit einer Rundreise durch Skandinavien zu feiern gedenkt, schließt er einen Kaufvertrag über beide Kraftfahrzeuge ab.
   i) Otto ist vierzig Jahre alt. Er hat von seinem Vater mehrere Mietshäuser geerbt, so daß er über ein Monatseinkommen von 15 000,00 DM verfügt. Dem Einzelhändler, bei dem er ständig die neuesten Hi-Fi-Geräte kauft, ist bekannt, daß Otto als Säugling schwer erkrankt war und seitdem geistesgestört ist.
   j) Mit ihrem Einverständis wurde Olga unter Betreuung gestellt. Obwohl ihr Haushaltsgeld monatlich nur 800,00 DM beträgt, kauft sie weiterhin exklusive Einrichtungsgegenstände auf Abzahlung.
2. Eine Aktiengesellschaft wird in das Handelsregister eingetragen. Vergleichen Sie diesen Vorgang mit der Geburt eines Menschen.
3. Warum ist eine juristische Person stets voll geschäftsfähig, während eine natürliche Person diesen Zustand nur stufenweise erreicht?

### 4.1.2 Rechtsobjekte

***Sachen und Rechte, die Gegenstand des Rechtsverkehrs sind, werden als Rechtsobjekte bezeichnet.***

Nach § 90 BGB versteht man unter

- Sachen körperliche Gegenstände,[1]
- Rechten unkörperliche Gegenstände.

Die Summe aller Gegenstände, über die eine Person verfügt, heißt **Vermögen.**

1 In § 90a BGB wird bestimmt, daß Tiere keine Sachen sind, auf sie aber grundsätzlich die für Sachen geltenden Vorschriften anzuwenden sind.

### 4.1.2.1 Sachen

Das BGB teilt die Sachen nach verschiedenen Gesichtspunkten ein:

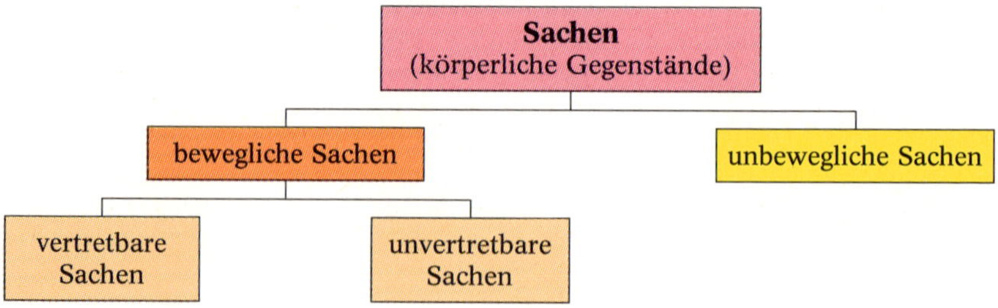


**Bewegliche Sachen** (Mobilien) sind alle Sachen, die nicht Grundstücke oder Grundstücksbestandteile (**unbewegliche Sachen** oder Immobilien) sind. Zu den Immobilien zählen auch Schiffe und das Erbbaurecht.

Diese Unterscheidung ist wichtig im Hinblick auf den Abschluß eines Kaufvertrages, die Übereignung und die Verpfändung.

Die **beweglichen Sachen** können weiterhin unterteilt werden: **Vertretbare Sachen** sind objektiv nach Maß, Zahl oder Gewicht bestimmbar (§ 91 BGB); sie sind durch gleiche Sachen ersetzbar (z. B. Erzeugnisse aus der Massen- oder Serienproduktion wie Nägel, Schrauben, Kraftfahrzeuge, Konfektionskleidung). Alle anderen Sachen sind **unvertretbar,** d. h. einmalig in ihrer Art (z. B. Erzeugnisse der Einzelfertigung wie Maßanzug, Gemälde).

Diese Unterscheidung ist wichtig im Hinblick auf die Qualität der Lieferung bei Gattungsschulden, das Unvermögen bei der Lieferung und den Umtausch bei der Mängelrüge.

### 4.1.2.2 Rechte

Das BGB teilt die Rechte nach verschiedenen Gesichtspunkten ein:

**Rechte**
(unkörperliche Gegenstände)

| **Vermögensrechte** | **Persönlichkeitsrechte** |
|---|---|
| Rechte, die sich aus dem Vermögen einer Person ableiten lassen. | Rechte, die sich aus dem Schutzbedürfnis einer Person ableiten lassen. |
| – Rechte aus Schuldverhältnissen (z. B. Forderung)<br>– dingliche Rechte<br>  - Eigentum<br>  - Pfandrecht<br>  - Grundpfandrecht<br>– eigentumsähnliche Rechte<br>  - Urheber- und Erfinderrecht<br>  - Erbbaurecht<br>– Erbrecht | – allgemeines Persönlichkeitsrecht<br>– Namensrecht<br>– Firmenrecht<br>– Familienrecht |

Diese Rechte können

- gegenüber jedermann geltend gemacht werden: **absolute Rechte** (Herrschaftsrechte) (z. B. dingliche Rechte);
- nur gegenüber bestimmten Personen geltend gemacht werden: **relative Rechte** (z. B. Rechte aus Schuldverhältnissen).

Aus allen Rechten läßt sich ein Anspruch ableiten:

***Unter Anspruch versteht man das Recht, von einem anderen ein Tun oder Unterlassen zu verlangen.***

**Beispiel:** – **Tun:** *Wir fordern einen Schuldner auf, seine Verbindlichkeit zu bezahlen.*
– **Unterlassen:** *Ein Industriebetrieb fordert Betriebsfremde auf, ihre Kraftfahrzeuge nicht mehr auf den betriebseigenen Parkplätzen abzustellen.*

## Zusammenfassung

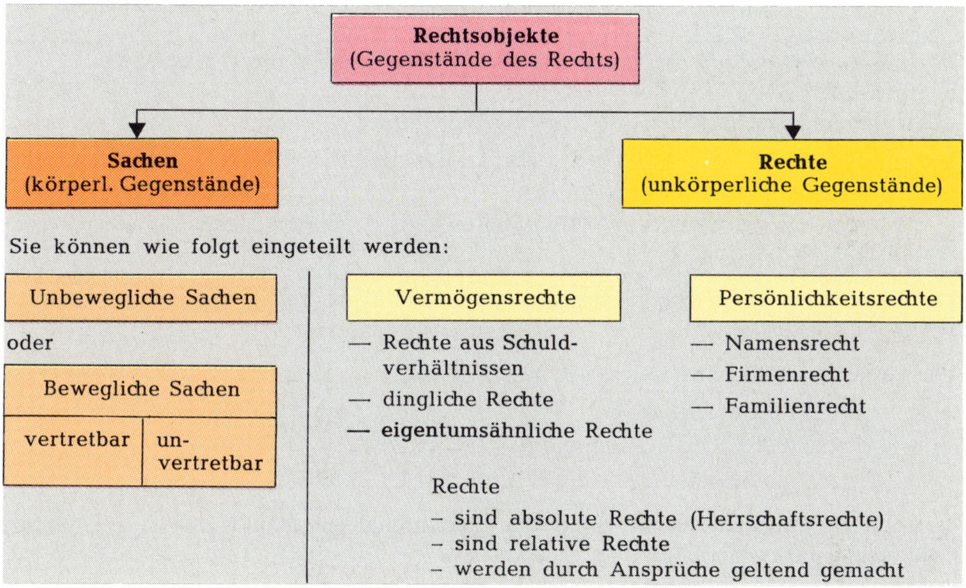


## Aufgaben

1. Nach welchen Gesichtspunkten werden Sachen eingeteilt? Begründen Sie diese Einteilung.
2. Überlegen Sie: Aus welchen wirtschaftlichen Gründen nennt das BGB neben den Sachen auch die Rechte?
3. Erklären Sie die Begriffe Rechtssubjekt und Rechtsobjekt.
4. Nennen Sie je acht Beispiele für vertretbare und unvertretbare Sachen.
5. Grenzen Sie die Begriffe „Sache“ und „Recht“ voneinander ab.
6. Nach welchen Gesichtspunkten werden Sachen eingeteilt?
7. Was versteht man unter einem Anspruch?
8. Nennen Sie sechs Beispiele für Ansprüche.

## 4.1.3 Besitz und Eigentum

Das **grundlegende dingliche Recht** ist das **Recht auf Eigentum.** (Die Bezeichnung „dingliche Rechte“ rührt daher, daß diese Rechte von einem „Ding“ oder einer Sache abgeleitet werden.) Eng mit dem Eigentum verbunden ist der Besitz.

***Unter (unmittelbarem) Besitz versteht man die tatsächliche Herrschaft über eine Sache. (§ 854 Abs. 1 BGB)***

**„Tatsächliche Herrschaft“** bedeutet, daß der Besitzer die Sache ordnungsgemäß benutzen darf; er kann sie aber auch beschädigen oder vernichten.

**Beispiel:**
- *Einen geliehenen PKW kann man wie vorgesehen für die Urlaubsreise benutzen.*
- *Man kann aber auch die Fenster mit einem Hammer einschlagen.*
- *Es ist sogar möglich, ihn in Brand zu stecken und zu vernichten.*

*Es ist eine ganz andere Frage, ob*
- *der Besitzer dem Eigentümer gegenüber schadensersatzpflichtig wird;*
- *der Besitz rechtmäßig erworben wurde oder nicht (z. B. durch Diebstahl).*

***Eigentum bedeutet die rechtliche Herrschaft über eine Sache. (§ 903 BGB)***

**„Rechtliche Herrschaft“** bedeutet, daß der Eigentümer

- mit der Sache beliebig verfahren kann (z. B. verleihen, verkaufen, vernichten, belasten);
- andere von jeder Einwirkung ausschließen kann (z. B. vom Befahren eines Grundstücks).

Der Eigentümer kann eine Sache vernichten, ohne jemandem gegenüber schadensersatzpflichtig zu werden.

Die **Grenzen des Eigentums** werden gesetzt durch

- Rechte Dritter,
- gesetzliche Bestimmungen (§ 903 BGB),
- die Sozialbindung des Eigentums (Art. 14 GG).

In der Regel sind Besitzer und Eigentümer **personengleich.** Häufig aber sind sie **personenverschieden.**

**Beispiel:** *Die August Mayer KG schließt mit der Wohnungsbau GmbH einen Vertrag über die Vermietung von Büroräumen ab.*

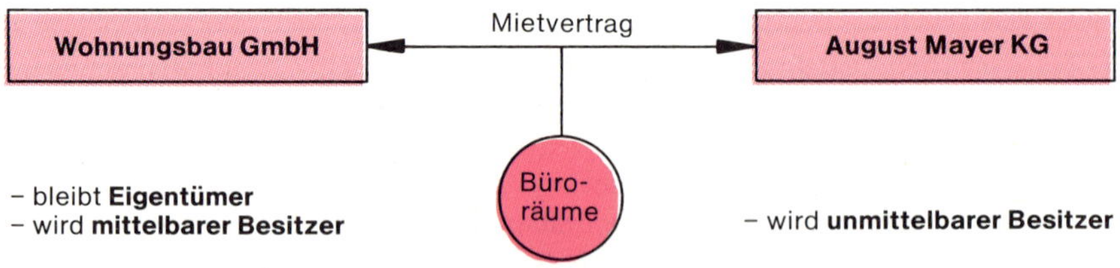


***Der unmittelbare Besitzer kann sich gegen Maßnahmen des Eigentümers wehren, die ihm den Besitz entziehen oder ihn in seinem Besitz stören.***

Das bedeutet: Der Besitzer kann den Eigentümer z. B. am Betreten der Mieträume ohne seine Erlaubnis hindern, er kann ihm die Vermietung der Räume an einen Dritten untersagen (§§ 858 ff. BGB).

Die Wohnungsbau GmbH bleibt Eigentümer und wird **mittelbarer Besitzer** (§ 868 BGB).

***Der mittelbare Besitzer kann vom unmittelbaren Besitzer die Herausgabe der Sache verlangen.***

Dies ist z. B. bei einem Mietvertrag nach Ablauf der vereinbarten Mietdauer der Fall.

***Werden unmittelbarer Besitz und Eigentum für eine bestimmte Zeit getrennt, so liegt ein Besitzmittlungsverhältnis vor.***

Solche Verhältnisse sind von großer Bedeutung für das Wirtschaftsleben. Beispiele sind: Pfandvertrag, Sicherungsübereignungsvertrag, Eigentumsvorbehalt, Pachtvertrag, Mietvertrag (Leasingvertrag), Vertrag über die Lagerung von Waren.

## Zusammenfassung

| **Besitz und Eigentum** | |
|---|---|
| **unmittelbarer Besitz** | **Eigentum** |
| (tatsächliche Herrschaft über eine Sache) | (rechtliche Herrschaft über eine Sache) |
| Besitzer und Eigentümer können verschiedene Personen sein: | |
| unmittelbarer Besitzer | mittelbarer Besitzer = Eigentümer |
| kann sich gegen Maßnahmen des Eigentümers wehren, die<br>– ihm den Besitz entziehen,<br>– ihm im Besitz stören. | kann vom unmittelbaren Besitzer die Herausgabe der Sache verlangen. |
| Besitzmittlungsverhältnis (Besitzkonstitut) | |
| Trennung von unmittelbarem Besitz und Eigentum<br>– durch Vertrag,<br>– auf eine bestimmte Zeit. | |

## Aufgaben

1. Welche wirtschaftliche Bedeutung hat das Besitzmittlungsverhältnis?
2. Stellen Sie mit Hilfe einer Zeichnung dar, wie Besitz und Eigentum auf mehrere Personen verteilt werden können.
3. Erklären Sie den Begriff „dingliches Recht".
4. Nennen Sie vier Vertragsarten, die zu einem Besitzmittlungsverhältnis führen.
5. Kann der unmittelbare Besitzer die Sache beschädigen oder vernichten?
6. Wodurch werden dem Eigentumsrecht Grenzen gesetzt? Nennen Sie Beispiele.
7. Nehmen Sie Stellung zu folgender Aussage: „Der Besitz steht über dem Eigentum."

## 4.2 Rechtsgeschäfte

### 4.2.1 Wesen und Arten

***Mit Hilfe von Rechtsgeschäften regeln Rechtssubjekte ihre Beziehungen zueinander bzw. zu Rechtsobjekten.***

**Beispiele:**
- **zueinander:** *Arbeitsvertrag zwischen dem Buchhalter Huber und der Industrie AG.*
- **zu Rechtsobjekten:** *Die Industrie AG kauft vom Landwirt Meier ein Grundstück.*

***Rechtsgeschäfte beruhen auf Willenserklärungen Privater,***
- ***die eine Rechtswirkung herbeiführen sollen,***
- ***die von den Beteiligten gewollt wird.***

**Beispiele:**
- **Willenserklärung Privater:** *Den Gegensatz dazu bildet der Verwaltungsakt einer Behörde.*
- **Rechtswirkung:** *Die Industrie AG wird Eigentümer des Grundstücks.*
- **Gewollt:** *Landwirt Meier will sein Eigentum am Grundstück aufgeben.*

Nach der Anzahl der Willenserklärungen, die zum Zustandekommen eines Rechtsgeschäftes notwendig sind, unterscheidet man:

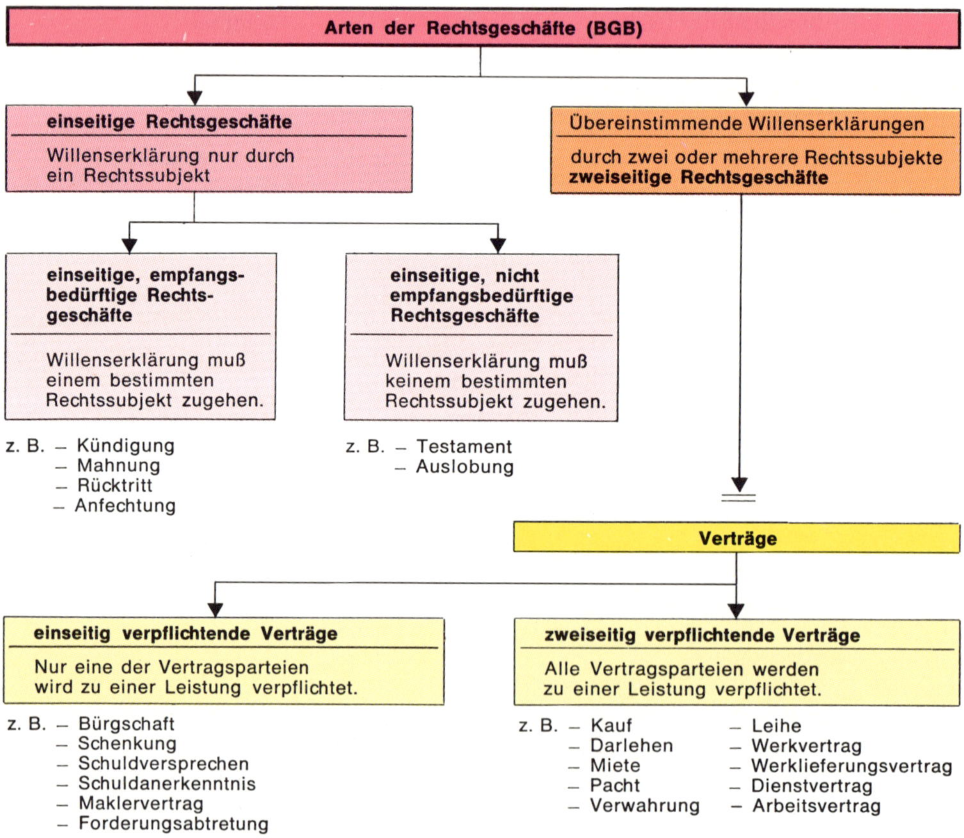



399268

## 4.2.2 Äußere Form der Rechtsgeschäfte

***Die Abgabe einer Willenserklärung ist grundsätzlich an keine äußere Form gebunden (Grundsatz der Formfreiheit).***

Eine Willenserklärung kann abgegeben werden:

- mündlich, auch fernmündlich,
- schriftlich,
- stillschweigend (z. B. durch Duldung einer Handlung),
- durch schlüssiges Handeln (z. B. durch die Lieferung der bestellten Ware).

***In Ausnahmefällen schreibt das Gesetz die äußere Form von Rechtsgeschäften vor (Formzwang).***

**Gründe für Formvorschriften** sind zum Beispiel:

- Es handelt sich um wichtige Rechtsgeschäfte.
- Die Vertragspartner sollen vor übereilten Handlungen geschützt werden.
- Der Beweis für das Vorliegen einer Willenserklärung soll einwandfrei geführt werden können.
- Das Rechtsgeschäft dient als Grundlage für die Eintragung in ein öffentliches Register.

Es gibt folgende **gesetzliche Formvorschriften:**

- Schriftform
- notarielle Beurkundung
- öffentliche Beglaubigung
- Sonstige

### Schriftform (§ 126 BGB)

Der Aussteller muß das Schriftstück **(Urkunde)** eigenhändig mit seinem Namen unterzeichnen, d. h. die Unterschrift muß den Abschluß des Textes bilden. Bei einem Vertrag müssen alle Vertragsparteien auf derselben Urkunde unterschreiben.

**Beispiele:** *Miet- und Pachtverhältnisse (§§ 566, 581 BGB), Bürgschaft (§ 766 BGB), Schuldversprechen und Schuldanerkenntnis (§§ 780 f. BGB), Quittung (schriftliches Empfangsbekenntnis, § 368 BGB), Vertrag über ein Abzahlungsgeschäft (§ 4 VerbrKrG), Berufsausbildungsvertrag (§ 3 BBiG), Abtretungsanzeige (§ 409 BGB)*

### Notarielle Beurkundung (§ 128 BGB)

Sie bezieht sich auf den ganzen Vorgang (z. B. den Abschluß eines Kaufvertrages), der in einer Niederschrift **(Protokoll)** festgehalten wird. Der Notar verliest das Protokoll und läßt es von den Erklärenden genehmigen. Anschließend wird es von den Erklärenden und dem Notar eigenhändig unterzeichnet. Bei Verträgen müssen die Vertragspartner nicht gleichzeitig anwesend sein, es sei denn, das Gesetz verlangt dies (§ 152 BGB). Durch die öffentliche Beurkundung wird das **ganze Schriftstück** zu einer **öffentlichen Urkunde.**

**Beispiele:** *Grundstückskaufvertrag (§ 313 BGB), Vermögensübertragung (§ 311 BGB), Schenkungsversprechen (§ 518 BGB), Auflassung (§ 925 BGB), Eigentumsübergang bei einem Grundstück und die Belastung eines Grundstücks (§ 873 BGB), Ehevertrag (§ 1410 BGB), Erbvertrag (§ 2276 BGB)*

### Öffentliche Beglaubigung (§ 129 BGB)

Die Willenserklärung ist schriftlich abzufassen; die Unterschrift wird vor einem Notar geleistet. Die **Beglaubigung der Unterschrift** erfolgt durch einen Vermerk des Notars, der die Echtheit der Unterschrift bestätigt und den Zeitpunkt der Beglaubigung enthält. Beglaubigt wird nur die **Echtheit der Unterschrift,** nie der **Inhalt der Erklärung.** Sie ist notwendig für alle Registeranmeldungen.

**Beispiele:** *Anmeldung zum Vereinsregister (§ 77 BGB), zum Handelsregister (§ 12 HGB), zum Güterrechtsregister (§ 1560 BGB), zum Grundbuch (§ 29 GBO)*

### Sonstige Formvorschriften

Die Beteiligten müssen gleichzeitig, z. B. vor einer Behörde erscheinen und dort ihre Willenserklärungen abgeben.

**Beispiele:** *Auflassung von Grundstücken vor dem Grundbuchamt (§ 925 BGB), Eheschließung vor dem Standesbeamten in Gegenwart von zwei Zeugen (§§ 13 f. EheG), Vorschriften über das eigenhändige Testament (§ 2247 BGB)*

### Vereinbarte Formvorschrift

Besteht für ein Rechtsgeschäft keine Formvorschrift (z. B. Kaufvertrag über eine bewegliche Sache), so können die Beteiligten eine äußere Form vereinbaren **(vereinbarte Form).** Wird z. B. die Schriftform vereinbart **(gewillkürte Schriftform,** § 127 BGB), so genügt zum Zustandekommen eines Vertrages ein Briefwechsel. Eine äußere Form wird häufig vereinbart, um Beweise zu sichern. Aus Gründen der Verkehrssicherheit ist die Schriftform im Geschäftsleben weitgehend üblich.

***Eine Verletzung der Formvorschrift führt zur Nichtigkeit des gesamten Rechtsgeschäfts. (Nichtigkeit wegen Formmangels § 125 BGB)***

**Nichtigkeit:** Das Rechtsgeschäft existiert vor der Rechtsordnung nicht. Die Nichtigkeit kann jedoch durch die **Erfüllung geheilt** werden, d. h., das Rechtsgeschäft existiert in diesem Fall doch:

- Bei **gesetzlichen Formvorschriften** nennt das Gesetz die Fälle, in denen die Erfüllung die Nichtigkeit heilt (z. B. Grundstückskaufvertrag § 313 BGB, Bürgschaft § 766 BGB, Schenkung § 518 BGB).

  **Beispiel:** *Ein Grundstückskaufvertrag wurde nicht öffentlich beurkundet. Erfolgte trotzdem die Auflassung und Eintragung ins Grundbuch, so ist es rechtswirksam.*

- Bei der **vereinbarten Form** wird der Formmangel stets durch Erfüllung geheilt.

## Zusammenfassung

**Äußere Form der Rechtsgeschäfte**

**Grundsatz: Formfreiheit**

Willenserklärungen können abgegeben werden:
- mündlich,
- schriftlich,
- stillschweigend,
- durch schlüssiges Handeln.

**Ausnahme: gesetzliche Formvorschrift**

- Schriftform: Eigenhändige Unterzeichnung des Schriftstücks mit dem Namen.
- Öffentliche Beglaubigung: Unterschrift auf dem Schriftstück wird durch einen Notar beglaubigt.
- Öffentliche Beurkundung: Der Inhalt eines Schriftstückes und die Unterschriften werden durch einen Notar beurkundet.
- Abschluß vor einer Behörde: Die Willenserklärungen werden vor einer Behörde abgegeben.

**Ausnahme: vereinbarte Formvorschrift**

Die an einem Rechtsgeschäft Beteiligten vereinbaren eine der gesetzlichen Formen.

**Nichtigkeit wegen Formmangels**

**aber:** Die Nichtigkeit kann durch Erfüllung geheilt werden.

## Aufgaben

1. Was versteht man unter „Formfreiheit“?
2. Aus welchen Gründen schreibt der Gesetzgeber in bestimmten Fällen die Form vor?
3. Was versteht man unter „Schriftform“?
4. Wodurch unterscheiden sich „öffentliche Beglaubigung“ und „öffentliche Beurkundung“?
5. Nennen Sie Rechtsgeschäfte, für die eine gesetzliche Formvorschrift besteht.
6. Was versteht man unter „vereinbarter Form“?
   Warum wird eine Form vereinbart?
7. Welche Rechtsfolgen ergeben sich aus einem Formmangel?
8. Was versteht man unter „Heilung der Nichtigkeit durch Erfüllung“? In welchen Fällen ist sie möglich?

### 4.2.3 Zustandekommen von Rechtsgeschäften (Verträgen)

***Zum Abschluß eines Vertrages sind mindestens zwei Willenserklärungen notwendig, die***
***– inhaltlich übereinstimmen müssen,***
***– Antrag (Angebot) und Annahme heißen.***

Dies gilt sowohl für einseitig als auch für zweiseitig verpflichtende Verträge.

***Durch ein Angebot (juristisch: Antrag) wird einem anderen der Abschluß eines Vertrages zu den im Angebot genannten Bedingungen angetragen.***

Da es sich beim Angebot um eine **empfangsbedürftige Willenserklärung** handelt, wird es **mit** seinem **Zugang wirksam:**

***Der Widerruf eines Angebots muß spätestens gleichzeitig mit dem Angebot beim Empfänger des Angebots eintreffen.***

Der Anbieter muß deshalb Medien einsetzen, die **schneller** sind als das ursprünglich benutzte Medium: Bei einem als Brief versandten Angebot kommen z. B. das Telefon, ein Telegramm, ein Fernschreiben oder ein Telefax in Frage.

***Wer einem anderen die Schließung eines Vertrages anträgt, ist an seinen Antrag gebunden. (§ 145 BGB)***

Der Anbieter ist allerdings nur an ein **bestimmtes Angebot** gebunden. **Ein unbestimmtes Angebot,** z. B. ein solches mit Freizeichnungsklauseln (z. B. „Preise freibleibend", „Zwischenverkauf vorbehalten"), stellt **kein Angebot** dar. Es ist vielmehr eine **Aufforderung** an den Empfänger, ein Angebot zu unterbreiten.

Die **Bindung an das Angebot** bedeutet, daß der Anbieter es **nicht mehr widerrufen** kann. Allerdings gilt diese Bindung nicht unbegrenzt:

***Der Antrag erlischt,***
***– wenn er dem Antragenden gegenüber abgelehnt wird oder***
***– wenn er nicht rechtzeitig angenommen wird. (§ 146 BGB)***

#### Ablehnung eines Antrags

Will der Empfänger eines Angebots dieses nicht annehmen, so muß er es **ablehnen.**

***Ein Antrag kann durch Stillschweigen oder förmlich abgelehnt werden.***

**Beispiele:**
- **Stillschweigen:** *Der Empfänger des Angebots läßt nichts mehr von sich hören.*
- **Förmliche Ablehnung:** *Es wird ein entsprechender Brief geschrieben oder ein entsprechender Telefonanruf vorgenommen.*

Eine andere Art der **Ablehnung** stellt die sogenannte **modifizierte Annahme** dar:

***Wer ein Angebot unter Erweiterungen, Einschränkungen oder sonstigen Änderungen annimmt, lehnt das Angebot ab und unterbreitet gleichzeitig ein neues Angebot. (§ 150 Abs. 2 BGB)***

**Beispiele:**
- **Erweiterungen:** *Eine Bürgschaft soll statt 10 000,00 DM nunmehr 15 000,00 DM umfassen.*
- **Einschränkungen:** *Eine Schuldanerkenntis beläuft sich auf 5 000,00 DM statt auf 8 000,00 DM.*
- **Sonstige Änderungen:** *kürzere Lieferfrist, andere Zahlungsbedingungen.*

Auch eine **verspätete Annahme** ist eine **Ablehnung** verbunden mit einem neuen Angebot. (§ 150 Abs. 1 BGB)

### Annahme eines Antrags

Will der Empfänger das Angebot **annehmen,** so muß er dies **rechtzeitig** tun. Zwei Fälle sind zu unterscheiden:

- ***Ein Angebot unter Anwesenden (mündlich, fernmündlich) muß sofort angenommen werden. (§ 147 Abs. 1 BGB)***
- ***Ein Angebot unter Abwesenden (z. B. brieflich, telegrafisch) muß***
  - ***innerhalb der verkehrsüblichen Zeit (§ 147 Abs. 2 BGB)***
  - ***auf mindestens gleich schnellem Weg angenommen werden.***

Die **verkehrsübliche Zeit** läßt sich wie folgt errechnen:

normale Laufzeit des Angebots
\+ angemessene Überlegungsfrist des Empfängers
\+ normale Laufzeit der Annahme
= verkehrsübliche Zeit

Im Angebot kann eine Frist genannt sein, bis zu deren Ablauf der Anbieter gebunden ist (z. B.: „An dieses Angebot sind wir vier Wochen gebunden.").

**Geht die Annahme** dem Anbieter **zu,** so ist ein **Vertrag zustande gekommen:**

***Ein Vertrag (Rechtsgeschäft) kommt durch zwei übereinstimmende Willenserklärungen, die Angebot (Antrag) und Annahme heißen, zustande.***

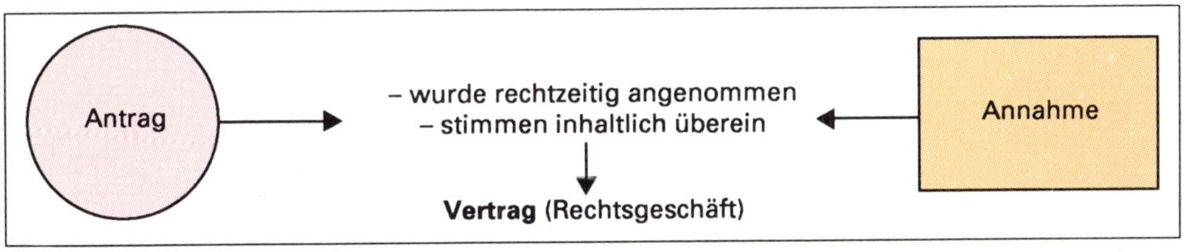


Bei **einseitig verpflichtenden Verträgen** ist aus Gründen der Rechtssicherheit (Beweislast!) in der Regel eine bestimmte **äußere Form** (z. B. Schriftform) beim Zustandekommen des Rechtsgeschäfts zu **beachten** (vgl. 4.2.2). Bei **zweiseitig verpflichtenden Verträgen** herrscht der **Grundsatz der Formfreiheit,** auch wenn häufig die gewillkürte Schriftform verwendet wird.

## Zusammenfassung

**Zustandekommen eines Vertrages (Rechtsgeschäftes)**

**Angebot**

- Antrag auf den Abschluß eines Vertrages zu den im Angebot genannten Bedingungen.
- Es handelt sich um eine empfangsbedürftige Willenserklärung.

↓

Der Anbieter kann widersprechen.

Der Widerspruch muß vor dem Angebot eingehen
ansonsten:

Der Anbieter ist an das Angebot gebunden.

- unbestimmtes Angebot → kein Angebot
- bestimmtes Angebot → Anbieter ist an das Angebot gebunden, bis es erlischt oder angenommen wird.

Erlöschen des Angebots

- Ablehnung durch den Empfänger des Angebots
  - stillschweigend
  - förmlich
- verspätete Annahme
  modifizierte Annahme
  → Ablehnung + neuer Antrag

**Annahme**

Sie muß rechtzeitig erfolgen.

- unter Anwesenden → sofort
- unter Abwesenden → innerhalb der verkehrsüblichen Frist
- befristetes Angebot → innerhalb der im Angebot genannten Frist

↓

Ein Rechtsgeschäft ist zustande gekommen.

Formvorschriften beachten!

## Aufgaben

1. Wie kommt ein Rechtsgeschäft zustande?
2. Was versteht man unter „Angebot“ (Antrag)?
3. Erklären Sie, warum und wie man ein Angebot widerrufen kann.
4. Erklären Sie den Begriff „Bindung an das Angebot“.
5. Wann muß ein Angebot angenommen werden?



399274

6. Erklären Sie den Unterschied zwischen einem bestimmten und einem unbestimmten Angebot anhand eines Beispiels.
7. Welche Formvorschriften sind beim Zustandekommen von Rechtsgeschäften zu beachten?
8. Klären Sie anhand des BGB, wie die einzelnen Verträge zustande kommen.
9. Überlegen Sie: Ist die Zusendung von Prospektmaterial als Angebot zu betrachten?
10. Die Annahme von Jensen & Co auf ein unbefristetes Angebot der Fahrradfabrik Müller trifft nach 14 Tagen ein. Wie ist die Rechtslage?
11. Wann erlischt ein Angebot?
12. Erklären Sie die Wirkung einer modifizierten Annahme, und nennen Sie Beispiele.

## 4.3 Verpflichtungs- und Verfügungsgeschäft

### 4.3.1 Verpflichtungsgeschäft

***Verträge, durch die zwischen den Vertragspartnern ein Schuldverhältnis begründet wird, heißen Verpflichtungsgeschäfte.***

**Beispiel:** *Herr Müller verkauft sein Auto in getrennten Verträgen an Herrn Jensen und Herrn Meier. Er ist verpflichtet, dasselbe Auto an Herrn Jensen und Herrn Meier zu liefern. Es ist eine ganz andere Frage, ob Herr Müller beide Verträge auch erfüllen kann.*

Der Vertragspartner, der eine Leistung verlangen kann, heißt **Gläubiger;** der Vertragspartner, der eine Leistung erbringen muß, heißt **Schuldner** (§ 241 BGB). Die **Leistung** des Schuldners kann in einem **Tun oder Unterlassen** bestehen.

**Beispiele:**
- **Tun:** *Ein Klavierlehrer verpflichtet sich zur Erteilung von Klavierunterricht. Die Eltern der zwölfjährigen Anna verpflichten sich zur Zahlung eines Honorars.*
- **Unterlassen:** *Herr Zorn ist es seit Jahrzehnten gewohnt, seinen Mittagsschlaf bis 16 Uhr abzuhalten. Regelmäßig wird er dabei vom Unterricht des vor zwei Wochen neu eingezogenen Violinlehrers Martin gestört. Beide schließen einen Vertrag: Herr Martin beginnt mit seinem Unterricht erst um 16 Uhr, Herr Zorn zahlt für dieses Entgegenkommen das Honorar einer Unterrichtsstunde.*

Natürlich beinhaltet jeder Vertrag seine **vertragsspezifischen Verpflichtungen** (vgl. 4.4). Nehmen wir deshalb an, daß zwischen der Industrie AG und der Maschinenbau GmbH ein Kaufvertrag über eine Drehmaschine zustandegekommen ist. Die Vertragspartner sind zu folgenden Handlungen verpflichtet:

***Der Verkäufer (Maschinenbau GmbH) ist verpflichtet, dem Käufer (Industrie AG)***
- ***die Sache (Drehmaschine) zu übergeben und***
- ***das Eigentum an ihr zu verschaffen.***

***Der Käufer ist verpflichtet,***
- ***den vereinbarten Kaufpreis zu bezahlen und***
- ***die gekaufte Sache abzunehmen. (§ 433 BGB)***

Jeder hat eine oder mehrere Leistungen („übergeben, verschaffen, bezahlen, abnehmen") zu erbringen. Da die jeweilige **Leistung geschuldet** wird, handelt es sich beim **Kaufvertrag** um ein **Schuldverhältnis** (§ 241 BGB):

Jeder Vertragspartner kann von seinem Schuldner verlangen, daß er seine Leistungen aus dem Kaufvertrag unter Berücksichtigung der allgemeinen Vorschriften des BGB erbringt (§§ 241 ff. BGB):

***Der jeweilige Schuldner muß seine Leistung***
- ***vereinbarungsgemäß (vertragsgemäß),***
- ***nach dem Grundsatz von Treu und Glauben,***
- ***unter Berücksichtigung der Verkehrssitte***

***erbringen. (§ 242 BGB)***

Daraus lassen sich folgende konkrete Pflichten ableiten:

***Jeder Vertragspartner muß seine Pflichten***
- ***zur rechten Zeit,***
- ***am rechten Ort,***
- ***in der rechten Art und Güte erbringen.***

Dabei ist immer zu beachten:

Vereinbarungen der Vertragspartner haben den Vorrang.

Fehlen Vereinbarungen der Vertragspartner, so gelten die gesetzlichen Vorschriften des BGB.

### Leistung zur rechten Zeit

Der **Verkäufer** muß zur vereinbarten Zeit dem Käufer **Besitz und Eigentum an der Sache** verschaffen.

Der **Käufer** muß zur vereinbarten Zeit

die gekaufte Sache **abnehmen,**

den vereinbarten Kaufpreis bezahlen, d. h. dem Verkäufer **Besitz und Eigentum am Geld** verschaffen.

Ist nichts anderes vereinbart, so sind die Geldschulden dann rechtzeitig beglichen, wenn das Geld **rechtzeitig abgesandt** wurde (z. B. durch Abbuchung vom Konto).

Wurde **nichts vereinbart,** so ist jede Leistung **sofort fällig** (§ 271 Abs. 1 BGB). Wurde eine **Zeit vereinbart,** so kann der jeweilige Schuldner seine Verpflichtung vorher erbringen (§ 271 Abs. 1 BGB). Nur bei einem **Fixgeschäft** sind die Leistungen genau zum vereinbarten Zeitpunkt zu erbringen.

### Leistung am rechten Ort

Der **Verkäufer** muß seine Leistungen am **vereinbarten Ort** erbringen. Es bestehen folgende Möglichkeiten:

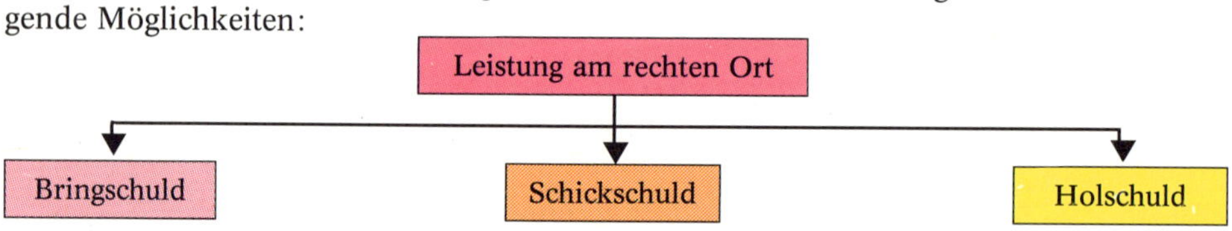


- Der Verkäufer muß die Sache zum Käufer bringen **(Bringschuld).** Erfüllungsort ist der Wohnsitz des Käufers.
- Erfüllungsort bleibt der Wohnsitz des Verkäufers, dieser muß jedoch die Sache an den Wohnsitz des Käufers schicken **(Schickschuld).**

Ist **nichts vereinbart,** so gilt:

- Erfüllungsort ist der Wohnsitz des Verkäufers, der Käufer muß die Sache abholen **(Holschuld);**

- es sei denn, aus den Umständen, insbesondere aus der Natur der Leistung, ergibt sich etwas anderes (z. B. Heizöllieferung stets Bringschuld, Handelsgeschäfte meist Schickschulden) (§ 269 BGB).

Der **Käufer** muß seine Leistungen am **vereinbarten Ort** erbringen. Es gibt folgende Möglichkeiten:

- Der Käufer muß die **Sache** beim Verkäufer abholen **(Holschuld).** Erfüllungsort ist der Wohnsitz des Verkäufers.
- **Geldschulden** sind meist **Schickschulden.**

Ist **nichts vereinbart,** so muß der Käufer das Geld **auf seine Gefahr und seine Kosten** dem Verkäufer **übersenden.** Erfüllungsort bleibt der Wohnsitz des Käufers (§ 270 BGB).

### Leistung in der rechten Art und Güte

Der **Verkäufer** muß eine Sache liefern, die nach Art und Güte dem Vertrag entspricht. Ist **nichts vereinbart,** so hat bei vertretbaren Sachen **(Gattungsschulden)** der Verkäufer eine Sache **mittlerer Art und Güte** zu liefern (§ 243 Abs. 1 BGB).

## 4.3.2 Verfügungsgeschäft (Erfüllungsgeschäft)

Innerhalb des vom Verpflichtungsgeschäft gesteckten Rahmens wird der Vertrag erfüllt.

***Verträge, durch die ein Recht an einem Gegenstand verändert wird, heißen Verfügungs- oder Erfüllungsgeschäfte.***

Der **Eigentumsübergang** an einer **beweglichen Sache** (z. B. einer Drehmaschine) geht wie folgt vor sich:

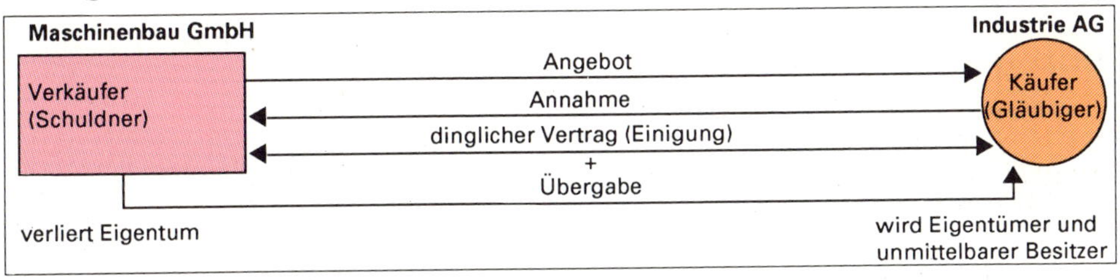


Der **Eigentumsübergang** an einem Grundstück **(unbewegliche Sache)** erfolgt nach einer eigenen gesetzlichen Regelung (§§ 873, 925 BGB):

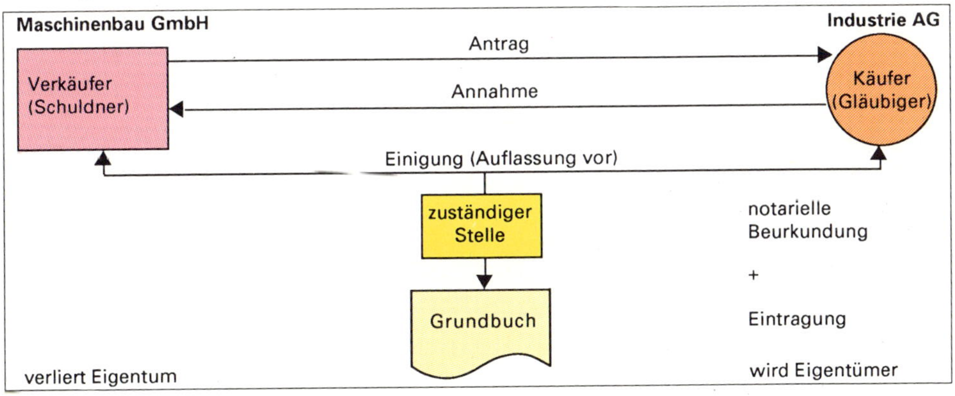

Dadurch hat die Maschinenbau GmbH ihre Verpflichtungen erfüllt; das Schuldverhältnis ist insoweit erloschen (§ 362 Abs. 1 BGB). Die **Industrie AG** muß noch ihrer Pflicht der **Zahlung des** vereinbarten **Kaufpreises** nachkommen:

- Bezahlt sie mit **Bargeld,** so muß zwischen den Vertragspartnern ein **dinglicher Vertrag** abgeschlossen und das Bargeld übergeben werden.
- Bezahlt sie mit **Buchgeld** (z. B. durch eine Überweisung), so **tritt** sie eine **Forderung** an die Maschinenbau GmbH **ab.** Auch dazu ist ein Vertrag notwendig (Abtretungsvertrag § 398 BGB), der ebenfalls ein **Verfügungsgeschäft** darstellt:

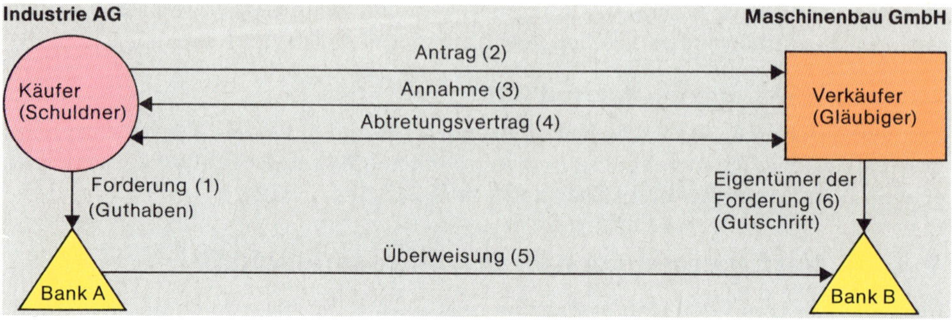


Durch Abnahme der Sache und Zahlung des Kaufpreises ist die Industrie AG ihren Verpflichtungen nachgekommen; das Schuldverhältnis ist erloschen (§ 362 Abs. 1 BGB).

## Zusammenfassung

| **Erfüllung eines Kaufvertrages** | |
|---|---|
| **Pflichten aus dem Verpflichtungsgeschäft** | |
| = Vertrag, durch den ein Schuldverhältnis zwischen den Vertragspartnern begründet wird. | |
| z. B. Verkäufer | z. B. Käufer |
| – Übergabe der Sache<br>– Verschaffung des Eigentums | – Abnahme der Sache<br>– Zahlung des vereinbarten Kaufpreises |
| – zur rechten Zeit<br>– am rechten Ort<br>– in rechter Art und Güte | |
| ↓ | |
| **Erfüllung durch Verfügungsgeschäft** (Erfüllungsgeschäft) | |
| = Vertrag über eine Rechtsänderung an einem Gegenstand | |
| Gegenstand | erforderliche Rechtshandlungen |
| bewegliche Sache | Einigung und Übergabe |
| unbewegliche Sache | Auflassung und Eintragung |
| Recht | Abtretungsvertrag |
| ↓ | |
| Erlöschen des Schuldverhältnisses | |



399278

**Aufgaben**

1. Grenzen Sie die Begriffe „Verpflichtungsgeschäft“ und „Erfüllungsgeschäft“ gegeneinander ab.
2. Welche Pflichten ergeben sich für die Vertragspartner aus dem Kaufvertrag?
3. Was versteht man unter einem Schuldverhältnis?
4. Wie müssen die Leistungen aus einem Kaufvertrag erbracht werden?
5. Ziehen Sie Folgerungen aus der Formulierung „Ist nichts anderes vereinbart, ...“.
6. Erklären Sie die folgenden Pflichten:
   a) Leistung zur rechten Zeit
   b) Leistung am rechten Ort
   c) Leistung in der rechten Art und Güte
7. Erklären Sie die Begriffe „Holschuld“, „Bringschuld“ und „Schickschuld“ an je einem Beispiel.
8. Was versteht man unter Gattungsschulden?
9. Was versteht man unter einem „dinglichen Vertrag“?
10. Schildern Sie, wie der Eigentumsübergang bei
    a) beweglichen Sachen, b) unbeweglichen Sachen, c) Forderungen erfolgt.
11. Wann erlischt ein Schuldverhältnis?
12. Überlegen Sie: Muß der Käufer stets unmittelbarer Besitzer werden?
13. Schlagen Sie im BGB die Verpflichtungen aus den Verträgen nach.

## 4.3.3 Vertragsfreiheit

### 4.3.3.1 Grundsatz der Vertragsfreiheit

Das Bürgerliche Recht, insbesondere das **Recht der Schuldverhältnisse,** beruht auf dem **Grundsatz der Vertragsfreiheit** (§ 305 BGB):

***Jedem Rechtssubjekt ist es freigestellt,***
***– ob und mit wem es einen Vertrag schließen will (Abschlußfreiheit),***
***– welchen Inhalt dieser Vertrag haben soll (Inhaltsfreiheit).***

Das bedeutet:

- Niemand kann gezwungen werden, mit bestimmten Personen einen Vertrag abzuschließen.
- Gesetzliche Regelungen können jederzeit durch vertragliche Regelungen ersetzt werden.
- Nur dort, wo keine vertraglichen Abmachungen getroffen wurden, gelten die gesetzlichen Regelungen.
- Es dürfen Verträge geschlossen werden, die im Gesetz nicht geregelt sind.

Die Inhaltsfreiheit ermöglicht es, die Verträge genau an die Umstände des Einzelfalles anzupassen.

### 4.3.3.2 Grenzen der Vertragsfreiheit

Der Grundsatz der Vertragsfreiheit stellt aber **keinen Freibrief** dar: Ihm sind durch das Gesetz und das Gewohnheitsrecht **Grenzen** gesetzt.

#### 4.3.3.2.1 Kontrahierungszwang

***Bestimmte Rechtssubjekte müssen mit jedem, der ihnen ein entsprechendes Angebot unterbreitet, einen Vertrag schließen (Kontrahierungszwang).***

Die Pflicht zum Abschluß eines Vertrages kann sich ergeben aus

- einem **Gesetz:** z. B. Güter- und Personenbeförderung durch die Deutsche Bundesbahn (§§ 453 BGB, 3 EVO), Postbeförderung durch die Deutsche Bundespost (§ 3 PostG), Personenbeförderung durch Straßenbahn, Omnibuslinien (§ 22 PBefG);
- einer **Monopolstellung:** z. B. Lieferung von Strom, Gas, Wasser; Eintrittskarten zu Theatern, Museen.

Durch den Kontrahierungszwang wird die Abschlußfreiheit beseitigt, um die Allgemeinheit mit bestimmten Lieferungen und Leistungen zu versorgen.

#### 4.3.3.2.2 Schutz vor Mißbrauch der Vertragsfreiheit

Ein Grundsatz, der das Vertragsrecht durchzieht, lautet: „Verträge sind so zu erfüllen, wie sie abgeschlossen wurden." Um die Allgemeinheit vor einem Mißbrauch der Vertragsfreiheit zu schützen, hat der Gesetzgeber bestimmte **Rechtsgeschäfte** für

- ungültig **(nichtig),**
- **anfechtbar** erklärt.

##### 4.3.3.2.2.1 Nichtige Rechtsgeschäfte

***Ungültige (nichtige) Verträge bestehen nur dem Anschein nach und sind deshalb gegenüber jedermann ohne Rechtswirkung.***

**Nichtig** sind folgende Rechtsgeschäfte:

- Rechtsgeschäfte **Geschäftsunfähiger** und ihnen Gleichgestellter (§§ 104, 105 BGB).
- **Scheingeschäfte** (§ 117 BGB): Ein Handelsvertreter verkauft einen Personenwagen für 10 000,00 DM. Um Steuern zu sparen, werden im schriftlichen Kaufvertrag nur 3 000,00 DM genannt.
- **Scherzgeschäfte** (§ 118 BGB): Ein durstiger Zecher erklärt: „Wer mir ein Glas Bier organisiert, erhält 500,00 DM!"
- Rechtsgeschäfte, die **gegen ein gesetzliches Verbot verstoßen** (§ 134 BGB): Veräußerungsverbot der Firma (§ 23 HGB), Entlohnung der Arbeiter mit Sachen (§ 115 GewO).
- Rechtsgeschäfte, die **gegen die guten Sitten verstoßen** (§ 138 BGB): Ein Geldverleiher verlangt 180 % Zinsen (Wuchergeschäft).
- Rechtsgeschäfte, die mit einem **Formmangel** behaftet sind (§ 125 BGB).
- Rechtsgeschäfte, die eine **unmögliche Leistung** zum Gegenstand haben (§ 306 BGB): Es wird ein Vertrag über die Herstellung einer Maschine geschlossen, für die niemand das Know-how besitzt (z. B. Perpetuum mobile).

**Zweck der Nichtigkeit** ist es, Rechtsgeschäfte, die vom Inhalt her der Rechtsordnung widersprechen, gar nicht erst zustande kommen zu lassen.

#### 4.3.3.2.2.2 Anfechtbare Rechtsgeschäfte

***Anfechtbare Verträge sind gültige Rechtsgeschäfte; sie leiden jedoch an einem Mangel, der es ermöglicht, sie nichtig zu machen.***

**Anfechtungsgründe** sind:

- **Irrtum in der Erklärungsbehandlung** (§ 119 Abs. 1 BGB): Der Anbieter verspricht oder verschreibt sich; statt 481,00 DM äußert er 184,00 DM.
- **Irrtum über den Inhalt einer Erklärung** (§ 119 Abs. 1 BGB): Ein Tourist aus Schleswig-Holstein bestellt in einem oberbayerischen Gasthaus einen Pfannkuchen zum Nachmittagskaffee; nach bayerischem Sprachgebrauch ist damit aber ein Krapfen gemeint.
- **Irrtum in der verkehrswesentlichen Eigenschaft einer Person oder Sache** (§ 119 Abs. 2 BGB): Es wird ein Arbeitsvertrag geschlossen in der Annahme, der Bewerber hat eine langjährige Erfahrung im Rechnungswesen. Es wird ein Einzelhandelsbetrieb gekauft in der Annahme, es liege im Geschäftszentrum einer Stadt.
- **Irrtum des Übermittlungsboten** (§ 120 BGB): Ein Telegramm geht verstümmelt ein. Eine Nachbarin wird beauftragt, 4 Brötchen einzukaufen; sie bringt aber 8 Brötchen mit.

Von der **Irrtumsanfechtung ausgeschlossen** ist der **Motivirrtum** (Irrtum im Beweggrund): Jemand kauft eine Wiese in der Erwartung, sie werde Bauland.

- **arglistige Täuschung** (§ 123 BGB): Ein Gebrauchtwagenhändler klärt einen Kunden nicht darüber auf, daß es sich um einen Unfallwagen handelt.
- **widerrechtliche Drohung** (§ 123 BGB): Ein Arbeitgeber droht mit der fristlosen Kündigung, wenn der Arbeitnehmer einer Änderungskündigung nicht zustimmt.

Die Anfechtung erfolgt **formlos** durch eine **empfangsbedürftige Erklärung des Anfechtungsberechtigten** gegenüber dem Anfechtungsgegner (§ 143 Abs. 1 BGB). Dabei sind **Verjährungsfristen** zu beachten:

- Beim **Irrtum** muß die Anfechtung **unverzüglich,** d. h. ohne schuldhaftes Zögern, erfolgen (§ 122 BGB).
- Die Anfechtung wegen **Täuschung und Drohung** muß **innerhalb eines Jahres** erfolgen (§ 124 BGB).

Gerechnet wird jeweils ab dem **Zeitpunkt,** an dem der Anspruchsberechtigte **Kenntnis vom Anfechtungsgrund** erhalten hat. 30 Jahre nach Vertragsschluß ist jede Anfechtung ausgeschlossen.

Zu beachten ist, daß der **wegen** eines **Irrtums Anfechtende schadensersatzpflichtig** ist (§§ 122, 252 BGB).

**Zweck der Anfechtung** ist es

- einen Irrtum, der begangen wurde, zu beheben;
- sich gegen eine Täuschung oder Drohung zu wehren.

#### 4.3.3.2.3 Grundsatz von Treu und Glauben

Die **Rechtsprechung** hat unter Auslegung der §§ 157, 242 BGB folgenden **Grundsatz** herausgearbeitet:

***Jedermann hat den Grundsatz von Treu und Glauben zu beachten, wenn er***
***– seine Rechte geltend macht – oder seine Pflichten erfüllt.***

Das bedeutet: Innerhalb eines Schuldverhältnisses müssen sich beide Partner so verhalten, wie es das Rechtsempfinden verlangt – selbst wenn sie das Gesetz auf ihrer Seite haben.

**Beispiele:** – *Die Industrie AG hat über einen längeren Zeitraum hinweg geduldet, daß die Maschinenbau GmbH eines ihrer Warenzeichen benutzt. Sie kann nicht auf Unterlassung klagen* **(Verwirkung).**

– *Der Landwirt Huber hat der Industrie AG ein Grundstück vor den Toren der Stadt verkauft. Ihm war bekannt, daß die Industrie AG innerhalb der nächsten zehn Jahre eine Werkssiedlung auf dem Grundstück errichten wollte. Wird das Grundstück nicht zu Bauland, so ist der Vertrag nichtig* **(Wegfall der Geschäftsgrundlage).**

– *Übt ein OHG-Gesellschafter sein Widerspruchsrecht nach § 115 HGB aus, so darf er sich dabei nur von den Interessen der OHG leiten lassen. Widerspricht er aus privaten Gründen, so ist sein Widerspruch wirkungslos* **(unzulässige Rechtsausübung).**

## Zusammenfassung

**Vertragsfreiheit**

**Grundsatz der Vertragsfreiheit**

- Abschlußfreiheit: Ob und mit wem?
- Inhaltsfreiheit: Welcher Inhalt?

**Grenzen der Vertragsfreiheit**

- Abschlußfreiheit begrenzt durch Kontrahierungszwang
- Begrenzung der Inhaltsfreiheit

**Nichtigkeit**

- Rechtsgeschäfte Geschäftsunfähiger
- Verstoß gegen die guten Sitten
- Verstoß gegen ein gesetzliches Verbot
- unmögliche Leistung
- Formmangel
- Scherzgeschäft
- Scheingeschäft

Spielraum für Vertragsfreiheit

Grundsatz von Treu und Glauben

**Anfechtbarkeit**

- Botenirrtum
- Irrtum in der Erklärungshandlung
- Irrtum über den Inhalt der Erklärung
- Irrtum in der verkehrswesentlichen Eigenschaft einer Person oder Sache
- arglistige Täuschung
- widerrechtliche Drohung

## Aufgaben

1. Was besagt der Grundsatz der Vertragsfreiheit?
2. Was versteht man unter Kontrahierungszwang?
3. Grenzen Sie Nichtigkeit und Anfechtbarkeit gegeneinander ab.
4. Nennen Sie fünf Rechtsgeschäfte, die nichtig sind und bilden Sie je ein Beispiel.
5. Nennen Sie vier Anfechtungsgründe.
6. Welche Folgen hat die Anfechtung wegen Irrtums?
7. Nennen Sie die Verjährungsfristen der Anfechtung.
8. Was versteht man unter Motivirrtum? Welche Rechtsfolgen ergeben sich daraus?
9. Was versteht man unter dem Grundsatz von Treu und Glauben?
10. Überlegen Sie: Warum schränkt die Rechtsordnung die Vertragsfreiheit ein?

# 4.4 Wichtige Verträge des Wirtschaftslebens

## 4.4.1 Werkvertrag und Werklieferungsvertrag

| Vertragsart | Werkvertrag (§§ 631 ff. BGB) | Werklieferungsvertrag (§ 651 BGB) |
|---|---|---|
| Begriff | Ein Unternehmer verpflichtet sich zur Herstellung eines Werkes gegen die Entrichtung einer vereinbarten Vergütung. | Ein Unternehmer verpflichtet sich zur Herstellung eines Werkes aus selbstbeschafften Stoffen gegen Entgelt. |
| Gegenstand | • Herstellung einer Sache (z. B. Lohnauftragsfertigung)<br>• Veränderung einer Sache (z. B. Reparatur)<br>• Herbeiführung eines Erfolges durch Arbeit oder Dienstleistung (z. B. Gutachten, Revisionsarbeiten) | • Herstellung einer Sache (z. B.: Spritzen von Kunststoffgehäusen in Auftragsfertigung, Fertigung von Werkzeugmaschinen für einen bestimmten Kunden) |
| Pflichten des Unternehmers | • vertragsgemäße Herstellung des Werkes<br>• rechtzeitige Herstellung des Werkes<br>• mangelfreie Herstellung des Werkes<br>• vertragsgemäße Beschaffung von Zutaten oder sonstigen Nebensachen | • bei **vertretbaren Sachen:** Es gelten die Vorschriften des Kaufvertrages.<br>• bei **nicht vertretbaren Sachen:** Es gelten die Vorschriften des Werkvertrages. |
| Pflichten des Bestellers | • Zahlung der vereinbarten Vergütung<br>• Abnahme des vertragsgemäß erstellten Werkes<br>• Bereitstellung des Materials<br>• vereinbarungsgemäße Mitwirkung bei der Herstellung des Werkes | • bei **vertretbaren Sachen:** Es gelten die Vorschriften des Kaufvertrages.<br>• bei **nicht vertretbaren Sachen:** Es gelten die Vorschriften des Werkvertrages. |

## 4.4.2 Mietvertrag und Pachtvertrag

| Vertragsart | Mietvertrag (§§ 535 ff. BGB) | Pachtvertrag (§§ 581 ff. BGB) |
|---|---|---|
| Begriff | Er ermöglicht die Nutzung einer Sache während eines vereinbarten Zeitraumes gegen Entgelt. | Er ermöglicht die Nutzung eines Gegenstandes und den Genuß des Ertrages während eines vereinbarten Zeitraumes gegen Entgelt. |
| Gegenstand | Sache<br>● Grundstücke<br>● (Grundstücks-) Räume<br>● bewegliche Sachen | ● Gegenstand<br>– bewegliche Sachen<br>– unbewegliche Sachen<br>– Rechte<br>● Ertrag („Fruchtgenuß"), der bei ordnungsgemäßer Bewirtschaftung des Gegenstandes erzielt wird. |
| Pflichten des Vermieters/ Verpächters | ● gewährt dem Mieter/Pächter den Gebrauch der Mietsache/des gepachteten Gegenstandes während der Mietzeit/Pachtzeit;<br>● überläßt die Mietsache/den verpachteten Gegenstand in einem Zustand, der ihre/seine vertragsgemäße Nutzung ermöglicht;<br>● erhält die Mietsache/den verpachteten Gegenstand in diesem Zustand. | |
| Pflichten des Mieters/ Pächters | ● zahlt den Mietzins/Pachtzins;<br>● behandelt die Mietsache/den gepachteten Gegenstand pfleglich;<br>● benutzt die Mietsache/den gepachteten Gegenstand nicht vertragswidrig;<br>● gibt nach Beendigung des Miet-/Pachtverhältnisses die Mietsache/den gepachteten Gegenstand zurück;<br>● duldet Maßnahmen des Vermieters/Verpächters, die zur Erhaltung der Mietsache/des gepachteten Gegenstandes dienen. | |
| Sonstiges | ● Vermieterpfandrecht/Verpächterpfandrecht<br>● Schriftform notwendig<br>● „Verkauf bricht nicht Miete/Pacht!"<br>● Mieter/Pächter ist unmittelbarer Besitzer der Mietsache/des gepachteten Gegenstandes. | |

Einen Sonderfall dieser Verträge stellt der **Leasingvertrag** dar (siehe 9.4):

***Unter Leasing versteht man die Miete oder Pacht von Investitionsgütern: Dem Leasingnehmer wird vom Leasinggeber das Nutzungsrecht an den geleasten Gütern gegen die regelmäßige Zahlung eines Entgelts eingeräumt.***

Jedoch wird mittlerweile der Begriff Leasing auch für

- die Miete von Konsumgütern („Leasen Sie Ihren neuen Wagen, dann können Sie sich zusätzlich eine Urlaubsreise leisten!"),
- die Vermittlung bzw. Beschäftigung von Zeitarbeitskräften („Personalleasing")

verwendet.

### 4.4.3 Dienstvertrag

***In einem Dienstvertrag wird die Erbringung einer Leistung gegen Entgelt vereinbart. (§ 611 Abs. 1 BGB)***

**Gegenstand** eines Dienstvertrages können **Dienste** (Leistungen) **jeglicher Art** sein (§ 611 Abs. 2 BGB):

- Dienste höherer Art: z. B. Arzt, Rechtsanwalt, Architekt (§ 622 BGB)
- Sonstige Dienstleistungen: z. B. Hausmeister, Gepäckträger, Gärtner

**Es kommt nicht darauf an, ob der Dienst zu einem Erfolg führt oder nicht.**

Die **Pflichten des Dienstherrn** sind:

- Zahlung der vereinbarten Vergütung auch für vorübergehende und unverschuldete Dienstverhinderung (§§ 611 Abs. 1, 612, 614, 616 ff. BGB). Die Vergütung kann in Geld oder Sachen bestehen („Freie Kost und Logis" bei einer Hausgehilfin);
- Schutz des Dienstpflichtigen gegen Gefahren für Leben und Gesundheit (Fürsorgepflicht) (§ 618 Abs. 1 BGB).

Die **Pflichten des Dienstpflichtigen** sind:

- Leistungserbringung gemäß Vertrag (§ 611 Abs. 1 BGB)
- höchstpersönliche Erbringung der Leistung (§ 613 BGB)
- Treue und Gehorsam
- Schweigepflicht

### 4.4.4 Verträge in der Praxis der Wirtschaft

Die im BGB geregelten Vertragsarten werden im Wirtschaftsleben häufig abgewandelt. Es werden Verträge geschlossen, die

- mehrere typische Verträge umfassen (z. B.: Ein Kreditvertrag enthält einen Darlehens- und Bürgschaftsvertrag.);
- in anderen Gesetzen geregelt sind (z. B. Kommissionsvertrag im HGB, Vertrag über die Annahme eines Schecks zahlungshalber im Scheckgesetz, Abzahlungsvertrag im Verbraucherkreditgesetz);
- in mehreren Gesetzen, Verordnungen oder Satzungen geregelt sind (z. B. Energielieferungs-, Fracht-, Speditions-, Lagervertrag);
- dem Gewohnheitsrecht entspringen (z. B. Sicherungsübereignungsvertrag).

Darüber hinaus gestattet es der **Grundsatz der Vertragsfreiheit,** gesetzliche Regelungen durch vertragliche zu ersetzen.

## Zusammenfassung

| Wichtige Vertragsarten des Wirtschaftslebens | |
|---|---|
| **Werkvertrag** | Herstellung eines Werkes (aus bereitgestellten Stoffen) gegen Entgelt |
| **Werklieferungsvertrag** | Herstellung einer Sache aus selbstbeschafften Stoffen gegen Entgelt |
| **Mietvertrag** | Nutzung einer Sache gegen Entgelt |
| **Pachtvertrag** | Nutzung eines Gegenstandes und „Genuß der Früchte" gegen Entgelt |
| **Dienstvertrag** | Erbringung eines Dienstes gegen Entgelt |
| Die vertraglichen Regelungen des Wirtschaftslebens weichen häufig von den gesetzlichen Regelungen ab. | |

## Aufgaben

1. Warum weichen die in der Praxis geschlossenen Verträge häufig von den Regelungen des BGB ab?
2. Welche Vertragsart liegt vor?
   a) Ein Architekt wird beauftragt, einen Bauplan zu erstellen.
   b) Ein Schneider stellt einen Maßanzug her.
   c) Ein Kaufhaus bestellt 600 Anzüge bei einer Kleiderfabrik.
   d) Ein Kranbetrieb hilft bei der Installation einer Maschine.
   e) Die Nutzung leerer Geschäftsräume wird vereinbart.
   f) Ein Ehepaar mietet ein Einfamilienhaus mit Kirschgarten; die Kirschen darf es ernten.
   g) Eine Bank läßt 20 000 Scheckformulare drucken.
   h) Die Nutzung einer Fabrikhalle, die mit elektrischen Anschlüssen versehen ist, wie sie ein Gewerbebetrieb benötigt, wird vereinbart.
3. Nehmen Sie anhand eines Beispiels Stellung zu folgender Behauptung: „Die Rechte des einen Vertragspartners sind die Pflichten des anderen."



399286

# 5 Absatzwirtschaft

## 5.1 Käufer- und Verkäufermarkt

Dem Begriff Absatz wird in der Betriebswirtschaftslehre eine zweifache Bedeutung zugemessen:

- Absatz ist eine betriebswirtschaftliche **Funktion,**
- unter Absatz versteht man weiter die **verkaufte bzw. die zu verkaufende Menge** an Fertigerzeugnissen. Multiplizieren wir den Absatz mit den Verkaufspreisen, so erhalten wir den Umsatz.

Zu Beginn der Industrialisierung war der Vertrieb der Industrieerzeugnisse weiter nicht schwierig, weil eine riesige Nachfrage nach Gütern einem relativ geringen Angebot gegenüberstand. In solchen **„Verkäufermärkten“** bestimmt der Anbieter über Preis, Menge und Qualität der Güter. Ab der Jahrhundertwende änderte sich die Situation. Mit der wachsenden Güterproduktion überwog bald das Angebot die Nachfrage. Der **„Käufermarkt“** entstand, indem die Anbieter in Wettbewerb um die Gunst des Käufers treten. In der jüngsten Zeit wird der Wettbewerb häufig schärfer, weil

- internationale Konkurrenz nach der Beseitigung von „Handelsschranken“ (Zollbefreiung für Güter aus der EG, Zollvergünstigungen für andere Länder) auftritt,
- für viele Güter der Markt bereits die Tendenz zur Marktsättigung zeigt, der Bedarf also sogar rückläufig sein kann,
- bei großen Fertigungskapazitäten niedrige Stückkosten nur bei einer guten Kapazitätsauslastung erzielt werden; für riesige Gütermengen müssen Abnehmer gefunden werden,
- die technische Entwicklung fortwährend das Güterangebot und die Nachfrage verändert.

Die betriebliche Absatzfunktion wirkt deshalb heute weit in die Produktion und die Beschaffung hinein. In einem Käufermarkt ist der Absatz **Minimumsektor.** Der Markt steht im Mittelpunkt unternehmerischen Denkens. Um diese Tatsache besser zum Ausdruck zu bringen, verwendet man vielfach den Begriff **„Marketing“.** Für diesen Ausdruck können wir folgende grobe Definition geben:

***Marketing ist die systematische Führung eines Unternehmens vom Markt her. Wesentlich sind das Aufspüren von Marktlücken und die Entwicklung geeigneter Strategien zur Nutzung der Marktchancen. Marketing ist immer planvolles Vorgehen.***

Die Entwicklung einer geeigneten Marktstrategie setzt voraus, daß die einzelnen absatzpolitischen Instrumente aufeinander abgestimmt sind. So müssen der Werbestil und der Slogan zum Preisniveau, zum Produktäußeren, zum Markennamen, zum angebotenen Service, aber auch zur Absatzorganisation passen und umgekehrt. Die **Koordination der absatzpolitischen Mittel** soll die gesamte Absatzpolitik nach außen als eine Einheit erscheinen lassen. Wir bezeichnen diese abgestimmten absatzpolitischen Instrumente als **„Marketing-Mix“.**

Ein Beispiel für angewandtes Marketing finden wir mit dem Produktmanager in der Markenartikelindustrie. Der Produktmanager ist für ein Produkt bzw. eine Produktgruppe (z. B. Margarineerzeugnisse) zuständig. Er stellt dabei Marktänderungen fest und ermittelt Wünsche und Anregungen des Handels und der Verbraucher. Seine Befugnisse beschränken sich dabei nicht ausschließlich auf den Bereich des Absatzes. Da er für die Qualität seiner Erzeugnisse verantwortlich ist, kann er in die Produktions- und in die Beschaffungsaufgaben eingreifen, z. B. bei der Auswahl geeigneter Lieferanten oder der Bestimmung des Materials für die Warenverpackung.

Den Begriff Marketing verdeutlichen wir uns im einzelnen anhand der folgenden Übersicht:

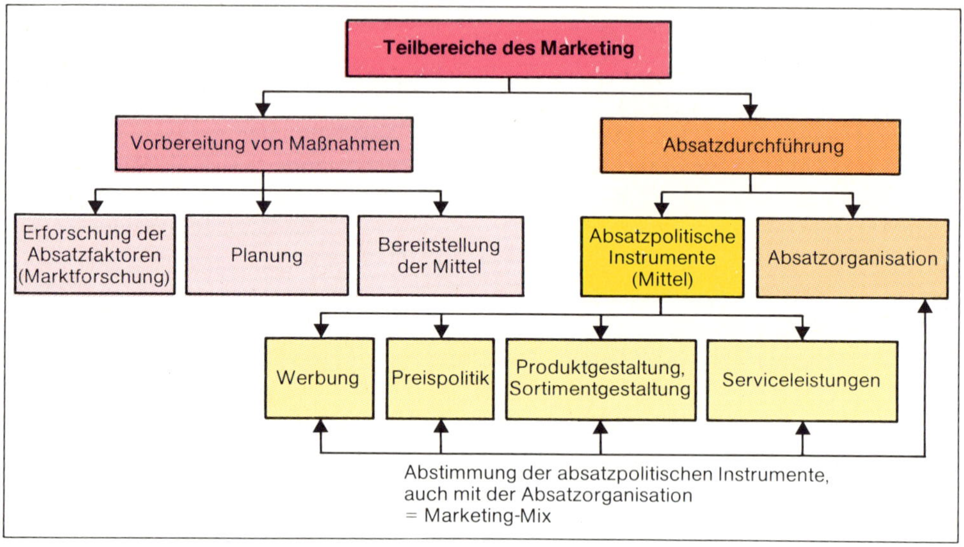


## 5.2 Die Marktforschung

Aufgabe der Marktforschung ist, die **absatzbestimmenden Faktoren** für ein Erzeugnis oder eine Produktgruppe zu **erfassen** und zu **beobachten.** Das Ziel ist, Informationen für die Führung des Unternehmens zu beschaffen, um

eine gute Marktübersicht zu erhalten,

die Motive der Verbraucher (Verwender), der Konkurrenz und der Händler zu erforschen,

Marktlücken aufzuspüren,

Entwicklungen rechtzeitig vorauszusehen.

Die Bemühungen der Marktforschung führen zur

Erläuterung und Bewertung der Marktfaktoren **(Marktbericht),**

Vorhersage des zukünftigen Absatzes **(Prognose),**

**Entwicklung geeigneter Marketinginstrumente** und deren optimale Abstimmung („Marketing-Mix“).

 399288

Die **Erhebung der Marktfaktoren** kann auf verschiedene Weise erfolgen:

- **systematisch (Marktforschung):** Marktuntersuchung (Marktanalyse) und die Beobachtung von Marktentwicklungen (Marktbeobachtung) erfolgt hier unter Anwendung **erprobter wissenschaftlicher Methoden.**
- **unsystematisch (Markterkundung):** Die Unternehmung kann eine Reihe von Informationen aus Gesprächen mit Kunden, Lieferern und sonstigen Geschäftspartnern ziehen. Reiseberichte von Reisenden und Vertretern und sonstige Berichte und Veröffentlichungen können ausgewertet werden. Wertvolle Informationen lassen sich beim Besuch von Fachveranstaltungen (Ausstellungen, Messen und Vorträge) gewinnen. Da diese als **Nebenprodukt vieler betrieblicher Aktivitäten** anfällt, also Marktinformationen **ohne zusätzliche Kosten** liefert, ist sie häufig die einzige Form der Informationsgewinnung. Aber auch dann, wenn der Betrieb den Markt systematisch erforscht, darf zur Abrundung und Überprüfung der Ergebnisse der Marktforschung auf die Markterkundung nicht verzichtet werden.

## 5.2.1 Die Beschaffung von Informationen durch die Marktforschung

Zwar müssen viele Informationen im Markt selbst (Primär- oder Feldforschung), d. h. bei den Verbrauchern und bei den Absatzmittlern beschafft werden, doch kann man auch oft auf Statistiken bzw. auf bereits erhobenes Material zurückgreifen (Sekundär- oder Schreibtischforschung). Da Primärerhebungen teuer und zeitraubend sind, wird man immer zuerst nach geeignetem Sekundärmaterial suchen.

### 5.2.1.1 Die Sekundärforschung (Schreibtischforschung)

Zuerst ist zu überlegen, über welches **eigene Material** der Betrieb schon verfügt:

- **Umsatz- und Absatzstatistik** der vergangenen Perioden; soweit möglich aufgegliedert nach Produkten und Produktgruppen, nach Kunden und nach Absatzgebieten,
- **Auftragseingang, Auftragsbestand,** Reichweiten des Auftragsbestandes,
- **Bewegungen der Lagerbestände bei Fertigwaren,** Entwicklung des Lagerumschlags und der Lagerdauer,
- Ergebnisse früherer, eigener **Marktuntersuchungen.**

Das eigene Material ist durch **außerbetriebliche Informationen,** die gesammelt und ausgewertet werden können, zu erweitern:

- Berichte aus Tageszeitungen, der Wirtschaftspresse und der Fachzeitschriften,
- Veröffentlichungen und Mitteilungen der Wirtschaftsverbände,
- Veröffentlichungen von wirtschaftswissenschaftlichen Instituten (von Verbänden, Universitäten, Gewerkschaften und Behörden),
- Berichte der Bundesbank,
- Statistisches Jahrbuch für die Bundesrepublik Deutschland.

Die Auswertung der aufbereiteten Unterlagen führen

- zur Analyse der Gesamtkonjunktur,
- zur Analyse der Branchenkonjunktur und
- zur Analyse der Entwicklung der eigenen Unternehmung.

### 5.2.1.2 Die Primärforschung (Feldforschung)

Sind die durch die Auswertung von Sekundärmaterial gewonnenen Informationen nicht ausreichend, so sind eigene „Erhebungen" erforderlich. Man spricht dann von der **Gewinnung von Urmaterial.** Als Erhebungsmethoden kommen in Betracht:

- **Die Befragung:** Anhand eines Fragebogens oder eines Gesprächsleitfadens wird eine „Zielgruppe" (Verbraucher, Händler) von Interviewern befragt.
- **Die Beobachtung:** Die Zielgruppe wird bei verschiedenen Aktivitäten (z. B. Einkaufsverhalten im Supermarkt) beobachtet.
- **Der Test:** Bei ausgewählten Personen wird beispielsweise eine Marketingkonzeption getestet. (Wie wird von den Versuchspersonen eine neue Warenverpackung aufgenommen?)

## 5.2.2 Die Methoden der Marktforschung

Für die Erforschung der Marktfaktoren sind zwei Gesichtspunkte wichtig:

- die Erforschung des **Zustandes der Marktfaktoren** nennen wir **Marktuntersuchung** oder **Marktanalyse,**
- die Erforschung der **Veränderung der Marktfaktoren** im Zeitablauf nennen wir **Marktbeobachtung.**

### 5.2.2.1 Die Marktuntersuchung (Marktanalyse)

Die Marktuntersuchung findet zu einem bestimmten Zeitpunkt statt und bezieht sich eben ausschließlich auf diesen Zeitpunkt. Man vergleicht sie deshalb mit der Momentaufnahme der Fotografie. Die Marktanalyse zeigt die **Struktur der Marktfaktoren zu einem bestimmten Augenblick.**

**Ein Produzent von Vitamin-C-Präparaten** möchte beispielsweise wissen,

- welche Personen (Alter, Geschlecht, Beruf, Einkommen usw.) Vitamin-C-Präparate nehmen,
- zu welchen Jahreszeiten diese Präparate genommen werden,
- aus welchem Grund (Vorbeugung, Bekämpfung einer Erkältung usw.) diese Produkte verwendet werden,
- welche Marken bevorzugt werden,
- was die Verbraucher von einem guten Präparat erwarten,
- was die Verbraucher zur Vorbeugung gegen Erkältungskrankheiten unternehmen (Sauna gehen, heißen Tee, Alkohol oder Zitrone trinken usw.).

Der **Wert der Marktanalysen** liegt darin, herauszufinden:

- welche **Motive** für den Konsum eines Erzeugnisses sprechen,
- ob ein Erzeugnis nach einem Marktvergleich **(Zielkauf)** oder ungeplant **(Impulskauf)** gekauft wird,
- welche Aufnahmefähigkeit **(Marktkapazität)** für ein Erzeugnis besteht,
- welchen **Bekanntheitsgrad** ein Erzeugnis (auch das der Konkurrenz) hat,
- wie die Verbraucher auf bestimmte **absatzpolitische Maßnahmen** (z. B. auf einen neuen Werbeslogan) ansprechen.

Die Ergebnisse der Marktuntersuchung führen zu einer Zustandsbeschreibung, dem **Marktbericht.** Manchmal enthält dieser Marktbericht schon mögliche absatzpolitische Entscheidungsvorschläge. Der Marktbericht dient dem Marketing zur **Entscheidungsvorbereitung.**

## 5.2.2.2 Die Marktbeobachtung

Bei der Marktbeobachtung wird die **Entwicklung der Marktfaktoren** erfaßt und ausgewertet. Da in der Regel Sekundärmaterial erhoben wird, beschränkt man sich häufig auf die Beobachtung von Größen, die Ergebnis der Marktfaktoren sind. So kann von der Entwicklung des Umsatzes (Branchenumsatz im Vergleich zum Unternehmensumsatz) auf den Zustand und auf Veränderungen der Marktfaktoren geschlossen werden. Die Marktbeobachtung ist immer eine **Zeitraumbetrachtung.**

Ein **Hersteller von Strumpfhosen** wird sich beispielsweise u. a. interessieren für

- die Entwicklung des Branchenumsatzes,
- die Entwicklung der Mode (Hosen- oder Rockmode),
- die Entwicklung der Kaufgewohnheiten (z. B. Kauf von Strumpfhosen im Fachgeschäft oder im Selbstbedienungsgeschäft),
- die Entwicklung der Selbstbedienung im Handel,
- Die Entwicklung der Sortimentsgestaltung im Handel,
- die Entwicklung des Bekanntheitsgrades für eine Strumpfmarke vor, während und nach einer Werbemaßnahme (Werbeerfolgskontrolle),
- die Maßnahmen der Mitkonkurrenten.

Das Ergebnis der Marktbeobachtung ist die **Prognose.** Aus Beobachtungen der Vergangenheit und der Gegenwart sollen zukünftige Entwicklungen vorausgesehen werden. Man bedient sich zur Erstellung der Prognose meistens mathematisch-statistischer Verfahren. Das bekannteste ist der **Trend.** Hier hält man in einer Kurve die Entwicklungen der Vergangenheit fest. Dann legt man in diese Kurve eine weitere (z. B. durch Mittelwertbildung gewonnene) Kurve so ein, daß die über und unter der Trendlinie liegenden Flächen gleich groß sind. Verlängert man diese Trendlinie in den in die Zukunft reichenden Zeitraum, so kann man mit diesem Trend die zukünftige Entwicklung – unter der Voraussetzung, daß sich die Marktfaktoren nicht grundlegend ändern – relativ brauchbar erfassen.

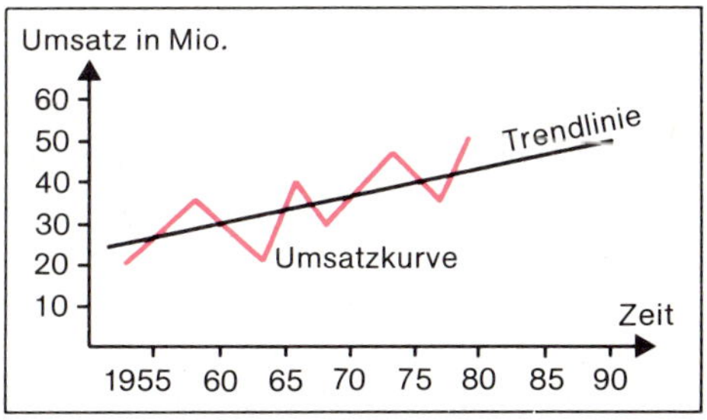

## 5.3 Der Absatzplan

Der Absatzplan basiert auf den Ergebnissen der Marktforschung und der Markterkundung. In ihm wird der Versuch unternommen, **den erwarteten Absatz auf zukünftige Perioden zu verteilen.** Der Absatzplan muß dabei davon ausgehen, daß

- der prognostizierte Absatz nicht zu hoch gegriffen ist,
- der Absatz andere betriebliche Teilbereiche beeinflußt, andererseits wiederum von den anderen Bereichen abhängt,
- der Absatzplan also durchaus niedrigere Stückzahlen als die Prognose, niemals aber höhere Zahlen nennen kann.

Da die heutigen Absatzmärkte überwiegend Käufermärkte sind, ist die Absatzfunktion die dominante betriebliche Funktion geworden. Wir machen uns dies mit der folgenden Skizze deutlich.

### 5.3.1 Der Zusammenhang des Absatzplanes mit den übrigen Teilplänen

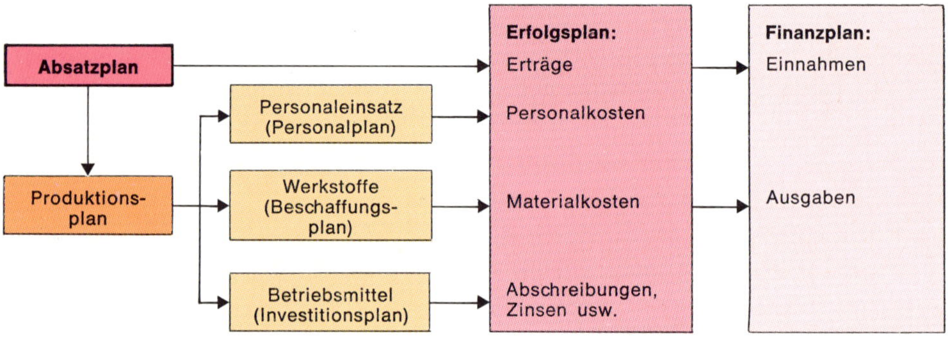


Aus der Skizze geht hervor:

- Der Absatzplan stellt den **Minimumsektor** dar.
- Bei der Aufstellung der übrigen Teilpläne ist vom Absatzplan auszugehen. **Alle** Teilpläne werden (wenn auch nur indirekt) vom Absatzplan bestimmt.
- Der betriebliche Erfolg der Unternehmung hängt von der **Abstimmung** des Absatzplanes mit den übrigen Teilplänen ab.
- Einnahmen und Ausgaben resultieren aus allen Teilplänen. Der Zeitpunkt der Einnahmen und Ausgaben wird allerdings von den Durchlaufzeiten und den Zahlungsbedingungen mitbestimmt.
- Eine Unternehmung kann ihre Marktchancen nicht verwirklichen, wenn **andere Teilpläne zum Engpaß** werden. Dies kommt vor, wenn z. B.
  - die Finanzschwäche bei vielen Industriebetrieben den Ausbau von Produktions- und Vertriebskapazitäten verhindert,
  - bei einem Nachfragestoß die Fertigungskapazität kurzfristig nicht erweitert werden kann,
  - wichtige Rohstoffe und Teile nicht in ausreichender Menge beschafft werden können,
  - die Liefertermine unserer Lieferanten zu lang sind.

## 5.3.2 Der Absatzplan und seine Teilpläne

Spricht man in der Praxis vom Absatzplan, so meint man in der Regel den **Absatzmengenplan.** Davon ist der geplante Umsatz, also der wertmäßige Absatz, zu unterscheiden.

Angenommen die Marktforschungsabteilung eines Herstellers von mechanischen Küchengeräten prognostiziert einen langfristigen Bedarf an Gemüseraspeln von 1 Million Stück für die Bundesrepublik Deutschland. Diese Stückzahl stellt die Bedingung für den **Rahmenplan** dar. Darin wird der prognostizierte Absatz den Planjahren nur **grob** zugeordnet. Der Teil des Planabsatzes, der kurzfristig realisiert werden soll, ist Gegenstand der **Feinplanung.** Dieser kurzfristige Plan wird entweder für ein Geschäftsjahr, für ein Kalenderjahr oder bei Saisonbetrieben für einen Saisonzyklus aufgestellt. Der Feinplan wird also aus dem Rahmenplan abgeleitet.

Nehmen wir an, es sollen 200 000 Stück dieser Gemüseraspeln im nächsten Geschäftsjahr abgesetzt werden. Der Feinplan muß nun die Frage beantworten, wo, wann und an wen die Produkte veräußert werden sollen. Wir sprechen von **Marktsegmentierung.** Der Planabsatz für unser Erzeugnis wird aufgeteilt, z. B.

- nach **Abnehmergruppen:**

  Welche Händler (Warenhäuser, Haushaltswarenfachgeschäfte, Supermärkte, Propagandisten in der Fußgängerzone) sollen beliefert werden,

  welche Verbrauchergruppen kommen als wichtigste Zielgruppen in Betracht (große Haushaltungen, Verwender von Frischgemüse, Arbeitnehmerhaushalte usw.)?

- nach **Absatzgebieten:**

  In welchen Gebieten wird relativ viel Frischgemüse konsumiert? Der Planabsatz wird auf Verkaufsbezirke, Niederlassungen, Vertreterbezirke usw. aufgeteilt.

- nach **Planmonaten, Planwochen oder Planquartalen:**

  Bei der zeitlichen Aufteilung des Absatzes sind folgende Fragen zu beantworten: Gibt es für unser Erzeugnis einen eigenen Saisonzyklus, gibt es einen fremden Saisonzyklus, von dem eine Abhängigkeit besteht (hier: Erntezyklus)? Es ist zu beachten, daß die Verkaufsschwerpunkte zeitlich vor Verwendung liegen müssen.

Neben dem Absatzmengenplan ist der Marketingplan, genauer gesagt die **Teilpläne des Marketing,** zu entwickeln. Auch hier müssen wir die langfristige Planung, die sich mehr mit der Marketingkonzeption, d. h. mit der Marktstrategie, und die kurzfristige Planung, die sich mit der Bereitstellung und dem Einsatz der Mittel (z. B. der Werbemittel, Preisaktionen usw.) beschäftigt, unterscheiden.

Im einzelnen sind folgende Teilpläne des Marketing wichtig:

- **Werbeplan:** Entwicklung der Werbekonzeption und deren Verwirklichung (vgl. 5.4.1);
- **Preisplan:** Festlegung der Verkaufspreise in Abstimmung mit den Preiskalkulationen und dem Umsatzplan (vgl. 5.4.2);
- **Produktplan:** Entwicklung geeigneter Fertigerzeugnisse (vgl. 5.4.3.1);
- **Sortimentsplan:** Entwicklung eines geeigneten Produktionsprogramms und eines geeigneten Vertriebsprogramms (vgl. 5.4.3.2);
- **Distributionsplan:** Auswahl der Absatzmittler und Absatzhelfer (vgl. 5.6);
- **Mitteleinsatzplan:** Abstimmung der einzelnen absatzpolitischen Instrumente und Planung des exakten zeitlichen Einsatzes dieser Mittel.

## Zusammenfassung

1. Erhebung der Marktfaktoren:
   - unsystematisch ——▶ Markterkundung
   - systematisch ——▶ Marktforschung
2. Beschaffung von Informationen:
   - zuerst Sekundärforschung ——▶ Auswertung von Statistiken, Reiseberichten und Veröffentlichungen
   - Primärforschung ——▶ Gewinnung von Urmaterial durch
     - Befragung
     - Beobachtung
     - Test
3. Methoden der Marktforschung:
   - Marktuntersuchung ——▶ Struktur der Marktfaktoren zu einem bestimmten Zeitpunkt; Ergebnis: Bericht
   - Marktbeobachtung ——▶ Entwicklung der Marktfaktoren über einen längeren Zeitraum; Ergebnis: Prognose
4. Im Absatzrahmenplan wird der Absatz für die folgenden Planjahre festgelegt.
5. In der Feinplanung erfolgt die Absatzsegmentierung nach Absatzgebieten, Abnehmergruppen und nach Planperioden.
6.

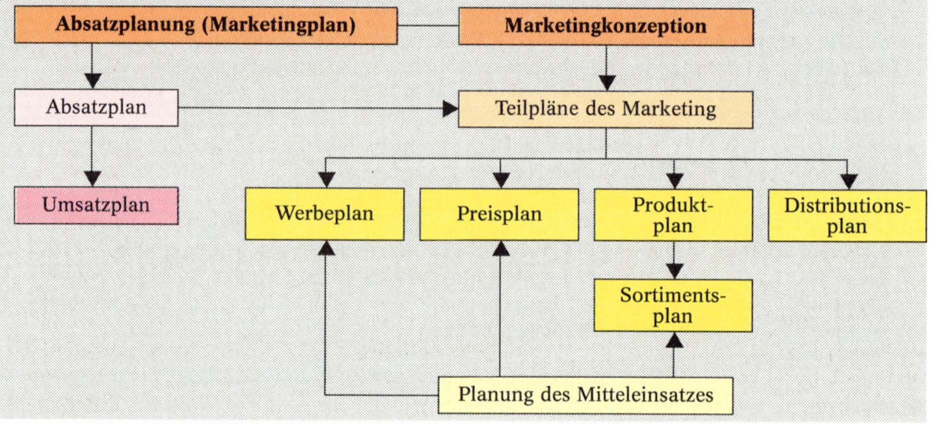


## Aufgaben

1. Überlegen Sie sich Quellen für Sekundärmaterial, falls erfaßt werden soll:
   - Zahl der 15–20jährigen Einwohner der Bundesrepublik Deutschland,
   - Entwicklung des Verbrauchs an Heizöl,
   - Entwicklung der Börsenkurse im letzten Monat,
   - Anteil der Haushaltungen, die über eine Schreibmaschine, ein Tonbandgerät, eine Geschirrspülmaschine verfügen,
   - Einschätzung der Gesamtkonjunktur,
   - Einschätzung der Branchenkonjunktur Ihres Ausbildungsbetriebes durch Betriebe oder Organisationen.
2. Warum ergänzen sich Marktuntersuchung und Marktbeobachtung?
3. Welche Einflüsse hat ein Engpaß im Absatzbereich auf die Fertigung, die Finanzierung, den Personalbereich und auf die Beschaffung.
4. Welche Bedeutung hat der Planabsatz für die Betriebsführung?
5. Warum kann der Werbeplan nicht ohne die anderen Teilpläne des Absatzes auskommen?



399294

## 5.4 Die absatzpolitischen Instrumente (Mittel)

Wie kann ein nicht zufriedenstellender Absatz beeinflußt (d. h. erhöht) werden? Zur Steuerung des Absatzes stehen der Unternehmung **absatzpolitische Instrumente** zur Verfügung:

- **Werbung,**
- **Preispolitik,**
- **Produkt- und Sortimentsgestaltung,**
- **Serviceleistungen.**

Selbstverständlich kann die Unternehmung ihren Absatz auch durch ihre **Absatzorganisation** steuern. Doch wird jede Organisation für einen längeren Zeitraum angelegt, ist also kurzfristig nicht beliebig beherrschbar.

### 5.4.1 Die Werbung

Unter Wirtschaftswerbung versteht man die Bemühungen einer Unternehmung, eine **Zielgruppe** (Personen, Unternehmungen) zu **beeinflussen.** Die Absicht ist der **Verkauf** der betrieblichen Leistung. Die Werbung ist heute vielfach das wichtigste absatzpolitische Mittel. Sie muß in ihrer Aussage und in ihrer Gestaltung mit der gesamten Unternehmenspolitik in Einklang stehen.

Vom Begriff der Werbung sind zu unterscheiden:

- **Reklame** ist die Bezeichnung besonders marktschreierischer Werbung,
- **Public Relations** ist Werbung für öffentliches Vertrauen. Dabei versucht ein Unternehmen, seinen Ruf in der Öffentlichkeit zu verbessern (z. B. multinationale Unternehmen erläutern ihre Absichten). Letzten Endes dient aber auch Public Relations dem Verkauf.
- **Propaganda** ist die Werbung von Parteien, Behörden, der Kirchen und des Staates für außerwirtschaftliche Zwecke (z. B. Aktionen der Gefangenenhilfsorganisation Amnesty International).

#### 5.4.1.1 Die Aufgaben der Werbung

Die Werbung übernimmt für die Unternehmung folgende Aufgaben (Funktionen):

- **Information.** Die Werbung soll die betriebliche Leistung bekannt machen. Der Kunde soll die Vorzüge des Erzeugnisses durch die Werbung kennenlernen:
  - Information über die **Produkteigenschaften** (Produkttechnik). So erklärt ein Hersteller von Quarzuhren in einer Anzeige, warum diese Uhr weniger reparaturanfällig ist und eine höhere Ganggenauigkeit besitzt gegenüber herkömmlichen Uhren mit einem hohen Mechanikanteil. Besonders wichtig ist die Erläuterung der Produkttechnik bei technisch komplizierten Erzeugnissen (z. B. Investitionsgütern).
  - Informationen über die **Verwendungsmöglichkeiten** eines Erzeugnisses, d. h. über die Möglichkeiten der Befürfnisbefriedigung. Ein Getränkehersteller zeigt in einem „Fernsehspot", mit welchen Zutaten sein Produkt gemixt werden kann.

- Information über **Kaufmöglichkeiten.** In der Werbung wird oft mitgeteilt, wo ein Erzeugnis gekauft werden kann (z. B. „jetzt in allen Kaufhäusern").
- Informationen, die lediglich auf **psychologische Effekte** abzielen. Bei den sogenannten nicht erklärungsbedürftigen Gütern sind die Verwendungsmöglichkeiten objektiv bekannt (z. B. Zigaretten, Schokolade, Zahncreme). Solche Produkte müssen nicht erklärt werden. So treten in Werbeaktionen häufig Leitbilder auf, mit denen sich weite Kreise der Verbraucher identifizieren (Schauspieler, Fußballstars). Vielfach wird an unterbewußte Wünsche appelliert (leichtgeschürzte Mädchen in der Touristikwerbung). Werbemaßnahmen, die ausschließlich solche „Informationen" bieten, sind natürlich besonderer Kritik ausgesetzt. Man spricht in diesem Zusammenhang von der Manipulation des Verbrauchers durch die Werbung.

- **Bedarfsweckung.** Für immer mehr neue Güter werden Käufer gesucht. So wird ein Bedürfnis (z. B. Musik hören) neu definiert, dem Konsumenten neue Möglichkeiten der Bedürfnisbefriedigung aufgezeigt (z. B. Musik stereo hören). Aber auch für alte Produkte werden neue Verwendungszwecke gesucht, der Absatz also erhöht. Aus dem Gebrauchsgut Armbanduhr wird ein Modeartikel. Kritiker der Werbung sprechen hier von „Nachfrageproduktion".
- **Verkauf.** Die Werbung ist das Sprachrohr des Marketing. Deshalb ist ihre Hauptaufgabe, zu verkaufen. Werbung soll
  - alte Käufer erhalten (Erhaltungs-, Erinnerungswerbung),
  - neue Käufer dazugewinnen (Einführungswerbung, Expansionswerbung).

Die Stufen, die zur Erledigung dieser Hauptaufgabe überwunden werden müssen, sind aus der **AIDA-Formel** erkennbar:

| AIDA ist die Abkürzung für | Der Umworbene soll |
|---|---|
| **A**ttention | – auf die betriebliche Leistung aufmerksam werden, |
| **I**nterest | – Interesse für die betriebliche Leistung zeigen, |
| **D**esire | – den Wunsch äußern, die angebotene Leistung zu besitzen, |
| **A**ction | – handeln, d. h. kaufen. |

Die AIDA-Formel gipfelt im Kauf. Die ersten Stufen sind nur als Vorstufen zum Kauf zu betrachten. Deshalb sind die AIDA-Stufen für die Werbeerfolgskontrolle wichtig. Es wird hier die Frage gestellt, bis in welche Stufe eine Werbemaßnahme vorgedrungen ist bzw. warum die letzte Stufe nicht erreicht wurde.

Neben diesen Hauptaufgaben erfüllt die Werbung noch Nebenaufgaben:

- Die Werbung schafft **Marktübersicht (Markttransparenz)** für die Verbraucher. Die Vielzahl von Informationen der Wettbewerber macht das Güterangebot vergleichbarer.
- Durch Werbung kann sich eine **Kostensenkung** für viele Erzeugnisse ergeben. Werbung fördert den Absatz und ermöglicht so höhere Produktionsmengen. Die Vorteile der Massenfertigung können sich somit einstellen.
- Durch Werbung können **Saison- und Konjunkturschwankungen** abgemildert werden. Manche Kauf- oder Konsumakte unterliegen deutlichen Saisonschwankungen (Kohle, Erfrischungsgetränke, Pelze). Werbeaktionen (verbunden mit Preismaßnah-

men) im Saisontief können einen gleichmäßigeren Absatz bewirken (Sommerwerbung für verbilligte Kohle, Werbung für Eiskrem im Winter). Das gleiche gilt für Konjunkturschwankungen. Doch wird in der Praxis bei guter Konjunktur viel und bei schlechter Konjunktur wenig geworben. Durch dieses Verhalten wird der Konjunkturzyklus noch verstärkt. Wirtschaftswissenschaftler fordern deshalb in jüngster Zeit immer mehr ein **antizyklisches Werbeverhalten.** Der Saison- und der Konjunkturausgleich ist wünschenswert, weil

- die Betriebsmittel gleichmäßiger ausgelastet werden können,
- die Beschäftigung der Mitarbeiter gleichmäßig sein kann,
- weniger häufig Liquiditätsspitzen und Liquiditätsengpässe entstehen.

### 5.4.1.2 Die Arten der Werbung

Wir unterscheiden folgende **Arten der Werbung:**

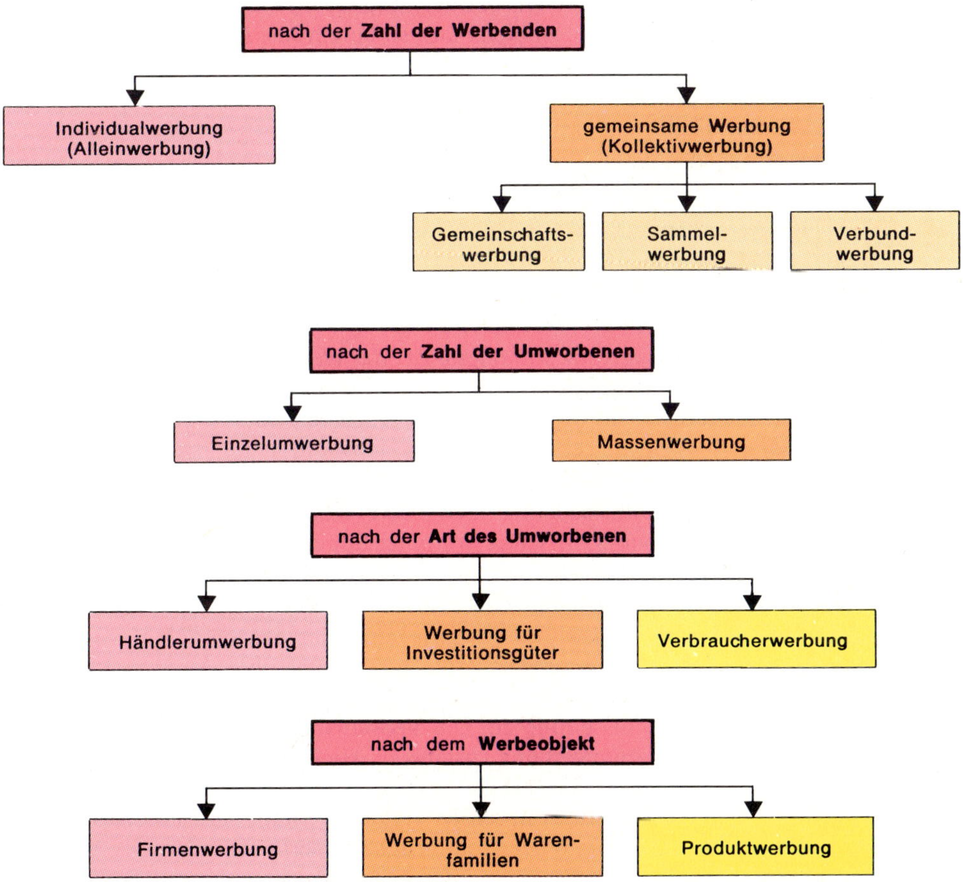


Sehen wir uns kurz die wichtigsten Werbearten an:

- **Individualwerbung.** Hier wirbt ein Anbieter für sich allein unter Nennung seines Namens (Marke, Firma). Diese Form der Werbung herrscht vor.

- **Gemeinsame Werbung (Kollektivwerbung).** Sie wird betrieben,
  - um Werbekosten zu senken,
  - wenn Individualwerbung schwer durchzuführen ist, weil einzelne Markenbezeichnungen zu wenig bekannt sind, d. h. die Markentechnik bei den Erzeugnissen zu gering entwickelt ist,
  - um sich gegen die Substitutionsgüterkonkurrenz zu wehren; (so wirbt die deutsche Brauwirtschaft gemeinsam, um eine Ausweitung des Weinkonsums zu verhindern),
  - um sich gegen ausländische oder auswärtige Konkurrenz durchzusetzen; (deutsche Weinproduzenten wehren sich gegen Importweine).

Als Organisationsformen für gemeinsame Werbemaßnahmen kommen in Betracht:

- **Gemeinschaftswerbung.** Möglichst alle Betriebe einer Branche führen **ohne** Nennung einzelner Firmen- bzw. Markenbezeichnungen eine gemeinsame Werbeaktion durch (z. B. zwei Worte – ein Bier, Hosenträger tragen Hosenträger). Schließt sich ein bedeutsamer (oder gar mehrere) Anbieter aus, so besteht die Möglichkeit der
- **Sammelwerbung.** Die einzelnen Beteiligten werden dann gemeinsam unter **Nennung** ihres Firmen- bzw. ihres Markennamens (z. B. die Vertragshändler eines Autoherstellers werben für ihren Service unter Nennung ihres Firmennamens).
- **Verbundwerbung.** Bei dieser selten vorkommenden Form gemeinsamer Werbung führen Betriebe eine Werbemaßnahme zusammen durch,
  - deren Produkte bedarfsmäßig zusammengehören (z. B. Wein und Salzstäbchen, Geschirr und Bestecke),
  - die sonst Gemeinsamkeiten aufweisen, wie z. B. ihren Standort in einem Einkaufszentrum.
- **Verbraucherwerbung** ist die uns auffälligste Art der Werbung. Da sie versucht, weite Verbraucherkreise zu erreichen (Massenwerbung), wendet sie sich über die **„Massenmedien“** (Tageszeitungen, Illustrierten, Funk, Fernsehen) an ihre Zielgruppen. Beispiele: Werbung für Waschmittel, Lebensmittel, Haushaltsgeräte usw.
- **Werbung für Investitionsgüter.** Im Investitionsgüterbetrieb herrscht überwiegend Auftragsfertigung vor. Dies bedeutet, daß seine Kundenansprache persönlicher Natur ist (Einzelumwerbung). In seiner Werbung dominiert die **Informationsfunktion.** Die Kaufentscheidung erfolgt hier immer rational. Private Konsumenten lassen sich dagegen häufig emotional leiten.
- **Händlerumwerbung.** Bei vielen Erzeugnissen hängt der Absatzerfolg davon ab, ob die Händler ein bestimmtes Erzeugnis propagieren oder nicht (z. B. nicht rezeptpflichtige Präparate in der Apotheke). Deshalb kommt der Umwerbung des Handels in diesen Fällen eine Schlüsselrolle zu. Die **Verkaufsförderung** (Sales-promotion) hängt eng mit der Händlerumwerbung zusammen. Hier wird der Händler zusätzlich (z. B. durch Vermittlung von Produktkenntnissen, durch Beratung über die günstigste Art der Warenpräsentation) in seinen Verkaufsbemühungen unterstützt. Man spricht von **POP-Werbung,** wenn der Produzent seine verkaufsfördernden Maßnahmen so steuert, daß diese am Ort des Verkaufs (point of purchase) kaufanreizend wirken. Dazu gehört besonders das sogenannte „Display-Material“ (besonders geeignete Verkaufsregale, Schilder, Plakate und Attrappen, die im Selbstbedienungsgeschäft zum Standort der Erzeugnisse führen), das den Händlern in der Regel unentgeltlich zur Verfügung gestellt wird.


399298

- **Produktwerbung.** Gegenstand dieser Werbeart ist ein Erzeugnis aus einem umfassenden Sortiment. Das Schicksal einer Unternehmung wird hier vom Wohlergehen des einzelnen Produkts unabhängig. Produktwerbung ist deshalb bei risikoreichen Erzeugnissen (z. B. bei Modeerzeugnissen) oder bei schlechter Rohstoffqualität vorteilhaft. Da für jede Marke extra geworben werden muß, ist der Werbeaufwand relativ hoch. Um diesen Nachteil abzumildern, faßt man oft Erzeugnisse unter einem Markennamen zu einer Gruppe zusammen (z. B. in der Kosmetikindustrie). Wir sprechen dann von **Werbung für Warenfamilien.** Ist die Palette des Angebots einer Unternehmung sehr breit, dann verwendet man den Firmennamen als Markennamen (z. B. Elektroindustrie). Bei dieser Art der Werbung, der **Firmenwerbung,** erhalten allerdings die einzelnen Fertigerzeugnisse zur besseren Unterscheidung noch eine Typenbezeichnung (z. B. Automobilindustrie).

### 5.4.1.3 Die Werbeplanung

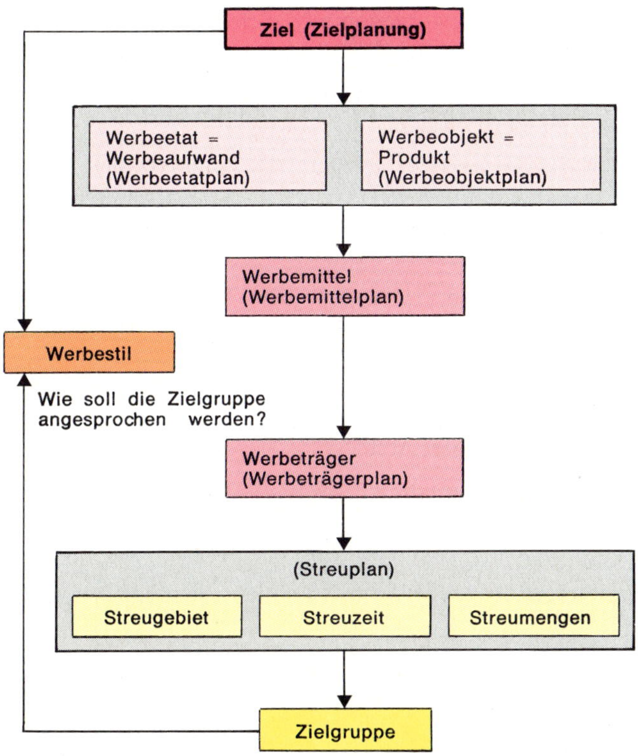


- Was soll erreicht werden?
- Wieviel Geld soll ausgegeben werden?
- Für welches Produkt soll geworben werden?
- Soll mit Anzeigen, Werbebriefen usw. geworben werden? Wie sollen diese gestaltet werden?
- Welche Zeitungen sollen zur Übermittlung der Anzeigen ausgewählt werden?
- Wo, wann, wie oft soll geworben werden?
- Welche Personengruppe soll umworben werden?

Bevor eine Werbemaßnahme gestaltet wird, müssen die **Werbeziele** definiert werden. Unter anderem kommen in Betracht:

- Einführung eines neuen Erzeugnisses,
- Beibehaltung des gegenwärtigen Absatzes (Verteidigung des Marktanteils),
- Erschließung neuer Abnehmergruppen,
- Erhöhung des Bekanntheitgrades einer Marke,
- Neutralisierung der Konkurrenzwerbung,
- Beeinflussung von Verbrauchs- und von Kaufgewohnheiten usw.

Nach den Werbezielen richtet sich die Höhe der finanziellen Mittel, die für die Werbung bereitgestellt werden, der **Werbeetat.** In der Praxis schlägt man in der Regel den umgekehrten Weg ein: zuerst stellt man fest, was für Werbung ausgegeben werden darf und formuliert danach die Ziele. Dieses Verhalten wird praktiziert, weil

- die für das Erreichen eines vorher definierten Zieles erforderlichen Mittel nicht zur Verfügung stehen und weil
- der Werbeerfolg nur sehr schwer nachgewiesen werden kann. Der Werbeetat bietet somit einen geeigneten Ansatz für Sparmaßnahmen.

Die Höhe des Werbeetats hängt in der **Praxis** häufig ab

- von der Liquidität,
- von der Marktform,
- vom Werbeverhalten der Konkurrenz,
- vom gegenwärtigen oder vom geplanten Umsatz.

Steht der Werbeetat fest, so sind die **Werbeobjekte** (Produkte) auszuwählen, für die geworben werden soll. Sieht das Werbeziel die Propagierung eines bestimmten Erzeugnisses vor, so ist diese Entscheidung bereits vorweggenommen. Schwierig ist diese Entscheidung, wenn ein breites Sortiment angeboten wird.

Jetzt sind die **Werbesubjekte,** d. h. die **Zielgruppe** (anzusprechende Personen oder Betriebe) zu bestimmen. Dabei muß überlegt werden:

- Wer ist der Verwender eines Erzeugnisses, welche soziographischen Merkmale weist er auf?
- Welche Erwartungen, Emotionen und Mentalität und welches Informationsbedürfnis ist bei der Zielgruppe anzutreffen?
- Wird das Erzeugnis vorwiegend von anderen Personen als den Verwendern gekauft? So werden Krawatten zwar von Männern getragen, aber überwiegend von Frauen ausgewählt und gekauft.
- Gibt es Personen, die kaufbeeinflussend sind (z. B. Kinder, Lehrer, Ärzte). Bei verschreibungspflichtigen Medikamenten fällt die Entscheidung über die Verwendung eines Medikaments, also über den Umsatz, der Arzt.

Die genaue **Bestimmung der Zielgruppe** ist deshalb von großer Wichtigkeit, weil

- der **Werbestil** (seriös, jugendlich, humoristisch, repräsentativ usw.) den Erwartungen der Zielgruppe entsprechen muß,
- solche **Werbemittel** und **Werbeträger** ausgewählt werden sollen, die möglichst viele Personen der Zielgruppe erreichen.

## Die Werbemittel

**Die wichtigsten Werbemittel** sind:

- Anzeige,
- Werbefilm und Werbedia,
- Plakat,
- Werbebrief, Drucksachen, Handzettel,
- Verkaufsverpackung,
- Prospekt, Katalog,
- Schaufenster, Kundenzeitschriften, Zugaben.

Bei der Auswahl und der Gestaltung der Werbemittel ist zu überlegen,

- wie lange ein Werbemittel auf den Umworbenen einwirken kann (z. B. der Werbefilm nur wenige Sekunden, die Anzeige für die Dauer des individuellen Studiums, der Werbekalender ein Jahr),
- wie viele Informationen vermittelt werden können (z. B. auf einem Plakat nur wenige, im Prospekt oder Katalog sehr viele),
- ob ein Werbemittel eher für die Einzelumwerbung (z. B. der Werbebrief) oder für die Massenwerbung (z. B. die Anzeige, der Film) geeignet ist,
- wie lange es dauert, ein Werbemittel zu gestalten,
- was die Gestaltung eines Werbemittels kostet und
- welche Werbeträger für ein bestimmtes Werbemittel in Betracht kommen (z. B. Zeitung oder Zeitschrift für die Anzeige, Fernsehen oder Kino für den Werbefilm).

## Die Werbeträger

Werbeträger sind Unternehmen, Personen oder Sachen, die ein Werbemittel zur Zielgruppe transportieren. Diesen Vorgang nennt man **Werbestreuung,** die Werbeträger deshalb auch die **Streumedien.**

Die **wichtigsten Werbeträger** sind:

- Zeitungen, Illustrierte, Fachzeitschriften,
- Rundfunk- und Fernsehanstalten,
- Anschlagtafeln, Plakatsäulen, Verkehrsmittel,
- Bundespost,
- Verteilerunternehmen für Werbebriefe und Prospekte.

Der Erfolg einer Werbemaßnahme hängt im besonderen Maße von der Auswahl der geeigneten Werbeträger ab. Man will dabei erreichen, daß

- der Werbeträger die Zielgruppe der Werbung möglichst zahlreich erreicht,
- möglichst wenige Personen umworben werden, die nicht zur Zielgruppe gehören. Es sollen Streuverluste vermieden werden. Hohe Streuverluste bedeuten eine Verschwendung des Werbeetats.

Bei der Auswahl der Werbeträger spielt deshalb die sogenannte **Reichweite des Werbeträgers** eine wichtige Rolle.

- Wie viele Personen eines Gebietes können durch einen Werbeträger überhaupt erreicht werden **(quantitative Reichweite)?**

**Beispiel:** *In einem Gebiet mit 600 000 Einwohnern hat eine Tageszeitung eine Auflage von 50 000 Exemplaren. Wird die einzelne Zeitung von durchschnittlich 3 Personen (Kollegen, Familienangehörige, Freunde) gelesen, dann werden von diesem Werbeträger 25 % der Einwohner erreicht.*

$$\text{quantitative Reichweite} = \frac{\text{Leser pro Exemplar} \cdot \text{Auflage} \cdot 100}{\text{Einwohner}}$$

*Für die Fernsehwerbung ergibt sich die Reichweite aus der Anzahl der Personen, die sich Werbefernsehsendungen ansehen. Sie betrug im Jahr 1987*
*– bei der ARD 10 %, – beim ZDF 12 % der Erwachsenen.*

- **Die qualitative Reichweite** gibt an, wie viele Personen durch einen bestimmten Werbeträger erreicht werden. Man spricht hier auch von der **„schichtenspezifischen Reichweite"**. Da Zeitungen und Zeitschriften einen für sie typischen, individuellen Leserkreis haben, läßt die werbetreibende Wirtschaft „Leseranalysen" anfertigen, die darüber Auskunft geben, welche Merkmale (Alter, Geschlecht, Beruf, Einkommen usw.) eine Leserschaft aufweist. Die Auswahl der geeigneten Werbeträger wird somit leichter gemacht.

**Als Kriterien für die Auswahl von Werbeträgern** können insgesamt genannt werden:

- die Größe des Streubereichs,
- die quantitative und die qualitative Reichweite eines Werbeträgers,
- die Häufigkeit des eventuellen Einsatzes eines Werbeträgers,
- die schnelle Verfügbarkeit eines Werbeträgers[1],
- die Eignung für Einzelumwerbung oder für Massenwerbung,
- die Kosten eines Werbeträgers.

**Die Kosten für die Nutzung eines Werbeträgers** („Nutzungspreise") sind relativ hoch. So betrugen die Kosten im Jahr 1988 für

- einen 30 Sekunden dauernden Werbefilm („Werbespot") beim NDR durchschnittlich etwa 18 060,00 DM, beim ZDF 70 700,00 DM in der Hauptsendezeit,
- eine 30 Sekunden dauernde Hörfunksendung beim Hessischen Rundfunk durchschnittlich 2 200,00 DM,
- ganzseitige Farbanzeigen bei
  - Bild .................... 370 000,00 DM (schwarzweiß 279 417,00 DM)
  - Frankfurter Allgemeine ... 34 528,00 DM
  - Bravo .................... 50 712,00 DM
  - Stern .................... 87 552,00 DM
  - Brigitte ................. 79 344,00 DM

Diese Preise sind sogenannte **Grundpreise** für ein einmaliges Erscheinen, für die allerdings bei wiederholter Veröffentlichung Rabatte gewährt werden.

Mit dem Werbeträgerplan muß auch über die **Streuung der Werbung** (Streuplan) entschieden werden. Im **Streuplan** wird festgelegt:

- In welchem Absatzgebiet **(Streugebiet)** soll geworben werden?
- Zu welchen Zeiten **(Streuzeit)** soll geworben werden? Werbeaktionen sollten zeitlich mit den anderen absatzpolitischen Maßnahmen genau koordiniert werden. Setzt die Werbung für ein neues Produkt zu früh ein, also zu einem Zeitpunkt, zu dem das Erzeugnis noch nicht erhältlich ist, so weicht der Kunde möglicherweise auf Konkurrenzerzeugnisse aus.
- Mit welcher Häufigkeit **(Streumengen)** soll die Zielgruppe umworben werden?

---

1 Die von den Fernsehanstalten für das Werbefernsehen zur Verfügung gestellte Zeit ist meist schon für ein Jahr im voraus vergeben. Da Werbeagenturen diese Zeit „en bloc" erwerben, besteht allerdings die Möglichkeit, bei der Agentur noch kürzere Termine zu erhalten.

Bei der Bestimmung des **Werbestils** ist zu berücksichtigen:

- Welches Werbeziel wird verfolgt: Steht die Information oder ein psychologisch angelegter Appell im Mittelpunkt der Werbeaussage? Der Stil wird dann entweder sachlich oder stimmungsvoll usw. sein.
- Welche Erwartungen und welches Informationsbedürfnis hat eine bestimmte Zielgruppe?

### 5.4.1.4 Die Kritik an der Werbung

Im allgemeinen werden von Kritikern der Werbung folgende Argumente angeführt:

- Die für Werbung aufgewendeten Beträge sind viel zu **hoch** bzw. sogar nutzlos.

  In der Bundesrepublik Deutschland werden für die Planung, Gestaltung und Durchführung der Werbung durchschnittlich 1,3 % des Umsatzes ausgegeben. In manchen Branchen (Waschmittel, Kosmetik, Zigaretten usw.) sind die Anteile allerdings wesentlich höher.

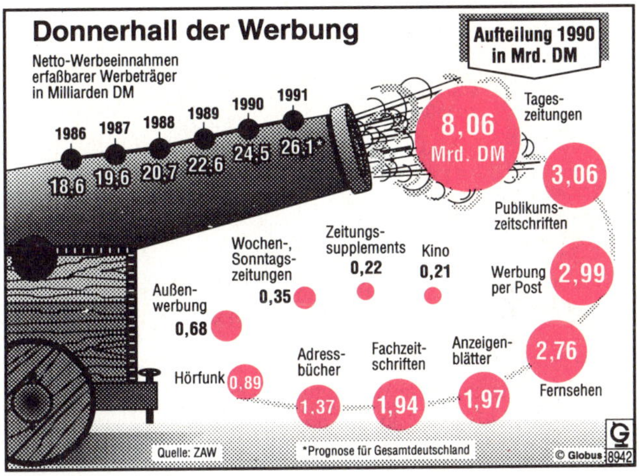


- **Die vielen Werbeappelle** kann der Verbraucher gar nicht bewußt aufnehmen.
- Da Konkurrenzbetriebe mit gleicher Intensität werben, **hebt sich die Werbewirkung gegenseitig auf** (Neutralisation der Konkurrenzwerbung).
- Die Funktion der Bedarfsweckung schafft für immer neue (unnötige) Produkte, neue, existentiell völlig **sinnlose** Bedarfe.
- Werbemaßnahmen, die lediglich auf **psychologische Effekte** abzielen, machen uns zu „außengeleiteten Menschen“: wir orientieren uns nicht nur an den Nachbarn, den Kollegen und der Öffentlichkeit, sondern auch noch an anonymen Leitbildern, die uns lediglich als Konsumenten vorgestellt werden.
- Die Werbung wird zum **„geheimen Verführer“**, wenn sie an unterbewußte Wünsche und Triebe appelliert.
- Da Werbung häufig auf unbewußte Wünsche abgestellt ist, verhindert sie, daß sich Verbraucher **kritisch** und **bewußt** verhalten.
- Da Werbung – in der Rolle des Anwalts des werbetreibenden Unternehmers – nur für das Werbeobjekt positive Informationen gibt, bleibt der **Verbraucher unaufgeklärt** und unzureichend gerüstet, dem Wettbewerb ausgeliefert.
- Da eine Werbemaßnahme hohe finanzielle Aufwendungen erfordert, können sich **kleinere** und **mittlere Betriebe** teuere Werbemaßnahmen nicht leisten.

## Zusammenfassung

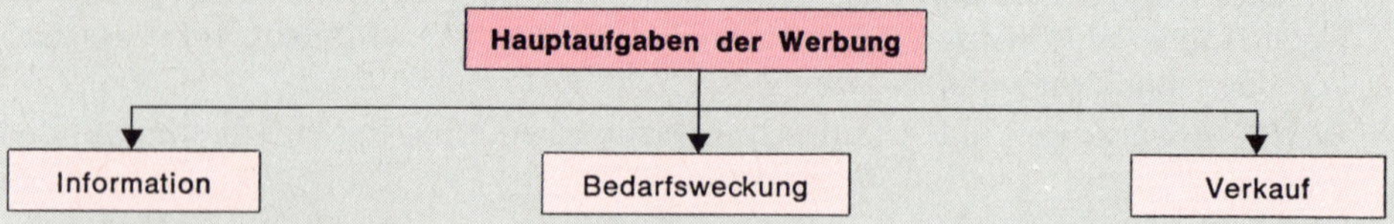


— Produkteigenschaften
— Verwendungsmöglichkeiten
— Kaufmöglichkeiten
— psychologische Effekte

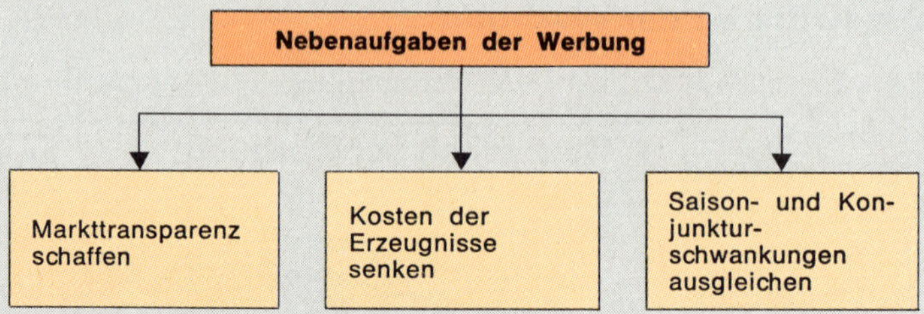


Werbearten:
- Individualwerbung, gemeinsame Werbung
- Einzelumwerbung, Massenwerbung
- Händlerumwerbung, Verbraucherwerbung, Werbung für Investitionsgüter
- Firmenwerbung, Werbung für Warenfamilien, Produktwerbung

Werbeplanung:
- Werbeetat: geplante Werbeaufwendungen
- Werbeobjekt: Produkt, für das geworben werden soll
- Werbesubjekt: zu umwerbende Zielgruppe
- Werbemittel: Anzeige, Film, Werbebrief, Plakat, Verpackung, Prospekt usw.
- Werbeträger: Zeitungen, Rundfunk- und Fernsehanstalten, Verkehrsmittel, Bundespost usw.
- Streuung der Werbemaßnahmen: örtlich (Streugebiet), zeitlich (Streuzeit) und mengenmäßig (Streumenge)

## Aufgaben

1. Begründen Sie, warum die aufwendige Werbung für manche Waren in der Öffentlichkeit besonders auf Kritik stößt.
2. Welche betriebswirtschaftlichen Wirkungen gehen von einer antizyklischen Werbung aus? Warum wirbt die Praxis zyklisch?
3. Inwiefern verändert der Übergang zur Selbstbedienung im Handel das Werbeverhalten der Hersteller?
4. Verteuert Werbung die Waren?
5. Stellen Sie fest, welche Maßnahmen gemeinsamer Werbung gegenwärtig durchgeführt werden. Was ist Ihrer Meinung nach die Absicht dieser Aktionen?
6. Bei Herstellern von Investitionsgütern finden wir überwiegend Firmenwerbung vor. Warum?
7. Welche Werbemittel und Werbeträger würden Sie für folgende Produkte wählen: Bluejeans, Schnupftabak, Diafarbfilm, Gebißreinigungspulver, Rasendüngemittel, medizinisch-technische Geräte, Industriewerkzeuge?

8. Ordnen Sie die einzelnen Werbemittel den geeigneten Werbeträgern zu.
9. Warum spricht man bei der Bandenwerbung in Sportveranstaltungen, die im Fernsehen übertragen werden, von Schleichwerbung? Warum wird diese so heftig diskutiert?
10. Überprüfen Sie die kritischen Argumente zur Werbung. Bestehen die Vorwürfe Ihrer Meinung nach zu Recht?
11. Vergleichen Sie die Aufgaben der Werbung mit den angeführten kritischen Argumenten. Formulieren Sie Ihre Meinung.

## 5.4.2 Die Preispolitik

***Der Preis ist der Gegenwert eines Gutes auf dem Markt. Unter Preispolitik verstehen wir die Möglichkeiten der Beeinflussung des Absatzes durch die Preisgestaltung.***

Dabei kommen in Betracht:

- Festlegung der Höhe des Preises für ein neues Erzeugnis,
- Halten, Erhöhen oder Senken des Preises für ein bereits eingeführtes Produkt,
- Versuch, industriell vorbestimmte Verbraucherpreise auch als Verkaufspreise des Handels durchzusetzen.

Da sich der Umsatz eines Unternehmens durch die Multiplikation des Absatzes mit den Preisen ergibt, ist der **Preis** ein sehr **wichtiger Ertragsfaktor.** Bevor ein Unternehmen durch eine Änderung der Verkaufspreise aktiv wird, versucht es deshalb in der Regel zuerst durch die anderen absatzpolitischen Mittel zum Ziel zu kommen.

### 5.4.2.1 Die Preisdifferenzierung

***Unter Preisdifferenzierung verstehen wir den Verkauf von Gütern gleicher Qualität zu unterschiedlichen Preisen.***

- **Die räumliche Preisdifferenzierung.** Für ein gleiches Produkt werden in verschiedenen, voneinander klar abgegrenzten **Absatzgebieten** unterschiedliche Preise verlangt. Da nach der gesetzlichen Regelung der Käufer die Fracht bezahlt, muß die Preisdifferenz größer als die Frachtkosten sein, wenn sie absatzpolitisch wirksam sein soll. Räumliche Preisdifferenzierung kommt vor
  - bei **Einführung** eines neuen Erzeugnisses,
  - bei gezielten Aktionen zur **Intensivierung des Absatzes** in einem Gebiet,
  - beim **Export,** wenn ein unterschiedliches Kaufkraftniveau berücksichtigt wird,
  - beim sogenannten **Dumping.** Hier werden Erzeugnisse oft unter ihren Selbstkosten verkauft. Die Absicht für den exportorientierten Betrieb ist, Devisen zu erhalten bzw. sich Zutritt zu einem Markt zu verschaffen.
- **Die zeitliche Preisdifferenzierung.** Für ein gleiches Produkt werden je nach der zeitlichen Nachfrage unterschiedliche Preise verlangt. Sie kommt vor
  - zum **Ausgleich saisonaler, wöchentlicher oder täglicher Nachfragerhythmen** (z. B. Fernsprechtarife: Feierabendtarif; Nachtstrom; Kohlepreise im Sommer),

– zum **Ausgleich konjunktureller Schwankungen.** So nehmen manche Betriebe im Konjunkturtief die Preise zurück, um die Nachfrage zu erhöhen. Förderungswürdige Branchen werden oft in Zeiten schlechter Konjunktur durch staatliche Subventionen unterstützt (Entwicklung der Kohlepreise, der Preise für landwirtschaftliche Erzeugnisse).

- **Die Preisdifferenzierung nach Abnahmemengen.** Abnehmer größerer Mengen bekommen **Mengenrabatte** eingeräumt, die häufig gestaffelt sind.
- **Die Preisdifferenzierung nach Abnehmergruppen:** Von verschiedenen **Käufern** werden unterschiedliche Preise für ein gleiches Gut gefordert (z. B.: Haushaltungen bezahlen einen anderen Strompreis als Industriebetriebe, Alkohol ist für die Produktion von Getränken teurer als bei anderweitiger Verwendung).

### 5.4.2.2 Die Möglichkeit der Einflußnahme auf den Handel

Bei der **vertikalen Preisbindung** („Preisbindung der zweiten Hand") werden die Händler vertraglich verpflichtet, Güter nur zu dem von den Produzenten festgesetzten Preis zu verkaufen. Damit werden für ein Erzeugnis die Abgabepreise der Händler in einem Absatzgebiet einheitlich festgelegt. Die vertikale Preisbindung ist heute – mit Ausnahme von Verlagserzeugnissen (Bücher, Zeitschriften) – untersagt (§§ 15, 16 GWB).

Die Produzenten versuchen deshalb, die Händler durch Preisvorschläge zu beeinflussen. Solche **unverbindlichen Preisempfehlungen** sind allerdings nur für Markenwaren gestattet (§ 38a GWB). Preisempfehlungen müssen dem Bundeskartellamt nicht gemeldet werden. Hat eine Marke eine sehr starke Marktstellung, kann die Preisempfehlung ihr ihrer Wirkung der Preisbindung gleichkommen. Nach § 25 II GWB ist die Preisempfehlung allerdings unzulässig, wenn der Produzent

- auf seine Abnehmer Druck zur Einhaltung der Preisempfehlung ausübt,
- mit einer Liefersperre droht.

Manchmal verfallen die Hersteller auf einen einfachen Trick, um den Verkauf ihrer Erzeugnisse zu fördern. Preisempfehlungen werden dann viel zu hoch angesetzt. Die Händler haben nun die Möglichkeit, durch Herabsetzung solcher „**Mondpreise**" für besonders preiswürdig gehalten zu werden. Auch der Hersteller hat sein Ziel erreicht: sein Absatz ist gestiegen.

In sochen Fällen kann das Bundeskartellamt einschreiten und Preisempfehlungen verbieten **(§ 38 a GWB).**

***Für Preisempfehlungen gilt:***
- ***Sie müssen nicht angemeldet werden,***
- ***sie gelten nur für Markenwaren aus eigener Produktion, nicht also für Handelswaren,***
- ***sie müssen als unverbindlich bezeichnet sein,***
- ***zu ihrer Durchsetzung darf kein Druck ausgeübt werden,***
- ***sie müssen in ihrer Höhe marktgerecht sein (Verbot von „Mondpreisen"),***
- ***sie dürfen aus werblichen Gründen auf die Verkaufsverpackung aufgedruckt werden,***
- ***sie erleichtern dem Handel die Kalkulation.***

### 5.4.2.3 Die Rabattpolitik

Die Rabattpolitik übernimmt in vielen Branchen eine **„preispolitische Feinabstimmung"**. Sie hat nur eine geringe Bedeutung

- bei Auftragsfertigung,
- bei einheitlicher Rabattgewährung innerhalb einer Branche.

Im einzelnen kommen folgende Rabattarten vor:

- **Mengenrabatt.** Er stellt einen Abschlag für die Abnahme größerer Mengen in einem Auftrag dar. Werden pro Auftrag kleinere Mengen bestellt, insgesamt während eines Zeitraumes aber doch größere Mengen, so gewährt man oft rückwirkend eine **Umsatzrückvergütung (Bonus).** Mengenrabatte können auch aufgrund von Kartellverträgen in einer Branche in Form von Rabattstaffeln vereinheitlicht werden.

  Für Betriebe mit Einzel- oder Kleinserienfertigung haben **Mindermengenzuschläge** Bedeutung. Beim Bezug kleiner Mengen müssen wegen der relativ hohen Auftragskosten Preisaufschläge bezahlt werden. Durch die Festlegung von Mindestbestellmengen halten sich aber auch Betriebe mit Massen- bzw. Sortenfertigung von Kleinaufträgen frei (z. B. Walzwerke, Schraubenfabriken).
- **Treuerabatt.** Er wird als Anreiz für Abnehmer gewährt, um bestehende Geschäftsverbindungen aufrechtzuerhalten.
- **Einführungsrabatt.** Er wird dem Handel während der Einführung eines neuen Erzeugnisses zeitlich begrenzt gewährt und stellt einen Anreiz dar, das **Risiko** und die Verkaufsbemühungen bei der Markteinführung mit zu übernehmen.
- **Funktionsrabatt.** Dieser Rabatt wird dem Handel dafür eingeräumt, daß er vom Hersteller wichtige **Distributionsfunktionen** übernimmt. Der Handel soll aus dem Funktionsrabatt seine Geschäftskosten decken und einen Gewinn erzielen.
- **Sonderrabatte.** Dazu gehören der
  - Personalrabatt für im Betrieb Beschäftigte,
  - Beamtenrabatt, Vereinsrabatt usw. für besondere Verbrauchergruppen.

### 5.4.2.4 Die Konditionenpolitik

Die Lieferungs- und Zahlungsbedingungen (Konditionen) müssen im Grunde als **Teil der betrieblichen Preispolitik** betrachtet werden, da sie die Verkaufspreise für den Kunden erhöhen (z. B. bei Lieferung ab Werk) oder ermäßigen (z. B. durch Einräumen von Skonto) können.

| **Preispolitischer Effekt der** | |
|---|---|
| **Lieferungsbedingungen** | **Zahlungsbedingungen** |
| – Wer bezahlt<br>- Frachten, Hausfrachten,<br>- Transportversicherung,<br>- Verpackungskosten?<br>– Vertragsstrafe für unpünktliche Lieferung | – Wird Skonto gewährt?<br>– In welcher Höhe?<br>– Werden Verzugszinsen beim Zahlungsverzug verlangt?<br>– In welcher Höhe? |

## Zusammenfassung

Möglichkeiten der Preispolitik

- Preisdifferenzierung
  - räumlich
  - zeitlich
  - nach Abnahmemengen
  - nach Abnehmergruppen
- Rabattpolitik
- Konditionenpolitik
- Beeinflussung des Handels

## Aufgaben

1. Wie erklären Sie sich, daß die Preiserhöhungen für Automobile regelmäßig im Frühjahr von allen Herstellern fast gleichzeitig erfolgen?
2. Suchen Sie Beispiele für verschiedene Arten der Preisdifferenzierung.
3. Was sind „Mondpreise“? Welche Absicht wird mit ihnen verfolgt?
4. Aus welchen Gründen werden Rabatte gewährt?
5. Warum stellen die variablen Kosten eine absolute Preisuntergrenze dar?
6. Warum müssen Preisempfehlungen als unverbindlich gekennzeichnet sein?

## 5.4.3 Die Produkt- und Sortimentspolitik

Mit der Produkt- und der Sortimentspolitik paßt sich der Betrieb den Erfordernissen des Marktes an. Wird die betriebliche Leistung nicht **marktgerecht** gestaltet, dann versagen die anderen absatzpolitischen Mittel.

### 5.4.3.1 Die Produktpolitik

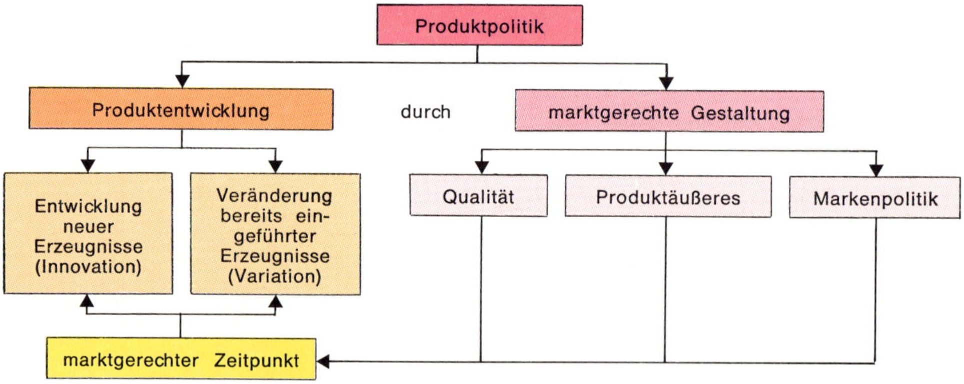


Der Betrieb versucht, sein Angebot bedarfsgerecht zu machen durch

- die **Entwicklung** und die **Einführung** völlig **neuer Erzeugnisse (Innovation)** oder durch
- die **Veränderung** bereits **eingeführter Produkte (Produktvariation).**

Die Entwicklung neuer oder abgewandelter Produkte erfolgt durch eine zweckmäßige, den Bedürfnissen der Nachfrager entsprechende **Qualität,** eine attraktive **Gestaltung des Produktäußeren** und durch eine einprägsame **Markenpolitik.** Dabei ist es wichtig, den richtigen **Zeitpunkt** der Markteinführung zu wählen. Sehr günstig ist der Zeitpunkt, zu dem den Anstrengungen der Betriebe von seiten der Nachfrager eine „Bedarfsströmung" entgegenkommt (z. B. bei Kompaktstereoanlagen). Wir sprechen dann von einem **latenten Bedarf.**

#### 5.4.3.1.1 Die Gestaltung der Produktqualität

In der Regel wird beabsichtigt, eine hohe Qualität zu erzielen bzw. zu verbessern. Die Maßnahmen betreffen dann bei

| Gebrauchsgütern |
|---|
| – die Leistung,<br>– die Kapazität,<br>– die Störanfälligkeit,<br>– die Betriebssicherheit,<br>– die Lebensdauer,<br>– die Funktionssicherheit,<br>– die Vielseitigkeit der Verwendung. |

| Verbrauchsgütern |
|---|
| – die Haltbarkeit,<br>– die Frische,<br>– die Ergiebigkeit,<br>– die Konsumreife (bei Lebensmitteln),<br>– den Gehalt. |

#### 5.4.3.1.2 Die Gestaltung des Produktäußeren

Mit der Gestaltung des Produktäußeren appelliert man an ästhetische Bedürfnisse der Nachfrager. Man entspricht damit dem **Geltungs-** oder **Zusatznutzen** der Käufer.

Die Produktaufmachung schafft für den Verbraucher die Möglichkeit, sich ein Produkt auszuwählen, das seinem Geschmack entspricht. Es wird ihm eine individuelle Bedarfsdeckung möglich. Für den Hersteller dient die Variation des Produktäußeren der Aufspaltung eines Marktes in viele Teilmärkte. Produktpolitik ersetzt die Preispolitik!

Ein wichtiges Mittel einer attraktiven Produktgestaltung ist das **Design.** Dabei (z. B. für die Gestaltung von Büromöbeln) müssen folgende Probleme gelöst werden:

- Welches **Material** soll verwendet werden,
- welche **Formen** und **Farben** sollen Verwendung finden,
- welche Muster und Verzierungen **(Dekor)** werden aufgetragen,
- soll das Produktäußere nach Abmessungen, Aussehen und Funktion in ein **Produktsystem** eingepaßt werden (Schreibtisch, Regal, Schrank usw.),
- soll das Erzeugnis **modisch** oder **zeitlos** aussehen?

Bei Konsumgütern nimmt heute die **Verpackung** einen wichtigen Platz ein. Sie übernimmt folgende Funktionen:

- **Schutzfunktion.** Die Verpackung schützt die Ware vor Witterungseinflüssen, Beschädigung, Schmutz usw.
- **Werbefunktion.** Die Warenverpackung ist ein Werbemittel. Da sie die Markenbezeichnung aufnimmt, wird die Identifizierung des Produktes erleichtert.

- **Gebrauchsfunktion.** Manchmal wird die Packung so gestaltet, daß sie der Verbraucher nach Entnahme des Inhalts selbständig nutzen kann (z. B. Kaffeedose als Zierdose, Senfgläser als Trinkgläser). Damit soll ein zusätzlicher Anreiz zum Kauf eines Produktes gegeben werden.

Hersteller und Handel sind nach der Verpackungsverordnung verpflichtet, Transportverpackungen nach Gebrauch wieder zurückzunehmen, um sie entweder erneut zu verwenden oder sie stofflich zu verwerten (Recycling) (vgl. dazu 11.4.2.2).

#### 5.4.3.1.3 Die Markenpolitik

Mit der Bezeichnung seines Erzeugnisses tritt der Hersteller aus der Anonymität. Dies bedeutet, daß

- er zu seinen Produktqualitäten stehen muß,
- die Marke die Werbung erleichtert.

Wir unterscheiden folgende **Marken:**

- **Produktmarken.** Jedes Erzeugnis führt eine eigene Produktbezeichnung (z. B. Arzneimittel, Waschmittel).
- **Marken für Warenfamilien.** Eine bedarfsmäßig zusammengehörige Warengruppe erhält eine gemeinsame Marke (z. B. Kosmetikerzeugnisse).
- **Firmenmarken.** Alle Produkte eines Betriebes führen als Marke den Firmennamen (z. B. Elektrogeräte). Oft verwendet man zur besseren Kennzeichnung noch zusätzlich eine Produktmarke oder eine Typenbezeichnung (z. B. Automobile).
- **Herstellermarken.** Die Erzeugnisse werden unter der ursprünglichen, vom Hersteller ausgewählten Markenbezeichnung angeboten.
- **Handelsmarken.** Die Hersteller versehen ihre Erzeugnisse mit den von Händlern ausgewählten Bezeichnungen.

### Zusammenfassung

1. Um marktgerechte Erzeugnisse anzubieten, bedient man sich der Innovation (Entwicklung und Einführung neuer Erzeugnisse) bzw. der Produktvariation (Weiterentwicklung eingeführter Produkte).
2. Produktentwicklung bedeutet:
   Gestaltung der Qualität, Gestaltung des Produktäußeren (Design, Verpackung), Entwicklung von Markenbezeichnungen (Produkt-, Firmen-, Hersteller-, Handelsmarken, Marken für Warenfamilien).

### Aufgaben

1. Welche Möglichkeiten der Qualitätspolitik können Sie bei den Erzeugnissen Ihres Ausbildungsbetriebes beobachten?
2. Überlegen Sie sich, welche Qualitätspolitik die verschiedenen Automobilproduzenten verfolgen.
3. Welche Rolle spielt die Verpackung bei Konsumgütern?
4. Warum haben Unternehmen mit vielen Produktmarken höhere Werbeaufwendungen als Betriebe mit Firmenmarken?
5. Welches Interesse kann ein Industriebetrieb haben, seine Produkte als Handelsmarken über eine Großbetriebsform des Handels abzusetzen?



3992110

### 5.4.3.2 Die Sortimentspolitik

Bei der Bestimmung des Vertriebsprogrammes wird festgelegt,

- wie viele Produkte und Produktgruppen insgesamt **(Sortimentsbreite)** und
- wie viele Produktarten einer Produktgruppe **(Sortimentstiefe)** geführt werden sollen.

Stellt der Industriebetrieb ein sehr breites Produktionsprogramm her, so hat der Vertrieb Kontakte zu sehr vielen Märkten herzustellen. Der Absatz durch eine eigene, gut ausgebaute Vertriebsorganisation setzt voraus, daß der Betrieb in seinen Teilsortimenten gut repräsentiert ist. Dies ist vorwiegend in Großbetrieben möglich. Andere Betriebe sind in diesem Fall auf fremde Absatzmittler (Groß- und Einzelhandel, andere Industriebetriebe) angewiesen.

Der Industriebetrieb orientiert sich zwar in seiner Sortimentspolitik an den Bedürfnissen seiner Abnehmer, doch kann er eine bedarfsgerechte Sortimentierung auch dem Handel überlassen. Er verzichtet aber dann auf eine eigene äußere Absatzorganisation. Da sich der Bedarf laufend ändert, muß auch der Industriebetrieb sein Sortiment immer wieder neu gestalten. Die Mittel der Marktanpassung sind

- die **Sortimentserweiterung** und
- die **Sortimentsbereinigung.**

#### 5.4.3.2.1 Die Sortimentserweiterung

Der Betrieb kann sein Vertriebsprogramm ausdehnen durch

- Aufnahme von Erzeugnissen **innerhalb seiner Produktlinie:** Es handelt sich hier um Erzeugnisse, die **bedarfsmäßig zusammengehören** und sich zu einem Sortiment ergänzen (z. B. Transportgeräte, Speiseeis, Kosmetikartikel). Die Produktlinie ergibt sich also aus verschiedenen Ausführungen, Typen, Formen, Preisklassen, Größen, Qualität usw. Die Vielfalt der Erzeugnisse ist vorteilhaft, weil
  - das Sortiment akquisitorisch anziehender wird,
  - unterschiedliche Käufergruppen mit verschiedenen Preis- und Qualitätsvorstellungen angesprochen werden können.

  Diesen absatzwirtschaftlichen Vorzügen stehen wichtige produktionswirtschaftliche Nachteile gegenüber.
- Aufnahme von andersartigen Erzeugnissen, die **nicht den bisher geführten Produktlinien zugerechnet werden** können **(Diversifikation).** Man unterscheidet drei Formen der Diversifikation:
  - **Horizontale Diversifikation.** Es werden Produkte aufgenommen, die sich an den gleichen oder ähnlichen Abnehmerkreis wenden.

    **Beispiele:** *Eine Brauerei nimmt die Produktion alkoholfreier Getränke auf, ein Zigarettenhersteller gliedert sich Brauereien an.*

- **Vertikale Diversifikation.** Es kommen Erzeugnisse hinzu, die entweder eine Vor- oder eine Nachstufe des Produktionsprozesses darstellen.

  **Beispiele:** *Ein Radioproduzent nimmt die Herstellung von gedruckten Schaltungen auf, ein Produzent von chemischen Grundstoffen verarbeitet diese künftig selbst weiter.*

- **Laterale Diversifikation.** Der Betrieb dehnt sein Programm auf Sortimente aus, zwischen denen keine Beziehung besteht. Durch laterale Diversifikation entstehen sogenannte **Mischkonzerne.**

  **Beispiele:** *Lebensmittelproduzent gliedert sich einer Schiffswerft an, ein Verlag kauft eine Hühnerfarm.*

### 5.4.3.2.2 Die Sortimentsbereinigung

Ein Produkt muß aus dem Sortiment genommen werden, wenn

- es sich bereits in der Degenerationsphase befindet,
- es keinen Deckungsbeitrag bzw. keinen Gewinn abwirft,
- die Produktvariation keine Verbesserung der Situation herbeiführt,
- der Absatz der anderen Erzeugnisse nicht durch die Produktelimination leidet.

Wir sprechen hier von **Sortimentsbereinigung** oder von **Produktelimination.** Instrumente der Sortimentsbereinigung stellt die Kostenrechnung bereit. Informationen können auch gewonnen werden aus der Absatzstatistik, der Analyse der Lagerbewegungen, der Auswertung von Sekundärmaterial und Reiseberichten sowie aus Beobachtungen bei Messen und Ausstellungen.

### Zusammenfassung

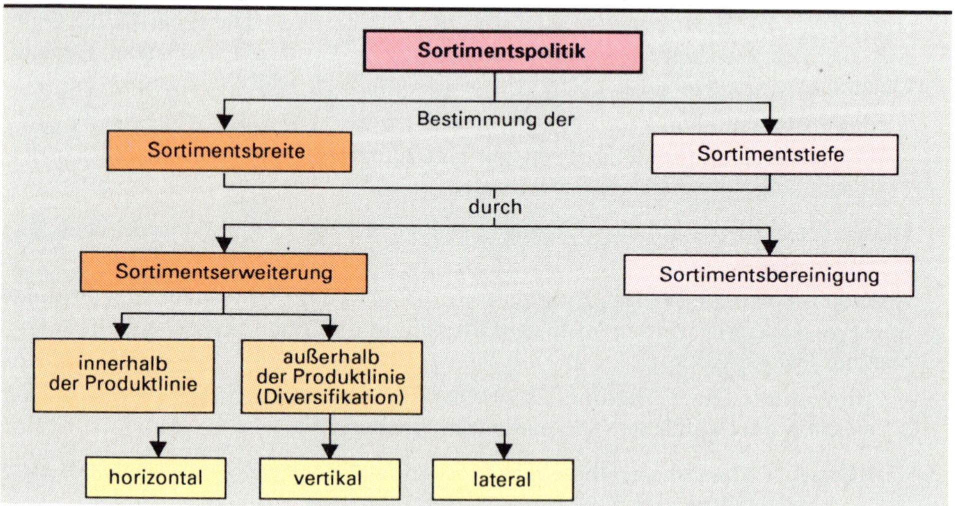




3992112

## Aufgaben

1. Stellen Sie die absatzwirtschaftlichen Vorteile eines breiten und tiefen Sortiments den produktionswirtschaftlichen Nachteilen gegenüber.
2. Welche Ziele verfolgt
   a) die Zigarettenfabrik, die Brauereien erwirbt,
   b) der Produzent von Kondensmilch, der die Erzeugung von Markenwein aufnimmt,
   c) der Produzent von Erfrischungsgetränken, der auch Sportgeräte produziert,
   d) der Produzent von tiefgekühltem Gemüse, der in Zukunft auch Fischerzeugnisse frosten will?

## 5.4.4 Die Serviceleistungen

Besonders bei Gebrauchsgegenständen und bei Investitionsgütern gewinnen die Serviceleistungen im Wettbewerb um den Kunden an Bedeutung. Sie werden angeboten, um

- die Beschaffung des Gutes für den Kunden zu erleichtern,
- den Kunden während der Nutzungsdauer zufriedenzustellen,
- den Kunden als Stammkunden zu gewinnen,
- nach dem Verkauf noch Erträge zu erzielen.

### Der technische Kundendienst

| Aufgaben | Maßnahmen |
|---|---|
| – das Erzeugnis in Gebrauch nehmen | 1. Gebrauchsanleitung, Gebrauchsanweisung<br>2. Installation, Montage |
| – das Erzeugnis funktionsfähig erhalten | 3. Inspektion, Wartung<br>4. Reparatur<br>5. Ersatzteildienst |

### Der kaufmännische Kundendienst

Kaufmännische Serviceleistungen werden dem Kunden nur selten besonders in Rechnung gestellt. Sie werden in der Kalkulation mit dem Vertriebsgemeinkostenzuschlag abgedeckt.

Zum kaufmännischen Kundendienst gehören:

- **Die Anlagenberatung** erfolgt über: Kapazität, Abstimmung von zusammengehörenden Anlagen (Anlagenkonfiguration in der Datenverarbeitung), Verwendungsmöglichkeiten, Erstellung von Netzplänen usw.
- **Dic Zustellung** der Erzeugnisse durch eigene oder fremde Fahrzeuge.
- Die Einräumung einer **Garantie,** die über die gesetzl. Sachmängelhaftung hinausgeht.

## Aufgaben

1. Was berechtigen beim Anlageleasing insgesamt – dem Verkaufspreis gegenüber – relativ höhere Mietgebühren?
2. Was ist günstiger: eine dreimonatige Garantie oder die Rechte aus der Sachmängelhaftung beim Kaufvertrag?

## 5.5 Rechtliche Bestimmungen zum Absatz

### 5.5.1 Der unlautere Wettbewerb

Wer im Wirtschaftsleben zum Zwecke des Wettbewerbs gegen die **guten Sitten** verstößt, kann auf

- Unterlassung und
- Schadensersatz

in Anspruch genommen werden (Generalklausel, § 1 UWG). Besonders schwerwiegende Verstöße (Verleumdung, unwahre Angaben usw.) können mit Freiheitsstrafe oder mit Geldbußen bestraft werden (§ 3 und 4 UWG).

Das UWG **verbietet** ausdrücklich:

- **Werbung durch irreführende Angaben über die eigenen betrieblichen Verhältnisse,** insbesondere über Betriebsgröße, Umsatz, Lagervorräte, Bezugsquellen (§§ 3, 4 UWG);
- **Bestechung von Angestellten** mit Schmiergeldern oder unangemessenen Werbegeschenken (§ 12 UWG);
- **Verrat von Geschäftsgeheimnissen** durch Mitarbeiter des Betriebes, z. B. Bezugsquellen, Rabatte, geplante Marketingmaßnahmen (§ 17 UWG);
- **Anschwärzen** besonders von Mitwettbewerbern, sofern die Tatsachen nicht beweisbar sind (§§ 14, 15 UWG);
- **Benutzung von Firmenbezeichnungen,** die zu Verwechslungen führen können (§ 16 UWG);
- **Ausgabe von Berechtigungsscheinen an den Letztverbraucher,** z. B. von Einkaufsausweisen, soweit diese zur **mehrmaligen** Benutzung berechtigen (§ 6 b);
- **Schneeballsystem** (progressive Kundenwerbung): Darunter versteht man z. B. den Verkauf von Waren durch einen Kaufmann an einen Privatmann, verbunden mit der Zusage von Vorteilen (z. B. einer Provision), wenn der Privatmann diese Waren an andere weiterverkauft, die wiederum die Ware weiterverkaufen usw.;
- **Werbung mit mengenmäßigen Angeboten:** Der Werbeslogan lautet z. B.: „Abgabe nur in haushaltsüblichen Mengen.";
- **Werbung mit Preisgegenüberstellungen:** „Alter Preis 150,00 DM, neuer Preis 99,00 DM."

**Sonderveranstaltungen** sind erlaubt, wenn die Vorschriften der §§ 7 bis 9 des UWG eingehalten werden:

- **Sonderangebote** sind jederzeit erlaubt.
- **Sommer- und Winterschlußverkäufe** dauern 12 Werktage und beginnen jeweils am letzten Montag im Januar bzw. Juli. Sie sind für folgende Warenarten möglich: Textilien, Bekleidungsgegenstände, Schuhwaren, Lederwaren und Sportartikel.
- **Jubiläumsverkäufe** sind zur Feier des Bestehens des Unternehmens im selben Geschäftszweig nach Ablauf von jeweils 25 Jahren zulässig und dürfen 12 Werktage dauern.
- **Räumungsverkäufe** sind bei Schäden, die durch höhere Gewalt (z. B. Wasser, Feuer) verursacht wurden, sowie bei Umbauten möglich, um die so entstandene Räumungszwangslage zu beseitigen. Sie dürfen 12 Tage dauern. Räumungsverkäufe wegen Aufgabe des gesamten Geschäftsbetriebs („Ausverkauf") dürfen sich über 24 Werktage erstrecken. Ein Räumungsverkauf ist der zuständigen Industrie- und Handelskammer bzw. Handwerkskammer anzuzeigen.

Das UWG wird durch **besondere Vorschriften** abgerundet:

- **Zugabeverordnung:** Zugaben sind grundsätzlich verboten.
  Ausgenommen davon sind (§ 1 Zugabe VO)
  - Werbegegenstände von geringem Wert mit Werbeaufdruck, z. B. Kugelschreiber, Kalender,
  - geringwertige Kleinigkeiten, z. B. Bonbons,
  - handelsübliches Zubehör, z. B. Bohrer zur Bohrmaschine.
- Die **Preisangabenverordnung** verpflichtet Einzelhändler, angebotene Waren durch Aufkleber, Schilder, Preislisten usw. auszuzeichnen. Aber auch Tankstellen, Gaststätten und Dienstleistungsbetriebe werden von dieser Vorschrift erfaßt.
- Das **Rabattgesetz** verbietet höhere Nachlässe für Barzahlung als 3 % durch Einzelhändler (§ 2 RabG).
- Das **Warenzeichenrecht** verbietet irreführende Warenzeichen (§ 4 WZG).

## 5.5.2 Die Preisauszeichnungspflicht

Das Preisgesetz (PreisG) und die Preisangabenverordnung (PAngV) verpflichten Betriebe, die

- dem Letztverbraucher Waren oder Leistungen **anbieten** oder
- den Letztverbraucher mit dem **Ziel der Vertragsanbahnung umwerben,**

zur Angabe von Preisen. Die Preisauszeichnungspflicht umfaßt:

- die Angabe von **Bruttopreisen,** also einschließlich der Mehrwertsteuer,
- die Angabe von **Verkaufs- oder Leistungseinheiten,**
- **Gütebezeichnungen** (§ 1 PreisG).

Mit der Verpflichtung zur Endpreisangabe (§ 1 Absatz 1 PAngV) soll verhindert werden, daß der Verbraucher seine Preisvorstellungen anhand untereinander nicht vergleichbarer Preise, Einzelpreise, Teilpreise oder Preisbeispiele bilden muß. So sind

- **pauschalierte Versandkosten** in den Endpreis einzubeziehen, wenn sie unabhängig von Mengen oder Gewichten erhoben werden,
- **Zusätze „+ Mehrwertsteuer“** unzulässig, wenn der Verbraucher zu einer unzutreffenden Vorstellung über den Warenendpreis gelangt,
- Angebote unzulässig, wenn der Gesamtpreis mit einer **Prozentangabe** berechnet werden muß,
- **Kopplungen** von Dienstleistungen und Waren in einer Anzeige nur zulässig, wenn der Gesamtpreis beider Leistungen genannt wird.

Die Preisangabenverordnung unterscheidet ausdrücklich zwischen einem **„Angebot“** und **„bloßer Werbung“:**

- **Schriftliche Angebote** unterliegen immer der Preisauszeichnungspflicht.
- Bei der **Werbung** in Zeitungen, Zeitschriften, Prospekten, auf Plakaten, im Rundfunk oder Fernsehen steht es dem Werbetreibenden frei, den Preis anzugeben. Tut er dies, so gilt die PAngV.

- In **mündlichen Angeboten** besteht keine Pflicht zur Preisangabe. Werden Preise genannt, müssen diese der PAngV entsprechen.
- Hersteller und Importeure dürfen mit **unverbindlichen Preisempfehlungen** werben.

Die Preisauszeichnungspflicht gilt auch für handwerkliche Einzelhandelsbetriebe (Bäkkereien, Metzgereien), Dienstleistungsbetriebe (Friseure, Schuster), Hotels, Tankstellen, Gaststätten und Kreditinstitute. Eine Ausnahme macht die PAngV in den Tarifen für Gas, Wasser, Fernwärme und Elektrizität. Hier ist es möglich, Preise zu nennen, die die Mehrwertsteuer nicht enthalten.

## 5.5.3 Der Rechtsschutz der Erzeugnisse

Neue betriebliche Leistungen der Unternehmung müssen als ihr geistiges Eigentum geschützt werden. Es ist zu verhindern, daß andere Betriebe diese Leistungen, für die die Unternehmung erhebliche Mittel aufgewendet hat, wirtschaftlich verwerten.

### Patent und Lizenz

**Das Patent** ist der **Rechtsschutz neuer Erfindungen oder neuer Produktionsverfahren.** Von einer **Lizenz** dagegen sprechen wir, wenn das Patent einer anderen Person oder einer anderen Unternehmung zur **gewerbsmäßigen Auswertung gegen Entgelt** überlassen wird.

Der Erfindungsschutz muß beim Patentamt in München gegen Zahlung einer Anmeldegebühr beantragt werden. Dem Antrag sind Zeichnungen und Modelle beizufügen. Das Patentamt prüft den Antrag formell und materiell und macht die Anmeldung in einer Offenlegungsschrift bekannt. Damit erhält die Öffentlichkeit Kenntnis von der Erfindung. Andere Personen (Firmen) können nun innerhalb von drei Monaten **Einspruch gegen die Erteilung** des Patents erheben. Wird kein Einspruch erhoben, so kann das Patent erteilt werden. Die Patenterteilung wird

- in die Patentrolle beim Patentamt eingetragen,
- im Patentblatt veröffentlicht,
- in einer Patenturkunde bestätigt.

Damit entsteht ein Rechtsschutz für 20 Jahre, der nicht verlängert werden kann. Der Rechtsschutz endet vorzeitig, wenn auf ihn verzichtet wird oder die jährlichen Schutzgebühren nicht bezahlt werden. Zum Patentierungsverfahren einige interessante Zahlen: Von 100 beantragten Patenten werden durchschnittlich 30 in die Patentrolle eingetragen, 5 werden gewerblich verwertet, und nur 2 der 100 angemeldeten Erfindungen werden länger als 10 Jahre wirtschaftlich verwertet.

### Das Gebrauchsmuster

Das **Gebrauchsmuster** kann vom Patent nur schwer unterschieden werden. Es schützt zur ausschließlichen gewerblichen Verwertung eine **neue Gestaltung einer technischen Lösung** oder eine **neue Anordnung bei Haushaltsgeräten** (z. B. Staubsauger), **Garten-** und **Arbeitsgeräten** (z. B. Heimwerkergeräte). Beim Gebrauchsmuster werden an die „Erfindungshöhe" geringere Maßstäbe gesetzt. Es wird nichts „erfinderisch Neues", sondern nur etwas „fortschrittlich Neues" verlangt. Man spricht deshalb auch vom „kleinen Patent".

Das Gebrauchsmuster wird in die Rolle für Gebrauchsmuster beim Patentamt eingetragen. Der Schutz dauert drei Jahre und kann gegen Zahlung einer Gebühr einmalig um drei Jahre verlängert werden.

### Das Geschmacksmuster

Das **Geschmacksmuster** ist der Rechtsschutz für **spezifische ästhetische Formgebungen,** wie Tapetenmuster, Stoffmuster, Verpackungsformen (z. B. spezielle Flaschen in der Getränkeindustrie) und bestimmte Modelle (Möbelindustrie).

Die Anmeldung und die Eintragung des Geschmacksmusters erfolgt beim Patentamt im sogenannten Musterregister. Die Schutzdauer beträgt fünf Jahre und kann auf höchstens 20 Jahre verlängert werden.

### Waren- und Gütezeichen

**Warenzeichen** werden zur deutlichen **Unterscheidung für markierte Waren** beim Patentamt in München geschützt. Sie werden dort in die Zeichenrolle eingetragen. Der Schutz gilt 10 Jahre und kann immer wieder um 10 Jahre neu verlängert werden.

**Gütezeichen** werden geschaffen, um für eine bestimmte Warenart (Elektrogeräte) oder für Waren aus bestimmten Rohstoffen (Schurwolle) eine **Qualitätsgarantie** für die Erzeugnisse vieler Herstellerr abzugeben. Überwacht werden die Gütezeichen vom Ausschuß für Lieferbedingungen und Gütesicherung beim Deutschen Normenausschuß (RAL).

## 5.5.4 Verbraucherschutz und Verbraucheraufklärung

### 5.5.4.1 Verbraucherschutz

Der Verbraucher bedarf eines besonderen rechtlichen Schutzes. Neben dem AGB-Gesetz finden sich Regelungen zum Schutz des Verbrauchers in einer Vielzahl von Gesetzen, von denen wir nur einige besonders wichtige herausgreifen:

**Gesetze zum Schutze des Verbrauchers**

- AGB-Gesetz
- Gesetz über Haustürgeschäfte und Kaffeefahrten
- Verbraucherkreditgesetz
- Zivilprozeßordnung
- Produkthaftungsgesetz
- Kartellgesetz
- Gesetz gegen den unlauteren Wettbewerb
- Preisgesetz
- Preisauszeichnungsverordnung
- Zugabeverordnung
- Warenzeichengesetz

Durch das **Verbraucherkreditgesetz** (VerbrKrG) wird der Verbraucher (Privatmann) in folgenden Fällen geschützt:

- Abschluß eines **Kreditvertrages** (z. B. Aufnahme eines Darlehens, Gewährung eines Zahlungsaufschubes, Abschluß eines Ratenkaufvertrages)

- Verträge, die eine wiederkehrende Leistung zum Inhalt haben (z. B. ein Zeitschriftenabonnement, die Mitgliedschaft in einem Buchclub)
- Kaufverträge, die die Lieferung einer Sache, verbunden mit einer Dienst- oder Werkleistung, zum Inhalt haben (z. B. ein Fernlehrkurs)
- Abschluß eines **Kreditvermittlungsvertrages**
- Überziehungskredite

Wird z. B. ein **Abzahlungsgeschäft** (Kauf auf Raten, Kauf gegen Teilzahlung) getätigt, so verlangt das Verbraucherkreditgesetz, daß

- der **Vertrag schriftlich** geschlossen wird und folgende **Pflichtangaben** enthalten muß: Barzahlungspreis, Teilzahlungspreis, effektiver Jahreszins, Anzahl, Höhe und Fälligkeit der Raten, Kosten einer eventuellen Versicherung (z. B. Kreditausfallversicherung, Lebensversicherung), Bezeichnung der zu stellenden Sicherheit (z. B. ein Eigentumsvorbehalt, verboten ist die Besicherung durch Wechsel oder Scheck).
- der Käufer (Kreditnehmer) **innerhalb einer Woche** nach dem Vertragsschluß **schriftlich** ohne Angabe von Gründen und ohne Schadenersatzverpflichtung **widerrufen** kann;
- der Kreditnehmer über sein **Widerrufsrecht schriftlich belehrt** werden soll. Dies geschieht z. B. durch folgenden Passus im Vertrag:

**Nur bei Ratengeschäften auszufüllen.**
Die heute unterzeichnete Bestellung wird erst wirksam, wenn der Besteller sie nicht gegenüber dem

| Verkaufsbüro | Ort | Straße |
|---|---|---|
| | | |

binnen einer Frist von einer Woche schriftlich widerruft.
Zur Wahrung der Frist genügt die rechtzeitige Absendung des Widerrufs.
Der Besteller bestätigt, eine Kopie der Bestellung mit der Belehrung über sein Widerrufsrecht erhalten zu haben.

| Ort | Tag/Unterschrift des Bestellers |
|---|---|
| | |

Wird der Vertrag nicht schriftlich geschlossen oder fehlen Pflichtangaben, so ist der Vertrag nichtig. Fehlt die schriftliche Belehrung über das Widerrufsrecht, so kann der Kunde so lange widerrufen, solange er den Kaufpreis noch nicht voll bezahlt hat. Die Höhe der Verzugszinsen ist auf fünf Prozent über dem jeweils geltenden Diskontsatz begrenzt, die Zinseszinsen dürfen vier Prozent nicht übersteigen.

Das **Gesetz über Haustürgeschäfte und Kaffeefahrten** bestimmt, daß

- der Käufer einen bei diesen Gelegenheiten abgeschlossenen Vertrag **innerhalb einer Woche widerrufen** kann;
- der Käufer **schriftlich über sein Widerrufsrecht belehrt** werden soll und daß er die Belehrung durch seine **Unterschrift bestätigen** soll. Fehlt die Belehrung und/oder die Unterschrift, so kann der Käufer bis zum Ablauf eines Monats nach der Erbringung der beiderseitigen Leistungen (Übergabe und Übereignung der Ware bzw. Annahme der Ware und Zahlung des Kaufpreises) widerrufen;
- der **Gerichtsstand sich nach dem Wohnort des Käufers** richtet.

Dem Kauf an der Haustür oder auf Kaffeefahrten sind gleichzusetzen: Vertragsabschlüsse am Arbeitsplatz, in öffentlichen Verkehrsmitteln, auf der Straße und bei Freizeitveranstaltungen.

**Ausnahmen:**

- Es handelt sich um einen **Bagatellkauf** (Betrag bis 80,00 DM).
- Der „Vertreter" wurde vom Kunden selbst bestellt.

Die **Zivilprozeßordnung** bestimmt, daß sich der Gerichtsstand für den Verbraucher stets nach seinem Wohnort richtet (§ 29 Abs. 2 ZPO).

Auch im **Produkthaftungsgesetz** finden sich Vorschriften zum Schutze des Verbrauchers: Bei Gewährleistung, Garantie und Kulanz geht es um einen **Schaden (Fehler) am gekauften Produkt.** Ein ganz anderes Problem liegt vor, wenn es um einen **Folgeschaden** geht:

***Verursacht ein Fehler an einer Sache einen Schaden an einer anderen Sache oder einer Person, so liegt ein Folgeschaden vor.***

**Beispiele:**
- *Einem Mann bricht die Zahnprothese, als er in ein Wurstbrot beißt. In der Wurst, die aus einer Konserve stammte, befand sich ein Schweinezahn.*
- *Jemand schließt einen CD-Player falsch an das Stromnetz an. Dadurch steht das Gehäuse unter Strom, er erhält einen Stromschlag und muß wegen des erlittenen Schocks ins Krankenhaus eingeliefert werden. Da die Bedienungsanleitung mißverständlich war, hatte er die Anschlüsse vertauscht.*

Ein **Folgeschaden** kann also bestehen in

- der **Schädigung einer Sache** (Bruch der Zahnprothese) oder
- der **Körperverletzung oder Tötung einer Person** (Krankenhausaufenthalt wegen des Schocks).

Es ist eine Frage der **Produkt- oder Produzentenhaftung,** ob der Hersteller der Wurstkonserve bzw. des CD-Players **Schadenersatz** leisten muß oder nicht.

***Unter Produkt- oder Produzentenhaftung versteht man die Haftung des Herstellers für Folgeschäden aus dem Gebrauch oder Verbrauch eines Produkts, wenn die Schädigung durch einen Produktfehler verursacht wurde.***

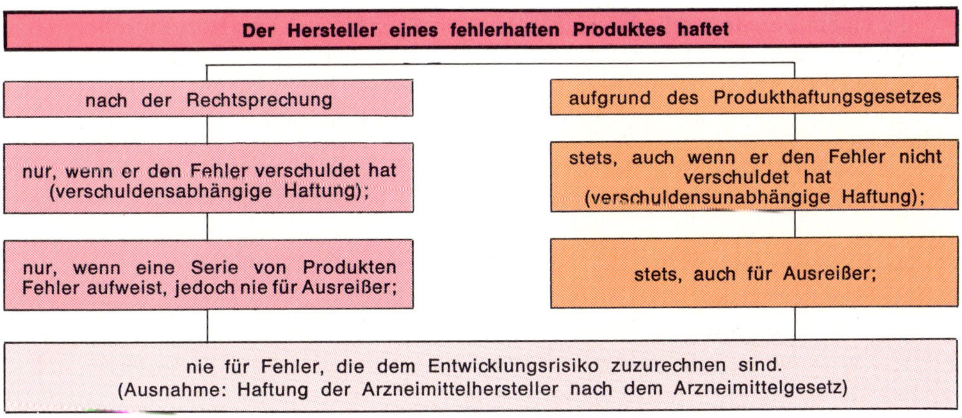

Der **Fehler** kann sein

- **Konstruktionsfehler** (z. B.: Das Gehäuse einer Waschmaschine steht unter Strom);
- **Fabrikationsfehler** (z. B.: Bei einer Serie Autoreifen mißlingt das 100%ige Verschweißen von Karkasse und Decke);
- **Instruktionsfehler** (z. B. eine mißverständliche Bedienungsanleitung) sein.

Nach dem Produkthafungsgesetz gibt es **weitere Ausnahmen** von der verschuldensunabhängigen Haftung: Der Hersteller haftet nicht, wenn

- das Produkt zum Zeitpunkt der Markteinführung zwingenden Rechtsvorschriften entsprach;
- der Fehler bei Markteinführung noch nicht vorhanden war;
- es sich um unverarbeitete Naturprodukte der Landwirtschaft und Jägerei handelt.

Da das Produkthaftungsgesetz auf einer EG-Richtlinie beruht, haftet jeder **Hersteller mit Sitz in einem EG-Land.** Hersteller im Sinne des Gesetzes sind darüber hinaus

- **Importeure,** die die Ware aus Drittländern (das sind Länder, die nicht der EG angehören) eingeführt haben;
- **Handelsunternehmen** (Groß- und Einzelhändler), die ihren **Markennamen** auf das Produkt aufgebracht haben;
- **Einzelhändler,** die dem Kunden nicht innerhalb von vier Wochen mitteilen, wer Hersteller bzw. Importeur des Produkts ist.

Der Verbraucher ist bei der Durchsetzung seines Schadenersatzanspruchs an **Fristen** gebunden:

- Das fehlerhafte Produkt darf nicht älter als 10 Jahre sein.
- Das fehlerhafte Produkt muß nach dem Inkrafttreten des Produkthaftungsgesetzes (01.01.90) gekauft worden sein.
- Zwischen dem Schadensereignis und der Geltendmachung des Schadens dürfen nicht mehr als drei Jahre liegen.

Für die **Höhe des Schadenersatzes** gelten folgende Regelungen:

- Einen **Sachschaden,** der 1125,00 DM nicht übersteigt, muß der Verbraucher allein tragen **(Selbstbehalt).** Ab 1125,00 DM haftet der Hersteller ohne Rücksicht auf die Schadenshöhe: Es gibt bei Sachschäden **keine Haftungsbeschränkung (Obergrenze).**
- Bei einem **Personenschaden** haftet der Hersteller bis zu einer **Haftungsobergrenze** von 160 Millionen DM (bei Arzneimitteln bis 200 Millionen DM). Diese Regelung gilt auch für Produkte, die beruflich genutzt werden.
- Der Schadenersatz erstreckt sich **nicht auf Schmerzensgeld.**

Wer als geschädigter Verbraucher dem Hersteller (mit Sitz in der Bundesrepublik Deutschland) ein **Verschulden nachweist,** kann nach der **Rechtsprechung** (Gerichtsurteile)

- bei Personen- und Sachschäden Schadenersatz in unbegrenzter Höhe,
- bei Personenschäden auch Schmerzensgeld verlangen.

***Die Produzentenhaftung kann der Hersteller nicht durch seine allgemeinen Geschäftsbedingungen ausschließen.***



3992120

### 5.5.4.2 Verbraucheraufklärung

Der Verbraucher benötigt nicht nur den Schutz durch Gesetze, er muß auch über diesen Schutz aufgeklärt werden: Er muß wissen, wer ihn aufklärt, wenn z. B.

- ihm ein Einzelhändler das Recht auf Rücktritt, Umtausch oder Minderung des Kaufpreises bei einem als Sonderangebot ausgezeichneten Artikels verweigert;
- er Schwierigkeiten mit seinem Vermieter hat, wer denn nun eine Reparatur in der Wohnung zu bezahlen hat.

Die Flut der angebotenen Waren und Dienstleistungen überfordern den Verbraucher, er findet sich im Gesamtangebot des Marktes nicht mehr zurecht. Er ist darauf angewiesen, daß ihm zuverlässige Informationen erteilt werden.

Zur Lösung dieser Probleme kann der Verbraucher sich z. B.

- an die **Verbraucherverbände** wenden oder
- **Testzeitschriften** u. ä. lesen.

Anliegen der **Verbraucherverbände (Verbraucherzentralen)** ist es, den Gesetzgeber zu verbraucherfreundlichem Handeln zu bewegen. Sie klären den Verbraucher durch Veranstaltungen, Broschüren, Testzeitschriften und Beratungen auf. Sie geben telefonisch Verbrauchertips. Sie sammeln Beschwerden von Verbrauchern, z. B. über Einzelhandelsbetriebe, chemische Reinigungen, und setzen sich mit den betreffenden Betrieben in Verbindung, um Abhilfe zu schaffen. Notfalls gewähren sie Rechtsschutz, indem sie einen Anwalt stellen oder einen Teil der Prozeßkosten übernehmen. Diese Leistungen setzen in der Regel die Mitgliedschaft in einem Verbraucherverband voraus. Die Adresse bzw. Telefonnummer der nächsten Verbraucherzentrale läßt sich durch Nachschlagen im Telefonbuch oder durch einen Anruf bei der Gemeindebehörde herausfinden.

Die **Stiftung Warentest,** deren Träger die Bundesrepublik Deutschland ist, läßt durch Fachinstitute vergleichende Waren- und Leistungstests (z. B. Textverarbeitungsprogramme für PCs, Urlaubsreisen, Versicherungen) durchführen. Die Testergebnisse werden in einer Zeitschrift, als Sonderdrucke und in einem Jahrbuch veröffentlicht.

Es gibt noch eine Reihe anderer Einrichtungen wie z. B. die Handwerkskammern, die Industrie- und Handelskammern und die Mietervereine, die den Verbraucher aufklären und notfalls auch schützen.

#### Zusammenfassung

1. Das UWG untersagt z. B. irreführende Werbung, Bestechung von Angestellten, Anschwärzen von Mitkonkurrenten, Benutzung fremder Firmenbezeichnungen.
2. Erlaubte Sonderveranstaltungen:
   - Räumungsverkäufe bei Umbau, Schäden durch höhere Gewalt und Aufgabe des Betriebes,
   - Jubiläumsverkäufe nach jeweils 25 Jahren,
   - Schlußverkäufe zweimal im Jahr.

3. Weiter sind die Zugabeverordnung, die Preisangabenverordnung, das Rabattgesetz und Warenzeichenrecht zu beachten.
4. Die Preisauszeichnungspflicht umfaßt die Angabe von
   - Bruttopreisen,
   - Verkaufs- und Leistungseinheiten,
   - Gütebezeichnungen.
5. Patent: für neue Erzeugnisse, neue Produktionsverfahren
   Lizenz: gewerbsmäßige Verwertung des Patentes durch andere gegen Entgelt
   Gebrauchsmuster: für Neugestaltung von Geräten
   Geschmacksmuster: für Formgebung
   Warenzeichen: für Markenwaren
   Gütezeichen: Qualitätsgarantie für Erzeugnisse

**Verbraucherschutz**

- Verbraucherkredit:
  - Schriftform mit Pflichtangaben
  - Widerrufsrecht (schriftliche Belehrung!)
  - Höhe der Zinsen begrenzt
- Haustürgeschäft:
  - Schriftform
  - Widerrufsrecht (schriftliche Belehrung!)
- Der Gerichtsstand richtet sich beim Verbraucher stets nach seinem Wohnort.

**Produkt- bzw. Produzentenhaftung**

| Rechtsprechung | Produkthaftungsgesetz |
|---|---|
| ↓ | ↓ |
| verschuldensabhängige Haftung | verschuldensunabhängige Haftung |
| ↓ | ↓ |
| ● Haftung für Sach- und Personenschäden unbegrenzt | ● Haftung für Sachschäden erst ab 1 125,00 DM<br>● Haftungsobergrenze bei Personenschäden |
| ● Schmerzensgeld | ● kein Schmerzensgeld |
| ● gilt innerhalb der Bundesrepublik Deutschland | ● gilt innerhalb der EG |

keine Haftung bei Fehlern aufgrund des Entwicklungsrisikos
(Ausnahme: Arzneimittel)

**Verbraucheraufklärung**

Rechtslage — Waren und Dienstleistungen

durch

Verbraucherverbände — Stiftung Warentest

## Aufgaben

1. Was verbietet das UWG ausdrücklich?
2. Ein Einzelhändler möchte einen Artikel preislich stark herabsetzen. Braucht er dazu eine besondere Genehmigung?
3. Ein Betrieb möchte anläßlich des 10jährigen Bestehens einen Ausverkauf veranstalten. Darf er das?
4. Wann darf ein Einzelhändler mit Werbemaßnahmen für den Schlußverkauf beginnen? Welche Artikel dürfen im Schlußverkauf angeboten werden?
5. Ein Einzelhändler bietet einem Käufer 5 % Rabatt und 2 % Skonto bei Barzahlung. Verstößt er gegen das Rabattgesetz?
6. Was umfaßt die Preisauszeichnungspflicht?
7. Müssen in Zeitungsanzeigen Preise genannt werden?
8. Unterscheiden Sie Patent, Lizenz und Gebrauchsmuster.
9. Für welche Waren kommen Waren- und Gütezeichen in Frage?
10. Nennen Sie zehn Gesetze, die den Verbraucher schützen sollen.
11. Überlegen Sie: Warum muß der Verbraucher bei Raten und Haustürgeschäften besonders geschützt werden?
12. Schildern Sie die wesentlichen Bestimmungen des
    a) Verbraucherkreditgesetzes;
    b) Gesetzes über Haustürgeschäfte und Kaffeefahrten.
13. Wonach richtet sich der Gerichtsstand für den Verbraucher stets?
14. Überlegen Sie: Worin besteht der Verbraucherschutz bei der Produkthaftung und insbesondere beim Produkthaftungsgesetz?
15. Was versteht man unter einem Folgeschaden? Nennen Sie Beispiele.
16. Nennen Sie die Produktfehler, die bei der Produkthaftung eine Rolle spielen.
17. Die Rechtslagen nach der Rechtsprechung und nach dem Produkthaftungsgesetz bestehen nebeneinander. Zeigen Sie die wesentlichen Unterschiede auf.
18. Wer ist Hersteller?
    a) nach dem Produkthaftungsgesetz;
    b) nach der Rechtsprechung.
19. Auf welchen Gebieten benötigt der Verbraucher Aufklärung? Nennen Sie Gründe.
20. Welche Einrichtungen helfen dem Verbraucher?

# 5.6 Die Distributionspolitik

***Unter Distributionspolitik sollen alle Maßnahmen verstanden werden, mit deren Hilfe die betriebliche Leistung rechtzeitig und in ausreichender Menge zum Verwender (Verbraucher) gebracht wird.***

Man bedient sich dazu einer **Verteilerorganisation**. Von der Bewältigung der Vertriebsaufgaben her gesehen spielt es keine Rolle, ob die Apparatur der Unternehmung gehört oder nicht. Doch ist leicht einzusehen, daß der Betrieb seine absatzpolitischen Ziele mit einer eigenen Absatzorganisation besser verwirklichen kann als mit fremden Absatzorganen, weil die eigene Organisation beherrschbar ist.

**Die Distributionspolitik** muß also folgende Fragen beantworten:

- In welchem Umfang soll eine **eigene Absatzorganisation** errichtet werden? Wie soll diese aussehen? Welche Vertriebsaufgaben sollen selbst übernommen werden?

- Soll der Verbraucher direkt, d. h. ohne Einschaltung des Groß- und Einzelhandels, oder indirekt beliefert werden? Kurz: Welcher **Absatzweg** wird gewählt?
- Falls indirekt verkauft wird: Welche **Betriebsformen** des Groß- und Einzelhandels **(Absatzmittler)** sollen ausgewählt werden?
- Welche Personen oder Unternehmen (**Absatzhelfer** wie Handelsvertreter, Makler, Kommissionäre) sollen sonst die Absatzbemühungen unterstützen?
- Durch welche Maßnahmen können eigene und fremde Vertriebseinrichtungen **beeinflußt** werden?

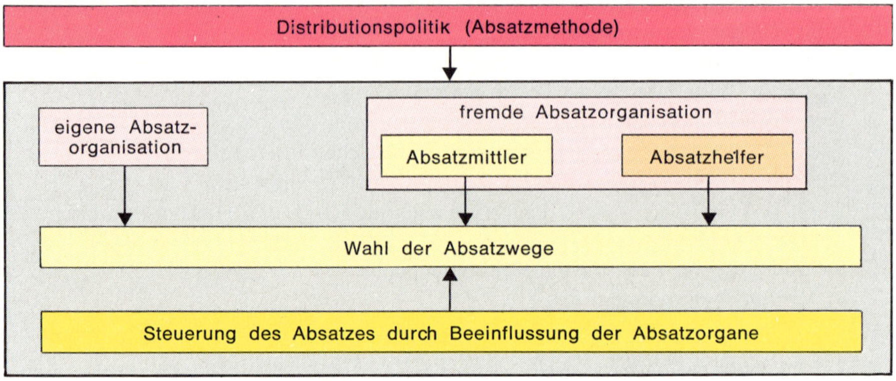


Im Gegensatz zu den absatzpolitischen Mitteln, die auch kurzfristig zur Steuerung des Absatzes eingesetzt werden können, ist die Distributionspolitik **langfristig** angelegt. Mit der Errichtung der Absatzorganisation wird viel Kapital gebunden, bedeutsame Umstellungen sind kurzfristig nicht mehr realisierbar. Zur besseren Unterscheidung zu den absatzpolitischen Instrumenten bezeichnet man die distributionspolitischen Maßnahmen auch als **Absatzmethode** des Betriebes.

## 5.6.1 Die eigene Absatzorganisation

Art, Größe und Bedeutung der eigenen Absatzorganisation hängen davon ab,

- welche Wettbewerbssituation auf dem Markt herrscht, d. h. welche absatzwirtschaftlichen Aufgaben sich dem Betrieb stellen,
- welche Aufgaben der Betrieb an selbständige Absatzmittler und Absatzhelfer abtritt, welche Aufgaben er selbst zu lösen beabsichtigt,
- welche Organisationsform eine optimale Ausführung gestellter Aufgaben gestattet.

### 5.6.1.1 Die Organisationsformen

Sehen wir uns zuerst die Aufgaben an, die von der Absatzorganisation bewältigt werden müssen. Dabei können wir drei Arten von Tätigkeiten unterscheiden:

| Marketing | Auftragswesen | Lagerung und Auslieferung |
|---|---|---|
| alle Arbeiten, die die Planung und die Entwicklung einer Marketingkonzeption beinhalten | Anbahnung, Abschluß und Ausführung von Aufträgen unter Einbehaltung der Marketingkonzeption | Verwaltung und Lagerung von Fertigerzeugnissen, Versand |

Legt man die Aufgaben der Gliederung der vertrieblichen Einrichtungen zugrunde, so erhalten wir eine **funktionsorientierte Absatzorganisation.**

## Die funktionsorientierte Absatzorganisation

Diese könnte folgendes Aussehen haben:

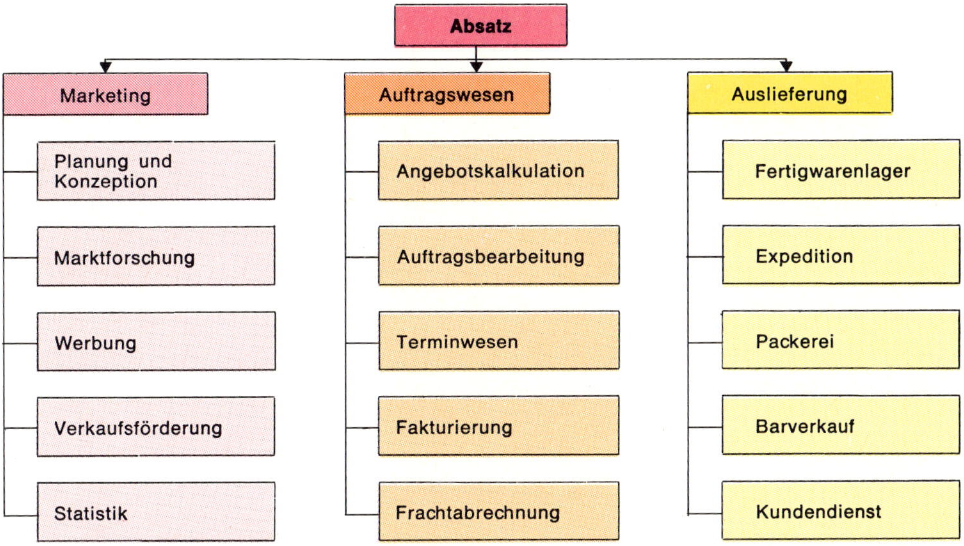


Die funktionsorientierte Organisation bietet sich an, wenn die Bearbeitung der absatzwirtschaftlichen Aufgaben großes Sachwissen erfordert.

## Die produktorientierte Absatzorganisation

Kaum ein Industriebetrieb beschränkt sich auf ein Erzeugnis. Führt der Betrieb aber ein größeres Vertriebsspektrum, so kann es sein, daß manche **Produkte (Produktgruppen)** besondere Eigenschaften bzw. einen speziellen Abnehmerkreis haben. So führt z. B.

- ein Lebensmittelproduzent Speiseeis und Lebkuchen,
- ein Textilhersteller Trachtenkleider und Sportbekleidung,
- ein Fahrzeughersteller Personenwagen und Lastkraftwagen.

Der Betrieb benötigt in allen diesen Fällen zwar auch Personal mit einem soliden absatzwirtschaftlichen Wissen, doch werfen die einzelnen Produkte ganz unterschiedliche Probleme auf:

- Jedes Erzeugnis hat eine eigene Technik, vom Vertriebsmitarbeiter werden also technische Kenntnisse verlangt.
- Jedes Erzeugnis hat bestimmte Abnehmer, der Vertriebsmitarbeiter muß „seinen" Markt kennen.

Hier ist es ratsam, den Betrieb nach **Produkten** bzw. nach **Sparten (Unternehmensbereichen)** zu spezialisieren. Als Organisationsformen wurden entwickelt:

- das **Produktmanagement,**
- die **Spartenorganisation.**

Beim **Produktmanagement** wird für jedes Erzeugnis (Produktgruppe) ein zuständiger Manager bestellt. Der Produktmanager ist als Vertriebsfachmann für alle absatzwirtschaftlichen Aufgaben seines Erzeugnisses zuständig. Da die für den Absatz sehr wichtigen Produkteigenschaften im Bereich der Fertigung festgelegt werden, stattet man den Produktmanager mit Befugnissen aus, die über den Absatzbereich hinausgehen. So kann sich seine Zuständigkeit auch auf die Bereiche Fertigung und Beschaffung erstrecken. Der Hauptvorteil dieser Organisationsform ist darin zu sehen, daß eine Person für alle Probleme eines Erzeugnisses verantwortlich zeichnet.

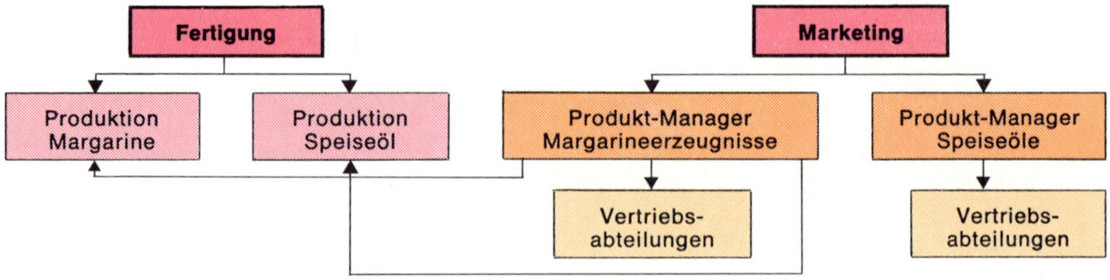


Breite Vertriebsprogramme lassen sich in Sparten oder Bereiche aufteilen. Wir sprechen dann von **Spartenorganisation.** In einem Betrieb der Elektroindustrie wäre folgende Gliederung denkbar:

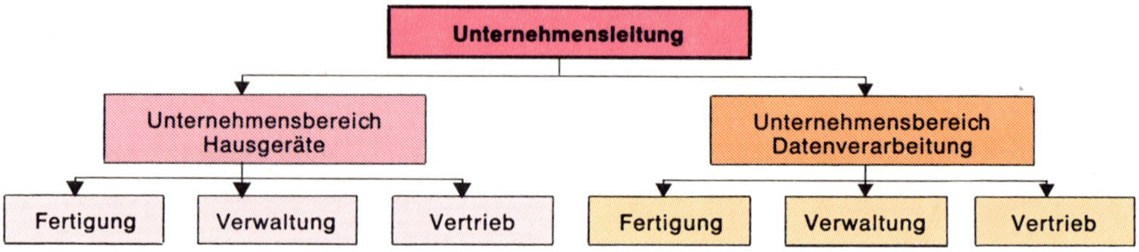


Die Unternehmensbereiche lassen sich nach demselben Prinzip noch in **Geschäftsgebiete** untergliedern. Für elektrische Hausgeräte ergeben sich etwa die Geschäftsgebiete

- Unterhaltungselektronik („braune Ware"),
- Küchengeräte („weiße Ware") und
- Kleingeräte.

## Die kundenorientierte Absatzorganisation

Manchmal wendet man sich mit seinen Erzeugnissen an verschiedene **Abnehmerkreise,** die absatzpolitisch jeweils anders angesprochen werden müssen. Dies schlägt sich dann auch im Aufbau der Absatzorganisation nieder.

**Beispiele:**
- *Schreibmaschinen, Nähmaschinen werden an private Haushaltungen und an Betriebe verkauft,*
- *Betriebe sind „Großverbraucher" von Schreibmaterialien und von Lebensmitteln, private Haushaltungen beziehen nur kleine Mengen.*

Solche Betriebe bilden für den Absatz an gewerbliche Abnehmer entweder besondere Abteilungen oder ordnen die Absatzpolitik wegen ihrer Bedeutung direkt der Geschäftsleitung zu.



3992126

### Die gebietsorientierte Absatzorganisation

Industriebetriebe haben auch absatzwirtschaftlich **regionale** Schwerpunkte. Mancher Bedarf tritt nur oder vorwiegend in bestimmten Gebieten auf (z. B. Schwerindustrie in Nordrhein-Westfalen, chemische Industrie in Ludwigshafen). Andere Bedarfe sind regional unterschiedlich stark ausgeprägt (z. B. Fischkonsum in Norddeutschland, Trachtenkleidung in Süddeutschland). Die meisten kleineren und mittleren Industriebetriebe bearbeiten ihren Markt im Einzugsbereich ihres Standortes intensiv, weiter entfernt liegende Märkte werden in geringem Ausmaß erschlossen (extensive Marktbearbeitung).

Daraus läßt sich folgern:

- Gebiete mit einem Absatzschwerpunkt werden **intensiv** bearbeitet: Die Errichtung einer eigenen Absatzorganisation für diese Gebiete ist lohnend.
- In Gebieten mit **extensiver Marktbearbeitung** arbeiten die Betriebe gerne mit selbständigen Absatzmittlern und Absatzhelfern zusammen.
- Betriebe, die keine Absatzschwerpunkte haben, grenzen zum Zwecke der **Absatzplanung und -steuerung** einzelne Absatzgebiete voneinander ab.

## 5.6.1.2 Das Vertriebssystem

Der Industriebetrieb muß sich der Frage stellen, ob er seine Absatzbemühungen **zentral** von einem Standort aus oder **dezentral** von zahlreichen Niederlassungen aus unternimmt. Wir bezeichnen die organisatorische Lösung dieses Problems als das **Vertriebssystem** einer Unternehmung.

Es kommen in Betracht:

- der **zentrale Vertrieb,**
- der **dezentrale Vertrieb,**
- eine **Kombination beider Möglichkeiten.**

### 5.6.1.2.1 Der zentrale Vertrieb

Beim zentralen Vertrieb richtet der Betrieb seine vertrieblichen Organe an **einem Standort** ein. Diese Form des Vertriebs kommt in der Praxis vor, wenn

- nur ein regional begrenzter Markt intensiv bearbeitet wird,
- nur an einen kleinen Abnehmerkreis verkauft werden kann,
- eine geringe Bestellhäufigkeit, dafür aber hohe Auftragsvolumen gegeben sind,
- technisch komplizierte Güter Personal mit großem Sachwissen erfordern,
- Auftragsfertigung vorliegt,
- der für den Aufbau einer äußeren Vertriebsorganisation erforderliche Kapitalbedarf nicht aufgebracht werden kann.

Die Verkaufsbemühungen werden bei Großaufträgen oft von der Geschäftsleitung selbst vorgenommen. Aber auch qualifizierte Sachbearbeiter (bei Investitionsgütern Vertriebsingenieure) sorgen für eine individuelle Kundenberatung. Dies ist heute besonders dort wichtig, wo „Problemlösungen" verkauft werden; der Verkäufer also mit seinem „Know-how" schwierige technische und betriebswirtschaftliche Probleme des Kunden (z. B. beim Verkauf kompletter Produktionsanlagen) zu lösen hat. Als **Mittel der Vertragsanbahnung** finden wir beim zentralen Vertrieb die persönliche Ansprache, schriftliche Angebote, Kataloge und Preislisten, also die **Werbemittel der Einzelumwerbung.**

### 5.6.1.2.2 Der dezentrale Vertrieb

Gründen Betriebe **Außenstellen in den Bedarfszentren,** so verfügen sie über eine eigene, äußere Absatzorganisation. Dabei ist es vom wirtschaftlichen Standpunkt aus nicht entscheidend, ob die Niederlassung dem Betrieb gehört oder nicht. Man stellt besser darauf ab, ob der Betrieb die äußeren Vertriebsorgane **direkt beeinflussen** kann.

Wir unterscheiden folgende **Arten** des dezentralen Vertriebs:

| **Arten** | **werkseigenes Vertriebssystem** | **werksgebundenes Vertriebssystem** | **gemeinsame Vertriebseinrichtungen** |
|---|---|---|---|
| **Beispiele** | – Verkaufsbüros<br>– Verkaufsfilialen<br>– Auslieferungslager<br>– Reisende<br>– Vertriebsgesellschaft | – Vertragshändler (z. B. Automobilbranche)<br>– Werkshandelsgesellschaften (Stahlindustrie)<br>– Franchise-System | – Syndikat<br>– Vertriebsgenossenschaft |
| **Kennzeichen** | – wirtschaftlich und rechtlich unselbständig | rechtlich selbständig, wirtschaftlich durch Vertrag oder Kapitalbeteiligung abhängig | rechtlich selbständig, wirtschaftlich von allen beteiligten Betrieben zusammen abhängig, Möglichkeit der Einflußnahme durch einen Betrieb meist gering |

#### Das Verkaufsbüro

Wir finden es in der Praxis auch unter den Bezeichnungen Vertriebsbüro und Zweigniederlassung. Es wird von der Zentrale aus gesteuert, ist also **weisungsgebunden.** Die absatzpolitischen Ziele werden für das zuständige Absatzgebiet vorgegeben. In der Regel ist es eine absatzwirtschaftliche Einrichtung der Hersteller auf Großhandelsebene. Beliefert werden der Einzelhandel und gewerbliche Verwender bei Investitionsgütern.

Die Verkaufsbüros übernehmen folgende Aufgaben:

- Abwicklung von Verträgen in einem Absatzgebiet,
- Betreuung von alten Kunden,
- Umwerbung und Beratung von neuen Kunden,
- Übernahme von Kundendiensten,
- Markterkundung und Weitergabe der Informationen an die Zentrale.

#### Die Verkaufsfiliale

Wenige Hersteller dringen mit eigenen Absatzorganen bis zum Verbraucher vor, indem sie auf **Einzelhandelsebene** Verkaufsfilialen einrichten (z. B. Schuhproduzent, Nähmaschinenhersteller, Kaffeeröster). Ein dichtes Netz an Verkaufsfilialen bedingt einen hohen Kapitalbedarf. Die Errichtung von Filialen setzt ein gut ausgebautes Sortiment voraus.

## Auslieferungslager

Das Auslieferungslager ist streng genommen kein Instrument des dezentralen Vertriebs: es handelt sich lediglich um eine **dezentrale Lagerstätte,** der Vertrieb erfolgt zentral. Manchmal errichten die Produzenten Auslieferungslager am Standort von Handelsvertretern. Man erreicht dadurch, daß die von Handelsvertretern abgeschlossenen Verträge sofort erfüllt werden können.

## Der Reisende

Reisende sind **Angestellte** des Betriebes, deren Hauptaufgaben darin zu sehen sind, Kontakte mit alten Kunden zu unterhalten bzw. mit neuen Kunden zu knüpfen. Für ihre Arbeit wird ihnen zumeist ein **fester Verkaufsbezirk** zugewiesen. Als Angestellte sind sie an Weisungen der Vertriebsleitung gebunden. Deshalb eignen sie sich auch für den Einsatz bei **intensiver** Marktbearbeitung. Die Entlohnung der Reisenden erfolgt zumeist durch einen Grundlohn (Fixum), durch Umsatzbeteiligung (Provision) und Ersatz von Spesen (häufig in Form von Tagegeldern).

## Vertriebsgesellschaften

Die Gründung rechtlich selbständiger Vertriebsgesellschaften (meist als GmbH) geschieht, um

- den Vertrieb absatzpolitisch ungestört agieren zu lassen,
- Gewinne zu transferieren,
- ein Steuergefälle zwischen Produktions- und Vertriebsstandort auszunutzen.

## Das werksgebundene Vertriebssystem

In vielen Fällen genügt es, rechtlich selbständige Händler durch **Vertrag** oder **Kapitalbeteiligung** so zu binden, daß sie wirtschaftlich einer eigenen Organisation ähnelt. Beim **Franchise-System** stellt der Franchise-Nehmer seine Organisation teilweise zur Verfügung. Der Franchise-Geber (der Industriebetrieb) kann also die fremde Absatzorganisation nach seinen Vorstellungen benutzen.

## Gemeinsame Vertriebseinrichtungen

Horizontale Zusammenschlüsse von Vertriebseinrichtungen einer Branche heißen **Syndikat.** Das gemeinsame „Verkaufskontor" verteilt die eingegangenen Aufträge nach einem Schlüssel auf die beteiligten Produzenten (z. B. das Stahlkontor).

**Vertriebsgenossenschaften** kommen in der Landwirtschaft (z. B. Molkereien) und in der Weinwirtschaft (Winzergenossenschaften) vor. Sie besorgen hier den gemeinsamen Vertrieb einiger Produzenten.

Beim Verkauf komplexer Anlagen erfolgt häufig eine Kooperation in Form des **Konsortiums.** Mehrere Firmen führen gemeinsam einen Großauftrag durch, z. B. die Errichtung einer Papierfabrik. Dabei übernimmt dem Auftraggeber gegenüber eine Unternehmung (der sogenannte Konsortialführer) die Verantwortung.

| **Vorteile** des dezentralen Vertriebs | **Nachteile** des dezentralen Vertriebs |
|---|---|
| – Marktnähe<br>– bedarfsgerechter, schneller Kundendienst<br>– Beratung beim Kunden<br>– schnelle Belieferung möglich | – viele, kleine Lagerstätten<br>– großer Vertrieb<br>– personelle Doppelbesetzungen möglich<br>– hoher Kapitalbedarf |

## 5.6.2 Die Wahl der Absatzwege

***Der Absatzweg ist der Weg einer unveränderten Ware vom Produzenten zum Verwender. Gekennzeichnet wird der Absatzweg durch die Zahl und die Art der eingeschalteten Absatzmittler, der Groß- und der Einzelhändler.***

Grundsätzlich bestehen zwei Möglichkeiten:

- ***Direkter Absatz. Die Hersteller setzen, ohne Einschaltung selbständiger Absatzmittler, durch eigene Vertriebseinrichtungen unmittelbar an die Verbraucher ab.***
- ***Indirekter Absatz. Die Hersteller verkaufen an selbständige Absatzmittler, die die Erzeugnisse an die Verwender weitervertreiben. Als Absatzstationen kommen noch selbständige Absatzhelfer (besonders der Handelsvertreter) in Betracht.***

Die Frage, welcher Absatzweg zu wählen ist, hängt ab von

- der Erklärungsbedürftigkeit der Erzeugnisse,
- der absatzwirtschaftlichen Attraktivität des Vertriebsprogramms,
- der Bedarfshäufigkeit,
- der Zahl und der Bekanntheit der Verbraucher,
- der Eignung der eigenen und der fremden Absatzorgane für die gestellten vertrieblichen Aufgaben.

### 5.6.2.1 Der direkte Absatz

Wir finden den direkten Absatz in der Praxis besonders im Bereich der **Investitionsgüter,** weil

- es sich um Großobjekte handelt,
- es sich um technisch komplizierte Güter handelt,
- oft neben dem Erzeugnis weitere Leistungen (z. B. Programme bei der Datenverarbeitung) mit verkauft werden,
- wichtige Kundendienstleistungen vom Hersteller übernommen werden müssen,
- der Kreis der Verwender relativ klein und überschaubar ist.

Bei **Ge- und Verbrauchsgütern** kommt der Direktabsatz **neben** dem indirekten Absatz vor. Während die Versorgung der privaten Verwender über den Handel erfolgt, werden Großverbraucher (Industriebetriebe, Großkantinen, Behörden usw.) direkt beliefert. Bei

Konsumgütern kommt der direkte Absatz als ausschließliche Form des Vertriebs sehr selten vor. Die Hersteller wären in diesen Fällen gezwungen, dezentrale Vertriebseinrichtungen auch auf der Ebene des Einzelhandels zu errichten.

### 5.6.2.2 Der indirekte Absatz

Der **Handel** spielt beim Absatz der meisten Fertigerzeugnisse eine außerordentlich wichtige Rolle:

- Konsumgüter werden an den privaten Verbraucher fast vollständig über den Handel abgesetzt.
- Investitionsgüter werden dann über den Handel verkauft, wenn die Produzenten nur über eine geringe Betriebsgröße bzw. über eine schwache Marktstellung verfügen.

Durch die Einschaltung verschiedener Handelsbetriebe ergeben sich folgende möglichen **Absatzketten:**

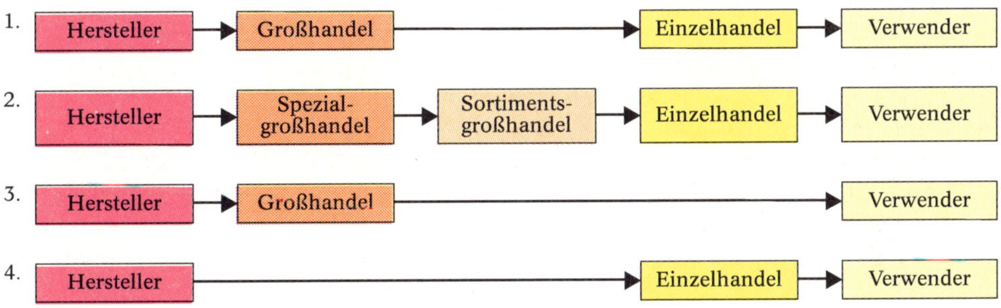


Da Fall 2 nur eine Besonderheit des 1. Falles und Fall 3 den – bereits erwähnten – Beziehungshandel darstellen, läßt sich die Problematik einengen:

- Beim indirekten Absatz stellt sich die Frage, ob der selbständige Groß- und Einzelhandel einzuschalten ist.
- Welche Betriebsformen des Groß- und des Einzelhandels kommen als Absatzmittler in Frage?
- Sind die Grundtypen der Absatzketten durch Absatzhelfer – wie Handelsvertreter, Kommissonäre, Makler – zu ergänzen?

### 5.6.2.3 Die Kombination von Absatzwegen

Viele Industriebetriebe wenden den direkten und den indirekten Vertrieb **nebeneinander** an:

- Autoreifen, Batterien, Autoradios werden als komplementäre Güter zur Erstausstattung an die Automobilproduzenten direkt verkauft. Der größere Teil dieser Produkte, der Ersatzbedarf, gelangt über den selbständigen Handel an die Verwender.
- Der lokal auftretende Bedarf und der Verkauf an Betriebsangehörige erfolgt direkt.
- An ausländische Käufer wird direkt exportiert, der Inlandsabsatz erfolgt über den Handel.

## Zusammenfassung

1. Distributionspolitik ist langfristig angelegt.
2. Sie umfaßt:
   - die Gestaltung der eigenen Absatzorganisation,
   - die Gestaltung der fremden Absatzorganisation (Absatzmittler und Absatzhelfer),
   - die Wahl der Absatzwege,
   - die Steuerung der Absatzorgane.
3. 

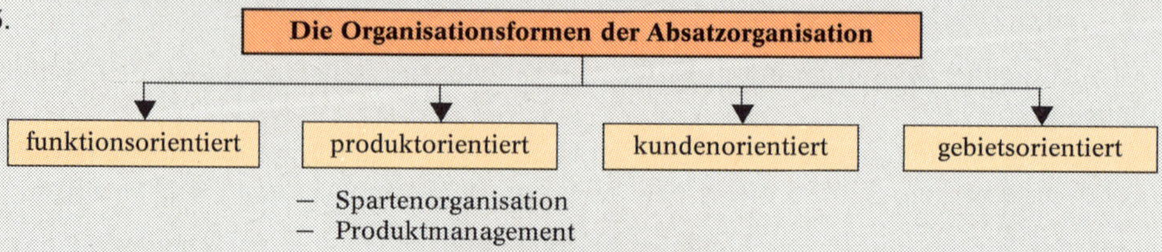


4. 

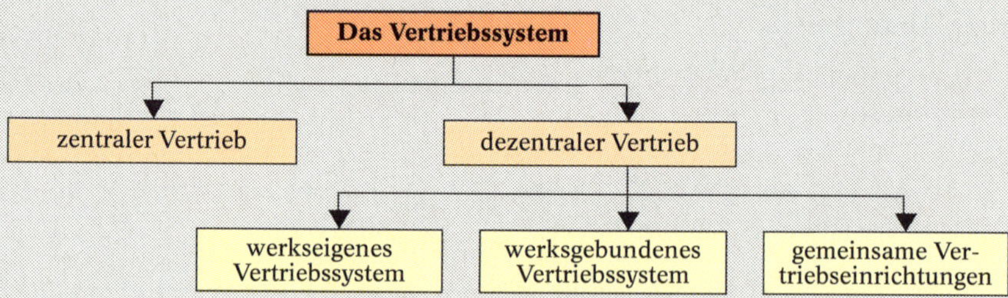


5. 

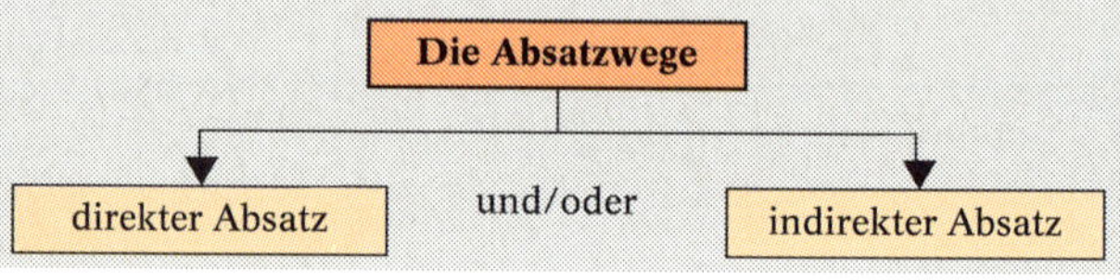


## Aufgaben

1. Beschreiben Sie die Stellung der Distributionspolitik innerhalb des „Marketing-mix".
2. Warum ist die Absatzorganisation kein Mittel der kurzfristigen Absatzpolitik?
3. Untersuchen Sie das Organisationsschema des Vertriebs Ihres Ausbildungsbetriebes. Welche Organisationsformen lassen sich erkennen?
4. Welche Vertriebssysteme kommen in der Automobil-, Elektro-, Bekleidungs- und in der Lebensmittelbranche vor?
5. Welche Vor- und Nachteile sind mit dem zentralen Vertrieb verbunden?
6. Zeichnen Sie die Absatzketten, die bei Ihrem Ausbildungsbetrieb auftreten. Aus welchen Gründen werden die einzelnen Absatzwege ausgewählt?

## 5.6.3 Die Absatzmittler

### 5.6.3.1 Die Funktionen der Handelsbetriebe

Der Handelsbetrieb nimmt dem Industriebetrieb beim indirekten Absatz eine Reihe von Aufgaben ab, die dieser im Falle des Direktabsatzes selbst übernehmen müßte:

- **Funktion des räumlichen Ausgleichs:** Der Handel bringt die Waren vom Produktionsbetrieb zum Ort des Bedarfs. Der Industriebetrieb kann also an eine kleinere Zahl von Händlern verkaufen.
- **Funktion des zeitlichen Ausgleichs:** Industriebetriebe verkaufen ihre Erzeugnisse nach der Produktion in großen Mengen an die Händler, die die Erzeugnisse später zum Bedarfszeitpunkt an die Verbraucher weitergeben.
- **Funktion des quantitativen Ausgleichs:** Große Produktionsmengen werden vom Handel übernommen und in kleine Verkaufsmengen umgesetzt.
- **Funktion des qualitativen Ausgleichs:** Der Handel wandelt Produktionssortimente in absatzorientierte Sortimente um. Er bietet somit dem Verbraucher die Möglichkeit, aus einem umfangreichen Warenangebot zu wählen.
- **Informationsfunktion:** Handelsbetriebe beraten und informieren die Verbraucher über das Warenangebot.
- **Dienstleistungsfunktion:** Der Handel übernimmt bei Gebrauchsgütern die Kundendienstleistungen.

### 5.6.3.2 Die Betriebsformen des Großhandels

***Großhändler ist, wer Waren ohne stoffliche Veränderungen an den Einzelhandel, an weiterverarbeitende Betriebe (Industrie, Handwerk) oder an sonstige Abnehmer (Behörden) vertreibt.***

Für den Absatz von Industrieprodukten kommen folgende Betriebsformen in Betracht:

nach dem Absatzgebiet

- Binnengroßhandel → Standort und Absatzgebiet im Inland
- Exportgroßhandel → inländischer Betrieb vertreibt Waren im Ausland
  - entweder spezialisiert auf bestimmte Waren oder auf
  - bestimmte Länder

nach dem Sortiment

- Sortimentsgroßhandel → breites, zuweilen auch tiefes Sortiment, versucht alle Wünsche der Abnehmer zu befriedigen (z. B. Lebensmittelgroßhandel)
- Spezialgroßhandel → enges, tiefes Sortiment, versucht auch exklusive Wünsche zu erfüllen.

nach der Warenart

- Produktionsgütergroßhandel → handelt mit Investitionsgütern, mit Halbfabrikaten oder mit Rohstoffen. Käufer sind weiterverarbeitende Betriebe (z. B. Stahlgroßhandel)
- Konsumgütergroßhandel → verkauft Gebrauchs- und Verbrauchsgüter an den Einzelhandel

nach der Vertriebsform

- Cash-and-carry-Großhandel → Selbstbedienungsgroßhandel: Käufer sortiert Waren selbst aus, zahlt bar und übernimmt den Transport selbst (z. B. bei Lebensmitteln)

### 5.6.3.3 Die Betriebsformen des Einzelhandels

***Einzelhandelsbetriebe sind die Bindeglieder zwischen den Produzenten bzw. den Großhändlern und den Verbrauchern. Auch sie verkaufen Waren ohne Veränderung der Beschaffenheit weiter.***

Wir unterscheiden folgende Betriebsformen:

nach der Art des Sortiments

- Gemischtwarengeschäft → Betriebe mit mehreren breiten Sortimenten, keine Sortimentstiefe, meist kleine oder mittlere Betriebe (z. B. Einzelhandelsbetriebe in ländlichen Gebieten)
- Fachgeschäft → kleine oder mittlere Betriebe mit einem breiten und einem tiefen Sortiment (z. B. Haushaltsgeschäft)
- Spezialgeschäft → Betriebe mit einem engen, aber sehr tiefen Sortiment (z. B. Hutgeschäft)

nach der Betriebsgröße

- Kaufhaus → Großbetriebsform des Fachhandels (z. B. großes Textilgeschäft)
- Warenhaus → Großbetriebsform des Gemischtwarengeschäfts

nach der Art der Warenverteilung

- Bedienungsgeschäfte → Beratung und Verkauf durch Verkäufer
- Selbstbedienungsgeschäfte → Käufer übernimmt traditionelle Handelsfunktionen (Warenauswahl, Barzahlung)
- Supermarkt → großes Selbstbedienungsgeschäft (über 400 Quadratmeter Verkaufsfläche)
- Discountgeschäft → Selbstbedienungsgeschäft mit breitem Sortiment, keine Sortimentstiefe, Verzicht auf repräsentative Werbung und Warendarbietung. Sortiment häufig auf Lebensmittel, Waschmittel, Getränke beschränkt.
- Verbrauchermarkt → großes Selbstbedienungsgeschäft mit großen Verkaufsflächen, Kern des Sortiments sind Lebensmittel
- Versandhandel → Kunde bestellt nach Katalog, Lieferung durch Versendung

Im **Lebensmitteleinzelhandel** sind die **„Nielsen-Definitionen“**[1] üblich:

- Selbstbedienungswarenhäuser → Betriebe mit mindestens 5 000 $m^2$ Verkaufsfläche und einem breiten warenhausähnlichen Sortiment des Lebensmittel- und Nichtlebensmittelbereichs, Selbstbedienung
- Große Verbrauchermärkte → wie SB-Warenhäuser, 1 500–5 000 $m^2$ Verkaufsfläche

1 Nach der von der Nielsen-Marktforschungs-Agentur getroffenen Einteilung

- Kleine Verbrauchermärkte → Lebensmitteleinzelhändler mit einer Verkaufsfläche zwischen 800 und 1 500 $m^2$
- Supermärkte → Verkaufsfläche zwischen 400 und 800 $m^2$

Die Entscheidung, in welchen Betriebsformen ein Erzeugnis angeboten wird, darf nicht allein dem Handel überlassen werden:

- Erklärungsbedürftige Güter bedürfen der Beratung.
- Viele Gebrauchsgüter müssen während der Nutzungsdauer gewartet und repariert werden.
- Bei Betriebsformen, die fast ausschließlich angelerntes Verkaufspersonal verwenden, leidet möglicherweise das Image des Erzeugnisses.
- Leicht verderbliche Waren und modisch schnell veraltende Erzeugnisse bedürfen einer hohen Umschlagsgeschwindigkeit.
- Die einzelnen Betriebsformen verfügen über einen speziellen Käuferkreis.

## Aufgaben

1. Welche Betriebsformen des Großhandels kommen für folgende Industrieerzeugnisse in Betracht?
   a) Brillengestelle
   b) Stoppuhren
   c) Kugelschreiber
   d) Industriewerkzeuge
2. Suchen Sie in Ihrem Heimatort Beispiele für die einzelnen Betriebsformen des Einzelhandels.
3. Für welche Erzeugnisse ist die Selbstbedienung nicht geeignet?
4. Welche besonderen Dienste bietet der Fachhandel an?
5. Analysieren der folgenden Strukturtabelle.
   Welche Tendenzen kommen zum Ausdruck, wenn Sie die Zahlen für die fünf Großbetriebe zusammenfassen und den restlichen Betrieben gegenüberstellen? Betrachten Sie dabei die Zahl der Geschäfte, den Umsatz, die Verkaufsfläche und die Beschäftigtenzahl.

| | Geschäfte | | Umsatz | | Umsatz in 1 000 DM | | | Verkaufsfläche | | | Beschäftigte | |
|---|---|---|---|---|---|---|---|---|---|---|---|---|
| | Anzahl | % | Mio. DM | % | je Geschäft | je Beschäftigten | je $m^2$ Verk.-Fläche | insg. 1000 $m^2$ | je Geschäft $m^2$ | je Beschäftigten $m^2$ | insg. in 1000 Pers. | je Geschäft |
| SB-Warenhäuser | 383 | 1 | 14 043 | 12 | 36 665,8 | 359,2 | 4,0 | 2 838 | 7 409,9 | 72,6 | 39,1 | 102,1 |
| Große Verbrauchermärkte | 1 147 | 1 | 15 168 | 13 | 13 224,1 | 390,9 | 5,8 | 2 593 | 2 260,7 | 66,8 | 38,8 | 33,8 |
| Kleine Verbrauchermärkte | 1 877 | 2 | 13 502 | 11 | 7 193,4 | 410,4 | 7,5 | 1 812 | 965,4 | 55,1 | 32,9 | 17,5 |
| Discountmärkte | 3 874 | 5 | 11 330 | 10 | 2 924,6 | 633,0 | 11,5 | 988 | 255,0 | 55,2 | 17,9 | 4,6 |
| Supermärkte | 3 800 | 5 | 17 600 | 15 | 4 631,6 | 337,2 | 8,2 | 2 136 | 562,1 | 40,9 | 52,2 | 13,7 |
| Restliche Geschäfte | | | | | | | | | | | | |
| Große Geschäfte | 4 300 | 5 | 12 350 | 10 | 2 872,1 | 308,7 | 9,7 | 1 276 | 296,7 | 31,9 | 40,0 | 9,3 |
| Mittlere Geschäfte | 11 000 | 14 | 14 200 | 12 | 1 290,9 | 256,8 | 7,0 | 2 036 | 185,1 | 36,8 | 55,3 | 5,0 |
| Kleine Geschäfte | 53 619 | 67 | 20 607 | 17 | 384,3 | 151,1 | 6,2 | 3 308 | 61,7 | 24,3 | 136,4 | 2,5 |
| Insgesamt | 80 000 | 100 | 118 800 | 100 | 1 485,0 | 287,9 | 7,0 | 16 987 | 212,3 | 41,2 | 412,6 | 5,2 |

## 5.7 Güterverkehr

### 5.7.1 Übersicht

***Der Versand der vom Kunden bestellten Waren ist notwendig, da zwischen dem Geschäftsbetrieb des Betriebs und dem des Kunden ein Raum zu überwinden ist. Dies geschieht durch die Einschaltung von Verkehrsträgern.***

Unter den **Verkehrsträgern** muß anhand verschiedener Gesichtspunkte der **günstigste ausgewählt** werden.

| Verkehrsträger | Gesichtspunkte |
|---|---|
| – Bundespost<br>– Bundesbahn<br>– privater Paketzustelldienst<br>– Lastkraftwagen<br>– Schiff<br>– Flugzeug | – Produkteigenschaft<br>– Schnelligkeit<br>– Sicherheit<br>– Verpackung<br>– Transportkosten<br>– Haftungsumfang<br>– Umweltverträglichkeit |

### 5.7.2 Bundespost

Zur Beförderung von Gütern bietet die Bundespost folgende **Sendungsarten** an:

**Sendungsarten**

Paket | Postgut | Päckchen | Brief | Warensendung

#### 5.7.2.1 Paket

***Mit einem Paket können Gegenstände aller Art mit einem Höchstgewicht von 20 kg flächendeckend ins Inland und ins Ausland versandt werden.***

Nach den Allgemeinen Geschäftsbedingungen der Deutschen Bundespost POSTDIENST für den Frachtdienst Inland (AGB FrD Inl) werden folgende **Paketarten** unterschieden:

- **Paket:** Pakete sind quaderförmige Sendungen einer Länge von maximal 120 cm und einer Breite und Höhe von höchstens je 60 cm.
- **Sperriges Paket (Sperrgut):** Als Sperrgut wird eine Sendung mit einer Länge von mehr als 120 cm, einer Breite und einer Höhe von mehr als 60 cm bezeichnet. Sperrgut ist ebenfalls eine Sendung, die eine besondere betriebliche Behandlung erfordert (z. B. Kannen, Eimer, Kinderwagen, Henkelkörbe, Pakete in Rollenform).

Allen Paketen gemeinsam ist ein **Höchstgewicht von 20 kg.** Das **Beförderungsentgelt** richtet sich nach

- der Paketart,
- Gewichtsstufen (berechnet werden mindestens 5 kg),
- Entfernungszonen.

**Beispiel:** *Gewicht der Sendung 14,5 kg, Entfernung vom Absende- zum Bestimmungsort 167 km.*

## Entgelttabelle

**Paketsendungen** (Zoneneinteilung nach besonderem Entgeltverfahren)

| | | 1. Zone bis 150 km | 2. Zone über 150 km |
|---|---|---|---|
| | bis 5 kg | 6,00 DM | 6,10 DM |
| über 5 | bis 6 kg | 6,60 DM | 6,80 DM |
| über 6 | bis 7 kg | 7,30 DM | 7,50 DM |
| über 7 | bis 8 kg | 7,90 DM | 8,30 DM |
| über 8 | bis 9 kg | 8,60 DM | 9,00 DM |
| über 9 | bis 10 kg | 9,20 DM | 9,80 DM |
| über 10 | bis 12 kg | 9,90 DM | 10,50 DM |
| über 12 | bis 14 kg | 11,50 DM | 12,10 DM |
| über 14 | bis 16 kg | 12,90 DM | 13,60 DM |
| über 16 | bis 18 kg | 14,30 DM | 15,20 DM |
| über 18 | bis 20 kg | 15,70 DM | 16,80 DM |

**Sperriges Paket**
Zuschlag: **10,00** DM

Aus der Entgelttabelle ergeben sich folgende Beförderungsentgelte:

Paket: ................................................ 13,60 DM
sperriges Paket: 13,60 DM + 10,00 DM .................... = 23,60 DM

Pakete werden am **Paketschalter** des Postamtes eingeliefert. Jedem Paket muß eine **Paketkarte** beiliegen:

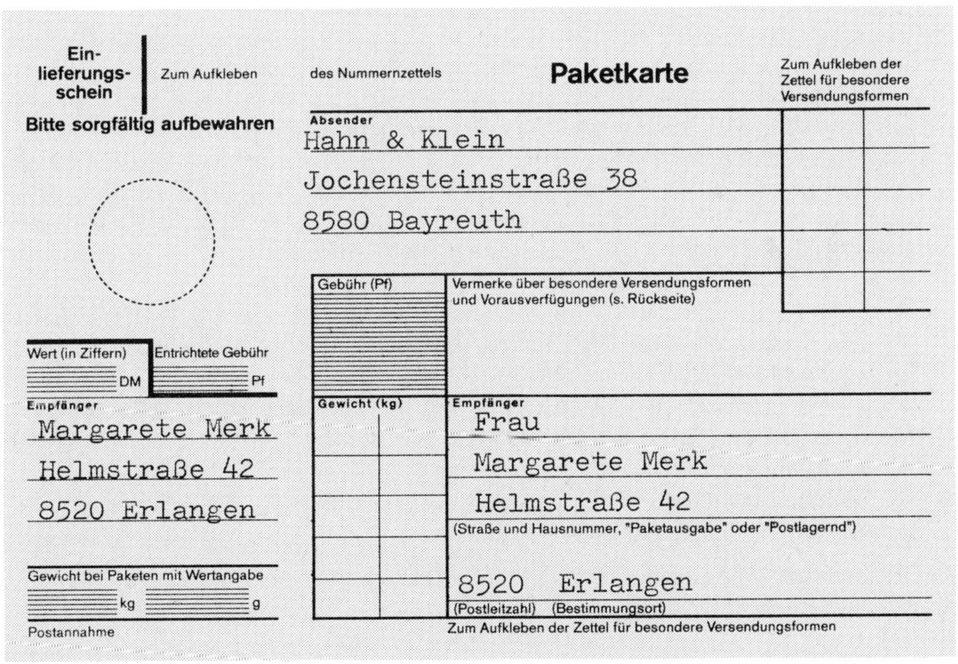
Ein-
lieferungs-
schein
Bitte sorgfältig aufbewahren

Zum Aufkleben des Nummernzettels

**Paketkarte**

Zum Aufkleben der Zettel für besondere Versendungsformen

Absender
Hahn & Klein
Jochensteinstraße 38
8580 Bayreuth

Gebühr (Pf)

Vermerke über besondere Versendungsformen und Vorausverfügungen (s. Rückseite)

Wert (in Ziffern) DM
Entrichtete Gebühr Pf

Empfänger
Margarete Merk
Helmstraße 42
8520 Erlangen

Gewicht (kg)

Empfänger
Frau
Margarete Merk
Helmstraße 42
(Straße und Hausnummer, "Paketausgabe" oder "Postlagernd")
8520 Erlangen
(Postleitzahl) (Bestimmungsort)

Gewicht bei Paketen mit Wertangabe
kg g

Postannahme

Zum Aufkleben der Zettel für besondere Versendungsformen

Der **linke Abschnitt** der Paketkarte wird abgetrennt und dem Absender als **Empfangsbestätigung** (Quittung) ausgehändigt.

Bis zu zehn Pakete an einen Empfänger können mit einer Paketkarte aufgegeben werden.

Der **Einlieferer bezahlt**

- das **Beförderungsentgelt** (Entgelt für die Sendung), falls er das Paket nicht **„Unfrei"** aufgibt;
- das **Zustellentgelt,** wenn er deren Zahlung dem Empfänger ersparen will. Das Paket erhält den Aufkleber „Zustellentgelt bezahlt".

Pakete werden gegen Unterschrift **ausgeliefert** an

- den Empfänger,
- andere Empfangsberechtigte (z. B. Postbevollmächtigte),
- oder Ersatzempfänger (z. B. den Nachbarn).

Bei der Zustellung wird das Zustellentgelt eingezogen, falls der Absender es nicht bereits bezahlt hat. Bei Aushändigung postlagernder Pakete wird das **Bereithaltungsentgelt** eingezogen.

Kann der Zusteller das Paket nicht zustellen, verständigt er den Empfänger mit einer **Benachrichtigungskarte** vom Eintreffen des Pakets. Der Empfänger kann dann das Paket innerhalb einer Woche beim Postamt abholen. Wird es nicht abgeholt, schickt das Postamt das Paket an den Absender zurück.

Beim Paket bietet der **Postdienst** folgende **zusätzliche Leistungen** an:

- Mit dem Vermerk **„Schnellsendung"** wird die **Beförderung** beschleunigt, mit dem zusätzlichen Vermerk **„Eilzustellung"** die **Zustellung.** Die Eilzustellung ist auf die Zeit von **6.00 bis 22.00 Uhr beschränkt.** Gegen die Zahlung eines erhöhten Entgelts ist an bestimmten Orten die Zustellung **„auch nachts"** (d. h. zwischen 22.00 und 6.00 Uhr, zusätzlicher Vermerk) möglich. An Entgelten fallen an: Beförderungsentgelt, Schnellsendungsentgelt, Eilzustellungsentgelt. Die Eilzustellung ist ebenfalls bei **Luftpostpaketen** möglich.
- Mit dem Vermerk **„Nachnahme ... DM"** wird die **Einziehung von Geld** veranlaßt. Der Zusteller darf das Paket nur gegen Zahlung des Nachnahmebetrags aushändigen. Der Empfänger hat sieben Tage Zeit zu überlegen, ob er das Nachnahmepaket annimmt oder nicht. Die Nachnahme ist auf **3 000,00 DM begrenzt.** Es muß eine **Nachnahmepaketkarte** verwendet werden (siehe Abb. auf der nächsten Seite). An Gebühren fallen an: Beförderungsentgelt, Nachnahmeentgelt.
- Werden Pakete mit einer **Wertangabe versehen** (Vermerk **„Wert ... DM"),** so **haftet die Post für den tatsächlichen Schaden, höchstens mit dem angegebenen Wert,** der **höchstens 100 000,00 DM** beträgt. Pakete mit einer Wertangabe ab 3 000,00 DM müssen versiegelt sein. Als Entgelte fallen an: Beförderungsentgelt, Wertentgelt.
- Mit dem Vermerk **„Luftpost, By Air Mail, Par Avion"** kann die Beförderung von **Auslandspaketen** beschleunigt werden.
- Nach bestimmten Ländern können **SAL-Pakete** (Surface Air Lifted) eingeliefert werden, die die Post beschleunigt befördert.

Bei **Paketen mit Wertangabe** sind folgende **zusätzliche Leistungen** gegen die Zahlung eines zusätzlichen Entgelts möglich:

- **„Eigenhändig":** Das Paket wird nur an den genannten Empfänger ausgehändigt.



3992138

- **„Rückschein“:** Die Auslieferung des Pakets wird durch einen Rückschein bestätigt, den der Absender zugestellt erhält. Das Paket muß zusätzlich zum Vermerk „Einschreiben“ den Vermerk „Eigenhändig“ bzw. „Rückschein“ tragen.

Beim **gewöhnlichen Paket haftet** die Post bei Verlust oder Beschädigung, ohne daß ein Verschulden ihrer Beschäftigten notwendig ist,

- in der **Höhe des tatsächlich entstandenen Schadens,**
- **höchstens mit 1 500,00 DM.**

***Pakete und Wertpakete können im Zuge des Selbstbucherverfahrens versandt werden.***

Als **Selbstbucher** werden von der Post Kunden zugelassen, die mindestens 500 Paketsendungen jährlich versenden. Das **Selbstbucherverfahren** beinhaltet, daß

- der Einlieferer die Sendungen **postversandfertig** macht (einschließlich der Freimachung);
- der Einlieferer einen Nachweis über die Einlieferungen führt **(Einlieferungsbuch);**
- die **Entgelte** im Rahmen des Lastschriftverfahrens vom Postgirokonto/Bankkonto des Einlieferers **abgebucht** werden. Dies geschieht je nach vertraglicher Vereinbarung werktäglich oder alle 10 Tage;
- dem Einlieferer ein **Preisnachlaß** gewährt wird.

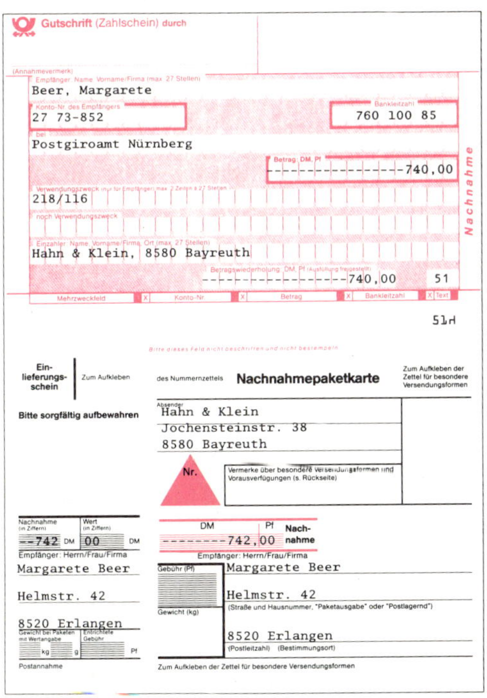
Gutschrift (Zahlschein) durch
Empfänger: Beer, Margarete
Konto-Nr. des Empfängers: 27 73-852
Bankleitzahl: 760 100 85
bei: Postgiroamt Nürnberg
Betrag: DM, Pf: 740,00
Verwendungszweck: 218/116
Einzahler: Hahn & Klein, 8580 Bayreuth
Betragswiederholung: 740,00 51
Nachnahme
51H
Einlieferungsschein
Bitte sorgfältig aufbewahren
Nachnahmepaketkarte
Absender: Hahn & Klein, Jochensteinstr. 38, 8580 Bayreuth
Nr.
Vermerke über besondere Versendungsformen und Vorausverfügungen (s. Rückseite)
Nachnahme (in Ziffern): 742 DM; Wert (in Ziffern): 00 DM
Nachnahme DM Pf: 742,00
Empfänger: Herrn/Frau/Firma: Margarete Beer, Helmstr. 42, 8520 Erlangen
Gebühr (Pf)
Gewicht (kg)
Postannahme
Zum Aufkleben der Zettel für besondere Versendungsformen

**Entgelttabelle**

(Selbstgebuchtes Paket/Zoneneinteilung nach besonderem Entgeltverfahren)

| | | 1. Zone bis 150 km | 2. Zone über 150 km |
|---|---|---|---|
| | bis 5 kg | 4,50 DM | 4,60 DM |
| über 5 | bis 6 kg | 5,10 DM | 5,30 DM |
| über 6 | bis 7 kg | 5,80 DM | 6,00 DM |
| über 7 | bis 8 kg | 6,40 DM | 6,80 DM |
| über 8 | bis 9 kg | 7,10 DM | 7,50 DM |
| über 9 | bis 10 kg | 7,70 DM | 8,30 DM |
| über 10 | bis 12 kg | 8,40 DM | 9,00 DM |
| über 12 | bis 14 kg | 10,00 DM | 10,60 DM |
| über 14 | bis 16 kg | 11,40 DM | 12,10 DM |
| über 16 | bis 18 kg | 12,80 DM | 13,70 DM |
| über 18 | bis 20 kg | 14,20 DM | 15,30 DM |

### 5.7.2.2 Postgut

***Selbstbucher können anstelle von Paketen Postgüter im Inland versenden.***

Beim Postgut **gewährt** die Post ebenfalls einen **Preisnachlaß, verzichtet auf die Entfernungszonen** und senkt das **Mindestgewicht** auf **2 kg.** Das vom Absender stets zu entrichtende Entgelt schließt die Beförderung und die Auslieferung (Zustellung) ein.

Postgüter werden von der Post gegen die Erstattung der Selbstkosten vom Betrieb des Selbstbuchers abgeholt. Selbstbucher, die ihre Sendungen nach Leitmerkmalen (Postleitzonen) sortieren, auf Paletten oder in Behältern abliefern bzw. die Bahnwaggons selbst beladen, erhalten einen weiteren Preisnachlaß.

Postgüter müssen den Vermerk **„Postgut"** tragen. Zur Ermittlung des Entgelts setzen Großversender ihre **Datenverarbeitungsanlage** ein, die

- die Anschrift des Kunden druckt,
- das Gewicht der Sendung feststellt,
- das Entgelt ermittelt
- und das Postgut freimacht **(EDV-Freimachung).**

Beim Postgut sind folgende **besondere Versendungsformen** möglich:

- **„Schnellpostgut"** mit oder ohne **„Eilzustellung"**;
- **„Nachnahme ... DM":** Der Sendung muß ein ausgefüllter Überweisungsbeleg beiliegen.

Die Bundespost **haftet nicht für Schäden** (Verlust oder Beschädigung) an Postgütern. Dies gilt auch dann, wenn sie ein Verschulden trifft (§ 12 Abs. 1 PostG).

Deshalb besteht für Selbstbucher die Möglichkeit, selbstgebuchte Standardpakete, selbstgebuchte Pakete und Wertpakete aufzugeben.

**Entgelttabelle**
**Postgut**

| | | | | | |
|---|---|---|---|---|---|
| | bis 2 kg | 4,20 DM | über 10 | bis 12 kg | 10,10 DM |
| über 2 | bis 4 kg | 5,40 DM | über 12 | bis 14 kg | 11,40 DM |
| über 4 | bis 6 kg | 6,60 DM | über 14 | bis 16 kg | 12,60 DM |
| über 6 | bis 8 kg | 7,80 DM | über 16 | bis 18 kg | 13,80 DM |
| über 8 | bis 10 kg | 9,00 DM | über 18 | bis 20 kg | 15,00 DM |

### 5.7.2.3 Päckchen

***Mit einem Päckchen können Gegenstände aller Art mit einem Höchstgewicht von 2 kg flächendeckend ins Inland und ins Ausland versandt werden.***

Für Päckchen bestehen **Maßvorschriften.** Diese lauten z. B. bei rechteckigen Päckchen:

- Höchstmaße: Länge 60 cm, Breite 30 cm, Höhe 15 cm;
- Mindestmaße: Länge 15 cm, Breite 11 cm, Höhe 2 cm.

Das **Beförderungsentgelt** ist ein **Einheitsentgelt:** Päckchen kosten ohne Rücksicht auf ihr Gewicht und die Entfernungszone im Inland stets das gleiche.



3992140

Päckchen müssen den Vermerk **„Päckchen“** tragen. Folgende **besonderen Versendungsformen (zusätzlichen Leistungen)** sind gegen die Zahlung eines zusätzlichen Entgeltes möglich:

- **„Nachnahme … DM“:** Der Sendung muß ein ausgefüllter Überweisungsbeleg beiliegen.
- **„Schnellsendung“**
- **„Eilzustellung“:** Sie ist nur bei Päckchen mit Luftpost und Schnellsendungen möglich.
- **„Einschreiben“:** Der Absender erhält einen Nachweis über das Absenden, den Einlieferungsschein. Das Päckchen wird nur gegen eine Empfangsbestätigung ausgehändigt.

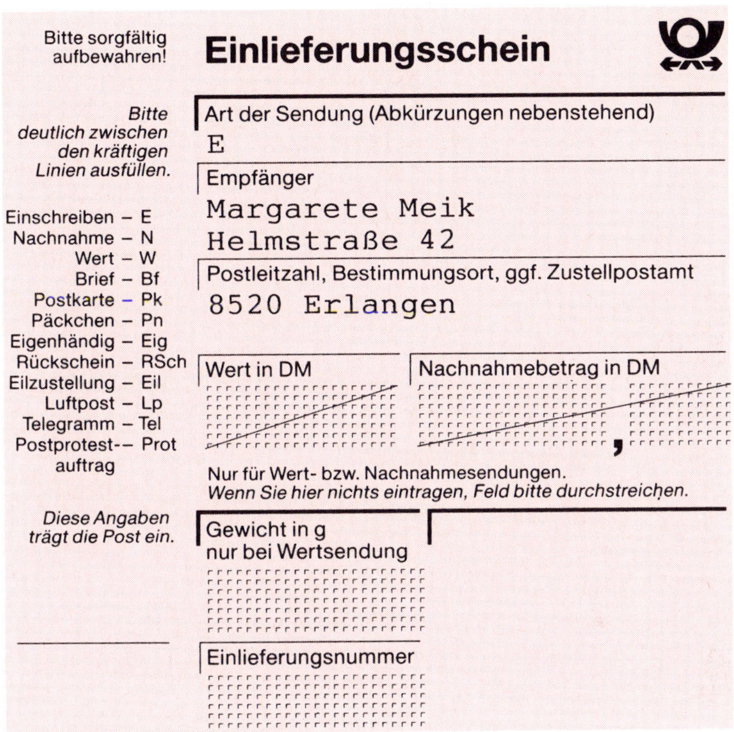

Bitte sorgfältig aufbewahren!

**Einlieferungsschein**

*Bitte deutlich zwischen den kräftigen Linien ausfüllen.*

Art der Sendung (Abkürzungen nebenstehend)
E

Empfänger
Margarete Meik
Helmstraße 42

Postleitzahl, Bestimmungsort, ggf. Zustellpostamt
8520 Erlangen

Einschreiben – E
Nachnahme – N
Wert – W
Brief – Bf
Postkarte – Pk
Päckchen – Pn
Eigenhändig – Eig
Rückschein – RSch
Eilzustellung – Eil
Luftpost – Lp
Telegramm – Tel
Postprotest-auftrag – Prot

Wert in DM

Nachnahmebetrag in DM

Nur für Wert- bzw. Nachnahmesendungen.
*Wenn Sie hier nichts eintragen, Feld bitte durchstreichen.*

*Diese Angaben trägt die Post ein.*

Gewicht in g
nur bei Wertsendung

Einlieferungsnummer

Bei **eingeschriebenen Päckchen** sind folgende **zusätzliche Leistungen** gegen die Zahlung eines zusätzlichen Entgelts möglich:

- **„Eigenhändig“**
- **„Rückschein“**

Bei Päckchen **haftet** die Post **nicht** für Schäden, selbst wenn sie diese verschuldet hat (§ 12 Abs. 1 PostG). Sie **haftet** nur bei **eingeschriebenen Päckchen** bis zu **50,00 DM** je Sendung. Diese Haftung gilt auch dann, wenn sie den Schaden nicht verschuldet hat (§ 12 Abs. 5 PostG).

### 5.7.2.4 Brief

***Mit einem Brief können Gegenstände aller Art flächendeckend ins Inland (Höchstgewicht 1 kg) und ins Ausland (Höchstgewicht 2 kg) versandt werden.***

Nach den Allgemeinen Geschäftsbedingungen der Deutschen Bundespost POSTDIENST für den Briefdienst Inland (AGB BfD Inl) werden folgende **Briefarten** unterschieden:

- **Standardbrief:** Er ist aufgrund seines Höchstgewichts (20 g) zur Güterbeförderung **nicht geeignet.**
- **Brief:** Höchst- und Mindestmaße wie beim Päckchen.

Der Brief ist zur Güterbeförderung **geeignet.** Sein **Entgelt** ist nach **Gewicht** gestaffelt:

| **Briefsendungen** | | | | |
|---|---|---|---|---|
| **Brief** | | | | DM |
| **Standardbrief**[1] | | | | **1,00** |
| **Brief** | | bis | 50 g | **1,70** |
| | über | 50 bis | 100 g | **2,40** |
| | über | 100 bis | 250 g | **3,20** |
| | über | 250 bis | 500 g | **4,00** |
| | über | 500 bis | 1 000 g | **4,80** |

1 Brief bis 20 g: Länge zwischen 14 und 23,5 cm, Breite zwischen 9 und 12 cm. (Eine Breite bis zu 12,5 cm wird nicht beanstandet.) Höhe bis 0,5 cm; Länge mindestens das 1,41fache der Breite.

**Gegenüber dem Päckchen** hat er die **Vorteile,** daß er

- bis 250 g billiger ist,
- stets **schneller befördert** wird (E + 1: Am Tag nach der Einlieferung erfolgt meist die Zustellung).

Im **Inland** und im **europäischen Ausland** werden Briefe **stets per Luftpost** befördert. Ein gesonderter Vermerk „Luftpost" ist nicht erforderlich. **Zusätzliche Leistungen (besondere Versendungsformen)** gegen besonderes Entgelt sind:

- **„Eilzustellung"**
- **„Nachnahme ... DM"**
- **„Einschreiben"** zusätzlich **„Eigenhändig"** oder **„Rückschein"**
- **„Wert ... DM"** (ab 500,00 DM versiegelt) zusätzlich **„Eigenhändig"** oder **„Rückschein"**

Die **Haftung** der Post bei Briefen entspricht der beim **Päckchen.**

### 5.7.2.5 Warensendung

***Als Warensendung können kleine Gegenstände (z. B. Proben, Muster, Filme) bis 0,5 kg im Inland versandt werden.***

Man unterscheidet folgende **Arten:**

- **Standardwarensendung:** Höchstgewicht 20 g, zur Güterbeförderung **nicht geeignet.**
- **Warensendung:** Sie ist zur Güterbeförderung **geeignet.**



3992142

Das **Beförderungsentgelt** der Warensendung richtet sich nach ihrem **Gewicht:**

| **Warensendung** freimachen | | DM |
|---|---|---|
| **Standardwarensendung** | | **0,60** |
| **Warensendung** | bis 50 g | **1,00** |
| | über 50 bis 100 g | **1,40** |
| | über 100 bis 250 g | **1,80** |
| | über 250 bis 500 g | **2,40** |

Drucksachen – nicht aber Briefdrucksachen – dürfen beigefügt werden.
Höchstgewicht 500 g
Höchst- und Mindestmaße wie Brief

Vergleicht man Warensendung, Päckchen und Brief miteinander, so

- ist die Warensendung billiger,
- ihre Beförderungsdauer entspricht der des Briefes.

Warensendungen erfolgen in **offener Verpackung;** Drucksachen sowie kurze, den Inhalt kennzeichnende Angaben dürfen beiliegen. Sie werden durch den Vermerk **„Warensendung"** gekennzeichnet.

Die Post **haftet für Schäden** an Warensendungen **nicht.**

## Zusammenfassung

**Mit der Bundespost können Güter ins Inland und ins Ausland bis maximal 20 kg Gewicht versandt werden.**

| **Sendearten:** | | Höchstgewicht: |
|---|---|---|
| Paket | Paket | 20 kg |
| Postgut (nur für Selbstbucher) | sperriges Paket | 20 kg |
| Päckchen | | 2 kg |
| Brief | | 1 kg bzw. 2 kg |
| Warensendung | | 0,5 kg |

**Verfügungsformen**

| | | |
|---|---|---|
| „Schnellpaket" bzw. „Schnellpostgut" | „Nachnahme ... DM" | „Luftpost" |
| „Eilzustellung" | „Wert ... DM" | „Einschreiben" |

**Die Bundespost haftet für Schäden (Verlust oder Beschädigung) je nach Sendungsart und Verfügungsform unterschiedlich.**

Paket: Haftung bis 1 500,00 DM, Verschulden nicht notwendig, aber: Paket mit Wertangabe
Postgut: keine Haftung
Päckchen:, Brief: } keine Haftung, aber: Einschreiben
Warensendung: keine Haftung
Haftung bei Wertangabe: bis zum angegebenen Wert (bis 100 000,00 DM)
Haftung bei Einschreiben: 50,00 DM

## Aufgaben

1. Nennen Sie die Paketarten.
2. Welche Entgelte fallen beim Paketversand an und wovon hängen sie ab?
3. Welchen Zweck erfüllt die Paketkarte?
4. Nennen Sie die zusätzlichen Leistungen beim Paket und nennen Sie deren Zweck.
5. Welche Voraussetzungen müssen für die Teilnahme am Selbstbucherverfahren erfüllt werden?
6. Nennen Sie die Vor- und Nachteile des Selbstbucherverfahrens.
7. Wie haftet die Bundespost beim Postgut?
8. Welche Entgelte fallen beim Päckchen an?
9. Schildern Sie die Besonderheiten bei
   a) einem Wertpaket,
   b) einem Schnellpostgut,
   c) einem eingeschriebenen Päckchen,
   d) einem Brief mit Nachnahmevermerk,
   e) einer Warensendung.
10. Welche Sendungen können im Selbstbucherverfahren abgerechnet werden?
11. Was versteht man unter EDV-Freimachung?
12. Stellen Sie fest, welche Waren Ihr Ausbildungsbetrieb mit der Post versendet.
13. Besorgen Sie sich die **Postdienst**-Veröffentlichung „Was kostet wieviel?", und stellen Sie die Entgelte für die folgenden Sendungen fest:
    a) Einschreibebrief mit 742 g von Nürnberg nach Rostock
    b) Schnellpostgut mit 18,3 kg von Wismar nach Coburg
    c) Warensendung mit 485 g von Freilassing nach Passau
    d) Luftpostbrief von Nürnberg nach Hamburg
    e) Päckchen mit Eilzustellung von Jena nach Dresden
    f) Nachnahmepaket mit 3 kg von Cham nach Berlin, Nachnahmebetrag 480,00 DM
    g) Wertbrief (Wert 6 790,00 DM) von Oberhof nach Quedlinburg
14. Schildern Sie die Haftung der Bundespost.
15. Ihr Ausbildungsbetrieb nimmt am Selbstbucherverfahren teil. Es ist ein quaderförmiges Paket mit einem Gewicht von 17,5 kg nach Potsdam zu verschicken.
    a) Ermitteln Sie die kostengünstigste Sendungsart und den Preisvorteil gegenüber einem gewöhnlichen Paket.
    b) Ermitteln Sie das Entgelt für die „sicherste" Sendungsart. Überlegen Sie: Was bedeutet „sicherst" in diesem Zusammenhang?



3992144

## 5.7.3 Bundesbahn

***Jede Eisenbahn ist Kaufmann nach dem HGB.***

Das bedeutet: Die Deutsche Bundesbahn und die nicht bundeseigenen Bahnen (z. B. Privatbahnen) müssen

- alle Güter befördern, die den Bedingungen der Eisenbahnverkehrsordnung (EVO) entsprechen (**Beförderungspflicht** oder **Kontrahierungszwang,** §§ 453 HGB, 3 EVO);
- für **Schäden (Verlust** oder **Beschädigung)** an den beförderten Gütern haften (**Schadenshaftung,** §§ 454 HGB, 82 ff. EVO);
- bei **Überschreitung der Lieferfristen** haften (§§ 455 HGB, 88 ff. EVO).

Die Bahn bietet zur Güterbeförderung folgende **Versandmöglichkeiten** an:

Versandmöglichkeiten bei der Bahn

- Einzelstücke
  - Stückfracht
  - Expreßgut
- Wagenladung
  - Frachtgut
  - Sammelladung
  - InterCargo

### 5.7.3.1 Stückfracht (Stückgut)

***Unter Stückfracht versteht man Sendungen zwischen zwei Stückgutbahnhöfen innerhalb bestimmter Lieferfristen mit Güterzügen. (§§ 53 ff. EVO)***

Die Stückfracht wird am **Stückgutbahnhof angeliefert** durch den

- **Versender,**
- **Stückgutunternehmer** der Güterbahn im Auftrag des Versenders gegen die Zahlung eines Entgelts **(Hausfracht).**

Die Stückfracht wird in der Regel in Kisten, Ballen, Fässer, Säcke usw. verpackt. Besonders geeignet sind die von der Bundesbahn bereitgestellten Kleinbehälter für Stückgüter (Haus-Haus-Verkehr), Paletten (Flach- oder Gitterboxpaletten) und Collico. Stückgut, das nach Meinung des Annahmebeamten nicht ordentlich verpackt ist, kann zurückgewiesen werden.

Über jede Sendung muß ein **Frachtbrief** ausgestellt werden:

**Versandblatt**

Die grün getönten Felder sind für die Eintragungen des Absenders, die übrigen vorwiegend für die Eintragungen der Eisenbahn bestimmt. Die Ziffern (1)–(19) verweisen auf die Anmerkungen auf der Rückseite des Frachtbriefs.

(10) Absender – Postanschrift – Fernsprecher
Hahn & Klein
Industriestraße 39
8520 Erlangen

(11) Kundennummer

(12) Andere vorgeschriebene oder zulässige Erklärungen (4), Begleitpapiere (5)

(13)a Referenz-Nr. des Absenders (6)

(14) Empfänger – Postanschrift – Fernsprecher
Brandeis GmbH
Müllerstraße 185
8000 München 4

(15) Kundennummer

(18) Tauschpaletten Anzahl EUR EUR

(18)a Palettenschein-Nr.

(19) Wagen (7)

(44) Lastgrenze t — Verkehrl. Sonderbeh. — Bef.-Art — Kz für Tü — Betriebl. Sonderbeh.

(21) Für die Eisenbahn unverbindliche Absendervermerke (8)

1291457008

(45) Achsen — Kz für Lü

(22) Zahlungsvermerk (Zv) (9): unfrei [ ] frei [X]

(46) Kz

(28) Plz – Versandbahnhof/-ort: 8520 Erlangen — Nr. der Beladest.

(28)a Spl.-/Zug-Nr. Abg.-/Annahme-/Auflieferetag: (10)

(23)

(27) (11): Wagenladung [ ] — Stückgut [X] — Expreßgut [ ] — DB-Termindienst [ ]

(47) Bahnhof für Zoll- oder Steuerbeh. (12)

(13)b Referenz-Nr. des Empfängers (6)

(24) Plz — Bestimmungsbahnhof/-ort (13): 8000 München 4
Entladestelle — Nr. der Entladest.

(49) Leitungsweg

| (25) Anzahl | Verpackung/Nr. des Ladem. | Inhalt – Bezeichnung des Gutes (bei Stückgütern ggf. auch Buchstaben [Zeichen] und Nummer) (14), (15), (16) | (33) (16) GGVE ja | (26) Wirkliches Gewicht in kg | Ermittlungsdienstliche Vermerke |
|---|---|---|---|---|---|
| 1 | Kiste | Spritzteile BG 475 | | | |

Rauminhalt: ............ dm³ — versichert mit ............ DM — Annahmezeichen — ◀ Summe

(41) Container Z G — (42) Wagen E Gattung — (38) U.-Art V E — (56) Güterart-Nr. — (57) Tarif-Nr. — (58) S — (60) Frachtber.-Gew. Koeffizient — (59) Frachts. Pf Grundfr.DM — (59)a Fracht DM Pf — (61) Freibetrag DM Pf KZ — (62) Überweisung DM Pf KZ — DM Pf — (29) Lieferwert (17)

Übertrag — (30) Barvorschuß (Bv) — (31) Nachnahme (Nn) (18) — (30)a Vorfracht (Vf) — Steuersatz ...... % — (78) Summe D

Fracht — Summe A — U-Steuer — (77) Summe B — Fracht — Summe C — U-Steuer — Summe

Summe: — (39)a

(35) U-Steuer — (36) Land urspr. endgültig — (37) — (64) km — (39) — (40) — (11)a Frachtzahler-Nr. Versand (19) — Rechnung für den Absender — (15)a Frachtzahler-Nr. Empfang (19) — Rechnung für den Empfänger

Versandbahnhof — Bestimmungsbahnhof — Tarif-Nr. — Zv — Gewicht — Tag — DS — lfd. Nr. — Pz — (79)

Fracht u. Zu-Fracht +) einschl. UF — Hausfracht V ausgen. Wasser — Hausfracht E — Barsummierung — Nebenentgelte — Frei -netto- — Umsatzsteuer +) — Kunden-/Konto-Nr. — Gesamterhebung Versand

Umw.-Frachth. — Wasserfracht — Hausfracht E frei — Bv/Nn/Vf — Versandüberweisung — ◀ **Im Empfang zu erfassen**

(82) Versand-Nr./Kontroll-Etikett — Tag — DS — lfd. Nr. — Pz — Kunden-/Konto-Nr. — Auszahlung/Gutschrift — Versand

Bestimmungsbahnhof — Gewicht — Tarif-Nr. — Zv — Tag — DS — lfd. Nr. — Pz — (80)

Versandüberw. — Hausfracht E — Nebenentgelte — Gesamterh. - netto — Umsatzsteuer +) — Kunden-/Konto-Nr. — Gesamterhebung Empfang

+) einschl. UF — ausgen. Bv/Nn/Vf — Barausl./steuerfr. Neg. — Wasserfracht — Empfang

Be-/Entlastung Barschalter — Barsummierung

VI 500 41 Frachtbrief, verkäuflich A4D 5c60 11.91

72

Der Frachtbrief hat folgende **Bedeutung:**

- Er ist die **Empfangsbescheinigung** der Bahn.
- Für alle am Frachtvertrag Beteiligten dient er als **Beweisurkunde.**
- Er dient als schriftliche Unterlage für die Transportabwicklung und als **Begleitpapier.**
- Er ermöglicht **nachträgliche Verfügungen** über die Sendung:
  Dies geschieht mit Hilfe des **Frachtbriefdoppels.**

Für den **Versender** sind folgende Angaben auf dem Frachtbrief von besonderer **Bedeutung:**

- **Angabe des Lieferwertes:** Da die Bundesbahn z. B. einem Großhändler nur mit dem Wert des Gutes am Versandbahnhof haftet, kann durch die Angabe eines Lieferwertes die Haftung auf die Versandkosten und den entgangenen Gewinn des Kunden des Großhändlers ausgedehnt werden. Im Lieferwert enthalten ist ebenfalls eine erweiterte Haftung für den Fall der Lieferfristüberschreitung. Für die Lieferwertangabe ist eine Gebühr **(Versicherungsprämie)** zu entrichten.
- **Angabe eines Zahlungsvermerkes:** Grundsätzlich erfolgt die Versendung **„unfrei“**, d. h. auf Kosten des Empfängers. Durch einen **Freivermerk** kann der Absender die Kosten übernehmen.
- **Nachnahme** und **Barvorschuß** (§ 71 EVO): Der Absender kann das Gut bis zur Höhe des Wertes mit **Nachnahme belasten.** Nachnahmebeträge bis 50,00 DM werden sofort ausgezahlt **(Barvorschuß).** Bei **Stundungsnehmern** werden Nachnahmen sofort gutgeschrieben, **Barzahlern** nach Rückkunft des Nachnahmebegleitscheines ausgezahlt.

Die **Beförderungskosten (Bahnfracht)** richten sich nach dem **Deutschen Eisenbahn-Gütertarif** (DEGT) und damit nach

- dem **Bruttogewicht** der Sendung (wirkliches Gewicht), mindestens aber 30 kg, höchstens 1000 kg,
- der **Tarifentfernung,**
- der **Tarifklasse** (Art des versandten Gutes).

Als Unterlage zur Frachtberechnung werden „Frachtentafel und Frachtsatzzeiger für Stückgut“ verwendet.

Die **Fracht** kann auf folgende Weisen **bezahlt** werden:

- **Barzahlung** durch Absender oder Empfänger.
- Im Rahmen des **Frachtenstundungsverfahrens** durch Absender oder Empfänger.

Betriebe mit großem Frachtaufkommen können ihre Sendungen **versandfertig** anliefern. Die Abrechnung der Frachten erfolgt alle 10 Tage mit Hilfe des **Lastschriftverfahrens** vom Konto, das der Kunde bei der Deutschen Verkehrs-Kredit-Bank (DVKB) unterhält. Der Kunde muß **Sicherheiten** für die Frachten stellen, die in 30 Tagen anfallen. Die DVKB verlangt eine **Gebühr** von 1 %. Die Bahn schreibt Nachnahmen ebenfalls diesem Konto gut.

Die Sendungen werden wie folgt **abgeliefert:**

- Der **Stückgutunternehmer** transportiert die Sendung zum Empfänger gegen Entgelt **(Hausfracht).**
- Der **Empfänger** holt die Sendung selbst ab.

Die Bahn haftet für **Schäden** und **Überschreitungen der Lieferfristen** (§§ 454 HGB, 82 ff. EVO). Dabei ist ein **Verschulden**

- der Bahn,
- ihrer Bediensteten und anderer Personen, deren sie sich bei der Beförderung bedient (§§ 456 HGB, 4 EVO), unerheblich.

Das bedeutet, daß die Bahn auch für einen **Zufall haftet.**

Für einen Schaden, der im **ganzen oder teilweisen Verlust einer Sendung** besteht und in der Zeit von der Annahme zur Beförderung bis zur Ablieferung des Stückgutes eintrat (§ 454 HGB), haftet die Bahn

- nach dem Börsenpreis,
- in Ermangelung eines solchen nach dem Marktpreis,
- in Ermangelung beider nach dem gemeinen Wert, den Güter derselben Art und Beschaffenheit am Versandort im Zeitpunkt der Annahme zur Beförderung hatten. (§ 85 Abs. 1 EVO)

Die **Höhe des Schadenersatzes bei Verlust** ist auf 100,00 DM je fehlendes Kilogramm Rohgewicht **nach oben begrenzt** (§ 85 Abs. 1 EVO). Eine **höhere Entschädigung** kann

- bei Angabe eines Lieferwertes,
- bei Vorsatz oder grober Fahrlässigkeit der Eisenbahn verlangt werden (§ 85 Abs. 3 EVO).

Die **Höhe des Schadenersatzes bei einer Beschädigung** der Sendung richtet sich nach der **Wertminderung** (§ 85 Abs. 2 EVO).

***Jeder Schaden (teilweiser oder ganzer Verlust, Beschädigung) wird durch die Bahn anhand einer Tatbestandsaufnahme festgestellt.***

Die Bahn **haftet** ebenfalls bei **Überschreitung der Lieferfrist.** Diese beträgt bei **Stückgutsendungen** in der Regel 24, maximal 48 Stunden.

Die Eisenbahn hat den **nachgewiesenen Schaden** bis zur **Höhe der Fracht** zu ersetzen (§ 88 Abs. 1 EVO).

**Haftet** die Eisenbahn aufgrund von **Vorsatz oder grober Fahrlässigkeit,** so wird der nachgewiesene Schaden jeweils bis zum **Doppelten der genannten Höchstbeträge** ersetzt (§ 91 Abs. 1 EVO).

***Eine Partiefracht muß mindestens 1000 kg wiegen und darf einen Waggon räumlich nicht ganz ausfüllen.***

Die Sendung kann an einen oder mehrere Empfänger gerichtet sein. Sie wird per Lkw beim Versender abgeholt und zu einem an das Partiefrachtnetz angeschlossenen Partiefracht- oder Stückgutbahnhof gebracht. Die Bahn übernimmt die Verteilung der Güter und transportiert sie über Nacht in Direktwagen zum Bestimmungsort. Von dort wird sie per Lkw zum Empfänger befördert. Vorteile der Partiefracht sind Zeit- und Kostenersparnisse.



3992148

Der Sendung ist ein **internationaler Expreßgutschein** beizufügen:

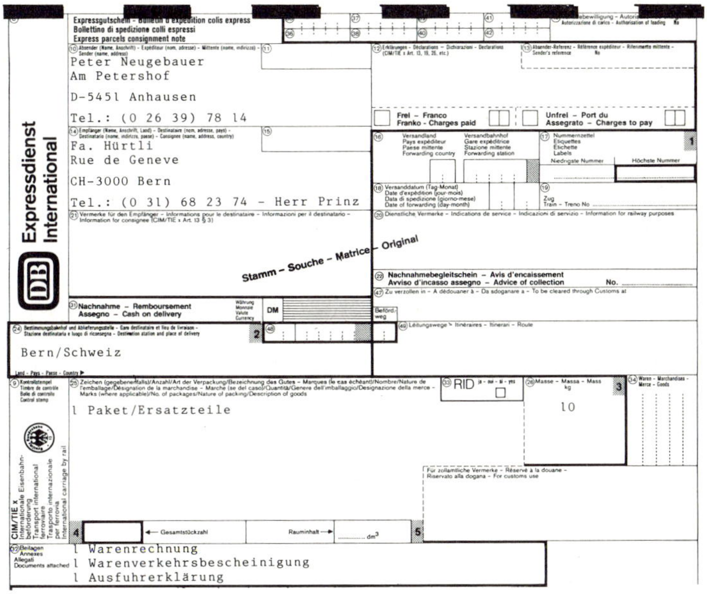


Die **Fracht** wird in Form eines **Globalpreises** errechnet, der die Beförderung in Reise- und Expreßgutzügen, Zollbehandlung und die Hauszustellung beinhaltet. Die Bahn garantiert die Beförderung zum Bestimmungsort je nach Entfernung des Bestimmungsbahnhofs, sofern die Sendung bis 17.30 Uhr bei einem **Eurail-Express-Bahnhof** aufgeliefert wird:

| Verkehrsverbindung | Garantierte Bereitstellungszeit am Bestimmungsbahnhof[1] | Globalpreis in DM ab Haus für | | |
|---|---|---|---|---|
| | | 5 kg | 20 kg | 100 kg |
| von München nach Paris | B 12 | 180 | 219 | 353 |
| von Hamburg nach Wien | C 9 | 158 | 184 | 322 |
| von Hamburg nach Genf | B 17 | 157 | 179 | 280 |
| von Hannover nach Toulouse | C 11 | 196 | 256 | 492 |

1 es bedeutet B = erster Tag nach der Auflieferung C = zweiter Tag nach der Auflieferung
12 = Stunde 12 (11.01 bis 12.00 Uhr)

Sollte die garantierte **Frist nicht eingehalten** werden, so erstattet die Bahn **50 % des Globalpreises zurück.**

***Für alle Versandarten gilt: Der Güterversand, der mittels Schienenverkehr durchgeführt werden kann, ist umweltverträglicher als der Versand über das Straßennetz.***

### 5.7.3.3 Wagenladung

***Unter Wagenladung versteht man Sendungen, bei denen der Versender einen Güterwagen mit Gütern für einen Empfänger belädt.***

Die **Art der Güter** (z. B. Schüttgüter, Kraftwerksturbinen) oder die **Zahl der Stücke** bedingen, daß der Versender einen **ganzen Güterwagen** zum Versand benötigt. Er kann dabei aus dem Güterwagenangebot der Bahn auswählen: Bis morgens 9 Uhr sollte der Güterwagen bei der **Güterabfertigung** (Güterbahnhof) für den folgenden Tag bestellt werden. Die Bahn stellt den gewünschten Wagen bereit auf dem

- **Freiladegleis** der Güterabfertigung,
- **Anschlußgleis** des Kunden.

Über jede Wagenladung muß ein **Frachtbrief** ausgestellt werden; eine Bezeichnung der verladenen Güter entfällt. Die Wagen werden vor dem Versand von der Bahn **verplombt** („verbleit").

Die **Fracht** richtet sich nach

- der Güterklasse **(Tarifklasse),**
- der **Tarifentfernung,**
- dem **Gewicht der Sendung**

und ist im **DEGT** (Deutscher Eisenbahn-Gütertarif) geregelt.

Wagenladungen werden von der Bahn im übrigen wie Stückgüter behandelt.

***Von einer Sammelladung spricht man, wenn ein Spediteur Stückfrachtsendungen verschiedener Versender mit gleichem Bestimmungsort als Wagenladung versendet.***

#### Sammelladungen

- verursachen niedrigere Kosten als der Versand als Stückfracht;
- sind langsamer als Stückfracht.

***Besonders eilige Wagenladungen (z. B. leicht verderbliche Güter, hochwertige Güter) können im InterCargo-System befördert werden.***

Im Entfernungsbereich von mehr als 200 km sind Güter, die montags bis freitags bis 16 Uhr bereitgestellt werden, bis spätestens am nächsten Morgen 9 Uhr am Bestimmungsbahnhof. Das InterCargo-Netz, das die Bundesrepublik Deutschland in elf Wirtschaftszentren unterteilt, ist mit dem TEEM (Trans-Europ-Express-Marchandises = internationale Güterzugverbindungen) verknüpft.

#### Zusammenfassung

**Mit der Bundesbahn können Güter ohne Gewichtsbegrenzung versandt werden.**

**Auflieferung/Ablieferung bei der Güterabfertigung (Güterbahnhof)**

| **Versandart** | | **Begleitpapier** |
|---|---|---|
| Stückgut | Stückfracht | Frachtbrief |
| | Partiefracht | Frachtbrief |
| Wagenladung | Frachtgut | Frachtbrief |
| | InterCargo | Frachtbrief |

| **Auflieferung/Ablieferung am Gepäckschalter (Personenbahnhof)** | | |
|---|---|---|
| **Versandart** | | **Begleitpapier** |
| Expreßgut | Expreßgut<br>Termingut | Frachtbrief |
| | IC-Kuriergut | IC-Kuriergutkarte |
| | Eurail Express | internationaler Expreßgutschein |

**Die Abholung/Zustellung ist möglich (z. B. durch Stückgutunternehmer, bahnamtlicher Rollfuhrunternehmer).**

**Haftung** der Bahn für
- Schäden (Verlust oder Beschädigung),
- Lieferfristüberschreitung

unterschiedlich je nach Versandart.

**Frachtgut**
- Barzahlung
- Frachtenstundungsverfahren

**Bahnnachnahme** möglich

## Aufgaben

1. Was versteht man unter Kontrahierungszwang?
2. Erklären Sie den Begriff Stückgut.
3. Welche Bedeutung hat der Frachtbrief?
4. Erklären Sie die Begriffe Lieferwert, Zahlungsvermerk und Bahnnachnahme.
5. Wie wird die Bahnnachnahme abgewickelt?
6. Wovon hängt die Höhe der Fracht beim Stückgut ab?
7. Wofür und in welchem Umfang haftet die Bahn beim Stückgut?
8. Nennen Sie die Arten des Stückgutes.
9. Erklären Sie die Partiefracht.
10. Grenzen Sie Stückgut und Wagenladung voneinander ab.
11. Wovon hängt die Höhe der Fracht bei der Wagenladung ab?
12. Wie kann Ware aufgeliefert und abgeholt bzw. zugestellt werden?
13. Was versteht man unter einer Sammelladung?
14. Welche Vorteile bietet das InterCargo-System?
15. Grenzen Sie Stückgut und Expreßgut voneinander ab.
16. Wovon hängt die Höhe der Fracht beim Expreßgut ab?
17. Wo wird Expreßgut aufgeliefert, wie wird es befördert?
18. Nennen Sie die Sonderfälle des Expreßgutes.
19. Welche Belege sind beim Expreßgut notwendig?
20. Stellen Sie fest, welche Güter Ihr Ausbildungsbetrieb mit der Bahn in welcher Versandform versendet.

## 5.7.4 Güterkraftverkehr

Beim Güterkraftverkehr unterscheidet man folgende Arten:

<table>
<tr><th>Güternahverkehr</th><th>Güterfernverkehr</th><th>Werkverkehr</th></tr>
<tr><td>Er transportiert Güter in einem Umkreis von 70 km um den angemeldeten Standort.</td><td>Er darf Güter ohne Streckenbegrenzung transportieren.</td><td rowspan="2">Der Betrieb transportiert Güter für eigene Zwecke mit eigenen Lkws ohne Streckenbegrenzung.</td></tr>
<tr><td colspan="2">Sonderregelungen für den Möbelverkehr.</td></tr>
</table>

Innerhalb des gewerblichen Güterverkehrs gibt es den **Güterlinienverkehr.** Darunter versteht man einen Güterverkehr, der

- regelmäßig und
- linienmäßig
- zwischen bestimmten Ausgangs- und Endpunkten

betrieben wird (z. B. täglich München–Hamburg).

Innerhalb des gewerblichen Güterverkehrs wird wie bei der Bundesbahn unterschieden zwischen Stückgut, Wagenladungen, Sammelladungen.

**Private Paketzustelldienste** stehen in Konkurrenz zum Stückgutverkehr der Bundesbahn und zum Güterverkehr der Bundespost. Der Betrieb kann zwischen diesen drei Verkehrsträgern wählen. Allerdings bieten die Paketzustelldienste ihre Leistung täglich nur innerhalb von Ballungsräumen oder zwischen Ballungsräumen an. Die dünner besiedelten Gebiete werden von ihnen entweder überhaupt nicht oder nur bei Bedarf oder nur ein- bis zweimal wöchentlich bedient.

## 5.7.5 Schiffahrt

Beim Güterverkehr per Schiff muß man unterscheiden zwischen

- Binnenschiffen,
- Küstenschiffen,
- Seeschiffen.

Für einen Betrieb, der Güter ins Inland und ins angrenzende europäische Ausland versenden will, ist das **Binnenschiff** interessant. Man unterscheidet folgende **Versandarten:**

<table>
<tr><th>Versandart</th><th>Bedeutung</th></tr>
<tr><td>Charter</td><td>Befrachtung eines ganzen Schiffes, eines Schiffsteiles oder eines Schiffsraumes.</td></tr>
<tr><td>Miete</td><td>Großversender sichert sich Schiffsraum für einen bestimmten Zeitraum.</td></tr>
<tr><td>Stückgut</td><td>Verfrachtung einzelner Sendungen (z. B. Kisten).</td></tr>
<tr><td colspan="2">Über die verfrachteten Waren wird ein Ladeschein ausgestellt. Bei diesem handelt es sich um ein Warenwertpapier.</td></tr>
</table>

Bei der **Seeschiffahrt** unterscheidet man die folgenden Versandarten:

- Charter,
- Stückgut.

Über die Ladung wird ein **Konnossement** ausgestellt, das als **Warenwertpapier** bei der Abwicklung und Erfüllung des zugrundeliegenden Vertrages (meist: Kaufvertrages) eine wichtige Rolle spielt.

## 5.7.6 Luftfrachtverkehr

Für den Versand als Luftfracht eignen sich wegen der **schnellen Beförderung** besonders

- eilige Güter (z. B. Ersatzteile, Medikamente),
- leicht verderbliche Güter (z. B. Fisch, Obst, Schnittblumen),
- lebende Tiere,
- aktuelle Güter (z. B. Zeitungen, Zeitschriften),
- hochempfindliche Güter (z. B. Präzisionsinstrumente),
- hochwertige Güter (z. B. Kunstwerke).

Es muß beachtet werden, daß die **Beförderungskosten** hoch sind.

Es gibt folgende **Betriebsformen:**

- Der **Linienverkehr** eignet sich besonders für **Stückgut.** Der Linienverkehr wird planmäßig innerhalb eines die ganze Erde umspannenden **Liniennetzes** beflogen.
- Der **Gelegenheitsverkehr** eignet sich für Sendungen, die ein **ganzes Flugzeug** benötigen **(Charter).** Es werden die Strecken beflogen, die für den Versand der jeweiligen Güter notwendig sind.

Über die Sendung wird ein **Luftfrachtbrief** ausgestellt, der kein Wertpapier ist, sondern eine Beweisurkunde darstellt.

## 5.7.7 Kombinierter Verkehr

***Von kombiniertem Verkehr spricht man, wenn mehrere Verkehrswege (z. B. Straße, Schiene, Luft, Wasser) beim Güterversand benutzt werden.***

Man unterscheidet:

- Containerverkehr,
- Huckepackverkehr,
- Von-Haus-zu-Haus-Verkehr.

Neben den Kleincontainern der Bahn gibt es **Großcontainer,** deren Größe international genormt ist (z. B. 20-, 30-, 40-Fuß-Container). Container können vom Versender z. B. bei der Bahn, bei Frachtführern und bei Reedereien der Containerschiffe **gemietet** werden.

Der **Vorteil** des Containerverkehrs besteht darin, daß er im Bahn-, Straßen- und Seeverkehr eingesetzt werden kann, d. h. der Container muß lediglich umgeladen werden. Dadurch werden

- seemäßige Verpackung gespart,
- durch die Verwendung schneller Schiffe und kurze Lade- und Löschzeiten Zeit gespart,
- das Transportrisiko gemindert,
- durch niedrigere Fracht Beförderungskosten gespart.

Beim **Huckepackverkehr** wird ein Teil des Straßengüterverkehrs von der **Straße auf** die **Schiene** umgeleitet. Dabei werden Sattelanhänger oder ganze Sattelzüge auf **Spezialwagen** der Bahn **(„Rollende Straße")** verladen. Der Transport erfolgt in der Regel nachts.

Beim **Von-Haus-zu-Haus-Verkehr** werden Güter von der Laderampe des Versenders bis zur Entladerampe des Empfängers transportiert. Dies geschieht

- bei der **Bahn** durch den Einsatz von Behältern (z. B. Containern) die sich einfach vom Lkw auf den Güterwagen umladen lassen (Vorteile: Ersparnis von Verpackungs- und Frachtkosten, Verminderung des Transportrisikos);
- beim **Güterkraftverkehr** durch die direkte Fahrt vom Absender zum Empfänger ohne Umladen (Vorteile: schnelle Beförderung, Verminderung des Transportrisikos).

## 5.7.8 Wahl der Beförderungsart

Welche **Beförderungsart** ein Betrieb bei der Versendung seiner Güter wählt, **hängt** z. B. **ab** von

- der Art der Güter und ihrem Gewicht,
- den Beförderungskosten,
- der Beförderungsdauer,
- dem Transportrisiko,
- dem Bestimmungsort.

Anhand dieser Kriterien muß er die **günstigste** (optimale) **Beförderungsart** auswählen.

Die Auswahl wird dadurch erschwert, daß die meisten Verkehrsträger verschiedene **Versandarten** anbieten. In folgenden Fällen jedoch entfällt die Wahlmöglichkeit für den Betrieb:

– Es bestehen **vertragliche Vereinbarungen** mit dem Kunden über Verkehrsträger und Versandart.
– Es bestehen **gesetzliche Vorschriften** (z. B. für explosive Stoffe, radioaktive Stoffe).

Die folgende Übersicht zeigt die **Vor- und Nachteile** der Verkehrsträger Post, Bahn und Lkw.

| Verkehrsträger | Vorteile bzw. Nachteile |
|---|---|
| Bundespost | **Vorteile**<br>– Güter können an jedem Ort zum Versand an jeden beliebigen Ort aufgegeben werden.<br>– Die Beförderungszeit beträgt maximal 62 Stunden.<br>– Gebühren sind leicht errechenbar (abhängig von Versandart, Gewicht, Entfernung).<br>**Nachteile**<br>– Sendungen werden oft umgeladen (zur Beförderung werden Lkws, Bahn, Flugzeug, Pkws eingesetzt).<br>– Dadurch steigt das Transportrisiko.<br>– Es muß besonderer Wert auf die Verpackung gelegt werden.<br>– Höchstgewicht 20 kg |
| Bundesbahn | **Vorteile**<br>– Schneller Transport über große Entfernungen preiswert.<br>– Spezialwaggons können für fast jedes Gut gestellt werden.<br>– Güter werden im Betrieb abgeholt und dem Kunden ins Haus gebracht (z. B. durch bahnamtliche Rollfuhrunternehmen).<br>– Auch für kleine Sendungen geeignet.<br>– Eine Vielzahl von Transportbehältern kann gestellt werden.<br>**Nachteile**<br>– Nicht jeder Ort verfügt über einen Bahnhof.<br>– Sendungen müssen zum Bahnhof gebracht (Anlieferung) und von dort abgeholt (Abnahme) werden.<br>– Durch das Umladen und Rangieren steigt das Transportrisiko.<br>– Es muß ein besonderer Wert auf die Verpackung gelegt werden.<br>– Höchstgewichte und Höchstmaße |
| Lkw | **Vorteile**<br>– Haus-Haus-Verkehr ermöglicht Transport von jedem beliebigen Ort an jeden beliebigen Ort ohne Umladen.<br>– Für bruchempfindliche Güter besonders geeignet.<br>– Sonderwünsche des Versenders können erfüllt werden.<br>– Schneller als die Bahn, auch über große Entfernungen.<br>**Nachteile**<br>– Für Massengüter nicht besonders gut geeignet.<br>– witterungsabhängig<br>– Höchstgewichte und Höchstmaße |

Bei der Verwendung anderer Verkehrsträger und in Zweifelsfällen sollte man sich an einen **Spediteur** wenden, der bei der Auswahl der optimalen Beförderungsart von Berufs wegen hilft.

## 5.7.9 Transportversicherung

Wie wir gesehen haben, entstehen bei jedem Güterversand **Transportrisiken.** Zwar haftet jeder **Verkehrsträger** für die **entstandenen Transportschäden,** doch ist die Haftung

- nicht umfassend genug,
- häufig wertmäßig begrenzt.

Deshalb empfiehlt es sich, einen Transportversicherungsvertrag abzuschließen.

***Bei der Binnentransportversicherung übernimmt der Versicherer alle Risiken, die aus der Beförderung von Gütern zu Lande, auf Binnengewässern oder mit Flugzeugen entstehen, gegen die Zahlung der Prämie.***

Versendet der Betrieb seine Waren nur mit einem Frachtführer oder der Bundespost, so genügt es, wenn er eine **Kargoversicherung** abschließt: die Versicherungsprämie lautet meist auf den Warenwert, die Transportkosten, die Versicherungsprämie und 10 % imaginären Gewinn. Betriebe mit einem lebhaften Güterversand schließen eine **Generalpolice** ab. Dies hat folgende Vorteile:

- Prämiennachlaß,
- monatlich nachträgliche Meldung der Beförderungsfälle,
- monatlich nachträgliche Prämienzahlung.

Betriebe mit geringerem Versandaufkommen können eine **Einzelpolice** (Versicherung einer ganz bestimmten Sendung) oder eine **Abschreibpolice** (Versicherung ganz bestimmter gleichartiger Sendungen; jeder Beförderungsteil wird von der Versicherungssumme abgeschrieben) abschließen. Für sie besteht auch die Möglichkeit, ihre Waren durch den Spediteur versichern zu lassen.

Die **Prämienhöhe** ist abhängig vom Transportgut, seiner Verpackung, dem Transportmittel, den Risikoarten und der Versicherungssumme.

Beim Güterversand im Werksverkehr empfiehlt es sich, auch eine **Kaskoversicherung** abzuschließen. Diese deckt die Risiken des Transportmittels.

### Zusammenfassung

**Güter können mit dem Lkw versandt werden.**

| Arten des Güterversands per Lkw | Versandart |
|---|---|
| • Güternahverkehr | Stückgut |
| • Güterfernverkehr | Wagenladung |
| • Werksverkehr | |
| • Güterlinienverkehr | Stückgut |
| • Paketdienste | Pakete |

**Güter können mit dem Schiff versandt werden.**

| | Binnenschiff | Seeschiff |
|---|---|---|
| Versandart: | Charter | Charter |
| | Stückgut | Stückgut |
| | Miete | |
| Begleitpapier: | Ladeschein | Konnossement |

**Güter können mit dem Flugzeug versandt werden.**

| **Betriebsformen** | **Versandart** |
|---|---|
| ● Linienverkehr | Stückgut |
| ● Gelegenheitsverkehr | Charter |
| | Begleitpapier: Luftfrachtbrief |

**Güter können im kombinierten Verkehr versandt werden.**

- Containerverkehr
- Huckepackverkehr
- Von-Haus-zu-Haus-Verkehr

**Unter allen Versandarten und Verkehrsträgern muß der Betrieb die günstigste Versandart auswählen.**

**Beim Güterversand kann der Betrieb Helfer hinzuziehen.**

**Die Transportversicherung schützt vor dem Transportrisiko.**

## Aufgaben

1. Welche Versandarten bieten sich für den Versand folgender Güter an?
   a) Bücher, 9 kg
   b) Walzbleche, 15 t
   c) Steinkohle, 35 t
   d) Büromaterial, 1 kg, eilig
   e) Herzschrittmacher, 200 g, Australien
   f) Großtransformator, 500 t, London
   g) Obst, 45 kg, von München nach Köln
2. Welchen Zweck hat der Abschluß einer Transportversicherung?
3. Mit wem konkurrieren private Paketzustelldienste?
4. Wie sollte sich der Betrieb bei der Auswahl der Versandart verhalten? Wodurch ist seine freie Auswahl behindert?
5. Nennen Sie vier Vorteile des Warenversands mit Containern aller Art, mit Paletten, Collico usw.
6. Überlegen Sie: Welche Gründe sprechen für Vorschläge, Teile des Güterverkehrs von der Straße auf die Schiene zu verlagern? Nennen Sie
   a) Güter, für die sich diese Verlagerung anbietet;
   b) Maßnahmen, mit der die Verlagerung durchgeführt werden kann.
7. Welche Vorteile bietet der Linienverkehr dem Versender? Welche Risiken verursacht der Linienverkehr für den Betreiber?
8. Welche Arten des Güterkraftverkehrs gibt es?
9. Überlegen Sie: Warum gehen immer mehr Betriebe mit großem Frachtaufkommen vom Werksverkehr auf den gewerblichen Güterverkehr über?
10. Wer erteilt einem Betrieb, der Transportprobleme hat, fachkundigen Rat?

# 6 Beschaffungswesen

## 6.1 Bedeutung der Beschaffung für den betrieblichen Leistungsprozeß

Die Beschaffung erfüllt einen Teil der Gesamtaufgabe des Unternehmens.

***Ihre Aufgabe besteht darin, die für den betrieblichen Bedarf benötigten Güter und Dienstleistungen in der erforderlichen Güte, in der richtigen Menge, zur rechten Zeit und am rechten Ort zu möglichst günstigen Preisen und Bedingungen zu beschaffen.***

Die Begriffe **Materialwirtschaft** und **Beschaffung** können im gleichen Sinne gebraucht werden. Zu ihnen gehören in jedem Falle der **Einkauf** und die **Lagerhaltung.**

Die **Bedeutung der Materialwirtschaft** für den Industriebetrieb tritt in verschiedener Weise hervor:

- Produktion und Absatz werden gleichermaßen von der **Qualität der beschafften Güter** beeinflußt,
- die **Einkaufsmenge** beeinflußt über die Lagerkosten die Kostensituation der Unternehmung.
- die **termingerechte Güterbereitstellung** beeinflußt den Produktionsprozeß und die pünktliche Einhaltung der Auslieferungstermine,
- der **Einkaufswert** der beschafften Güter beeinflußt die Kalkulation und die Preisstellung des Unternehmens.

Diese Beispiele zeigen, daß die Materialwirtschaft bei der Erfüllung ihrer Aufgaben in enger Verbindung mit anderen Abteilungen des Unternehmens steht, insbesondere mit der Entwicklung, der Produktion, der Personalwirtschaft, der Absatzwirtschaft, den Finanzen und Investitionen.

- **Entwicklung:** Sie unterrichtet den Einkauf über geplante Neuentwicklungen und dafür benötigte Materialien.
- **Produktion:** Der Produktionsplan ist eine besonders wichtige Arbeitsgrundlage des Einkaufs. Aus ihm kann entnommen werden, was, wann und wieviel beschafft werden muß. Produktion und Einkauf arbeiten zusammen, wenn es darum geht, ob bestimmte Güter fremd beschafft oder selbst angefertigt werden sollen. Der Einkauf kümmert sich außerdem darum, ob neue Normteile oder neue Materialien auf dem Markt erschienen sind.
- **Personal:** Es sorgt für die quantitative und qualitative Deckung des Einkaufs mit Personal.
- **Absatz:** Dem Einkauf werden Informationen über die eigenen Verkaufspreise und die eigene Stellung auf dem Absatzmarkt geliefert. In ähnlicher Weise gibt der Einkauf seine Beobachtungen des Beschaffungsmarktes an den Absatz weiter. Bei Handelswaren ist die Verzahnung zwischen Einkauf und Absatz besonders eng.
- **Finanzen und Investitionen:** Aus dem Investitionsplan kann der Einkauf entnehmen, welche Betriebsmittel zu bestimmten Zeitpunkten bereitstehen müssen. Andererseits erhält die Finanzabteilung aus der wert- und zeitmäßigen Zusammenstellung der Bestellungen Informationen, welche Zahlungsmittel sie zu welchen Terminen bereitstellen muß.


3992160

## 6.2 Bedarfsermittlung

### 6.2.1 Mengenplanung (Disposition)

Um jederzeit einen möglichst hohen Absatz zu erzielen, muß die Beschaffung den Vertrieb mit den erforderlichen **Mengen** an Gütern ausstatten. Die **Berechnung der Bedarfsmengen** ist die Aufgabe der **Disposition.**

#### 6.2.1.1 Die verbrauchsgesteuerte Disposition

Dieses Verfahren wird eingesetzt, wenn die Fertigung bestimmte Materialien (z. B. Bleche) über einen längeren Zeitraum verwendet („verbraucht"). Handelsbetriebe nutzen es für Nachbestellungen von Artikeln, die dauerhaft Bestandteil des Sortiments sind. Man spricht hier von **verkaufsgesteuerter** Disposition.

Die Grundlage der **verbrauchsorientierten Bedarfsermittlung von Waren** ist der Verbrauch in der Vergangenheit. Man bedient sich dabei der Absatzstatistiken aus den zurückliegenden Jahren. An den Verkaufsbeschreibungen kann man feststellen, **welche Waren** zu welchen **Zeiten** in welchen **Mengen** verkauft wurden. Sollten sich hier gewisse Gesetzmäßigkeiten zeigen, geht man davon aus, daß diese Entwicklung auch in Zukunft eintritt.

Derartige Vorhersagen versagen, wenn z. B.

- neue Waren eingeführt werden,
- bestimmte Waren ersetzt werden,
- unregelmäßiger Ersatzbedarf auftritt.

An die Stelle fundierter Vorhersagen tritt dann die Erfahrung und das „richtige" Augenmaß, wobei

- **externe Faktoren** (Wetter, Saison, Konjunktur, Wettbewerb, Veränderung der Käufergewohnheiten) und
- **interne Faktoren** (Werbemaßnahmen, Lagerraum, Einführung neuer Produkte)

berücksichtigt werden müssen.

Die **Bedarfsvorhersage** könnte grundsätzlich auf drei verschiedenen Vergangenheitszeitreihen beruhen:

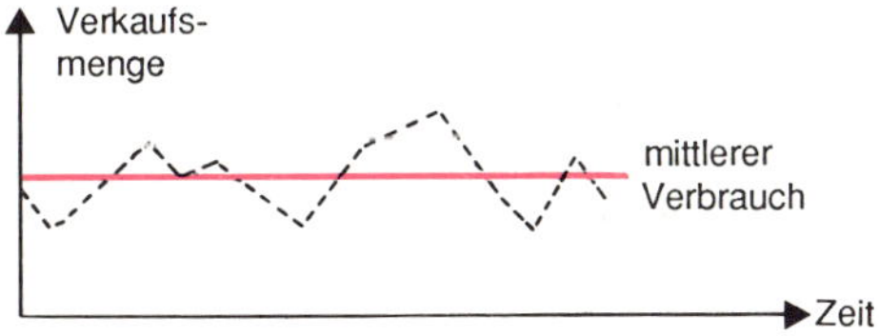

konstanter Absatz

Der Absatz an Waren war im großen und ganzen konstant. Die Gesetzmäßigkeit liegt darin, daß zufällige Schwankungen sich um einen mittleren Wert gruppieren.

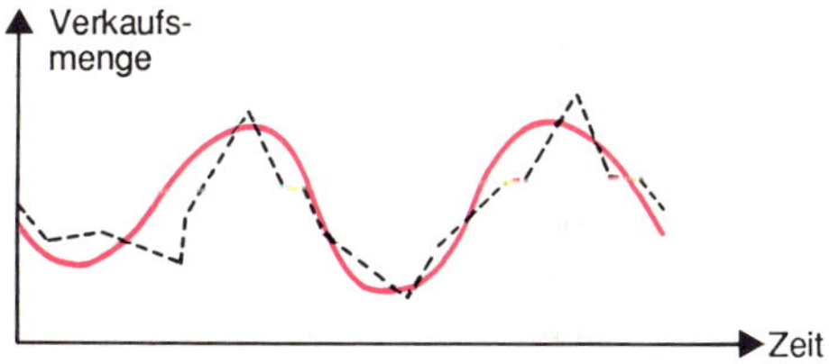

saisonaler Absatz

Die Gesetzmäßigkeit im Absatz ist an den periodisch wiederkehrenden Schwankungen (z. B. jahreszeitlich bedingte) zu erkennen.

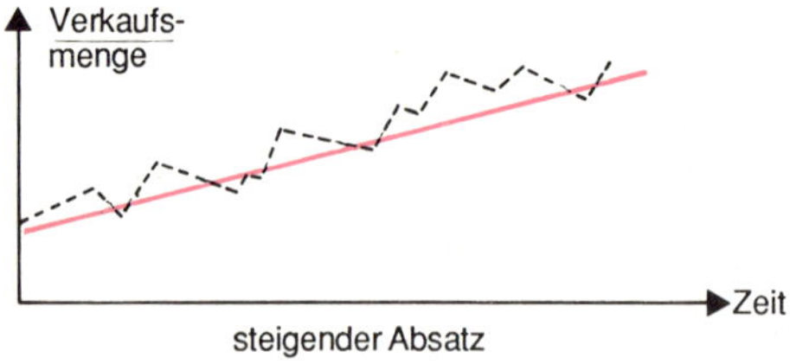


Abgesehen von Zufallsschwankungen, stieg der Absatz pro Artikel gleichmäßig an.

## Meldebestandsverfahren

Nach diesem Verfahren erfolgt die Bestellung dann, wenn der Meldebestand erreicht ist:
**Meldebestand = Mindestbestand + Verbrauch · Beschaffungszeit**

## Mindestbestand (eiserner Bestand oder Sicherheitsbestand)

Die Entnahme von Materialien aus dem Lager und ihr Einsatz in die Fertigung unterliegt Schwankungen. Außerdem kann es zu Terminüberschreitungen unserer Lieferanten kommen. Damit die **Versorgung der Fertigung** mit Materialien nicht gefährdet ist, wird ein Mindestbestand an Materialien am Lager gehalten. Je höher dieser ist, desto größer ist die **Sicherheit** für die Produktion.

Allerdings verursachen **höhere Lagerbestände auch höhere Kosten;** deshalb darf der Mindestbestand **nicht zu hoch** festgelegt werden. In vielen Fällen wird er von der Erfahrung her bestimmt (er kann auch mathematisch ermittelt werden) und kann z. B. einen Monatsbedarf oder Mehrmonatsbedarf umfassen.

Häufig wendet man in der Praxis die folgende **Faustformel** an:

**Sicherheitsbestand = $\frac{1}{3}$ des Verbrauchs während der normalen Wiederbeschaffungszeit.**

## Durchschnittlicher Verbrauch

Er kann an Hand der Lagerkartei errechnet werden:

| | |
|---|---|
| | **Anfangsbestand** |
| + | **Zugänge** |
| ·/. | **Endbestand** |
| = | **Verbrauch im Abrechnungszeitraum** |

$$\varnothing \ \textbf{Tagesverbrauch} = \frac{\textbf{Verbrauch pro Abrechnungszeitraum}}{\textbf{Anzahl der Tage}}$$

## Beschaffungszeit

Bei ihrer Ermittlung sind folgende Größen zu beachten:

Zeit für die
- Bestellvorbereitung,
- Bestellübermittlung,
- Lieferung,
- Qualitätskontrolle.

**Beispiel:** *Für den Einbau in maschinelle Anlagen werden täglich 30 Maschinenteile X gebraucht. Die Beschaffungszeit beträgt 20 Tage; es wird ein Mindestbestand von 1 Woche (5 Tage) gehalten:* **Meldebestand** *= 150 + 30 · 20 = 750 Stück.*

*Sobald der Lagerbestand für das Einbauteil 750 Stück erreicht hat, wird die Bestellung ausgelöst. Nach 20 Tagen ist der Mindestbestand erreicht, dann sollten die Teile eingetroffen sein. Falls in dieser Zeit von dem Teil mehr verbraucht wurde oder der Lieferant seinen Lieferzeitpunkt überzogen hat, steht eine Sicherheit von 150 Stück zur Verfügung.*

**Höchstbestand**

Der Meldebestand legt den Bestellzeitpunkt fest. Die Höhe der Bestellmenge wird durch den Höchstbestand begrenzt, der nicht überschritten werden sollte.

Er berechnet sich:

| | |
|---|---|
| | **Mindestbestand** |
| + | **wirtschaftliche Bestellmenge** |
| = | **Höchstbestand** |

Die verbrauchs-(verkaufs-)gesteuerte Disposition erfolgt in der Industrie und im Handel zunehmend mit Hilfe der Datenverarbeitung. So machen es die elektronischen Kassensysteme des Einzelhandels möglich,

- den einzelnen Umsatz zu erfassen,
- Kassenzettel zu drucken,
- den Gesamtumsatz eines Tages zu ermitteln,
- den **Lagerbestand** um die verkauften Waren zu **korrigieren,**
- das **Erreichen des Meldebestandes** anzuzeigen usw.

### 6.2.1.2 Die bedarfsgesteuerte Disposition

Materialien für **spezielle Eigen- oder Kundenaufträge** sind in ihrer Menge auf den tatsächlichen Bedarf begrenzt. Ausgangspunkt ihrer Bedarfsermittlung sind die **Stücklisten** bzw. die Verwendungsnachweise für die Teile. Die Fertigungssteuerung liefert die aufgelösten Stücklisten für die Erstellung des Einkaufsplanes. Diese Materialien werden **bedarfsbezogen disponiert,** d. h., die Beschaffung richtet sich nach der Bedarfsermittlung. Eine Lagerung ist in den meisten Fällen nicht notwendig (**auftragsweise** Einzelbeschaffung).

| ± | Pos. | E | Stck. | Sach-Nr. | Typ | Benennung |
|---|---|---|---|---|---|---|
| | 1 | | 1 | 19 27 136 | G 0954 | Rolle |
| | 2 | | 1 | 19 27 144 | G 0954 | Geradstirnrad |
| | 3 | | 1 | 19 27 110 | G 0954 | Scheibe |
| | 4 | | 1 | 19 27 151 | G 0954 | Seil |
| | 5 | | 1 | 19 27 128 | G 0954 | Spiralfeder |
| | 6 | | 1 | | | Spannhülse |
| | | | | | | 4 x 24 DIN 1481 6603 |
| | | | | | | |
| | | | | | | |
| | | | | | | |
| | | | | | | |

### 6.2.1.3 Die termingesteuerte Disposition

**Wertgeringe Kleinmaterialien**, deren Verbrauch annähernd gleich ist (z. B. Verwaltungsbedarf), werden unabhängig von der tatsächlichen Lagerentnahme in einem **bestimmten zeitlichen Rhythmus** bestellt, z. B. alle 6 Monate. Für sie ist es unwirtschaftlich, eine genaue Bestandskontrolle zu führen. Diese Disposition wird auch als **terminbezogene** bezeichnet.

## 6.2.2 Die wirtschaftliche Bestellmenge

***Diejenige Bestellmenge ist als wirtschaftlich (optimal) zu bezeichnen, bei der die Summe aus Einkaufskosten und Lagerkosten am niedrigsten ist.***

Damit die Bestellmengendisposition der Wirtschaftlichkeit entspricht, müssen eine Reihe von Faktoren optimal aufeinander abgestimmt werden. So führen Großeinkäufe über Mengenrabatte und günstige Zahlungsbedingungen zu einer Verbilligung der Einstandspreise.

| | |
|---|---|
| | **Bareinkaufspreis** |
| + | **Bezugskosten** |
| = | **Einstandspreis** |

Doch je größer die Bestellmenge ist, desto höher sind die Zinsen für das in Lagerbeständen gebundene Kapital **(Lagerzinskosten).** Daneben fallen Kosten z. B. für Versicherungen, Heizung, Strom, Kühlung, für Verderb, Schwund an. Außerdem sind die Kosten für eine jede **Bestellung** zu berücksichtigen, z. B. für Verwaltungsgemeinkosten (z. B. Telefon, Registratur), Gemeinkostenmaterialien (z. B. Schreibmaterial, Porto), Personalkosten. **Andere Einflußgrößen** lassen sich nicht so einfach quantifizieren, müssen aber gleichfalls berücksichtigt werden:

- die Möglichkeit zum Abschluß von Rahmen- und Abrufverträgen,
- die Festlegung von Mindestabnahmemengen durch den Lieferer,
- die zukünftige Preisentwicklung,
- saisonale Schwankungen auf dem Beschaffungsmarkt,
- die Aufnahmefähigkeit eigener Läger.

Der Einkäufer, der die wirtschaftliche Bestellmenge finden will, muß die Vorteile einer größeren Bestellmenge gegen die Nachteile höherer Lagerkosten abwägen.

## 6.2.3 Zeitplanung (Zeitdisposition)

Materialien, die **bedarfsbezogen** ermittelt werden, müssen so disponiert werden, daß sie der Fertigung zum gewünschten Termin zur Verfügung stehen. **Lagermaterialien** könnten theoretisch ebenfalls nach Bedarf bestellt werden, allerdings würden infolge der Häufigkeit der Beschaffungsvorgänge die Beschaffungskosten die Lagerkosten übertreffen.

Die zeitliche Disposition kann auf **zwei Arten** vorgenommen werden:

- Die **Fertigungssteuerung** teilt dem Einkauf den Beschaffungstermin für die verschiedenen Materialien mit. Der Einkauf ermittelt unter Berücksichtigung der Beschaffungszeit den äußersten Bestelltermin.
- Die **Lagerverwaltung** teilt dem Einkauf das Erreichen des Meldebestandes mit. Der Einkauf löst die Bestellung aus, nachdem die Entscheidung über die wirtschaftliche Bestellmenge gefallen ist. Werden die Bestände ständig und sorgfältig überwacht, kann diese Disposition mit einem gewissen Automatismus erfolgen.

Aus wirtschaftlichen Gründen sollte sich der Einkauf immer um eine Kürzung der Beschaffungszeit und um die Einhaltung vereinbarter Liefertermine bemühen.

**Beispiel:** *Ein Unternehmen hat die optimale Bestellmenge mit 400 Stück berechnet. Die Produktion benötigt täglich 20 Stück, die Beschaffungszeit beträgt 14 Tage. Der eiserne Bestand wurde mit 100 Stück festgelegt.*

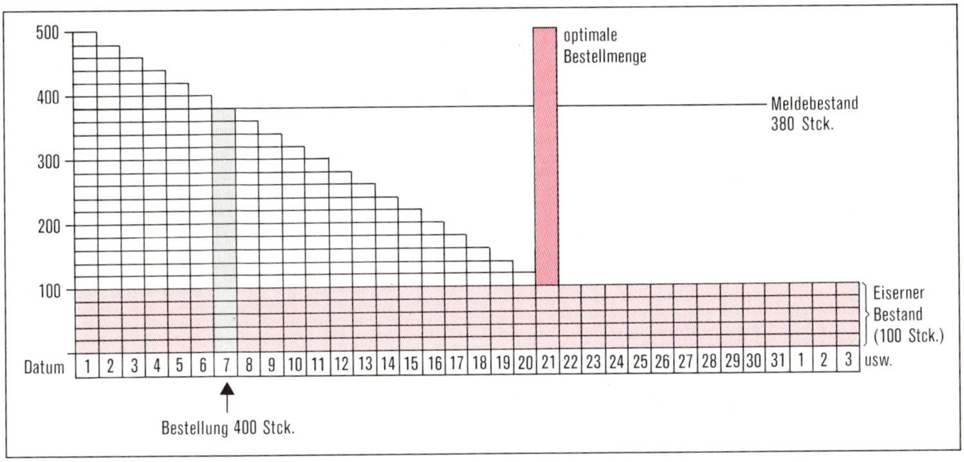


## Zusammenfassung

1. Bedarfsermittlung

→ Sortimentsplanung | Mengenplanung (Disposition) | Zeitplanung

2.

| Bedarfsfälle | Bedarfsermittlung | Beschaffungsprinzip |
|---|---|---|
| Materialien, die in vielen Erzeugnissen enthalten sind (Lagermaterialien) | verbrauchsbezogene Ermittlung aufgrund von Lagerstatistiken | Vorratsbeschaffung |
| Materialien, die an spezielle Eigenaufträge oder Kundenaufträge gebunden sind (keine Lagerung) | bedarfsbezogene Ermittlung aufgrund von Stücklisten oder Verwendungsnachweisen | auftragsweise Einzelbeschaffung |

3. Die Mengendisposition von Lagermaterialien erfolgt nach dem Meldebestandsverfahren.
4. Meldebestand = Mindestbestand + ∅ Verbrauch · Beschaffungszeit
5. Der Mindestbestand ist der Sicherheitsbestand für die Fertigung.
6. Höchstbestand = Mindestbestand + wirtschaftliche Bestellmenge
7. Zeitdisposition für

→ Materialien für Eigen- oder Kundenaufträge → wenn die Fertigungssteuerung dem Einkauf den Eingangstermin mitgeteilt hat

→ Lagermaterialien → wenn der Meldebestand erreicht ist

**Aufgaben**

1. Erklären Sie die Begriffe
   a) Mindestbestand,
   b) Höchstbestand,
   c) wirtschaftliche Bestellmenge.
2. Durch welche Maßnahmen kann die Beschaffungszeit verkürzt werden? Welche wirtschaftliche Bedeutung hat die Beschaffungszeit für die Material- und Produktionswirtschaft?
3. In der Materialverwaltung eines Industriebetriebes soll der Meldebestand ermittelt werden:
   Mindestbestand für 2 Wochen (10 Tage) = 1 000 Stück
   durchschnittlicher Verbrauch pro Woche (5 Tage) = 500 Stück
   Beschaffungszeit = 30 Tage
4. Fortsetzung des Beispiels: Der Betrieb hat heute den Höchststand von 16 000 Stück erreicht. Für einen Auftrag werden in den 3 Wochen **zusätzlich** 9 000 Stück benötigt. Wird der Mindestbestand überschritten, wenn diese Menge sich gleichmäßig auf die 3 Wochen verteilen läßt?
5. Wie wird der Bedarf ermittelt
   a) für lagermäßig geführtes Material,
   b) für Teile, die für einen Kundenauftrag benötigt werden,
   c) für wertmäßig geringes Kleinmaterial?

## 6.3 Lieferantenauswahl

### 6.3.1 Bezugsquellenermittlung

Sind im Einkauf die einzelnen Bedarfsmengen eingegangen, hat der zuständige Sachbearbeiter die Aufgabe, die günstigste Bezugsquelle zu ermitteln. Dabei stützt er sich auf folgende Unterlagen, die ihm die Entscheidung erleichtern sollen:

- **Lieferantenkartei** mit Angabe des Sortiments, Leistungsfähigkeit, Zuverlässigkeit, Lieferungs- und Zahlungsbedingungen, Umsätze, Namen der Sachbearbeiter und Vertreter;
- **Bezugsquellenkartei,** die artikelweise (auch Artikelkartei genannt) geordnet sein kann. Sie enthält für die wichtigsten Materialien Informationen über Materialbezeichnung, Umschlag, Lieferanten, Preise, Lieferungs- und Zahlungsbedingungen. Manchmal pendelt die Artikelkarte zwischen Materialdisposition und Einkauf (Pendelkarte). Sie enthält dann zusätzlich die Bedarfsmeldungen und Bestellvermerke. Wird die Artikelkarte mit der Lagerkartei verbunden, kommen zu den Lieferantenangaben die Lagerbestandswerte;
- **Konditionenkartei,** die Preise, Zahlungs- und Lieferungsbedingungen, Jahresbedarf, Transportmittel u. a. m. enthält.

**Beispiel einer Bezugsquellenkarte**

| Lieferer | Material A | Material B | Material C |
|---|---|---|---|
| 1 | Material-<br>bezeichnung:<br>Preis: | — | Material-<br>bezeichnung:<br>Preis: |
| 2 | — | Material-<br>bezeichnung:<br>Preis: | — |
| 3 | Material-<br>bezeichnung:<br>Preis: | Material-<br>bezeichnung:<br>Preis: | — |

**Beispiel einer Lieferantenkarte**

| Lieferer mit Anschrift: | | |
|---|---|---|
| Sachbearbeiter: | Sortiment: | Zahlungsbedingungen: |
| Vertreter: | | Skonto: |
| Umsatz:<br>19.. | Lieferant<br>seit: | Fracht: |
| | | Verpackung: |
| 19.. | | Lieferzeit: |
| | | Zuverlässigkeit: |
| 19.. | | Service: |

Als weitere **Informationsquellen** des Einkaufs kommen in Frage:

- Branchenadreßbücher,
- Kataloge,
- Lieferantenangebote,
- Prospektsammlungen,
- Branchenverzeichnisse der Telefonbücher,
- Markt- und Börsenberichte,
- Wirtschaftsteil der Tageszeitungen,
- Geschäftsberichte von Unternehmen,
- Bildschirmtext (Btx),
- Fachzeitschriften,
- Fachbücher,
- Messeberichte,
- Statistiken der Behörden (Bundesamt, Landesämter),
- Statistiken von Forschungsinstituten,
- Wirtschaftsberichte der Kammern und Verbände.

Die Einkaufsabteilungen können sich ferner auf **innerbetriebliche** Informationsquellen stützen, z. B.

- Einkaufs- und Lagerstatistiken,
- Verbrauchs- und Preisstatistiken,
- Produktions- und Absatzpläne,
- Aufstellungen über Umsätze,
- Beanstandungen und Materialprüfungen,
- Berichte von Mitarbeitern aus dem Vertrieb,
- Gespräche mit Vertretern.

## 6.3.2 Auswahlgesichtspunkte

Die Suche nach dem richtigen Lieferer kann unter folgenden Auswahlkriterien vorgenommen werden:

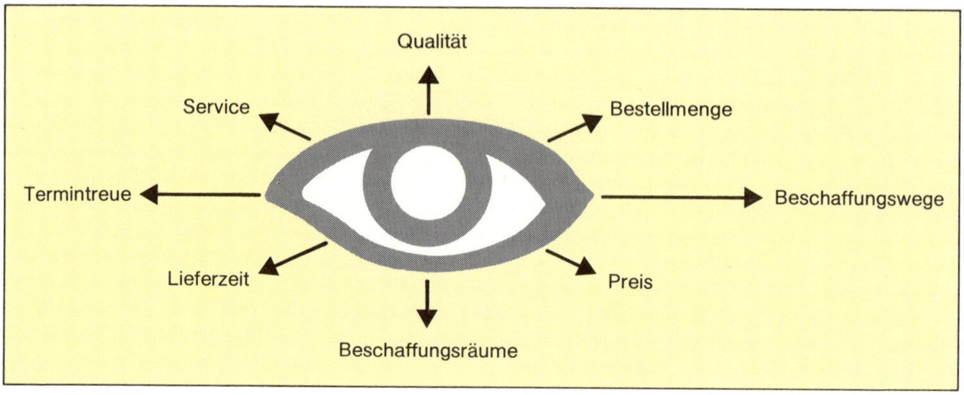


**Qualität.** Welche Qualitäten und Funktionen die bezogenen Produkte aufweisen müssen, wird weitgehend von der Fertigungsplanung bestimmt. Der Einkauf hat darauf zu achten, daß die Qualitätsstandards eingehalten werden.

Je komplizierter die Güter sind, um so mehr Qualitätskriterien gibt es, die sich manchmal sogar ausgleichen; deshalb muß sich der Einkauf genau über den Verwendungszweck des Gutes im klaren sein. Die Beurteilung der Qualität ist in den Fällen einfach, wo objektive Qualitätsstandards (z. B. bei Börsenwaren, DIN-Vorschriften) vorliegen. In anderen Fällen muß der Einkauf eine eigene Bewertungsskala ausarbeiten nach den verschiedenen Qualitätsmerkmalen. Bei bestimmten Gütern dürfen bestimmte „Qualitätsschwellen" nicht unterschritten werden. Einkauf und Produktionswirtschaft arbeiten an den unternehmensinternen Qualitätsanforderungen eng zusammen.

**Bestellmenge.** Unter diesem Gesichtspunkt sind für die Lieferantenauswahl bedeutsam

- das Preis-Bestellmengen-Verhältnis,
- das Verhältnis von Bestellmengen und Art des Transports,
- ob der Lieferant auf Abruf liefern kann,
- ob er Mindest- oder Höchstabnahmemengen vorschreibt.

**Beschaffungswege.** Bei manchen Gütern und Mengen kommt es darauf an, ob sie direkt vom Hersteller beschafft werden oder ob der indirekte Weg – Bezug vom Großhändler, Einzelhändler, Importeur oder überbetrieblichen Einkaufskontor – vorzuziehen ist.

**Beschaffungsräume.** Oft spielt der Standort bei der Lieferantenwahl eine Rolle, weil davon die Beschaffungszeit mitbestimmt wird und die Transportmöglichkeiten, -risiken und -kosten beeinflußt werden.

**Preis.** Für die Beschaffung ist der Preis ausschlaggebend, den das Produkt kostet, wenn es in der gewünschten Quantität und Qualität und zum erforderlichen Termin im eigenen Betrieb ist. Damit der preisgünstigste Lieferer gefunden werden kann, müssen die Preislisten immer in Zusammenhang mit weiteren Einflußfaktoren untersucht werden.



3992168

Diese sind:

- Qualitäten,
- Lieferungsbedingungen,
- Zahlungsbedingungen,
- Liefertermine,
- Rabattstaffelungen,
- Service,
- Leistungsfähigkeit.

Außerdem müssen auch **nicht preisliche Faktoren** berücksichtigt werden:

- Konjunktur,
- Saison,
- Marktstellung des Lieferanten,
- Konkurrenz auf dem Beschaffungsmarkt.

**Lieferzeit.** Lieferanten mit kurzen Lieferzeiten bringen dem beschaffenden Unternehmen Kostenvorteile, weil zeitlich genau disponiert werden kann und knappe Lagervorräte gehalten werden können. Lieferer, die Güter auf Abruf bereitstellen oder beim Kunden Lager errichten oder Eilbestellungen ausführen, müssen besonders beachtet werden.

**Termintreue.** Eine wichtige Rolle bei der Beschaffung spielt die zuverlässige Einhaltung von Lieferterminen:

- Kosten, die bei Produktionsstockungen entstehen, können vermieden werden,
- eigene Produktions- und Liefertermine können gehalten werden,
- die Lagerkosten lassen sich senken.

**Service.** Manche Lieferer bieten mit dem Produkt zusammen eine Reihe von Dienstleistungen an, z. B.

- Ersatzteil-, Montage-, Reparaturdienste.

Von wirtschaftlicher Bedeutung ist auch

- die Kulanz bei Reklamationen und
- das Entgegenkommen bei Sonderwünschen.

## 6.4 Angebotsanalyse

### 6.4.1 Die Anfrage

Angebotsanalysen werden oft dadurch eingeleitet, daß der Einkauf bei Lieferern anfragt, zu welchen Preisen und Bedingungen bestimmte Güter zu haben sind. In vielen Fällen werden Anfragen ausgelöst,

- bei Erstbeschaffungen,
- wenn es sich um hochwertige Güter handelt,
- wenn neue Lieferanten gefunden werden sollen,
- um sich eine bessere Marktübersicht zu verschaffen.

**Anfragen sind entbehrlich,** wo das Unternehmen an bestimmte Lieferer vertraglich gebunden ist (z. B. bei Abrufverträgen) oder wenn es sich um niedrigwertige Teile handelt, die bei vielen Herstellern zu beziehen sind.

In der Regel werden Anfragen schriftlich bei mehreren Lieferern vorgenommen, in manchen Fällen kann es ratsam sein, telefonisch anzufragen. In jedem Falle entsteht für den Anfragenden **keine rechtliche Bindung.** Er **fordert** lediglich den Lieferer **auf,** ihm ein Vertragsangebot zu unterbreiten.

Die **Anfrage** sollte im allgemeinen enthalten:

- die Menge,
- die Art der Materialien,
- Art der innerbetrieblichen Be- oder Verarbeitung,
- Muster, Zeichnungen, Beschreibungen,
- Liefertermin,
- Art der Lieferung (z. B. frei Haus),
- Zahlungsweise (z. B. innerhalb von 10 Tagen),
- Kundendienstleistung.

## 6.4.2 Inhalt des Angebotes

Wird dem Anfragenden ein Vertragsangebot vorgelegt, sollten über den Gegenstand folgende Angaben enthalten sein:

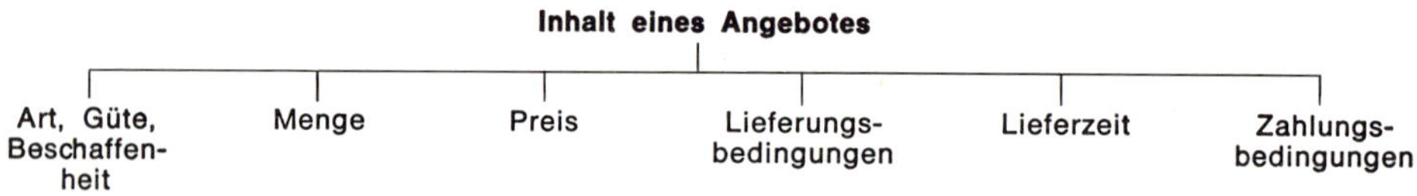


Bei Kaufverträgen müssen im Vertragsangebot eine Reihe von Vereinbarungen genau abgefaßt werden. Der Käufer sollte diese genau prüfen, weil ungenaue Formulierungen sich im Zweifel für ihn nachteilig auswirken können.

### Art, Güte, Beschaffenheit

**Art** des Gutes wird durch den **handelsüblichen Namen** genau bezeichnet.

**Güte und Beschaffenheit** werden gekennzeichnet durch

- Güteklassen,
- Waren- und Gütezeichen,
- Standards,
- Muster,
- Abbildungen,
- genaue Beschreibungen.

### Menge

Sie **wird bestimmt** durch:

- gesetzliche Maßeinheiten,
- handelsübliche Verpackungseinheiten.

Der Lieferer kann vorschreiben:

- **Höchstmengen** (das Angebot ist beschränkt),
- **Mindestmengen** (eine bestimmte Menge muß mindestens abgenommen werden, damit der Preis gilt, andernfalls werden Preiszuschläge [**Mindermengenzuschläge**]) erhoben.

### Preis

Der Preis ist der **in Geldeinheiten ausgedrückte Wert eines Gutes.** Er wird durch **Angebot und Nachfrage** beeinflußt. Bei der Preisstellung können sich Unterschiede ergeben, je nachdem welche Abzüge bzw. Zuschläge der Lieferant für Gewichte, Verpackung und Preis gewährt bzw. berechnet:

- **Gewichtsabzüge,** z. B.

  Gutgewicht: Abzug für Einwiegen, Umpackungen usw.,
  Leckage: Abzug für Verluste bei Flüssigkeiten,
  Refaktie: Abzug für schadhafte, unbrauchbare Teile.

- **Verpackungskosten,** z. B.:

  Verpackung im Preis inbegriffen, Verpackung wird gutgeschrieben,
  Verpackung zum Selbstkostenpreis, Verpackung leihweise,
  Verpackung wird als Warengewicht berechnet (brutto für netto).

- **Preisabzüge,** z. B.:

  Rabatt,
  Skonto (Preisabzug für die Zahlung vor Ablauf einer vereinbarten Frist).

Bei längeren Lieferzeiten wird für den Preis eine **Gleitklausel** vereinbart. Sie soll dem Verkäufer die Kostensteigerungen (z. B. bei Material oder Löhnen) ersetzen, die vom Zeitpunkt der Angebotserstellung bis zum Zahlungstermin eintreten.

### Lieferungsbedingungen

Sie regeln, **wer die Versandkosten zu tragen hat.** Folgende Möglichkeiten sind denkbar:

- **ab Werk,** ab Lager, ab Fabrik (der Käufer trägt alle Versandkosten),
- **frei Haus,** frei Fabrik (der Verkäufer trägt alle Versandkosten),
- **unfrei,** ab hier (der Verkäufer trägt die Kosten bis zum Versandbahnhof, der Käufer trägt die restlichen Versandkosten),
- **frachtfrei,** frei dort (der Verkäufer übernimmt alle Versandkosten bis zum Bestimmungsbahnhof, der Käufer die Kosten bis zu seinem Werk).

Wird eine **Frachtbasis** angegeben, z. B. Essen, so bedeutet dies, daß der Käufer von diesem Ort ab alle Versandkosten zu übernehmen hat, auch wenn die Güter von einem anderen Ort als z. B. Essen geliefert werden. Im Außenhandel sind die Incoterms zu beachten.

### Zahlungsbedingungen

Folgende Vereinbarungen können getroffen werden:

- Vorauszahlung bzw. Anzahlung,
- $\frac{1}{3}$ bei Auftragserteilung, $\frac{1}{3}$ bei Lieferung, $\frac{1}{3}$ 3 Monate nach erfolgter Lieferung,

- Zahlung bei Lieferung (gegen bar, Nachnahme),
- Zahlung nach Lieferung (innerhalb 10 Tagen 2 % Skonto, innerhalb 30 Tagen netto Kasse),
- Ratenzahlung (zahlbar in 12 Monatsraten),
- bei Zahlungsverzug Berechnung von Verzugszinsen in banküblicher Höhe,
- Vertragsstrafen.

### Lieferzeit

Folgende Bedingungen können vereinbart werden:

- sofortige Lieferung **(Sofortkauf),**
- Lieferung innerhalb einer festbestimmten Frist oder an einem bestimmten Tag **(Termingeschäft),**
- Lieferung an einem vertraglich festgelegten Liefertermin, der, falls er nicht eingehalten wird, den automatischen Interessewegfall des Käufers an dem wirtschaftlichen Gut nach sich zieht **(Fixgeschäft),**
- Lieferung auf Abruf **(Kauf auf Abruf),**
- Lieferung nach Mitteilung des Verkäufers **(Andienungskauf).**

### Erfüllungsort

Käufer und Verkäufer können vertraglich einen Ort vereinbaren, an dem

- die Lieferung der Ware bzw.
- die Zahlung des Kaufpreises

zu erfolgen hat. Der Erfüllungsort kann entweder der Ort des Käufers, des Verkäufers oder ein neutraler Ort sein.

### Gerichtsstand

Unabhängig vom Erfüllungsort kann vereinbart werden, welches Gericht örtlich zuständig sein soll. Der Gerichtsstand bestimmt, an welchem Ort der Schuldner verklagt werden kann, wenn er seinen Verpflichtungen nicht nachkommt. In der Regel decken sich Erfüllungsort und Gerichtsstand.

In einem solchen Fall ist z. B. die Vereinbarung getroffen worden „Erfüllungsort und Gerichtsstand **für beide Teile** ist ...“. Ist der Erfüllungsort und der Gerichtsstand für beide Teile am Wohn- bzw. Geschäftsort des Lieferanten, so bedeutet dies, daß der nicht zahlende Käufer beim Amts- oder Landgericht des Ortes verklagt werden kann, in dessen Bezirk der Lieferer seinen Wohn- oder Geschäftssitz hat. Der gesetzliche Erfüllungsort für den Käufer wäre dagegen dessen Wohn- oder Geschäftssitz, d. h., daß er dort verklagt werden müßte, wenn er die geschuldete Summe nicht bezahlt. Wird in den allgemeinen Geschäftsbedingungen die Vereinbarung aufgenommen „Erfüllungsort und Gerichtsstand **für beide Teile** ist der Geschäftssitz des Käufers“, so muß der Lieferant, wenn er seine Verpflichtungen nicht erfüllt, seinen Prozeß am Gerichtsstand des vertraglichen Erfüllungsortes austragen.

**Vertragliche Regelung:**

„Erfüllungsort und Gerichtsstand ist der Geschäftssitz des Verkäufers.“

| Erfüllungsort und Gerichtsstand für | Verkäufer in München | Käufer in Düsseldorf |
|---|---|---|
| die Warenschuld (Lieferung) | München | |
| die Geldschuld (Zahlung) | München | |

Vertragliche Vereinbarungen über den Erfüllungsort und den Gerichtsstand müssen dem Käufer noch **vor Vertragsabschluß** bekanntgemacht werden. In der Regel erhält sie der Käufer im Vertragsangebot oder in den Allgemeinen Geschäftsbedingungen übermittelt. Ein Vermerk auf den Rechnungen hat keinerlei Bedeutung.

Den Bestimmungen über den Erfüllungsort und Gerichtsstand kommt eine erhebliche Bedeutung zu, weil die Führung von auswärtigen Prozeßverfahren mit erheblichen Kosten verbunden ist.

## Eigentumsvorbehalt

Ein Lieferant gewährt einem Kunden einen Kredit, indem er ihm ein Zahlungsziel einräumt. Die Zahlungsbedingung lautet z. B. „10 Tage 3 %, 30 Tage netto“. Zur Absicherung dieses Kredits wird meist ein Eigentumsvorbehalt (§ 455 BGB) vereinbart.

***Durch einen Eigentumsvorbehalt bleibt der Verkäufer Eigentümer der beweglichen Sache, bis der Kaufpreis vollständig bezahlt wurde.***

Für den Zeitraum zwischen Lieferung und Zahlung klaffen Besitz und Eigentum auseinander:

Aus dem Eigentumsvorbehalt stehen dem Verkäufer folgende Rechte zu:

- bei Zahlungsverzug kann er die Ware zurücknehmen und vom Vertrag zurücktreten (§ 455 BGB),
- beim Konkurs des Käufers muß der Konkursverwalter auf Antrag die Ware aus der Konkursmasse aussondern (§ 43 KO),
- bei Pfändung der Ware muß der Käufer den Verkäufer benachrichtigen. Dieser kann dann Drittwiderspruchsklage gegen den pfändenden Gläubiger erheben (§ 771 ZPO).

Der **einfache Eigentumsvorbehalt** („Die gelieferte Ware bleibt bis zu ihrer vollständigen Bezahlung unser Eigentum.“) erlischt, wenn die Ware

- an einen gutgläubigen Dritten verkauft wird (§ 932 BGB),
- verarbeitet oder verbraucht wurde (§ 950 BGB),
- mit einer unbeweglichen Sache fest verbunden wurde (§ 946 BGB).

Um sich vor dem Verlust seines Eigentums zu schützen, kann der Verkäufer weitere Arten des Eigentumsvorbehalts im Kaufvertrag vereinbaren:

- **erweiterter Eigentumsvorbehalt** („Die gelieferte Ware bleibt bis zur vollständigen Bezahlung aller unserer Forderungen unser Eigentum.“); er wird auch **Kontokorrentvorbehalt** genannt;

- **verlängerter Eigentumsvorbehalt mit Verarbeitungsklausel** („Werden die gelieferten Waren weiterverarbeitet, so erhalten wir bis zur vollständigen Bezahlung unserer Waren einen wertmäßig entsprechenden Anteil an den neuen Produkten.“);
- **verlängerter Eigentumsvorbehalt mit Veräußerungsklausel** („Werden die gelieferten Waren weiterveräußert, so werden bis zur vollständigen Bezahlung der gelieferten Waren die aus der Wiederveräußerung entstehenden Forderungen an uns abgetreten.“).

**Auszug aus den Lieferungs- und Zahlungsbedingungen der Robert Müller Fahrrad GmbH, Nürnberg.**

**1. Allgemeines:** Die Abgabe von Angeboten verpflichtet uns nicht zur Annahme und Ausführung von Aufträgen. Unabhängig von den vereinbarten Preisen werden etwaige am Tage der Lieferung geltende Preiserhöhungen gesondert in Rechnung gestellt.

**2. Zahlung:** Es gelten die auf der Rechnung angegebenen Zahlungsbedingungen. Der Kassa-Skonto ist ausnahmslos nur unter der Voraussetzung statthaft, daß sämtliche Zahlungsverpflichtungen aus früheren Lieferungen restlos erfüllt sind. Bei Zielüberschreitung werden Verzugszinsen in Höhe von 4 % über den jeweiligen Lombardsatz der Landeszentralbank entsprechend den üblichen Kreditkonditionen der Banken berechnet. Kommt der Käufer mit einer fälligen Zahlung in Verzug oder tritt in seinen Vermögensverhältnissen eine wesentliche Verschlechterung ein oder werden solche Tatsachen nachträglich bekannt oder wird über den Käufer eine ungünstige Kreditauskunft erteilt, so kann der Verkäufer sofortige Zahlung oder Sicherheitsleistung verlangen oder vom Vertrag unter Ausschluß jeglicher Schadensersatzansprüche des Käufers zurücktreten. Der Käufer hat auf seine Kosten die Ware an den Verkäufer zurückzusenden. Der Verkäufer und seine Beauftragten dürfen das Gelände, auf dem sich sein Eigentum befindet, zur Abholung betreten und befahren.

**3. Verpackung:** Verpackungsmaterial wird für Fahrräder nicht berechnet und nicht zurückgenommen.

**4. Versand:** Versand erfolgt für Fahrräder ab Werk auf Gefahr des Käufers.

**5. Lieferzeiten:** Lieferzeiten beginnen vom Tage der Auftragsbestätigung ab zu laufen. Die Verpflichtungen zur Einhaltung der vereinbarten Lieferzeiten besteht nur unter dem Vorbehalt, daß nicht unvorhergesehene Vorgänge bei der Fabrikation oder sonstige Hindernisse eintreten.

**6. Eigentumsvorbehalt:** Bis zur vollständigen Zahlung des Kaufpreises, bleiben die gelieferten Waren Eigentum des Verkäufers. Vorheriges Verpfänden oder Verleihen ist untersagt. Weiterveräußerung ist nur Wiederverkäufern im ordnungsgemäßen Geschäftsgang gestattet; insoweit wird Einwilligung zur Übertragung des Eigentums auf den Dritten erteilt. Die aus dem Weiterverkauf gegen den Dritten entstehenden Forderungen in Höhe der ursprünglichen Rechnungsbeträge werden sicherungshalber an den Verkäufer übertragen. Jede Bearbeitung, Verarbeitung oder Umbildung der Ware nimmt der Käufer für den Lieferanten vor, daß auch in diesen Fällen das Eigentum an der gelieferten Ware verbleibt. Für den Fall, daß die Ware des Verkäufers mit einer anderen als Hauptsache anzusehenden beweglichen Sache derart verbunden wird, daß sie als wesentlicher Bestandteil dieser Sache zu betrachten ist, überträgt der Käufer schon jetzt quotenmäßiges Miteigentum an der neuen Sache, die er mit in Verwahrung nimmt.

**7. Transportschäden:** Da alle Lieferungen auf Gefahr des Empfängers laufen, ist es notwendig, daß Sie bei Entgegennahme der Ware am Bestimmungsbahnhof oder in Ihrem Haus in Gegenwart des Spediteurs sofort die Sendung auf eventuelle Transportschäden hin überprüfen.

**8. Erfüllungsort und Gerichtsstand:** Für alle Vereinbarungen ist Nürnberg Erfüllungsort und Gerichtsstand, und zwar auch für in Zahlung gegebene Schecks und Wechsel, gleichviel an welchen Orten diese zahlbar gestellt sind.
Konstruktions- und Ausstattungsänderungen müssen wir uns vorbehalten.



3992174

***In allen Fällen, in denen vertragliche Regelungen zwischen Käufer und Verkäufer fehlen, regeln Handelsbrauch und die gesetzlichen Bestimmungen des BGB und HGB, wie der Vertrag auszulegen ist.***

**Gesetzliche Regelungen**

**Art, Güte und Beschaffenheit.** Bei Gattungswaren sind Güter mittlerer Art und Güte zu leisten **(§§ 243 BGB, 360 HGB).**

**Verpackungskosten.** Die Kosten der Versandpackung hat der Käufer zu tragen, während die Übergabekosten (messen, wiegen) dem Verkäufer angelastet werden **(§ 448 BGB).**

**Versandkosten.** Die Kosten der Versendung nach einem anderen Ort als dem Erfüllungsort trägt der Käufer **(§ 448 BGB).**

**Lieferzeit.** Der Verkäufer kann sofort liefern, und der Käufer kann sofortige Lieferung verlangen, wenn eine Zeit für die Lieferung weder bestimmt noch aus den Umständen zu entnehmen ist **(§ 271 BGB).**

Ob ein Termin- oder Fixgeschäft vorliegt, bestimmen **§§ 361 BGB, 376 HGB.**

**Zahlung.** Der Verkäufer kann sofortige Zahlung verlangen, wenn ein Zeitpunkt für die Zahlung weder bestimmt noch aus den Umständen zu entnehmen ist **(§ 271 BGB).** Er kann sie bei Handelsgeschäften während der gewöhnlichen Geschäftszeit fordern **(§ 358 HGB).**

Die Kosten für die Zahlung hat der Käufer zu tragen **(§ 270 BGB).**

**Erfüllungsort und Gerichtsstand.** Kann durch den Handelsbrauch ein Erfüllungsort nicht eindeutig festgelegt werden, tritt die gesetzliche Regelung nach BGB in Kraft **(§§ 269 und 270 BGB).**

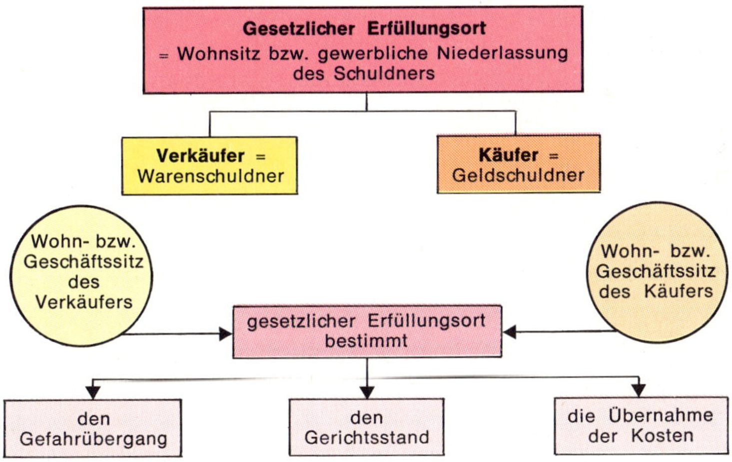


## Der Gefahrübergang

a) **bei Warenschulden**

**Der gesetzliche Erfüllungsort** für den **Lieferer** ist sein Wohn- bzw. Geschäftssitz. Das bedeutet, daß er dort die Güter für den Käufer zur Abholung bereitzustellen hat **(Warenschulden = „Holschulden“).** Das gleiche bestimmt die Handelsklausel **„ab Werk“.** In dem Augenblick, in dem die Ware dem Käufer oder dessen Beauftragten übergeben wird, trägt der Käufer die Gefahr, daß die Ware beschädigt wird oder abhanden kommt.

Wenn die Ware auf Wunsch des Käufers diesem zugeschickt werden soll (unabhängig davon, wer die Transportkosten zu bezahlen hat), dann liegt ein **Versendungskauf** vor **(§ 447 BGB).** Der Erfüllungsort ändert sich damit nicht. Der Lieferer hat erfüllt, wenn er die Ware an seinem Wohn- bzw. Geschäftssitz ordnungsgemäß verpackt der Bahn, Post oder dem Spediteur übergeben hat. Von nun an trägt der Käufer das Transportrisiko. Falls der Lieferant die Transportkosten selbst trägt (z. B. „frei Haus"), so ändert sich der Erfüllungsort nicht, und das Transportrisiko trägt weiterhin der Käufer, er spart lediglich die Versandkosten **(§ 269 Abs. 3 BGB).** Oft heißt es aber „Wir sandten Ihnen auf Ihre Gefahr und für Ihre Rechnung ...", was durchaus der gesetzlichen Regelung entspricht.

b) **bei Geldschulden (§ 270 BGB)**

Der gesetzliche Erfüllungsort für den Käufer ist sein Wohn- oder Geschäftssitz. Das ist für ihn deshalb von Bedeutung, weil der Erfüllungsort zugleich den Gerichtsstand bestimmt, an dem geklagt wird, wenn er seinen Zahlungsverpflichtungen nicht nachkommt. Das gilt natürlich nur dann, wenn kein besonderer Gerichtsstand vereinbart wurde.

**Der Geldschuldner ist verpflichtet,** die Summe auf **seine Gefahr** und **seine Kosten** dem Gläubiger an dessen Wohnsitz bzw. seiner gewerblichen Niederlassung zu übermitteln **(Geldschulden = „Schickschulden").** Der Käufer ist seiner Zahlungsverpflichtung also erst dann nachgekommen, wenn der Lieferant über den geschuldeten Betrag verfügen kann (z. B. Kontogutschrift).

#### Gerichtsstand

Im allgemeinen, d. h. wenn vertraglich nichts anderes vereinbart wurde, ist der **Sitz des Gerichtes** dort, in dessen Bezirk der Schuldner seinen Wohnsitz (Gewerbebetrieb) bzw. Sitz der Hauptverwaltung hat. **Nach der gesetzlichen Regelung decken sich also Erfüllungsort und Gerichtsstand.**

#### Übernahme der Kosten

a) **bei Warenschulden**

Wie schon erwähnt, muß der **Käufer** für **alle Kosten des Transports** vom Erfüllungsort des Lieferers **bis zum Bestimmungsort** aufkommen.

b) **bei Geldschulden**

Unabhängig vom Erfüllungsort hat der **Käufer alle Kosten der Zahlung** zu tragen (Geldschulden sind „Schickschulden", „Bringschulden").

### 6.4.3 Bindung an das Angebot

Nach dem **§ 145 BGB** ist der Lieferer an sein Angebot **gebunden,** wenn er es seinen Kunden ohne Einschränkungen abgibt. Von einem bindenden Angebot kann aber nur dann gesprochen werden, wenn es so **bestimmt und vollständig** ist (vgl. 6.4.2 Inhalt des Angebots), daß der andere lediglich seine Zustimmung zu geben braucht, damit der Vertrag zustande kommt.

Gibt der Lieferer ein bindendes Angebot ab, so verpflichtet er sich, die angebotenen Güter auch zu **liefern.** Er darf über die Waren nicht anderweitig verfügen, sondern muß jederzeit in der Lage sein, die eingehenden Bestellungen auszuführen. Will er ein Lieferrisiko vermeiden, muß er die Gebundenheit an sein Angebot ausschließen.

Nicht um ein bindendes Angebot handelt es sich, wenn es **unbestimmt** ist

- hinsichtlich seines Inhaltes,
- hinsichtlich des Personenkreises, an den es sich wendet.

In einem solchen Fall handelt es sich um **Aufforderungen** an einen Personenkreis, selbst ein Angebot zu unterbreiten. Dazu zählen Anzeigen in Zeitungen oder auf Plakaten, Preislisten, Kataloge, Prospekte.

Im Zusammenhang mit der Gebundenheit des Angebotes erhalten folgende Fragen Antworten:

**Wann ist der Lieferer an sein Angebot gebunden?**

Laut **§ 130 BGB** ist das Angebot zu dem Zeitpunkt wirksam, in dem es dem Empfänger zugeht. Das bedeutet, daß das Angebot beim Käufer eingegangen sein muß (z. B. mit der Post), unabhängig davon, ob der zuständige Einkäufer davon Kenntnis genommen hat.

**Darf der Lieferer sein Angebot widerrufen?**

Nach **§ 130 Abs. 1 BGB** ist ein Widerruf möglich, wenn er den Empfänger vorher oder gleichzeitig mit dem Eintreffen des Angebotes erreicht.

**Darf der Lieferer die Bindung an sein Angebot einschränken oder ausschließen?**

Mit **§ 145** bestimmt das BGB, daß der Lieferer die Bindung an sein Angebot ausschließen kann. Er tut dies mit sogenannten **Freizeichnungsklauseln.** Ein Angebot mit dem Zusatz „freibleibend" ist nicht bindend, sondern als Aufforderung an den anderen zu verstehen, selbst ein Angebot abzugeben. Freizeichnungsklauseln können sich auch auf Angebotsteile beziehen, z. B.

– auf den Preis oder – auf die Lieferungsmöglichkeit.

Mit Klauseln wie „Preise freibleibend" oder „Preiserhöhung vorbehalten" will sich der Lieferer die Möglichkeit von **Preiserhöhungen** (z. B. wegen gestiegener Rohstoff- oder Personalkosten) vorbehalten. Diese Möglichkeit kann sich beziehen

- auf die Zeit von der Angebotsstellung bis zum Vertragsabschluß oder
- auf die Zeit von der Angebotsstellung bis zum Zeitpunkt der Auslieferung.

Aus der Formulierung muß eindeutig hervorgehen, welche Freiheit der Lieferer für sich beansprucht. Preiserhöhungen müssen in jedem Fall angemessen und wirtschaftlich vertretbar sein. Im Zweifel müssen sie nachgewiesen werden.

Entsprechendes gilt auch für den Ausschluß der **Lieferungsmöglichkeit.** In solchem Fall enthält das Angebot Zusätze wie „Lieferungsmöglichkeit vorbehalten" oder „solange der Vorrat reicht".

**Wie lange ist der Lieferer an sein Angebot gebunden?**

**§ 147 BGB** unterscheidet Angebote, die

- einem **Anwesenden** gemacht werden und sofort angenommen werden müssen (dazu zählen auch telefonische Angebote),

– einem **Abwesenden** gemacht werden (z. B. schriftliche Angebote). An ein schriftliches Angebot ist der Lieferer solange gebunden, wie er eine Antwort unter regelmäßigen Umständen erwarten darf. Eingerechnet wird die Beförderungsdauer für Angebot und Antwort, außerdem wird dem Käufer eine Überlegungsfrist bei Lieferungen des laufenden Geschäftsverkehrs von 1 bis 2 Tagen eingeräumt. Hat der Käufer das Angebot besonders schnell (z. B. telegrafisch) übermittelt bekommen, muß er ebensoschnell antworten. Bei großen und hochwertigen Angebotsmengen gelten längere Überlegungsfristen.

**Darf der Lieferer für sein Angebot eine Annahmefrist setzen?**

Das **BGB** läßt in **§ 148** eine **zeitliche Befristung** des Angebotes zu. Der Lieferer ist dann **bis zum Ablauf der Frist** an sein Angebot **gebunden.** Wird es **verspätet** angenommen, so gilt die verspätete Annahme **als neues Vertragsangebot (§ 150 BGB).** Ähnliches trifft auf den Fall zu, daß das Angebot **erweitert, eingeschränkt oder abgeändert** angenommen wird. Eine solche Annahme gilt als Ablehnung, verbunden mit einem neuen Antrag **(§ 150 Abs. 1 BGB).**

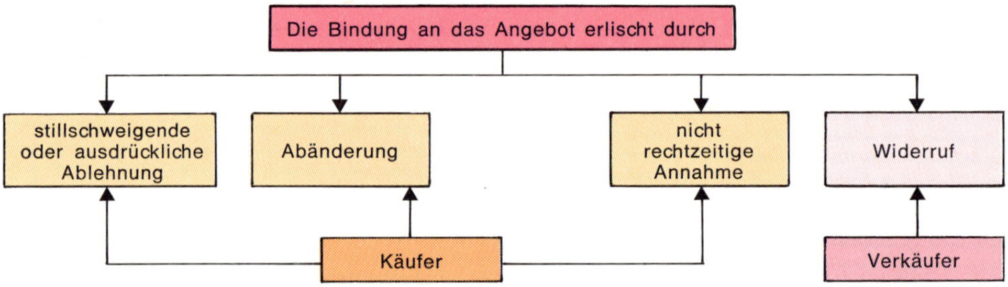


## 6.4.4 Angebotsvergleich

Ein Industriebetrieb benötigt für die Produktion 250 Stück Einbauteile. Es liegen folgende Angebote vor:

| Konditionen | Angebot A | Angebot B |
|---|---|---|
| Preis je Stück | 700,00 DM netto | 800,00 DM netto |
| Zahlungsbedingungen | 10 % Rabatt bei Abnahme von 100 Stück | 10 % Rabatt bei Abnahme von 100 Stück,<br>20 % Rabatt bei Abnahme von 200 Stück |
| | 2 % Skonto bei Zahlung innerhalb von 10 Tagen,<br>30 Tage netto Kasse | 3 % Skonto bei Zahlung innerhalb von 10 Tagen,<br>60 Tage netto Kasse |
| Lieferungsbedingungen | ab Werk | frachtfrei |
| Versandkosten | je Stück:<br>Hausfracht 0,50 DM,<br>Fracht 8,00 DM | je Stück:<br>Hausfracht 0,50 DM |
| Lieferzeit | 14 Tage | 30 Tage |

In die Angebotsanalyse müssen sowohl quantifizierbare als auch nicht quantifizierbare Faktoren einbezogen werden:

| quantifizierbare Größen | nicht quantifizierbare Größen |
|---|---|
| Preis | Qualität |
| Rabatt | Beschaffungsraum |
| Skonto | Produktionskapazität |
| Bezugskosten | Termintreue |
| Verpackungskosten | Service |
| Lieferantenkredit | besondere Vorkommnisse |
| Lieferzeit | |

**Berücksichtigung quantifizierbarer Größen.** Beim Angebotsvergleich ist es notwendig, die verschiedenen Angebotspreise mit ihren unterschiedlichen Konditionen auf den gleichen Nenner zu bringen. Zu diesem Zweck wird tabellarisch ein Preisvergleich vorgenommen.

| | Angebot A | Angebot B |
|---|---|---|
| Listenpreis | 700,00 DM | 800,00 DM |
| ·/. Rabatt | 70,00 DM | 160,00 DM |
| Zieleinkaufspreis | 630,00 DM | 640,00 DM |
| ·/. Skonto | 12,60 DM | 19,20 DM |
| Bareinkaufspreis | 617,40 DM | 620,80 DM |
| + Bezugskosten | 9,00 DM | 0,50 DM |
| Bezugspreis | 626,40 DM | 621,30 DM |
| Kosten des Lieferantenkredits | $\frac{2 \cdot 360}{20} = 36\,\%$ | $\frac{3 \cdot 360}{50} = 21{,}6\,\%$ |
| Lieferzeit | 14 Tage | 30 Tage |

**Berücksichtigung nicht quantifizierbarer Größen.** Die Auswahl des Lieferanten kann nicht nur nach dem günstigsten Preis erfolgen, sondern es müssen auch **nichtpreisliche Faktoren** berücksichtigt werden. Da nichtpreisliche Faktoren kaum quantifizierbar sind, hängt es vom Geschick des Einkäufers ab, ein günstiges Verhältnis zwischen allen Einflußgrößen herzustellen.

In unserem Beispiel ist unterstellt, daß die **Qualitäten** der angebotenen Produkte gleich sind. In der Praxis ist es aber oft so, daß die Qualitäten voneinander abweichen. Da bei vielen Produkten die Qualitätsunterschiede nicht deutlich quantifiziert werden können, behilft man sich mit Punktbewertungsschemata, die verschiedene Qualitätskriterien enthalten.

Wichtig sind z. B.

- die **technische Eignung** des Produktes (z. B. Genauigkeit, Sicherheit, Leistung, Vielseitigkeit, Einfachheit in der Bedienung, Haltbarkeit, Platzbedarf, Festigkeit, Energieverbrauch, Einfachheit in der Montage),
- die **ästhetische Eignung** des Produktes (z. B. Aufmachung, Muster, Verzierungen, Form, Farbe).

Ein scheinbar günstiger Preis darf nicht über die **Leistungsfähigkeit** des Lieferers täuschen. Die Produktionskapazität des Lieferanten ist insofern von Bedeutung, als sie sicherstellen soll, daß dieser auch in der Lage ist, **unsere Bestellung mengen- und qualitätsmäßig zu erfüllen.**

Ein Preis, der zunächst als teuer erscheint, kann ein vergleichbar günstiger sein, wenn er verschiedene **Dienstleistungen** des Lieferanten (z. B. Montage- und Reparaturdienste) umfaßt.

Lieferer mit kurzen **Lieferzeiten** sind in jedem Falle dann zu bevorzugen, wenn z. B. ein unvorhergesehener Zusatzbedarf an Materialien gedeckt werden muß.

Ein günstiger Preis kann uninteressant sein, wenn durch unpünktliche Lieferungen die Produktionspläne zeitlich nicht eingehalten werden können und dadurch außerordentlich hohe Verluste in Kauf genommen werden müssen. Hält der Lieferer seine **Termine genau ein,** können Kostenvorteile im Lager erzielt und eine genaue innerbetriebliche Terminplanung verfolgt werden.

## Zusammenfassung

1. Ermittlung der günstigsten Bezugsquelle
   - innerbetriebliche Informationsquellen
   - außerbetriebliche Informationsquellen
2. Anfragen sind Aufforderungen an den Vertragspartner, ihm ein Angebot zu unterbreiten.
3. Das Angebot sollte enthalten
   - Art, Güte und Beschaffenheit der Ware,
   - Menge,
   - Preis,
   - Lieferungsbedingungen,
   - Lieferzeit,
   - Zahlungsbedingungen.

   → darüber vertragliche Vereinbarungen → darüber gesetzliche Regelungen
4. Gesetzlicher Erfüllungsort ist der Wohnsitz bzw. die gewerbliche Niederlassung des Schuldners. Er bestimmt
   a) den Gefahrenübergang,
   b) den Gerichtsstand,
   c) die Übernahme der Kosten der Versendung.
5. Gibt ein Lieferer ein Angebot ohne Einschränkungen ab, so ist er daran gebunden.
6. **Eigentumsvorbehalt**

| | |
|---|---|
| Wesen | Der Lieferant gewährt einem Kunden ein Zahlungsziel und sichert den Kredit durch einen Eigentumsvorbehalt ab. |
| | Zahlungsziel<br>– Der Kunde kann meist unter Abzug von Skonto bezahlen.<br>– Erst mit dem Ablauf der Skontierungsfrist ist der Kredit verzinslich. |
| | Eigentumsvorbehalt:<br>Besitz und Eigentum klaffen während der Kreditlaufzeit auseinander. |

| Arten | Schutz vor |
|---|---|
| – Einfacher Eigentumsvorbehalt | – Verlust einer Forderung |
| – Erweiterter Eigentumsvorbehalt | – Verlust einer Forderung durch alle gelieferten Waren |
| – Verlängerter Eigentumsvorbehalt mit Verarbeitungsklausel | – Verlust des Eigentums durch eine Verarbeitung der gelieferten Waren durch den Kunden |
| – Verlängerter Eigentumsvorbehalt mit Veräußerungsklausel | – Verlust des Eigentums durch Verkauf der gelieferten Waren durch den Kunden |

7. Keine Bindung an ein Angebot

- durch rechtzeitigen Widerruf des Anbietenden
- durch Freizeichnungsklauseln des Anbietenden
- durch verspätete Annahme

8. Angebotsvergleich unter Berücksichtigung

- quantifizierbarer Größen
- nicht quantifizierbarer Größen

## Aufgaben

1. Welche Bedeutung haben Liefer- und Artikelkartei, und wie lassen sie sich ständig ergänzen?
2. Welche gesetzlichen Regelungen treffen zu
   a) für die Lieferzeit,
   b) für die Transportkosten,
   c) für die Zahlungsbedingungen,
   d) für den Erfüllungsort?
3. Welche vertraglichen Vereinbarungen können über die Liefer- und Zahlungsbedingungen getroffen werden?
4. Was bestimmt das Gesetzbuch?
   a) Die Ware wird auf dem Transport beschädigt.
   b) Wo kann der Käufer klagen, wenn der Lieferer den Kaufvertrag nicht ordnungsgemäß erfüllt?
   c) Wo kann der Lieferer klagen, wenn der Käufer die Ware nicht bezahlt?
   d) Der Käufer zieht sich die Kosten für die Überweisung des Geldbetrages von der Rechnung ab.
5. Der Fuhrpark soll um einen Lkw ergänzt werden. Nach welchen Gesichtspunkten kann der Lieferer ausgewählt werden?
6. Welche rechtliche Bedeutung hat ein bindendes Angebot, das ein Lieferant unterbreitet?
7. Welche Bedeutung haben folgende Freizeichnungsklauseln
   a) „Angebot freibleibend“,
   b) „Preise unverbindlich“,
   c) „solange der Vorrat reicht“?
8. Entwerfen Sie ein Schema für Angebotsvergleiche.
9. Stellen Sie die Allgemeinen Geschäftsbedingungen der Branche Ihres Ausbildungsbetriebes den gesetzlichen Bestimmungen gegenüber.
10. Wie kommt ein Eigentumsvorbehalt zustande?
11. Erläutern Sie den Eigentumsvorbehalt unter rechtlichem Aspekt.
12. Welche Arten des Eigentumsvorbehalts gibt es?
13. Grenzen Sie die einzelnen Arten des Eigentumsvorbehalts gegeneinander ab, und begründen Sie ihre Notwendigkeit.
14. Lesen Sie die Lieferungs- und Zahlungsbedingungen der Robert Müller Fahrrad GmbH, Nürnberg (S. 171).
   a) Welche Arten des Eigentumsvorbehalts werden vereinbart, und wogegen will sich die Firma schützen?
   b) Welche Rechte behält sich die Fahrradfabrik bei Zahlungsverzug vor?
   c) Welche Verpflichtung hat der Käufer beim Wareneingang?

## 6.5 Die betriebliche Abwicklung der Bestellung und des Wareneingangs

### 6.5.1 Die Bestellung

Hat der Einkäufer seine Entscheidung, bei welchem Lieferer zu ordern ist, aufgrund des Angebotsvergleiches getroffen, wird die Bestellung geschrieben. Man verwendet dazu ein betriebsinternes, einheitliches Formular.

| Bestellsatz: | Empfänger | Verwendung |
|---|---|---|
| Original → | Lieferer: | Ausführung der Bestellung |
| Bestell-durchschlag → | Einkauf: | Auftragsbearbeitung (Rückfragen, Änderungen, usw.) und Terminverfolgung |
| Bestell-durchschlag → | Warenannahme: | Information über Eingang der Ware an einem bestimmten Termin |
| Bestell-durchschlag → | bestellende Abteilung (Lager, Disposition): | Information, daß Ware bestellt wurde |
| Bestell-durchschlag → | Rechnungsprüfung: | Prüfung der Eingangsrechnung |

***Rechtlich gesehen ist die Bestellung eine Willenserklärung des Käufers, eine Ware zu bestimmten Bedingungen zu kaufen.***

Wir können dabei von **zwei Situationen** ausgehen:

- **Dem Käufer liegt ein rechtsverbindliches Angebot vor:** Der Kaufvertrag kommt zustande, indem der Käufer die Bedingungen des Angebotes rechtzeitig akzeptiert.
- **Dem Käufer liegt kein rechtsverbindliches Angebot vor** (Bestellung nach Katalog, Preisliste, unverbindlichem Angebot, usw.): Die Bestellung ist der Antrag des Käufers zum Abschluß eines Kaufvertrages. Dieser kommt durch eine rechtzeitige, unveränderte Auftragsbestätigung zustande.

Ändert der Käufer in seiner Bestellung die Bedingungen des Angebots ab, so gilt die Bestellung als ein **neuer Antrag.** Im übrigen gelten die gleichen Rechtsvorschriften wie beim Angebot:

- Die Bestellung ist an keine Formvorschriften gebunden.
- Die Bestellung ist eine **empfangsbedürftige Willenserklärung;** ihre Rechtswirkung tritt also erst ein, wenn sie dem Verkäufer zugeht. Der Käufer ist dann an die Bestellung **gebunden.** Das bedeutet auch, daß ein Widerruf spätestens gleichzeitig mit der Bestellung beim Verkäufer eintreffen muß.



3992182

## 6.5.2 Die Auftragsbestätigung

Ist ein Kaufvertrag durch Angebot und Annahme des Angebotes zustande gekommen, so bestätigt in den meisten Fällen der Lieferant den Liefervertrag und faßt die Vereinbarungen noch einmal zusammen. Die Auftragsbestätigung dient dann als **Beweismittel** über den Vertragsinhalt. Der Empfänger der Auftragsbestätigung sollte prüfen, ob diese mit der aufgegebenen Bestellung übereinstimmt. In manchen Fällen weichen sie voneinander ab. Der Käufer muß dann Widerspruch erheben, wenn er mit den abweichenden Bedingungen nicht einverstanden ist. Sein Schweigen wird als **Zustimmung** gewertet. Dasselbe gilt auch dann, wenn die Lieferungs- und Zahlungsbedingungen dem Käufer erst mit der Auftragsbestätigung (z. B. auf der Rückseite) mitgeteilt werden.

Wie erwähnt, kann daneben die Auftragsbestätigung die **Annahme des Vertragsantrages** (z. B. Angebot, Bestellung) bedeuten und somit den Kaufvertrag zustande bringen. Man spricht in diesem Fall von **Bestellungsannahme.**

Die Auftragsbestätigung ist unerläßlich, wenn

- der Bestellung kein Angebot voranging,
- das Angebot freibleibend war,
- die Bestellung auf ein an sich verbindliches Angebot zu spät erfolgte.

## 6.5.3 Die Überwachung des Lieferungstermins

Sie erfolgt meist durch den Einkäufer, um

- Verzögerungen in der Fertigung zu vermeiden,
- zu verhindern, daß wir unseren Kunden gegenüber in Lieferungsverzug geraten,
- Konventionalstrafen zu vermeiden,
- nicht im Falle des Lieferungsverzugs verschärft unseren Kunden gegenüber haften zu müssen.

Als **Hilfsmittel** zur Terminüberwachung kommen in Betracht:

- Der **Terminkalender:** Der Wareneingang wird beim voraussichtlichen Liefertermin vermerkt. Kleine Betriebe bzw. Betriebe, die nur selten Materialien kaufen, kommen mit dem Terminkalender aus.
- Das **Bestellbuch:** Alle Bestellungen werden mit einer laufenden Nummer erfaßt und im Bestellbuch eingetragen.
- Die **Bestellkartei:** Diese ist entweder nach Warenarten oder nach Lieferanten geordnet. Die Bestellung wird auf der Karte notiert und diese mit einem farblich gekennzeichneten Terminreiter versehen.
- Die **Ablage** der Bestellzettel in Terminmappen, -karteien oder -schränken. Die Ablage erfolgt nach Tages-, Wochen- oder Monatseinteilung.

Um Lieferanten wichtiger Güter von vornherein zur Einhaltung der Liefertermine zu veranlassen, wird in der Praxis häufig die Zahlung einer **Vertragsstrafe** (Konventionalstrafe) vereinbart.

## 6.5.4 Mit dem Wareneingang verbundene Arbeiten

Verfolgen wir die einzelnen Schritte beim Wareneingang:

**Prüfung der Sendung**
- Stimmt die Adresse, gibt es eine Bestellung (Bestelldurchschlag)?
- Zählung der Anzahl der Stücke (Pakete, Container usw.), Prüfung der Begleitpapiere (Frachtbrief, Lieferschein, Paketkarte).
- Ist die Außenverpackung unverletzt? Beschädigungen bestätigen lassen!
- Empfang quittieren.

**Prüfung der Ware**
- Ware auspacken: beschädigte Verpackung als Beweis aufbewahren, Leihverpackungen registrieren.
- Weitergabe der Ware an die Materialprüfstelle zur Warenprüfung.
- Prüfbericht an Einkauf (eventuell wegen Mängelrüge).

**Erfassung des Wareneingangs**
- Eintragung ins Wareneingangsbuch.
- Erstellung des Wareneingangsscheines.
- Weitergabe von Durchschlägen an
  — bestellende Abteilung (Ware ist da!),
  — Rechnungsprüfung,
  — Einkauf (Erledigung in Terminüberwachung).

## 6.5.5 Die Rechnungsprüfung

Die Rechnungsprüfung obliegt meistens der Buchhaltung und ist die letzte Stufe vor der Freigabe der Rechnung zur Zahlung.

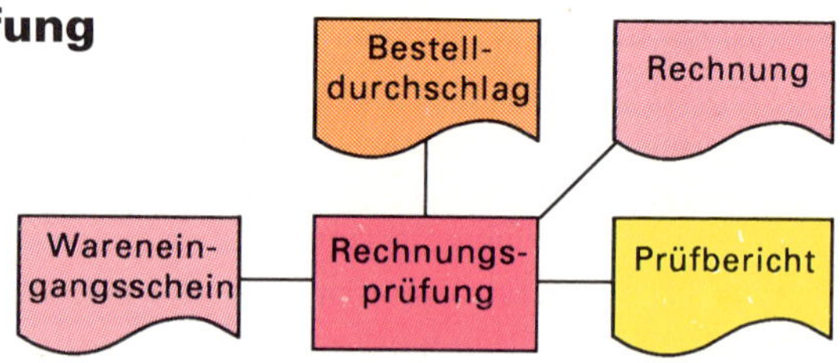


**Vor der Bezahlung** der Rechnung ist im einzelnen zu prüfen, ob

- und bis wann Skonto abgezogen werden kann (Eingangsstempel),
- es sich um Privat- oder Firmenrechnungen handelt (Bestelldurchschlag),
- die Rechnung schon einmal bezahlt wurde,

- die Ware schon eingegangen ist (Wareneingangsschein),
- die Ware mängelfrei ist (Prüfbericht),
- die Rechnung rechnerisch stimmt,
- Gutschriften zum Aufrechnen vorhanden sind.

Nach der Prüfung der Rechnung wird diese zur Zahlung angewiesen. Dazu ist sie auf Termin zu legen, da erst bei Fälligkeit bezahlt werden muß.

## Zusammenfassung

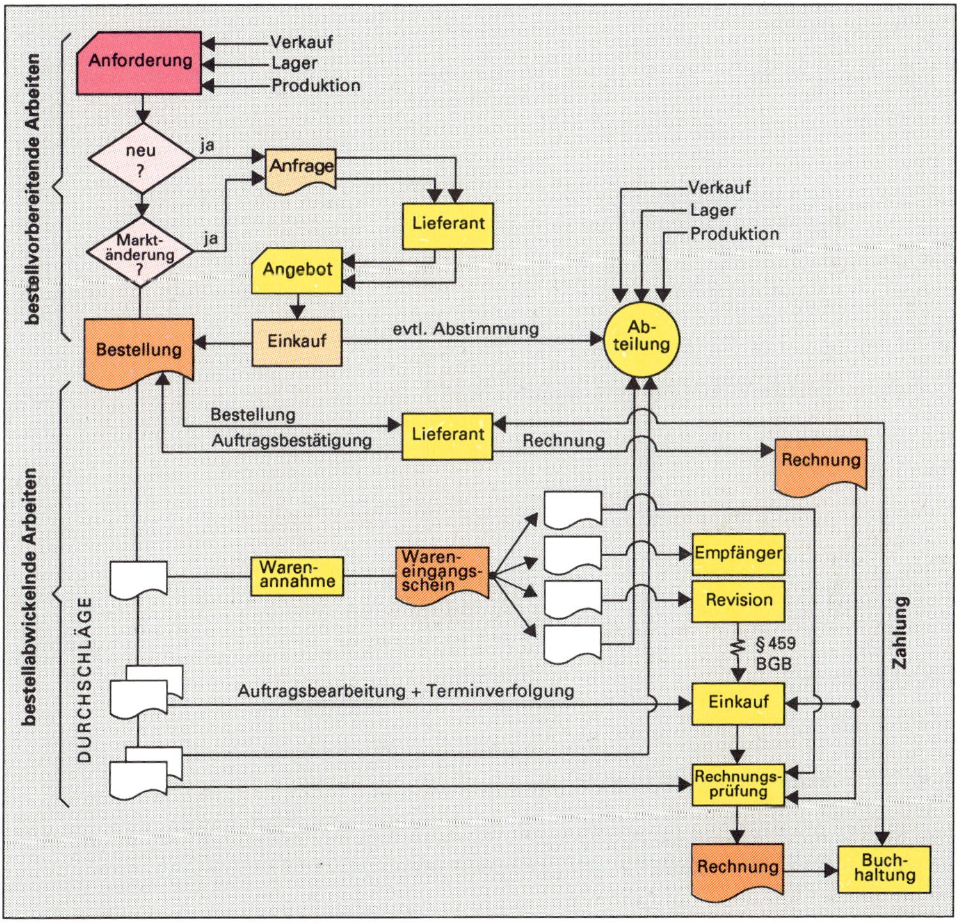


## Aufgaben

1. Beschaffen Sie sich einen Bestellsatz Ihres Betriebes und ermitteln Sie, für welche Abteilungen Bestelldurchschläge benötigt werden. Wozu werden die Bestelldurchschläge verwendet?
2. Welche Mittel hat der Einkäufer, den Wareneingang terminlich zu überwachen?
3. Stellen Sie die Arbeiten beim Wareneingang in Ihrem Ausbildungsbetrieb in einer Übersicht dar (zeitliche Reihenfolge).
4. Mit welchen Belegen wird die Eingangsrechnung abgestimmt, und welche Gründe sind dafür maßgebend?

## 6.6 Vertragsverletzungen

***Störungen bei der Erfüllung des Kaufvertrages treten auf, wenn einer der Vertragspartner seine Pflichten nicht ordnungsgemäß erfüllt.***

Nach der Pflicht, die verletzt wird, unterscheiden wir folgende **Störungen:**

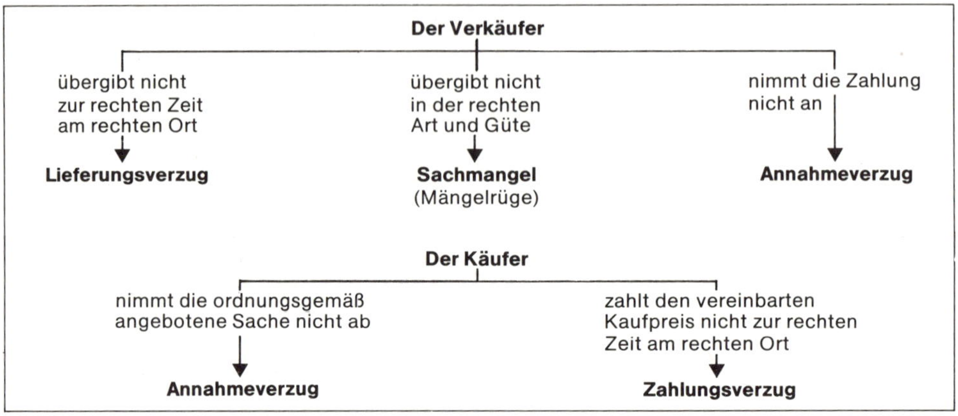


### 6.6.1 Sachmängel (Mängelrüge)

Bei der Haftung für Mängel muß man nach der **Rechtsgrundlage** folgende Fälle unterscheiden:

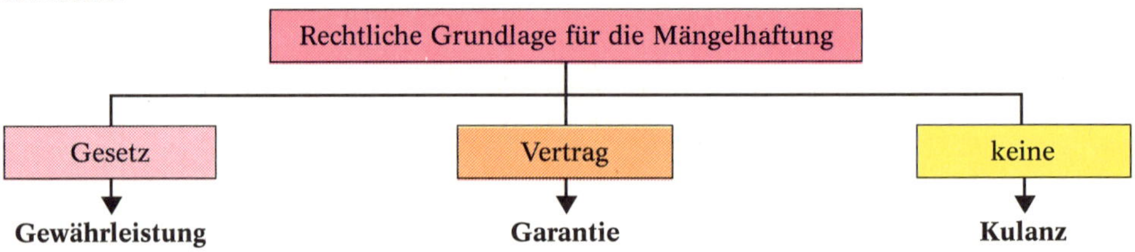


#### 6.6.1.1 Gewährleistung

***Der Verkäufer einer Sache haftet dem Käufer, wenn die gekaufte Sache zum Zeitpunkt des Gefahrenübergangs mit Mängeln behaftet ist. (§ 459 BGB)***

Der Sachmangel muß zum **Zeitpunkt des Gefahrenübergangs** vorliegen.

***Unter Gefahrenübergang versteht man den Zeitpunkt, an dem die Gefahr***
- ***des zufälligen Untergangs und***
- ***der zufälligen Verschlechterung der Sache***

***vom Verkäufer auf den Käufer übergeht.***

Ab dem Gefahrenübergang muß der Käufer die Sache bezahlen, auch wenn diese z. B. zerstört worden ist. Die **Gefahr geht über**

- bei Sachen mit der **Übergabe** (§ 446 Abs. 1 BGB);



3992186

- bei **Grundstücken** mit der **Eintragung ins Grundbuch,** wenn diese vor der Übergabe erfolgt (§ 446 Abs. 2 BGB);
- beim **Versendungskauf** mit der **Übergabe an den Spediteur, Frachtführer** usw. (§ 447 BGB).

***Die Sache muß mit einem Fehler (Mangel) behaftet sein. (§ 459 Abs. 1 BGB)***

Ein Mangel liegt vor, wenn die Ware mit Fehlern behaftet ist, die

- den Wert oder die Tauglichkeit
- zu dem gewöhnlichen oder nach dem Vertrag vorausgesetzten Gebrauch

aufheben oder mindern.

**Beispiele:** *schimmeliges Brot, Kfz-Hebebühne mit einer bestimmten Hubkraft, Hausschwamm in einem Haus*

- ***Der Mangel muß erheblich sein. (§ 459 Abs. 1 BGB)***
- ***Der Mangel kann im Fehlen einer zugesichterten Eigenschaft bestehen. (§ 459 Abs. 2 BGB)***

- Eine **erhebliche Minderung** des Wertes oder der Tauglichkeit liegt vor, wenn der Käufer den Mangel mit eigenen Mitteln nicht ohne weiteres beheben kann.
- Eine **Eigenschaft** ist dann als **zugesichert** anzusehen, wenn sie Bestandteil des Kaufvertrages ist.

Sind die Voraussetzungen der Mängelhaftung erfüllt, so hat der **Käufer** folgende **Rechte (Gewährleistungsansprüche):**

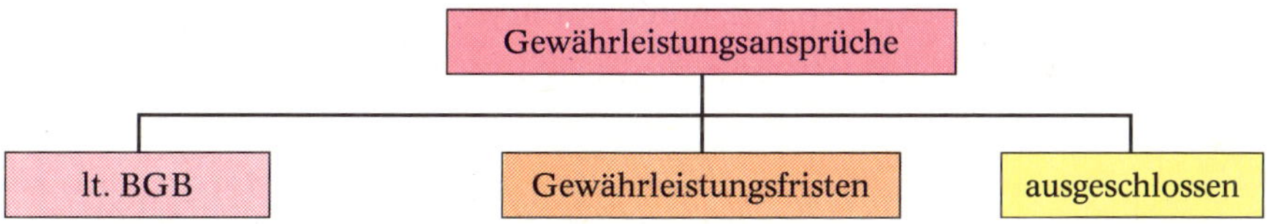


lt. BGB:
- Wandelung
- Minderung
- Schadensersatz wegen Nichterfüllung
- Umtausch

ausgeschlossen:
- durch Gesetz
- durch Vertrag
- durch Rechtsprechung

- **Wandelung** (§§ 462, 480 Abs. 1 BGB): Er kann vom Vertrag zurücktreten.
- **Minderung** (§§ 462, 480 Abs. 1 BGB): Er kann eine angemessene Herabsetzung des Kaufpreises verlangen (Preisnachlaß).
- **Schadensersatz wegen Nichterfüllung** (§§ 463, 480 Abs. 2 BGB): Dieses Recht kann der Käufer wahrnehmen, wenn
  - der Sache eine zugesicherte Eigenschaft fehlt,
  - der Verkäufer einen Mangel arglistig verschwiegen hat oder
  - die Sache vom Muster oder einer Probe abweicht (§ 494 BGB).
- **Umtausch (Nachlieferung)** (§ 480 Abs. 1 BGB): Bei **Gattungsschulden** kann der Käufer die Neulieferung einer mangelfreien Sache verlangen.

Handelt es sich um **unbedeutende Fehler,** deren Beseitigung dem Vertragspartner zugemutet werden kann, so können nach der Rechtsprechung sowohl Verkäufer als auch Käufer anstelle der genannten Rechte eine **Nachbesserung** (Reparatur) verlangen.

***Die Rechte aus der Sachmängelhaftung müssen innerhalb einer Verjährungsfrist geltend gemacht werden.***

Die Verjährungsfristen **(Gewährleistungsfristen)** betragen

- bei beweglichen Sachen sechs Monate ab der Ablieferung;
- bei Gebäuden ein Jahr ab der Übergabe (§ 477 Abs. 1 BGB);
- bei arglistiger Täuschung 30 Jahre (§ 195 BGB).

***Unter bestimmten Bedingungen ist es ausgeschlossen, Rechte aus der Sachmängelhaftung geltend zu machen.***

Die Geltendmachung der Rechte ist in folgenden Fällen ausgeschlossen:

- Der **Käufer kennt** den Mangel **bei Vertragsabschluß** (§ 460 BGB).
- Der **Käufer weiß,** daß die Sache mangelhaft ist, und **nimmt sie ohne Vorbehalt an** (§ 464 BGB).
- Die Sache wird im Rahmen einer **öffentlichen Versteigerung** gekauft (§ 461 BGB).
- Die Sache wurde durch einen **Ramschkauf** erworben. Unter einem Ramschkauf (Kauf en bloc, Kauf in Bausch und Bogen) versteht man einen Kauf, durch den verschiedene Waren zu einem Pauschalpreis gekauft werden. Für die einzelne Sache wird keine bestimmte Qualität garantiert.

**Beispiele:** *Kauf einer Briefmarkensammlung, Kauf einer Bibliothek, Kauf einer Schallplattensammlung.*

Häufig werden aber die gesetzlichen Gewährleistungsansprüche durch die Allgemeinen Geschäftsbedingungen ausgeschlossen und durch das Recht auf **Nachbesserung** (Reparatur) ersetzt, das aus dem Werkvertragsrecht stammt (§ 633 BGB). Für diesen Fall bestimmt das BGB:

***Der zur Nachbesserung verpflichtete Verkäufer hat die zum Zwecke der Nachbesserung erforderlichen Aufwendungen zu tragen. (§ 476 a BGB)***

Dies gilt insbesondere für die anfallenden Transport-, Wege-, Arbeits- und Materialkosten. Wurde durch die Verwendung Allgemeiner Geschäftsbedingungen die **Nachbesserung anstelle von Wandelung und Minderung** vereinbart, so bedeutet dies für den **Endverbraucher als Käufer** nicht, daß er sich mit einer endlosen Zahl von Reparaturen abfinden muß:

***Bleibt die Nachbesserung erfolglos, so lebt das Recht auf Wandelung oder Minderung wieder auf. (§ 11 Satz 10 b AGB-Gesetz)***

**Beispiel:** *Ein neu gekauftes Farbfernsehgerät wird nach kurzer Benutzungsdauer defekt. Mehrmalige Reparaturen (in der Regel sind zwei Versuche zumutbar) bleiben erfolglos. Der Käufer hat nun das Recht, von sich aus Wandelung oder Minderung zu verlangen.*

***Das gleiche gilt, wenn durch die Verwendung Allgemeiner Geschäftsbedingungen eine Ersatzlieferung (Umtausch) anstelle von Wandelung oder Minderung vereinbart wurde. (§ 11 Satz 10 b AGB-Gesetz)***

Für den **zweiseitigen Handelskauf** gelten zusätzlich folgende gesetzliche Regelungen:

**Besonderheiten beim zweiseitigen Handelskauf**

| Sonderpflichten des Kaufmanns | Erkennbarkeit des Mangels | Art des Mangels | Sonstiges |
|---|---|---|---|
| – Untersuchen<br>– Rügen<br>– Aufbewahren | – offen<br>– versteckt | – Qualität<br>– Quantität<br>– Gattung | – Selbsthilfeverkauf<br>– Vertragsfreiheit |

***Kaufleute müssen die eingegangene Ware***
- ***unverzüglich nach ihrem Eingang untersuchen,***
- ***Mängel unverzüglich nach ihrer Entdeckung rügen. (§ 377 HGB)***

**Unverzüglich** bedeutet **ohne schuldhaftes Zögern** (§ 121 BGB), d. h. Verzögerungen dürfen nicht durch den Kaufmann oder seine Erfüllungsgehilfen verschuldet sein:

- Der Kaufmann muß die abgelieferte Ware unverzüglich auf Mängel hin untersuchen, soweit dies nach ordnungsgemäßem Geschäftsgang möglich ist **(kaufmännische Untersuchungspflicht).**
- Hat er einen Mangel entdeckt, so muß er diesen unverzüglich rügen **(kaufmännische Rügepflicht).** Unterläßt er die Mängelrüge, so verliert er seine Gewährleistungsansprüche.

Allerdings nennt das Gesetz einige **Ausnahmen** von der **Rügepflicht:**

- Die Sachmängelhaftung wurde zwischen Kaufleuten **vertraglich ausgeschlossen** (§§ 476 BGB, 11 AGB-Gesetz).
- Sie findet keine Anwendung, wenn der Verkäufer den **Mangel arglistig verschwiegen** hat (§ 377 Abs. 5 HGB).
- Bei **versteckten Mängeln** muß die Mängelrüge **unverzüglich nach ihrer Entdekkung,** jedoch innerhalb der jeweiligen Verjährungsfrist, erfolgen (§ 377 Abs. 2 und 3 HGB).
- Bei **genehmigungsfähigen Quantitäts- und Gattungsschulden entfällt** die Rügepflicht (§ 378 HGB).

***Je nachdem, ob ein Mangel bei der Wareneingangskontrolle erkennbar ist oder nicht, unterscheidet man zwischen offenen und versteckten Mängeln. (§ 377 Abs. 2 HGB)***

- **Offene Mängel:** Sie sind für jedermann sofort erkennbar (z. B. zerbrochenes Porzellan) und unverzüglich nach der Wareneingangskontrolle zu rügen (§ 377 Abs. 1 HGB).
- **Versteckte Mängel:** Sie stellen sich erst später heraus (z. B. Materialbruch nach längerem Gebrauch einer Maschine) und sind unverzüglich nach ihrer Entdeckung zu rügen (§ 377 Abs. 3 HGB). Dabei ist die Verjährungsfrist zu beachten.

***Je nachdem, wie die gelieferte von der bestellten Ware abweicht, unterscheidet man zwischen Qualitäts-, Quantitäts- und Gattungsmängeln. (§§ 459 BGB, 377, 378 HGB)***

- Mangel in der Güte und Beschaffenheit **(Qualitätsmangel):** Es wurden **Waren anderer Qualität** geliefert; die gelieferte Ware weist **erhebliche Fehler** auf (z. B. Webfehler, Funktionsfehler, Bruchstellen); der Ware **fehlt** eine **zugesicherte Eigenschaft** (farbecht, bügelfrei, eine bestimmte kW-Leistung usw.).
- Mangel in der Art **(Gattungsmangel):** Es wurde eine andere Ware geliefert als bestellt (Eisenblech statt Stahlblech).
- Mangel in der Menge **(Quantitätsmangel):** Es wurde von der richtigen Ware zu viel oder zu wenig geliefert.

Unter **genehmigungsunfähig** versteht man solche Gattungs- und Quantitätsmängel, die offensichtlich und erheblich sind (z. B.: Statt 100 Flaschen Beerenauslese wurden 100 Flaschen Tafelwein geliefert. Statt der bestellten 1000 Motoren wurden nur 100 Stück geliefert.). Bei **genehmigungsunfähigen Gattungs- und Quantitätsmängeln** stehen dem Käufer die **Rechte aus dem Lieferungsverzug** zu.

***Hat der Kaufmann einen Mangel gerügt, so muß er die beanstandete Ware aufbewahren, bis ihm der Verkäufer eine Weisung über ihre weitere Behandlung erteilt. (§ 379 Abs. 1 HGB)***

Dies bedeutet: Bei einem **Versendungskauf** kann der Käufer die mangelhafte Ware nicht einfach zurücksenden, er muß vielmehr die Entscheidung des Verkäufers abwarten **(kaufmännische Aufbewahrungspflicht).** Bis zum Eintreffen der Weisung muß er die Ware in seinem Betrieb oder bei einem Dritten (z. B. einem Lagerhalter) ordnungsgemäß einlagern. Die Kosten trägt der Verkäufer.

Handelt es sich um eine **verderbliche Ware,** die zu verderben droht, so kann der Kaufmann die Ware im Rahmen des **Selbsthilfeverkaufs** (siehe S. 197)

- öffentlich versteigern lassen **(öffentliche Versteigerung)**
- oder freihändig verkaufen, sofern die Ware einen Börsen- oder Marktpreis hat **(Notverkauf,** §§ 373, 379 HGB).

Viele **Käufer** werden von sich aus auf die ihnen zustehenden Rechte verzichten, wenn sie die Fehler durch **Nacharbeit** im eigenen Betrieb beheben können. Allerdings werden sie vom Lieferanten den Ersatz der ihnen dadurch entstehenden Kosten verlangen.

Während die Gewährleistungsansprüche von Privatleuten durch das AGB-Gesetz (insbesondere § 11 Satz 10) geschützt sind, herrscht zwischen **Kaufleuten** der Grundsatz der Vertragsfreiheit:

- In den Verkaufsbedingungen werden sie durch Freizeichnungsklauseln beschränkt oder ausgeschlossen.
- In den Einkaufsbedingungen werden sie erweitert.

Das bedeutet:

***Bevor ein Kaufmann Gewährleistungsansprüche geltend macht, muß er feststellen, ob er gesetzliche und/oder vertragliche Ansprüche hat.***



3992190

### 6.6.1.2 Garantie

Im Zusammenhang mit der Gewährleistung wird häufig der Begriff „**Garantie**" verwendet:

***Unter Garantie versteht man vertragliche Verpflichtungen, durch die der Verkäufer über die gesetzlichen Gewährleistungsansprüche hinaus haftet.***

Der Verkäufer verpflichtet sich z. B.

- zur Nachbesserung neben den gesetzlichen Gewährleistungsansprüchen,
- zu einer grundsätzlichen Verlängerung der Gewährleistungspflicht (§ 477 BGB).
- zu einer teilweisen Verlängerung der Gewährleistungspflicht.
- zu einem grundsätzlichen Umtauschrecht des Kunden.

Mit diesen Maßnahmen erhofft sich der Verkäufer eine Hilfe beim Verkauf seiner Produkte.

Häufig handelt es sich bei der Garantie um eine **Produzentengarantie:** Der Hersteller legt dem Produkt, das dann von einem Händler weiterverkauft wird, einen **Garantieschein** bei. Der Käufer hat damit gegen zwei Personen einen Anspruch: den Verkäufer (z. B. einen Einzelhändler) und den Hersteller. Meist bedient sich der Produzent seines Vertragsunternehmens, um seine Garantieverpflichtungen zu erfüllen.

**Beispiel:** *In der Automobilindustrie erhalten die Vertragshändler eine Garantiepauschale vom Hersteller, aus der sie ihre Aufwendungen für Gewährleistungen decken.*

***Auf die Gewährleistung und die Garantie hat der Käufer einen gesetzlichen bzw. vertraglichen Anspruch, den er notfalls gerichtlich durchsetzen kann.***

### 6.6.1.3 Kulanz

Im Gegensatz dazu steht die Kulanz:

***Unter Kulanz versteht man freiwillige Leistungen des Verkäufers, die über die gesetzlichen Gewährleistungsverpflichtungen und/oder vertraglichen Garantieverpflichtungen hinausgehen.***

**Beispiele:** *Kurz nach Ablauf der Gewährleistungsfrist repariert ein Fernsehgerätehändler ein Farbfernsehgerät kostenlos.*

*Ein Textilhändler tauscht einwandfreie Pullover, die der Kunde in falscher Größe gekauft hat, um.*

Ein Verkäufer, der seinen Kunden gegenüber kulant ist, erhofft sich von seinem Verhalten eine Vergrößerung seines Absatzes. Gegenüber Stammkunden wird – häufig auch in ungerechtfertigten Fällen – Kulanz geübt, um den Kunden zu erhalten:

**Beispiel:** *Der Hersteller tauscht ein Maschinenteil kostenlos aus, obwohl es durch eine unsachgemäße Behandlung seitens des Kunden beschädigt wurde.*

## Zusammenfassung

**Sachmängelhaftung**

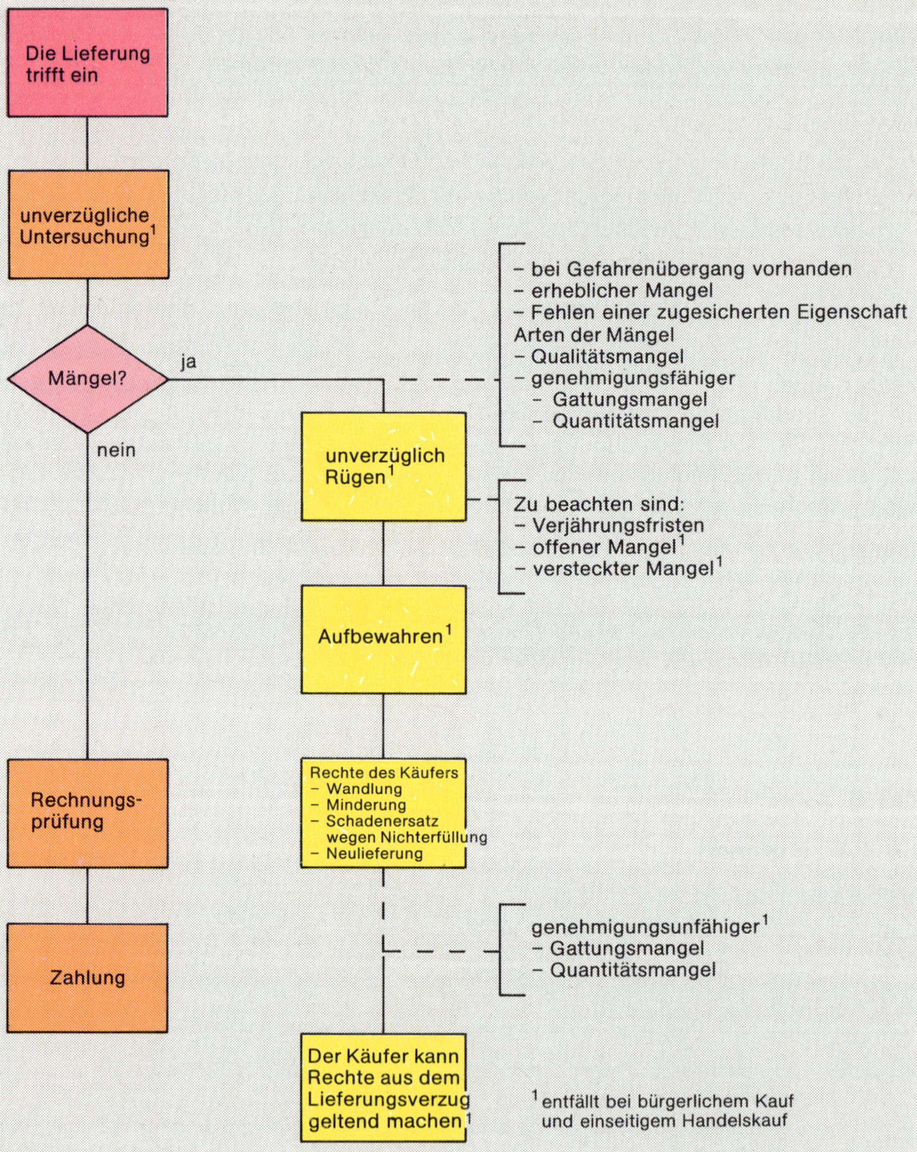


| | |
|---|---|
| Nachbesserung: | Sie wird häufig anstelle von Wandelung und Minderung durch die Verwendung Allgemeiner Geschäftsbedingungen vereinbart. |
| Garantie: | Vertraglich vereinbarte Erweiterung der gesetzlichen Sachmängelhaftung. |
| Kulanz: | Freiwillige Leistungen über die Sachmängelhaftung hinaus. |



3992192

## Aufgaben

1. Eine Konservenfabrik liefert der Kantine einer Maschinenfabrik 500 Wurstkonserven, garantiert einwandfrei. Welche Rechte stehen dem Käufer zu und welche wird er zweckmäßigerweise in Anspruch nehmen, wenn der Inhalt der Konserven verdorben ist?
2. Eine Ziegelei kauft für die Herstellung von Ziegeln einen Ofen. Bei Inbetriebnahme stellt sich heraus, daß der Ofen nicht die vom Hersteller zugesicherte Anzahl von Ziegeln produziert. Von welchen Rechten macht die Ziegelei Gebrauch, wenn
   a) der Kaufpreis günstig ist und inzwischen Preissteigerungen eingetreten sind,
   b) dem Käufer inzwischen günstigere Angebote vorliegen,
   c) der Mangel leicht zu beheben ist,
   d) der Käufer durch die geringere Fertigungsquote Absatzverluste erlitten hat?
3. Welche Rechte stehen der Ziegelei zu, wenn der Lieferer in seinen Geschäftsbedingungen die gesetzlichen Gewährleistungsrechte ausschließt und nur zur kostenlosen Reparatur bereit ist? Wie liegt der Fall, wenn die Reparatur zu keinem Ergebnis führt?
4. Ein Lieferer schließt in seinen Geschäftsbedingungen die gesetzlichen Gewährleistungsrechte aus. Statt dessen bietet er 12 Monate Garantie. Wird der Käufer besser- oder schlechtergestellt?
5. Welche Voraussetzungen gelten für die Sachmängelhaftung?
6. Welche Rechte hat der Käufer bei der Lieferung mangelhafter
   a) Stückschulden,
   b) Gattungsschulden?
7. Welche Arten von Mängeln kann man unterscheiden?
8. Was versteht man unter genehmigungsunfähigen Mängeln?
9. Welche besonderen Pflichten muß der Kaufmann im Zusammenhang mit der Gewährleistung erfüllen?
10. Welche Bedeutung haben die Gewährleistungsfristen für den
    a) Kaufmann,
    b) Nichtkaufmann
    bei offenen und versteckten Mängeln?
11. Wann spricht man von einer zugesicherten Eigenschaft?
12. Grenzen Sie die Begriffe Gewährleistung, Garantie und Kulanz voneinander ab.
13. Was versteht man unter Nachbesserung?
14. Wie schützt das AGB-Gesetz Privatleute vor einer Einschränkung der Sachmängelhaftung?
15. Vergleichen Sie die Gewährleistungsbedingungen Ihres Ausbildungsbetriebes mit den gesetzlichen Vorschriften.
16. Vergleichen Sie die folgenden Gewährleistungsbedingungen mit den gesetzlichen Vorschriften.

**Gewährleistung**

1. Für die umstehend aufgeführten Gegenstände leistet der Verkäufer Gewähr in der Weise, daß Schäden an diesen Gegenständen, die innerhalb der Gewährleistungsfrist gemeldet werden und auf Werksfehler zurückzuführen sind, nach seiner Wahl durch Nachbesserung oder Ersatzlieferung unentgeltlich behoben werden.
   Die Gewährleistungsfrist beträgt für Hausgeräte 12 Monate; für Geräte der Unterhaltungselektronik 6 Monate. Maßgebend für den Beginn der Frist ist das Datum des Liefernachweises.

2. Beanstandungen wegen erkennbarer Mängel oder wegen erkennbar unvollständiger oder unrichtiger Lieferung sind spätestens 8 Tage nach Empfang, andere Mängel unverzüglich nach Ihrer Entdeckung vorzubringen.
3. Kundendienstbesuche und Instandsetzungen am Aufstellungsort kommen nur für stationär betriebene (feststehende) Großgeräte, bei Geräten der Unterhaltungselektronik nur für Fernsehgeräte in Betracht. Andere Geräte, für die unentgeltliche Nachbesserung verlangt wird, sind der nächstgelegenen Kundendienststelle oder Vertragswerkstatt zu übergeben oder einzusenden.

   Ersetzte Teile gehen in das Eigentum des Verkäufers über.
4. Sollte die Nachbesserung vom Verkäufer abgelehnt, unzumutbar verzögert werden oder wiederholt erfolglos geblieben sein, kann der Käufer Ersatzlieferung verlangen. Sollte auch diese abgelehnt werden oder mangelhaft sein, kann der Besteller Rückgängigmachung des Vertrages (Wandelung) oder Herabsetzung des Liefer-/Leistungs-Entgelts (Minderung) verlangen.
5. Zur Geltendmachung eines Gewährleistungsanspruches ist der Rechnungsbeleg oder Liefernachweis vorzulegen.
6. Eine Zurückhaltung von Zahlungen sowie eine Aufrechnung gegen die Zahlungsforderung des Verkäufers ist nur zulässig, wenn der Mangel rechtskräftig festgestellt oder anerkannt ist.

### 6.6.2 Lieferungsverzug

***Durch den Kaufvertrag wird der Verkäufer verpflichtet, die bestellten Waren zur rechten Zeit am rechten Ort zu übergeben.***

Kommt er dieser Pflicht nicht nach, so gerät er in den **Lieferungsverzug.**

***Die Voraussetzungen für den Lieferungsverzug sind***
- ***Fälligkeit der Leistung,***
- ***Mahnung durch den Käufer,***
- ***Verschulden des Verkäufers.***

**Fälligkeit der Leistung** (§ 284 BGB)

Es sind zwei unterschiedliche Situationen zu beachten:

- Der Liefertermin steht kalendermäßig fest **(Termingeschäft):** z. B. Lieferung am 12.08.1992, lieferbar eine Woche vor Ostern.
- Der Liefertermin steht kalendermäßig nicht fest: z. B. Lieferung frühestens im September, lieferbar ab Ostern, Lieferung sofort.

**Mahnung** (§ 284 BGB)

Der Käufer muß die Leistung bei oder nach **Eintritt der Fälligkeit** angemahnt haben. Die Pflicht zur Mahnung **entfällt** bei

- **Termingeschäften** (§ 284 Abs. 2 BGB),
- **Selbstinverzugsetzung des Verkäufers** (§ 242 BGB): Der Verkäufer erklärt, daß er nicht liefern kann oder will,
- **Parteivereinbarung:** Im Kaufvertrag wurde der Wegfall der Mahnung vereinbart.

**Verschulden** (Vertretenmüssen, § 285 HGB)

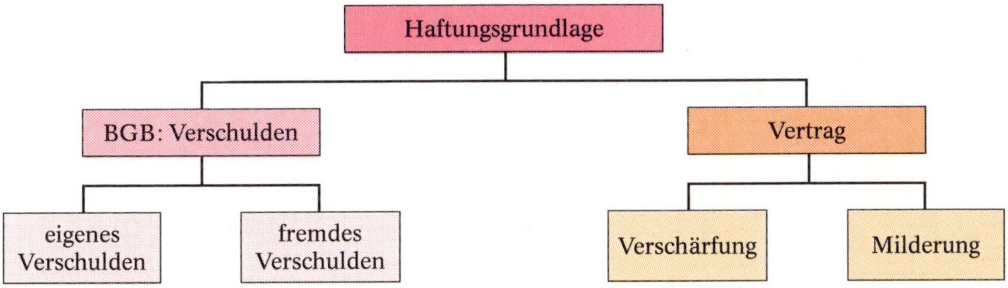


- leichte Fahrlässigkeit
- grobe Fahrlässigkeit
- Vorsatz

Das BGB unterscheidet folgende **Abstufungen des Verschuldens** (§ 276 BGB):

- **Leichte Fahrlässigkeit:** Es wird die im Verkehr erforderliche Sorgfalt außer acht gelassen.
- **Grobe Fahrlässigkeit:** Es wird in grober Weise gegen die Sorgfaltspflicht verstoßen.
- **Vorsatz:** Der Handelnde verstößt bewußt gegen das Recht und will den Schadenseintritt herbeiführen.

Die sich aus dem Verschulden ergebende **Haftung** kann **verschärft** werden durch

- **Vertrag:** (z. B.: „Der Verkäufer übernimmt jede Haftung einschließlich der für höhere Gewalt.").
- **Gesetz:** Der Verkäufer haftet
  - nicht nur für **eigenes Verschulden** (§ 276 BGB),
  - sondern auch für das **Verschulden seines Erfüllungsgehilfen** (§ 278 BGB). Darunter versteht man Personen, deren sich der Verkäufer zur Erfüllung seiner Verpflichtungen bedient (z. B. Mitarbeiter im Versand).

Die **Haftung** kann **gemildert** werden durch einen Vertrag mit Hilfe von **Freizeichnungsklauseln** (z. B.: „Der Verkäufer haftet nur für Vorsatz."). Allerdings ist in diesem Fall das AGB-Gesetz zu beachten.

Die Voraussetzung des Verschuldens **entfällt bei Gattungsschulden;** sie ist nur bei **Stückschulden** notwendig.

***Der Lieferungsverzug hat zur Folge, daß***
- ***die Haftung des Verkäufers auf den Zufall ausgedehnt wird (§ 287 BGB),***
- ***der Käufer einen Anspruch auf Lieferung (Erfüllung) hat,***
- ***der Käufer neben der Erfüllung auch den Ersatz des Verzugsschadens verlangen kann.***

**Haftung für Zufall** (§ 287 BGB)

Durch die Ausdehnung auf den Zufall wird die Haftung des Verkäufers gesetzlich verschärft. Zufall liegt vor, wenn der vertragswidrige Zustand (z. B. Beschädigung oder Vernichtung der Ware) ohne Verschulden des Verkäufers herbeigeführt wurde. Es ist allerdings notwendig, daß das schädigende Ereignis (z. B. ein Brand) zu einem Zeitpunkt stattgefunden hat, in dem sich der Verkäufer bereits im Verzug befand.

**Anspruch auf Erfüllung** (§ 433 BGB)

Der Lieferungsverzug ändert nichts daran, daß der Verkäufer die Sache liefern muß.

**Anspruch auf Erfüllung und Ersatz des Verzugsschadens** (§ 286 Abs. 1 BGB)

Der Käufer wird **auf der Lieferung bestehen,** weil z. B.

- inzwischen bei anderen Lieferanten höhere Preise gelten,
- es sich bei der bestellten Ware um eine Spezialanfertigung handelt,
- andere Lieferanten lange Lieferfristen haben,
- der Lagerbestand zur Neige geht,
- die Beschaffung der Ware anderweitig nicht möglich ist.

Daneben kann er den Ersatz des Schadens verlangen, der ihm durch den Verzug entstanden ist **(Verzugsschaden).** Dieser umfaßt alle Vermögensnachteile, die dem Käufer durch den Verzug entstanden sind. Der Käufer muß den Schaden durch eine **Schadensberechnung** nachweisen:

- **Konkreter** (tatsächlicher) **Schaden** (§§ 249, 251 BGB): z. B. Kosten bei anderweitiger Eindeckung (Deckungskauf); Vertragsstrafen, da er selbst in Lieferungsverzug geraten ist; Schadensersatzleistungen an eigene Kunden; Kosten durch geringere Kapazitätsauslastung.
- **Abstrakter** (angenommener) **Schaden** (§ 252 BGB): Durch den Lieferungsverzug ist dem Käufer ein **Gewinn entgangen,** da er einen Auftrag nicht annehmen konnte.

Da der Verzugsschaden, insbesondere der abstrakte Schaden, nur sehr schwer errechnet werden kann, werden im Kaufvertrag häufig **Vertrags- oder Konventionalstrafen** vereinbart (z. B. 1 000,00 DM für jeden Tag des Verzuges). Neben der Vertragsstrafe kann der Käufer die Erfüllung verlangen (§ 341 Abs. 1 BGB).

Der Käufer kann aber noch **weitere Rechte** geltend machen:

***Voraussetzungen für die Geltendmachung von Rechten aus einem gegenseitigen Vertrag sind***

- ***Lieferungsverzug,***
- ***Nachfristsetzung,***
- ***Ablehnungsandrohung,***
- ***fruchtloser Fristablauf.***

**Nachfristsetzung** (§ 326 Abs. 1 BGB)

Der Käufer setzt dem Verkäufer eine **angemessene Nachfrist,** innerhalb der er seine Leistung erbringen soll. Die Fristsetzung kann in Verbindung mit der Mahnung erfolgen, die den Lieferungsverzug begründet.

Welche Frist als angemessen anzusehen ist, bestimmt sich nach dem Grundsatz von Treu und Glauben (§ 242 BGB).

Die Nachfristsetzung **entfällt** in folgenden Fällen:

- **Interessenwegfall beim Käufer:** Wegen des Verzugs hat der Käufer kein Interesse mehr an der verspäteten Lieferung (§ 326 Abs. 2 BGB): z. B. Lieferung von Osterhasen aus Schokolade nach Ostern **(Zweckkauf).**
- **Verzicht des Verkäufers** auf eine **Fristsetzung.**
- Ernsthafte und endgültige **Leistungsverweigerung** durch den Verkäufer.

- Vorliegen **vertraglicher Rücktrittsvereinbarungen.**
- Vorliegen eines handelsrechtlichen Fixgeschäftes (§ 376 HGB).

**Ablehnungsandrohung** (§ 326 Abs. 1 BGB)
Die Ablehnungsandrohung muß mit der Nachfristsetzung **verbunden** werden: „Nach erfolglosem Ablauf der Frist werde ich die Annahme der Lieferung ablehnen."

**Fruchtloser Fristablauf** (§ 326 Abs. 1 BGB)
Die gesetzte angemessene Nachfrist muß verstrichen sein, ohne daß der Verkäufer geliefert hat.

***Sind diese Voraussetzungen erfüllt, so kann der Käufer anstelle der Lieferung (§ 326 Abs. 1 BGB)***
***– vom Vertrag zurücktreten (Aufhebung des Vertrages) oder***
***– Schadensersatz wegen Nichterfüllung verlangen.***

Der Käufer wird den **Rücktritt wählen** (vgl. §§ 346 ff. BGB), wenn

- der Kaufvertrag für ihn sehr ungünstige Bestimmungen enthält (z. B. inzwischen eingetretene Preissenkungen; inzwischen eingetroffene, in anderer Hinsicht günstigere Angebote);
- er keine Schadensersatzansprüche gegen den Verkäufer hat;
- es ihm vorrangig darum geht, seinerseits erbrachte Leistungen (z. B. eine Anzahlung) zurückzubekommen.

Wählt der Käufer den **Schadensersatz wegen Nichterfüllung,** so kann er den Ersatz aller ihm durch den Verzug entstandenen Schäden verlangen. Die **Schadensberechnung** erfolgt wie beim Verzugsschaden. Wird zugleich eine **Vertragsstrafe** fällig, so kann der Käufer auch den Schaden verlangen, der über die Vertragsstrafe hinausgeht (§ 340 Abs. 2 BGB).

Hat der Käufer zunächst den Schadensersatz wegen Nichterfüllung gewählt, so kann er später immer noch vom Vertrag zurücktreten, wenn dies nach Lage seiner Interessen günstiger ist.

## Zusammenfassung

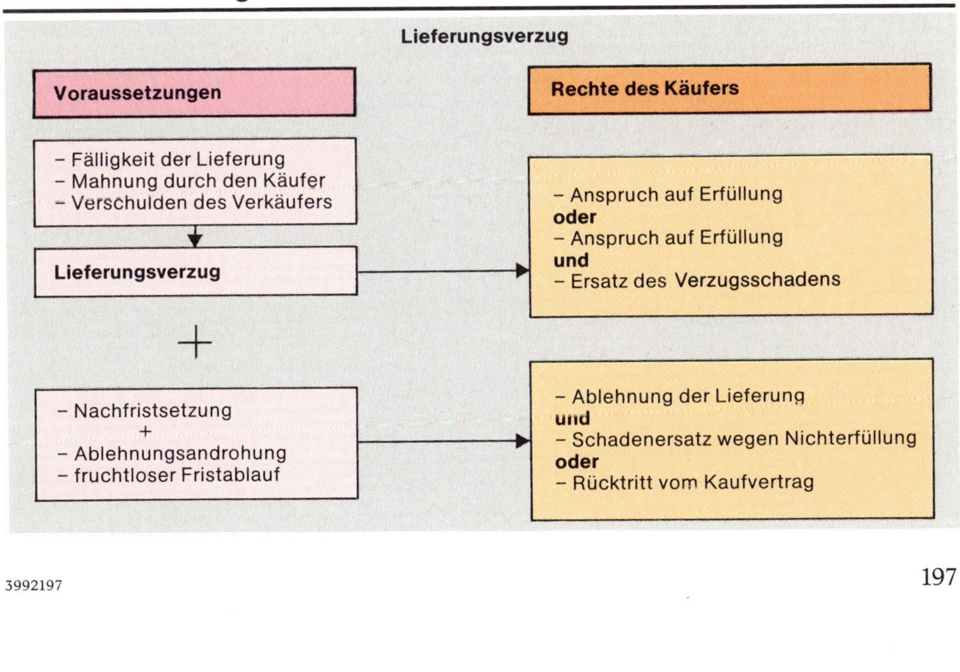

## Aufgaben

1. Wann kommt ein Lieferer in Verzug? Welche Rechte stehen dann dem Käufer zu?
2. Von welchen Rechten macht der Käufer bei Lieferungsverzug Gebrauch, wenn
   a) inzwischen Preissteigerungen eingetreten sind,
   b) ihm inzwischen günstigere Angebote vorliegen,
   c) es sich bei der bestellten Ware um eine Spezialanfertigung handelt,
   d) es sich um einen guten Lieferanten handelt und die zeitliche Verzögerung unerheblich ist,
   e) andere Lieferanten lange Lieferfristen haben?
3. Ein Lieferant hat trotz mehrfacher Mahnungen die Ware 7 Wochen zu spät geliefert. Der Käufer bestand auf der Lieferung, weil die Preise inzwischen für die betreffende Ware gestiegen sind (um 20 %). Was wird der Käufer unternehmen?
4. Ein Lieferant erfüllt den Kaufvertrag auch nach Festsetzung einer angemessenen Nachfrist nicht. Was kann der Besteller unternehmen?
5. Kann der Besteller Schadensersatz fordern, wenn er die verspätete Lieferung angenommen hat? Begründen Sie die Antwort.
6. Kann der Besteller Schadensersatz wegen Nichterfüllung fordern, wenn er die verspätete Lieferung angenommen hat? Begründen Sie Ihre Antwort.
7. Welche Voraussetzungen müssen erfüllt sein, damit der Käufer vom Kaufvertrag zurücktreten kann?
8. Wann wird der Käufer Rücktritt vom Vertrag, wann Schadensersatz wegen Nichterfüllung verlangen?
9. Welchen Vorteil hat die Vereinbarung einer Vertragsstrafe gegenüber der Berechnung eines Verzugsschadens?
10. Was versteht man unter einer Vertragsstrafe?
11. Schließen Vertragsstrafe und
    a) Verzugsschaden,
    b) Schadensersatz wegen Nichterfüllung
    einander aus?
12. Beurteilen Sie den folgenden Auszug aus den Allgemeinen Lieferbedingungen unter den Gesichtspunkten
    a) Verwendbarkeit gegenüber Privatpersonen,
    b) Verwendbarkeit gegenüber Kaufleuten,
    c) Übereinstimmung mit den gesetzlichen Regelungen.
    „Haftung bei Lieferverzug durch Zufall, Katastrophen, höhere Gewalt wird nicht übernommen. Wir sind bemüht, jede Lieferung so rasch wie möglich zu bewirken, ohne jedoch eine Gewähr für Einhaltung eines Liefertermins zu übernehmen. Lieferungs- und Versandmöglichkeiten bleiben in jedem Fall vorbehalten."



3992198

### 6.6.3 Annahmeverzug (Gläubigerverzug)

***Aufgrund des Kaufvertrags muß***
- ***der Käufer die bestellte Ware abnehmen,***
- ***der Verkäufer die Zahlung des vereinbarten Kaufpreises annehmen.***

Kommt der jeweilige Gläubiger seiner Verpflichtung nicht nach, so gerät er in den **Annahmeverzug.**

***Die Voraussetzungen des Annahmeverzugs sind:***
- ***Angebot der Leistung durch den Schuldner,***
- ***Nichtannahme durch den Gläubiger.***

**Angebot der Sache durch den Schuldner** (§§ 293 ff. BGB)

Der Schuldner **bietet** dem Gläubiger **seine Leistung** (d. h. die Ware bzw. das Geld)

- zur rechten Zeit,
- in rechter Weise (Art, Güte, Menge),
- am rechten Ort

**(ordnungsgemäß) an.** Es liegt also weder ein Lieferungsverzug noch ein Zahlungsverzug noch eine Mängelrüge vor.

Das **Angebot** muß erfolgen

- **tatsächlich** (§ 294): Bei **Bringschulden** hat der Schuldner die Sache zum Gläubiger zu bringen; bei **Schickschulden** muß der Schuldner die Sache absenden, die Sache muß **beim Gläubiger ankommen.**
- **wörtlich** bei **Holschulden** und Annahmeverweigerung des Käufers vor Fälligkeit (§ 295 BGB).
- Es ist **überflüssig,** wenn für die Abholung ein Termin nach dem Kalender bestimmt ist (§ 296 BGB).

Das **tatsächliche Angebot** kann z. B. gemacht werden

- vom Schuldner selbst,
- von seinem Erfüllungsgehilfen.

Erfüllungshilfe kann sein:

- ein beim Schuldner Beschäftigter (z. B. Lkw-Fahrer bei der Bringschuld),
- ein vom Schuldner beauftragter selbständiger Unternehmer bzw. dessen Erfüllungsgehilfe (z. B. ein Hersteller im Auftrag des Streckengroßhändlers, ein Hersteller im Auftrag des Versandhändlers, das Kreditinstitut bei der Schickschuld, Lkw-Fahrer des Frachtführers).

**Nichtannahme durch den Gläubiger** (§§ 293, 295 BGB)

Der Gläubiger verweigert die Annahme der angebotenen Leistung oder holt die Ware nicht ab. Ein **Verschulden** des Gläubigers ist **nicht erforderlich.**

***Die Bedeutung der Rechtsfolgen hängt davon ab, ob sich der Käufer oder der Verkäufer im Annahmeverzug befindet.***

### Annahmeverzug des Käufers

Die Rechtsfolgen sind:

- **Beschränkung der Haftung** des Verkäufers auf Vorsatz und grobe Fahrlässigkeit (§ 300 Abs. 1 BGB)
- **Gefahrenübergang bei Gattungsschulden** (§ 300 Abs. 2 BGB)

***Der Verkäufer hat folgende Rechte:***

- ***Anspruch auf Erfüllung und Ersatz der Mehraufwendungen***
- ***Hinterlegung***
- ***Klage auf Abnahme***
- ***Selbsthilfeverkauf***

### Erfüllung und Ersatz der Mehraufwendungen (§§ 433, 304 BGB)

Der Verkäufer kann **neben der Erfüllung** vom Käufer den **Ersatz aller Aufwendungen** verlangen, die ihm durch

- das erfolglose Angebot (z. B. Transportkosten),
- die Aufbewahrung (z. B. Lagerkosten),
- die Pflege (z. B. regelmäßige Belüftung bei Getreide) der nicht angenommenen Leistung entstanden sind.

Der Lieferer wird auf Erfüllung bestehen, wenn wie bei der Einzel- oder Auftragsfertigung Sonderwünsche des Käufers erfüllt wurden, die Erzeugnisse anderweitig entweder gar nicht oder nur mit großen Verlusten verkauft werden können.

### Hinterlegung

Bei der Hinterlegung muß man zwischen bürgerlichem Kauf und Handelskauf unterscheiden.

| Bürgerlicher Kauf (§§ 372 ff. BGB) | Handelskauf (§§ 373 f. HGB) |
|---|---|
| **Hinterlegungsfähig** sind<br>– Geld<br>– Wertpapiere<br>– sonstige Urkunden (z. B. Schrifturkunden)<br>– Kostbarkeiten (z. B. Schmuck) | **Hinterlegungsfähig** sind alle **Waren** (§ 373 Abs. 1 HGB).<br>Unter Waren versteht man bewegliche Waren, die Gegenstand des Handelsverkehrs sind. |
| **Hinterlegungsstelle** ist das Amtsgericht des Leistungsortes (§ 372 BGB). | **Hinterlegungsstellen** sind:<br>– Amtsgericht<br>– öffentliches Lagerhaus<br>– sonst in sicherer Weise (z. B. Lagerhaus des Verkäufers)<br>(§§ 372 BGB, 373 Abs. 1 HGB) |
| Die Hinterlegung befreit den Verkäufer von der Leistung, wenn er die Rücknahme durch eine entsprechende Erklärung vor der Hinterlegungsstelle ausschließt (§§ 376 Abs. 2, 381 BGB). | |
| Der Verkäufer muß dem Käufer die Hinterlegung **unverzüglich anzeigen** (§ 374 Abs. 2 BGB). | |
| Der **Käufer** trägt die **Kosten** (§ 381 BGB). | Der **Käufer** trägt **Kosten und Gefahr** (§ 373 Abs. 1 HGB). |



3992200

## Selbsthilfeverkauf

Auch beim Selbsthilfeverkauf muß man zwischen bürgerlichem Kauf und Handelskauf unterscheiden.

<table>
<tr><th>Bürgerlicher Kauf (§§ 383 ff. BGB)</th><th>Handelskauf (§ 373 Abs. 2 bis 5 HGB)</th></tr>
<tr><td>Es können nur **hinterlegungsunfähige Sachen** versteigert werden (§ 383 Abs. 1 BGB).</td><td>Es kann **jede Ware** versteigert werden (§ 373 Abs. 2 HGB).</td></tr>
<tr><td colspan="2">Die **öffentliche Versteigerung** wird z. B. von einem Gerichtsvollzieher oder einem öffentlich angestellten Versteigerer durchgeführt (§ 383 Abs. 3 BGB).<br>Voraussetzungen:<br>– Dem **Käufer** muß die Versteigerung **angedroht** werden (§§ 384 Abs. 1 BGB, 373 Abs. 2 HGB).<br>– **Ort und Zeit** der Versteigerung sind **öffentlich bekanntzugeben** (§ 384 Abs. 3 BGB).</td></tr>
<tr><td>– Die Versteigerung muß am **Leistungsort** erfolgen (§ 383 Abs. 1 BGB).</td><td>– Der **Käufer** muß von **Ort und Zeit** der Versteigerung **benachrichtigt** werden (§ 373 Abs. 5 HGB).<br>– Käufer und Verkäufer können auf der Versteigerung mitbieten (§ 373 Abs. 4 HGB).</td></tr>
<tr><td colspan="2">Bei Sachen/Waren mit einem Börsen- oder Marktpreis kann der Verkäufer einen **freihändigen Verkauf** durchführen lassen (§§ 385 BGB, 373 Abs. 3 HGB):<br>z. B. durch einen öffentlich ermächtigten Handelsmakler/Kursmakler.</td></tr>
<tr><td></td><td>Voraussetzung:<br>– Der Verkauf aus freier Hand muß dem Käufer **angedroht** werden (§ 373 Abs. 3 HGB).</td></tr>
<tr><td colspan="2">Droht einer verderblichen Ware der Verderb, so erfolgt ein **Notverkauf** in Form der öffentlichen Versteigerung (§ 384 Abs. 1 BGB). Eine **Androhung** ist **nicht erforderlich** (§§ 384 Abs. 1 BGB, 373 Abs. 2 HGB).</td></tr>
<tr><td colspan="2">Der **Käufer** ist vom Selbsthilfeverkauf **unverzüglich zu benachrichtigen** (§§ 384 Abs. 2 BGB, 373 Abs. 5 HGB).</td></tr>
<tr><td>Der **Erlös** des Selbsthilfeverkaufs muß **hinterlegt werden** (§ 383 Abs. 1 BGB); durch die Hinterlegung wird der Verkäufer von seiner Leistung befreit.</td><td rowspan="2">Der Selbsthilfeverkauf erfolgt **auf Rechnung des Käufers** (§ 373 Abs. 3 HGB), d. h. der Verkäufer muß eine **Endabrechnung** erstellen:<br>– Vom Erlös werden die **Kosten des Selbsthilfeverkaufs** abgezogen.<br>– Es werden die **Mehraufwendungen des Verkäufers** abgezogen.<br>– Es wird der ursprüngliche **Kaufpreis** abgezogen.<br>– Einen **Mehrerlös** erhält der Käufer (§ 304 BGB).<br>– Ein **Mindererlös** führt zu einer Nachzahlung des Käufers.</td></tr>
<tr><td>Die **Kosten** des Selbsthilfeverkaufs trägt der **Käufer** (§ 385 BGB).</td></tr>
</table>

## Klage auf Abnahme

Der Verkäufer kann den Käufer mit dem Ziel verklagen, daß dieser vom Gericht zur **Abnahme** der Ware **verurteilt wird** (Leistungsklage, § 253 ZPO).

### Verzicht auf die Vertragserfüllung

Der Verkäufer kann auf die Erfüllung des Vertrages verzichten und die **Ware an andere Abnehmer veräußern.** Dies empfiehlt sich, um einem guten Kunden entgegenzukommen (Kulanz); wenn bei anderen Kunden höhere Preise durchgesetzt werden können oder wenn sich bei Kunden die Kreditwürdigkeit deutlich verschlechtert hat.

Dieser Schritt setzt voraus, daß Verkäufer und Käufer sich auf einen **Rücktritt vom Kaufvertrag einigen.**

### Verschulden des Käufers

Nimmt der Käufer die Ware **schuldhaft** nicht an, so stehen dem Verkäufer auch die Rechte aus dem Lieferungsverzug zu. Man spricht von einem **Abnahmeverzug.** Allerdings beschränken sich die Rechte des Verkäufers auf die in den §§ 284 ff. BGB genannten Rechte. Die Voraussetzungen des Lieferungsverzugs müssen erfüllt sein.

### Annahmeverzug des Verkäufers

Verweigert der Verkäufer die Annahme der Zahlung, so

- geht die **Vergütungsgefahr** auf ihn über (§ 324 Abs. 2 BGB),
- entfällt die **Zinspflicht des Käufers** (§ 301 BGB).

In der Regel wird der Käufer das **Geld** bei der Hinterlegungsstelle des zuständigen Amtsgerichts **hinterlegen,** um von seiner Leistung befreit zu werden (§§ 372 ff. BGB).

## Zusammenfassung

**Annahmeverzug**

**Voraussetzungen**

- ordnungsgemäßes Angebot der Leistung durch den Schuldner
- Nichtannahme der Leistung durch den Gläubiger

**Annahmeverzug des Käufers**

Rechtsfolgen

- Haftungsbeschränkung
- Gefahrenübergang bei Gattungsschulden

Rechte des Verkäufers

- Anspruch auf Erfüllung und Ersatz der Mehraufwendungen
- Hinterlegung
- öffentliche Versteigerung } Selbsthilfeverkauf
- Freihandverkauf } Selbsthilfeverkauf
- Notverkauf } Selbsthilfeverkauf
- Klage auf Abnahme

in der Praxis häufig: Verzicht auf Vertragserfüllung
bei Verschulden des Käufers: Abnahmeverzug

**Annahmeverzug des Verkäufers**

- Übergang der Vergütungsgefahr
- Wegfall der Zinspflicht

in der Praxis üblich: Hinterlegung



3992202

## Aufgaben

1. Welche Rechte nimmt der Lieferer beim Annahmeverzug in Anspruch?
   a) Seit Abschluß des Kaufvertrags sind die Preise für die Erzeugnisse gestiegen.
   b) Bei in Einzelfertigung erstellten Erzeugnissen wurden Sonderwünsche des Kunden berücksichtigt.
   c) Der Käufer nimmt leicht verderbliche Waren (z. B. Lebensmittel) nicht an.
   d) Ein langjähriger guter Kunde nimmt in Serienfertigung erzeugte Ware nicht ab.
2. Wie ist der Selbsthilfeverkauf abzuwickeln?
3. Der Lieferer hat die nicht angenommene Ware in einem Lagerhaus hinterlegt. Wer bezahlt die Lagergebühren? Wer trägt den Schaden, wenn die Ware durch höhere Gewalt (z. B. Blitzschlag) vernichtet wurde?
4. Nennen Sie die Voraussetzungen des Annahmeverzugs.
5. Welche Rechte hat der Verkäufer aus einem Annahmeverzug des Käufers?
6. Welche Rechte hat der Käufer aus dem Annahmeverzug des Verkäufers?
7. Überlegen Sie: Warum wird der Käufer bei einem Annahmeverzug des Verkäufers das Geld hinterlegen?
8. Was versteht man unter Abnahmeverzug?

# 7 Zahlungsverkehr und Überwachung von Zahlungsterminen

## 7.1 Zahlungsmittel

Der Zahlungsverkehr wird heute durch folgende **Zahlungsmittel** (Geldarten) abgewickelt:

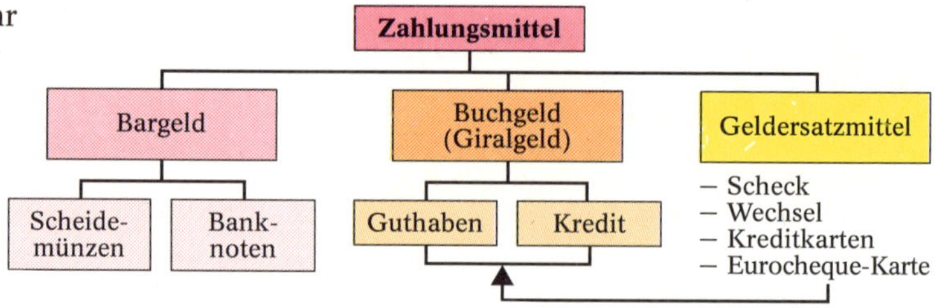


- **Bargeld:** Als **gesetzliche Zahlungsmittel** gelten **Banknoten,** welche die Deutsche Bundesbank ausgibt und in jeder Höhe angenommen werden müssen, und **Münzen,** die das Bundesfinanzministerium herausgibt. Münzen müssen von privaten Gläubigern nur in begrenztem Umfang angenommen werden, z. B. Markstücke nur bis zu 20,00 DM, Pfennige bis 5,00 DM.
- **Buch- oder Giralgeld:** Über **täglich fällige Kontokorrenteinlagen** bei den Kreditinstituten kann der Kontoinhaber durch Scheck oder **Überweisung** verfügen. Diese bargeldlose Art des Zahlungsverkehrs nehmen besonders gern die Betriebe untereinander, aber auch Privatleute mit ihren Lohn- und Gehaltskonten in Anspruch. Buchgeld entsteht durch Bargeldeinzahlungen oder durch Einräumung von Kredit seitens der Bank. Buchgeld ist bei den Banken lediglich auf den Speichermedien von Datenverarbeitungsanlagen aufgezeichnet.
- **Geldersatzmittel:** Zur Begleichung von Rechnungen können auch **Schecks** und **Wechsel** verwendet werden. In jüngster Zeit wird der bargeldlose Zahlungsausgleich durch **Kreditkarten** möglich. Die direkte Abbuchung von Beträgen durch elektronische Kassensysteme im Einzelhandel unter Verwendung der **Scheckkarte (POS-Banking)**[1] stellt die neueste Entwicklung bei der bargeldlosen Zahlung dar.

***Der Zahlungsausgleich kann durch gesetzliche Zahlungsmittel oder durch Geldersatzmittel erfolgen.***

Gesetzliche Zahlungsmittel sind solche, für die ein gesetzlicher **Annahmezwang** besteht. Für Geldersatzmittel besteht dieser nicht. Doch wird in der Bundesrepublik Deutschland der größte Teil des Zahlungsverkehrs mit Geldersatzmitteln abgewickelt.

## 7.2 Zahlungsarten

Einem Schuldner, der seine Verbindlichkeiten begleichen will, stehen folgende **Zahlungsarten** zur Verfügung:

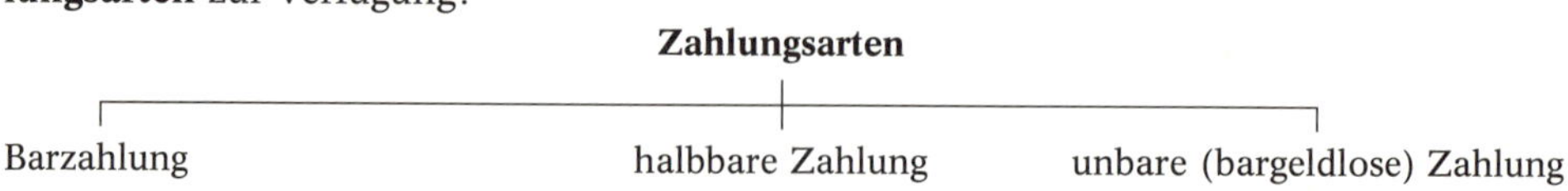


1 POS = Abkürzung für „Point of sale" (Verkaufsort)

| Zahlungsart | Erklärung |
|---|---|
| Barzahlung | Der Schuldner zahlt mit Bargeld, Gläubiger erhält Bargeld. Es wird ausschließlich Bargeld bewegt. |
| halbbare Zahlung | Nur der Schuldner oder nur der Gläubiger hat ein Konto, der jeweils andere zahlt bzw. erhält Bargeld. Es wird Bargeld und Buchgeld bewegt. |
| bargeldlose (unbare) Zahlung | Sowohl der Schuldner als auch der Gläubiger haben ein Konto: Das Konto des Schuldners wird belastet, auf dem Konto des Gläubigers erfolgt eine Gutschrift. Es wird nur Buchgeld bewegt. |

## 7.3 Zahlungsformen

### 7.3.1 Überblick

In Abhängigkeit von der Zahlungsart gibt es für einen Schuldner folgende **Zahlungsformen:**

| **Formen** des Zahlungsverkehrs / **Träger** des Zahlungsverkehrs | **Bargeldzahlung** | **halbbare Zahlung** | **bargeldlose Zahlung** |
|---|---|---|---|
| **Personen** | persönliche Zahlung<br>Zahlung durch Boten | – | – |
| **Post** | Postanweisung<br>Wertbrief<br>Einschreibebrief | Zahlschein<br>Kassenscheck<br>Zahlungsanweisung<br>Nachnahme | Überweisung<br>Verrechnungsscheck<br>Zahlungsanweisung zur Verrechnung<br>Datenträgeraustausch |
| **Bank/Sparkasse/ Kreditgenossenschaft/ Geschäftsbanken** | – | Zahlschein<br>Barscheck | Überweisung<br>Verrechnungsscheck<br>Datenträgeraustausch |

| Der **Gläubiger** hat / Der **Schuldner** hat | **kein Konto** | ein **Postgirokonto** | ein **Bankkonto** |
|---|---|---|---|
| **kein Konto** | persönliche Zahlung<br>Zahlung mit Boten<br>Postanweisung<br>Wertbrief | Zahlschein | Zahlschein |
| ein **Postgirokonto** | Kassenscheck<br>Zahlungsanweisung | Überweisung<br>Verrechnungsscheck<br>Zahlungsanweisung zur Verrechnung<br>Datenträgeraustausch | Überweisung<br>Verrechnungsscheck<br>Zahlungsanweisung zur Verrechnung<br>Datenträgeraustausch |
| ein **Bankkonto** | Barscheck | Überweisung<br>Datenträgeraustausch | Überweisung<br>Datenträgeraustausch |

## 7.3.2 Die Formen der Barzahlung

Es gibt folgende Möglichkeiten, eine Schuld **bar** zu begleichen:

**Formen der Barzahlung**

- persönliche Zahlung
- Zahlung durch Boten
- Postanweisung
- Wertbrief
- Einschreibebrief

***Bei der unmittelbaren Barzahlung übergibt der Schuldner dem Gläubiger Bargeld.***

Der Schuldner kann die Zahlung

- **persönlich** vornehmen oder
- sich eines **Boten** als Bevollmächtigten (z. B. Angestellter, Geschäftsfreund, Vertreter) bedienen.

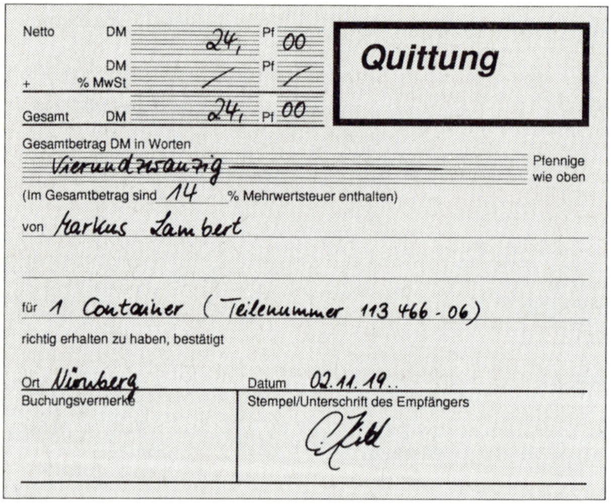
Quittung

Netto DM 24,– Pf 00
DM – Pf –
+ % MwSt
Gesamt DM 24,– Pf 00
Gesamtbetrag DM in Worten Vierundzwanzig Pfennige wie oben
(Im Gesamtbetrag sind 14 % Mehrwertsteuer enthalten)
von Markus Lambert
für 1 Container (Teilenummer 113 466 - 06)
richtig erhalten zu haben, bestätigt
Ort Nürnberg Datum 02.11.19..
Buchungsvermerke
Stempel/Unterschrift des Empfängers

Der Gläubiger erstellt dem Schuldner eine **Quittung** als Beleg und Beweisurkunde; im Einzelhandel besteht die Quittung im Kassenbon:

Der Schuldner kann sich zur Übermittlung des Betrages auch der Hilfe der **Post** bedienen:

- Die Übermittlung von Geld im **Einschreibebrief** kommt im Wirtschaftsleben kaum vor, da die Post bei Verlust nur Summen bis zu 50,00 DM ersetzt. Daneben hat der Schuldner keinen Beweis in Händen für die erfolgte Zahlung.
- Im **Wertbrief** können Beträge bis zu 100 000,00 DM (Luftpost bis zu 10 000,00 DM) versandt werden. Der Wertbrief muß (über 500,00 DM) versiegelt, der Wert der Sendung deklariert werden. Die Post übernimmt die Haftung bis zum angegebenen Betrag.
- Kleine Beträge bis 3 000,00 DM können durch die **Postanweisung** übermittelt werden. Der Einzahler zahlt am Postschalter bar ein und behält den rechten Teil des Formulars **(Einlieferungsschein)** als Beleg. Der Postbote stellt dem Gläubiger die Summe bar zu und händigt ihm den linken Teil des Formulars **(Empfängerabschnitt)** aus. Der Postbote läßt sich den Empfang des Geldes auf dem **Mittelabschnitt quittieren.** Die Post haftet für den Fall, daß an Nichtberechtigte ausbezahlt wird.

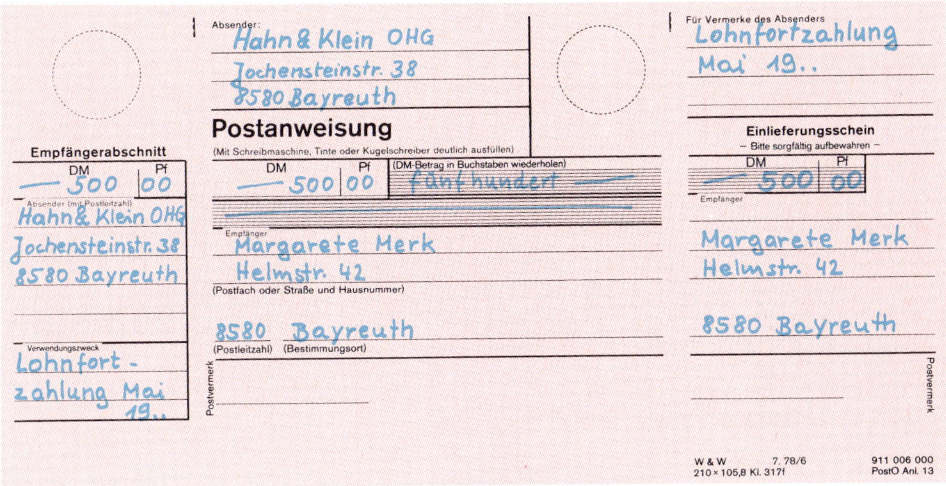
Absender: Hahn & Klein OHG
Jochensteinstr. 38
8580 Bayreuth

**Postanweisung**
(Mit Schreibmaschine, Tinte oder Kugelschreiber deutlich ausfüllen)

| DM | Pf | (DM-Betrag in Buchstaben wiederholen) |
|---|---|---|
| — 500 | 00 | fünfhundert — |

Empfänger: Margarete Merk
Helmstr. 42
(Postfach oder Straße und Hausnummer)
8580 Bayreuth
(Postleitzahl) (Bestimmungsort)

Postvermerk

**Empfängerabschnitt**

| DM | Pf |
|---|---|
| — 500 | 00 |

Absender (mit Postleitzahl): Hahn & Klein OHG
Jochensteinstr. 38
8580 Bayreuth

Verwendungszweck: Lohnfort-zahlung Mai 19..

Für Vermerke des Absenders: Lohnfortzahlung Mai 19..

**Einlieferungsschein**
– Bitte sorgfältig aufbewahren –

| DM | Pf |
|---|---|
| — 500 | 00 |

Empfänger: Margarete Merk
Helmstr. 42
8580 Bayreuth

Postvermerk

W & W 7. 78/6 911 006 000
210 × 105,8 Kl. 317f PostO Anl. 13

Eine unverzügliche Zustellung von Geld ist durch die **telegrafische Postanweisung** möglich: Der Einzahler zahlt das Geld mit Hilfe des Formulars „Postanweisung" und eines Überweisungstelegramms bar beim Postamt ein. Die Postanweisung wird wie ein Telegramm übermittelt und nach Eingang beim Bestimmungspostamt durch einen Telegrammboten dem Zahlungsempfänger ins Haus gebracht und bar ausgezahlt. Das Überweisungstelegramm kann neben dem Geldbetrag weitere Mitteilungen an den Empfänger enthalten. Als Gebühren fallen an: Gebühr für die Postanweisung, Gebühr für die telegrafische Übermittlung (Einheitsgebühr) und eventuell die Telegramm-Wortgebühren.

Die Postanweisung kommt zwischen **Privatleuten** vor, die über keine Kontoverbindung bei einem Kreditinstitut oder der Post verfügen. Zuweilen verwendet man sie, wenn der Empfänger zwar ein Konto unterhält, aber aus bestimmten Gründen Bargeld zu Hause haben möchte:

Im Wirtschaftsleben wird die Barzahlung vermieden, da sie umständlich, langsam, unsicher und teuer ist. Sie kommt hauptsächlich beim Kauf von Konsumgütern im Einzelhandel vor. Industrie-, Einzelhandels- und Großhandelsbetriebe zahlen u. a. die Hausfracht, Vorschüsse und Spesen bar aus.

## Zusammenfassung

**Zahlungsmittel**

Bargeld ↓ | Buchgeld | Geldersatzmittel

**Zahlungsart**

Barzahlung ↓ | halbbare Zahlung | bargeldlose Zahlung

**Formen der Barzahlung**

| unmittelbare Zahlung gegen Quittung | mit Hilfe der Post |
|---|---|
| – persönlich<br>– durch Boten | – Einschreibebrief<br>– Wertbrief<br>– Postanweisung |

**Aufgaben**

1. Erklären Sie die Zahlungsarten.
2. Nennen Sie die Arten der Barzahlung.
3. Überlegen Sie: Warum sollte man bei jeder Barzahlung auf einer Quittung bestehen?
4. Wie kann man den Briefdienst der Post bei der Barzahlung einsetzen?
5. Füllen Sie eine Postanweisung aus.
6. Beschreiben Sie die Abwicklung einer Postanweisung.
7. Was versteht man unter einer telegrafischen Postanweisung.
8. In welchen Branchen ist die Barzahlung von Bedeutung, in welchen ist sie bedeutungslos? Begründen Sie Ihre Antwort.

## 7.3.3 Die halbbare Zahlung

### 7.3.3.1 Zahlschein und Barscheck

***Bei der halbbaren Zahlung verfügt entweder der Schuldner oder der Gläubiger über ein Konto bei einem Kreditinstitut oder bei der Postbank.***

Bei der halbbaren Zahlung muß man zwei Fälle unterscheiden:

**halbbare Zahlung**

Der Einzahler (Schuldner) hat kein Konto; der Zahlungsempfänger (Gläubiger) hat ein Konto:
- Zahlschein
- Überweisung/Zahlschein

Der Einzahler hat ein Konto, der Zahlungsempfänger hat kein Konto:
- Barscheck (nur Kreditinstitut)
- Eurocheque
- Kassenscheck (nur Postgiroamt)

Als **geeignete Konten** kommen jeweils in Betracht:

**geeignete Konten**

- Kontokorrentkonto
- Gehaltskonto
- Girokonto
- Postgirokonto
- Sparkonto
- Postsparbuch

- Kontokorrentkonto
- Gehaltskonto
- Girokonto
- Postgirokonto

- **Kontokorrentkonto** (§ 355 HGB): Es weist Sichteinlagen und kurzfristige Kredite aus, wird kreditorisch (auf Guthabenbasis) oder debitorisch (auf Kreditbasis, Kontoüberziehung) geführt; Guthaben und Kredite sind täglich fällig.
- **Gehaltskonto:** Es ist ein Konto für Arbeitnehmer, auf dem die monatlichen Arbeitsentgelte (Lohn, Gehalt, Bezüge) eingehen. Es gelten besondere Geschäftsbedingungen. Es wird wie ein Kontokorrentkonto geführt.
- **Girokonto:** Es wird nur kreditorisch geführt. Girokonten gibt es bei
  - der Landeszentralbank (Mindestguthaben 5,00 DM, gebührenfrei);
  - Kreditinstituten, wenn die Möglichkeit einer Kontoüberziehung nicht vereinbart worden ist.



3992208

- **Postgirokonto:** Es wird von einem **Postgiroamt** geführt und entspricht einem Kontokorrent-, Gehalts- oder Girokonto.
- **Sparkonto:** Es wird von einem Kreditinstitut geführt. Eine Überziehung ist nicht möglich. Geld kann auf ein Sparbuch überwiesen werden, aber über ein Sparguthaben darf nicht durch eine Überweisung verfügt werden.
- **Postsparbuch:** Es handelt sich um ein Sparbuch, das von einem der Postsparkassenämter geführt wird.

***Mit Hilfe des Zahlscheins kann bezahlt werden, wenn der Zahlungsempfänger ein Konto hat.***

Der **Zahlschein** ist in Aussehen und Aufbau bei allen Kreditinstituten und Postgiroämtern vollkommen gleich: Er besteht aus der Gutschriftsanzeige, der Einzahlerquittung und dem Überweisungsauftrag (siehe 7.3.4.2).

Als **kombinierter Beleg Überweisung/Zahlschein** wird in der Praxis besonders häufig verwendet:

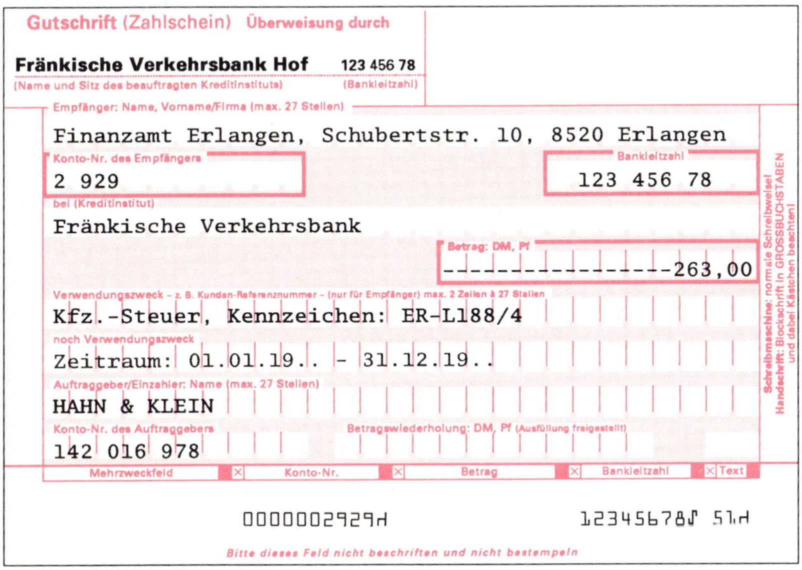
Gutschrift (Zahlschein) Überweisung durch

Fränkische Verkehrsbank Hof 123 456 78
(Name und Sitz des beauftragten Kreditinstituts) (Bankleitzahl)

Empfänger: Name, Vorname/Firma (max. 27 Stellen)
Finanzamt Erlangen, Schubertstr. 10, 8520 Erlangen

Konto-Nr. des Empfängers: 2 929
Bankleitzahl: 123 456 78

bei (Kreditinstitut): Fränkische Verkehrsbank

Betrag: DM, Pf: ----------------263,00

Verwendungszweck – z. B. Kunden-Referenznummer – (nur für Empfänger) max. 2 Zeilen à 27 Stellen
Kfz.-Steuer, Kennzeichen: ER-L188/4

noch Verwendungszweck
Zeitraum: 01.01.19.. - 31.12.19..

Auftraggeber/Einzahler: Name (max. 27 Stellen)
HAHN & KLEIN

Konto-Nr. des Auftraggebers: 142 016 978
Betragswiederholung: DM, Pf (Ausfüllung freigestellt)

Mehrzweckfeld | Konto-Nr. | Betrag | Bankleitzahl | Text

Schreibmaschine: normale Schreibweise! Handschrift: Blockschrift in GROSSBUCHSTABEN und dabei Kästchen beachten!

Bitte dieses Feld nicht beschriften und nicht bestempeln

Die Gebührenregelungen für Einzahlungen mit Hilfe des Zahlscheines sind bei den einzelnen Kreditinstituten und den Postgiroämtern unterschiedlich.

***Mit Hilfe des Barschecks kann bezahlt werden, wenn der Zahlungsempfänger kein Konto hat.***

Bei der Bezahlung mit Barscheck (siehe 7.3.5) verfügt der Schuldner über sein Guthaben zugunsten des Gläubigers, der den angewiesenen Betrag von dem bezogenen Kreditinstitut oder dem bezogenen Postgiroamt (nur Kassenscheck) bar erhält. Der **Eurocheque** als Barscheck bietet dem Gläubiger die Sicherheit, **Beträge bis 400,00 DM** auf jeden Fall – ohne Rücksicht auf die Kontodeckung– **ausgezahlt zu bekommen** (siehe 7.3.5). Natürlich kann der Gläubiger einen Barscheck auch auf seinem Konto gutschreiben lassen; dann handelt es sich allerdings um eine Form der bargeldlosen Zahlung (siehe 7.3.4.2).

Ein **Postscheck,** der bei der **Zahlstelle des jeweiligen Postgiroamtes** an jeden Vorleger bar ausgezahlt wird – sofern er gedeckt ist –, heißt **Kassenscheck.**

### 7.3.3.2 Besonderheiten bei der Bundespost

Bei der halbbaren Zahlung bietet die **Bundespost** folgende besondere Möglichkeiten an:

**Besonderheiten bei der halbbaren Zahlung**

| Der Einzahler (Schuldner) hat kein Konto; der Zahlungsempfänger (Gläubiger) hat ein Konto: | Der Einzahler hat ein Konto, der Zahlungsempfänger hat kein Konto: |
|---|---|
| – Nachnahme | – Zahlungsanweisung (zur Geldzustellung)<br>– Zahlungsanweisung (zur Verrechnung) |

***Versendet der Verkäufer eine Ware per Nachnahme, so stellt er sicher, daß dem Käufer die Ware nur gegen Bezahlung des Kaufpreises (mit Bargeld oder einem Eurocheque) ausgehändigt wird (Zug-um-Zug-Geschäft).***

Bei der Postnachnahme (Höchstbetrag 3 000,00 DM) handelt es sich um eine besondere Verfügungsform (zusätzliche Leistung) des Postdienstes. Sie ist möglich bei Paketen, Postgut, Päckchen, Briefen und Postkarten. Deshalb wird sie auch häufig als vierte Mahnung im Rahmen des außergerichtlichen Mahnverfahrens eingesetzt.

An der **Nachnahmepaket- bzw. Nachnahmepostkarte** hängt ein Zahlschein, den der Verkäufer ausfüllt und den die Post zustellt. Die Nachnahme lautet auf den Betrag der Forderung zuzüglich des Entgelts für die Sendung und das Nachnahmeentgelt. Die Post schreibt den eingezogenen Betrag abzüglich des Nachnahmeentgelts auf dem Postgirokonto des Gläubigers gut.

Nachnahmesendungen gibt es auch bei der Bundesbahn, den privaten Paketzustelldiensten und den privaten Kurierdiensten.

***Mit Hilfe einer Zahlungsanweisung (zur Geldzustellung) kann der Inhaber eines Postgirokontos sein Postgiroamt anweisen, dem Zahlungsempfänger durch den Briefzusteller den geschuldeten Betrag nach Hause zu bringen und bar auszuzahlen.***

Dem Postgirokonto wird der in der Zahlungsanweisung genannte Betrag zuzüglich des Entgelts für die Barauszahlung belastet.

Die Zahlungsanweisung wird verwendet, wenn der Zahlungsempfänger kein Konto hat oder aus einem bestimmten Grund Bargeld haben möchte. Bei der Zahlungsanweisung gibt es keinen Höchstbetrag.

***Die Zahlungsanweisung zur Verrechnung wird von Postgirokunden mit umfangreichem Zahlungsverkehr verwendet, wenn die Kontoverbindung des Zahlungsempfängers nicht bekannt ist und der geschuldete Betrag 3 000,00 DM nicht übersteigt.***

Solche Kunden sind z. B. Versicherungen, die ihren Kunden Beiträge zurückerstatten.

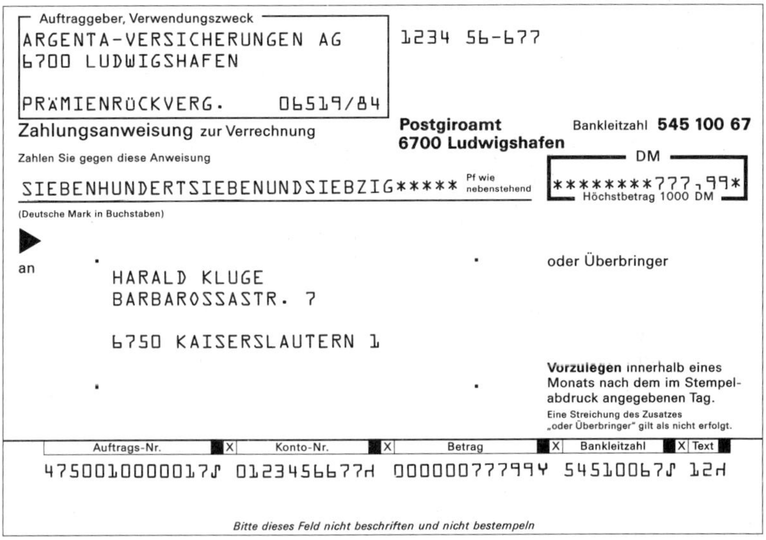

Auftraggeber, Verwendungszweck
ARGENTA-VERSICHERUNGEN AG
6700 LUDWIGSHAFEN
PRÄMIENRÜCKVERG. 06519/84
1234 56-677
Zahlungsanweisung zur Verrechnung
Postgiroamt 6700 Ludwigshafen
Bankleitzahl 545 100 67
Zahlen Sie gegen diese Anweisung
SIEBENHUNDERTSIEBENUNDSIEBZIG***** Pf wie nebenstehend
DM ********777,99*
Höchstbetrag 1000 DM
(Deutsche Mark in Buchstaben)
an
HARALD KLUGE
BARBAROSSASTR. 7
6750 KAISERSLAUTERN 1
oder Überbringer
Vorzulegen innerhalb eines Monats nach dem im Stempelabdruck angegebenen Tag.
Eine Streichung des Zusatzes „oder Überbringer" gilt als nicht erfolgt.
Auftrags-Nr. | Konto-Nr. | Betrag | Bankleitzahl | Text
4750010000017 0123456677 000000777994 54510067 12
Bitte dieses Feld nicht beschriften und nicht bestempeln

Der Empfänger oder ein Beauftragter kann die Zahlungsanweisung

- am Schalter eines Postamtes zur **Barauszahlung** vorlegen **(halbbare Zahlung)**; es wird eine Auszahlungsgebühr verlangt.
- auf seinem **Konto gutschreiben** lassen **(bargeldlose Zahlung).**

***Der Inhaber eines Postgirokontos hat die Möglichkeit, sich mit Hilfe eines Kassenschecks, eines Auszahlungsscheines und eines Schecks (Eurocheque) Bargeld zu beschaffen.***

- Der Kontoinhaber oder ein von ihm Beauftragter legt den **Kassenscheck** bei der Zahlstelle des jeweiligen Postgiroamtes zur **Barauszahlung** vor und erhält bei Kontodeckung Bargeld. Dies ist ziemlich umständlich, wenn der Kontoinhaber nicht an dem Ort wohnt, an dem sich das Postgiroamt befindet.
- Deshalb kann der Inhaber eines Postgirokontos ein **Postamt bestimmen,** an dem er **gegen Vorlage eines Auszahlungsscheines und seiner grünen Ausweiskarte** Bargeld erhält, sofern das Konto entsprechend gedeckt ist.
- Zur Zeit werden von den Postgiroämtern die Postbank Card **(Kundenkarte)** ausgegeben, die die grüne Ausweiskarte ersetzt. **Gegen Vorlage eines Auszahlungsscheines und der Kundenkarte** erhält der Kontoinhaber **bei jedem Postamt Bargeld.** Mit der **Kundenkarte und seiner persönlichen Geheimnummer** kann er aus jedem **Geldautomaten der Post Bargeld** bekommen.
- Der Inhaber eines Postgirokontos kann gegen Vorlage eines **Schecks (Eurocheque) und seiner Scheckkarte (Eurocheque-Karte)** bei allen Postämtern, Poststellen und

Kreditinstituten (hier allerdings nur gegen eine Auszahlungsgebühr) Bargeld bis zu einem Höchstbetrag von 400,00 DM bekommen (siehe 7.3.5). Mit der Eurocheque-Karte und seiner persönlichen Geheimnummer kann er aus jedem Geldautomaten Bargeld bis zu einem Höchstbetrag von 400,00 DM bekommen.

## Zusammenfassung

**Zahlungsmittel**

Bargeld ↓ Buchgeld ↓ Geldersatzmittel ↓

**Formen der halbbaren Zahlung**

| Der Einzahler hat kein Konto. | Der Zahlungsempfänger hat kein Konto. |
|---|---|
| – Zahlschein<br>– Überweisung/Zahlschein | – Barscheck<br>– Eurocheque<br>– (Post-)Kassenscheck |

| Der Zahlungsempfänger hat ein | Der Einzahler hat ein |
|---|---|

– Kontokorrentkonto.
– Gehaltskonto.
– Girokonto.
– Postgirokonto.

| | |
|---|---|
| – Sparkonto.<br>– Postsparbuch. | |

**Besonderheiten bei der Bundespost**

| Der Einzahler hat kein Konto. | Der Zahlungsempfänger hat kein Konto. |
|---|---|
| – Nachnahme | – Zahlungsanweisung (zur Geldzustellung)<br>– Zahlungsanweisung (zur Verrechnung) |
| Der Zahlungsempfänger hat ein Postgirokonto. | Der Einzahler hat ein Postgirokonto. |

**Der Inhaber eines Postgirokontos beschafft sich Bargeld.**

– Kassenscheck (bei Zahlstelle des Postgiroamtes)
– Auszahlungsschein und Ausweiskarte (bei einem bestimmten Postamt)
– Auszahlungsschein und Postbank Card (bei allen Postämtern)
– Postbank Card und persönliche Geheimnummer (bei Postbank-Geldautomaten)
– Eurocheque und Eurocheque-Karte (bei allen Postämtern, Poststellen, Kreditinstituten)
– Eurocheque-Karte und persönliche Geheimnummer (bei allen Geldautomaten)



3992212

## Aufgaben

1. Wodurch unterscheidet sich die halbbare Zahlung von der Barzahlung?
2. Welche Möglichkeiten hat der Inhaber eines Postgirokontos, seine Verbindlichkeiten zu begleichen, wenn der Gläubiger kein Postgirokonto hat?
3. Besorgen Sie sich die entsprechenden Belege und füllen Sie diese aus.
4. Warum werden vom Gläubiger bereits ausgefüllte Überweisungen/Zahlscheine gerne benutzt?
5. Warum benutzt der Gläubiger die Nachnahme?
6. Was ist bei der Postnachnahme zu beachten?
7. Wer bietet neben der Post ebenfalls einen Nachnahmeversand an?
8. Für welchen Zweck wird ein Postprotestauftrag erteilt?
9. Schildern Sie die Abwicklung eines Postprotestauftrages.
10. Wann verwendet der Schuldner eine Zahlungsanweisung (zur Verrechnung)?
11. Wann verwendet der Schuldner eine Zahlungsanweisung (zur Geldzustellung)?
12. Welche Voraussetzungen müssen erfüllt sein, wenn der halbbare Zahlungsverkehr benutzt werden soll?
13. Stellen Sie die Gebührenregelung Ihres Kreditinstitutes bzw. Ihres Postgiroamtes beim Zahlschein fest.
14. Nennen und beschreiben Sie die Möglichkeiten, die der Inhaber eines Postgirokontos hat, sich Bargeld zu beschaffen.

## 7.3.4 Die bargeldlose Zahlung

### 7.3.4.1 Die Gironetze

***Voraussetzung für den bargeldlosen Zahlungsverkehr mit Hilfe der Kreditinstitute und der Postgiroämter sind die Gironetze.***

Unter Kreditinstituten versteht man Banken, Genossenschaftsbanken (Volks- und Raiffeisenbanken) und Sparkassen. Diese Banken bzw. Bankengruppen können untereinander nicht direkt in Verbindung treten, sie benötigen dazu die **Gironetze** (Zahlungsverkehrsnetze):

**Gironetze**

im **Fernzahlungsverkehr**
Gironetze der
- Deutschen Bundesbank
- Postgiroämter
- Sparkassen
- Genossenschaftsbanken
- Großbanken

im **Ortszahlungsverkehr**
- Zweiganstalten der Landeszentralbanken (LZB-Abrechnung)

Diese **Gironetze** machen es möglich, daß ein Schuldner, der ein Konto bei einer beliebigen Bank hat, Verbindlichkeiten bei einem Gläubiger begleichen kann, der eine ganz andere Bankverbindung unterhält.

### 7.3.4.2 Die bargeldlose Zahlung im einzelnen

***Der bargeldlose Zahlungsverkehr setzt voraus, daß Schuldner und Gläubiger ein Konto bei einem Kreditinstitut oder einem Postgiroamt besitzen.***

Beim bargeldlosen Zahlungsverkehr wird nur **Buchgeld** bewegt, d. h. Geld, das sich als Guthaben oder Kredit auf Konten befindet. Der bargeldlose Zahlungsverkehr ist deshalb

- **sicher** (kein Verlust, kein Diebstahl, durch den Einsatz der Datenverarbeitung sind Buchungsfehler kaum möglich);
- **schnell** (die Buchungen erfolgen über die Gironetze);
- **bequem** (der Schuldner füllt die Vordrucke an seinem Schreibtisch aus, der Gläubiger bekommt einen Kontoauszug nach erfolgter Gutschrift häufig sogar ins Haus gesandt);
- **billig** (auch wenn die Kreditinstitute und Postgiroämter Gebühren für Buchungen und Kontoauszüge berechnen, ist der Aufwand im Vergleich zur baren und halbbaren Zahlung gering).

Die Bedeutung des bargeldlosen Zahlungsverkehrs nimmt immer mehr zu: 1991 wurden so 27 Billionen DM mit Überweisungen, Daueraufträgen und Scheckverrechnungen von einem Konto auf ein anderes Konto bewegt.

Aus Gründen der Rationalisierung (Ersparnis von Arbeitskosten) des bargeldlosen Zahlungsverkehrs stellen die Kreditinstitute verstärkt **vom beleghaften auf den beleglosen Zahlungsverkehr** um. 1991 wurden bereits mehr als 90 % der Daueraufträge beleglos abgewickelt.

Es kommen folgende **Möglichkeiten** der bargeldlosen Zahlung in Betracht:

**bargeldlose Zahlung**

**Möglichkeiten**
- (Einzel-)Überweisung
- Überweisung/Zahlschein
- Sammelüberweisung
- Dauerauftrag
- Lastschriftverkehr
- Verrechnungsscheck
- Wechsel
- POS-Banking
- Datenträgeraustausch
- Homebanking (Btx-Zahlungsverkehr)
- Kreditkarten

**Konten**

**Schuldner und Gläubiger**
- Kontokorrentkonto
- Gehaltskonto
- Girokonto
- Postgirokonto

**Gläubiger**
- Sparkonto
- Postsparbuch

***Mit Hilfe der (Einzel-)Überweisung kann der Inhaber eines geeigneten Kontos Geld auf ein anderes geeignetes Konto überweisen.***

Die Überweisung erfolgt durch ein dreiteiliges **Formular,** das im Durchschreibeverfahren auszufüllen ist. Es besteht aus

- dem **Überweisungsauftrag** für die kontoführende Stelle des Zahlers,
- dem **Durchschlag (Quittung)** für den Zahler,
- der **Gutschriftsanzeige** für den Empfänger.

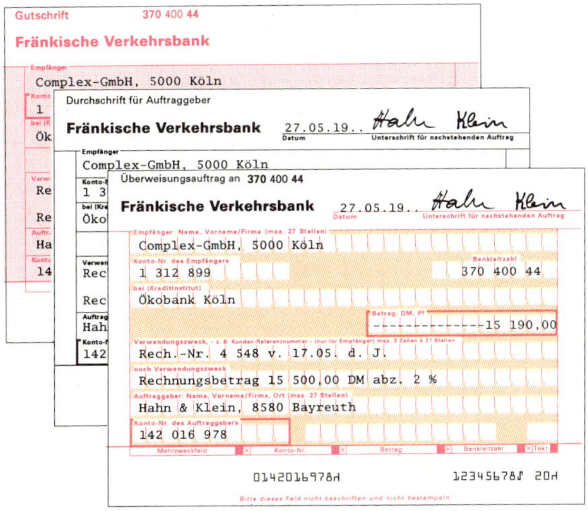
Gutschrift 370 400 44
Fränkische Verkehrsbank
Empfänger
Complex-GmbH, 5000 Köln

Durchschrift für Auftraggeber
Fränkische Verkehrsbank 27.05.19.. Hahn Klein
Datum Unterschrift für nachstehenden Auftrag
Empfänger
Complex-GmbH, 5000 Köln

Überweisungsauftrag an 370 400 44
Fränkische Verkehrsbank 27.05.19.. Hahn Klein
Datum Unterschrift für nachstehenden Auftrag
Empfänger: Name, Vorname/Firma (max. 27 Stellen)
Complex-GmbH, 5000 Köln
Konto-Nr. des Empfängers
1 312 899
Bankleitzahl
370 400 44
bei (Kreditinstitut)
Ökobank Köln
Betrag: DM, Pf
-------------15 190,00
Verwendungszweck, – z. B. Kunden-Referenznummer – (nur für Empfänger) max. 2 Zeilen à 27 Stellen
Rech.-Nr. 4 548 v. 17.05. d. J.
noch Verwendungszweck
Rechnungsbetrag 15 500,00 DM abz. 2 %
Auftraggeber: Name, Vorname/Firma, Ort (max. 27 Stellen)
Hahn & Klein, 8580 Bayreuth
Konto-Nr. des Auftraggebers
142 016 978
Mehrzweckfeld Konto-Nr. Betrag Bankleitzahl Text
0142016978⑈ 12345678⑆ 20⑈
Bitte dieses Feld nicht beschriften und nicht bestempeln

**Einzelüberweisungen** gibt es auch in **maschinenlesbarer Ausführung,** wodurch bei der Datenerfassung erhebliche Kosten gespart werden. Es wird möglich, den bargeldlosen Zahlungsverkehr zu rationalisieren und zu automatisieren.

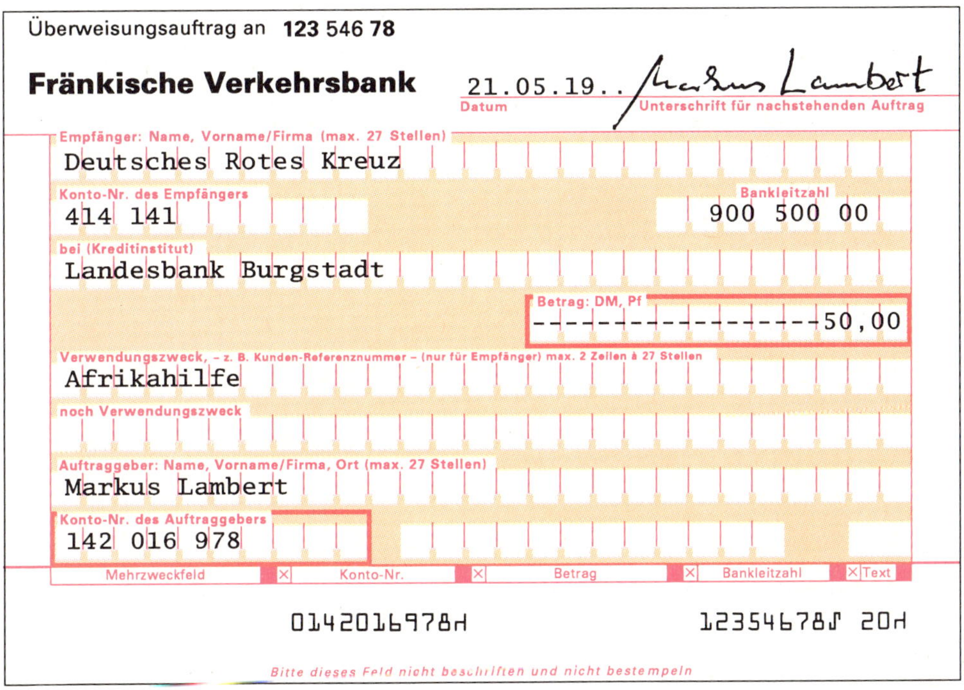
Überweisungsauftrag an **123 546 78**
**Fränkische Verkehrsbank** 21.05.19.. Markus Lambert
Datum Unterschrift für nachstehenden Auftrag
Empfänger: Name, Vorname/Firma (max. 27 Stellen)
Deutsches Rotes Kreuz
Konto-Nr. des Empfängers
414 141
Bankleitzahl
900 500 00
bei (Kreditinstitut)
Landesbank Burgstadt
Betrag: DM, Pf
----------------50,00
Verwendungszweck, – z. B. Kunden-Referenznummer – (nur für Empfänger) max. 2 Zeilen à 27 Stellen
Afrikahilfe
noch Verwendungszweck
Auftraggeber: Name, Vorname/Firma, Ort (max. 27 Stellen)
Markus Lambert
Konto-Nr. des Auftraggebers
142 016 978
Mehrzweckfeld Konto-Nr. Betrag Bankleitzahl Text
0142016978⑈ 12354678⑆ 20⑈
Bitte dieses Feld nicht beschriften und nicht bestempeln

***Eilüberweisungen sind Überweisungen, bei denen die Laufzeit der Überweisung verkürzt ist.***

Eine Verkürzung der Laufzeiten ist z. B. notwendig, wenn

– jemand schnell einen größeren Geldbetrag benötigt, aber keine Möglichkeit hat, sich direkt an sein kontoführendes Kreditinstitut zu wenden (weil er sich z. B. im Ausland im Urlaub befindet);
– ein größerer Geldbetrag überwiesen und der Zinsverlust, der durch die üblichen Laufzeiten entstehen, gering gehalten werden sollen.

Eine Eilüberweisung kostet ein Extraentgelt.

***Sammelüberweisungen fassen mehrere Einzelüberweisungen eines Kontoinhabers an verschiedene Gläubiger zu einem Buchungsposten auf seinem Konto zusammen.***

Eine **Sammelüberweisung** setzt sich aus folgenden **Bestandteilen** zusammen:

– **Einzelüberweisungen** an die verschiedenen Zahlungsempfänger
– **Verzeichnis der Einzelüberweisungen**
– **Sammelüberweisung** über den Gesamtbetrag der Einzelüberweisungen

Sammelüberweisungen haben folgende **Vorteile:**

– Sie erhöhen den wirtschaftlichen Einsatz von Büromaschinen und Datenverarbeitungsanlagen.
– Es werden Buchungsgebühren gespart, da anstelle von z. B. 20 Einzelüberweisungen nur die Sammelüberweisung gebucht wird.

***Mit einem Dauerauftrag erteilt der Kontoinhaber seiner kontoführenden Stelle Anweisung, regelmäßig wiederkehrende Zahlungen in gleichbleibender Höhe zu einem bestimmten Termin auf das Konto des Gläubigers zu überweisen.***

**Beispiele:** *Miete, Beiträge, Ratenzahlungen, Versicherungsprämien, Betriebsrenten, Mitgliedsbeiträge bei der Industrie- und Handelskammer und bei Verbänden.*

Daueraufträge können jederzeit widerrufen oder geändert werden.

Ein **Dauerauftrag (Dauerüberweisung)** wird wie folgt abgewickelt:

**Abwicklung eines Dauerauftrags**

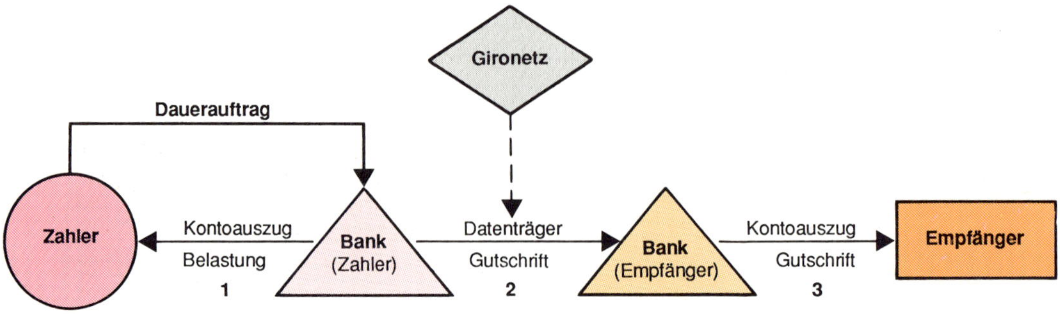


 3992216

***Mit Hilfe von Lastschriften leistet der Schuldner regelmäßig wiederkehrende Zahlungen in gleicher oder wechselnder Höhe.***

**Beispiele:** *Telefonrechnung, Gemeindeabgaben (z. B. Müllabfuhr, Straßenreinigung, Grundsteuer, Energierechnung), Tageszeitung, Krankenkassenbeiträge.*

Beim **Lastschriftauftrag** muß man zwei **Arten** unterscheiden:

**Lastschriften**

- Einzugsermächtigungsverfahren
- Abbuchungsauftragsverfahren (nur Kreditinstitute)

***Beim Einzugsermächtigungsverfahren ermächtigt der Kontoinhaber den Zahlungsempfänger schriftlich, Beträge bei Fälligkeit von seinem Konto einzuziehen.***

Durch einen **Lastschriftauftrag im Einzugsermächtigungsverfahren** wird einem Gläubiger das Recht eingeräumt, Geld vom Konto des Schuldners abzubuchen. Erscheint dem Kontoinhaber die Buchung der Höhe oder dem Grund nach unberechtigt, so kann er innerhalb von 6 Wochen **Widerspruch** erheben. Die kontoführende Stelle schreibt den Betrag zu Lasten des Zahlungsempfängers dem Konto wieder gut.

Die **Einzugsermächtigung** wird wie folgt abgewickelt:

**Abwicklung einer Einzugsermächtigung**

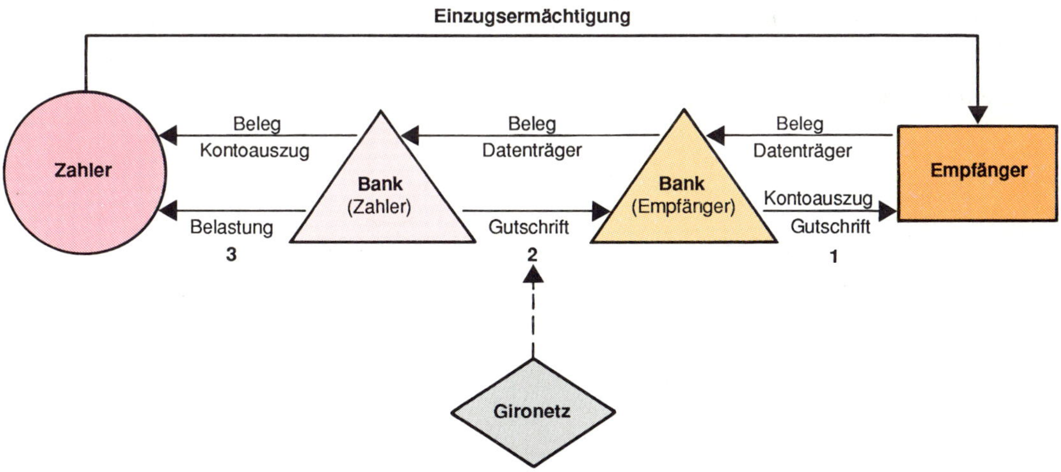


***Beim Abbuchungsauftragsverfahren erteilt der Kontoinhaber seinem kontoführenden Institut den Auftrag, die von einem bestimmten Zahlungsempfänger vorgelegten Lastschriften einzulösen.***

Über die Abbuchung erhält der Kontoinhaber einen **Lastschriftbeleg** oder einen entsprechenden **Vermerk auf dem Kontoauszug.**

Ein **Abbuchungsauftrag** wird wie folgt abgewickelt:

**Abwicklung eines Abbuchungsauftrags**

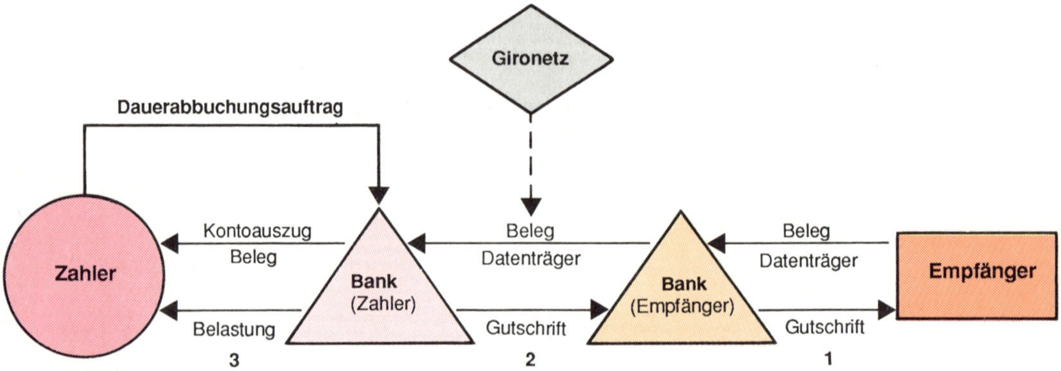


Dauerauftrag, Einzugsermächtigung und **Abbuchungsauftrag** haben für den Schuldner folgende **Vorteile:**

- Er erspart dem Schuldner Zeit und Arbeit.
- Der Schuldner kommt nicht in Zahlungsverzug, da eine pünktliche Zahlung gewährleistet ist.

## 7.3.4.3 Verrechnungsscheck

***Ein Verrechnungsscheck, d. h. ein Scheck mit dem Vermerk „Nur zur Verrechnung", darf an den Zahlungsempfänger nicht bar ausgezahlt werden, er muß auf seinem Konto gutgeschrieben werden.***

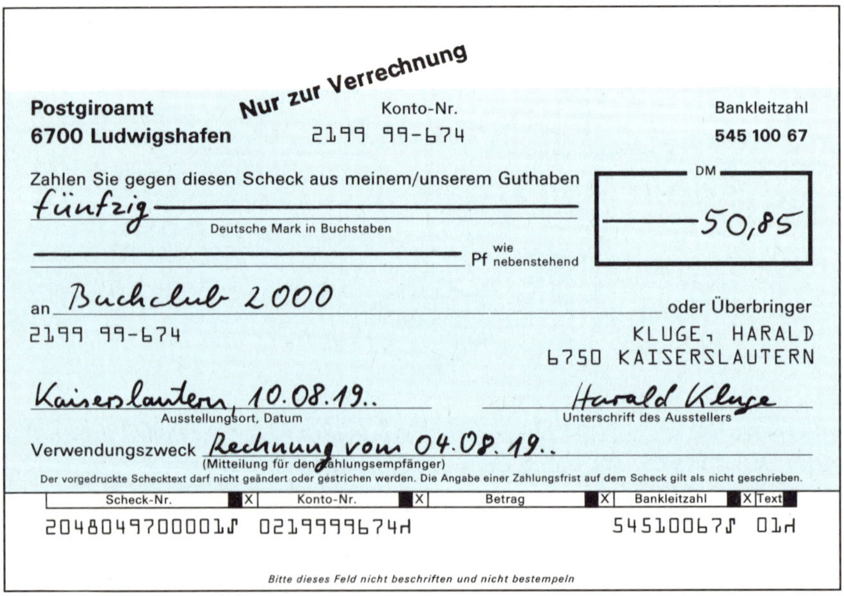
Nur zur Verrechnung

**Postgiroamt**
**6700 Ludwigshafen**

Konto-Nr. 2199 99-674

Bankleitzahl **545 100 67**

Zahlen Sie gegen diesen Scheck aus meinem/unserem Guthaben

fünfzig
Deutsche Mark in Buchstaben

Pf wie nebenstehend

DM 50,85

an Buchclub 2000 oder Überbringer

2199 99-674

KLUGE, HARALD
6750 KAISERSLAUTERN

Kaiserslautern, 10.08.19..
Ausstellungsort, Datum

Harald Kluge
Unterschrift des Ausstellers

Verwendungszweck Rechnung vom 04.08.19..
(Mitteilung für den Zahlungsempfänger)

Der vorgedruckte Schecktext darf nicht geändert oder gestrichen werden. Die Angabe einer Zahlungsfrist auf dem Scheck gilt als nicht geschrieben.

| Scheck-Nr. | X | Konto-Nr. | X | Betrag | X | Bankleitzahl | X | Text |
|---|---|---|---|---|---|---|---|---|

2048049700001⑆ 0219999674⑈ 54510067⑆ 01⑈

*Bitte dieses Feld nicht beschriften und nicht bestempeln*

Eine besondere Art des Verrechnungsschecks (siehe 7.3.5) stellt der **Talonscheck** dar:

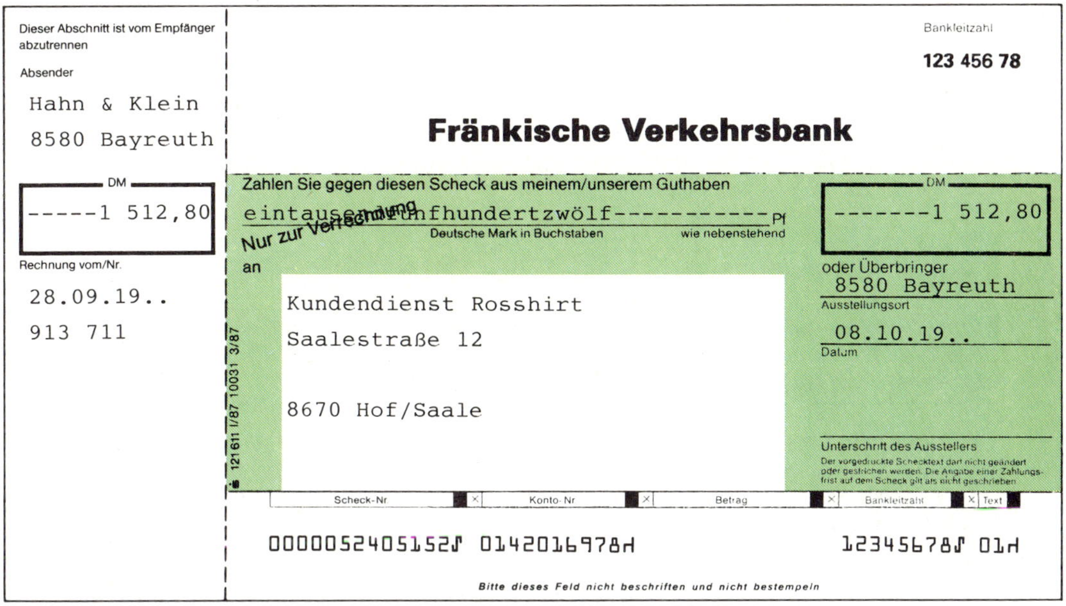
Dieser Abschnitt ist vom Empfänger abzutrennen
Absender
Hahn & Klein
8580 Bayreuth
DM -----1 512,80
Rechnung vom/Nr.
28.09.19..
913 711

Bankleitzahl
123 456 78
Fränkische Verkehrsbank
Zahlen Sie gegen diesen Scheck aus meinem/unserem Guthaben
eintausendfünfhundertzwölf----------- Pf
Nur zur Verrechnung
Deutsche Mark in Buchstaben wie nebenstehend
DM -------1 512,80
an
Kundendienst Rosshirt
Saalestraße 12
8670 Hof/Saale
oder Überbringer
8580 Bayreuth
Ausstellungsort
08.10.19..
Datum
Unterschrift des Ausstellers
Der vorgedruckte Schecktext darf nicht geändert oder gestrichen werden. Die Angabe einer Zahlungsfrist auf dem Scheck gilt als nicht geschrieben.
121611 1/87 10031 3/87
Scheck-Nr. | Konto-Nr. | Betrag | Bankleitzahl | Text
00000524051521 0142016978H 123456781 01H
Bitte dieses Feld nicht beschriften und nicht bestempeln

Der **Talon** (Anhängsel) dient dazu, dem Zahlungsempfänger mitzuteilen, aus welchem Grund (z. B. Rechnung Nr. ...) der Scheck übersandt wurde. Gleichzeitig kann er als Buchungsbeleg benutzt werden.

Talonschecks werden in einen Fensterbriefumschlag gesteckt und als Drucksache versandt: Neben dem Rationalisierungseffekt wird eine Senkung der Portokosten erzielt.

Ein oder mehrere Verrechnungsschecks – auch Postschecks und Eurocheques – werden mit Hilfe des Formulars **„Scheckeinreichung"** beim Kreditinstitut bzw. mit Hilfe des Formulars **„Postgiroauftrag"** beim Postgiroamt durch den Zahlungsempfänger zum Einzug eingereicht:

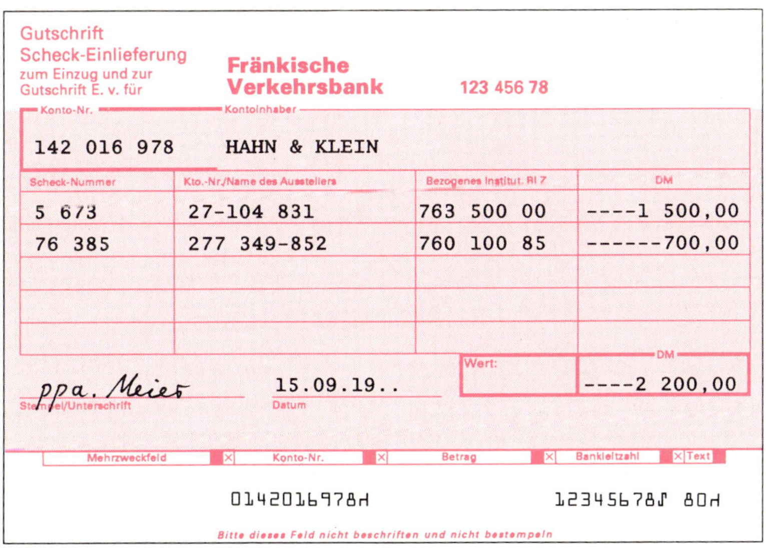
Gutschrift
Scheck-Einlieferung
zum Einzug und zur Gutschrift E. v. für
Fränkische Verkehrsbank
123 456 78
Konto-Nr. 142 016 978
Kontoinhaber HAHN & KLEIN

| Scheck-Nummer | Kto.-Nr./Name des Ausstellers | Bezogenes Institut, BLZ | DM |
| --- | --- | --- | --- |
| 5 673 | 27-104 831 | 763 500 00 | ----1 500,00 |
| 76 385 | 277 349-852 | 760 100 85 | ------700,00 |

ppa. Meier
Stempel/Unterschrift
15.09.19..
Datum
Wert:
DM ----2 200,00
Mehrzweckfeld | Konto-Nr. | Betrag | Bankleitzahl | Text
0142016978H 123456781 80H
Bitte dieses Feld nicht beschriften und nicht bestempeln

Der zweiteilige Vordruck dient als

- **Quittung** für den Scheckeinreicher,
- **Auftrag** für die kontenführende Stelle.

Schecks werden grundsätzlich „E. v.“ **(Eingang vorbehalten)** gutgeschrieben: Wird die Einlösung des Schecks durch die bezogene Bank verweigert (weil z. B. die Deckung fehlt), gilt die Gutschrift auf dem Konto des Scheckeinreichers als nicht erfolgt.

### 7.3.4.4 Wechsel

***Beim Wechsel liegt eine bargeldlose Zahlung vor, wenn ein Wechsel bei einem Kreditinstitut zum Diskont eingereicht und der Barwert dem Konto des Scheckeinreichers gutgeschrieben wird.***

Der Wechselinhaber reicht den Wechsel (siehe 7.3.6) mit einer **Wechseleinreichung (Quittung)** bei seinem Kreditinstitut ein: Es kommt zwischen dem Wechseleinreicher und dem Kreditinstitut ein Kreditvertrag zustande (siehe 7.3.6). Die Bank schreibt den Wechsel zum **Barwert** (Wechselsumme abzüglich Diskont, Provision, Gebühren und Auslagen) dem Konto des Wechseleinreichers gut.

***Wird der Betrag eines Wechsels am Fälligkeitstag vom Konto des Bezogenen abgebucht und dem Konto des Wechseleinreichers gutgeschrieben, so handelt es sich ebenfalls um eine bargeldlose Zahlung.***

Der Wechsel wird ebenfalls mit einer **Wechseleinreichung** beim Kreditinstitut eingereicht. Er trägt auf der Rückseite ein **Inkassoindossament.**

Das Kreditinstitut reicht den Wechsel an das Kreditinstitut des Bezogenen weiter, das aus dem **Zahlstellenvermerk** (siehe 7.3.6) ersichtlich ist. Dieses wendet sich an seinen Kunden, den Bezogenen, mit einem Schreiben, durch das er aufgefordert wird, auf seinem Konto für die nötige Deckung am Fälligkeitstag zu sorgen:

Reicht die Deckung am Fälligkeitstag aus, belastet sie das Kundenkonto mit dem Wechsel und überweist den eingezogenen Betrag mit Hilfe der Gironetze auf das Konto des Wechseleinreichers.

### 7.3.4.5 Der Einsatz der Datenverarbeitung beim Zahlungsverkehr

***Die Kreditinstitute und Postgiroämter bieten Kunden, die eine elektronische Datenverarbeitungsanlage besitzen, besondere Dienstleistungen an.***

Diese Dienstleistungen ermöglichen es, den bargeldlosen Zahlungsverkehr zu rationalisieren und zu automatisieren:

**Einsatz der Datenverarbeitung im Zahlungsverkehr**

- Belegauswertung von Zahlungsvorgängen
- belegloser Datenträgeraustausch

Bei der **Belegauswertung von Zahlungsvorgängen** (BAZ) erhalten die Kontoinhaber

- entweder ihre Zahlungseingänge und Zahlungsausgänge von der kontoführenden Stelle auf **Magnetdatenträgern** (Magnetband, Magnetplatte, Diskette) zur Endverbuchung, wenn sie die Daten maschinell weiterverarbeiten können,
- oder **Kontoauszüge,** wenn Sie die Daten nicht maschinell weiterverarbeiten können. Bei vielen Kreditinstituten sind dabei **Kontoauszug und Buchungsbeleg identisch,** d. h., der Kontoinhaber erhält keine Belege (z. B. Empfängerabschnitt der Überweisung) mehr, oder er erhält die Belege nur auf seinen besonderen Wunsch hin.

Die kontoführende Stelle übernimmt die **maschinell-optische Bearbeitung der Zahlungsverkehrsbelege:** Neben standardisierten, mit **OCR-A-1 codierten Belegen** (Überweisung/Zahlschein, Lastschriften, Schecks) können auch standardisierte, **handschriftliche Belege** (Überweisung/Zahlschein) in die EDV eingelesen und dort verarbeitet werden.

Beim **beleglosen Zahlungsverkehr** werden als Zahlungsträger Magnetdatenträger benutzt: An die Stelle von **Belegen** (Überweisungen und Lastschriften) treten **Datensätze.** Der Kontoinhaber

- gibt seine **Zahlungsausgänge und Lastschriften,** gespeichert auf Magnetdatenträger, an die kontoführende Stelle
- und erhält seine **Zahlungseingänge** von der kontoführenden Stelle auf Magnetdatenträger.

Innerhalb des Bankensystems werden diese Magnetdatenträger im **Magnetband-Clearing-Verfahren** (DTA-Clearing) verarbeitet.

Für den beleglosen Datenträgeraustausch eignen sich insbesondere

- **Massenzahlungen** (z. B. die Zahlung von Löhnen, Gehältern, Renten, Pensionen, die Überweisung von einbehaltenen vermögenswirksamen Leistungen usw., der Einzug von Lastschriften wie z. B. der Einzug von Versicherungsprämien und Rechnungsbeträgen).
- Er ist aber auch für **Individualzahlungen** (z. B. die Bezahlung von Rechnungen, Überweisung der Umsatzsteuervoranmeldung) geeignet, wenn diese beim Kontoinhaber in größerer Zahl anfallen und er den Zahlungsverkehr elektronisch abwickelt.

**Die Vorteile** des maschinellen Beleglesevefahrens und des beleglosen Datenträgeraustauschs bestehen darin, daß

- die Zahl der personalintensiven Belegerfassungen reduziert wird **(Einsparung von Personalkosten)**;
- weniger oder gar keine Belege bearbeitet werden müssen, wodurch die Personalkosten ebenfalls sinken.

### 7.3.4.6 Neue Entwicklungen beim bargeldlosen Zahlungsverkehr

Neue Entwicklungen beim bargeldlosen Zahlungsverkehr sind:

- POS-Banking (ec-KASSE)
- Homebanking (Btx-Zahlungsverkehr)
- Kreditkarten

***Das POS-Banking soll es dem Verbraucher ermöglichen, ohne Bargeld oder Scheck, sondern nur mit Hilfe der Eurocheque-Karte einzukaufen.***

POS-Banking (Point-of-sale-Banking = Bankgeschäft am Kaufort) soll in Deutschland unter dem Namen **ec-Kasse** den **bargeldlosen** bzw. **beleglosen Einkauf** im Einzelhandel, an Tankstellen, in Restaurants, Hotels usw. ermöglichen.

Der Einkaufsbetrag wird

- sofort vom Konto des Eurocheque-Karteninhabers abgebucht, wenn der POS im On-line-Verfahren mit der kontoführenden Stelle verbunden ist;
- erst mit zeitlicher Verzögerung abgebucht, wenn das Off-line-Verfahren verwendet wird.

Auf diese Weise kann der Inhaber einer Eurocheque-Karte neben Eurocheques und Bargeld aus den Geldautomaten zusätzlich über 2 000,00 DM innerhalb einer Woche verfügen. Durch die ec-Kasse wird die Eurocheque-Karte zu einer Kreditkarte.

***Das Homebanking soll es dem Kunden der Kreditinstitute und der Postgiroämter ermöglichen, mit Hilfe des Bildschirmtextes (Btx) seine Bankgeschäfte vom Wohnzimmer bzw. Büro aus abzuwickeln.***

Mit der zunehmenden Ausrüstung von privaten Haushalten und Betrieben mit den notwendigen Geräten werden mit der **Btx-Kontenführung im Dialog** folgende Möglichkeiten eröffnet:

- Es können Überweisungen vorgenommen werden.
- Es kann der Kontostand abgefragt werden.
- Daueraufträge können eröffnet, geändert oder widerrufen werden.
- Es können Vordrucke angefordert werden.
- Es können Mitteilungen abgesandt und empfangen werden.

***Durch die Verwendung von Kreditkarten ist es möglich, Rechnungen bargeldlos zu bezahlen.***

Eine Kreditkarte kann jedermann bei einer **Kreditkartenorganisation** direkt oder über sein **Kreditinstitut** bzw. beim **Herausgeber** der Karte (z. B. einem Warenhaus, Versandhaus, Möbelhändler) beantragen. Für **Geschäftsleute** gibt es bei den Kreditorganisationen besondere Kreditkarten, deren Benutzung Vorteile bietet, die besonders für Vielreisende angenehm sind.

Nach der Überprüfung seiner **Kreditwürdigkeit** erhält der Antragsteller eine Kreditkarte übersandt.

Neben Zahlung mit Hilfe eines **Leistungsbelegs** gibt es bei den Kreditkarten auch eine **beleglose Zahlung.**

**Monatlich** erhält der Karteninhaber eine **Sammelabrechnung:** Diese besteht aus einem Kontoauszug und Kopien der Leistungsbelege. Anhand seiner Unterlagen kann der Kreditkarteninhaber die Sammelabrechnung überprüfen und notfalls die Abrechnung beanstanden. Der Gesamtbetrag wird nach Ablauf der Frist vom Konto des Kreditkarteninhabers abgebucht, da der Kontoinhaber bei Antragstellung der Kreditkartenorganisation bzw. dem Herausgeber der Kreditkarte eine Einzugsermächtigung erteilt hat.

Kreditkarten kann man auch benutzen, um telefonische oder schriftliche **Bestellungen aufzugeben.** Der Rechnungsbetrag wird dann über die Kreditkartenorganisation im Zuge der monatlichen Sammelabrechnung vom Konto des Karteninhabers abgebucht. Dieser Einsatz der Kreditkarte **ersetzt** den **Nachnahmeversand.**

## Zusammenfassung

**Zahlungsmittel**

Bargeld — Buchgeld ↓ — Geldersatzmittel ↓

**Formen der bargeldlosen Zahlung**

Voraussetzungen:
- Gironetze
- Schuldner besitzt ein Konto.
- Gläubiger hat ein Konto.

| Formen | Anmerkung |
|---|---|
| – (Einzel-)Überweisung | auch maschinenlesbar, entweder durch Verwendung eines maschinenlesbaren Drucks oder auch von handschriftlichen Eintragungen |
| – Sammelüberweisung | spart Buchungsgebühren |
| – Dauerauftrag | bei stets gleichbleibenden Beträgen<br>spart Zeit und Kosten<br>verhindert Zahlungsverzug |
| – Lastschriftauftrag<br>– Einzugsermächtigung<br>– Abbuchungsauftrag | bei gleichbleibenden oder schwankenden Beträgen<br>(nur bei Kreditinstituten)<br>sparen Zeit und Kosten<br>verhindern Zahlungsverzug |
| – Verrechnungsscheck | **nur** Gutschrift auf Konto, **keine** Barauszahlung |
| – Wechsel | bargeldlos bei Diskont und Inkasso (heute üblich) |

**Elektronische Datenverarbeitung beim Zahlungsverkehr**

- Belegauswertung von Zahlungsvorgängen: Belege werden auf Magnetdatenträger von den Kreditinstituten und Postgiroämtern erfaßt und an Kontoinhaber weitergegeben (Zeit- und Kostenersparnis).
- Belegloser Zahlungsverkehr: Zwischen Kreditinstitut/Postgiroamt und Kontoinhaber werden Magnetdatenträger ausgetauscht (Zeit- und Kostenersparnis).
- Magnetband-Clearing-Verfahren: Zwischen Kreditinstituten, Postgiroämtern und Landeszentralbanken erfolgt die Abrechnung mit Hilfe des Austausches von Magnetbändern.

**Neue Entwicklungen beim bargeldlosen Zahlungsverkehr**

| | |
|---|---|
| – POS-Banking | beleglos |
| – Homebanking | beleglos |
| – Kreditkarten | teilweise beleglos |

## Aufgaben

1. Welche Vorteile bietet der bargeldlose Zahlungsverkehr?
2. Nennen Sie Gründe für die Einführung des beleglosen Zahlungsverkehrs.
3. Nennen Sie die Voraussetzungen für den
   a) bargeldlosen Zahlungsverkehr,
   b) beleglosen Zahlungsverkehr.
4. Die Müller & Co Heizungstechnik haben bei der Sanitärgroßhandels GmbH eine Rechnung über 2 980,00 DM offen.
   a) Welche Möglichkeiten haben sie, die Rechnung bargeldlos zu bezahlen?
   b) Besorgen Sie sich die entsprechenden Formulare und füllen Sie diese aus.
5. Warum werden vom Gläubiger bereits ausgefüllte Formulare Überweisung/Zahlschein von ihm und vom Schuldner gerne benutzt?
6. Schildern Sie, wie man von einem Postgirokonto Geld auf ein Konto bei einem Kreditinstitut überweisen kann.
7. Wodurch unterscheiden sich Dauerauftrag und Lastschriftauftrag?
8. Überlegen Sie: Warum kann gegen einen Dauerauftrag kein Widerspruch eingelegt werden, wohl aber gegen einen Lastschriftauftrag?
9. Was versteht man unter einem Sammelauftrag? Nennen Sie die Bestandteile und Vorteile eines Sammelauftrags.
10. Überlegen Sie: Welche Gründe gibt es, vom Sammelauftrag auf den beleglosen Datenträgeraustausch umzusteigen?
11. Schildern Sie den Ablauf
    a) der Belegauswertung von Zahlungsvorgängen,
    b) des beleglosen Datenträgeraustausches,
    c) des Magnetband-Clearing-Verfahrens.
12. Nennen Sie die Bestandteile einer Überweisung und deren Verwendung.
13. Wodurch unterscheiden sich Dauerauftrag (Dauerüberweisung), Abbuchungsauftrag und Einzugsermächtigung?
14. Schildern Sie die Abwicklung von Dauerauftrag, Einzugsermächtigung und Abbuchungsauftrag.
15. Überlegen Sie: Warum erfolgt die Gutschrift bei einem Verrechnungsscheck nur E. v.?
16. Wie wird ein Barscheck bei der Bank zum Einzug eingereicht?
17. Beschreiben Sie Situationen, in denen ein Wechsel als bargeldloses Zahlungsmittel verwendet wird.
18. Überlegen Sie: Warum wird im Geschäftsleben immer mehr auf den automatisierten Zahlungsverkehr übergegangen?
19. Welche Daten eignen sich für den automatisierten Zahlungsverkehr?
20. Wie können sich Hahn & Klein davor schützen, daß im Lastschriftverkehr unberechtigte Abbuchungen vorgenommen werden?
21. Nennen und beschreiben Sie die neuen Methoden beim bargeldlosen Zahlungsverkehr.

## Zusammenfassung

| Der Zahlungsverkehr | | | |
|---|---|---|---|
| Der **Gläubiger** hat / Der **Schuldner** hat | **kein Konto** | ein **Postgirokonto** | ein **Bankkonto** |
| **kein Konto** | persönliche Zahlung<br>Zahlung durch Boten<br>Einschreiben<br>Wertbrief<br>Postanweisung<br>Wechsel | Zahlschein<br>Nachnahme<br>Kassenscheck | Zahlschein |
| ein **Postgirokonto** | Zahlungsanweisung<br>Postkassenscheck | Überweisung<br>Verrechnungsscheck<br>Zahlungsanweisung zur Verrechnung<br>Datenträgeraustausch<br>Bildschirmtext (Btx) | Überweisung<br>Verrechnungsscheck<br>Zahlungsanweisung zur Verrechnung<br>Datenträgeraustausch<br>Btx |
| ein **Bankkonto** | Barscheck | Überweisung<br>Datenträgeraustausch<br>Btx<br>Barscheck | Überweisung<br>Datenträgeraustausch<br>Kreditkarte<br>POS-Banking<br>Btx<br>Wechsel |

## Aufgaben

1. Überlegen Sie: In welchem Wirtschaftszweig herrscht welche Art des Zahlungsverkehrs vor? Wie wird die zukünftige Entwicklung sein?
2. Von welcher Zahlungsart sollen Hahn & Klein jeweils Gebrauch machen? Sie verfügen sowohl über ein Postgirokonto als auch über ein Kontokorrentkonto bei einem Kreditinstitut.
   a) Ein Angestellter hat während einer Auslandsreise einen Unfall erlitten und benötigt dringend Geld.
   b) Monatsmiete für das Bürogebäude
   c) monatliche Fernsprechgebühren
   d) monatliche Steuern (Umsatzsteuer, Lohnsteuer usw.)
   e) Lieferantenrechnungen
   f) Energie- und Wasserrechnung der Stadtwerke
   g) Rechnung der Vertragstankstelle
   h) Auslagenersatz für Geschäftsreise eines Mitarbeiters
   i) Zahlung an einen Lieferanten, dessen Bankverbindung unbekannt ist

## 7.3.5 Die Zahlung mit Scheck

***Der Scheck ist die Anweisung eines Kontoinhabers an sein Geldinstitut, bei Sicht aus seinem Guthaben eine bestimmte Summe zu zahlen.***

Eine Urkunde gilt als Scheck, wenn sie folgende sechs **Bestandteile** enthält (Art. 1 ff. ScheckG):

- Die Bezeichnung **Scheck** im Text der Urkunde.
- Die **Anweisung zur Zahlung einer bestimmten Summe.** Bei Abweichungen zwischen der Angabe in Ziffern und in Worten gilt die in Worten bezeichnete Summe.
- Der **Name des Bezogenen.** Dies kann nur ein Geldinstitut sein (passive Scheckfähigkeit der Banken und Sparkassen).
- Der **Zahlungsort.** Fehlt dieser, so gilt der bei der bezogenen Bank angegebene Ort.
- **Ort und Datum der Ausstellung.** Fehlt der Ort der Ausstellung, so gilt der Ort, der beim Namen des Ausstellers angegeben wurde.
- Die **Unterschrift des Ausstellers.**

Um die Abwicklung des Scheckverkehrs besonders bei den Banken zu erleichtern, enthalten die Scheckvordrucke, welche die Banken ihren Kunden aushändigen, **kaufmännische Bestandteile:** Schecknummer (wichtig für das Sperren eines Schecks), Kontonummer, Bankleitzahl, Angabe des Zahlungsempfängers und die Überbringerklausel. Trotz Angabe eines Zahlungsempfängers ist die Bank wegen der Überbringerklausel berechtigt, an jeden Überbringer zu zahlen (Inhaberscheck).

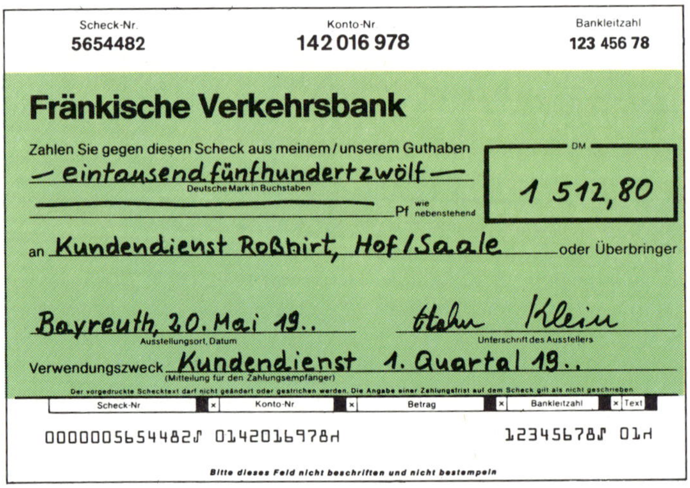
Scheck-Nr. 5654482 Konto-Nr 142 016 978 Bankleitzahl 123 456 78

**Fränkische Verkehrsbank**

Zahlen Sie gegen diesen Scheck aus meinem / unserem Guthaben — eintausendfünfhundertzwölf — Deutsche Mark in Buchstaben Pf wie nebenstehend DM 1 512,80

an Kundendienst Roßhirt, Hof/Saale oder Überbringer

Bayreuth, 20. Mai 19.. Ausstellungsort, Datum — Unterschrift des Ausstellers

Verwendungszweck Kundendienst 1. Quartal 19.. (Mitteilung für den Zahlungsempfänger)

Der vorgedruckte Schecktext darf nicht geändert oder gestrichen werden. Die Angabe einer Zahlungsfrist auf dem Scheck gilt als nicht geschrieben

Scheck-Nr | Konto-Nr | Betrag | Bankleitzahl | Text

00000056544822 0142016978H 123456782 01H

Bitte dieses Feld nicht beschriften und nicht bestempeln

### Die Scheckarten

Wir unterscheiden

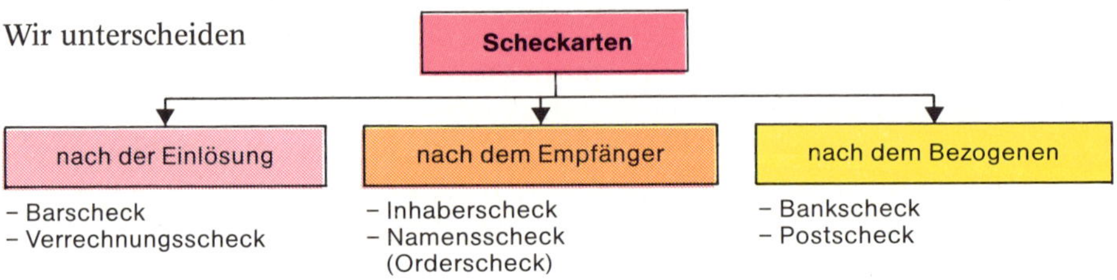

Der **Inhaberscheck** enthält die **Überbringerklausel. Jeder Scheckeinreicher** gilt deshalb als Berechtigter. Die Bank darf zwar die Legitimation des Einreichers prüfen, muß dies aber nicht. Der Scheck kann formlos übertragen werden. Die Übertragung mit einem Indossament (Giro) ist trotzdem ratsam, weil der Übertragende damit für die Einlösung des Schecks haftet. Übertragungen von Schecks sind in der Praxis allerdings außerordentlich selten.

Beim **Orderscheck** fehlt die Überbringerklausel. Die **Angabe des Zahlungsempfängers** ist deshalb notwendig. Dieser Scheck kann nur durch einen auf der Rückseite angebrachten Übertragungsvermerk **(Indossament)** weitergegeben werden. Der zur Einreichung Berechtigte ist in der Scheckurkunde also immer namentlich genannt. Der Orderscheck kommt in der Praxis bei Auslandsgeschäften und beim Zahlungsverkehr zwischen Großbetrieben vor, die hohe Summen transferieren (z. B. Bezahlung von Importrechnungen, Anzahlungen im Großanlagengeschäft bei Vertragsschluß).

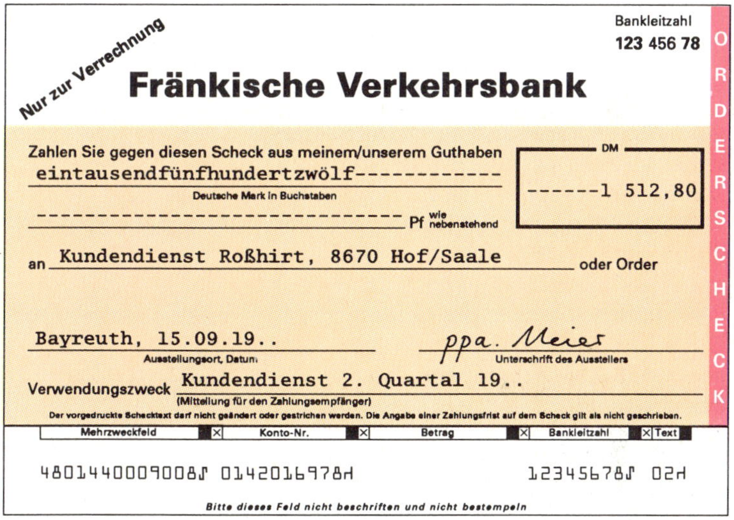
Nur zur Verrechnung
Bankleitzahl
123 456 78
Fränkische Verkehrsbank
ORDERSCHECK
Zahlen Sie gegen diesen Scheck aus meinem/unserem Guthaben
eintausendfünfhundertzwölf------------
Deutsche Mark in Buchstaben
DM
------1 512,80
----------------------------- Pf wie nebenstehend
an Kundendienst Roßhirt, 8670 Hof/Saale oder Order
Bayreuth, 15.09.19..
Ausstellungsort, Datum
ppa. Meier
Unterschrift des Ausstellers
Verwendungszweck Kundendienst 2. Quartal 19..
(Mitteilung für den Zahlungsempfänger)
Der vorgedruckte Schecktext darf nicht geändert oder gestrichen werden. Die Angabe einer Zahlungsfrist auf dem Scheck gilt als nicht geschrieben.
Mehrzweckfeld | Konto-Nr. | Betrag | Bankleitzahl | Text
48014400090081 01420169784 1234567881 024
Bitte dieses Feld nicht beschriften und nicht bestempeln

Der **Barscheck** kann dem Berechtigten am Schalter des bezogenen Kreditinstituts bar ausgezahlt werden. Wegen der Verlust- und Diebstahlgefahr kommt der **Verrechnungsscheck** (Art. 39 ScheckG) häufiger vor. Jeder Barscheck kann jederzeit durch den Vermerk „nur zur Verrechnung" zu einem Verrechnungsscheck gemacht werden. Umgekehrt ist dies nicht möglich. Für den Verrechnungsscheck besteht ein Auszahlungsverbot. Die Kreditinstitute schreiben die Schecksumme folglich grundsätzlich auf dem angewiesenen Konto bzw. auf dem Konto des Einreichers gut.

**Postschecks** können zur **Barauszahlung** oder zur **Verrechnung** verwendet werden:

- **Postbarschecks** werden (zur Zeit noch, vgl. 7.3.3.2) beim vereinbarten Postamt ausgezahlt. Die Auszahlung wird an jeden vorgenommen, der den Scheck und die **Ausweiskarte** vorlegt. Der Kontoinhaber sollte deshalb seine Ausweiskarte sorgfältig, möglichst getrennt von seinen Scheckformularen aufbewahren.
- **Kassenschecks** werden auch **ohne Ausweiskarte** jedem Einreicher beim kontoführenden Postgiroamt ausbezahlt. Sie sind demnach reine Inhaberschecks. Aus einem Postgirokonto wird täglich **nur eine Auszahlung** im Postbarscheckverfahren geleistet. Der Betrag darf **20 000,00 DM** nicht übersteigen.

- **Postverrechnungsschecks** entsprechen in ihrer Handhabung den Bankverrechnungsschecks.
- Beim **Scheckeinzug** durch die Post werden Schecks (Post- oder Bankschecks) mit einem gebührenfreien **Zahlschein** zur Gutschrift auf das eigene Konto im **Postgirobrief** eingesandt. Für mehrere Schecks wird eine Zusammenstellung erstellt, der Zahlschein weist dann den Gesamtbetrag aus.
- Postgiroinhaber können **sich** oder **anderen** Empfängern Bargeld mit Hilfe **Zahlungsanweisung zustellen** lassen.

Beim **vordatierten Scheck** gibt der Aussteller ein in der Zukunft liegendes Ausstellungsdatum an, um die Vorlegungsfrist für den Scheck zu verlängern. Der Grund ist darin zu sehen, daß gegenwärtig ein ausreichendes Guthaben nicht vorhanden ist. Allerdings dürfen solche Schecks sofort eingereicht werden, da Schecks allgemein bei Sicht fällig sind (Art. 28 ScheckG).

Von der Bundesbank (bzw. von ihren Außenstellen, den Landeszentralbanken) **bestätigte Schecks** gewährleisten dem Inhaber, daß die Bundesbank rechtzeitig vorgelegte Schecks in jedem Fall einlöst. Die Übertragbarkeit des Schecks ist hier erleichtert.

Beim **Scheckkartenscheck (Eurocheque;** siehe S. 229) garantieren Banken und Sparkassen die Einlösung des Schecks bis zu einem Betrag von 400,00 DM. Die Einlösungsgarantie gilt nur in Verbindung mit einer Scheckkarte, deren Nummer auf der Rückseite des Schecks zu notieren ist. Die Scheckkarte wird für zwei Jahre ausgegeben. Sie ist getrennt von den Schecks aufzubewahren, damit ein Dieb oder ein böswilliger Finder die Unterschrift auf dem Scheck nicht nachmachen kann. Wegen der Einlösungsgarantie kann der Eurocheque nicht gesperrt werden. Da der Eurocheque wie der normale Bankscheck verwendet werden kann, geben die Banken heute an Privatkunden fast nur noch Eurocheque-Formulare aus.

An **Geldautomaten** können sich Bank- und Postscheckkunden mit Hilfe der **Eurocheque-Karte mit Magnetstreifen** Bargeld auszahlen lassen. Der Kunde muß dabei die Scheckkarte in den Automat einführen und seine **persönliche Geheimzahl** eintippen. Der Inhaber der Scheckkarte ist berechtigt, bei **jedem** Geldautomaten **irgendeines** Bankinstituts täglich **eine** Auszahlung bis zu 400,00 DM vorzunehmen. Im Ausland ist der Betrag auf den im jeweiligen Land geltenden Garantiehöchstbetrag begrenzt. Geldbeträge in Fremdwährung, die durch einen Geldautomaten im Ausland ausgezahlt worden sind, werden in Deutsche Mark umgerechnet und dem Girokonto belastet.

Bei einem **Verlust der Scheckkarte** mit Magnetstreifen ist **das ausgebende Kreditinstitut** bzw. eine Zentralstelle in Frankfurt/Main **unverzüglich zu benachrichtigen.** Das gleiche gilt, wenn ein **Unbefugter Kenntnis** von der persönlichen Geheimzahl erlangt hat.

Im Rahmen des **POS-Banking** kann der Inhaber der Eurocheque-Karte mit Magnetstreifen an Eurocheque-Kassen (z. B. im Einzelhandel, an Tankstellen) Beträge bis zur

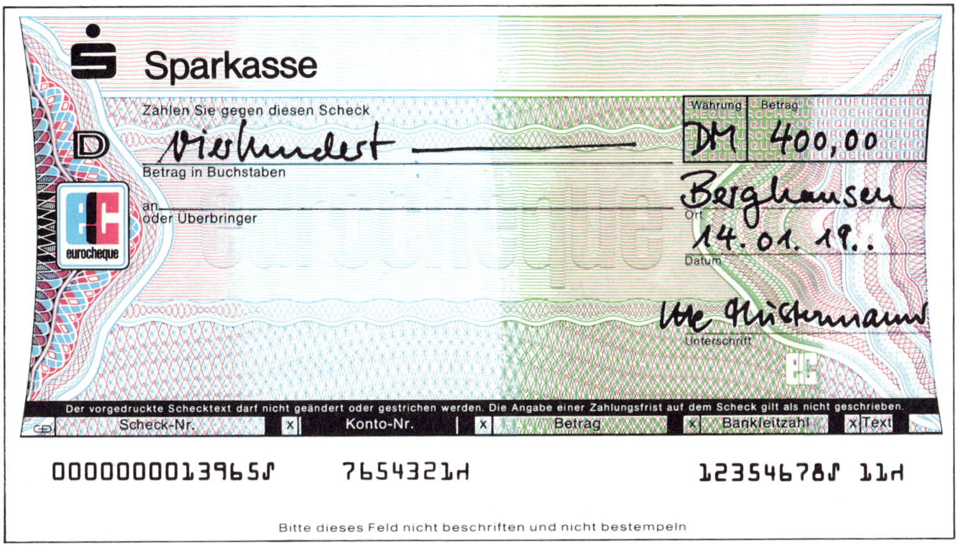


ihm mitgeteilten Höhe zu Lasten seines Bankkontos bezahlen. Der Kunde muß auch hier seine **persönliche Geheimzahl** in das Kassenterminal eintippen.

### Die Einlösung des Schecks

Der Scheck ist **bei Sicht,** d. h. wenn er der bezogenen Bank vorgelegt wird, fällig. Dabei sind gesetzliche Vorlegungsfristen zu beachten (Art. 29 ScheckG):

- 8 Tage, wenn der Ausstellungsort in der Bundesrepublik Deutschland liegt,
- 20 Tage, wenn der Ausstellungsort in Europa bzw. in einem Mittelmeerland liegt,
- 70 Tage, wenn der Ausstellungsort außerhalb Europas liegt.

Nach Ablauf der Vorlegungsfrist kann die bezogene Bank allerdings den Scheck noch einlösen, sie muß dies aber nicht. Gleichfalls ist nach Ablauf der Vorlegungsfrist ein Widerruf des Schecks möglich. Bei Scheckkartenschecks endet nach 8 bzw. nach 20 Tagen die Einlösungsgarantie.

Bei **Verlust des Schecks** ist die Bank zu benachrichtigen und der **Scheck zu sperren.** Zweckmäßigerweise ist der Bank die Schecknummer mitzuteilen.

### Die Nichteinlösung des Schecks (Art. 40 ff. ScheckG)

Wird der Scheck innerhalb der Vorlegungsfrist vorgelegt und wegen mangelnder Deckung nicht eingelöst, muß der Scheckinhaber seine Vormänner und den Aussteller benachrichtigen. Der Inhaber des Schecks kann mit seinem **Rückgriffsrecht** geltend machen:

- die Schecksumme,
- mindestens 6 % Zinsen bzw. um 2 % höhere Zinsen als der Diskontsatz der Landeszentralbank,
- $\frac{1}{3}$ % Provision aus der Schecksumme,
- die Auslagen.

## Zusammenfassung

1. Beim Inhaberscheck ist jeder Scheckinhaber berechtigt, den Scheck zur Einlösung einzureichen. Bei Orderschecks fehlt die Überbringerklausel.
2. Verrechnungsschecks werden auf dem Konto des Einreichers gutgeschrieben.
3. Postschecks kommen als Postbarschecks, als Kassenschecks und als Verrechnungsschecks vor.
4. Eurocheques werden zusammen mit der Scheckkarte verwendet. Für sie besteht eine Einlösungsgarantie bis zu 400,00 DM.
5. An Geldautomaten kann mit Hilfe der Eurocheque-Karte mit Magnetstreifen Bargeld ausgezahlt werden. Dazu ist die persönliche Geheimzahl notwendig. Dieselbe Handhabung ermöglicht die Bezahlung an Eurocheque-Kassen (POS-Banking).
6. Bei Verlust der Scheckkarte und bei Bekanntwerden der Geheimzahl ist das Kreditinstitut unverzüglich zu benachrichtigen. Nur dann tritt eine Haftung des Instituts ein.
7. Der Scheck ist bei Sicht fällig. Inlandsschecks sind innerhalb von 8 Tagen nach der Ausstellung einzulösen.

## Aufgaben

1. Suchen Sie in dem abgebildeten Scheckformular die gesetzlichen und die kaufmännischen Bestandteile.
2. Welche Sicherheit bietet der Verrechnungsscheck im Falle des Verlusts?
3. Für welche Zahlungen wird die Firma Hahn & Klein einen Scheck verwenden?
4. Wann ist ein am 05.05. ausgestellter und auf den 10.06. vordatierter Scheck fällig?
5. Welche Bedeutung hat die Überbringerklausel?
6. Unterscheiden Sie den normalen Scheck vom Eurocheque.
7. Welche Verwendungsmöglichkeiten eröffnet der Postscheck?
8. Was gilt für die Haftung bei der Inanspruchnahme von Geldautomaten und beim POS-Banking?
9. Welche Pflichten und Rechte hat ein Scheckinhaber bei der Nichteinlösung des Schecks?

## 7.3.6 Die Zahlung mit Wechsel

Der Elektrogerätehersteller Hahn & Klein in Bayreuth kauft am 7. Juli Walzbleche im Wert von 50 000,00 DM beim Walzwerk Mainstahl AG in Frankfurt. Hahn & Klein befinden sich in einem Liquiditätsengpaß. Sie bitten den Lieferer um Stundung. Das Walzwerk verfügt im Augenblick über 30 000,00 DM flüssige Mittel, hat aber selbst eine fällige Zahlungsverpflichtung in Höhe von 80 000,00 DM an das Hüttenwerk Alte Hütte GmbH in Dortmund für die Lieferung von Roheisen. Welche für alle Seiten befriedigende Lösung bietet sich an?

Das Walzwerk stellt einen Wechsel aus, mit dem die Firma Hahn & Klein verpflichtet wird, nach drei Monaten (7. Oktober) die Summe von 50 000,00 DM zu zahlen. Man sagt: **der Aussteller zieht einen Wechsel auf den Bezogenen.** Dies ist für die Mainstahl AG nur dann sinnvoll, wenn sie den Wechsel der Alten Hütte GmbH **in Zahlung geben** oder an eine Bank verkaufen **(diskontieren)** kann. Die Bank (bzw. der Lieferer) stellt in diesem Fall Kredit zur Verfügung. Der Wechsel stellt also ein **Kreditmittel** und ein **Zahlungsmittel** dar.

| Die Mainstahl AG gibt den Wechsel in Zahlung | Die Mainstahl AG diskontiert den Wechsel bei der Bank |
|---|---|

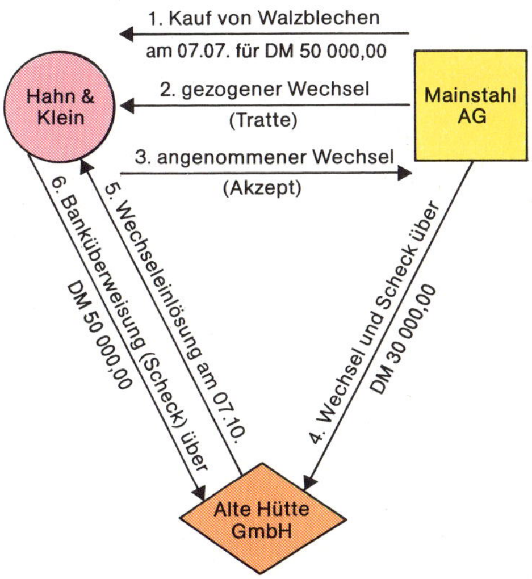


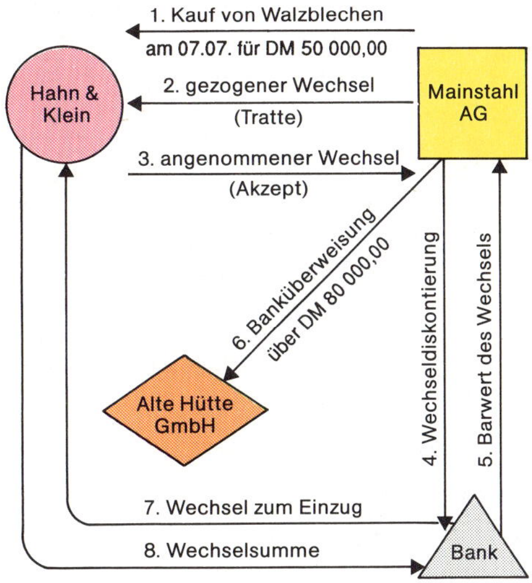


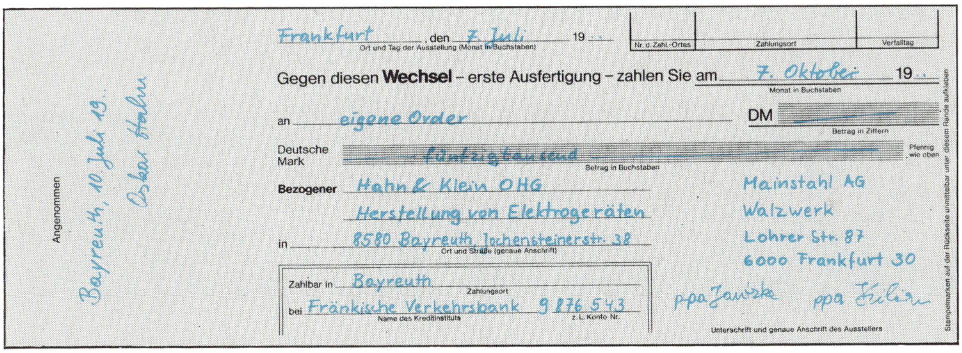


Dieser Wechsel könnte auch auf fremde Order ausgestellt werden. In diesem Fall erscheint die Alte Hütte GmbH als Wechselnehmer in der Urkunde.

## Das Wesen des Wechsels

***Der gezogene Wechsel (Tratte) ist eine Aufforderung des Wechselausstellers an den Bezogenen, bei Fälligkeit eine bestimmte Summe zu zahlen. Mit der Akzeptierung durch den Bezogenen entsteht für diesen die Verpflichtung, den angenommenen Wechsel (Akzept) am Fälligkeitstag einzulösen.***

Wechselschulden sind **abstrakt,** d. h. sie sind losgelöst von den Rechtsverhältnissen, die zur Wechselzahlung geführt haben. Der Wechsel begründet folglich eine eigenständige Verbindlichkeit. Die Wechselurkunde ist ein „geborenes Orderpapier", das nur durch Indossament übertragen werden kann.

Vor der Akzeptierung **haftet der Aussteller** für die Einlösung und die Annahme des Wechsels. Mit seiner Unterschrift quer auf den Wechsel („querschreiben") begründet der

**Bezogene** seine Haftung. Das Wort **Akzept** hat eine zweifache Bedeutung. Man versteht darunter

- die **Annahmeerklärung** des Bezogenen (Art. 21 ff. WG),
- den **akzeptierten Wechsel.**

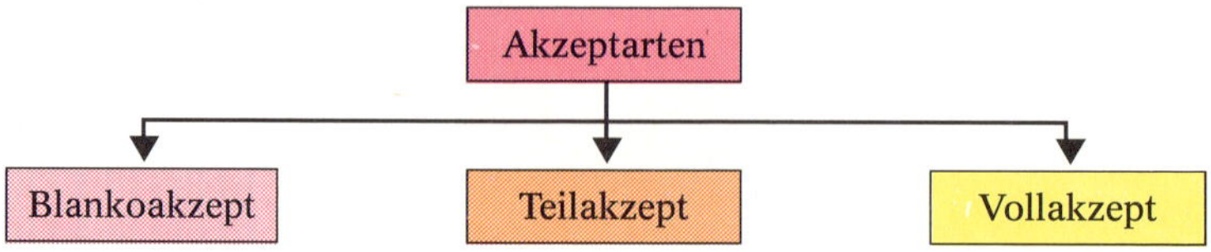


– Leistet der Bezogene seine Unterschrift auf einen nicht vollständig ausgefüllten Wechsel, so spricht man von einem **Blankoakzept.** Fehlt insbesondere die Wechselsumme, so geht der Bezogene ein nicht unbeträchtliches Risiko ein.

– Akzeptiert der Bezogene nur einen Teil der Wechselsumme (z. B. wegen eines Preisnachlasses bei einer Mängelrüge), so beschränkt er seine Einlösungsverpflichtung auf diesen Betrag. Dieses Akzept heißt **Teilakzept.**

– Den mit Ort, Datum und Unterschrift versehenen Annahmevermerk nennt man **Vollakzept.**

In der Praxis werden Wechsel auch ohne Akzept in Umlauf gesetzt. Jeder Wechselnehmer ist dann berechtigt, die Akzeptierung zu verlangen.

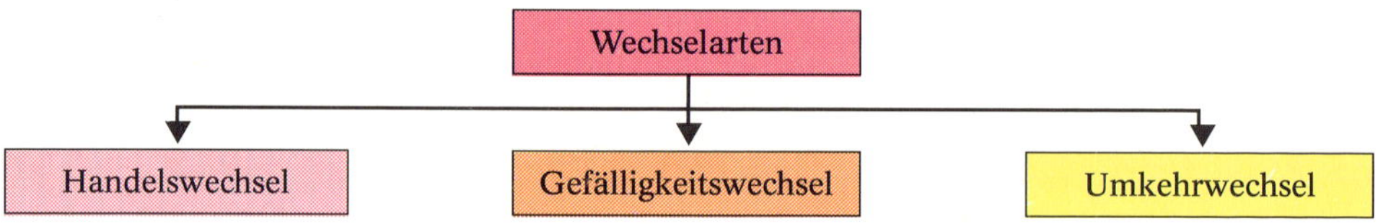


– **Handelswechseln** liegt ein Warengeschäft zugrunde.

– Nimmt der Bezogene nur zur Geldbeschaffung einen Wechsel an, ohne daß eine Warenschuld besteht, so spricht man von einem Finanzwechsel oder **Gefälligkeitswechsel.**

– In manchen Branchen (z. B. in der Textilindustrie) ist folgendes Verfahren üblich: Der **Verkäufer stellt** einen Wechsel **an eigene Order aus,** versieht ihn mit einem **Blankoindossament** und schickt ihn dem Käufer mit der Bitte um Annahme. Der **Käufer akzeptiert** den Wechsel und **diskontiert** ihn bei seiner Bank. Aus der Wechselsumme **bezahlt** er seine Schuld mit **Verrechnungsscheck** (unter Abzug von Skonto zuzüglich des Diskonts und der Wechselspesen). Am Verfalltag löst der Käufer als Bezogener den Wechsel ein. Solche Wechsel heißen **Umkehrwechsel,** da statt des Verkäufers der Käufer den Wechsel diskontiert. Der Vorgang wird auch als **Scheck-Wechsel-Verfahren** bezeichnet.

**Beispiel:** *Die Complex GmbH schuldet zum 12.08. an Hahn & Klein 50 000,00 DM. Die Zahlungsbedingung lautet: Bei Barzahlung 2 % Skonto, in 30 Tagen netto Kasse. Die Complex GmbH befindet sich in einem Liquiditätsengpaß, müßte also auf den Skontoabzug verzichten.*



3992232

**Lösung mit Umkehrwechsel (auch: Scheck-Wechsel-Verfahren):**

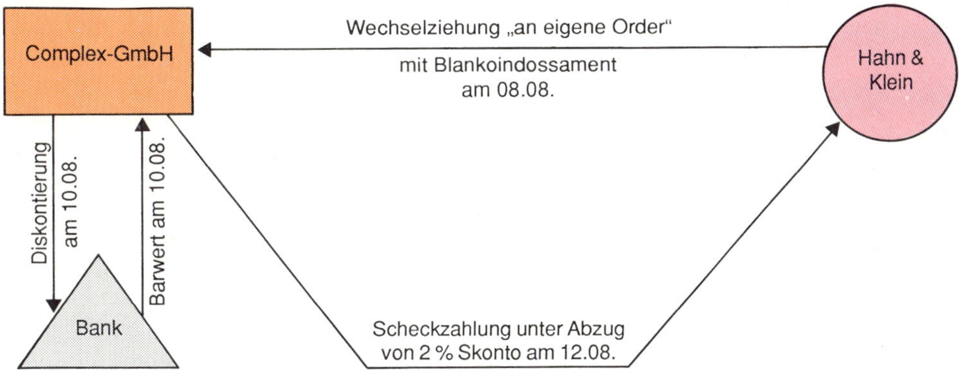


*Mit dem Verrechnungsscheck zum Ausgleich der Warenschuld (unter Abzug von 2 % Skonto) überweist die Complex GmbH den Diskont und die Wechselspesen (am 12.08.). Die endgültige Zahlung erfolgt am 12.09. durch die Complex GmbH durch die Einlösung des Wechsels.*

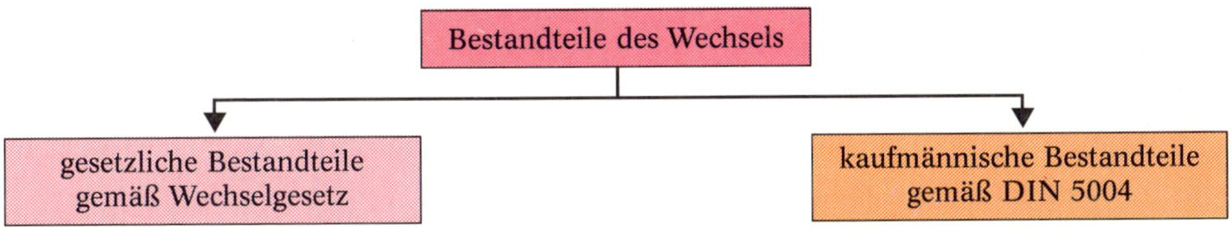


## Die gesetzlichen Bestandteile des Wechsels (Art. 1 ff. WG)

- Die Bezeichnung **Wechsel** im Text der Urkunde.
- Die unbedingte **Anweisung, eine bestimmte Summe zu zahlen.** Der Betrag ist in Worten anzugeben. Lautet der Wechsel auf eine ausländische Währung, so kann er in Landeswährung zum Tageskurs des Verfalltages eingelöst werden (Art. 41 WG).
- **Ort und Datum der Ausstellung.** Das Ausstellungsdatum ist in Buchstaben anzugeben. Die üblichen Abkürzungen für die Monate sind gestattet. Fehlt der Ausstellungsort, so gilt der beim Namen des Ausstellers angegebene Ort als Ausstellungsort.
- Die **Unterschrift des Ausstellers** begründet dessen Haftung für die Annahme und die Einlösung des Wechsels durch den Bezogenen (Art. 9 WG). Durch die Angabe der Anschrift des Ausstellers wird sichergestellt, daß dieser im Falle der Nichteinlösung leicht benachrichtigt werden kann.
- Der **Name des Bezogenen.** Der Wechsel ist bereits als Tratte rechtsgültig. Die Unterschrift des Bezogenen ist deshalb kein gesetzlicher Bestandteil. Gibt sich der Aussteller selbst als Bezogener an, so spricht man vom trassiert-eigenen Wechsel. Dies kommt vor, wenn zwei zu einem Konzern gehörende Firmen Wechsel aufeinander ziehen.
- Der **Name des Wechselnehmers** ist immer anzugeben. Beim Wechsel an **fremde Order** gibt der Aussteller einen Dritten (z. B. Alte Hütte GmbH) als Wechselnehmer an. Beim Wechsel an **eigene Order** bezeichnet sich der Aussteller selbst als Wechselnehmer („an mich selbst", „an eigene Order").

- Nach der **Verfallzeit** ist der Wechsel entweder (Art. 33 ff. WG)
  - ein **Tagwechsel** (die Verfallzeit ist kalendermäßig bestimmt, z. B. fällig am 12. August 19..) oder
  - ein **Sichtwechsel,** der bei Vorlage fällig wird (spätestens ein Jahr nach der Ausstellung ist dieser Wechsel zur Zahlung vorzulegen), oder
  - ein **Zeit-Sichtwechsel,** der eine bestimmte Frist nach Vorlage zur Akzeptierung fällig wird (z. B. „zahlbar 90 Tage nach Sicht").
- Die **Angabe des Zahlungsortes** ist wichtig, da Wechselschulden Holschulden darstellen, d. h. der Wechselinhaber muß den Wechsel am Wohn- oder Geschäftssitz des Bezogenen präsentieren. Um einen bargeldlosen Wechseleinzug zu gewährleisten, gibt man in der Praxis eine Bank als Zahlstelle ein. Stellt man den Wechsel an einem Bankplatz zahlbar, so wird er dadurch bundesbankfähig, d. h. die Banken können solche Wechsel bei der Bundesbank rediskontieren.[1] Bankplatz ist ein Ort, an dem sich eine Niederlassung der Bundesbank (LZB) befindet. Außerdem ist der Diskontsatz für bundesbankfähige Wechsel niedriger als für nichtbundesbankfähige.

### Die kaufmännischen Bestandteile des Wechsels

Zur rationellen Abwicklung des Wechselverkehrs dienen

- die Nummer des Zahlungsortes, die Wiederholung des Zahlungsortes am rechten oberen Rand,
- die Wiederholung der Fälligkeit am rechten oberen Rand,
- die Wechselsumme in Ziffern,
- die Anschrift des Ausstellers,
- die Angabe einer Zahlstelle,
- der Zusatz „erste Ausfertigung". Weitere Ausfertigungen werden im Außenhandel z. B. zur Akzepteinholung verwendet.

Zum Zwecke der Vereinheitlichung und zur Vereinfachung des Wechselverkehrs werden in der Praxis ausschließlich **Einheitsformulare** (nach DIN 5004) verwendet. Sie sind überall im Handel erhältlich (vgl. Wechsel S. 227).

Da der Wechsel ein Orderpapier darstellt, muß der Wechselinhaber in der Urkunde als Berechtigter bezeichnet werden. Bei der Diskontierung und der Übertragung an einen Lieferer ist dies durch einen Übertragungsvermerk auf der Rückseite des Wechsels (Indossament oder Giro) möglich.

---

1 Um bundesbankfähig zu sein, muß der Wechsel weiter
- ein Handelswechsel sein,
- höchstens eine Restlaufzeit von drei Monaten haben,
- vom Tage der Einreichung an noch eine Restlaufzeit von mindestens 7 Tagen aufweisen,
- drei „gute" Unterschriften haben.

## Die Verwendung des Wechsels

**Der Wechselinhaber kann den Wechsel**

| bis zum Verfalltag aufbewahren | bei einer Bank diskontieren | in Zahlung geben |
| --- | --- | --- |
| Damit verdient er sich den Diskont selbst. Der Wechsel dient als Kreditmittel. | Damit verschafft sich der Wechselinhaber flüssige Mittel. Der Wechselkredit wird von der Bank bereitgestellt, die dafür von der Wechselsumme Diskont abzieht. | Die Übertragung erfolgt durch ein Indossament. Der Wechsel dient als Zahlungsmittel. Diese Verwendung ist in der Praxis nicht sehr häufig. |

Das Indossament hat folgende Wirkungen (Art. 14 ff. WG):

- **Übertragungswirkung** (Transportfunktion). Die Rechte aus dem Papier werden auf einen Dritten übertragen.
- **Ausweisfunktion** (Legitimationsfunktion). Der neue Inhaber wird im Indossament bezeichnet.
- **Haftungswirkung** (Garantiefunktion). Jeder, der ein Indossament auf den Wechsel setzt, haftet seinen Nachmännern für die Akzeptierung und für die Einlösung des Wechsels.

Das vollständige Indossament (Vollindossament) lautet, wenn z. B. die Firma Lutz KG auf die Complex GmbH überträgt: „für mich an die Order der Complex GmbH, Konstanz, den 23.09.19.. Karl Lutz". Durch das **Inkassoindossament** wird eine Bank bevollmächtigt, einen Wechsel einzuziehen (Art. 18 WG).

## Der Einzug des Wechsels (Art. 38 ff. WG)

Da der Wechsel eine **Holschuld** darstellt, ist er am Wohn- bzw. Geschäftssitz des Bezogenen oder bei der angegebenen Zahlstelle einzuziehen. Die Kosten des Einzugs zahlt der Wechselinhaber. Der Wechsel ist am **Zahlungstag** oder an einem der beiden folgenden Werktage zur üblichen Geschäftszeit vorzulegen. Zahlungstag ist der Verfalltag. Fällt der Verfalltag auf einen Samstag, einen Sonn- oder Feiertag, dann ist der folgende Werktag Zahlungstag.

Der Wechselinhaber bevollmächtigt zum Wechseleinzug meist

- ein Kreditinstitut oder
- sonstige Personen (Boten, Geschäftsfreunde, Angestellte).

## Der notleidende Wechsel

Ein Wechsel wird notleidend, wenn

- der Bezogene bei Fälligkeit **nicht oder nur teilweise zahlt** (mangels Zahlung),
- der Bezogene die **Akzeptierung verweigert** (mangels Annahme),
- während der Laufzeit sich die **Zahlungsfähigkeit** des Bezogenen so **verschlechtert**, daß die Einlösung des Wechsels unsicher wird (mangels Sicherheit).

Will der Wechselinhaber auf den Bezogenen oder seine Vormänner zurückgreifen, so muß er **„Protest"** erheben.

***Ohne Protest kein Rückgriff (Regreß)!***

## Der Wechselprotest (Art. 79 ff. WG)

Der Wechselprotest kann erfolgen durch

- einen **Notar,**
- einen **Gerichtsbeamten,** (z. B. Gerichtsvollzieher).

Die Protesturkunde sichert die **Ansprüche** des Wechselinhabers gegen

- den Bezogenen,
- die Vormänner.

Es können folgende **Protestarten** vorkommen:

- **Protest mangels Zahlung:** Er wird am ersten oder am zweiten Werktag nach Zahltag vorgenommen. Teilzahlungen müssen angenommen werden. Über die Restforderung ist Protest zu erheben.
- **Protest mangels Annahme:** Er wird erhoben, wenn der Bezogene das Akzept verweigert.
- **Protest mangels Sicherheit:** Gerät der Bezogene in Zahlungsschwierigkeiten, so kann er durch diesen Protest zur vorzeitigen Zahlung aufgefordert werden. Anlässe dazu wären: Einstellung der Zahlungen, fruchtlose Pfändungen.

***Versäumt der Wechselinhaber den Protest, so verliert er sein Rückgriffsrecht.***

## Die Benachrichtigungspflicht (Art. 45 WG)

Wer einen Wechsel protestieren läßt, ist verpflichtet, den **Aussteller** und den unmittelbaren **Vormann** innerhalb von **vier Tagen** von der Protesterhebung zu benachrichtigen. Jeder Indossant muß wiederum seinen unmittelbaren Vormann innerhalb von **zwei Tagen** nach Empfang seiner Benachrichtigung informieren. Für die Benachrichtigung bestehen keine Formvorschriften. Wer die Benachrichtigung unterläßt, macht sich bis zur Höhe der Wechselsumme **schadenersatzpflichtig.**

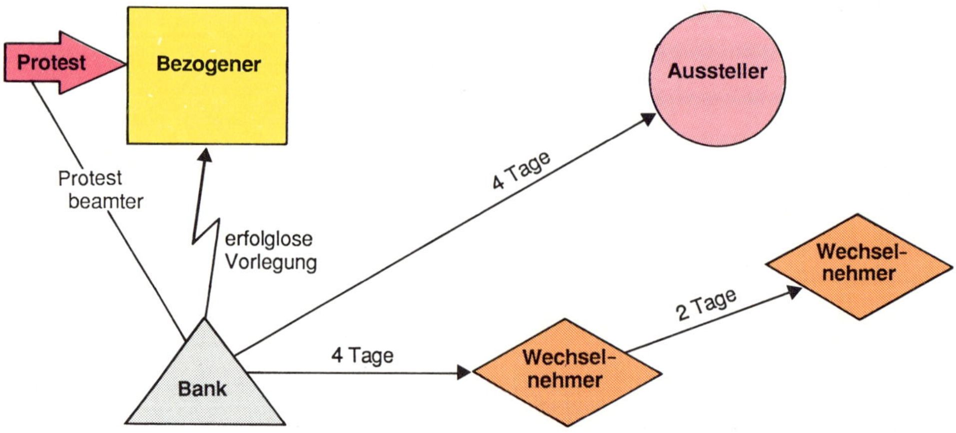




3992236

## Der Rückgriff (Regreß)

Der **letzte Wechselinhaber** hat folgende **Regreßansprüche (Art. 48 WG):**

- die **Wechselsumme,**
- die **Protestkosten,**
- **Zinsen,** und zwar 2 % über dem Diskontsatz der Deutschen Bundesbank, mindestens aber 6 % ab Verfalltag,
- $\frac{1}{3}$% **Provision** aus der Wechselsumme,
- sonstige **Kosten.**

Jeder weitere in Anspruch genommene Inhaber kann neben der gezahlten Rückrechnungssumme noch dieselben Zinsen, Provision und Ersatz seiner Auslagen fordern. Der Rückgriffsschuldner braucht nur gegen Aushändigung des protestierten Wechsels, der Protesturkunde und der Rückgriffsrechnung zu zahlen.

Aussteller und Vormänner haften dem **Inhaber** gegenüber als **Gesamtschuldner.** Er braucht also beim Rückgriff keine Reihenfolge einzuhalten. Er hat somit das Recht, jeden einzelnen oder mehrere oder alle zusammen in Anspruch zu nehmen. Nimmt der Berechtigte seinen Vormann in Anspruch, so spricht man von **Reihenrückgriff.** Überspringt er Verpflichtete, so liegt ein **Sprungrückgriff** vor. Mit dem Sprungregreß können Kosten gespart werden.

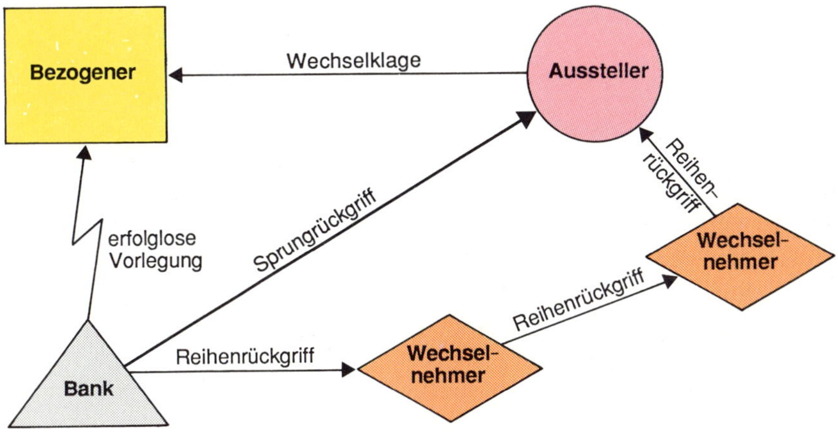


## Wechselklage und Wechselmahnbescheid

Löst der Bezogene den Wechsel nicht ein, so kann der Wechselberechtigte

- **Klage im Wechselprozeß** erheben oder
- einen **Wechselmahnbescheid** beantragen.

Bei der **Wechselklage** kommt meist der Aussteller als Kläger in Frage. Sachlich zuständig ist bei einem Gegenstandswert von bis zu 6 000,00 DM das Amtsgericht, bei höherem Gegenstandswert das Landgericht, das für den Zahlungsort zuständig ist.

Der Wechselprozeß zeichnet sich durch besonders **strenge Vorschriften** aus:

- **Kurze Einlassungsfristen** (Fristen zwischen Klagezustellung und Verhandlungstermin): Sie betragen **mindestens**
  - **24 Stunden,** wenn der Beklagte seinen Wohn- oder Geschäftssitz am Gerichtsort hat,
  - **3 Tage,** wenn der Beklagte seinen Wohn- oder Geschäftssitz an einem anderen Ort innerhalb des Gerichtsbezirks hat,
  - **7 Tage,** wenn der Beklagte außerhalb des Gerichtsbezirks im Inland wohnt.

  Wechselklagen werden auch **während** der Gerichtsferien verhandelt.
- **Begrenzte Beweismittel:** Es sind nur Urkunden (Wechsel, Protesturkunde, Rückrechnung) und auf Antrag die Parteienvernehmung zugelassen.
- **Beschränkte Einreden des Beklagten:** Zulässig sind solche Einwendungen, die sich auf den Wechsel selbst beziehen (z. B. Gültigkeit des Wechsels). Einwendungen aus dem Grundgeschäft (z. B. Kaufvertrag) sind meist nur in einem **anschließenden** Zivilprozeß möglich.
- **Urteile** im Wechselprozeß sind **sofort vollstreckbar.**

Anstelle der Wechselklage kann beim Amtsgericht ein **Wechselmahnbescheid** beantragt werden. Damit können **Kosten gespart** werden. Erhebt der Schuldner keinen Widerspruch, so kann das Gericht die sofortige Vollstreckbarkeit erklären. Wird Widerspruch erhoben, kommt es zur mündlichen Verhandlung.

### Die Wechselstrenge

Aufgrund der strengen Vorschriften des Wechselgesetzes und der Zivilprozeßordnung kann eine Wechselforderung **schnell** und **sicher** eingezogen werden. Die **Wechselstrenge** ergibt sich aus

- der **gesamtschuldnerischen Haftung** aller Beteiligten,
- den **Formvorschriften,**
- den Vorschriften über die **Übertragung, Einlösung und Nichteinlösung** des Wechsels,
- den scharfen **Vorschriften im Wechselprozeß.**

### Die Wechselprolongation zur Vermeidung des Wechselprotests

Zur Abwendung des Wechselprotests versucht der Bezogene die **Wechselprolongation.** Er wendet sich in diesem Fall an den Aussteller,

- um die **Wechsellaufzeit zu verlängern** (falls der Aussteller den Wechsel noch hat), oder
- um ihm die **Wechselsumme vorzustrecken.** Damit kann der Bezogene den alten Wechsel einlösen. Er akzeptiert gleichzeitig einen neuen Wechsel, den der Aussteller sofort diskontieren kann.

## Zusammenfassung

1. Der Wechsel ist ein
   - Kreditmittel,
   - Zahlungsmittel,
   - Sicherungsmittel.
2. Die Tratte ist ein gezogener Wechsel.
   Das Akzept ist ein vom Bezogenen angenommener Wechsel bzw. die Annahmeerklärung.
3. Handelswechsel: Ihm liegt ein Warengeschäft zugrunde.
   Finanzwechsel: Er dient der Geldbeschaffung.
   Umkehrwechsel: Er dient der Geldbeschaffung zum Zwecke der Skontierung von Lieferantenrechnungen.
4. Verwendung des Wechsels: Der Inhaber kann den Wechsel
   - diskontieren,
   - in Zahlung geben,
   - selbst behalten.
5. Der Wechsel ist ein Orderpapier. Die Übertragung erfolgt durch ein Indossament. Dieses hat
   - Übertragungsfunktion,
   - Ausweisfunktion,
   - Haftungsfunktion.
6. Wechselschulden sind Holschulden.
7. Der Vermeidung des Wechselprotests dient die Prolongation.
8. Ohne Protest kein Rückgriff.

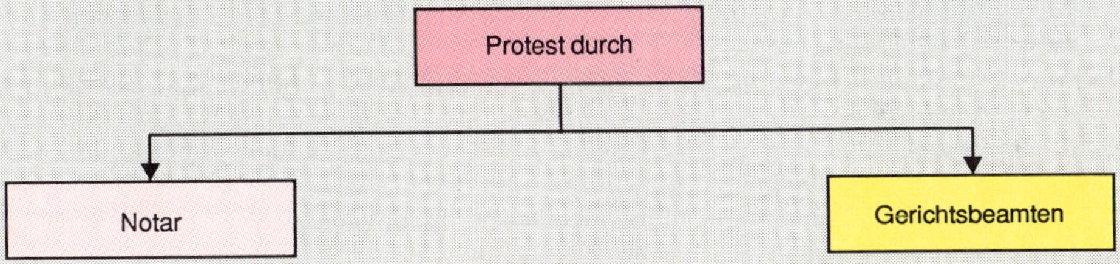


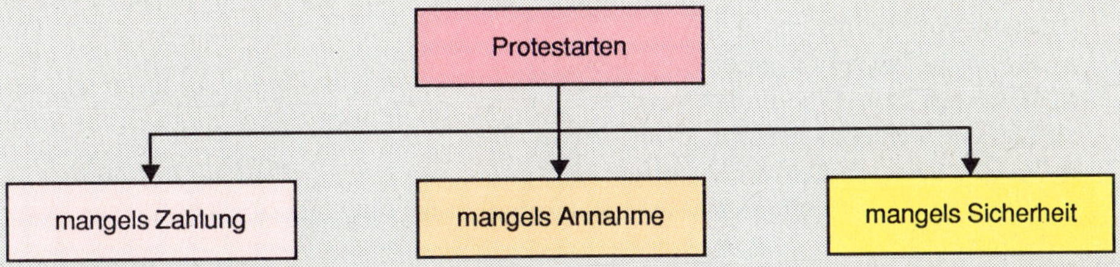


   Nach Protesterhebung: Benachrichtigung des Ausstellers und des Vormannes (4 Tage), weiterer Vormänner (2 Tage).
9. Durch den Sprungrückgriff können Kosten gespart werden.
10. Besonderheiten der Wechselklage sind:
    - kurze Einlassungsfristen,
    - begrenzte Beweismittel,
    - beschränkte Einreden,
    - Urteile sind sofort vollstreckbar.

## Aufgaben

1. Suchen Sie in dem abgebildeten Formular die gesetzlichen und die kaufmännischen Bestandteile.
2. Wie sieht der Wechsel an eigene Order aus? Warum kommt er in der Praxis häufiger vor als der Wechsel an fremde Order?
3. Welche Bedeutung hat die Unterschrift des Ausstellers für die Sicherheit des Wechsels?
4. Überlegen Sie: Welche Gründe veranlassen einen Aussteller (z. B. Mainstahl AG), dem Verlangen nach Wechselfinanzierung seitens des Bezogenen nachzukommen?
5. Die Mainstahl AG in Frankfurt hat mehrere fällige Kundenwechsel. Auf welche Weise würden Sie diese einziehen? Bezogener ist
   a) Jautzke & Co., Schneeberg, Wechselsumme 12 450,00 DM,
   b) Schmitt & Lutz, Chemnitz,
   c) Komplett GmbH, Schopfloch, Zahlstelle Sparkasse Ansbach.
6. An welchem Tag kann ein Wechsel spätestens zur Zahlung vorgelegt werden? Verwenden Sie den jeweiligen Jahreskalender. Wechsel fällig am:
   a) 15.03.
   b) 09.05.
   c) 12.08.
   d) 06.11.
   e) 22.12.
7. An wen kann sich ein Wechselinhaber wenden, wenn er Protest erheben lassen will?
8. Welche Protestarten gibt es? Welche Anlässe sind jeweils denkbar?
9. Hahn & Klein haben einen Wechsel gegen die Complex GmbH protestieren lassen. Sie haben den Wechsel von der Fuchs KG, die ihn wiederum vom Bauunternehmer Manfred Ochs bekommen haben. Was gilt für die Benachrichtigung?
10. Welche Rechtsfolgen treten für Hahn & Klein ein, wenn sie ihrer Benachrichtigungspflicht nicht nachkämen?
11. Was ist die Folge, wenn ein Wechselinhaber die Protestfrist ohne Protesterhebung verstreichen läßt?
12. Unterscheiden Sie Reihen- und Sprungrückgriff. Warum kommt meist der Sprungrückgriff vor?
13. Erstellen Sie die Rückrechnung für den letzten Wechselinhaber. Wechselsumme 60 000,00 DM, Zinsen für 10 Tage (6 %), sonstige Kosten 75,00 DM.
14. Die Wechselsumme beträgt 6 500,00 DM, der Bezogene hat seinen Geschäftssitz in München, der Wechselinhaber in Gera.
    a) Wo ist die Wechselklage einzureichen?
    b) Wie lange dauert die Einlassungsfrist?
    c) Was gilt, wenn das Gericht gerade Gerichtsferien hat?
    d) Welche Beweismittel sind zulässig?
    e) Was gilt, wenn der Bezogene eine mangelhafte Lieferung aus dem Grundgeschäft einwenden will?
    f) Wo wäre der Erlaß eines Wechselmahnbescheides zu beantragen?
15. Was versteht man unter Wechselstrenge?



3992240

## 7.4 Die Überwachung der Zahlungstermine

### 7.4.1 Die Überwachung der Liquidität

***Die Zahlungstermine – Zahlungsausgänge (Ausgaben) und Zahlungseingänge (Einnahmen) – müssen überwacht werden, damit das Unternehmen zu jedem Zeitpunkt seine fälligen Zahlungsverpflichtungen erfüllen kann.***

Dies bezeichnet man als **Zahlungsfähigkeit** oder **Liquidität.** Sie wird von folgenden Faktoren bestimmt:

**Bestimmungsfaktoren der Liquidität**

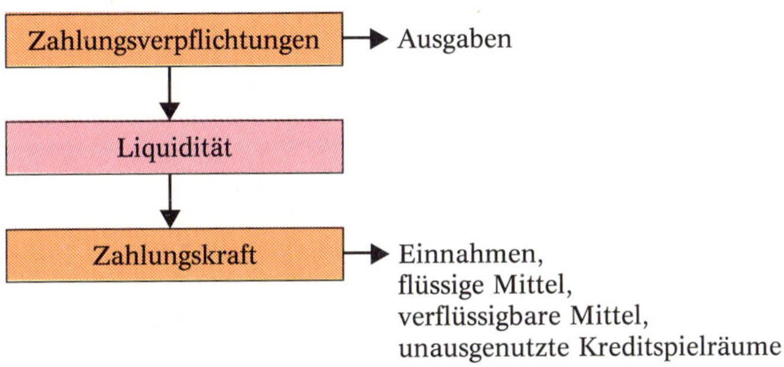


Verstößt der Betrieb gegen das **Gebot der Liquidität,** wird er dafür bestraft:

- **Vorübergehende Liquiditätsschwierigkeiten** haben zur Folge, daß zunächst die Gläubiger um Zahlungsaufschub (Stundung) gebeten werden müssen (Maßnahmen: Verlängerung des Zahlungszieles, Wechselprolongation). Die Kreditwürdigkeit leidet. Verzugszinsen fallen an, auf die Ziehung von Skonto muß verzichtet werden.
- **Länger andauernde Liquiditätsschwierigkeiten** führen zu einem Notverkauf von Aktivposten (z. B. Verkauf von Forderungen) oder einem befristeten Aussetzen der Zahlungsverpflichtungen (Moratorium) unter Auflagen durch die Gläubiger (z. B. Abtretung von Forderungen, Einschränkung der Geschäftsverbindungen). Dadurch wird die Substanz des Unternehmens gefährdet bzw. seine Handlungsfreiheit stark eingeengt.
- **Grundlegende Liquiditätsschwierigkeiten** führen zu außergerichtlichem Vergleich, gerichtlichem Vergleich oder zu Konkurs, obwohl das Unternehmen ansonsten gesund sein kann.

Da die Folge von Liquiditätsschwierigkeiten die zwangsweise Auflösung des Unternehmens sein kann, lautet die Forderung:

***Die Zahlungskraft sollte zu jedem Zeitpunkt möglichst größer sein als die Zahlungsverpflichtungen.***

Es ist **Aufgabe der Finanzplanung,** diese Deckung herbeizuführen:

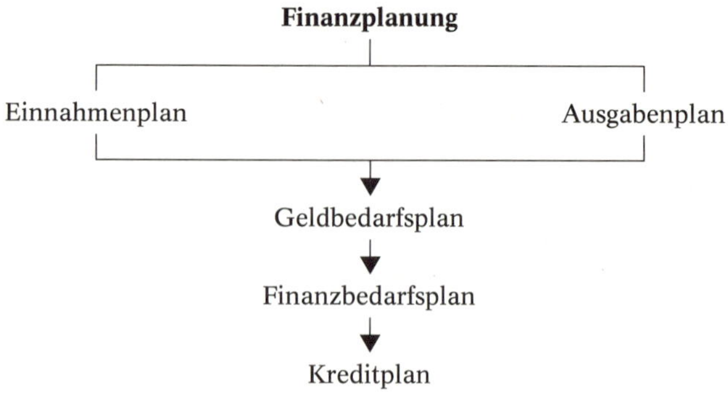


#### 7.4.1.1 Geldbedarfsplan

Die Fahrradfabrik Robert Müller tätigt im Rahmen ihres Geschäftsbetriebes fortgesetzt **kapitalbindende Ausgaben** und erhält laufend **kapitalfreisetzende Einnahmen.** Zwischen beiden treten jedoch **zeitliche und betragsmäßige Differenzen** auf. Die Höhe dieser Differenzen hängt von dem Zeitraum ab, für den der Kapitalbedarf ermittelt wird: täglich, wöchentlich, monatlich, jährlich. Der Grund für diese Differenzen ist: Zunächst müssen die Ausgaben für den Einsatz der Produktionsfaktoren bestritten werden, während die Einnahmen erst später eintreffen.

***Aufgabe des Geldbedarfsplanes ist es, die zu einem bestimmten Zeitpunkt auftretende Differenz zwischen kapitalbindenden Ausgaben und kapitalfreisetzenden Einnahmen zu ermitteln. Sind die Ausgaben größer als die Einnahmen, liegt ein Geldbedarf vor.***

Um diese Zahlungsströme in den Griff zu bekommen, werden Einnahmen- und Ausgabenpläne erstellt.

**Einnahmenplan**

Die **güterwirtschaftlichen (kapitalfreisetzenden) Einnahmen** der Fahrradfabrik Müller stammen z. B. aus

- der Liquidation von Forderungen,
- den Mieteinnahmen,
- den Zinserträgen,
- dem Verkauf von Maschinen und Abfallstoffen.

Deren Eintreffen ist teilweise zeitlich und betragsmäßig bekannt (z. B. Mieteinnahmen), teilweise unbekannt (z. B. Liquidation von Forderungen). Jedoch bestehen betriebliche Erfahrungswerte, wann Forderungen beglichen werden. Bei der Fahrradfabrik Müller lauten diese z. B.: 10 % der Forderungen werden im Monat ihrer Entstehung, je 40 % im 2. und 3. Monat, die restlichen 10 % im 4. Monat bezahlt.

Alle Einnahmen werden **in betrieblichen Plänen erfaßt:**

- Forderungen: Umsatzplan (Mengen des Absatzplanes · Verkaufspreise),
- der Rest z. B. in Plänen der Betriebsbuchhaltung.

Anhand dieser Pläne stellt die Fahrradfabrik ihren **Einnahmenplan** auf, der für den Zeitraum vom 01.01. bis 30.06.19.. wie folgt aussieht:

| **Einnahmenplan:** 01.01.–30.06.19.. | | | | | | | | |
|---|---|---|---|---|---|---|---|---|
| Forderungen: | | Einnahmen (in TDM) | | | | | | |
| | | Jan. | Febr. | März | April | Mai | Juni | später |
| (Vormonate) | 2 054 | 1 110 | 624 | 320 | – | – | – | – |
| Januar | 1 410 | 510 | 400 | 400 | 100 | – | – | – |
| Februar | 1 120 | – | 112 | 448 | 448 | 112 | – | – |
| März | 2 570 | – | – | 1 166 | 624 | 624 | 156 | – |
| April | 3 260 | – | – | – | 1 064 | 976 | 976 | 244 |
| Mai | 3 200 | – | – | – | – | 320 | 1 280 | 1 600 |
| Juni | 4 270 | – | – | – | – | – | 706 | 3 564 |
| Summe | 17 884 | 1 620 | 1 136 | 2 334 | 2 236 | 2 032 | 3 118 | 5 408 |

## Ausgabenplan

Die **güterwirtschaftlichen (kapitalbindenden) Ausgaben** der Fahrradfabrik Müller werden z. B. getätigt für

– die Materialbeschaffung,
– die Lohn- und Gehaltszahlungen,
– die Steuerzahlungen,
– den Energiebedarf,
– die Instandhaltungsmaßnahmen,
– Zinsaufwendungen.

Die Ausgaben sind zum größten Teil zeitlich und betragsmäßig festgelegt. Sie werden ebenfalls in **Plänen** festgehalten:

- Materialbeschaffung (Materialbeschaffungsplan),
- Instandhaltungsmaßnahmen (Produktionsplan),
- Steuerzahlungen (Steuerterminplan),
- der Rest z. B. in Plänen der Betriebsbuchhaltung.

Diese Teilpläne fließen in den **Ausgabenplan** ein:

| **Ausgabenplan:** 01.01.–30.06.19.. | | | | | | | | |
|---|---|---|---|---|---|---|---|---|
| Verbindlichkeiten: | | Ausgaben (in TDM) | | | | | | |
| | | Jan. | Febr. | März | April | Mai | Juni | später |
| (Vormonate) | 1 725 | 873 | 530 | 322 | – | – | – | – |
| Januar | 1 560 | 780 | 468 | 156 | 156 | – | – | – |
| Februar | 2 710 | – | 1 930 | 468 | 156 | 156 | – | – |
| März | 1 710 | – | – | 930 | 468 | 156 | 156 | – |
| April | 1 870 | – | – | – | 1 090 | 468 | 156 | 156 |
| Mai | 2 540 | – | – | – | – | 1 460 | 468 | 612 |
| Juni | 2 012 | – | – | – | – | – | 1 232 | 780 |
| Summe | 14 127 | 1 653 | 2 928 | 1 876 | 1 870 | 2 240 | 2 012 | 1 548 |

### Ermittlung des Geldbedarfs

***Stellt man die monatlichen Summen von Einnahmen und Ausgaben einander gegenüber, so ergibt sich aus der Saldierung beider Werte***
***– ein Geldbedarf, wenn die Ausgaben größer sind als die Einnahmen,***
***– ein Einnahmenüberschuß im umgekehrten Fall.***

**Geldbedarfsplan:** 01.01.–30.06.19.. (in TDM)

| | Januar | Februar | März | April | Mai | Juni |
|---|---|---|---|---|---|---|
| Einnahmen | 1 620 | 1 136 | 2 334 | 2 236 | 2 032 | 3 118 |
| Ausgaben | 1 653 | 2 928 | 1 876 | 1 870 | 2 240 | 2 012 |
| Überdeckung (Einnahmenüberschuß) | – | – | 458 | 366 | – | 1 106 |
| Unterdeckung (Geldbedarf) | 33 | 1 792 | – | – | 208 | – |

Wie wichtig eine **möglichst kurzfristige Ermittlung** des Kapitalbedarfs ist, zeigt die Halbjahresrechnung der Fahrradfabrik Müller: Bei der monatlichen Betrachtung ist im Februar ein erheblicher Geldbedarf zu verzeichnen. Würde man die sechs Monate als einen Zeitraum betrachten, betrüge der Geldbedarf insgesamt nur 103 000,00 DM (Differenz zwischen der Summe der Überdeckungen und der Unterdeckungen). Dies würde in den Monaten Februar und Mai zu Zahlungsschwierigkeiten führen.

## 7.4.1.2 Finanzbedarfsplan

Aus dem Geldbedarfsplan der Fahrradfabrik Müller kennen wir ihren Geldbedarf.

***Aufgabe des Finanzbedarfsplanes ist es, den Geldbedarf aus der laufenden Geschäftstätigkeit zu decken.***

Der Geldbedarf aus der laufenden Geschäftstätigkeit ist kurzfristiger Natur.

***Betrachtet man ein Geschäftsjahr, so tritt in der Regel eine Überdeckung der güterwirtschaftlichen Ausgaben durch die güterwirtschaftlichen Einnahmen auf.***

Dies ist dadurch zu erklären, daß die **Einnahmen aus Umsatzerlösen** bei genauer Betrachtung gleichzeitig eine **Kapitalfreisetzung und** eine **(interne) Kapitalzufuhr** bewirken:

- **Kapitalfreisetzung:** Durch die Einnahmen werden Kosten gedeckt, denen kapitalbindende Ausgaben gegenüberstehen.
- (interne) **Kapitalzufuhr:**
  - Durch die Einnahmen werden Kosten gedeckt, denen keine Ausgaben gegenüberstehen (kalkulatorische Abschreibungen, kalkulatorische Eigenkapitalzinsen, kalkulatorischer Unternehmerlohn, übrige kalkulatorische Kosten, soweit sie höher sind als die effektiv angefallenen Kosten).
  - Die Einnahmen enthalten den Gewinn.

***Bei monatlicher oder täglicher Betrachtung ist jedoch eine Unterdeckung möglich.***

Gründe dafür sind:

- Steuertermine,
- Überweisung der Sozialversicherungsbeiträge,
- Lohn- und Gehaltszahlungen,
- Jahresprämie,
- Urlaubsgelder,
- Weihnachtsgelder.

Diese Unterdeckung muß durch **kurzfristige Mittel** gedeckt werden. Dazu stehen zur Verfügung:

- **flüssige Mittel** (Kassenbestand, Guthaben bei Banken und Postgiroämtern), auch Zahlungsmittelbestände oder Kassenhaltung genannt,
- **unausgenützte Kreditspielräume bei den Banken** (meist innerhalb des Kontokorrentkredits),
- **Schecks** (vorzeitige Einlösung),
- **Besitzwechsel** (Diskontierung).

Das bedeutet: Der Geldbedarf muß, wenn die Kassenhaltung nicht ausreicht, durch zusätzliche kapitalfreisetzende Maßnahmen (z. B. vorzeitige Liquidierung von Vermögensteilen) gedeckt werden. Reichen diese nicht aus, so sind finanzwirtschaftliche Einnahmen notwendig: Es ist ein **Finanzbedarf** entstanden.

***Unter Finanzbedarf versteht man den Geldbedarf, der nicht durch kapitalfreisetzende Einnahmen gedeckt ist. Zu seiner Deckung ist eine (externe) Kapitalzufuhr notwendig.***

*Nehmen wir an, Fahrradfabrik Müller verfügt über 750 000,00 DM flüssige Mittel und einen unausgenutzten Kreditspielraum von 600 000,00 DM. Aus der Geldbedarfsrechnung kennen wir die Über- und Unterdeckung aus der laufenden Geschäftstätigkeit, so daß wir folgenden* **Finanzplan** *erhalten:*

*Die Werte für Januar wurden wie folgt errechnet (siehe S. 246):*

| | | |
|---|---|---|
| *Geldbedarf* | ./. | *33* |
| *flüssige Mittel* | + | *750* |
| *Überschuß* | + | *717* |
| *Kreditspielraum* | + | *600* |
| *Überdeckung* | + | *1 317* |

Eine zusätzliche Kreditaufnahme könnte, z. B. durch eine Überziehung des Kreditlimits auf dem Kontokorrentkonto erfolgen.

Berücksichtigt man, daß Kredite aufgenommen und getilgt werden müssen, so erhält man einen anders aufgebauten Finanzplan. Es wird dabei davon ausgegangen, daß ein Einnahmeüberschuß verwendet wird, um zunächst den über das Kreditlimit hinaus aufgenommenen Kredit zu tilgen, da dieser teurer ist als der innerhalb des Kreditlimits aufgenommene Kredit.

| Finanzplan: 01.01.–30.06.19.. (in TDM) | | | | | | |
|---|---|---|---|---|---|---|
| | Jan. | Febr. | März | April | Mai | Juni |
| Einnahmeüberschuß | – | – | 458 | 366 | – | 1 106 |
| Geldbedarf | 33 | 1 792 | – | – | 208 | – |
| flüssige Mittel | 750 | 717 | – | – | – | 647 |
| Überschuß | 717 | – | – | – | – | 647 |
| Finanzbedarf | – | 1 075 | – | – | – | – |
| Kreditspielraum | 600 | – | – | 349 | 141 | 600 |
| Aufnahme Kontokorrentkredit | – | 600 | – | – | 208 | – |
| Tilgung Kontokorrentkredit | – | – | – | 349 | – | 459 |
| Höhe Kontokorrentkredit | – | 600 | 600 | 251 | 459 | – |
| Überdeckung | 1 317 | – | – | 349 | 141 | 1 247 |
| zusätzliche Kreditaufnahme | – | 475 | – | – | – | – |
| Tilgung des zusätzlichen Kredits | – | – | 458 | 17 | – | – |
| Höhe zusätzlicher Kredit | – | 475 | 17 | – | – | – |

### 7.4.1.3 Kreditplan

Wie wir gesehen haben, reichen bei der Fahrradfabrik Müller in den Monaten Februar und März die Einnahmen und der Kreditspielraum (Kreditlimit) des Kontokorrentkontos nicht aus, um die Ausgaben zu decken: Es mußte zusätzlich **Kapital beschafft** werden.

***Der Kreditplan dient zur Überwachung des finanzwirtschaftlichen Geldstromes, der durch das Vorhandensein eines Finanzbedarfs ausgelöst wird.***

Im Beispiel wurde vereinfachend angenommen, daß die Kapitalbeschaffung durch einen **Überziehungskredit** (Kredit auf dem Kontokorrentkonto über das Kreditlimit hinaus) erfolgte. Der Kreditplan der Fahrradfabrik Müller muß demnach zwei Kredite, nämlich

- die Inanspruchnahme des Kreditlimits **(Kontokorrentkredit)** und
- den **Überziehungskredit**

überwachen. Er muß dafür sorgen, daß zunächst der teuerere der beiden Kredite, der Überziehungskredit, getilgt wird. Danach kann der Kontokorrentkredit getilgt werden.

Allgemein kann gesagt werden: Der **Kreditplan** gibt **Auskunft** über

- die Laufzeit der Mittel,
- den Kreditgeber,
- die Kredithöhe,
- den Tag des Zahlungseinganges (finanzwirtschaftliche Einnahme),
- die Tilgung nach Zeitpunkt und Höhe (finanzwirtschaftliche Ausgabe),
- eingeräumte Kreditlinien.

## Zusammenfassung

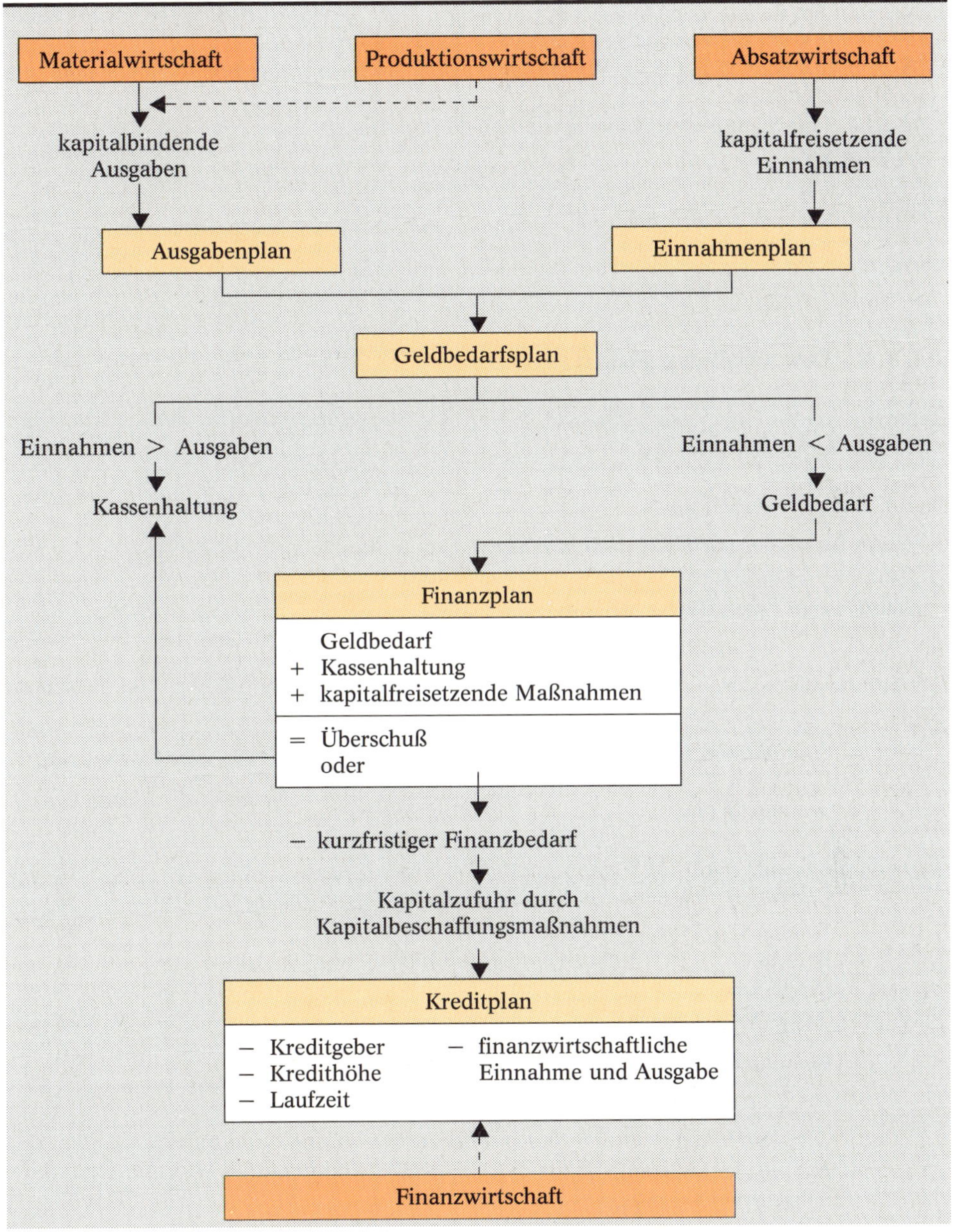


## Aufgaben

1. Warum treten zwischen den güterwirtschaftlichen Einnahmen und Ausgaben zeitliche und betragsmäßige Differenzen auf?
2. Welche Aufgaben hat der Geldbedarfsplan?
3. Was versteht man unter Geldbedarf?

4. Zählen Sie je sechs güterwirtschaftliche Einnahmen und Ausgaben auf.
5. Nehmen Sie zu folgender Behauptung Stellung: „Der Geldbedarf muß für möglichst kurze Zeiträume ermittelt werden."
6. Warum bewirken Einnahmen aus Umsatzerlösen gleichzeitig eine Kapitalzufuhr und eine Kapitalfreisetzung?
7. Welche Vorteile und welche Nachteile hat die kurzfristige Finanzplanung gegenüber der langfristigen?
8. Welche Möglichkeiten bestehen, einen kurzfristigen Finanzbedarf zu decken?
9. Welche Aufgaben hat der Kreditplan?

### 7.4.1.4 Der tägliche Finanzstatus

***Unter täglichem Finanzstatus versteht man die Gegenüberstellung aller Einnahmen und aller Ausgaben pro Tag.***

Dadurch wird es möglich,

- einen **kurzfristigen Ausgleich** zwischen der laufenden Geschäftstätigkeit und der finanzwirtschaftlichen Tätigkeit herbeizuführen;
- **kurzfristige Liquiditätsprobleme** zu beheben.

Der **Finanzstatus** der Fahrradfabrik Müller für den 10.01.19.. könnte wie folgt aussehen:

**Finanzstatus** vom 10.01.19.. 12.00 Uhr

| in 1 000,00 DM | Guthaben | Kredit-spielraum | Zahlungs-kraft |
|---|---|---|---|
| Kassenbestand | 15 | – | 15 |
| Postgiro | 30 | – | 30 |
| Bank A | 10 | 55 | 65 |
| Bank B | 75 | 10 | 85 |
| fällige Schecks | 5 | – | 5 |
| fällige Besitzwechsel | 15 | – | 15 |
| **Einnahmen** | 150 | 65 | 215 |
| Lohnzahlung | – | | |
| Gehaltszahlung | – | | |
| Zahlung an Lieferanten | 72 | | |
| fällige Schuldwechsel | 18 | | |
| Kredittilgung | 35 | | |
| Sachausgaben | 15 | | |
| Umsatzsteuer | 45 | | |
| Sonstiges | 4 | | |
| **Ausgaben** | 189 | | ·/. 189 |
| **Überschuß +/ Unterdeckung ·/.** | | | + 26 |

## Zusammenfassung

**Täglicher Finanzstatus**

| | |
|---|---|
| | kapitalfreisetzende Einnahmen |
| + | kapitalzuführende Einnahmen |
| + | unausgenützte Kreditspielräume |
| = | Zahlungskraft |
| ·/. | kapitalbindende Ausgaben |
| ·/. | kapitalentziehende Ausgaben |
| = | Überschuß oder kurzfristiger Finanzbedarf → (externe) Kapitalzufuhr |

## Aufgaben

1. Welchen Inhalt hat der tägliche Finanzstatus?
2. Welche Aufgaben hat der tägliche Finanzstatus?
3. Nennen Sie je sechs Beispiele für Einnahmen und Ausgaben, die im täglichen Finanzstatus berücksichtigt werden.
4. Was versteht man unter Zahlungskraft im Rahmen des täglichen Finanzstatus?
5. Überlegen Sie: An welchen Tagen ist der tägliche Finanzstatus besonders wichtig?

## 7.4.2 Die Überwachung der offenen Forderungen

***Die offenen Forderungen müssen überwacht werden, um Verluste durch***
***– den unberechtigten Abzug von Skonto;***
***– eine verspätete Zahlung;***
***– den Ausfall von Forderungen;***
***– Verjährung zu vermeiden.***

### 7.4.2.1 Unberechtigter Abzug von Skonto

***Von einem unberechtigten Abzug von Skonto spricht man, wenn der Kunde***
***– erst nach Ablauf der Skontierungsfrist seine Verbindlichkeit unter Abzug von Skonto begleicht;***
***– Skonto abzieht, obwohl der Skontoabzug nicht vereinbart war;***
***– einen höheren als den vereinbarten Skontosatz abzieht.***

**Beispiel:**
- *Die Zahlungsbedingung lautet 10 Tage 3 %/30 Tage netto. Der Kunde tätigt seine Überweisung am 11. Tag und zieht vom Rechnungsbetrag 3 % ab.*
- *Der Kunde zieht 5 % Skonto ab, obwohl die Zahlungsbedingungen 30 Tage netto lauten.*
- *Statt wie vereinbart 2 % zieht der Kunde 3 % Skonto ab.*

Um festzustellen, ob Skonto berechtigt oder unberechtigt abgezogen wurde, sind folgende **Arbeitsschritte** notwendig:

- Wurde Skonto abgezogen?
- War der Abzug von Skonto vereinbart?
- An welchem Tag hat die Skontierungsfrist begonnen?
- An welchem Tag hat die Skontierungsfrist geendet?

– An welchem Tag hat der Kunde bezahlt?
– Ist der Mindestmahnbetrag überschritten?

Um den **Verwaltungsaufwand** gering zu halten, haben viele Betriebe einen **Mindestmahnbetrag** (z. B. 20,00 DM) festgelegt. Hat der Kunde nur 19,99 DM abgezogen, so entfällt die Mahnung beim ersten Mal. Zieht er nochmals (z. B. innerhalb des Geschäftsjahres) 19,99 DM unberechtigt ab, so erhält er eine Mahnung über 39,98 DM, da der Mindestmahnbetrag überschritten ist.

Wichtige Beiträge, die **Kunden** vom unberechtigten Abzug von Skonto **abzuhalten,** leisten

– hohe Mahngebühren (wenn sie durchsetzbar sind),
– ein konsequent angewendetes Mahnverfahren.

### 7.4.2.2 Verspätete Zahlung

***Von einer verspäteten Zahlung spricht man, wenn ein Kunde seine Verbindlichkeit erst nach dem Ablauf des Zahlungszieles begleicht.***

**Beispiel:** *Die Zahlungsbedingung lautet 10 Tage 3 %/30 Tage netto. Der Kunde zahlt am 35. Tag.*

Eine häufig verspätete Zahlung durch den Kunden läßt sich nur durch

– ein konsequent angewendetes Mahnverfahren,
– hohe Mahngebühren (wenn diese durchsetzbar sind),
– ein regelmäßiges Geltendmachen der Rechte aus dem Zahlungsverzug (siehe 7.4.2.2.2) vermeiden.

#### 7.4.2.2.1 Außergerichtliches (betriebliches) Mahnverfahren

Hat der Schuldner **am Fälligkeitstag nicht bezahlt,** so versucht man, ihn durch **Mahnschreiben** zu bewegen, seiner **Zahlungsverpflichtung nachzukommen.** Da sich zwischen dem Lieferer und seinen Kunden unterschiedlich gute geschäftliche Beziehungen entwickeln, ist zu empfehlen, **verschiedene Mahnverfahren** anzuwenden. Manche Kunden fühlen sich durch die Mahnung bzw. durch den im Mahnschreiben angeschlagenen Ton verletzt. Ein generelles Verfahren, das für alle Kunden angewendet werden kann, gibt es nicht. Der Betrieb muß aus Gründen der Vereinfachung der Verwaltung trotzdem versuchen, mit **wenigen Mahnverfahren** auszukommen. In der Praxis werden für die einzelnen Mahnverfahren **Kennziffern** gebildet, die das Vorgehen gegenüber den Kunden festlegen. Es können beispielsweise folgende **Mahnschlüssel** vergeben werden:

**0** → die Forderung wurde voll ausgeglichen, der Betrag kommt in die Liste der ausgeglichenen Posten, keine Mahnung erforderlich;

**1** → die Forderung wurde nicht oder nur teilweise beglichen; es wird maschinell durch Standardbrief gemahnt;

**2** → die Forderung wurde nicht oder nur teilweise beglichen; der Kunde wird durch individuelles Schreiben gemahnt;

**3** → die Forderungen an den Kunden sind nicht beglichen; der Kunde bezahlt monatlich oder vierteljährlich, Mahnungen sind nicht erforderlich (Mahnsperre);

**4** → der Kunde wurde bereits mehrmals erfolglos gemahnt, der Fall wird der Klageabteilung oder dem Rechtsanwalt übergeben.



3992250

Ein **ausführliches Mahnverfahren** kann beispielsweise folgendes Aussehen haben:

| Zeit | Maßnahme | Inhalt |
|---|---|---|
| 10 Tage nach Fälligkeit | Erinnerung | durch Zusendung eines neuen Angebots, einer Rechnungsabschrift oder eines Kontoauszuges |
| 14 Tage später | 1. Mahnung | höfliche Aufforderung zur Zahlung, Androhung des Einzugs durch ein Inkassoinstitut oder durch eine Postnachnahme |
| 14 Tage später | 2. Mahnung | scharfe Aufforderung zur Zahlung, Androhung des Einzugs durch ein Inkassoinstitut oder durch eine Postnachnahme |
| 14 Tage später | Postnachnahme für Forderungen bis zu 3000,00 DM | der Nachnahmebetrag ergibt sich aus der Forderung, dem Vorzeige- und dem Beförderungsentgelt und dem Zahlscheinentgelt; in den Zahlschein ist der Nachnahmebetrag abzüglich des Zahlscheinentgelts einzusetzen |
| 14 Tage später | 3. Mahnung | Setzung eines letzten Termins, Androhung von gerichtlichen Maßnahmen |
| 14 Tage später | Schreiben eines Rechtsanwalts | Setzen eines „allerletzten“ Termins, Androhung des gerichtlichen Mahnverfahrens |
| 14 Tage später | Beantragung und Zustellung eines Mahnbescheides | Einleitung des gerichtlichen Mahnverfahrens |

Für betriebliche Zwecke wird dieses Vorgehen im Ablauf und im Mahnrhythmus variiert. Meistens beschränken sich die Betriebe auf drei Mahnbriefe im Abstand von zwei Wochen, beginnend 10 Tage nach Fälligkeit.

## Zusammenfassung

**Außergerichtliches (betriebliches) Mahnverfahren**

Zweck → Eintreibung der offenen Forderungen

Verfahren → Zahlungserinnerung
3 Mahnschreiben in regelmäßigen zeitlichen Abständen, die im Ton immer schärfer werden
Anwaltsschreiben

ohne Erfolg → Einleitung eines gerichtlichen Mahnverfahrens

## Aufgaben

1. Ordnen Sie das betriebliche Mahnverfahren in den Zahlungsverzug ein.
2. Warum wird der Ton der Mahnschreiben immer schärfer?
3. Warum ist eine Postnachnahme nur bedingt geeignet, offene Forderungen einzutreiben?
4. Nehmen Sie Stellung zu folgender Behauptung: „Das betriebliche Mahnverfahren ist dann am erfolgreichsten, wenn es alle Kunden gleich scharf anpackt.“
5. Überlegen Sie: Welche Vorteile hat ein gleichbleibender Mahnrhythmus?
6. Welche Mahnverfahren gibt es in Ihrem Betrieb? Besorgen Sie sich Vordrucke bzw. maschinelle Mahnungen und bestimmen Sie das Vorgehen und den Inhalt der Mahnschreiben an Hand der obigen Übersicht.

### 7.4.2.2.2 Zahlungsverzug

***Aufgrund des Kaufvertrags muß der Käufer den vereinbarten Kaufpreis rechtzeitig bezahlen.***

Kommt der Käufer dieser Verpflichtung nicht nach, so gerät er in den **Zahlungsverzug.**

***Die Voraussetzungen für den Zahlungsverzug sind:***
- ***Fälligkeit der Zahlung***
- ***Mahnung durch den Gläubiger***

Der Zahlungsverzug ist an die gleichen Voraussetzungen gebunden wie der Lieferungsverzug des Verkäufers bei **Gattungsschulden:** Da jeder Vertragspartner mit der Erfüllung seiner Pflicht in Verzug ist, spricht man auch von **Schuldnerverzug** (§ 284 BGB).

***Die Rechte des Verkäufers aus dem Zahlungsverzug sind:***
- ***Erfüllung, d. h. Zahlung***
- ***Ersatz eines weitergehenden Schadens***
- ***Verzugszinsen***

#### Verzugszinsen

Sie betragen

- beim **bürgerlichen Kauf** und beim **einseitigen Handelskauf 4 %** (§ 288 Abs. 1 BGB);
- beim **zweiseitigen Handelskauf 5 %** (§ 352 HGB)

vom Eintritt des Verzuges ab.

Die **Zahlung höherer Zinsen** kann im Kaufvertrag **vereinbart** werden (z. B. „Die Verzugszinsen liegen um 5 % über dem jeweiligen Diskontsatz.“).

Von Verzugszinsen dürfen **keine Zinseszinsen** berechnet werden (§ 289 BGB). Das gilt jedoch nicht für den **kaufmännischen Kontokorrentverkehr:** Hier ist die **Verrechnung von Zinseszinsen** auf Verzugszinsen **möglich** (§ 355 HGB).

**Ersatz eines weitergehenden Schadens** (§ 288 Abs. 2 BGB)

Der weitergehende Schaden umfaßt

- höhere Zinsen als die gesetzlichen, wenn sie nicht vereinbart wurden;
- die durch den Zahlungsverzug entstandenen Kosten.

Der weitergehende Schaden muß **nachgewiesen** werden. Dies geschieht bei höheren Zinsen z. B. durch die Aufnahme eines Bankkredits, bei den Kosten durch die Vorlage von Rechnungen (z. B. Kreditkosten wie Provisionen, Anwaltsgebühren).

Häufig finden sich in den Allgemeinen Geschäftsbedingungen **Mahnkosten:** Ohne Rücksicht auf die tatsächlichen Aufwendungen werden z. B. für die 2. Mahnung 5,00 DM, für die 3. Mahnung 10,00 DM verlangt.

***Dem Verkäufer stehen nach Fristsetzung mit Ablehnungsandrohung und fruchtlosem Fristablauf die weitergehenden Rechte aus dem Schuldnerverzug beim gegenseitigen Vertrag zu.***

**Rücktritt vom Vertrag** (§ 326 BGB)

Er kann vom Vertrag zurücktreten, d. h., er kann die gelieferte Ware zurückverlangen. Dies ist z. B. sinnvoll, wenn sich der Käufer in ernsthaften Zahlungsschwierigkeiten befindet.

Häufig wurde jedoch bereits im Kaufvertrag ein **Eigentumsvorbehalt** (§ 455 BGB) vereinbart, so daß der Verkäufer ohnehin zurücktreten kann (vgl. S. 170).

**Schadenersatz wegen Nichterfüllung** (§ 326 BGB)

Der Verkäufer wird dieses Recht nur geltend machen, wenn ihm ein Schaden entstanden ist, der über den weitergehenden Schaden hinausgeht.

## Zusammenfassung

**Zahlungsverzug**

| **Voraussetzungen** | **Rechte des Verkäufers** |
|---|---|
| — Fälligkeit der Zahlung<br>— Mahnung durch den Verkäufer<br>↓<br>**Zahlungsverzug** | — Anspruch auf Erfüllung<br>— Verzugszinsen<br>— Ersatz des weitergehenden Schadens |
| +<br>— Nachfristsetzung<br>+<br>— Ablehnungsandrohung<br>— fruchtloser Fristablauf | — Ablehnung der Zahlung<br>**und**<br>— Rücktritt vom Vertrag<br>**oder**<br>— Schadenersatz wegen Nichterfüllung |

**Aber:**
— Rücktritt vom Vertrag meist im Rahmen des Eigentumsvorbehalts vereinbart
— Schadenersatz wegen Nichterfüllung äußerst selten.

## Aufgaben

1. Welche Voraussetzungen müssen erfüllt sein, damit ein Zahlungsverzug eintritt?
2. Warum entfällt die Voraussetzung des Verschuldens?
3. Welche Rechte hat der Verkäufer aus dem Zahlungsverzug?
4. Was versteht man unter dem Verbot der Zinseszinsen?
5. Welche Rolle spielen vertragliche Vereinbarungen beim Zahlungsverzug?
6. In einem Kaufvertrag wurde sofortige Zahlung nach Rechnungserhalt vereinbart. Die Rechnung geht am 15. Juli zu. Nachdem die Zahlung am 1. August noch nicht eingetroffen ist, wird

der Kunde gemahnt. Dem Kunden wird eine letzte Frist bis zum 20. August gestellt. Wann gerät der Schuldner in Zahlungsverzug?

7. Vergleichen Sie die nachstehenden Zahlungsbedingungen (Auszug aus den AGB)
   a) mit den gesetzlichen Bestimmungen,
   b) den Bedingungen Ihres Ausbildungsbetriebes.

**2 Zahlungsbedingungen**

2.1 14 Tage nach Rechnungsdatum mit 3 % Skonto oder 30 Tage netto.

2.2 Bei verspäteter Bezahlung behalten wir uns die Berechnung von Verzugszinsen in Höhe von 4 % über der jeweiligen Bankrate, mindestens jedoch 10 % pro anno vor. Es werden nur Zahlungen anerkannt, die an die jeweilige in der Faktura (Rechnung) bekanntgegebene Zahlstelle geleistet werden. Bei Banküberweisungen gilt die Zahlung erst dann als geleistet, wenn der Fakturenbetrag (Rechnungsbetrag) unserem Konto unwiderruflich gutgebracht ist.

2.3 Wechsel, Schecks und Zahlungen per Anweisung werden nur zahlungshalber anerkannt.

2.4 Bei Zahlung mit Akzept oder Kundenwechsel gehen die anfallenden Diskontspesen zu Lasten des Schuldners.

2.5 Das Datum der Rechnung ist für den Zahlungstermin in allen Fällen und selbst auch dann maßgebend, wenn der Empfänger aus Gründen, für die wir keine Schuld tragen, die Ware verspätet erhalten sollte.

2.6 Überschreitungen des Zahlungstermines oder der Eintritt mangelnder Bonität des Bestellers sowie sonstige wichtige Gründe berechtigen uns zum Rücktritt vom Vertrag, ohne daß hierdurch ein Erfüllungs- oder Schadenersatzanspruch gegen uns begründet wird.

### 7.4.2.3 Ausfall von Forderungen

***Forderungen fallen infolge eines außergerichtlichen oder gerichtlichen Vergleichsverfahrens sowie infolge eines Konkursverfahrens teilweise oder ganz aus.***

Das bedeutet: Der Betrieb erhält nicht 100 % seiner Forderung, sondern weniger. Vor einem solchen **Forderungsausfall** kann er sich z. B. durch folgende Maßnahmen **schützen:**

- Er geht bei der **Bonitätsprüfung** sehr sorgfältig vor und wiederholt sie in regelmäßigen Zeitabständen.
- Er schließt eine **Kreditversicherung** ab.
- Die **Forderungen** gegenüber einem Kunden sind für den Ernstfall **besichert** (siehe 9.3.3.3 ff.).
- Das **Zahlungsverhalten** der Kunden wird sorgfältig **überwacht.** So lassen sich Veränderungen beim Zahlungsverhalten feststellen, und es können rechtzeitig Maßnahmen ergriffen werden.

**Beispiel:** *Ein Kunde, der bisher stets unter Abzug von Skonto bezahlt hat, nimmt jetzt das Zahlungsziel voll in Anspruch.*

- Der Betrieb verkauft an einen bestimmten Kunden nur noch **Zug um Zug.**
- Das **betriebliche Mahnverfahren** wird konsequent angewendet.
- Durch ein **gerichtliches Mahnverfahren** läßt sich die Forderung vielleicht noch retten.
- Durch eine **Zwangsvollstreckung** läßt sich die Forderung vielleicht noch retten.



3992254

Ist der **Forderungsausfall unvermeidlich,** so kann der Betrieb durch folgende Maßnahmen den Ausfall **in Grenzen halten:**

- Es wurde ein **Eigentumsvorbehalt** vereinbart, so daß er wenigstens die gelieferte Ware zurückerhält.
- Das **Klageverfahren** wird durchgeführt.
- Der **vollstreckbare Titel** wird benutzt, um die Forderung im Laufe der Zeit (30 Jahre) einzutreiben.
- Die **Forderung** wird an ein Inkassobüro oder eine Auskunftei **verkauft.**

### 7.4.2.3.1 Gerichtliches Mahnverfahren

***Wird ein Anspruch voraussichtlich vom Schuldner nicht bestritten, so kann durch das gerichtliche Mahnverfahren auf einfache, schnelle und kostensparende Weise eine offene Forderung eingetrieben werden.***

In diesem Verfahren heißen der **Verkäufer** (Gläubiger) **Antragsteller** und der **Käufer** (Schuldner) **Antragsgegner.**

#### Mahnbescheid

Das Verfahren beginnt mit dem **Antrag auf Erlaß eines Mahnbescheids** durch das Amtsgericht.

***Ausschließlich zuständig für den Erlaß eines Mahnbescheids ist das Amtsgericht, in dessen Bezirk der Antragsteller seinen Wohnsitz bzw. seinen Geschäftssitz hat.***

Die Höhe des Anspruchs ist für die Zuständigkeit ohne Bedeutung (§ 689 ZPO).

Beim Erlaß des Mahnbescheids wird vom Gericht nicht überprüft, ob der im Mahnbescheid geltend gemachte Anspruch tatsächlich zu Recht besteht **(Schlüssigkeitsprüfung;** Ausnahme: Verträge, die unter das VerbrKrG fallen).

Der Mahnbescheid wird erlassen, wenn

- das **amtliche Formular verwendet** (§ 703 c ZPO),
- die halbe **Gerichtsgebühr** und die Gebühr für die Zustellung des Mahnbescheids bezahlt wurden (§ 65 Abs. 3 GKG).

Über die vom Gericht besorgte Zustellung an den Antragsgegner erhält der Antragsteller eine Mitteilung.

***Nach der Zustellung des Mahnbescheids hat der Antragsgegner folgende Möglichkeiten:***
- ***Er bezahlt: Das gerichtliche Mahnverfahren ist beendet.***
- ***Er legt Widerspruch ein.***
- ***Er schweigt.***

**Der Antragsgegner legt Widerspruch ein** (§§ 694 ff. ZPO)

Der Antragsgegner kann **innerhalb von zwei Wochen schriftlich Widerspruch** bei dem Amtsgericht einlegen, das den Mahnbescheid erlassen hat. Damit wird das **streitige Verfahren** von Amts wegen an das örtlich und sachlich zuständige Gericht verwiesen. **Örtlich zuständig** ist das Gericht, in dessen Bezirk der anzuwendende **Gerichtsstand** liegt. **Sachlich zuständig** ist

- das **Amtsgericht:** Gegenstandswert unter 6 000,00 DM;
- das **Landgericht:** Gegenstandswert über 6 000,00 DM.

Da die Angabe des Anspruchsgrundes im Mahnbescheid entbehrlich ist, muß der Antragsteller nun die **Anspruchsbegründung** nachholen. Das **gerichtliche Klageverfahren** hat begonnen; eine **mündliche Verhandlung** wird angesetzt.

### Vollstreckungsbescheid

***Schweigt der Antragsgegner auf einen Mahnbescheid, so kann der Antragsteller bei dem für ihn zuständigen Amtsgericht den Antrag auf Erlaß eines Vollstreckungsbescheids stellen. (§§ 699 ff. ZPO)***

Er ist dabei an bestimmte **Fristen** gebunden:

- Er kann den Antrag **frühestens** nach dem Ende der Widerspruchsfrist,
- er muß ihn **spätestens** nach sechs Monaten stellen.

***Der Antragsgegner hat nun folgende Möglichkeiten:***
***– Er bezahlt: Das gerichtliche Mahnverfahren ist beendet.***
***– Er legt Einspruch ein.***
***– Er schweigt.***

### Der Antragsgegner legt Einspruch ein (§§ 339, 700 ZPO)

Der Antragsgegner kann **innerhalb von zwei Wochen** nach der Zustellung **schriftlich Einspruch** erheben. Der weitere Verlauf des Verfahrens ist identisch mit dem Verfahren beim Mahnbescheid.

Der Vollstreckungsbefehl stellt einen **vorläufig vollstreckbaren** Titel dar, der sich auf die Forderung und die bisher entstandenen Verfahrenskosten erstreckt. Allerdings sollte der Antragsteller vorsichtigen Gebrauch von dieser Möglichkeit machen: Sollte durch das Urteil sein **Anspruch** ganz oder teilweise **abgewiesen** werden, so ist er dem Antragsgegner gegenüber **schadensersatzpflichtig.** Um die Zwangsvollstreckung zu vermeiden, muß der Antragsgegner gleichzeitig mit dem Einspruch einen Antrag auf Einstellung der Zwangsvollstreckung stellen. Von ihm verlangt das Gericht Sicherheiten.

### Der Antragsgegner schweigt (§§ 704 ff. ZPO)

**Nach Ablauf der Einspruchsfrist** wird der Vollstreckungsbescheid **rechtskräftig.** Der Antragsteller kann zur Befriedigung seiner Forderung einschließlich der Zinsen und Verfahrenskosten die Zwangsvollstreckung in das Vermögen des Antragsgegners betreiben; der Antragsgegner kann sich nicht mehr dagegen wehren.


3992256

## Zusammenfassung

### Gerichtliches Mahnverfahren

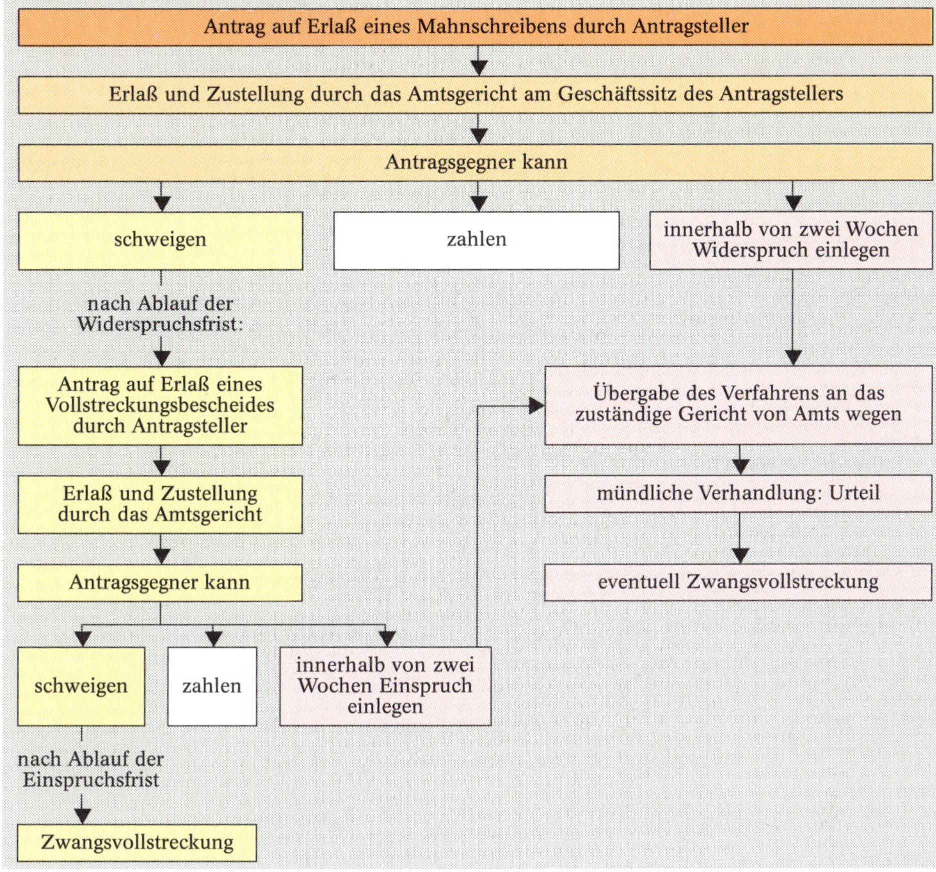


## Aufgaben

1. Hahn & Klein in Gelsenkirchen haben an die Complex GmbH in Kiel eine fällige Warenforderung in Höhe von 7 500,00 DM. Hahn & Klein wollen nach drei fruchtlosen Mahnungen einen Mahnbescheid erwirken. Besorgen Sie sich einen Vordruck für den Mahn- und den Vollstreckungsbescheid und füllen Sie diesen aus.
   a) Welches Gericht ist zuständig?
   b) Was bewirken Widerspruch bzw. Einspruch während des Verfahrens?
   c) Kann die Complex GmbH nach Zustellung des Vollstreckungsbescheids die Zwangsvollstreckung noch verhindern?
   d) Welches Gericht ist in einem Zivilprozeß zuständig?
2. Überlegen Sie: Warum wird beim Erlaß eines Mahnbescheids nicht überprüft, ob der Anspruch zu Recht besteht?
3. Was kann der Antragsgegner nach der Zustellung eines Mahnbescheids unternehmen?

4. Wann kann ein Vollstreckungsbefehl beantragt werden?
5. Was kann der Antragsgegner nach der Zustellung eines Vollstreckungsbescheids unternehmen?
6. Was kann der Antragsteller nach der Zustellung eines Vollstreckungsbescheids unternehmen?
7. Warum sollte der Antragsteller mit der Zwangsvollstreckung warten, bis die Einspruchsfrist abgelaufen ist?
8. Wann beginnt das gerichtliche Klageverfahren?

### 7.4.2.3.2 Zwangsvollstreckung

***Verfügt der Gläubiger über einen vollstreckbaren Titel, so kann er seinen Anspruch zwangsweise mit Hilfe eines Gerichtsvollziehers einziehen lassen. (§§ 704 ff. ZPO)***

Vollstreckbare Titel sind beispielsweise

- Vollstreckungsbescheide,
- vorläufig vollstreckbare Urteile,
- Urteile nach Ablauf der Rechtsmittelfrist (rechtskräftige Urteile).

#### Die Zwangsvollstreckung in das bewegliche Vermögen

***Die Zwangsvollstreckung in das bewegliche Vermögen erfolgt durch Pfändung und Verwertung des gepfändeten Gegenstandes.***

bewegliches Vermögen

→ bewegliche Sachen

→ Forderungen (Rechte)

***Die Zwangsvollstreckung beweglicher Sachen erfolgt durch Pfändung und öffentliche Versteigerung der gepfändeten Sache. (§§ 803 ff. ZPO)***

Die Pfändung setzt einen **Pfändungsauftrag** des Gläubigers an den **Gerichtsvollzieher** voraus.

Bei der Pfändung beweglicher Sachen

- nimmt der Gerichtsvollzieher Geld, Kostbarkeiten und Wertpapiere in seinen Besitz,
- andere Sachen (z. B. Rohstoffe, Halb- und Fertigerzeugnisse, Maschinen) werden im Besitz des Schuldners gelassen, jedoch wird die Pfändung durch das Anbringen von **Pfandsiegelmarken** ersichtlich gemacht.

Der Gerichtsvollzieher muß bei der Pfändung beachten, daß nicht alle Sachen pfändbar sind. **Unpfändbar** sind (§ 811 ZPO) Sachen, die

- zur **Erwerbstätigkeit** notwendig sind (z. B. Werkzeuge, Schreibmaschinen, Bücher, Schreibtische),
- zur **privaten Lebensführung** unbedingt nötig sind (z. B. Hausgeräte, Kleidung, Heizmaterial).

Befindet sich unter diesen Gegenständen eine sehr wertvolle Sache, z. B. ein Luxusautomobil, so kann der Gerichtsvollzieher diesen Gegenstand pfänden, muß aber einen den Zwecken des Schuldners genügenden Ersatzgegenstand zur Verfügung stellen **(Austauschpfändung).**

Die **gepfändeten Sachen** (Ausnahme: Geld, Wertpapiere) werden vom Gerichtsvollzieher **öffentlich versteigert.** Die Versteigerung kann frühestens eine Woche nach der Pfändung stattfinden: Dem Schuldner wird Gelegenheit gegeben, seine Verbindlichkeiten zu begleichen. Auf der Versteigerung dürfen Schuldner und Gläubiger mitbieten. Der **Versteigerungserlös** wird nach Abzug der Zwangsvollstreckungskosten unverzüglich an den Gläubiger abgeführt.

**Gepfändetes Geld** ist dem Gläubiger abzuliefern.

**Gepfändete Wertpapiere,** die einen Börsen- oder Marktpreis haben, werden vom Gerichtsvollzieher **freihändig** zum Tageskurs verkauft.

***Die Pfändung von Forderungen geschieht durch einen Pfändungs- und Überweisungsbeschluß, den das Vollstreckungsgericht (Amtsgericht) erläßt. (§§ 828 ff. ZPO)***

Der Pfändungs- und Überweisungsbeschluß bewirkt, daß

- dem **Drittschuldner verboten** wird, an den Schuldner **zu bezahlen;**
- dem **Schuldner** die **Einziehung** der Forderung **verboten** wird;
- der **Drittschuldner aufgefordert wird,** den entsprechenden Geldbetrag an den **Gläubiger zu überweisen.**

**Drittschuldner** kann sein

- ein Kreditinstitut (Bankguthaben),
- ein Kunde des Schuldners (Forderungen aus Lieferung und Leistung),
- ein Arbeitgeber (Lohn- und Gehaltsforderungen).

Bei der **Pfändung von Lohn- und Gehaltsforderungen** ist zu beachten, daß

- bestimmte **Bezüge unpfändbar** sind (z. B. Urlaubsgeld, Gefahren-, Erschwerniszulagen, Auslösungen, § 850 a ZPO),
- bestimmte **Bezüge bedingt pfändbar** sind (z. B. Renten wegen Körperbeschädigungen, Witwen- und Waisenrenten, Unterhaltsrenten, § 850 b ZPO),
- beim **Arbeitnehmereinkommen Pfändungsgrenzen** bestehen (monatlicher Freibetrag für den Arbeitnehmer, zuzüglich Zuschläge für Personen, denen er Unterhalt gewährt, § 850 c ZPO),
- für **Pfändungen** aufgrund **gesetzlicher Unterhaltsansprüche** die Pfändungsfreigrenzen nicht gelten, § 850 d ZPO.

***Ist eine Pfändung in das bewegliche Vermögen fruchtlos oder nicht voll befriedigend geblieben, so stellt der Gerichtsvollzieher dem Gläubiger eine Unpfändbarkeitserklärung aus.***

**Die Zwangsvollstreckung in das unbewegliche Vermögen.**

Hat der Schuldner ein Grundstück, so besteht die Möglichkeit,

- eine **Sicherungshypothek** in das Grundbuch eintragen zu lassen,
- das Grundstück **zwangsweise versteigern** zu lassen, der Gläubiger wird aus dem Erlös befriedigt, der Mehrerlös gehört dem Schuldner,
- das Grundstück **zwangsweise** durch den Gläubiger zu **verwalten.** Bei der Zwangsverwaltung erhält der Gläubiger die Erträge (z. B. Mieten, Ernte) aus einem Grundstück.

### 7.4.2.3.3 Eidesstattliche Versicherung

***Hat der Gläubiger eine Unpfändbarkeitserklärung in den Händen, so kann er beim Vollstreckungsgericht beantragen, daß der Schuldner***
***– ein Verzeichnis seiner Vermögenswerte aufstellt und***
***– darauf eine eidesstattliche Versicherung abgibt. (§§ 807, 899 ff. ZPO)***

Das Vollstreckungsgericht legt einen Termin für die Abgabe der eidesstattlichen Versicherung fest. Wenn der Schuldner zum Termin erscheint und bereit ist, die **eidesstattliche Versicherung** abzugeben, so versichert er

- zu Protokoll an Eides Statt, daß er das vorgelegte Vermögensverzeichnis nach bestem Wissen und Gewissen richtig und vollständig gemacht hat.

***Bei der eidesstattlichen Versicherung handelt es sich um einen Eid. Eine falsch abgegebene eidesstattliche Versicherung ist ein Meineid.***

Ein **Meineid** wird mit einer Freiheitsstrafe bis zu drei Jahren oder mit einer Geldstrafe bestraft (§ 156 StGB).

Erscheint der Schuldner nicht zum Termin oder weigert er sich ohne Angabe von Gründen, eine eidesstattliche Versicherung abzugeben, so kann er auf Antrag des Gläubigers in Haft genommen werden.

***Bei der Haft, die den Schuldner zur Abgabe einer eidesstattlichen Versicherung bewegen soll, handelt es sich um eine Zwangs- oder Beugehaft.***

Der Gläubiger muß einen Haftkostenvorschuß für mindestens einen Monat leisten. Während der Haft kann der Schuldner jederzeit die eidesstattliche Versicherung ablegen. **Ein** Gläubiger kann die Haft gegen **einen** Schuldner auf maximal sechs Monate ausdehnen; nach Ablauf dieser Frist wird der Schuldner aus der Haft entlassen.

***Personen,***
***– die eine eidesstattliche Versicherung abgegeben haben,***
***– oder gegen die eine Haft angeordnet wurde,***
***– oder die nach sechs Monaten Haft entlassen wurden,***
***werden von Amts wegen in das öffentliche Schuldverzeichnis (Schwarze Liste) eingetragen. (§ 915 ZPO)***

Die Angaben im Schuldverzeichnis werden nach dem Ablauf von drei Jahren gelöscht.



3992260

## Zusammenfassung

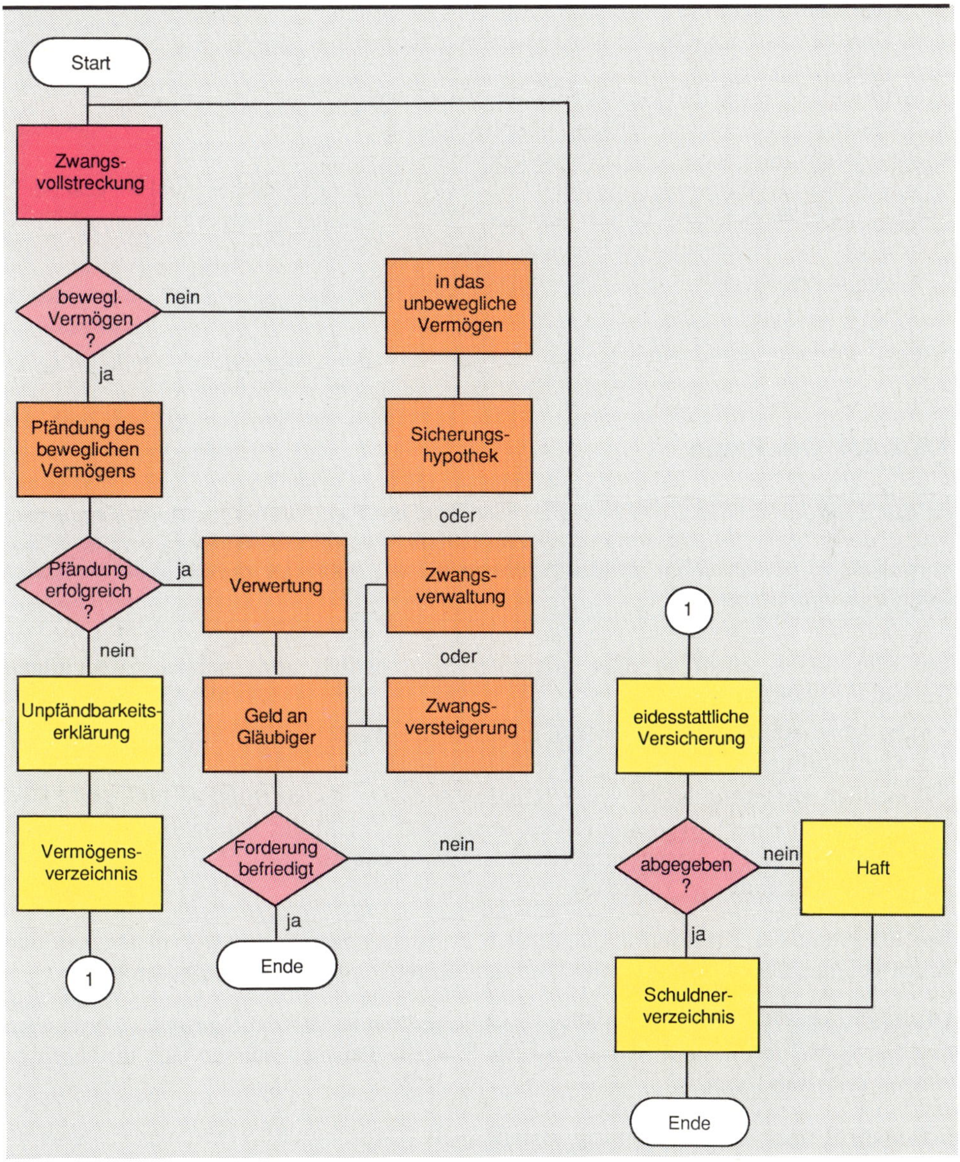


## Aufgaben

1. Hahn & Klein in Gelsenkirchen haben an die Complex GmbH in Kiel eine fällige Warenforderung in Höhe von 7 500,00 DM. Hahn & Klein haben einen vollstreckbaren Titel in ihren Händen.
   a) Nennen Sie drei vollstreckbare Titel.
   b) Der Complex GmbH gehört ein Grundstück mit einem dreistöckigen Mietshaus. Auf welche Weise kann es zur Befriedigung der Forderung herangezogen werden?

c) Die Complex GmbH hat eine Forderung an die Galvan & Co. Wie kann diese Forderung gepfändet werden?
d) Die Complex GmbH besitzt Wertpapiere. Wie können diese gepfändet und verwertet werden?

2. Welche Forderungen und Gegenstände sind unpfändbar?
3. Schildern Sie die Probleme bei der Lohnpfändung.
4. Was versteht man unter einer eidesstattlichen Versicherung?
5. Warum wird die Weigerung, eine eidesstattliche Versicherung abzugeben, mit Haft geahndet?
6. Was wird in die Schwarze Liste eingetragen? Welche Wirkung hat diese Eintragung?
7. Schildern Sie den Ablauf einer Pfändung beweglicher Sachen.
8. Schildern Sie den Ablauf einer Pfändung von Forderungen.

### 7.4.2.3.4 Die Klage

***Ist mit Einwänden des Schuldners zu rechnen, wird der Gläubiger seine Forderung durch eine Klage im Zivilprozeß durchzusetzen versuchen. Widerspruch und Einspruch beim gerichtlichen Mahnverfahren führen auch zur mündlichen Verhandlung im Zivilprozeß.***

Die Klage wird schriftlich oder mündlich beim **örtlich und sachlich zuständigen Gericht** erhoben:

- **Örtlich zuständig** ist das Gericht, in dessen Bezirk der gesetzliche oder der vertragliche **Erfüllungsort** liegt.
- **Sachlich zuständig** ist bei einem Gegenstandswert bis zu 6 000,00 DM das **Amtsgericht;** bei einem Gegenstandswert über 6 000,00 DM das **Landgericht.** In einigen Sonderfällen (z. B. Mietstreitigkeiten) ist immer das Amtsgericht ohne Rücksicht auf den Gegenstandswert zuständig.

Die Erhebung der Klage erfolgt schriftlich mit dem sogenannten Schriftsatz, der den Anspruch, das Gericht, die Parteien und den Gegenstandswert genau bezeichnet.

Vor den Amtsgerichten kann die Klage auch mündlich zu Protokoll gegeben werden. An den Landgerichten besteht Anwaltszwang, d. h. die Parteien müssen sich durch einen Anwalt vertreten lassen.

Das Gericht prüft den Klageantrag, verlangt vom Kläger einen Gerichtskostenvorschuß und stellt dann dem Beklagten eine Abschrift der Klageschrift zu. Gleichzeitig setzt das Gericht einen Termin für die mündliche Verhandlung fest. Die Frist zwischen der Zustellung der Klage und der mündlichen Verhandlung beträgt zwei Wochen (Einlassungsfrist). Während dieser Zeit soll der Beklagte Gelegenheit bekommen, sich Beweise zu verschaffen.

In der **mündlichen Verhandlung** muß jede Partei für ihre Behauptungen den Beweis antreten. Als **Beweismittel** kommen in Betracht: Augenschein (Besichtigung des Schadens durch das Gericht), Zeugen, Urkunden (z. B. Angebot, Bestellung, Auftragsbestätigung) und Sachverständige (z. B. Kaufleute, Techniker usw.).

Der Prozeß endet mit der **Verkündung des Urteils.** Dieses kann sein ein

- **streitiges Urteil,** wenn sich die Parteien auch vor Gericht nicht gütlich einigen;
- **Vergleich,** wenn sich die Parteien während des Verfahrens einigen;
- **Versäumnisurteil,** wenn eine Partei nicht zum Verhandlungstermin erscheint: Fehlt der Kläger, wird die Klage abgewiesen; fehlt der Beklagte, so wird dem Klageantrag stattgegeben;
- **Anerkennungsurteil,** wenn der Beklagte den Anspruch anerkennt;
- **Verzichtsurteil,** wenn der Kläger auf die Wahrnehmung seiner Rechte verzichtet.

Widerspricht eine Partei dem Urteil, so wird es von einem höheren Gericht überprüft. Die **Rechtsmittel** sind **Berufung** und **Revision.** Bei der **Berufung** wird der Sachverhalt vor dem höheren Gericht nochmals verhandelt. Neue Beweise können vorgebracht werden. Zuständig als Berufungsinstanz ist für erstinstanzliche Urteile der Amtsgerichte das Landgericht und für erstinstanzliche Urteile der Landgerichte das Oberlandesgericht.

Bei der **Revision** wird der Sachverhalt als geklärt unterstellt. Es wird nur untersucht, ob bei den vorhergehenden Verfahren die Rechtsvorschriften richtig angewandt wurden. Die Revision kann verlangt werden, wenn der Gegenstandswert höher als 25 000,00 DM ist bzw. an der Klärung der Sache grundsätzliches (d. h. gerichtliches) Interesse besteht. Revisionsinstanz ist der Bundesgerichtshof in Karlsruhe.

Bei **Streitigkeiten zwischen Kaufleuten** sind die **Kammern für Handelssachen** zuständig. Hier werden Kaufleute als sachverständige Handelsrichter den Berufsrichtern beigeordnet.

Das Urteil erlangt **Rechtskraft,** wenn es durch Rechtsmittel nicht mehr angefochten werden kann oder wenn die Rechtsmittelfrist abgelaufen ist.

## Zusammenfassung

**Die Klage im Zivilprozeß – Zuständigkeit**

| | | |
|---|---|---|
| Örtlich | → | Gericht am gesetzlichen oder vertraglichen Erfüllungsort |
| Sachlich | → | bis 6 000,00 DM Gegenstandswert: Amtsgericht<br>ab 6 000,00 DM Gegenstandswert: Landgericht |
| Einleitung | → | – Klageantrag<br>– Gerichtskostenvorschuß<br>– Zustellung der Klage<br>– 2 Wochen Einlassungsfrist |
| Rechtsmittel | → | – Berufung: erneute Verhandlung<br>– Revision: Überprüfung des Verfahrens |
| Rechtskraft des Urteils | → | nach Ablauf der Rechtsmittelfrist |

## Aufgaben

1. Hahn & Klein in Gelsenkirchen haben an die Complex GmbH in Kiel eine fällige Warenforderung in Höhe von 7 500,00 DM.
   Hahn & Klein wollen die Complex GmbH verklagen.
   a) Welches Gericht ist örtlich zuständig? b) Welches Gericht ist sachlich zuständig?
   c) Welches Rechtsmittel hat die Complex GmbH, wenn sie zur Zahlung verurteilt wird?
   d) Können Hahn & Klein sofort nach der Verkündung des Urteils die Zwangsvollstreckung betreiben?
2. Schildern Sie den Ablauf des gerichtlichen Klageverfahrens.

### 7.4.2.4 Verjährung von Forderungen

***Für alle Forderungen gelten Zeitspannen, nach deren Ablauf der Schuldner nicht mehr zahlen muß, aber zahlen kann.***

Dem **Schuldner** steht dann die **Einrede der Verjährung** zu; die Forderung kann also nicht mehr eingeklagt werden, obwohl sie eigentlich noch weiter besteht. Bezahlt der Schuldner eine bereits verjährte Forderung, so kann er die Zahlung nicht mehr zurückverlangen.

Die wichtigsten Verjährungsfristen betragen:

| 30 Jahre (§§ 195, 218 BGB) **regelmäßige Verjährungsfrist** für Ansprüche | 4 Jahre (§§ 196 Abs. 2, 197 BGB) **verkürzte Verjährungsfrist** für Ansprüche | 2 Jahre (§ 196 Abs. 1 BGB) **verkürzte Verjährungsfrist** für Ansprüche |
|---|---|---|
| – der Privatleute untereinander<br>– aus Darlehen<br>– aus vollstreckbaren Titeln | – der Gewerbetreibenden untereinander<br>– aus Miet- und Pachtverträgen<br>– auf Zinsen | – der Gewerbetreibenden an Privatleute<br>– aus Lohn und Gehalt<br>– der Gastwirte<br>– der freien Berufe (Anwälte, Ärzte usw.)<br>– der Transportunternehmer<br>– aus Leasingverträgen |
| Die Verjährungsfrist beginnt mit der Entstehung der Forderung, d. h. mit ihrer Fälligkeit, zu laufen (§ 198 BGB). | Die verkürzten Verjährungsfristen beginnen mit dem Schluß des Kalenderjahres zu laufen, in dem sie entstanden sind bzw. fällig waren (§ 201 BGB). | |

#### Unterbrechung der Verjährung

Läuft die Verjährungsfrist ab, so kann der **Gläubiger** durch **geeignete Maßnahmen** erreichen, daß die **Verjährung unterbrochen** wird.

***Eine Unterbrechung der Verjährungsfrist bedeutet, daß***
- ***die Verjährung für einige Zeit unterbrochen wird,***
- ***mit Beendigung der Unterbrechung eine neue Verjährungsfrist zu laufen beginnt,***
- ***die bis zur Unterbrechung verstrichene Zeit außer acht bleibt (§ 218 BGB),***
- ***der Gläubiger Zeit gewinnt, um seine Forderung einzutreiben.***

Die neue Verjährungsfrist beginnt stets mit dem Tag, an dem die Unterbrechung der Verjährung endet.

**Beispiel:** *Eine Warenforderung eines Industriebetriebes an einen Großhändler ist am 12.08.92 fällig. Die Forderung verjährt also am 31.12.96. Bewirkt man eine Unterbrechung zum 15.12.96, so endet die neue Verjährung am 15.12.2000.*



3992264

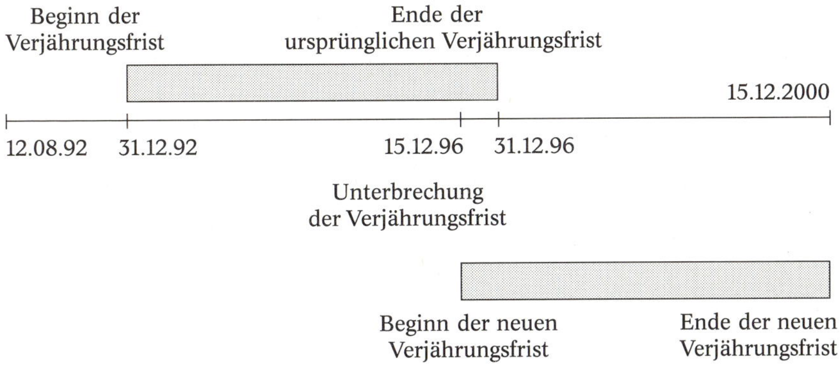


**Maßnahmen,** die die Verjährung unterbrechen, sind

- ein **Schuldanerkenntnis** des Schuldners, das z. B. in Form einer Raten-, Zins- oder Abschlagszahlung, eines schriftlichen Schuldanerkenntnisses, einer Bitte um Stundung oder der Leistung einer Sicherheit abgegeben werden kann (§ 208 BGB);
- die **Klageerhebung** durch den Gläubiger (Einleitung eins Zivilprozesses, § 209 Abs. 1 BGB);
- der **Klageerhebung gleichzusetzende Handlungen** (§ 209 Abs. 2 BGB) (die Anmeldung des Anspruchs zum Konkurs, die Zustellung eines Mahnbescheids, die Vornahme einer Zwangsvollstreckung).

Die **neue Verjährungsfrist beginnt**

- beim Schuldanerkenntnis sofort,
- im Falle der Klageerhebung und ihre gleichzusetzender Handlungen mit ihrem Ende (§§ 211 ff. BGB).

## Hemmung der Verjährung

***Während der Zeit der Hemmung ruht die Verjährung. Die Frist wird also um den Zeitraum der Hemmung verlängert. (§ 205 BGB)***

**Beispiel:** *Ein Industriebetrieb hat aus einem Belegschaftsverkauf eine Forderung an einen Mitarbeiter, die am 09.05.92 fällig ist. Auf eine Bitte des Mitarbeiters stundet der Betrieb die Summe für 12 Monate.*

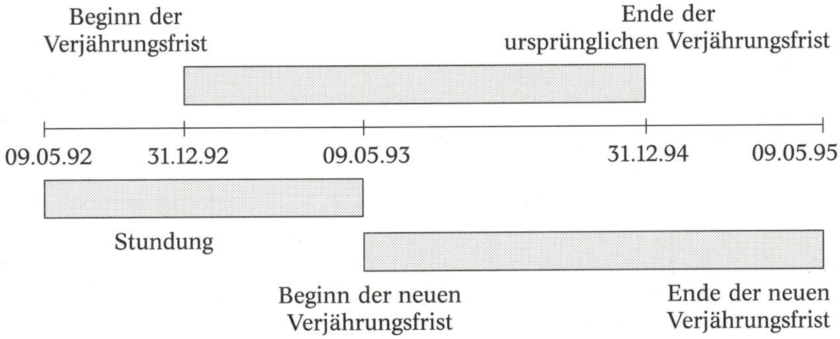

Eine **Hemmung** der Verjährung **tritt ein durch**

- die Stundung der Schuld,
- einen berechtigten Leistungsverweigerungsanspruch (z. B. Forderung aus Gegengeschäften, Anspruch aus einer Mängelrüge, § 202 BGB),
- die Einleitung des Vergleichsverfahrens (§ 55 VerglO),
- den Stillstand in der Rechtspflege (z. B. Notstand, Krieg, § 203 BGB).

Folgende Maßnahmen schützen vor einer Verjährung:

- ***Das betriebliche Mahnverfahren wird konsequent angewendet. Dadurch wird der säumige Kunde vielleicht zur Zahlung bewegt.***
- ***Es geht in das gerichtliche Mahnverfahren über, durch das die Verjährung unterbrochen wird.***

## Zusammenfassung

**Verjährung von Forderungen**

| | | |
|---|---|---|
| Verjährung | → | Einrede des Schuldners, Leistungsverweigerungsrecht |
| Fristen | → | Forderungen von Privatleuten untereinander, solche aus Darlehen und Urteilen: **30 Jahre ab Fälligkeit** |
| | → | Forderungen der Gewerbetreibenden untereinander, solche aus Mietverträgen, Zinsen: **4 Jahre ab Ende des Kalenderjahres** |
| | → | Forderungen der Gewerbetreibenden an Private, solche aus Lohn, Gehalt, der Gastwirte: **2 Jahre ab Ende des Kalenderjahres** |
| Unterbrechung der Verjährung | → | Verjährungsfrist beginnt mit dem Ende der Unterbrechung neu zu laufen. |
| Hemmung der Verjährung | → | Ende der Verjährung verschiebt sich um die Zeit der Hemmung. |

## Aufgaben

1. Welche Verjährungsfristen bestehen bei Ansprüchen
   a) aus Warenlieferungen an Einzelhändler,
   b) aus Warenlieferungen an Belegschaftsmitglieder,
   c) unseres Spediteurs,
   d) auf Zinsen gegenüber unserer Hausbank,
   e) gegenüber einem Kunden, dem wir ein Darlehen gewährt haben?
2. Warum werden zum Ende eines Kalenderjahres vermehrt gerichtliche Mahnverfahren eingeleitet?
3. Durch welche Maßnahmen wird eine Unterbrechung der Verjährung bewirkt?
4. Wann tritt eine Hemmung der Verjährung ein?
5. Überlegen Sie: Welche Gedanken könnten den Gesetzgeber bewogen haben, den Tatbestand der Verjährung zu formulieren?
6. Grenzen Sie Hemmung und Unterbrechung der Verjährung gegeneinander ab.

### 7.4.2.5 Factoring

Einen **Schutz** vor den geschilderten Verlusten bietet das **Factoring:**

***Unter Factoring versteht man den laufenden Verkauf von Forderungen an einen Factor zum Zeitpunkt ihrer Entstehung.***

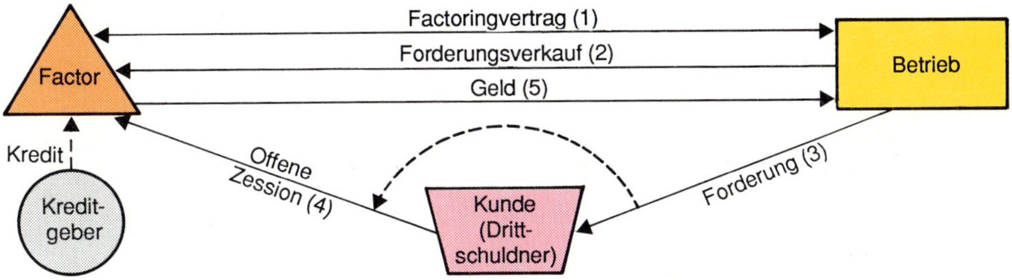


Der Verkauf der Forderung wird dem Kunden des Betriebs angezeigt. „Factor" kann in der Bundesrepublik Deutschland eine **Spezialbank** oder eine **Universalbank** sein. Wirtschaftlich gesehen bedeutet Factoring: Zwischen den Betrieb und den Kreditgeber schiebt sich als Makler der Factor. Dieser schreibt dem Betrieb die verkauften Forderungen unter **Abzug eines Entgelts für seine Dienstleistungen** gut:

- Für die Bevorschussung der verkauften Forderungen (Finanzierungsfunktion) berechnet er **Zinsen** (etwa in der Höhe der Zinsen für einen Kontokorrentkredit).
- Für die Übernahme des vollen Forderungsrisikos (Delkrederefunktion) stellt er je nach der Ausfallquote des Betriebs 0,2 bis 1,5 % des Forderungsbetrags in Rechnung **(Delkredereprovision).**
- Wegen des Lieferungsrisikos, das der Betrieb trägt (z. B. Mängelrügen, Rücksendungen, Skontoabzüge), schreibt er 80 bis 95 % des Forderungsbetrages gut; der **Sicherungseinbehalt** wird nach Zahlung durch den Kunden gegen die eingetretenen Lieferungsrisiken verrechnet, der Rest wird dem Betrieb ausbezahlt.
- Für die Durchführung der Debitorenbuchhaltung (Servicefunktion) berechnet er je nach Höhe des Umsatzes 0,75 bis 2 % **(Serviceprovision).** Dabei gilt: Je höher der Umsatz, desto niedriger ist die Serviceprovision.

Im Rahmen der **Servicefunktion** erbringt der Factor folgende Dienstleistungen: Kontenführung, Kreditwürdigkeitsprüfung und Kreditüberwachung der Kunden, Abwicklung des Mahnwesens, Fakturierung, Inkasso.

Vor allem die **Servicefunktion** macht das Factoring für Klein- und Mittelbetriebe interessant:

- Zwar ist das Factoring teurer als die vergleichbaren Kredite, andererseits sparen sie **qualifizierte Arbeitskräfte** ein.
- Zudem wird die **Kapitalbindungsdauer** um das entfallende Kundenziel **verkürzt.** Dadurch werden Liquidität und Rentabilität verbessert, der Kreditspielraum des Industriebetriebes wird ausgeweitet.
- Neben der Bevorschussung von Forderungen stellen die Factoring-Gesellschaften ihren Kunden auch **mittel- und langfristige Kredite** zur Verfügung, die sie wie Bankkredite besichern lassen.

Häufig ist der **Verkauf zweifelhafter Forderungen** an Inkassobüros und Auskunfteien. Diese verrechnen ein Disagio von 30 bis 50 %.

## Zusammenfassung

**Factoring**

Verkauf von
- Forderungen zum Zeitpunkt ihrer Entstehung
- zweifelhaften Forderungen

**unter Abzug von**

- Zinsen
- Provision für
  - Übernahme des Forderungsrisikos
  - vorhandenes Lieferungsrisiko
  - gebotenen Service

| Vorteile | Nachteile |
|---|---|
| – Einsparung von Arbeitskräften | – offene Zession |
| – Verkürzung der Kapitalbindungsdauer | – häufig Abtretungsverbote |
| – Kreditgewährung durch Factor | |

## Aufgaben

1. Was versteht man unter Factoring?
2. Wie wird das Factoring abgewickelt?
3. Nennen Sie die Entgelte und die damit abgegoltenen Leistungen.
4. Nennen Sie die Vor- und Nachteile des Factorings.
5. Nehmen wir an, Ihr Ausbildungsbetrieb stellt auf Factoring um. Untersuchen Sie die Auswirkungen.

## Zusammenfassung

**Die Überwachung der offenen Forderungen**

Ziele: Vermeidung von

- unberechtigtem Skontoabzug
- verspäteter Zahlung
- Forderungsausfall
- Verjährung von Forderungen

**Maßnahmen**

Mahngebühren

Rechte aus dem Zahlungsverzug
Überwachung des Zahlungsverhaltens
Kreditversicherung
Kreditbesicherung

Zug-um-Zug-Geschäft
Eigentumsvorbehalt
Zwangsvollstreckung

Factoring / betriebliches Mahnverfahren / gerichtliches Mahnverfahren / Klage

## Aufgaben

1. Wann spricht man von einem unberechtigten Abzug von Forderungen? Nennen Sie Beispiele.
2. Wie kann man feststellen, ob ein unberechtigter Skontoabzug vorliegt oder nicht?
3. Welchen Zweck hat ein Mindestmahnbetrag?
4. Überlegen Sie: Wie können Mahngebühren durchgesetzt werden? Welche möglichen Auswirkungen können sie auf die Beziehungen zu den Kunden haben?
5. Nennen Sie Maßnahmen gegen den unberechtigten Abzug von Skonto.
6. Wann spricht man von verspäteter Zahlung?
7. Nennen Sie Maßnahmen gegen die verspätete Zahlung von Rechnungen.
8. Was versteht man unter einem Forderungsausfall?
9. Durch welche Ereignisse kann es zu einem Forderungsausfall kommen?
10. Nennen Sie Maßnahmen, die
    a) einen Forderungsausfall verhindern,
    b) den Umfang eines Forderungsausfalls begrenzen können.
11. Was versteht man unter der Verjährung von Forderungen?
12. Nennen Sie Maßnahmen, die die Verjährung von Forderungen verhindern können.

## 7.4.3 Überwachung der Skontowahrnehmung

***Unter Skonto versteht man einen Preisnachlaß, den der Lieferant (Gläubiger) seinem Kunden (Schuldner) dafür gewährt, daß er seine Verbindlichkeit innerhalb einer vereinbarten Frist vorzeitig bezahlt.***

Lohnt es sich für einen Betrieb, seine Verbindlichkeiten unter Abzug von Skonto zu bezahlen?

**Beispiel:** *Rechnungsbetrag 10 000,00 DM*
*Zahlungsbedingung 10 Tage 3 %/30 Tage netto*

Aus den Angaben des Beispiels läßt sich folgern:

- Der **Einstandspreis sinkt** um 300,00 DM und damit sinken auch die Kosten (z. B. Materialkosten) um 300,00 DM.
- Durch den Abzug von Skonto wird aus einer verzinslichen Schuld eine unverzinsliche Schuld:

| Skontierungsfrist 10 Tage (·/. 3 %) | Verzinsungszeitraum 20 Tage (·/. 0 %) |
|---|---|

Daraus ergibt sich eine **Jahresverzinsung von 54 %:**

$$\text{Zinssatz} = \frac{3\,\% \cdot 360 \text{ Tage}}{20 \text{ Tage}} = \underline{\underline{54\,\%}}$$

***Es lohnt sich für einen Betrieb, seine Verbindlichkeiten hinsichtlich ihrer Skontierbarkeit zu überwachen und stets unter Abzug von Skonto zu bezahlen.***

Hat der Betrieb am Ende der Skontierungsfrist keine Mittel, um die Eingangsrechnung unter Abzug von Skonto zu bezahlen, so stellt sich die Frage: Lohnt es sich, eine Rechnung unter Abzug von Skonto zu bezahlen, selbst wenn der Betrieb dafür einen Kredit aufnehmen müßte?

**Beispiel:** *Rechnungsbetrag 10 000,00 DM*
*Zahlungsbedingung 10 Tage 3 %/30 Tage netto*
*Überweisungsbetrag (Kredit) 9 700,00 DM*
*Zinssatz für Kontokorrentkredit 13,5 %*
*Wann muß der Kredit spätestens getilgt sein?*

Zur Tilgung des Kredits kann der Betrieb den Skontoertrag von 300,00 DM benutzen. Unter Verwendung der kaufmännischen Zinsformel erhalten wird:

$$\text{Tage} = \frac{\text{Zinsen} \cdot 100 \cdot 360}{\text{Kapital} \cdot \text{Zinssatz}} = \frac{300{,}00 \cdot 100 \cdot 360}{9\,700{,}00 \cdot 13{,}5\,\%} = \underline{\underline{82{,}5}}$$

Dies bedeutet: Es lohnt sich unter Abzug von Skonto zu bezahlen, wenn der dazu aufgenommene Kredit vor dem Ablauf von 82 Tagen zurückbezahlt werden kann. Oder anders ausgedrückt: Der aufgenommene Kredit muß nach spätestens 82 Tagen getilgt sein, damit aus dem Skontoabzug kein Verlust entsteht.

***Es lohnt sich immer, eine offene Rechnung unter Abzug von Skonto zu bezahlen, selbst wenn dafür ein Kredit aufgenommen werden muß.***

Aus diesem Grund ist es notwendig, die Skontowahrnehmung bei den Verbindlichkeiten genauestens zu überwachen.

## Aufgaben

1. Rechnungsbetrag 35 000,00 DM
   Zahlungsbedingungen 10 Tage 5 %/60 Tage netto
   Sollzinsen 8 %
   a) Berechnen Sie den Jahreszinssatz, der sich bei Zahlung unter Abzug von Skonto ergibt.
   b) Wie hoch ist der Bankkredit, der notfalls aufgenommen werden muß?
   c) Berechnen Sie die Frist, innerhalb der der Bankkredit getilgt sein muß, wenn die Sollzinsen mit dem Skontoertrag finanziert werden sollen.
2. Überlegen Sie: Welcher Zusammenhang besteht zwischen
   a) der Jahresverzinsung und dem Verzinsungszeitraum;
   b) der Kreditlaufzeit und den Kreditzinsen;
   c) der Höhe des Skontos und der Kreditlaufzeit?
3. Nennen Sie zwei Faustregeln, die für den Skontoabzug gelten.

# 8 Rechtsformen der Unternehmen

## 8.1 Rechtliche Grundlagen

### 8.1.1 Der Kaufmann

Die Vielfältigkeit des Wirtschaftslebens machte es erforderlich, die Vorschriften des Bürgerlichen Gesetzbuches durch besondere Rechtsnormen zu ergänzen. Diese sind im Handelsgesetzbuch (HGB) zusammengefaßt:

***Das HGB beinhaltet die für Kaufleute geltenden Sondervorschriften.***

#### 8.1.1.1 Kaufmannsarten

§ 1 Abs. 1 HGB bestimmt, wer ein **Kaufmann** ist:

***„Kaufmann im Sinne dieses Gesetzbuches ist, wer ein Handelsgewerbe betreibt."***

Demnach kann Kaufmann jede **natürliche Person** sein, die ein Handelsgewerbe betreibt **(Einzelhandelskaufmann).**

***Unter Handelsgewerbe versteht man einen Gewerbebetrieb, der***
- ***gegenüber der Öffentlichkeit in Erscheinung tritt,***
- ***dauernd mit der Absicht der Gewinnerzielung***
- ***unter Einsatz kaufmännischer und/oder technischer Fähigkeiten***

***betrieben wird.***

Dies ist bei allen **Grundhandelsgewerben** (§ 1 Abs. 2 HGB) der Fall:
- **Handelsbetriebe** im weitesten Sinn: An- und Verkauf von beweglichen Sachen (Waren) und Wertpapieren (z. B. Einzel- und Großhandlung);
- **Industrie- und Handwerksbetriebe:** Ankauf von Waren, die nach Be- oder Verarbeitung verkauft werden (z. B. Automobilwerk, Warenhandwerker wie Fleischer oder Tischler);
- **Lohnindustrie:** nichthandwerksmäßige Be- oder Verarbeitung von Waren, die der Auftraggeber bereitstellt (z. B. Wäschereien, chemische Reinigungsbetriebe, Färbereien, Veredelungsindustrie; **nicht:** Lohnhandwerker wie Maler oder Schuster);
- **Versicherungen gegen Prämie;**
- **Banken;**
- **Transport- und Verkehrsbetriebe;**
- **Kommissionäre, Spediteure, Lagerhalter;**
- **Handelsvertreter und Handelsmakler;**
- **Verlage, Buch- und Kunsthandel;**
- **Druckereien,** sofern sie nicht handwerksmäßig betrieben werden.

***Jede natürliche Person, die Inhaber eines Grundhandelsgewerbes ist, ist Kaufmann kraft Gewerbebetriebs oder Mußkaufmann.***

Zu den **Mußkaufleuten** gehören z. B. **nicht**
- der Inhaber eines Betriebes der Urproduktion (z. B. Steinbruch, Bergbau, Fischfang),
- ein Malermeister mit 40 Gesellen (Lohnhandwerker),

obwohl sie zweifellos einen **Gewerbebetrieb betreiben.**

***Sie sind nach § 2 HGB Kaufmann, wenn Art und Umfang des Gewerbebetriebs eine kaufmännische Organisation erfordern und die Firma des Unternehmens in das Handelsregister eingetragen ist.***

Die ersten beiden Voraussetzungen bedeuten: Der Inhaber kann seinen Betrieb **ohne eine kaufmännische Organisation nicht ordnungsgemäß leiten.** „Kaufmännische Organisation" heißt z. B.

- kaufmännische Buchführung,
- regelmäßiges Aufstellen von Inventar und Bilanz,
- Aufnehmen und Gewähren von Kredit,
- Beschäftigung kaufmännischer Mitarbeiter.

***Ein Unternehmer, bei dem diese Voraussetzungen erfüllt sind, ist Sollkaufmann.***

Versäumt ein Unternehmer die Eintragung ins Handelsregister, so kann er durch eine **Ordnungsmaßnahme** dazu **gezwungen** werden.

**Land- und Forstwirte** sind zwar Urproduzenten, für sie besteht aber eine **Sonderregelung** (§ 3 HGB). Sie können sich als Kaufmann ins Handelsregister eintragen lassen, wenn

- ihr **Hauptbetrieb** die Voraussetzungen des § 2 HGB erfüllt (§ 3 Abs. 2 HGB);
- sie ein **Nebengewerbe** (Nebenbetrieb) betreiben, in dessen Rahmen die im Hauptbetrieb gewonnenen Erzeugnisse be- oder verarbeitet werden (z. B. Brauerei, Molkerei, Brennerei, Getreidemühle, Sägewerk), **und** der Nebenbetrieb die Voraussetzungen des § 2 HGB erfüllt (§ 3 Abs. 3 HGB).

Sie haben ein **Wahlrecht:** Sie können

- ihren Hauptbetrieb allein,
- ihren Nebenbetrieb allein,
- oder beide Betriebe gemeinsam eintragen lassen.

***Land- und Forstwirte, die ihren Hauptbetrieb und/oder Nebenbetrieb in das Handelsregister eintragen lassen, sind Kannkaufleute.***

Neben den natürlichen Personen gibt es noch **juristische Personen.** Bei diesen müssen wir folgende Unterscheidung treffen (§ 6 HGB):

- **Kapitalgesellschaften** sind aufgrund ihrer Rechtsform Kaufmann **(Formkaufmann):** Aktiengesellschaft, Kommanditgesellschaft auf Aktien, Gesellschaft mit beschränkter Haftung. Sie sind auch dann Kaufmann, wenn sie keinen wirtschaftlichen, sondern einen wohltätigen Zweck verfolgen.
- **Kaufleute kraft Gesetzes:** eingetragene Genossenschaften, Versicherungsvereine auf Gegenseitigkeit.
- **Übrige juristische Personen:** Sie sind Kaufmann, wenn die Voraussetzungen der §§ 1 oder 2 HGB erfüllt sind (z. B. sind Sparkassen Kaufmann nach § 1; ebenso ein eingetragener Kaninchenzuchtverein, der Futtermittel ein- und an seine Mitglieder verkauft).

***Juristische Personen, die aufgrund ihrer Rechtsform oder kraft Gesetzes Kaufmann sind, bezeichnet man als Formkaufleute.***



3992272

Auf die **Personengesellschaften** offene Handelsgesellschaft und Kommanditgesellschaft finden die für Kaufleute geltenden Vorschriften Anwendung (§ 6 Abs. 1 HGB), weil es sich

- um **Handelsgesellschaften** handelt und
- sie stets ein **Handelsgewerbe betreiben** (§§ 105, 161 HGB).

### 8.1.1.2 Voll- und Minderkaufmann

***Der Betrieb eines Grundhandelsgewerbes kann so geringfügig sein, daß nach Art und Umfang keine kaufmännische Organisation erforderlich ist. (§ 4 Abs. 1 HGB)***

Dies trifft auf viele **Warenhandwerker** (z. B. Bäcker, Fleischer) und die **Kleingewerbetreibenden** (z. B. „Tante-Emma-Läden", Reisegewerbetreibende) zu. Die Unterscheidung zwischen Groß- und Kleingewerbe wird z. B. anhand folgender Kriterien getroffen: Höhe des Betriebskapitals, Höhe des Umsatzes und des Gewinnes, Organisation des Betriebes, Höhe des aufgenommenen Kredits.

#### Zusammenfassung

| Kaufleute (nach HGB) | | | | |
|---|---|---|---|---|
| kraft Grundhandelsgewerbe (§ 1) | | kraft Eintragung | | kraft Gesetzes oder Rechtsform |
| Mußkaufleute | | Sollkaufleute (§ 2) | Kannkaufleute (§ 3) | Formkaufleute (§ 6) |
| ohne kaufmännische Organisation | mit kaufmännischer Organisation | kaufmännische Organisation notwendig | land- und forstwirtschaftlicher Hauptbetrieb und/od. Nebenbetrieb mit kfm. Organisation | - AG<br>- GmbH<br>- KGaA<br>- eG<br>- VVaG |
| - Kleingewerbetreibende<br>- viele Warenhandwerker | - Handelsbetriebe<br>- Industriebetriebe<br>- Versicherungen<br>- Banken<br>- kfm. Hilfsgewerbe | - Bergbau<br>- Lichtspieltheater<br>- Lohnhandwerker<br>- Leihbüchereien<br>- Steinbruchbetriebe<br>- Bauunternehmer | - Sägewerke<br>- Getreidemühlen<br>- Brennereien<br>- Brauereien<br>- Molkereien | |
| natürliche Personen | natürliche und juristische Personen | | | juristische Personen |
| Minderkaufmann (§ 4) | Vollkaufmann | | | |
| | OHG und KG | | | |

## Aufgaben

1. Überlegen Sie: Warum ist der Inhaber eines Sandgrubenbetriebes kein Mußkaufmann?
2. Welche Voraussetzungen müssen erfüllt sein, damit die Sollkaufmannseigenschaft gegeben ist?
3. Wodurch unterscheidet sich ein Sollkaufmann von einem Kannkaufmann?
4. Was versteht man unter kaufmännischer Organisation im Sinne des HGB?
5. Welche Bedingungen müssen erfüllt sein, damit eine natürliche Person Formkaufmann ist?
6. Erläutern Sie den Begriff „Kaufmann kraft Gesetzes".
7. Welche Handelsgesellschaften gibt es?
8. Bei welcher Kaufmannsart finden wir die Minderkaufleute?
9. Welche Bedingungen müssen erfüllt sein, damit eine juristische Person Minderkaufmann wird?
10. Was darf ein Vollkaufmann im Gegensatz zum Minderkaufmann?
11. Entscheiden Sie: Welche Kaufmannseigenschaft liegt vor?
    a) Ein Schreinermeister arbeitet allein und ist im Handelsregister eingetragen.
    b) Herr Huber befördert mit seinem Omnibus Personen.
    c) Landwirt Jensen betreibt eine Sandgrube.
    d) Bankhaus Schmidt OHG
    e) Industrie AG
    f) Stadt- und Kreissparkasse Vestenberg
    g) Volksbank eG
    h) Zementfabrik mit 150 Beschäftigten
    i) Ein kaufmännischer Angestellter arbeitet in seiner Freizeit als Versicherungsvertreter.
    j) Hausratsversicherungen VaG
12. Erläutern Sie den Unterschied zwischen Voll- und Minderkaufmann am Beispiel
    a) eines Warenhandwerkers,
    b) eines Einzelhandelsbetriebes.
13. Warum werden OHG und KG wie Kaufleute behandelt?
14. Begründen Sie aus wirtschaftlicher Sicht, warum für den Minderkaufmann das HGB nur mit Einschränkungen gilt?

## 8.1.2 Die Firma

Voll- und Minderkaufleute lassen sich am einfachsten durch die Firma unterscheiden:

- **Minderkaufleute** haben keine Firma, sondern betreiben ihr Gewerbe unter ihrem **bürgerlichen Namen.**
- **Vollkaufleute** betreiben ihr Gewerbe unter ihrer **Firma.**

***Firma ist der Name eines Vollkaufmanns, unter dem er***
***– seine Geschäfte betreibt,***
***– seine Unterschrift abgibt,***
***– klagen und verklagt werden kann. (§ 17 HGB)***

Es handelt sich um einen Namen, der auch einen **Vermögenswert** darstellt: Beim Erwerb einer „Firma" muß man auch den **Firmenwert** mitbezahlen. Daneben stellt die Firma ein **absolutes Recht** dar, das gegen jedermann verteidigt werden kann.

## Arten der Firma

Man unterscheidet folgende **Arten der Firma:**

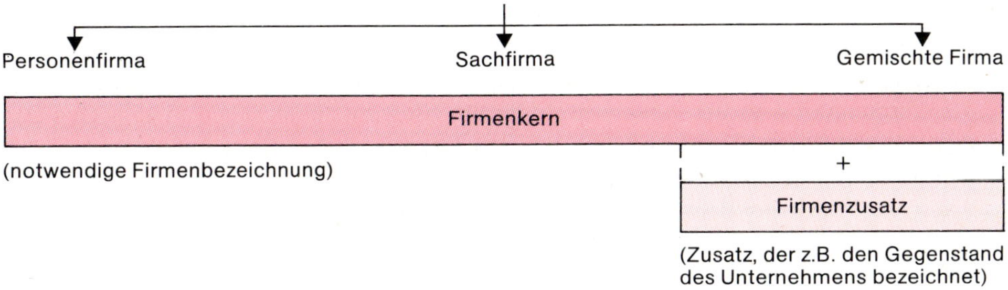


### Personenfirma

- **Einzelkaufleute:** Der Firmenkern besteht aus dem **Familiennamen** des Kaufmanns und mindestens einem ausgeschriebenen **Vornamen** (§ 18 Abs. 1 HGB): z. B. Robert Müller.
- **Personengesellschaften**
  - **OHG:** Der Firmenkern enthält mindestens den **Namen eines Gesellschafters** und einen **Zusatz,** der das Vorhandensein einer OHG andeutet (§ 19 Abs. 1, 3, 4 HGB): Müller OHG, Müller & Co., Gebrüder Müller, Müller & Huber, Robert Müller OHG usw.
  - **KG:** Der Firmenkern enthält wenigstens den **Namen eines Vollhafters** und einen **Zusatz,** der das Vorhandensein einer KG andeutet (§ 19 Abs. 2, 3, 4 HGB): z. B. Müller KG, Robert Müller KG, Müller & Co.
- **GmbH:** Der Firmenkern enthält den **Namen** eines oder aller **Gesellschafter** und den **Zusatz GmbH** (§ 4 GmbHG): z. B. Robert Müller GmbH, Müller & Jensen GmbH.

### Sachfirma

- **Eingetragene Genossenschaften:** Die Firma muß dem **Gegenstand des Unternehmens** entnommen sein (§ 3 GenG): z. B. Baugenossenschaft eG.
- **AG, KGaA:** Die Firma soll den **Gegenstand des Unternehmens** angeben (§§ 4, 279 AktG): Fahrrad AG, Versandhandel KGaA.
- **GmbH:** Die Firma kann den **Gegenstand des Unternehmens** angeben (§ 4 GmbHG): z. B. Röntgen GmbH.

### Gemischte Firma

Neben den Firmenkern tritt ein Firmenzusatz: z. B. Robert Müller Fahrradfabrik, Robert Müller OHG Fahrradfabrik, Müller KG Fahrradfabrik.

## Grundsätze des Firmenrechts

Die Beachtung dieser Vorschriften wird durch den Grundsatz der **Firmenwahrheit** gefordert. Dieser bezieht sich auf den Firmenkern und den Firmenzusatz. Weitere Grundsätze des Firmenrechts sind:

- **Firmenausschließlichkeit** (§ 30 HGB): An einem Ort darf ein und dieselbe Firma nur einmal bestehen; die Firma zweier Betriebe muß deutlich unterschieden werden können. Dies ist z. B. nicht der Fall bei Meyer OHG und Meier OHG.
- **Firmeneinheit:** Jeder Kaufmann darf nur eine Firma führen. Das bedeutet, daß er für jedes Handelsgewerbe eine eigene Firma annehmen muß.

- **Firmenbeständigkeit:** Soll eine bisherige Firma bei Pacht, Kauf oder Erbschaft weitergeführt werden, so kann dies durch einen entsprechenden Zusatz gekennzeichnet werden (§ 22 HGB): z. B. Robert Müller, Inhaber Martin Jensen; Robert Müller Nachfolger; Martin Jensen, vormals Robert Müller.
- **Firmenöffentlichkeit:** Die Firma muß in das **Handelsregister eingetragen** werden (§ 29 HGB). Bei einer offenen Verkaufsstelle (z. B. einem Einzelhandelsgeschäft) ist der Firmenname an der Außenseite oder am Eingang anzubringen (§ 15 a GewO). Die **Geschäftsschreibenkundgabe** bei den Kapitalgesellschaften bedeutet, daß auf allen Geschäftsbriefen der Vorsitzende des Aufsichtsrats, sämtliche Vorstandsmitglieder bzw. Geschäftsführende Gesellschafter und die Eintragung ins Handelsregister angegeben wird.

### Firmenschutz (§ 37 HGB)

Diese Grundsätze sind nur deshalb sinnvoll, weil ein **Firmenschutz** besteht:

- Wer unbefugt eine Firma benutzt, kann durch eine Ordnungsmaßnahme zur Unterlassung angehalten werden.
- Wer in seinen Rechten dadurch verletzt wird, daß ein anderer unbefugt eine Firma benutzt, kann von diesem die Unterlassung des Gebrauchs verlangen. Die Firma wird weiterhin durch das Warenzeichengesetz und das Gesetz gegen den unlauteren Wettbewerb geschützt.

### Die Firma bei Inhaberwechsel

Wechselt der Inhaber eines Handelsgeschäftes, so gibt es folgende Möglichkeiten:

- Der Käufer führt die Firma fort.
- Der Käufer führt die Firma nicht fort.
- Der Erbe führt die Firma fort.

Der **Grundsatz der Firmenbeständigkeit** ist von besonderer Bedeutung für den Erwerber **(Käufer)** eines Handelsgeschäftes (§ 25 Abs. 1 HGB):

***Der Käufer eines Handelsgeschäftes haftet für alle Verbindlichkeiten des früheren Inhabers unbeschränkt und unbeschränkbar, wenn er die bisherige Firma fortführt.***

Dies ist für die **Gläubiger des Verkäufers** vorteilhaft: Ihnen gegenüber haften der **Käufer und Verkäufer** eines Handelsgeschäftes als **Gesamtschuldner.** Zur Befriedigung ihrer Forderungen können sie sich wahlweise an den Käufer oder Verkäufer wenden. Dabei müssen sie jedoch **Verjährungsfristen** beachten (§ 26 HGB). Die **Haftung des Verkäufers** erlischt

- innerhalb der allgemeinen Verjährungsfristen (§§ 195 ff. BGB),
- spätestens jedoch nach fünf Jahren.

Für den **Käufer** ist diese Regelung unter Umständen von Nachteil, da er z. B. für risikoreiche oder unbedachte Verbindlichkeiten des Verkäufers haften muß. Deshalb kann die **Haftung des Käufers ausgeschlossen** werden (§ 26 Abs. 2 HGB):

***Ein Vertrag durch den die Haftung des Käufers ausgeschlossen wird, ist den Gläubigern gegenüber wirksam, wenn***
***– er in das Handelsregister eingetragen worden ist, oder***
***– der Haftungsausschuß schriftlich mitgeteilt wurde.***



3992276

Neben den Verbindlichkeiten weist ein Handelsgeschäft auch **Forderungen** auf.

***Hat der Verkäufer in die Fortführung der Firma eingewilligt, so gehen die Forderungen auf den Käufer über. (§ 25 Abs. 1 HGB)***

Dies bedeutet für den **Schuldner:** Seine Schuld erlischt nur, wenn er an den Käufer bezahlt. Leistet er an den Verkäufer, so muß er nochmals an den Käufer zahlen.

Für den **Verkäufer** ist diese Regelung unter Umständen von Nachteil, da z. B. die Forderungen auf seine Leistung zurückgehen und einen Gewinn beinhalten, der ihm zusteht. Deshalb kann die **Forderungsabtretung ausgeschlossen** werden (§ 25 Abs. 2 HGB):

***Ein Vertrag, durch den die Abtretung der Forderungen an den Käufer ausgeschlossen wird, ist gegenüber den Schuldnern nur wirksam, wenn***

- ***er in das Handelsregister eingetragen und bekanntgemacht worden ist, oder***
- ***der Ausschluß ihnen schriftlich mitgeteilt wurde.***

Anders ist es, wenn der **Käufer die Firma nicht fortführt** (§ 25 Abs. 3 HGB):

***Wird die Firma nicht fortgeführt, so haftet der Käufer nur dann für die Verbindlichkeiten,***

- ***wenn er sich dazu verpflichtet und***
- ***dies den Gläubigern in handelsüblicher Weise mitteilt.***

Die Verpflichtung erfolgt durch eine Schuldübernahme (§§ 414, 415 BGB) oder durch eine Vermögensübernahme (§ 419 BGB). Die handelsübliche Mitteilung kann z. B. durch ein Schreiben erfolgen. Im Falle der Vermögensübernahme gehen auch die Forderungen auf den Käufer über.

Führt ein **Erbe** das Handelsgeschäft unter der bisherigen Firma fort, so haftet er für die Verbindlichkeiten wie der Käufer (§§ 25, 27 HGB).

## Zusammenfassung

**Die Firma**

- ist der Name eines Vollkaufmanns, unter dem er seine Geschäfte betreibt, seine Unterschrift abgibt, klagen und verklagt werden kann.
- wird unter Beachtung folgender Grundsätze gebildet:
  - Firmenwahrheit
  - Firmeneinheit
  - Firmenöffentlichkeit
  - Firmenausschließlichkeit
  - Firmenbeständigkeit
- ist abhängig von der Rechtsform der Unternehmung.
- wird durch das Gesetz geschützt.
- wirkt sich auf die Haftung des Käufers eines Handelsgeschäftes aus:
  - Die Firma wird fortgeführt: Der Käufer haftet für die Verbindlichkeiten wie der bisherige Inhaber, es sei denn, die Haftung wird ausgeschlossen.
  - Die Firma wird nicht fortgeführt: Der Käufer muß sich zur Übernahme der Verbindlichkeiten verpflichten.
- wirkt sich auf den Übergang der Forderungen auf den Käufer eines Handelsgeschäftes aus.
  - Die Firma wird fortgeführt: Der Verkäufer tritt die Forderungen ab, es sei denn, die Abtretung ist ausgeschlossen.
  - Die Firma wird nicht fortgeführt: Nur im Falle der Vermögensübernahme gehen die Forderungen auf den Käufer über.

## Aufgaben

1. Was versteht man unter Firma?
2. Welcher Kaufmann hat eine Firma?
3. Eine Firma lautet: Konservenfabrik Karl Huber Nachfahren.
   a) Stellen Sie Firmenkern und Firmenzusatz fest.
   b) Welche Grundsätze des Firmenrechts werden beachtet?
   c) Wie haften die Erben, wenn Karl Huber vor drei Monaten verstorben ist?
4. Nennen Sie die Grundsätze des Firmenrechts, und erläutern Sie jeden Grundsatz an einem Beispiel.
5. Was versteht man unter Firmenschutz?
6. Nehmen Sie Stellung zu folgender Behauptung: „Dem Namen einer Privatperson entspricht die Firma eines Kaufmannes."
7. Nennen Sie die Arten der Firma.
8. Heinrich Schmitt erwirbt ein Einzelhandelsgeschäft von Kurt Aumüller. Er will es unter der Firma „Kurt Aumüller" fortführen. Heinrich Schmitt bittet Sie um Rat. Worauf sollten Sie ihn unbedingt hinweisen?

### 8.1.3 Handelsregister

Nur derjenige ist **Vollkaufmann,** der unter seiner **Firma in das Handelsregister eingetragen** ist.

***Das Handelsregister ist ein öffentliches Verzeichnis, das***
***– beim Amtsgericht geführt wird,***
***– alle Vollkaufleute eines oder mehrerer Amtsgerichtsbezirke***
***– unter Angabe bestimmter Tatbestände enthält.***

Es ist in **zwei Abteilungen** gegliedert:

| **Abteilung A** | **Abteilung B** |
|---|---|
| – Einzelkaufleute<br>– Personengesellschaften<br>  - OHG<br>  - KG | – Kapitalgesellschaften<br>  - AG<br>  - KGaA<br>  - GmbH<br>– VVaG |

Eine **Eintragung** erfolgt in der Regel aufgrund einer **Anmeldung** durch den Berechtigten (§ 12 HGB), nur in Ausnahmefällen **von Amts wegen** (z. B. Konkurseröffnung [§ 32 HGB]; Erlöschen der Firma von Amts wegen [§ 31 Abs. 2 HGB]). Die Anmeldung zur Eintragung erfolgt

- persönlich oder
- in öffentlich beglaubigter Form.

Eingetragen werden können solche **Tatbestände,** die **für den Rechtsverkehr im Wirtschaftsleben von Bedeutung** sind. Beispiele:

| **Abteilung A** | **Abteilung B** |
|---|---|
| – Firma<br>– Name des Geschäftsinhabers bzw. der persönlich haftenden Gesellschafter<br>– Ort der Niederlassung<br>– Art der Prokura<br>– Name des Prokuristen<br>– Namen der Kommanditisten<br>– Einlagen der Kommanditisten<br><br>geregelt in: §§ 8 ff., 53, 106, 162 HGB | – Firma<br>– Namen der Vorstandsmitglieder (AG), der Geschäftsführer (GmbH) bzw. der persönlich haftenden Gesellschafter (KGaA)<br>– Ort der Niederlassung<br>– Gegenstand des Unternehmens<br>– Höhe des Haftungskapitals<br>– Tag der Satzungsfeststellung bzw. des Abschlusses des Gesellschaftsvertrags<br>– Art der Prokura<br>– Name des Prokuristen<br>geregelt in: §§ 8 ff., 53 HGB,<br>§§ 39, 282 AktG, § 10 GmbHG |
| Die Unterschriften der Zeichnungsberechtigten müssen beim Registergericht hinterlegt werden. | |

Zur Eintragung müssen angemeldet werden:

- **Entstehung** der Tatbestände
- **Veränderung** der Tatbestände
- **Löschung** von Tatbeständen

Der Inhalt der Anmeldung wird vom Registergericht überprüft.

Die **Eintragung** hat unterschiedliche **Wirkungen:**

| **Wirkung** | **Bedeutung** | **Beispiel** |
|---|---|---|
| der Eintragung rechtsbegründend (konstitutiv) | Erst die Eintragung läßt die Tatsache rechtswirksam werden. | – Kaufmannseigenschaft bei Soll- und Kannkaufleuten<br>– Rechtsfähigkeit bei Kapitalgesellschaften |
| rechtsbekundend (deklaratorisch) | Auch ohne Eintragung ist die Tatsache rechtswirksam. | – Beginn und Ende des Betriebs eines Mußkaufmanns<br>– Erteilung der Prokura |

Die Eintragungen ins Handelsregister werden im **Bundesanzeiger** (Zentralhandelsregister) und durch mindestens eine **örtliche Tageszeitung** (Verkündungsblatt) **bekanntgemacht** (§§ 10, 11 HGB). Dem **Grundsatz der Öffentlichkeit** wird weiterhin dadurch Rechnung getragen, daß **jedermann Einsicht** in das Register und die Registerakte nehmen kann (§ 9 Abs. 1 HGB). Wer ein **berechtigtes Interesse** nachweist, kann sogar eine **beglaubigte Abschrift** von Register und Registerakte verlangen (§ 9 Abs. 2 HGB). Dennoch genießt das Handelsregister nur in beschränktem Umfang **öffentlichen Glauben:** Es wird lediglich die **Richtigkeit der Eintragung vermutet:**

- ***Eingetragene und bekanntgemachte Tatsachen muß ein Dritter (z. B. ein Geschäftspartner) gegen sich gelten lassen, auch wenn er sie nicht kannte oder nicht kennen mußte. (§ 15 Abs. 2 HGB)***
- ***Ist eine Tatsache nicht eingetragen und nicht bekanntgegeben, so kann sie einem Dritten nicht entgegengehalten werden, es sei denn, sie war ihm bekannt. (§ 15 Abs. 1 HGB)***

Das bedeutet:

- Die Prokura Egon Hauser wurde gelöscht; die Löschung wurde bekanntgegeben. Der Schuldner Maier zahlt 1000,00 DM an Hauser. Die Robert Müller GmbH kann von Maier den Betrag nochmals verlangen.
- Die Prokura Karl Jensen wurde durch die Robert Müller GmbH intern widerrufen. Der Schuldner Maier zahlt nun mit befreiender Wirkung an Jensen. Anders wäre es, wenn die GmbH alle Geschäftsfreunde brieflich vom Widerruf verständigt hätte.

## Zusammenfassung

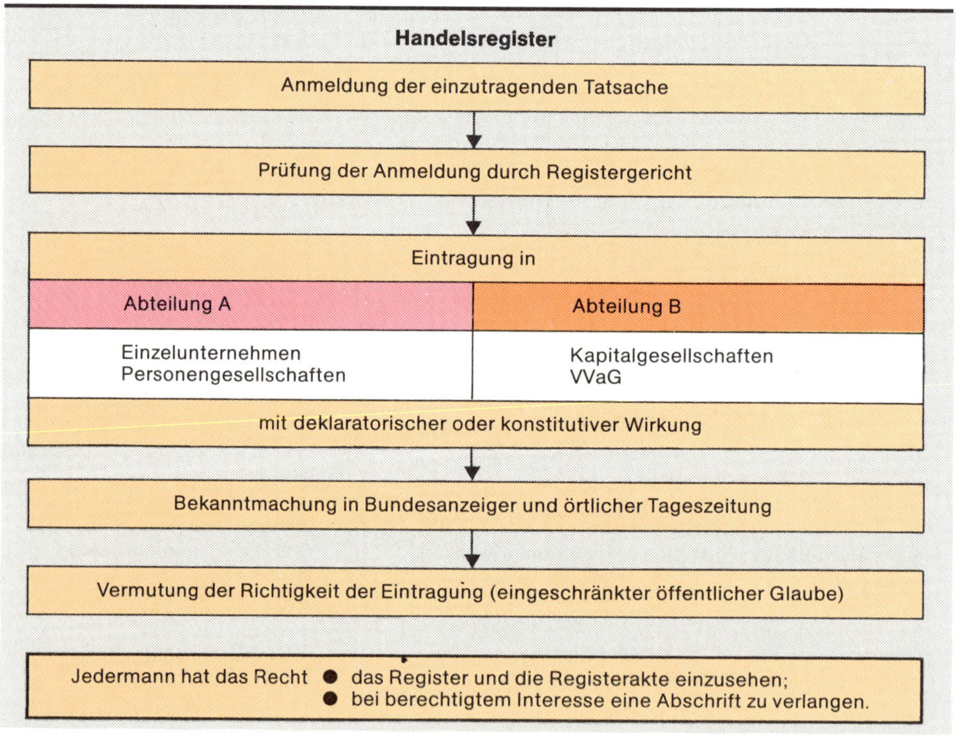


## Aufgaben

1. Welche Tatsachen müssen in das Handelsregister eingetragen werden? Nennen Sie fünf Beispiele.
2. Erläutern Sie die a) deklaratorische, b) konstitutive Wirkung der Eintragung ins Handelsregister.
3. Was versteht man unter dem „Grundsatz der Öffentlichkeit des Handelsregisters“?
4. In welchem Umfang genießt das Handelsregister öffentlichen Glauben?
5. Wie werden Veränderungen im Handelsregister bekanntgegeben?
6. Schildern Sie, wie eine Eintragung ins Handelsregister abläuft.



3992280

## 8.1.4 Mitwirkung und Mitbestimmung der Arbeitnehmer

### 8.1.4.1 Das Betriebsverfassungsgesetz (BetrVG) von 1972

Die Demokratisierung der Gesellschaft darf nicht vor der Berufs- und Arbeitswelt haltmachen. Deshalb erließ der Gesetzgeber das BetrVG, das dem Arbeitnehmer über den Betriebsrat Mitbestimmungs- und Mitwirkungsrechte im Betrieb in sozialen, personellen und wirtschaftlichen Angelegenheiten einräumt.

**Der Betriebsrat**

| **Wahl** (§ 7 BetrVG) | **Zusammensetzung** (§ 9 BetrVG) | **Amtszeit** (§ 21 BetrVG) |
|---|---|---|
| Alle Arbeitnehmer, die das 18. Lebensjahr vollendet haben, sind wahlberechtigt. Sofern sie 6 Monate dem Betrieb angehört haben, sind sie zum Betriebsrat wählbar. | Betriebe mit 5–20 wahlberechtigten Arbeitnehmern erhalten einen Betriebsobmann, Betriebe mit 21–50 Arbeitnehmern erhalten 3 Mitglieder des Betriebsrates, darüber hinaus kommt es auf die Anzahl der Arbeitnehmer an. | Sie beträgt 4 Jahre. Die Wahlen finden alle 4 Jahre in der Zeit vom 01.03. bis 31.03. eines Jahres statt. |

Die Belange der jugendlichen Arbeitnehmer gegenüber dem Betriebsrat und dem Arbeitgeber werden von der Jugend- und Auszubildendenvertretung wahrgenommen. Insbesondere betrifft dies Fragen der Berufsausbildung sowie die Einhaltung von Vorschriften und Gesetzen, welche die jugendlichen Arbeitnehmer betreffen (JArbSchG). Die Jugendvertretung kann 1 Vertreter in die Betriebsratssitzungen entsenden und hat bei Abstimmungen, welche die jugendlichen Arbeitnehmer betreffen, volles Stimmrecht.

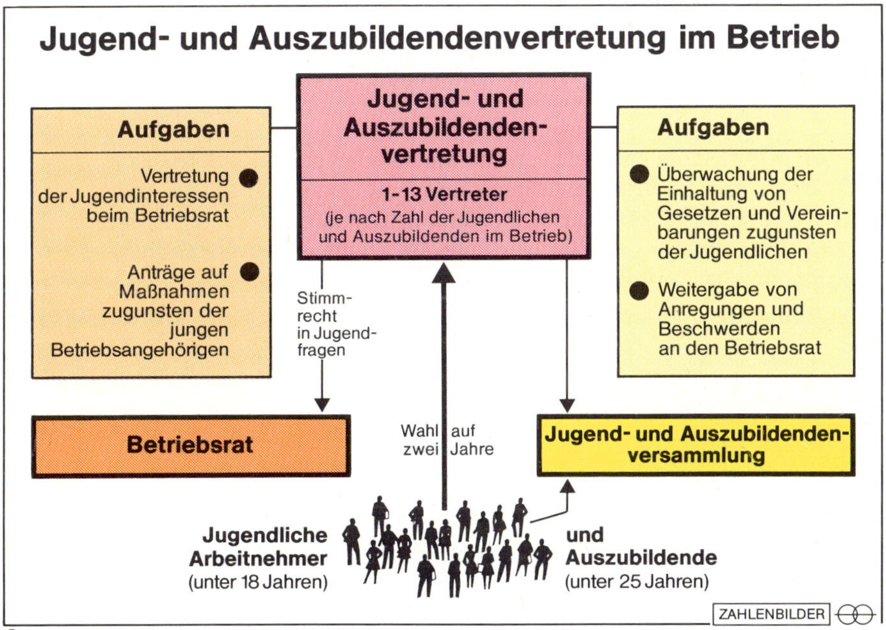

 243 513

Eine wichtige **Aufgabe des Betriebsrates** ist, **zwischen Arbeitgeber und Arbeitnehmern bei betrieblichen Konflikten zu vermitteln und auszugleichen.**

### Die Mitwirkung des Betriebsrates bei Kündigungen nach § 102 BetrVG

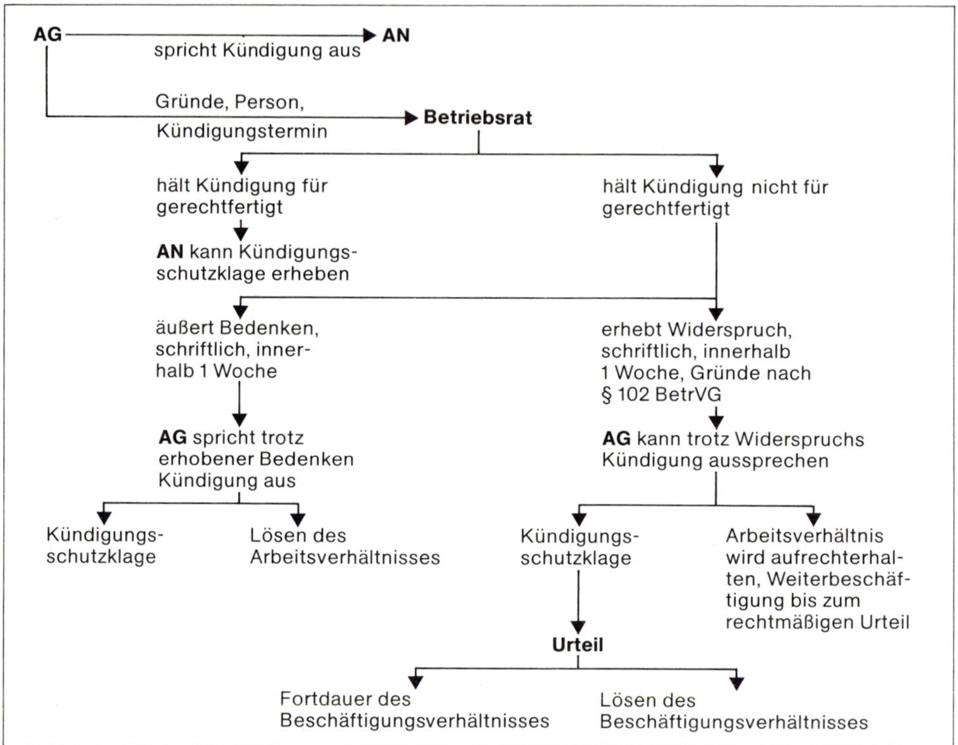


Das Gebot der Zusammenarbeit verpflichtet Arbeitgeber und Betriebsrat (§ 2 Abs. 1 BetrVG) trotz ihrer natürlichen Interessengegensätze vertrauensvoll und zum Wohle des Betriebs (z. B. Erhaltung der Marktstellung, Konkurrenzfähigkeit) zusammenzuarbeiten. Die Bestimmungen des Tarifvertrages sind dabei selbstverständlich zu beachten. Der **Vorrang der Tarifautonomie** äußert sich z. B. darin, daß

- **Arbeitsentgelte** und sonstige **Arbeitsbedingungen,** die durch Tarifvertrag geregelt sind, nicht Gegenstand einer Betriebsvereinbarung zwischen Arbeitgeber und Betriebsrat sein können (allerdings kann der Tarifvertrag ergänzende Betriebsvereinbarungen gestatten),
- in **sozialen Angelegenheiten** der Betriebsrat nur **dann** mitbestimmen kann, sofern dafür **keine tarifliche Regelung** besteht (z. B. Einführung von Kurzarbeit).

Arbeitgeber und Betriebsrat sollen sich mindestens einmal im Monat zu einer Besprechung zusammenfinden. Können sie über streitige Fragen keine Einigung erzielen, so ist die betriebliche Einigungsstelle (vgl. § 76 BetrVG) anzurufen. Neben den besonderen Mitwirkungs- und Mitbestimmungsrechten hat der Betriebsrat zunächst einen **allgemeinen Aufgabenbereich** zu erfüllen:


3992282

- Er überwacht die Einhaltung der zugunsten der Arbeitnehmer geltenden Gesetze, Unfallverhütungsvorschriften, Tarifverträge, Betriebsvereinbarungen.
- Er nimmt Anregungen der Arbeitnehmer und der Jugendvertretung entgegen und prüft sie. Sollten sie berechtigt sein, versucht er beim Arbeitgeber ihre Verwirklichung.
- Er widmet seine besondere Aufmerksamkeit der Eingliederung Schwerbehinderter und anderer schutzbedürftiger Arbeitnehmer sowie ausländischer Arbeitnehmer im Betrieb und der Beschäftigung älterer Arbeitnehmer.

Damit der Betriebsrat seine gesetzlichen Aufgaben durchführen kann, muß er vom Arbeitgeber **rechtzeitig** und **umfassend unterrichtet** werden. Die erforderlichen Unterlagen sind ihm dafür auszuhändigen (die Schutzvorschriften des Datenschutzes greifen nicht, vgl. § 80 Abs. 2 BetrVG).

**Mitwirkung und Mitbestimmung des Betriebsrates**

**Mitwirkung**

Der Arbeitgeber hat den Betriebsrat zu unterrichten bzw. anzuhören oder zur Beratung hinzuzuziehen. Die Entscheidung trifft allein der Arbeitgeber.

**Mitbestimmung**

Der Arbeitgeber benötigt für eine Entscheidung die Zustimmung der Betriebsrates.

in

| sozialen Angelegenheiten | personellen Angelegenheiten | wirtschaftlichen Angelegenheiten |
|---|---|---|
| z. B. Betriebsordnung, Arbeitszeit, Urlaub, Arbeitsschutz, Unfallschutz, Arbeitssicherheit, Sozialeinrichtungen, Entlohnung. | z. B. Einstellung, Auswahl, Personalplanung, Personalbeurteilung, Versetzung, Umgruppierung, Berufsbildung, Entlassung, Kündigung. | z. B. wirtschaftliche Lage des Unternehmens, Produktions- und Absatzlage, Rationalisierungsvorhaben, Einführung neuer Arbeitsmethoden, Einschränkung und Stillegung bzw. Verlegung des ganzen Betriebes oder wesentlicher Teile. |
| **Mitbestimmung:** vgl. § 87 Abs. 1 Nr. 1–12 | **Mitbestimmung:** vgl. §§ 94, 95, 98, 103, 104 | **Mitbestimmung** vgl. §§ 91, 112 |
| **Mitwirkung:** vgl. §§ 89, 90, 91 | **Mitwirkung:** vgl. §§ 98 Abs. 2, 99 Abs. 1, 102, 104, 92 Abs. 1, 96 Abs. 1, 97, 99 Abs. 1, 100 Abs. 2, 105, 93 | **Mitwirkung:** vgl. §§ 90, 106 Abs. 3, 110, 111 |

## 8.1.4.2 Die Mitbestimmung (Unternehmensverfassungsrecht)

Während das Betriebsverfassungsgesetz die Zusammenarbeit zwischen Arbeitgeber und Arbeitnehmern **im Betrieb** regelt, befaßt sich die Mitbestimmung mit der Beteiligung der Arbeitnehmer an der **Leitung des Unternehmens** (außerbetriebliche Unternehmensmitbestimmung).

Die Notwendigkeit der Mitbestimmung wird damit begründet, daß in einer Wirtschaftsordnung der Arbeitnehmer nicht vornehmlich Objekt fremder Entscheidungen sein darf. Er muß das Recht haben, an unternehmerischen Entscheidungen, die seinen Lebensbereich berühren, beteiligt zu werden.

### Die Montan-Mitbestimmung (Montan-Mitbestimmungsgesetz)

**Geltungsbereich:** Sie findet Anwendung auf Unternehmen der Montanindustrie (Bergbau, Eisen- und Stahl erzeugende Industrie), die in der Rechtsform einer Aktiengesellschaft, einer Gesellschaft mit beschränkter Haftung oder einer bergrechtlichen Gewerkschaft betrieben werden und mehr als 1000 Arbeitnehmer haben.

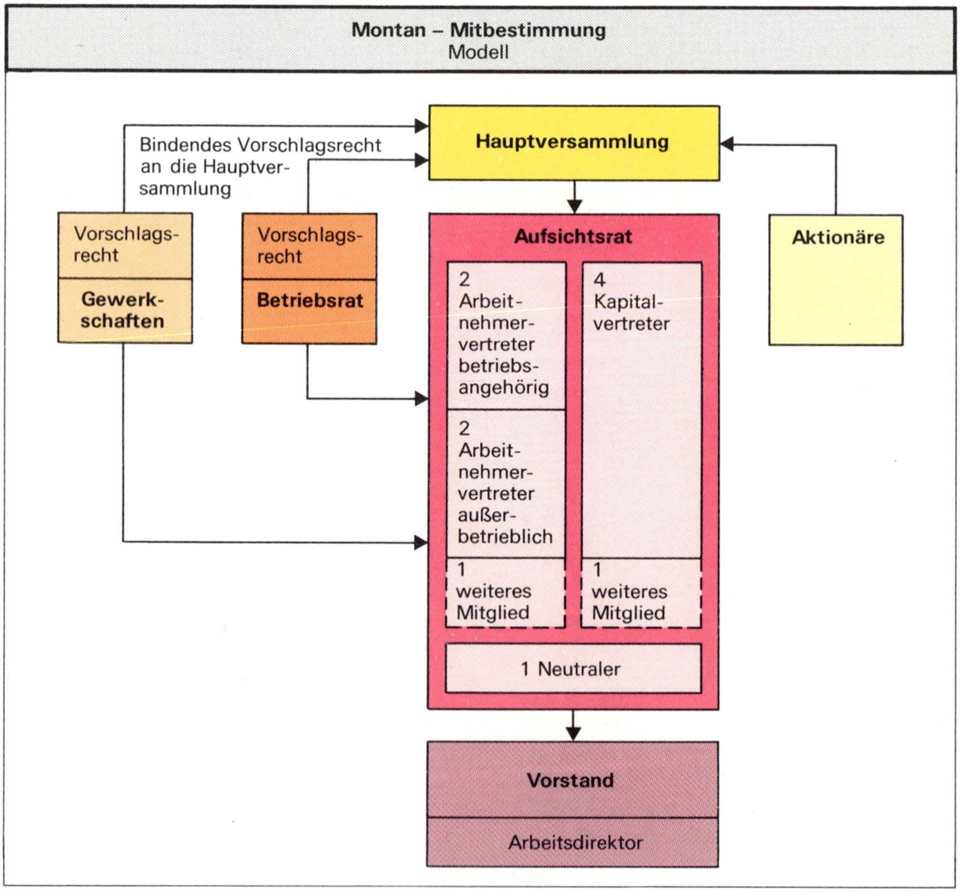


aus: Mitbestimmung, Hrsg.: Bundesminister für Arbeit und Sozialordnung, Köln 1976



3992284

Der **neutrale Mann** soll als 11. Mitglied (15. bzw. 21. Mitglied bei größeren Aufsichtsräten) im paritätisch besetzten Aufsichtsrat Stimmengleichheit verhindern. Er muß bei der Bestellung das Vertrauen aller Beteiligten besitzen.

Der Arbeitsdirektor kann nicht gegen die Stimmen der Mehrheit der Arbeitnehmervertreter im Aufsichtsrat bestellt werden. Er muß also das Vertrauen der Arbeitnehmervertreter besitzen. Mit dem Arbeitsdirektor sollen die Arbeitnehmer eine weitere Möglichkeit erhalten, auf die Unternehmensentscheidungen Einfluß zu nehmen. Zu seinem Arbeitsgebiet gehören insbesondere

- die Personalabteilung, menschengerechte Arbeitsgestaltung, Leistung und Lohn, Arbeitssicherheit, Tariffragen.

### Die Eindrittelbeteiligung (BetrVG 1952)

**Geltungsbereich:** Sie gilt für Unternehmen und Konzerne, die weniger als 2 000 Arbeitnehmer beschäftigen, und zwar für alle Aktiengesellschaften und Kommanditgesellschaften auf Aktien. Sie findet außerdem Anwendung auf

- Gesellschaften mit beschränkter Haftung,
- bergrechtliche Gewerkschaften,
- Erwerbs- und Wirtschaftsgenossenschaften,

wenn diese mehr als 500 Arbeitnehmer beschäftigen.

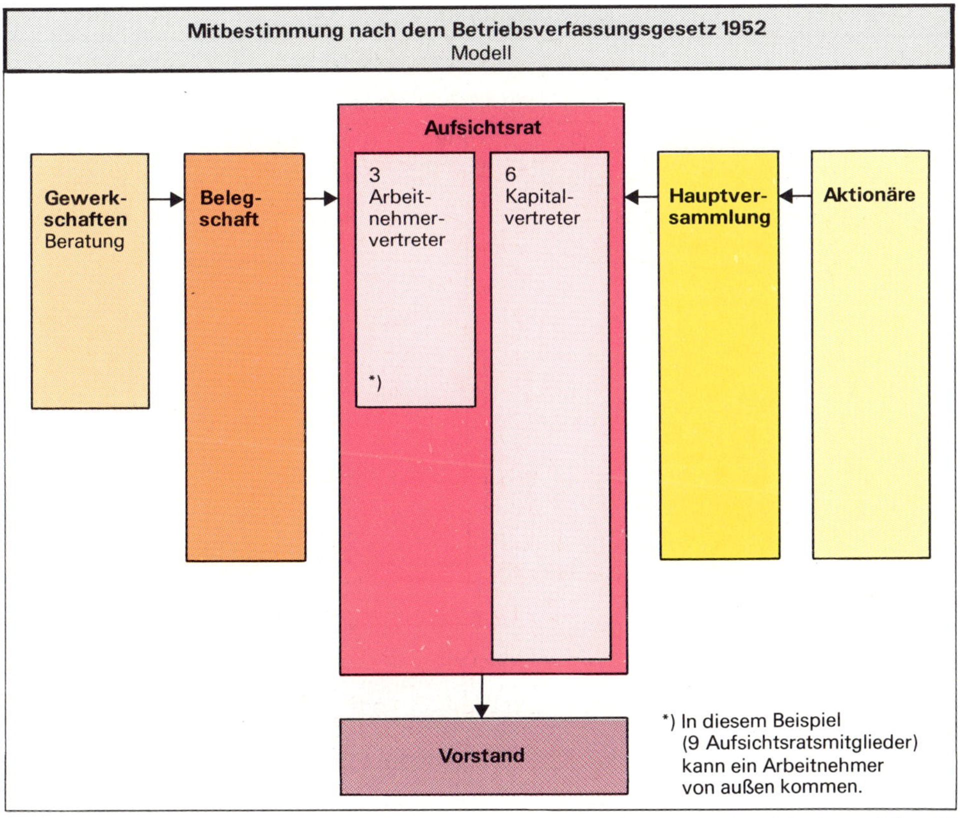


aus: Mitbestimmung, Hrsg.: Bundesminister für Arbeit und Sozialordnung, Köln 1976

## Mitbestimmungsgesetz von 1976

**Geltungsbereich:** Es gilt für Unternehmen, die mehr als 2 000 Arbeitnehmer beschäftigen und in der Rechtsform einer

- Aktiengesellschaft,
- Kommanditgesellschaft auf Aktien,
- Gesellschaft mit beschränkter Haftung,
- bergrechtliche Gewerkschaft,
- Erwerbs- und Wirtschaftsgenossenschaft

betrieben werden.

## Zusammensetzung des Aufsichtsrates

Der Aufsichtsrat wird mit der gleichen Zahl von Anteilseignern und Arbeitnehmern besetzt:

**in Unternehmen mit**

| bis zu 10 000 Arbeitnehmern im Verhältnis | bis zu 20 000 Arbeitnehmern im Verhältnis | mehr als 20 000 Arbeitnehmern im Verhältnis |
|---|---|---|
| 6 : 6 | 8 : 8 | 10 : 10 |

je 2 Sitze für Gewerkschaftsvertreter

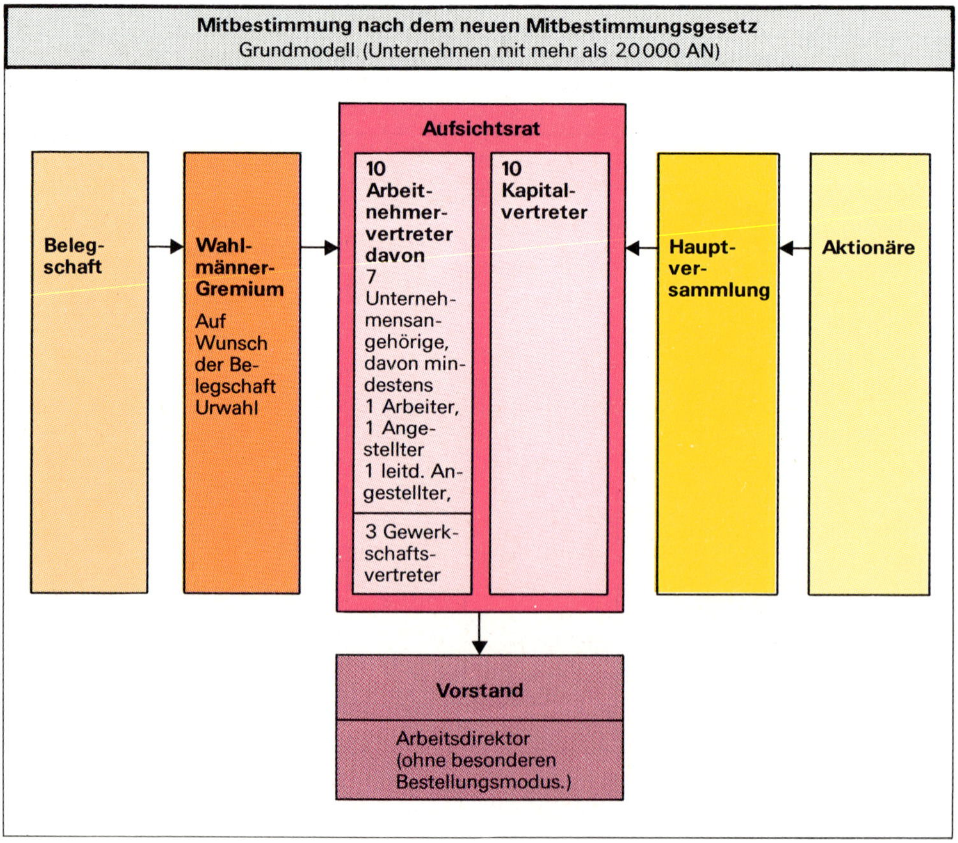


aus: Mitbestimmung, Hrsg.: Bundesminister für Arbeit und Sozialordnung, Köln 1976



3992286

Die **volle** paritätische[1] Mitbestimmung ist nicht erreicht, weil die Anteilseigner den Aufsichtsratsvorsitzenden stellen und dieser mit einem doppelten Stimmrecht ausgestattet ist. Das bedeutet, daß bei Stimmengleichheit die Kapitalseite den Ausschlag gibt. Auf der Arbeitnehmerbank (4, 6 oder 7 Sitze) nehmen Arbeiter, Angestellte sowie leitende Angestellte entsprechend ihrem Anteil an der Gesamtbelegschaft Platz, jedoch ist ihnen mindestens 1 Sitz garantiert.

## Pro- und Contraargumente zur Mitbestimmung

**Pro (Arbeitnehmerargumente)**

- Arbeitnehmer und Anteilseigner müssen in der Unternehmensleitung gleichberechtigt und gleichgewichtig sein.
- Unsere Wirtschaftskraft beruht u. a. auf der Bereitschaft der Arbeitnehmer und der Gewerkschaften, mit den Unternehmern zusammenzuarbeiten. Faire Zusammenarbeit kann nur auf der Grundlage der Mitbestimmung gedeihen.
- Unternehmerische Entscheidungen berühren auch die Lebensinteressen der Arbeitnehmer; deshalb darf ihre demokratische Mitsprache nicht ausgeschlossen sein.
- Die Mitbestimmung verbessert die Leistung des Arbeitnehmers, weil er ein größeres Interesse am Unternehmen hat und er mitbestimmungsberechtigter Partner ist.

  Die Mitbestimmung macht den Arbeitsplatz sicherer und schützt vor der Willkür des Arbeitgebers.

**Contra (Arbeitgeberargumente)**

- Die Gewerkschaften haben durch die Mitbestimmung in den Aufsichtsräten, durch das Auftreten als Tarifpartner und durch die Interessenvertretung der Arbeitnehmer mehr Gewicht als die Kapitalseite.
- Die Mitbestimmung lähmt die unternehmerische Tätigkeit und gewährleistet keine zügigen Entscheidungen. Die Gewerkschaften verfolgen bei Entscheidungen ihre eigenen Interessen.
- Ein Unternehmen läßt sich nicht nach demokratischen Spielregeln führen. Die Arbeitnehmer können ihre Anliegen über die Parteien und das Parlament geltend machen.
- Die Arbeitnehmer wollen und können nicht die Verantwortung im Unternehmen übernehmen. Die Unternehmer müssen für die Richtigkeit der getroffenen Entscheidungen allein geradestehen.

  Die Gesetze des Arbeitsrechts und die Sozialgesetzgebung sichern den Arbeitnehmer umfassend ab.

## Zusammenfassung

1. Das Betriebsverfassungsgesetz regelt die Zusammenarbeit zwischen Arbeitgeber und Arbeitnehmer.
2. Der Betriebsrat wird von allen Arbeitnehmern, die das 18. Lebensjahr vollendet haben, gewählt. Seine Amtszeit beträgt 4 Jahre.
3. Zum Betriebsrat können alle Arbeitnehmer, die 6 Monate dem Betrieb angehört haben, gewählt werden.
4. Zu seinen Aufgaben gehört
   - bei unterschiedlichen Interessen zwischen Arbeitgeber und Arbeitnehmern zu vermitteln und auszugleichen,
   - Gesetze und Betriebsvereinbarungen zu überwachen,
   - in sozialen, personellen und wirtschaftlichen Angelegenheiten mitzuwirken und mitzubestimmen.
5. Die Mitbestimmungsgesetze regeln die Beteiligung der Arbeitnehmer an der Leitung des Unternehmens.

1 pari = gleich

6. **Mitbestimmung**

Gesetz über die Mitbestimmung der Arbeitnehmer in den Aufsichtsräten und Vorständen der Unternehmen des Bergbaus und der Eisen und Stahl erzeugenden Industrie von 1951 (Montanmitbestimmungsgesetz)
↓
paritätisch besetzter Aufsichtsrat mit einem Arbeitsdirektor als Vorstandsmitglied

Betriebsverfassungsgesetz von 1952
↓
Eindrittelbeteiligung der Arbeitnehmer im Aufsichtsrat

Gesetz über Mitbestimmung der Arbeitnehmer von 1976 (Mitbestimmungsgesetz)
↓
paritätisch besetzter Aufsichtsrat mit einem Arbeitsdirektor als Vorstandsmitglied und mit Sonderstellung der leitenden Angestellten

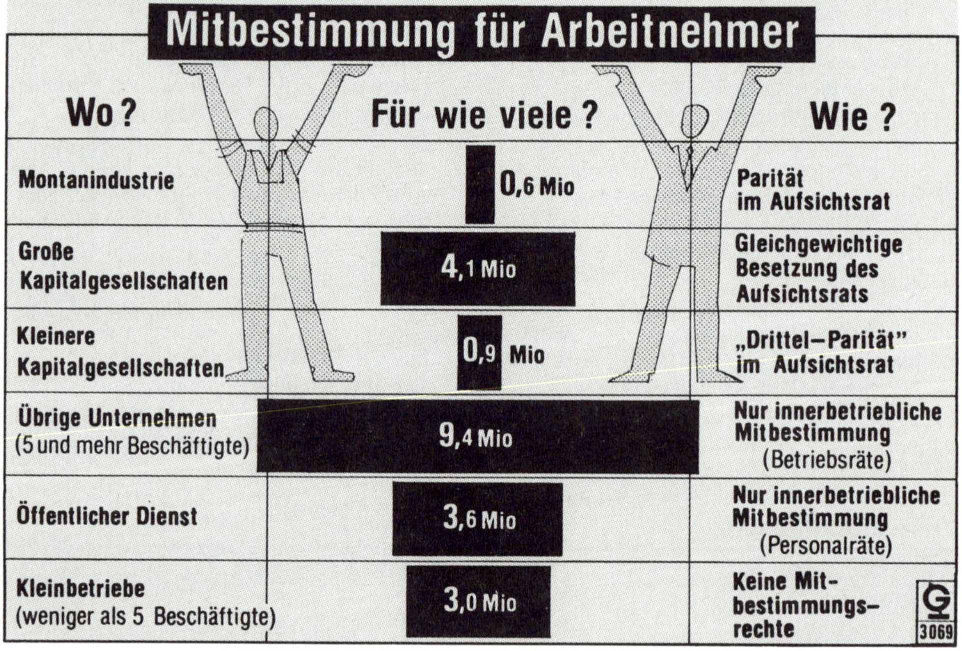


## Aufgaben

1. Die Lohn- und Gehaltsbuchhaltung wird auf EDV umgestellt. Einem 35jährigen Angestellten, der dort seit 10 Jahren beschäftigt wird, ist fristgemäß gekündigt worden, weil der Arbeitgeber glaubt, daß der Angestellte sich nicht mehr auf das neue System einstellen kann. Er beabsichtigt, einen jungen Arbeitnehmer mit EDV-Erfahrung einzustellen. Der Lohnbuchhalter weist den Arbeitgeber bei der Kündigung darauf hin, daß er sich auf speziellen Kursen EDV-Kenntnisse aneignen möchte und erhebt Kündigungseinspruch beim Betriebsrat. Was muß bzw. kann der Betriebsrat tun?
2. Suchen Sie an Hand der angegebenen Paragraphen aus dem BetrVG die Mitbestimmungsrechte des Betriebsrates heraus.
3. Stellen Sie eine Auswahl von Angelegenheiten zusammen, bei denen der Betriebsrat nur mitwirken kann.


3992288

## 8.2 Die Rechtsformen im einzelnen

### 8.2.1 Überblick

Die Rechtsformen der Unternehmung sind uns dem Namen nach bereits bekannt:

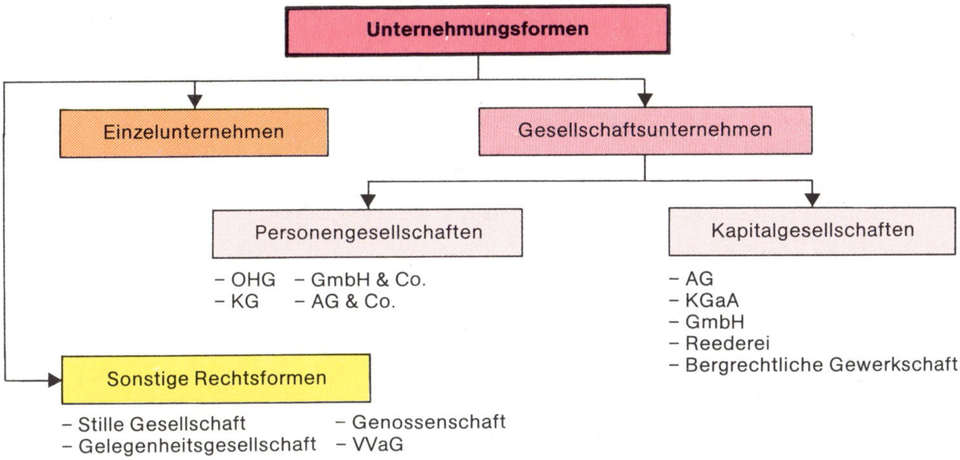


Die für das Wirtschaftsleben wichtigsten Unternehmungsformen wollen wir unter den Gesichtspunkten Kapitalaufbringung, Haftung, Geschäftsführung, Vertretung und Ergebnisverteilung untersuchen.

#### Kapitalaufbringung

Das (Eigen-)Kapital wird durch den oder die Eigentümer stets in folgender Form aufgebracht:

| Das Eigenkapital wird aufgebracht in Form von | Beispiele | Art der Gründung | |
|---|---|---|---|
| Barmitteln | – Bargeld<br>– Bankguthaben<br>– Postgiroguthaben | Bargründung | qualifizierte Gründung |
| Sachwerten | – Grundstücke<br>– Maschinen<br>– Waren | Sachgründung | |
| Rechtswerten | – Wertpapiere<br>– Patente<br>– Muster<br>– Konzessionen<br>– Lizenzen | | |

#### Haftung

***Unter Haftung versteht man das Einstehen für Verpflichtungen, die durch***
- ***einen Vertrag oder***
- ***gesetzliche Vorschriften entstanden sind.***

Der Begriff Haftung hat mehrere Bedeutungen:

- **Haftung für die Verbindlichkeiten der Unternehmung:** Für die Gläubiger ist es wichtig,
  - wer (Eigentümer und/oder Gesellschaft)
  - in welchem Umfang (Privatvermögen und/oder Gesellschaftsvermögen)

  für die Verbindlichkeiten der Unternehmung haftet.
- **Haftung der Eigentümer:** Die Wahl der Rechtsform eines Unternehmens hängt davon ab, ob der oder die Eigentümer
  - **begrenzt,** d. h. nur mit ihrem Anteil am Eigenkapital haften;
  - über ihren Anteil am Eigenkapital hinaus noch **Zahlungen** leisten müssen;
  - **unbegrenzt,** d. h. auch mit ihrem Privatvermögen, haften.
- **Haftung der „Geschäftsführer" gegenüber der Gesellschaft:** Insbesondere bei den Kapitalgesellschaften stellt sich wegen der Trennung von Eigentum und Leitung die Frage, ob die „Geschäftsführer" für Handlungen haften, durch die der Gesellschaft ein Schaden zugefügt wurde.

### Geschäftsführung und Vertretung

Beide Begriffe müssen streng auseinandergehalten werden:

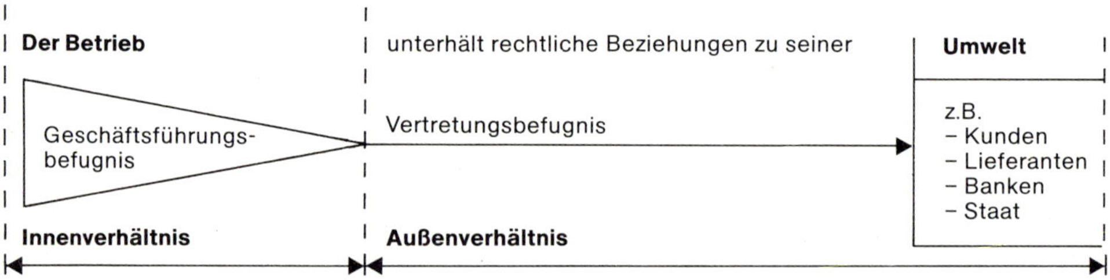


Wer z. B. mit einer Bank für einen anderen einen Darlehensvertrag abschließen will, den dieser tilgen muß, muß dazu berechtigt sein. Diese Berechtigung heißt **Vertretungsbefugnis.** Durch sie wird gewährleistet, daß das **Außenverhältnis rechtswirksam** gestaltet wird.

Aber auch das Leben im Betrieb **(Innenverhältnis)** muß geregelt werden: Mitarbeiter werden befördert, Arbeitsaufträge werden erteilt, ein Organisationsplan wird erstellt usw. Dies bezeichnet man als **Geschäftsführungsbefugnis.**

Geschäftsführungs- und Vertretungsbefugnis können auf **verschiedene Personen verteilt** werden: So ist z. B. der stellvertretende Einkaufsleiter befugt, die Arbeitsgebiete unter den Sachbearbeitern aufzuteilen, das jeweils günstigste Angebot auszuwählen usw. Verträge mit den Lieferanten dagegen darf nur der Einkaufsleiter abschließen.

## 8.2.2 Einzelunternehmung

Die Einzelunternehmung ist auf ihren Eigentümer, den **Inhaber,** zugeschnitten. Er

- bringt das Kapital auf;
- haftet mit seinem eingebrachten Kapital und seinem Privatvermögen;
- verfügt über die unbegrenzte Geschäftsführungsbefugnis;
- verfügt über die unbegrenzte Vertretungsbefugnis.



3992290

Mit anderen Worten: Der Inhaber trägt allein das Risiko und die Verantwortung: er ist der „Herr im Haus". Dafür wird er durch den Unternehmerlohn entlohnt; der **Gewinn erhöht das Eigenkapital,** Verluste vermindern es.

Die Einzelunternehmung ist typisch für Klein- und Mittelbetriebe. Sie ist die am häufigsten gewählte Rechtsform in unserer Wirtschaft.

Die mit der Einzelunternehmung verbundenen **Probleme** sind:

- Häufig ist die Kreditbasis schmal, da sich das Haftungskapital auf das Vermögen des Inhabers beschränkt.
- Die Wahl des Nachfolgers bereitet häufig Schwierigkeiten.

### 8.2.3 Stille Gesellschaft

Um das **Haftungskapital** zu **erweitern,** können Einzelunternehmer einen **stillen Gesellschafter beteiligen:** Dieser gewährt **kein Darlehen,** sondern leistet eine **Einlage,** die in das **Vermögen des Inhabers** übergeht (§ 230 HGB). Er wird dadurch Gesellschafter, ohne der Öffentlichkeit gegenüber in Erscheinung zu treten. Im Fall eines **Konkurses** geht seine Beteiligung nicht in die Konkursmasse ein; er muß sie wie jeder andere Gläubiger als **Konkursforderung** anmelden (§ 236 HGB).

Als Teilhaber ist er an **Gewinn und Verlust beteiligt;** allerdings wird die Verlustbeteiligung meistens im Gesellschaftsvertrag ausgeschlossen (§ 231 HGB). Der Gewinn wird dem stillen Gesellschafter ausgezahlt, er erhöht also die Einlage nicht.

Gegen Entscheidungen des Inhabers steht ihm **kein Widerspruchsrecht** zu. Er ist von Geschäftsführung und Vertretung ausgeschlossen. Er hat aber das Recht, Einblick in die Bilanz und die Handelsbücher zu nehmen (§ 233 HGB). Dies bezeichnet man als **Kontrollrecht.**

#### Zusammenfassung

**Einzelunternehmung und stille Gesellschaft**

| Kapital-aufbringung | Einzelunternehmung | Stille Gesellschaft |
|---|---|---|
| | durch Inhaber | durch Inhaber und stillen Gesellschafter |
| Haftung | durch Inhaber mit – eingebrachtem Kapital<br>– Privatvermögen | |
| Geschäftsführung | durch Inhaber | |
| Vertretung | durch Inhaber | |
| Ergebnis-verteilung | – Gewinn erhöht das Kapital<br>– Verlust verringert das Kapital<br>– Unternehmerlohn für Inhaber | – Anteil des Inhabers wie bei der Einzelunternehmung<br>– Gewinnanteil des stillen Gesellschafters wird ausgezahlt<br>– Verlustbeteiligung des stillen Gesellschafters meist ausgeschlossen |
| Sonstiges | | Kontrollrecht des stillen Gesellschafters |

**Aufgaben**

1. Welche Arten der Gründung gibt es?
2. Wie werden die Unternehmungen nach ihrer Rechtsform eingeteilt?
3. Grenzen Sie Geschäftsführung und Vertretung anhand eines Beispiels voneinander ab.
4. Nennen Sie Gründe dafür, daß ein Einzelunternehmer einen stillen Gesellschafter aufnimmt?
5. Wie wirkt sich dieser Schritt auf die Kapitalaufbringung, die Haftung, die Geschäftsführungs- und Vertretungsbefugnis sowie die Ergebnisverteilung aus?
6. Erläutern Sie den Begriff Haftung.
7. In welcher Form kann das Kapital aufgebracht werden?
8. Überlegen Sie: Welche Art der Gründung wird in der Praxis am häufigsten auftreten? Welche Probleme sind damit verbunden?

### 8.2.4 BGB-Gesellschaft (Gelegenheitsgesellschaft)

Die **Kapitalaufbringung** erfolgt durch **Beiträge** von mindestens **zwei Gesellschaftern** (§§ 705 ff. BGB).

Die **Haftung der Gesellschafter** als **Gesamtschuldner** ist **unbeschränkt** (§ 421 BGB). Durch einen **Vertrag mit den Gläubigern** kann die **Haftung auf das Gesellschaftsvermögen beschränkt** werden.

Die **Geschäftsführungsbefugnis** steht den **Gesellschaftern** zu:

- Sie verfügen über die **Gesamtgeschäftsführungsbefugnis** (§ 709 BGB); für jedes Geschäft ist die **Zustimmung aller Gesellschafter notwendig.**
- Die **Einzelgeschäftsführungsbefugnis** kann **vereinbart** werden (§ 710 BGB), jedoch hat jeder **Gesellschafter** ein **Widerspruchs- und Nachprüfungsrecht** (§§ 711, 716 BGB).

Die **Vertretung** ist an die **Geschäftsführung gekoppelt** (§ 714 BGB). Die **Ergebnisverteilung** ist meist **durch den Gesellschaftsvertrag** geregelt; ansonsten gelten §§ 721 ff. BGB.

**Wirtschaftlich** betrachtet ist die Gelegenheitsgesellschaft dort von Bedeutung, wo

- Unternehmen als gleichberechtigte Partner
- gemeinsame Interessen verfolgen,
- ohne sich auf Dauer aneinander zu binden.

Dadurch ist es möglich,

- Geschäfte abzuwickeln, für die die Finanzkraft eines Unternehmens nicht ausreicht;
- das Risiko aufzuteilen.

Wir finden die BGB-Gesellschaft

- bei der Abwicklung von Großaufträgen (z. B. Bau eines Stahlwerkes),
- im Emissionsgeschäft (Bankenkonsortium übernimmt Plazierung von Aktien und Obligationen),
- im Kreditgeschäft (Bankenkonsortium gewährt Großkredit),
- bei Versicherungen (Risikodeckung bei Großobjekten),

- im Hoch- und Tiefbau (Arbeitsgemeinschaften),
- im Überseegeschäft.

Aufgrund des Grundsatzes der Vertragsfreiheit ist es möglich, **den Gesellschaftsvertrag an die jeweiligen Gegebenheiten anzupassen.**

### 8.2.5 Offene Handelsgesellschaft (OHG)

Bei der OHG handelt es sich um eine Weiterentwicklung der Einzelunternehmung und der BGB-Gesellschaft (vgl. § 105 Abs. 2 HGB).

#### Kapitalaufbringung

Zur Gründung einer OHG sind mindestens **zwei Gesellschafter** (Eigentümer) notwendig (§ 105 HGB).

#### Haftung

Die **Gesellschafter** haften **mit dem eingebrachten Kapital und ihrem Privatvermögen** für die Verbindlichkeiten der OHG

- als Gesamtschuldner,
- persönlich,
- unmittelbar (§§ 128 ff. HGB).

Ein **neu eintretender Gesellschafter** haftet für alle Verbindlichkeiten, auch für solche, die vor seinem Eintritt entstanden sind (§ 130 HGB). Ein **ausscheidender Gesellschafter** haftet noch fünf Jahre nach seinem Austritt für alle Verbindlichkeiten, die bis zu diesem Zeitpunkt entstanden sind. Ansprüche, die einer kürzeren Verjährung unterliegen, verjähren innerhalb der jeweiligen kürzeren Frist (§ 159 HGB).

#### Geschäftsführung

**Alle Gesellschafter** sind dazu berechtigt und verpflichtet; ein **Ausschluß** eines oder mehrerer Gesellschafter kann im Gesellschaftsvertrag **vereinbart** werden (§ 114 HGB).

- Jeder geschäftsführende Gesellschafter ist befugt, **gewöhnliche Geschäfte allein** vorzunehmen **(Einzelgeschäftsführungsbefugnis).** Widerspricht ein anderer Gesellschafter einem Geschäft, so hat die Handlung zu unterbleiben (§ 115 Abs. 1 HGB).
- Wird im Gesellschaftsvertrag vereinbart, daß die geschäftsführenden Gesellschafter gemeinsam die Geschäftsführung ausüben **(Gesamtgeschäftsführungsbefugnis),** so ist die Zustimmung aller geschäftsführenden Gesellschafter zur Vornahme einer Handlung notwendig (§ 115 Abs. 2 HGB).
- Für **außergewöhnliche Geschäfte** ist die Zustimmung aller Gesellschafter notwendig (§ 116 HGB).

- Die Erteilung der Prokura bedarf der Zustimmung aller geschäftsführenden Gesellschafter (§ 116 Abs. 3 HGB).
- Jeder Gesellschafter hat ein **Kontrollrecht:** Er kann sich von den Angelegenheiten der OHG persönlich unterrichten, die Handelsbücher und die Papiere einsehen und sich aus ihnen eine Bilanz anfertigen (§ 118 HGB).
- Die **Geschäftsführungsbefugnis** kann einem Gesellschafter nur aus wichtigem Grunde **durch ein Gerichtsurteil entzogen** werden (§ 117 HGB).

## Vertretung

Die Vertretungsbefugnis erstreckt sich auf **alle gerichtlichen und außergerichtlichen Geschäfte und Rechtshandlungen** (§ 126 HGB). Sie umfaßt alle gewöhnlichen und außergewöhnlichen Geschäfte (z. B. Veräußerung und Belastung von Grundstücken) sowie Erteilung und Widerruf der Prokura. Sie ist unbeschränkt und **unbeschränkbar:**

- Jeder Gesellschafter ist allein zur Vertretung ermächtigt **(Alleinvertretungsbefugnis),** sofern nicht ein Ausschluß vereinbart und ins Handelsregister eingetragen ist (§ 125 HGB).
- Im Gesellschaftsvertrag kann vereinbart werden, daß alle oder mehrere Gesellschafter nur in Gemeinschaft zur Vertretung ermächtigt sein sollen (**Gesamtvertretungsbefugnis,** § 125 HGB).
- Im Gesellschaftsvertrag kann vereinbart werden, daß jeder Gesellschafter nur zusammen mit einem Prokuristen zur Vertretung ermächtigt ist (§ 125 HGB).
- Die Vertretungsbefugnis kann einem Gesellschafter nur aus wichtigem Grunde **durch ein Gerichtsurteil entzogen** werden (§ 127 HGB).

## Ergebnisverteilung

- **Während des Geschäftsjahres** ist jeder Gesellschafter zu **Privatentnahmen** berechtigt, die höchstens 4 % des Kapitalanteils betragen dürfen (§ 122 HGB).
- **Aufwendungen,** die ein Gesellschafter in Gesellschaftsangelegenheiten tätigt, werden ihm **ersetzt** und vermindern den Jahresgewinn (§ 110 HGB).
- Vom **Jahresgewinn** erhält jeder Gesellschafter **zunächst 4 % von seinem Kapitalanteil** (abzüglich der Privatentnahmen), der **verbleibende Rest** wird **nach Köpfen** verteilt (§ 121 HGB). Der nicht entnommene Gewinn wird dem Kapitalkonto gutgeschrieben.
- Ein **Jahresverlust** wird **nach Köpfen** verteilt und vom Kapitalkonto eines jeden Gesellschafters abgezogen (§§ 120, 122 HGB).

§ 109 HGB gestattet es den Gesellschaftern, die Geschäftsführung und die Ergebnisverteilung im Gesellschaftsvertrag abweichend von den gesetzlichen Vorschriften zu regeln.

**Wirtschaftlich** betrachtet verfügt die OHG über ein umfangreiches Haftungskapital, so daß die Kreditbasis breiter ist als z. B. bei der Einzelunternehmung. Geprägt wird die OHG vom gegenseitigen Vertrauen der Gesellschafter zueinander. Durch die Mitarbeit im Unternehmen sind alle Gesellschafter an einem möglichst großen Erfolg interessiert. Die OHG finden wir häufig bei Handelsbetrieben.



3992294

### 8.2.6 Kommanditgesellschaft (KG)

Bei der KG handelt es sich um eine Abwandlung der OHG.

Kapitalaufbringung

Zur Gründung einer KG sind mindestens zwei Gesellschafter notwendig (§ 161 HGB).

Haftung

- Der **persönlich haftende Gesellschafter (Komplementär)** haftet wie der Gesellschafter einer OHG (§ 161 HGB).
- Ein **beschränkt haftender Gesellschafter (Kommanditist)** haftet nur mit seiner Einlage (§§ 161, 171 f. HGB).
- Die Haftung eintretender und ausscheidender Gesellschafter richtet sich nach den Regelungen über die OHG.

Geschäftsführung

Die **Kommanditisten** sind von der Geschäftsführung **ausgeschlossen.**

- Für die **Komplementäre** gelten die Vorschriften über die **Gesellschafter der OHG** (§ 161 Abs. 2 HGB).
- Bei **außergewöhnlichen Geschäften** ist die **Zustimmung der Kommanditisten** notwendig (§ 164 HGB).
- Die Erteilung der Prokura erfolgt nach den OHG-Vorschriften.
- Den **Kommanditisten** steht ein **Kontrollrecht** zu: Sie können die Vorlage der Bilanz verlangen und deren Richtigkeit anhand der Handelsbücher und Papiere überprüfen (§ 166 HGB).

Vertretung

Die **Komplementäre** vertreten die KG nach den Vorschriften über die **OHG** (§ 170 HGB).

Ergebnisverteilung

- Das **Recht auf Privatentnahme** und **auf den Ersatz der Aufwendungen** ist auf die **Komplementäre** beschränkt (§ 169 HGB).
- Vom **Jahresgewinn** erhält **jeder Gesellschafter zunächst 4 %** von seinem Kapitalanteil, der verbleibende **Rest** wird **in einem angemessenen Verhältnis** auf die Voll- und Teilhafter verteilt (§ 168 HGB). Ein Kommanditist hat erst dann ein Recht auf die Auszahlung seines Gewinnanteils, wenn sein Kapitalanteil voll eingezahlt ist (§§ 167 Abs. 2, 169 HGB).
- Ein **Jahresverlust** wird **in einem angemessenen Verhältnis** auf die Gesellschafter verteilt (§ 168 Abs. 2 HGB) und vom Kapitalkonto eines jeden Gesellschafters abgezogen. Die Verlustübernahme eines Teilhafters ist auf die Höhe seiner Einlage beschränkt (§ 167 Abs. 3 HGB).

Wie bei der OHG werden Geschäftsführung und Ergebnisverteilung im Gesellschaftsvertrag häufig abweichend von den gesetzlichen Vorschriften geregelt.

**Wirtschaftlich** gesehen handelt es sich bei der KG um eine OHG mit „stillem“ Gesellschafter. Die Kapitalbasis wird durch die Kommanditisten verbreitert, die Kreditwürdigkeit steigt. Geldgeber werden beteiligt, die eine Begrenzung ihres Risikos wünschen. Die Komplementäre bleiben aber „Herr im Haus“. Besonders geeignet ist die KG für Familienbetriebe.

## Zusammenfassung

**Personengesellschaften**

| | OHG | KG |
|---|---|---|
| Kapitalaufbringung | durch mindestens zwei Gesellschafter | |
| Haftung | Gesellschafter haften mit<br>– eingebrachtem Kapital<br>– Privatvermögen | – Vollhafter (Komplementäre) haften<br>– mit Einlage<br>– Privatvermögen<br>– Teilhafter (Kommanditisten) haften mit Einlage |
| Geschäftsführung | – gewöhnliche Geschäfte durch jeden Gesellschafter<br>– außergewöhnliche Geschäfte durch alle Gesellschafter | – gewöhnliche Geschäfte durch jeden Komplementär<br>– außergewöhnliche durch alle Komplementäre mit Zustimmung der Kommanditisten |
| Vertretung | – erstreckt sich auf alle Geschäfte und Rechtshandlungen und ist unbeschränkbar<br>– Alleinvertretung durch jeden Gesellschafter (Komplementär)<br>– Gesamtvertretung kann vereinbart werden<br>– häufig: durch einen Gesellschafter (Komplementär) und einen Prokuristen | |
| Ergebnisverteilung | – Ersatz der Aufwendungen<br>– Privatentnahmen durch Gesellschafter (Komplementäre)<br>– Jahresgewinn: 4 % vom Kapitalanteil | |
| | Rest nach Köpfen<br>– Jahresverlust: Verteilung nach Köpfen | Rest in einem angemessenen Verhältnis auf Voll- und Teilhafter<br>– Jahresverlust: Verteilung in einem angemessenen Verhältnis |
| Geschäftsführung und Ergebnisverteilung werden im Gesellschaftsvertrag häufig anders geregelt. | | |
| Sonstiges | Kontrollrecht der Gesellschafter | Kontrollrecht der Kommanditisten |

## Aufgaben

1. Welche Gründe können einen Einzelunternehmer bewegen, seinen Betrieb in eine a) OHG, b) KG umzuwandeln?
2. Was haben Kommanditist und stiller Gesellschafter gemeinsam, was unterscheidet sie?
3. Vergleichen Sie anhand der Gesichtspunkte Kapitalaufbringung, Geschäftsführungs- und Vertretungsbefugnis sowie Ergebnisverteilung Einzelunternehmer, OHG-Gesellschafter und Komplementäre miteinander.
4. Nehmen Sie Stellung zu folgender Behauptung: „Die Vertretungsbefugnis des Gesellschafters einer OHG ist unbeschränkbar, seine Geschäftsführungsbefugnis dagegen ist beschränkt."



3992296

5. Ein Komplementär einer KG veräußert ein Grundstück.
   a) Ist der Vertrag für die KG rechtswirksam?
   b) Hat der Komplementär gegen seine Geschäftsführungsbefugnis verstoßen?
6. Auszug aus dem Handelsregister: „Robert Müller KG ... Die Gesellschaft wird durch zwei Komplementäre oder einen Komplementär und einen Prokuristen vertreten.“ Welche wirtschaftliche Bedeutung hat diese Regelung?
7. Wie läßt sich die wirtschaftliche Bedeutung der BGB-Gesellschaft erklären?

## 8.2.7 GmbH (AG) & Co.

***Gesellschafter einer OHG oder einer KG können natürliche oder juristische Personen sein.***

Tritt eine AG oder GmbH als Gesellschafter in eine **OHG** ein, so hat dies folgende **Wirkungen:**

- Die Haftung dieses Gesellschafters ist beschränkt.
- Das Bestehen der OHG wird von einem Wechsel der Gesellschafter unabhängiger.
- Die Gesellschaft firmiert mit dem Zusatz GmbH & Co. bzw. AG & Co. (z. B. Robert Müller GmbH & Co.).

Tritt eine AG oder GmbH als Komplementär, meist als einziger, in eine **KG** ein, so geht dies in der Regel wie folgt vor sich:

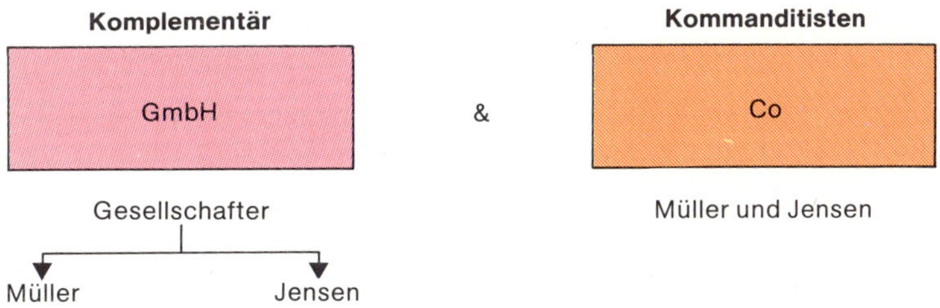


Die Wirkungen dieser Konstruktion sind:

- Beschränkung der persönlichen Haftung von Müller und Jensen auf das der Unternehmung zur Verfügung gestellte Kapital,
- unter Umständen leidet die Kreditwürdigkeit,
- die KG firmiert mit dem Zusatz GmbH & Co. (KG) bzw. AG & Co. (KG).

Die GmbH & Co. KG ist handels- und steuerrechtlich eine **Personengesellschaft.** Als solche

- ist sie **nicht körperschaftsteuerpflichtig,**
- ist sie nicht voll vom Bilanzrichtlinien-Gesetz betroffen und wird **nicht** in die **Prüfungs- und Publizitätspflicht** einbezogen (vgl. 8.2.7).

Die GmbH & Co. KG bietet den **Vorteil,** daß die Komplementär-GmbH als Geschäftsführer der KG praktisch „unsterblich“ ist. **Nachfolgeprobleme,** die bei einer reinen Kommanditgesellschaft durch den plötzlichen Tod des Komplementärs entstehen, lassen sich wesentlich leichter lösen (besonders mit familienfremden Geschäftsführern).

Die GmbH & Co. finden wir deshalb vor allem im mittelständischen Gewerbe und bei sogenannten „Abschreibungsgesellschaften“.

### 8.2.8 Gesellschaft mit beschränkter Haftung (GmbH)

Bei der GmbH handelt es sich um die Weiterentwicklung der Personengesellschaften: Eigentümerunternehmerschaft und Haftungsbegrenzung werden miteinander kombiniert.

#### Kapitalaufbringung

- Bei der **Gründung** müssen **mindestens 50 000,00 DM (Stammkapital)** durch den Gesellschafter aufgebracht werden. Die Einlage eines jeden Gesellschafters beträgt **mindestens 500,00 DM (Stammeinlage)** (§ 5 GmbHG). Jede **Stammeinlage** stellt einen **Geschäftsanteil** dar (§ 14 GmbHG), der veräußert oder vererbt werden kann (§§ 15 ff. GmbHG). Der Anteil eines Gesellschafters darf nicht zurückgezahlt werden (§ 30 Abs. 1 GmbHG).
- Eine **Kapitalerhöhung** erfolgt durch die **Erhöhung der Stammeinlage** oder durch den **Eintritt eines neuen Gesellschafters.**
- Im **Gesellschaftsvertrag** kann eine **Nachschußpflicht** vereinbart werden: Die Gesellschafter müssen auf einen gemeinsamen Beschluß hin **Einzahlungen über ihre Stammeinlage hinaus** leisten **(Nachschüsse,** § 26 GmbHG).
  - **Beschränkte Nachschußpflicht:** Der Nachschuß ist auf einen bestimmten Betrag beschränkt (§§ 26 Abs. 3, 28 GmbHG).
  - **Unbeschränkte Nachschußpflicht:** Der Nachschuß ist nicht auf einen bestimmten Betrag beschränkt (§ 27 GmbHG).

Die Nachschüsse zählen nicht zur Stammeinlage. Eingezahlte Nachschüsse können an die Gesellschafter zurückgezahlt werden, wenn sie nicht zur Verlustdeckung benötigt werden (§ 30 Abs. 2 GmbHG).

#### Haftung

- Die **GmbH** haftet gegenüber ihren Gläubigern mit dem **Gesellschaftsvermögen** (§ 13 Abs. 2 GmbHG).
- Die **Gesellschafter** haften mit ihrer **Stammeinlage.**
- Die **Gesellschafter** müssen **Nachschüsse** leisten, wenn dies im Gesellschaftsvertrag vereinbart wurde.
- Jeder **Geschäftsführer** haftet gegenüber der GmbH für den entstandenen Schaden, wenn er die Sorgfalt eines ordentlichen Geschäftsmannes verletzt hat (§§ 43, 44, 82 GmbHG).
- Jedes **Aufsichtsratsmitglied** haftet gegenüber der GmbH (§ 52 GmbHG, § 116 AktG).

#### Geschäftsführung

Die Geschäfte einer GmbH werden von **Geschäftsführern** geführt. Geschäftsführer können sein,

- **jeder Gesellschafter,**
- andere, dazu **bestellte Personen** (§ 6 Abs. 3 GmbHG).

Die Geschäftsführungsbefugnis kann wie folgt geregelt werden:

- Die Geschäftsführer verfügen über die **Gesamtgeschäftsführungsbefugnis** (§ 6 GmbHG).
- Im Gesellschaftsvertrag oder durch die Gesellschaftsversammlung kann die Geschäftsführungsbefugnis **beschränkt** werden. Häufig sind Beschränkungen auf
  - bestimmte Arten von Geschäften (z. B. Geschäfte mit Kreditinstituten),
  - bestimmte Geschäfte (z. B. Aufnahme von Darlehen, § 37 Abs. 2 GmbHG).
- Die **Gesellschafterversammlung überwacht** die Geschäftsführung der Geschäftsführer (§ 46 Ziff. 6 GmbHG).
- Prokuristen und Handlungsbevollmächtigte können nur mit **Zustimmung der Gesellschaftsversammlung** bestellt werden (§ 46 Ziff. 7 GmbHG).
- Bei **GmbHs mit mehr als 500 Arbeitnehmern überwacht der Aufsichtsrat** die Geschäftsführung und stimmt der Bestellung von Prokuristen und Handlungsbevollmächtigten zu (§ 77 BetrVG von 1952, § 111 AktG). Der Kreis der zustimmungspflichtigen Geschäfte kann erweitert werden.

**Vertretung**

- Gegenüber Dritten ist die **Gesamtvertretungsbefugnis der Geschäftsführer** in gerichtlichen und außergerichtlichen Angelegenheiten **unbeschränkt und unbeschränkbar** (§§ 35, 37 Abs. 2 GmbHG).
- Im **Gesellschaftsvertrag** kann vereinbart werden:
  - Einzelvertretung durch einen Gesellschafter,
  - gemeinschaftliche Vertretung durch zwei Geschäftsführer oder einen Geschäftsführer und einen Prokuristen.

## Ergebnisverteilung

Ein **Gewinn** wird wie folgt verteilt:

- Eine Einstellung in freiwillige Rücklagen **(Reservefonds)** ist möglich, aber nicht vorgeschrieben.
- Der Rest wird an die Gesellschafter im **Verhältnis der Geschäftsanteile ausgeschüttet** (§ 29 GmbHG), sofern im Gesellschaftsvertrag nichts anderes vereinbart ist.
- Ein **Gewinnvortrag** ist möglich.

Ein **Verlust** wird wie folgt ausgeglichen:

- Ausgleich durch einen **Gewinnvortrag** aus dem Vorjahr,
- **Auflösung des Reservefonds,**
- **Nachschüsse** der Gesellschafter,
- **Verlustvortrag** in das kommende Geschäftsjahr.

Die Ergebnisverteilung ist meist im Gesellschaftsvertrag geregelt oder erfolgt durch einen Beschluß der Gesellschafterversammlung.

***Nach dem Bilanzrichtlinien-Gesetz sind GmbHs in Abhängigkeit von ihrer Größe verpflichtet, ihren Jahresabschluß offenzulegen (Publizitätspflicht) und ihn von unabhängigen Prüfern überprüfen zu lassen (Prüfungspflicht).***

**kleine GmbH**

| | | |
|---|---|---|
| **Bilanzsumme:** | bis | 3 900 000,00 DM |
| **jährliche Umsatzerlöse:** | bis | 8 000 000,00 DM |
| **durchschnittliche Arbeitnehmerzahl:** | bis | 50 |

**mittlere GmbH**

| | | |
|---|---|---|
| **Bilanzsumme:** | bis | 15 500 000,00 DM |
| **jährliche Umsatzerlöse:** | bis | 32 000 000,00 DM |
| **durchschnittliche Arbeitnehmerzahl:** | bis | 250 |

**große GmbH**

| | | |
|---|---|---|
| **Bilanzsumme:** | über | 15 500 000,00 DM |
| **jährliche Umsatzerlöse:** | über | 32 000 000,00 DM |
| **durchschnittliche Arbeitnehmerzahl:** | über | 250 |

Die Überschreitung von jeweils zwei der drei Größenmerkmale in den letzten beiden aufeinanderfolgenden Wirtschaftsjahren führt zur Eingruppierung in die höhere Größenklasse, die Unterschreitung zur Herabstufung.

Jede GmbH muß ihren Jahresabschluß in einem **Anhang** erläutern und ergänzend dazu einen **Lagebericht** erstellen.

| Größe der GmbH | Offenlegung des Jahresabschlusses | Prüfungspflicht |
|---|---|---|
| große GmbH | Bilanz, GuV-Rechnung, Anhang und Lagebericht müssen im Bundesanzeiger veröffentlicht und zum Handelsregister eingereicht werden. | Uneingeschränkte Prüfung des Jahresabschlusses durch Wirtschaftsprüfer bzw. Angehörige der steuerberatenden Berufe. |
| mittlere GmbH | Zum Handelsregister sind dieselben Unterlagen einzureichen wie bei der großen GmbH. Im Bundesanzeiger ist bekanntzumachen, wann, in welchem Register unter welcher Registernummer die Unterlagen eingereicht worden sind. | wie bei der großen GmbH |
| kleine GmbH | Zum Handelsregister müssen nur die Bilanz und der Anhang ohne Erläuterung der GuV-Rechnung eingereicht werden sowie die Ergebnisverwendung (z. B. Ausschüttung, Rücklagenzuführung). Die Veröffentlichung im Bundesanzeiger entspricht der mittleren GmbH. | keine Prüfungspflicht |



3992300

**Wirtschaftlich** betrachtet verbindet die GmbH

- die Eigentümerunternehmerschaft der OHG
- mit der begrenzten Haftung der AG.

Allerdings leiden viele GmbHs aufgrund der geringen Kapitalstreuung unter Eigenkapitalmangel und damit unter einer schmalen Kreditbasis. Deshalb ist die GmbH häufig in der **mittelständischen Wirtschaft** zu finden, aber auch Großbetriebe kommen vor. Sie eignet sich besonders für **Familienbetriebe.**

Da eine GmbH zu **jedem gesetzlich zulässigen Zweck** errichtet werden kann (§ 1 GmbHG), finden wir diese Rechtsform in weiten Bereichen:

- **Gemischtwirtschaftliche Unternehmen** (Gesellschafter sind die öffentliche Hand und die private Wirtschaft): Wohnungsbaugesellschaften, kommunale Verkehrs- und Versorgungsbetriebe,
- **gemeinwirtschaftliche Unternehmen** (Ziel ist die Deckung öffentlichen Bedarfs): Beispiel siehe oben,
- **Vermögensverwaltung,**
- **Beteiligungsgesellschaften.**

Daneben gibt es noch **Sonderformen der GmbH,** denen einige wirtschaftliche Bedeutung zukommt:

- **Einmann-GmbH:** Die GmbH verfügt nur über einen einzigen Gesellschafter, der sein unternehmerisches Konzept voll verwirklichen kann.
- **Vertriebs-GmbH:** Ein Produktionsbetrieb überträgt den Vertrieb seiner Erzeugnisse einer eigens zu diesem Zweck gegründeten GmbH. Gründe dafür sind: Haftungsbeschränkung, Gewinnverschiebung, Steuerersparnis, Verschleierung des eigentlichen Eigentümers.
- **Betriebs-GmbH:** Unternehmen schließen sich zusammen, um ihre Erzeugnisse gemeinsam zu produzieren. Der Vertrieb wird von den Muttergesellschaften in eigener Regie und mit eigenen Marken durchgeführt. Wesentlicher Grund für die Betriebs-GmbH ist die Kostenersparnis aufgrund größerer Produktionsmengen (Kostendegression, Gesetz der Massenproduktion).
- **Betriebsverwaltungs-GmbH:** Ein Unternehmen überträgt sein Vermögen auf die GmbH und pachtet dieses dann wieder von der GmbH. Ausschlaggebend sind meist steuerliche und haftungsrechtliche Gründe.

Die Zahl der GmbHs erhöht sich ständig: Durch den Wegfall der Doppelbesteuerung im Rahmen der Körperschaftsteuerreform wird der Gewinn nur noch einmal, nämlich beim GmbH-Gesellschafter, versteuert. Wegen der Haftungsbeschränkung ist es deshalb für viele Einzelunternehmer bzw. Gesellschafter von Personengesellschaften interessant, ihre Unternehmungen in eine GmbH umzuwandeln.

### 8.2.9 Aktiengesellschaft (AG)

Bei der AG handelt es sich um eine typische Kapitalgesellschaft. Die einzige Verbindung zwischen dem Unternehmen und den Inhabern stellt der Kapitalanteil dar. Die **personelle Trennung** zwischen Eigentum und Leitung macht es notwendig, die **Interessen der Inhaber** durch besondere Maßnahmen **zu schützen.** Deshalb hat der Gesetzgeber die **Verfassung der AG** geregelt und bestimmte **Organe** festgelegt (§§ 76–147 AktG):

| Organ | Aufgabe |
|---|---|
| Vorstand | eigenverantwortliche Leitung der Gesellschaft unter Wahrung der Betriebsinteressen |
| Aufsichtsrat | Überwachen des Vorstandes unter Wahrung der Kapitalinteressen |
| Hauptversammlung | Fassen von Beschlüssen unter Wahrung der Aktionärsinteressen |

**Organe der AG**

In der **Hauptversammlung** üben die Aktionäre ihre Rechte in den Angelegenheiten der AG aus (§ 118 AktG). Diese Rechte sind:

- **Stimmrecht** (§§ 134 ff. AktG): Es wird grundsätzlich nach den Aktiennennbeträgen ausgeübt, d. h. je Kapitalanteil (z. B. 50,00 DM) verfügt der Aktionär über eine Stimme. Der Aktionär kann sein Stimmrecht selbst ausüben oder durch einen bevollmächtigten Stellvertreter (z. B. einen Bekannten oder ein Kreditinstitut) wahrnehmen lassen.
- **Beschlußrecht** (§§ 119 f. AktG): Mit Hilfe des Stimmrechts beschließt die Hauptversammlung in den im Aktiengesetz oder im Gesellschaftsvertrag (Satzung) genannten Fällen (z. B. Wahl der Kapitalvertreter im Aufsichtsrat, Satzungsänderungen). Die Beschlüsse werden grundsätzlich mit einfacher Mehrheit gefaßt (§ 133 AktG), Satzungsänderungen (z. B. Kapitalerhöhung) bedürfen einer Dreiviertelmehrheit (§ 179 Abs. 2 AktG).
- **Auskunftsrecht** (§ 131 AktG): Jeder Aktionär kann vom Vorstand Auskunft verlangen.

Die **ordentliche Hauptversammlung** findet alljährlich statt (§ 120 AktG); eine **außerordentliche Hauptversammlung** ist einzuberufen, wenn es das Wohl der AG erfordert (§§ 111 Abs. 2, 121 AktG).

Der **Aufsichtsrat** überwacht die Geschäftsführung des Vorstandes (§ 111 AktG) und vertritt die AG gerichtlich und außergerichtlich gegenüber dem Vorstand (§ 112 AktG). Seine Mitglieder werden von

- der Hauptversammlung **(Kapitalvertreter),**
- den Arbeitnehmern **(Arbeitnehmervertreter)**

auf vier Jahre gewählt. Die Zahl der Arbeitnehmervertreter richtet sich danach, ob das Betriebsverfassungsgesetz 1952, das Mitbestimmungsgesetz oder das Montan-Mitbestimmungsgesetz auf die AG Anwendung findet (§ 96 AktG). Die Zahl der Aufsichtsratsmitglieder richtet sich nach dem Grundkapital (§ 95 AktG).



3992302

Auf den vierteljährlichen Aufsichtsratssitzungen (§ 110 Abs. 3 AktG)

- wird er vom Vorstand über die wirtschaftliche Lage der Gesellschaft informiert (§ 90 AktG),
- prüft er die Bücher der AG (§ 111 AktG),
- faßt er seine Beschlüsse (§ 108 AktG).

Der Aufsichtsrat

- wählt aus seiner Mitte einen Vorsitzenden des Aufsichtsrates und mindestens einen Stellvertreter (§ 107 AktG),
- bestellt die Vorstandsmitglieder auf höchstens fünf Jahre (§ 84 Abs. 1 AktG),
- ernennt den Vorstandsvorsitzenden (§ 84 Abs. 2 AktG).

In großen AGs ist es üblich, daß der Aufsichtsrat Ausschüsse bildet (z. B. Ausschuß für Investitionen, Ausschuß für Personalfragen), um seine Verhandlungen und Beschlüsse vorzubereiten und die Ausführung seiner Beschlüsse zu überwachen (§ 107 Abs. 3 AktG).

Dem **Vorstand** obliegt die **eigenverantwortliche Leitung** der AG (§§ 76 ff. AktG). Vorstandsmitglieder unterliegen dem **Wettbewerbsverbot** (§ 88 AktG). Findet für die Gesellschaft das Montan-Mitbestimmungsgesetz bzw. das Mitbestimmungsgesetz Anwendung, so ist ein **Arbeitsdirektor** Vorstandsmitglied. Der Vorstand muß

- dafür sorgen, daß die erforderlichen Handelsbücher geführt werden (§ 91 AktG);
- innerhalb von drei Monaten nach dem Ende des Geschäftsjahres den Jahresabschluß (Bilanz, Gewinn- und Verlustrechnung) aufstellen und den Abschlußprüfern vorlegen (§ 148 AktG).

## Kapitalaufbringung

- Bei der **Gründung** müssen **mindestens 100 000,00 DM (Grundkapital)** durch **mindestens fünf Personen** (Gründer bzw. Aktionäre) aufgebracht werden (§§ 2, 6, 7 AktG).
- Bei jeder **Kapitalerhöhung** wird durch die Aktionäre bzw. Unternehmensfremde, die Aktionäre werden wollen, das **Eigenkapital** um den Anteil am Grundkapital und um das Aufgeld (Agio) erhöht.

Über jeden **Anteil,** der **mindestens 50,00 DM** beträgt, wird eine Urkunde, die **Aktie,** ausgestellt (§ 8 AktG).

## Aktienarten

Aktien können **Rechte** in unterschiedlichem Umfang verbriefen:

Die **Stammaktie** gewährt ihrem Inhaber die gewöhnlichen Mitgliedschaftsrechte (Stimmrecht, Recht auf Dividende und Anteil am Liquidationserlös, Bezugsrecht).

Bei **Vorzugsaktien** kann eines dieser Rechte besonders betont oder ausgeschlossen werden. Wir unterscheiden:

| Art des Vorzugs/Zweck | Bedeutung |
|---|---|
| **Mehrstimmrecht**<br>Einfluß<br>– eines Großaktionärs,<br>– einer Familie<br>soll gesichert bleiben. | Ausstattung z. B. mit fünffachem Stimmrecht; Ausgabe neuer Mehrstimmrechtsaktien seit 01.01.1966 verboten. (§ 12 AktG) |
| **Vorzugsdividende**<br>– Ein Großaktionär soll besonders befriedigt werden.<br>– Kleinaktionäre sollen zufriedengestellt werden.<br>– Neue Eigentümer sollen gefunden werden bei schlechtem Börsenkurs. | Höhere Dividende oder Mindestdividende oder Vorabdividende oder Bevorzugung bei der Verteilung der Restdividende; Kombinationen möglich. |
| **Ohne Stimmrecht**<br>– Das Auftauchen eines Großaktionärs soll verhindert werden. | Stimmrecht wird zugunsten einer höheren Dividende aufgegeben. |

An die **Übertragung** der Aktien können bestimmte Bedingungen geknüpft sein:

- In der Bundesrepublik Deutschland herrscht die **Inhaberaktie** vor. Der Besitzer der Aktie kann die mit ihr verbundenen Rechte geltend machen. Sie garantiert die Anonymität des Besitzers und ist deshalb sowohl für das breite Publikum als auch öffentlichkeitsscheue Kapitalbesitzer interessant. **Stammaktien** sind in der Regel Inhaberaktien.
- **Namensaktien** lauten auf den Namen des Inhabers und sind unter Bezeichnung des Inhabers nach Namen, Wohnort und Beruf im Aktienbuch der Gesellschaft zu führen. Zu ihrer Übertragung ist ein Indossament notwendig. Der Verkauf muß der Gesellschaft gemeldet werden. Das Aktiengesetz schreibt vor, daß teileingezahlte Aktien stets als Namensaktien ausgegeben werden müssen. Dadurch weiß die AG stets, an wen sie sich wenden muß, um die ausstehenden Einlagen einzuberufen. Die Satzung der AG kann die Ausgabe von Namensaktien vorschreiben. Meist handelt es sich in diesem Fall um Vorzugsaktien: Die AG will wissen, wer an ihr besondere Rechte hat.

  Allerdings ist der Verwaltungsaufwand (Führen des Aktienbuches) so groß, daß die Namensaktie in der Bundesrepublik Deutschland selten ist.

## Haftung

- Die **AG** haftet mit ihrem **Eigenkapital** (Grundkapital und Rücklagen).
- Jeder **Aktionär** haftet mit seinem Anteil am Grundkapital zuzüglich des von ihm bezahlten Agios.
- Jedes **Vorstandsmitglied** haftet gegenüber der AG für den verursachten Schaden, wenn der die Sorgfalt eines ordentlichen und gewissenhaften Geschäftsleiters nicht anwendet (§ 93 AktG).
- Jedes **Aufsichtsratsmitglied** haftet gegenüber der AG wie ein Vorstandsmitglied (§§ 93, 116 AktG).



3992304

**Geschäftsführung**

- Der **Vorstand** verfügt über die **Gesamtgeschäftsführungsbefugnis** und leitet die AG in **eigener Verantwortung** (§§ 76, 77 AktG).
- Die **Gesamtgeschäftsführungsbefugnis** kann durch den Gesellschaftsvertrag (Satzung) oder die Geschäftsordnung des Vorstands **geändert** werden (§ 77 AktG).
- Die **Geschäftsführungsbefugnis** kann **beschränkt** werden (§ 82 Abs. 2 AktG). Häufig sind folgende Fälle:
  - Beschränkung der Geschäftsführungsbefugnis eines Vorstandsmitglieds auf einen Teilbereich der AG (z. B. ein Ressort oder eine Zweigniederlassung).
  - Bestimmte Arten von Geschäften (z. B. Errichtung einer neuen Fabrik) können nur mit Zustimmung des Aufsichtsrats vorgenommen werden (§ 111 Abs. 4 AktG).
- Die Vorstandsmitglieder müssen im Innenverhältnis diese Beschränkungen beachten (§ 82 Abs. 2 AktG).
- Der **Vorstand** ist an die Beschlüsse der **Hauptversammlung gebunden;** von ihr beschlossene Maßnahmen muß er durchführen (§§ 83 Abs. 2, 119 Abs. 1 AktG).
- Der **Aufsichtsrat überwacht** die Geschäftsführung des **Vorstands** (§ 111 AktG).
- Nur auf Verlangen des Vorstands kann die Hauptversammlung über Fragen der Geschäftsführung entscheiden (§ 119 Abs. 2 AktG).

**Vertretung**

- Die **Gesamtvertretungsbefugnis des Vorstands** in gerichtlichen und außergerichtlichen Angelegenheiten ist **unbeschränkt** und **unbeschränkbar** (§§ 78, 82 Abs. 1 AktG).
- Die **Gesamtvertretungsbefugnis** kann durch die Satzung oder einen Beschluß des Aufsichtsrats geändert werden (§ 78 Abs. 3 AktG):
  - Einzelvertretungsbefugnis für ein Vorstandsmitglied,
  - gemeinschaftliche Vertretung durch ein Vorstandsmitglied und einen Prokuristen.
- Durch einen Beschluß der Vorstandsmitglieder, die über die Gesamtvertretungsbefugnis verfügen, kann die Vertretungsbefugnis ebenfalls geändert werden (§ 78 Abs. 4 AktG):
  - Einzelvertretungsbefugnis zur Vornahme bestimmter Geschäfte oder bestimmter Arten von Geschäften,
  - gemeinschaftliche Vertretung durch ein Vorstandsmitglied und einen Prokuristen für bestimmte Geschäfte oder bestimmte Arten von Geschäften.

Jede Änderung der Vertretungsbefugnis ist in das Handelsregister einzutragen (§ 81 AktG).

## Ergebnisverteilung

Ein **Jahresüberschuß** (§§ 266, 275 HGB) wird nach folgendem Schema verteilt:

- Ausgleich eines **Verlustvortrags** aus dem Vorjahr
- **Einstellung in die Gewinnrücklage/gesetzliche Rücklage:** In sie sind so lange mindestens 5 % des Jahresüberschusses einzustellen, bis Gewinn- und Kapitalrücklage

10 % des gezeichneten Kapitals (Grundkapitals) erreicht sind (§ 150 Abs. 2 AktG). Die Satzung kann einen höheren Teil des Grundkapitals bestimmen, der dann als **Gewinnrücklage/satzungsmäßige Rücklagen** auszuweisen ist.

- **Einstellung in die Gewinnrücklage/freie Rücklage:** Stellen Vorstand und Aufsichtsrat den Jahresabschluß fest, so dürfen höchstens 50 % des nach einem Verlustvortrag und der Einstellung in die Gewinnrücklage/gesetzliche Rücklagen verbleibenden Betrags in die Gewinnrücklage/freie Rücklagen eingestellt werden. Die Satzung kann einen höheren Teil bestimmen. Diese Ermächtigung erlischt, wenn die freie Rücklage 50 % des Grundkapitals beträgt.

Der verbleibende Rest heißt **Bilanzgewinn** (Reingewinn). Dieser wird durch **Beschluß der Hauptversammlung** wie folgt verteilt (§ 174 Abs. 2 AktG):

- Haben Vorstand und Aufsichtsrat den Jahresabschluß festgestellt, so kann sie die **Einstellung** weiterer Beträge **in die freie Rücklage** beschließen (§ 58 Abs. 3 AktG).
- Gewinnbeteiligung der Vorstandsmitglieder **(Vorstandstantiemen)** (§§ 86 ff. AktG)
- Gewinnbeteiligung der Aufsichtsratsmitglieder **(Aufsichtsratstantiemen)** (§ 113 Abs. 3 AktG)
- **Gewinnbeteiligung der Arbeitnehmer**
- Gewinnanteil der Aktionäre (**Dividende,** §§ 58 Abs. 4, 60 AktG):
  Die Dividende kann ausgeschüttet werden als
  - Dividende für Stammaktien,
  - Dividende für Vorzugsaktien,
  - Bonus (Zusatz- oder Sonderdividende).
- **Gewinnvortrag:** Der nach Abzug aller genannten Verwendungsmöglichkeiten verbleibende Gewinn wird in das nächste Geschäftsjahr vorgetragen.

Ein **Jahresfehlbetrag** (Jahresverlust) wird wie folgt ausgeglichen:

- Ausgleich durch einen **Gewinnvortrag** aus dem Vorjahr (§ 150 Abs. 3, 4 AktG)
- Übernahme als **Verlustvortrag** in das kommende Geschäftsjahr (§ 150 Abs. 3, 4 AktG)

Wurde über **mehrere Geschäftsjahre** hinweg ein **Jahresfehlbetrag** erwirtschaftet, so können folgende Maßnahmen ergriffen werden (§ 150 AktG):

- Auflösung der Gewinnrücklage/freien Rücklagen
- Auflösung der Gewinnrücklage/gesetzlichen Rücklagen
- Auflösung der Kapitalrücklage
- Auflösung stiller Rücklagen (z. B. Verkauf von Grundstücken)

Wurde über **mehrere Geschäftsjahre** hinweg ein **Bilanzverlust** (Reinverlust) erzielt und sind kaum mehr Rücklagen vorhanden, muß zum Mittel der **Kapitalherabsetzung** (§§ 119, 222 ff. AktG) gegriffen werden.

Die **wirtschaftliche Bedeutung** der AG besteht darin, daß sich **große Kapitalmassen** durch **breite Streuung** unter die Öffentlichkeit relativ **leicht aufbringen** lassen. (Manche Aktiengesellschaften haben mehr als 300 000 Aktionäre.) Die Führung des Unternehmens und das Eigentum am Unternehmen sind völlig getrennt. Die **Führung** erfolgt durch **Fachleute,** die Angestellte des Unternehmens sind. Andererseits wird die

Öffentlichkeit – und nicht nur die Eigentümer – aufgrund der **Publizitätspflicht** (vgl. S. 299 f.) unterrichtet. Sie schlägt sich z. B. in der Veröffentlichung von Geschäftsbericht, Bilanz, Gewinn- und Verlustrechnung sowie des Anhangs und des Lageberichts nieder (§ 325 HGB).

Die AG ist die typische Unternehmungsform für **Großbetriebe** in Industrie, Handel, Bank- und Versicherungswirtschaft. Wir finden sie ebenfalls bei Regiebetrieben der öffentlichen Hand (z. B. Stadtwerke, öffentlicher Nahverkehr) und bei Holdinggesellschaften.

Zu finden sind jedoch auch **Familienaktiengesellschaften:** Ihre Aktionäre sind entweder eine einzelne natürliche Person oder miteinander verwandte oder verschwägerte natürliche Personen (§ 157 Abs. 4 Satz 2 AktG). Die Aktien werden meist weder im amtlichen Handel noch im geregelten Freiverkehr an einer bundesdeutschen Börse gehandelt. Für die beteiligten Personen ergeben sich die Vorteile, daß

- ihre Haftung als Eigentümer der Unternehmung beschränkt ist,
- sie aber trotzdem „Herr im Hause“ bleiben,
- bei der Übertragung von Anteilen zu Lebzeiten Erbschaftsteuer gespart wird,
- die Besitzverhältnisse in einer verzweigten Familie übersichtlicher sind.

Hat die Familienaktiengesellschaft weniger als 500 Arbeitnehmer, so müssen in den Aufsichtsrat keine Arbeitnehmervertreter gewählt werden (§ 76 Abs. 6 BetrVG von 1952).

## Zusammenfassung

**Gesellschaft mit beschränkter Haftung und Aktiengesellschaft**

| | GmbH | AG |
|---|---|---|
| Kapital-aufbringung | Gründung<br>– mindestens 50 000,00 DM (Stammkapital)<br>– Mindestanteil 500,00 DM (Stammeinlage)<br><br>Kapitalerhöhung<br>– Erhöhung der Stammeinlage<br>– Eintritt eines neuen Gesellschafters<br><br>Nachschüsse<br>– beschränkte Nachschußpflicht<br>– unbeschränkte Nachschußpflicht | Gründung<br>– mindestens 100 000,00 DM (Grundkapital)<br>– mindestens 5 Personen (Aktionäre)<br>– Mindestanteil 50,00 DM<br><br>Kapitalerhöhung<br>– Anteil am Grundkapital<br>– Aufgeld (Agio) |
| Haftung | – GmbH mit Vermögen<br>– Gesellschafter mit Stammeinlage<br>– Nachschüsse durch Gesellschafter | – AG mit Vermögen<br>– Aktionäre mit Anteil am Grundkapital zuzüglich des Agios |

(Fortsetzung S. 308)

| | GmbH | AG |
|---|---|---|
| Geschäfts-<br>führung | – Gesamtgeschäftsführungs-befugnis der Geschäftsführer<br>– Änderung durch Gesellschafts-vertrag oder Gesellschafter-versammlung möglich<br>– Beschränkung möglich<br>– Überwachung durch Gesell-schafterversammlung bzw. Aufsichtsrat | – Gesamtgeschäftsführungs-befugnis des Vorstands<br>– Änderung durch Satzung oder Geschäftsordnung des Vorstands möglich<br>– Beschränkung möglich<br>– Überwachung durch Aufsichtsrat |
| Vertretung | – Gesamtvertretungsbefugnis der Geschäftsführer<br>– unbeschränkt und unbeschränkbar<br>– andere Verteilung durch Gesell-schaftsvertrag möglich<br>– Selbstkontrahieren möglich<br>Eintragung jeder Änderung ins Handelsregister | – Gesamtvertretungsbefugnis des Vorstandes<br>– unbeschränkt und unbeschränkbar<br>– andere Verteilung durch Satzung oder Aufsichtsrats-beschluß möglich<br>Eintragung jeder Änderung ins Handelsregister |
| Ergebnis-<br>verteilung | Jahresgewinn<br>– Einstellung in Reservefonds<br>– Ausschüttung im Verhältnis der Geschäftsanteile<br>– Gewinnvortrag<br>Jahresverlust<br>– Ausgleich durch Gewinnvortrag<br>– Auflösung des Reservefonds<br>– Nachschüsse<br>– Verlustvortrag<br>Ergebnisverteilung meist durch Gesellschaftsvertrag oder Gesell-schafterversammlung geregelt | Jahresüberschuß<br>– Ausgleich eines Verlustvortrags<br>– Einstellung in gesetzliche Rücklage<br>– Einstellung in freie Rücklage<br>Bilanzgewinn<br>– Einstellung in freie Rücklage<br>– Vorstandstantieme<br>– Aufsichtsratstantieme<br>– Gewinnanteil der Arbeitnehmer<br>– Dividende<br>– Gewinnvortrag<br>Jahresfehlbetrag<br>– Ausgleich durch Gewinn-vortrag<br>– Verlustvortrag<br>– Auflösung freier Rücklagen<br>– Auflösung gesetzl. Rücklagen<br>– Kapitalherabsetzung |

## Aufgaben

1. Warum muß bei AG und GmbH ein Mindestkapital aufgebracht werden?
2. Welche Probleme entstehen bei der AG durch die Trennung von Eigentum und Management?
3. Wie geschieht die Ergebnisverteilung bei der AG?



3992308

4. Welche Gründe können für die Gesellschafter einer OHG oder die Komplementäre einer KG ausschlaggebend sein, ihre Gesellschaft in eine GmbH & Co. KG umzuwandeln?
5. Warum ist die AG die geeignete Rechtsform für Großbetriebe, die GmbH dagegen für Mittelbetriebe?
6. Warum besteht eine Publizitätspflicht nur für Großbetriebe?
7. Betriebsgesellschaften haben meist die Rechtsform einer GmbH. Welche Gesichtspunkte sind dafür ausschlaggebend?
8. Die bisherigen Gesellschafter einer OHG sind gestorben. Keiner der Erben möchte das Risiko auf sich nehmen, die Gesellschaft weiterzuführen. Außerdem fehlt es ihnen an Fachwissen. In welche Rechtsformen könnte die OHG umgewandelt werden? Begründen Sie ihre Vorschläge anhand der Gesichtspunkte Kapitalaufbringung, Haftung usw.
9. Warum gibt es bei der AG gesetzliche Vorschriften über die Ergebnisverteilung, während dies bei anderen Unternehmungsformen weitgehend dem Gesellschaftsvertrag überlassen bleibt?
10. Warum muß jede Änderung der Gesamtvertretungsbefugnis in das Handelsregister eingetragen werden?
11. Warum gibt es bei den Kapitalgesellschaften eine Haftung der geschäftsführenden Personen gegenüber der Gesellschaft?
12. Was versteht man unter Nachschußpflicht bei der GmbH?
13. Wer kann Geschäftsführer einer GmbH sein?
14. Kann eine juristische Person Gesellschafter einer GmbH werden?
15. Wie kann die Geschäftsführungsbefugnis bei AG und GmbH beschränkt werden? Nennen Sie Gründe.
16. Schildern Sie, in welchem Verhältnis Hauptversammlung, Aufsichtsrat und Vorstand einer AG zueinander stehen.
17. Schlagen Sie im Aktiengesetz nach, in welchen Fällen die Hauptversammlung Beschlüsse faßt.

# 9 Finanzierung und Investition

## 9.1 Begriffe und Zusammenhänge

Gehen wir dabei von folgendem Fall aus:

Robert Müller war zehn Jahre lang Betriebsleiter im Fahrradwerk der Zweiradfabrik Meyer OHG. Er ist entschlossen, sich selbständig zu machen. Er will deshalb ein Unternehmen gründen, das sich mit der Herstellung und dem Verkauf von Fahrrädern beschäftigt.

Soll dieser Betriebszweck erfüllt werden, so benötigt Robert Müller

- Grundstücke und Gebäude für Fertigung, Verkauf und Verwaltung,
- Maschinen und maschinelle Anlagen,
- Betriebs- und Geschäftsausstattung,
- Materialvorräte,
- flüssige Mittel

als Grundausstattung seines Unternehmens. Um diese Grundausstattung erwerben zu können, braucht er Kapital, das er sich beschaffen muß.

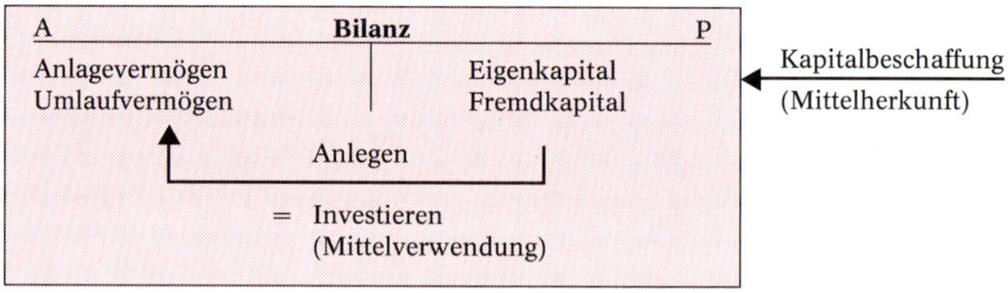


Orientieren wir uns an der Bilanz, so können wir sagen:

***Unter Finanzierung versteht man alle Maßnahmen, die***
***– der Beschaffung von Kapital dienen***
***– und sich auf der Passivseite der Bilanz niederschlagen.***

Dabei ist es gleichgültig,

– von wem das Kapital stammt,
– in welcher Form es dem Betrieb zur Verfügung gestellt wird,
– wie lange es dem Betrieb zur Verfügung steht.

***Demgemäß versteht man unter Investition alle Maßnahmen, die***
***– der Anlage von Kapital im Unternehmen dienen***
***– und sich auf der Aktivseite der Bilanz niederschlagen.***

Dabei ist es gleichgültig,

– in welchen Vermögensteilen das Kapital angelegt (= investiert) wird,
– wie lange es durch diese Vermögensteile gebunden ist.



3992310

### Zusammenhang zwischen Finanzierung und Investition

***Da beide Seiten einer Bilanz gleich groß sein müssen, läßt sich sagen:***
- ***Aufgabe der Finanzierung ist es, das für die Investition benötigte Kapital zu beschaffen.***
- ***Es kann nur so viel Kapital investiert werden, wie beschafft werden kann.***

Dabei stehen dem Betrieb folgende **Möglichkeiten der Kapitalbeschaffung** zur Verfügung:

| kapitalfreisetzende Einnahmen | kapitalzuführende Einnahmen |
|---|---|
| – Verkauf der Erzeugnisse (Umsatzerlöse in Höhe der Kosten)<br>– Tilgung gewährter Kredite (z. B. Zahlungsziel des Kunden)<br>– Zinsen im Zusammenhang mit gewährten Krediten<br>– Verkauf von Anlagegütern und Vorräten | – Erhöhung des Eigenkapitals<br>– Kreditaufnahme (Fremdkapitalzufluß)<br>– Einbehaltung des Gewinns |

Für die **Finanzierung der Sachanlagen** eines Betriebs ist folgender Prozeß von besonderer Bedeutung:

- Die **Investition** „Maschine" wird getätigt; die Finanzierung muß die benötigten **Mittel beschaffen.**
- Die Maschine wird **abgeschrieben.** Fließt der Abschreibungsbetrag in die Kalkulation ein und bezahlen die Kunden den so ermittelten Preis, so werden bisher gebundene Mittel frei: Die **Desinvestition** bewirkt eine **Kapitalfreisetzung.**
- Werden die so freigesetzten Mittel wieder verwendet, um die Investition neuer Maschinen zu finanzieren, liegt eine **Reinvestition** vor.

Es ist notwendig, Finanz- und Investitionsplanung sowohl kurzfristig als auch mittel- und langfristig aufeinander abzustimmen.

### Zusammenfassung

| Investition | Finanzierung |
|---|---|
| – Anlage von Kapital im Betrieb<br><br>– Aktivseite der Bilanz | – Beschaffung des benötigten Kapitals durch<br>  - Kapitalfreisetzung.<br>  - Kapitalzufuhr.<br>– Passivseite der Bilanz |
| bestimmt, wieviel Kapital beschafft werden soll. | Kapitalbeschaffungsmöglichkeit begrenzt die Höhe der Investitionen. |
| Investition ⟶ | Kapitalbeschaffung und Kapitalbindung |
| Desinvestition ⟶ | Kapitalfreisetzung |
| Reinvestition ⟶ | Kapitalbindung |

## Aufgaben

1. Begründen Sie, warum man von Investition spricht, wenn
   a) Bestände an unfertigen und fertigen Erzeugnissen aufgebaut,
   b) fertige Erzeugnisse in Forderungen umgewandelt,
   c) Forderungen liquidiert werden.
2. Begründen Sie, warum man die Kapitalfreisetzung als eine Finanzierungsmöglichkeit betrachtet.
3. Überlegen Sie: Warum führen Umsatzerlöse gleichzeitig zu kapitalfreisetzenden und kapitalzuführenden Einnahmen?
4. Welche Gefahren entstehen für einen Betrieb, wenn er den Kreislauf Investition – Desinvestition – Reinvestition für einen längeren Zeitraum unterbricht?
5. Schildern Sie den Zusammenhang zwischen Investition und Finanzierung.

# 9.2 Investition

## 9.2.1 Investitionsarten

So wie wir den Begriff „Investition" verstehen, wird Robert Müller verschiedene **Arten von Investitionen** tätigen:

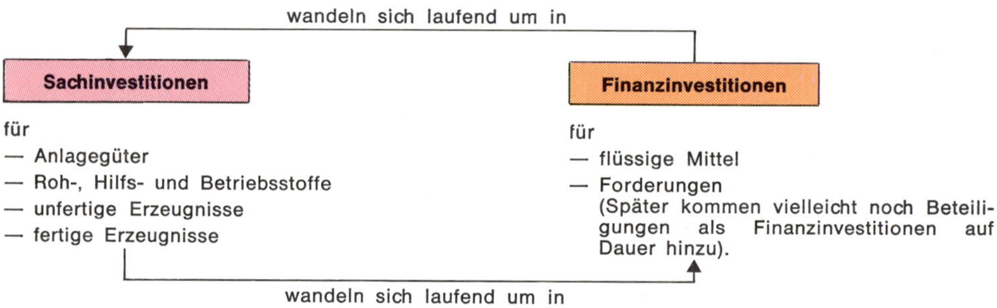


Gegenstand der Investition sind also Güter aller Art. Spricht man jedoch von **Investitionsgütern,** so sind damit **nur Güter des Sachanlagevermögens** gemeint.

Hier unterscheidet man nach dem Zweck folgende **Investitionsarten:**

- **Erstinvestition** (Investitionen dieser Art finden im Betrieb erstmalig statt. Gründe können sein: Betriebsgründung, Sortimentserweiterung, völlig neues Fertigungsverfahren).
- **Ersatzinvestition** (Investition dient z. B. dem Ersatz einer ausgeschiedenen Maschine durch eine gleichartige und gleichwertige Maschine).
- **Erweiterungsinvestition** (Investition soll die Kapazität des Betriebes erhöhen).
- **Rationalisierungsinvestition** (Investition soll die Leistungsfähigkeit des Betriebes erhöhen. Dies geschieht durch den Einsatz technisch verbesserter Betriebsmittel anstelle veralteter. Teilziele sind z. B. Senkung der Ausschußquote, Personaleinsparung, Erhöhung der Produktivität.)

Unter **Gestaltungsinvestition** versteht man Aufwendungen für neue Produkte und neue Fertigungsverfahren, also Aufwendungen im Bereich Forschung und Entwicklung. Es handelt sich hier jedoch nicht um Investitionen im eigentlichen Wortsinn, da die anfallenden Kosten aus Gründen der Vorsicht nicht aktiviert werden. Vielmehr spricht man von **„investitionsähnlichen Aufwendungen".**


3992312

### 9.2.2 Investitionsmotive

Wann tätigt ein Unternehmer Investitionen? Er muß die zukünftige Entwicklung **positiv** einschätzen. „Positiv" bezieht sich z. B. auf

- die politische Entwicklung,
- die gesamtwirtschaftliche Entwicklung,
- die Entwicklung seines Marktanteils,
- die Gewinnerwartung.

Schätzt er die Zukunft **negativ** ein, so wird er eine Investition aufschieben oder unterlassen.

Investitionen können **weiterhin motiviert** werden durch

- steuerliche Vergünstigungen (z. B. degressive Abschreibung),
- gesetzliche Vorschriften (Arbeits-, Umweltschutz),
- die Öffentlichkeit (Umweltschutz).

**Außerwirtschaftliche Motive** können Prestige-, Macht- und Nachahmungsdenken seitens des Unternehmens sein.

## 9.3 Finanzierung

### 9.3.1 Überblick über die Finanzierungsarten

***Unter Finanzierungsarten versteht man die Möglichkeiten, die ein Unternehmen hat, um das benötigte Kapital zu beschaffen.***

Soll ein Unternehmen neu gegründet werden, so kann das benötigte Kapital nur auf zwei Wegen aufgebracht werden:

- Der Inhaber bringt einen Teil in Form von Bargeld, Sach- oder Rechtswerten auf **(Beteiligungsfinanzierung).**
- Den Rest muß er sich anderweitig besorgen. Da fremde Personen oder Institutionen (z. B. Banken, Versicherungen) dem Betrieb einen Kredit gewähren, spricht man von **Kredit- oder Fremdfinanzierung.**

***Vom Standpunkt der Unternehmung aus betrachtet, fließen ihr die Mittel in beiden Fällen von außen zu. Deshalb werden diese beiden Möglichkeiten der Kapitalbeschaffung als Außenfinanzierung bezeichnet.***

Beim laufenden Betrieb ergeben sich neue Finanzierungsmöglichkeiten.

- Durch den Verkauf der Erzeugnisse werden ständig Teile des Anlagevermögens (durch die Abschreibungen) und Umlaufvermögens (durch die Liquidisierung von Forderungen) in flüssige Mittel umgewandelt, die wieder zur Finanzierung verwendet werden. Es handelt sich um die **Finanzierung aus freigesetztem Kapital.**
- Dabei wird ein **Gewinn** erzielt. Beschränkt sich der Eigentümer darauf, nur einen Teil des Gewinns zu entnehmen, so kann der im Betrieb verbleibende Rest für die Finanzierung verwendet werden. Da diese Mittel vom Betrieb selbst erwirtschaftet werden, spricht man von **Selbstfinanzierung.**

***Vom Standpunkt der Unternehmung aus betrachtet, fließen ihr die Mittel in diesen beiden Fällen aus sich selbst heraus zu. Deshalb werden diese beiden Möglichkeiten der Kapitalbeschaffung als Innenfinanzierung bezeichnet.***

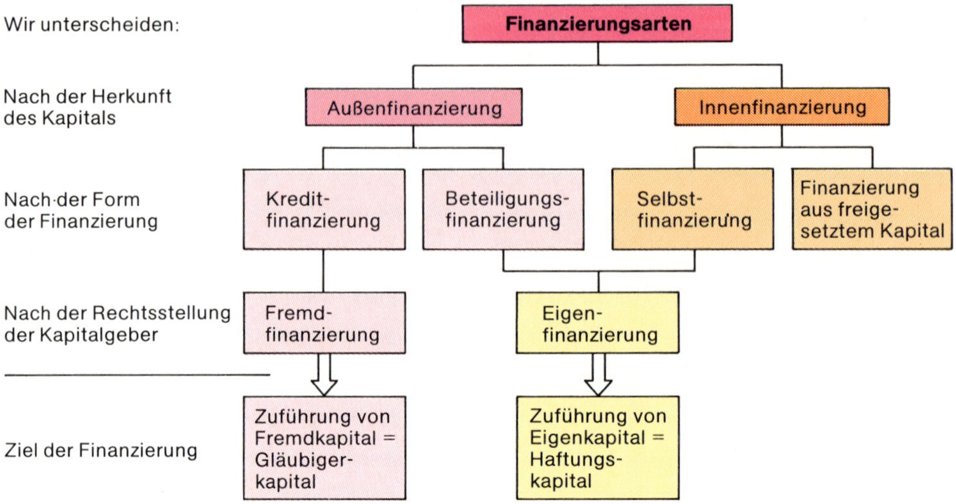


## 9.3.2 Eigenfinanzierung

***Ziel der Eigenfinanzierung ist es, dem Unternehmen haftendes Eigenkapital zuzuführen.***

Es läßt sich aus der Sicht der Kapitalgeber wie folgt charakterisieren:

- Sie sind an der Erhaltung des realen Wertes ihres Kapitals interessiert.
- Sie erwarten eine Verzinsung ihres Kapitals in Form des Gewinnes.
- Sie stellen ihr Kapital unbefristet und – abhängig von der Rechtsform – unkündbar zur Verfügung.
- Sie wollen die Entscheidungen des Unternehmens beeinflussen. Sie haften mit ihrem Kapital für die Verbindlichkeiten des Unternehmens **(Eigenkapital ist Haftungskapital).**

### 9.3.2.1 Beteiligungsfinanzierung

***Von Beteiligungsfinanzierung spricht man, wenn der Kapitalgeber Eigentümer oder Miteigentümer der Unternehmung wird.***

Diese Form der Finanzierung wird beeinflußt von der **Rechtsform** der Unternehmung, also von gesetzlichen und vertraglichen Vorschriften. Wir wollen die Beteiligungsfinanzierung anhand folgender Fragen untersuchen:

– Wie wird das Eigenkapital aufgebracht? **(Kapitalaufbringung)**
– Ist das Eigenkapital in seiner Höhe festgelegt? **(Festlegung des Kapitalbetrages)**
– In welchem Umfang haftet das Eigenkapital? **(Haftungsumfang)**
– Ist die Beteiligung kündbar? **(Kündbarkeit)**

### Kapitalaufbringung

Für die Aufbringung des Eigenkapitals bestehen sowohl bei der Gründung als auch bei der Kapitalerhöhung verschiedene **Möglichkeiten:**

| Das Kapital wird aufgebracht in Form von | Beispiele | Rechtsform der Unternehmung |
|---|---|---|
| Barmitteln | Bargeld<br>Bankguthaben<br>Postgiroguthaben | Einzelunternehmung<br>Personengesellschaft<br>Kapitalgesellschaft |
| Sachwerten | Grundstücke,<br>Maschinen, Waren | |
| Rechtswerten | Wertpapiere, Patente,<br>Muster, Konzessionen,<br>Lizenzen | |

Wird das Eigenkapital in Form von Barmitteln bei der Gründung aufgebracht, so spricht man von einer **Bargründung.** Wird es in Form von Sach- und Rechtswerten aufgebracht, so spricht man von einer **Sachgründung.** In der Praxis – insbesondere bei Gründung einer Einzelunternehmung oder einer Personengesellschaft – kommt die **Mischform** aus Bar- und Sachgründung am häufigsten vor. Problematisch ist beim Einbringen von Sach- und Rechtswerten stets deren Bewertung: Der Einbringer wünscht einen möglichst hohen Wertansatz, die übrigen Gesellschafter und die Gläubiger wollen einen möglichst niedrigen.

Bei **AG** und **GmbH** muß ein **Mindestbeteiligungskapital** von den Eigentümern aufgebracht werden:

- Bei der **AG** beträgt es **100 000,00 DM.** Über die Anteile der Eigentümer werden **Aktien** ausgegeben, deren kleinster Nennwert 50,00 DM beträgt. Höhere Nennwerte sind möglich, müssen jedoch auf volle hundert DM lauten.
- Bei der **GmbH** beträgt es **50 000,00 DM.** Es wird in Anteile von mindestens 500,00 DM zerlegt **(Stammeinlage).** Höhere Nennwerte müssen auf volle hundert DM lauten.

Die gezeichneten Anteile am Grundkapital (AG, KGaA), Stammkapital (GmbH) und Kommanditkapital (KG) müssen nicht voll eingezahlt werden. Diese **„ausstehenden Einlagen“** erfüllen folgende Zwecke:

– Durch ihre Einberufung kann ein auftretender Kapitalbedarf gedeckt werden.
– Sie gehören auf jeden Fall zum Haftungskapital des Unternehmens.

Deshalb nennt man sie auch **„Rückgriffskapital“.**

### Festlegung des Kapitalbetrags

| Das Eigenkapital ist in seiner Höhe | Rechtsform der Unternehmung | Bezeichnung |
|---|---|---|
| festgelegt auf einen längeren Zeitraum. | AG<br>GmbH<br>KG<br>Stille Gesellschaft | Grundkapital<br>Stammkapital<br>Einlage (des Kommanditisten)<br>Stille Beteiligung |
| veränderlich durch den Erfolg des Unternehmens und laufende Erhöhung | Einzelunternehmung<br>Stille Gesellschaft<br>BGB-Gesellschaft<br>OHG<br>KG | Kapital<br>Kapital des Inhabers<br>Beiträge<br>Einlagen<br>Komplementärkapital |

### Haftungsumfang

Eng mit der Unterscheidung in fixes und variables Eigenkapital ist der Haftungsumfang des Eigenkapitals verbunden.

Mit dem **Umfang der Haftung** steht und fällt das **Risiko,** das der Eigentümer zu tragen hat. Daraus ergibt sich, daß mit zunehmendem Eigenkapitalbedarf

- Einzelunternehmungen in Personengesellschaften,
- Personengesellschaften in Kapitalgesellschaften

umgewandelt werden. **Große Eigenkapitalien** können in der Regel nur durch eine **Streuung** des Risikos und durch eine **Beschränkung der Haftung** auf den Kapitalanteil aufgebracht werden.

Eng verbunden mit der unbeschränkten Haftung des Eigenkapitals ist das **Recht auf Geschäftsführung:** Wer ein solches Kapital zur Verfügung stellt, hat das Recht auf eine Leitungsfunktion.

| Das Eigenkapital haftet | Rechtsform der Unternehmung | Umfang erstreckt sich auf |
|---|---|---|
| unbeschränkt | Einzelunternehmung<br>BGB-Gesellschaft<br>OHG<br>KG | Kapital und Privatvermögen<br>Kapital und Privatvermögen<br>Kapital und Privatvermögen<br>Kapital und Privatvermögen (nur Komplementäre) |
| beschränkt | KG<br>AG<br>GmbH<br>Stille Gesellschaft | Einlage (Kommanditist)<br>Grundkapital<br>Stammkapital<br>Stille Beteiligung |

Bei der **GmbH** kann durch Gesellschaftsvertrag die sogenannte **Nachschußpflicht (§§ 26 ff. GmbHG)** vereinbart werden: Die Gesellschafterversammlung kann beschließen, daß die Gesellschafter über ihre Stammeinlage hinaus weitere Einzahlungen leisten müssen. Deren Umfang kann **beschränkt oder unbeschränkt** sein. Nachschüsse werden meist zum Zwecke der Sanierung gefordert.


3992316

### Kündbarkeit

Kann der Eigentümer seinen Kapitalanteil kündigen, so bedeutet dies für das Unternehmen: **Auflösung oder Liquiditätsentzug.** Dadurch wird sein Bestand gefährdet. Die Kündbarkeit des Eigenkapitals hängt eng zusammen mit seiner unbeschränkten Haftung und dem Recht auf Leitung. Für die **Personengesellschaften** gilt deshalb:

Das **Eigenkapital** ist **kündbar;** die Liquidation der Unternehmung ist die Folge. Dieselbe Wirkung wie die Kündigung durch einen Gesellschafter/Komplementär hat

- sein Tod oder sein Konkurs;
- die Kündigung eines Privatgläubigers eines Gesellschafters.

**Im Gesellschaftsvertrag** der Personengesellschaften können jedoch für diese gesetzlichen Auflösungsgründe andere Folgen **vereinbart** werden:

- An die Stelle der Auflösung tritt die Verpflichtung der Gesellschaft, das Kapital zurückzuzahlen.
- Im Falle des Todes eines Gesellschafters treten die Erben an seine Stelle.
- Der Anteil des ausgeschiedenen Gesellschafters wird in einen Kommanditanteil oder eine stille Beteiligung umgewandelt.

In den beiden letzten Fällen ist dann zwar der Fortbestand des Unternehmens gesichert; es treten jedoch Probleme bei der **Führungsnachfolge** auf.

Das **Beteiligungskapital** der **Kapitalgesellschaften** ist **unkündbar.** (Ausnahme: Für einen GmbH-Gesellschafter ist die Mitgliedschaft „unzumutbar".)

### Zusammenfassung

| Beteiligungsfinanzierung |
| --- |
| Der Kapitalgeber wird Eigentümer oder Miteigentümer der Unternehmung. |

- Kapitalaufbringung in Form von
  - Barmitteln → Bargründung
  - Sachwerten → Sachgründung
  - Rechtswerten → Sachgründung
  - (kombiniert) → gemischte Gründung
- Das Eigenkapital ist je nach der Rechtsform der Unternehmung in seiner Höhe festgelegt oder veränderlich.
- Das Eigenkapital haftet je nach der Rechtsform der Unternehmung beschränkt oder unbeschränkt.
- Das Eigenkapital ist, wenn das Unternehmen weiterbestehen soll, unkündbar.

## Aufgaben

1. Erläutern Sie die Begriffe Innen- und Außenfinanzierung.
2. Beschreiben Sie die Eigenfinanzierung aus der Sicht der Kapitalgeber.
3. Wägen Sie die Vor- und Nachteile der Beteiligungsfinanzierung bei Einzelunternehmung/Personengesellschaften einerseits und Kapitalgesellschaften andererseits unter folgenden Gesichtspunkten gegeneinander ab:
   a) Aufbringung der Kapitalien bei der Gründung;
   b) Zusammenhang zwischen Finanzierung und Geschäftsführung;
   c) Kündbarkeit.
4. Welche Gründe sprechen dafür, Kapital in einer Einzelunternehmung oder einer Personengesellschaft anzulegen?
5. Welche Arten der Kapitalaufbringung gibt es bei der Gründung?
6. Worauf ist der Interessengegensatz bei der gemischten Gründung zurückzuführen?
7. Welche Vorteile hat ein Industriebetrieb, wenn sein Eigenkapital unkündbar ist?
8. Welche Überlegungen stellt der Inhaber an, der eine OHG in eine GmbH umgründet?
9. Welche Gründe sprechen aus der Sicht des Kapitalgebers dafür,
   a) sich als Eigentümer an einem Industriebetrieb zu beteiligen;
   b) sich auf die Rolle eines Fremdkapitalgebers zu beschränken?
10. Was versteht man unter Haftungskapital?
11. Was versteht man unter Rückgriffskapital?
12. Wie wird das Kapital bei der AG aufgebracht?

### 9.3.2.2 Selbstfinanzierung

Das **Rentabilitätsstreben** bedeutet, daß jeder Betrieb Gewinn erzielen muß. Dieser kann **nur auf zwei Arten verwendet** werden:

| Er wird an die Eigenkapitalgeber als Risikoentgelt ausgezahlt als | Er verbleibt im Betrieb zur Erhöhung des Eigenkapitals als |
|---|---|
| – Unternehmerlohn für die unbeschränkt haftenden Kapitalgeber bei Einzelunternehmung und Personengesellschaften;<br>– Gewinnanteil des Kommanditisten und des GmbH-Gesellschafters;<br>– Zinsen des stillen Gesellschafters;<br>– Dividende der Aktionäre bei AG. | – nicht entnommener Gewinn,<br>– Rücklagen bei den Kapitalgesellschaften.<br>= **Selbstfinanzierung** |

**Einzelunternehmung** und **Personengesellschaften** führen die Selbstfinanzierung meist in Form des **nicht entnommenen Gewinnes** durch. Für **Kapitalgesellschaften** ist die Selbstfinanzierung wichtig, weil

- das so gewonnene Kapital auf Dauer zur Verfügung steht;
- es nicht mit Herrschaftsansprüchen von Kapitalgebern belastet ist.

Man unterscheidet folgende **Arten der Selbstfinanzierung:**

- **Offene Rücklagen** gibt es als **Kapitalrücklage** und **Gewinnrücklagen/gesetzliche Rücklage** (nur bei AG) sowie als **Gewinnrücklagen/satzungsmäßige und andere Rücklagen** (nur AG, GmbH). Sie werden aus dem **Jahresüberschuß** gebildet.


3992318

- **Stille Rücklagen** (stille Reserven) finden wir bei allen Unternehmungsformen. Sie entstehen durch eine **Unterbewertung der Aktiva** und eine **Überbewertung der Passiva.** Wichtige Hilfsmittel zu ihrer Bildung sind **Wertberichtigungen** und **Rückstellungen.**

### 9.3.2.2.1 Rücklagen

#### 9.3.2.2.1.1 Offene Rücklagen

***Die Kapitalgesellschaften weisen den nicht ausgeschütteten Gewinn als Rücklagen in der Bilanz aus. Da sie für jedermann erkennbar sind, werden sie offene Rücklagen genannt.***

**Gründe** für die Bildung von Rücklagen sind:

- **gesetzliche Vorschriften** (Grundgedanke: Gläubigerschutz),
- **Vorschriften in der Satzung** (Grundgedanken: Gläubigerschutz und Kreditwürdigkeit),
- **freiwilliger Entschluß** (Grundgedanken: Kreditwürdigkeit).

***Daneben werden in jedem Betrieb sogenannte stille Rücklagen gebildet, die aus der Bilanz nicht ersichtlich sind.***

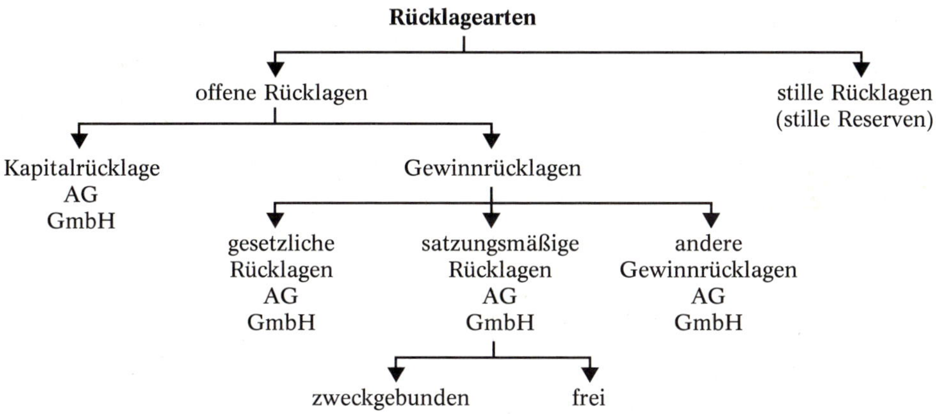


#### Gesetzliche Rücklagen

Gemäß § 150 AktG hat die AG eine **gesetzliche Rücklage aus dem Jahresüberschuß** zu bilden: Es sind so lange 5 % des Jahresüberschusses in diese Rücklage einzustellen, bis die gesetzliche Rücklage und die Kapitalrücklage zusammen 10 % des Grundkapitals ausmachen. Die Satzung kann einen höheren Teil des Grundkapitals festsetzen (statuarische Rücklage).

***Gesetzliche Rücklagen, die aus dem Jahresüberschuß gebildet werden, dürfen nur zum Ausgleich eines Verlustes aufgelöst werden.***

Eine gesetzliche Rücklage stellt auch die **Kapitalrücklage** dar. In sie sind einzustellen (§ 272 Abs. 2 HGB)

- das **Agio** (Aufgeld) aus der Aktienemission,
- das **Agio** aus der Emission von Wandelschuldverschreibungen und Optionsanleihen,
- die **Zuzahlungen** von Vorzugsaktionären,
- **andere Zuzahlungen** (z. B. eingeforderte Nachschüsse bei der GmbH).

Die Geldbeträge, die dem Unternehmen auf diese Weise von außen zufließen, sind kein Teil der Selbstfinanzierung, sondern der **Beteiligungsfinanzierung.**

***Gesetzliche Rücklagen, die aus dem Agio gebildet werden, dürfen nicht zum Verlustausgleich verwendet werden.***

### Satzungsmäßige Rücklagen

Der Gesellschaftsvertrag (Statut, Satzung) kann festlegen, daß **unter bestimmten Bedingungen** Rücklagen gebildet werden müssen **(satzungsmäßige Rücklagen).** Sie können **zweckgebunden** sein und z. B. gebildet werden für

- Neubauten,
- Modernisierung oder Erneuerung von Anlagen,
- Rationalisierungsmaßnahmen,
- betriebliche Unterstützungsfonds,
- Ausbau der Vertriebsorganisation,
- Risiken im Exportgeschäft.

***Zweckgebundene freiwillige Rücklagen dürfen nur für den Zweck verwendet werden, für den sie gebildet wurden.***

Sie schränken die Handlungsfreiheit der Unternehmensleitung ein. Deshalb werden in der Praxis **zweckfreie freiwillige Rücklagen** vorgezogen.

***Zweckfreie freiwillige Rücklagen können je nach den betrieblichen Erfordernissen verwendet werden.***

Beispiele dafür sind

- Ausgleich des Verlustes,
- Erhöhung des auszuschüttenden Gewinns,
- Ausgabe von Gratisaktien.

Die Verwendung der **zweckfreien Rücklage** ist nur dann durch Gesetz **eingeschränkt (§ 150 AktG),** wenn

- die gesetzliche Rücklage und die Kapitalrücklage zusammen noch nicht die 10 % des Grundkapitals bzw. den statuarisch geforderten höheren Teil erreicht hat und ein Verlust auszugleichen ist;
- wenn die gesetzliche Rücklage zu einem Verlustausgleich benötigt wird.

Bei der **GmbH** kann der Gesellschaftsvertrag vorsehen, daß ein Teil des Reingewinns als Rücklage **(Reservefonds)** im Unternehmen bleibt. Dadurch verzichten die Gesellschafter freiwillig auf einen Teil des ihnen zustehenden Gewinns.

### Andere Gewinnrücklagen

Einstellungen in die Bilanzposition „Andere Gewinnrücklagen“ sind in folgenden Fällen vorzunehmen:

- Die **Satzung** ermächtigt die Hauptversammlung bzw. Vorstand und Aufsichtsrat, **Teile des Jahresüberschusses** entsprechend zu verwenden (§ 58 Abs. 1, 2, 3 HGB, vgl. § 229 Abs. 2 GmbHG).
- Bei Kapitalgesellschaften werden **Zuschreibungen** bei Gegenständen des Anlage- und Umlaufvermögens vorgenommen (§ 58 Abs. 2 a AktG, vgl. § 29 Abs. 4 GmbHG).
- Bei Kapitalgesellschaften dürfen in der **Steuerbilanz** Passivposten gebildet werden, die steuerlich wirksam werden, ohne daß eine entsprechende Position in der **Handelsbilanz** ausgewiesen wird (z. B. Preissteigerungsrücklage nach § 74 EStDV).

### 9.3.2.2.1.2 Stille Rücklagen (stille Reserven)

Im Gegensatz zu offenen Rücklagen werden die stillen Rücklagen von allen Einzelunternehmungen und Gesellschaften gebildet.

***Stille Rücklagen entstehen durch***
***– Unterbewertung der Aktiva und***
***– Überbewertung der Passiva.***

Die **Unterbewertung der Aktiva** wird teilweise vom Gesetzgeber erzwungen **(Zwangsreserven):**

- Durch das **Niederstwertprinzip** werden Steigerungen des Wiederbeschaffungswertes (z. B. Maschine) oder des Marktpreises (z. B. Grundstücke) nicht berücksichtigt.
- **Originäre immaterielle Anlagegüter** (selbst geschaffener Firmenwert, Patente, Forschungs- und Entwicklungsaufwand) dürfen nicht aktiviert werden.
- Außerplanmäßige Abschreibungen und Sonderabschreibungen werden vorgenommen **(Ermessensreserven).** Grundgedanke ist dabei der Gläubigerschutz.

Aus Gründen der kaufmännischen Vorsicht erfolgt die **Überbewertung der Passiva. Ansatzpunkte** sind die **Wertberichtigungen** auf Forderungen und die **Rückstellungen.**

Die Bildung stiller Reserven **verringert** den **Gewinn** und führt zu **Steuerausfällen.** Deshalb wird die **Möglichkeit ihrer Bildung** durch das Aktiengesetz und die Bewertungsvorschriften in den Steuergesetzen **stark eingeschränkt.** Bei **Kapitalgesellschaften** ist die Bildung stiller Reserven durch **Abschreibungen** sogar **verboten** (§ 279 Abs. 1 HGB): Es besteht deshalb ein **Wertaufholungsgebot,** wenn der Grund für die Abschreibung weggefallen ist bei

- **außerplanmäßigen Abschreibungen** auf Gegenstände des Anlagevermögens,
- **Abschreibungen auf den niedrigeren Wert** bei Gegenständen des Umlaufvermögens,
- **nur steuerrechtlichen Abschreibungen.**

In diesen Fällen ist eine **Zuschreibung** vorzunehmen. Um zu verhindern, daß die zugeschriebenen Beträge versteuert werden müssen oder ausgeschüttet werden, sind die zugeschriebenen Beträge in die **anderen Gewinnrücklagen** einzustellen.

Wird aus **steuerrechtlichen Gründen** eine Zuschreibung unterlassen, so ist im **Anhang** der entsprechende Betrag anzugeben und die Unterlassung hinreichend zu begründen.

Die Bildung stiller Rücklagen führt meist nur zu einer **Steuerstundung:** Bei einer Veräußerung des jeweiligen Gegenstandes (z. B. einer Maschine oder eines Endprodukts) wird sie aufgelöst und muß versteuert werden.

Wichtige **Argumente** für ihre Bildung sind:

- Sie dienen der **Substanzerhaltung.**
- Sie dienen der **Gewinnregulierung.**

### 9.3.2.2.2 Gewinnvortrag

***Unter Gewinnvortrag versteht man bei der AG den Teil des Jahresüberschusses, der***
***– weder in die Rücklagen eingestellt,***
***– noch an die Aktionäre ausgeschüttet,***
***– noch zum Ausgleich eines Verlustvortrages oder eines Jahresfehlbetrages verwendet wird.***

Obwohl der Gewinn über mehrere Geschäftsjahre hinweg vorgetragen werden kann, stellt er in der Praxis ein Mittel der **kurzfristigen Selbstfinanzierung** dar. Die Gewinnverwendung wird meist nur um ein Jahr aufgeschoben.

**Die Eigenfinanzierung bei der AG**

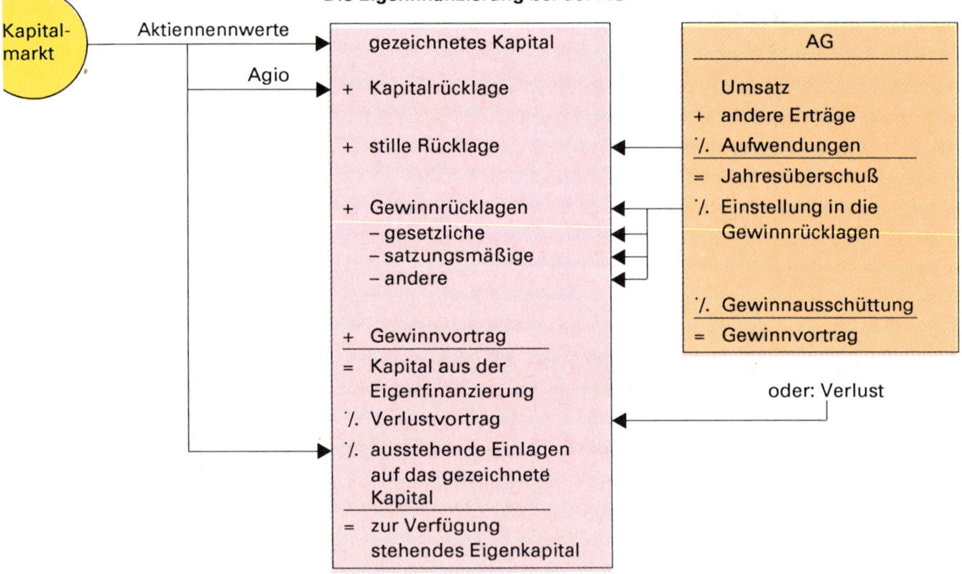


### 9.3.2.2.3 Wertberichtigungen

***Wertberichtigungen sind Posten auf der Passivseite der Bilanz, durch die zu hoch angesetzte Aktivposten in ihrem Wert korrigiert werden.***

Aus dem Rechungswesen kennen wir sie von der indirekten Buchung der Abschreibungen her. Ihr **Vorteil** ist, daß der Aktivposten (z. B. eine Maschine) stets zu Anschaffungs- oder Herstellungskosten zu Buche steht; dadurch wird es möglich, den vom HGB für mittlere und große Kapitalgesellschaften geforderten **Anlagespiegel** (§ 268 Abs. 2 HGB) zu erstellen.

**Einzelwertberichtigungen** werden gebildet in der Form der **indirekten Abschreibung** für

- das Sachanlagevermögen,
- die Finanzanlagen,
- die Forderungen aus Lieferungen und Leistungen,
- die Besitzwechsel.

Daneben werden sie aus **Gründen der kaufmännischen Vorsicht** z. B. in folgenden Fällen vorgenommen:

- **Vorräte:** Auf ihnen lastet ein Absatzrisiko; sie können überhöht oder beschädigt sein.
- **langfristige Forderungen:** Sie sind durch Kursverluste (Exportgeschäft) in ihrer Höhe gefährdet. Eine Forderung, die in fünf Jahren mit 100 000,00 DM beglichen wird, ist z. B. im Jahr ihrer Entstehung weniger wert: Sie wird deshalb auf den Gegenwartswert (Barwert) abgezinst.
- **strittige Forderungen:** Ein Kunde erkennt die Forderung, die der Betrieb gegen ihn erhebt, nicht an (Gründe: Kunde verlangt eine Gutschrift wegen einer Rabatt- oder Preisdifferenz; dem Kunden wurden Arbeiten, die er selbst durchgeführt hat, in Rechnung gestellt).

Die **Pauschalberichtigungen auf Forderungen** sind besonders geeignet, um stille Reserven zu bilden: Häufig sind die tatsächlichen Forderungsanfälle niedriger als das berücksichtigte Delkredererisiko.

Eine Wertberichtigung kann nur so lange aufrechterhalten werden, so lange der Aktivposten, den sie korrigieren soll, in der Bilanz steht. Wertberichtigungen auf das Umlaufvermögen führen daher in der Regel nur zu einer **Steuerstundung.** Allerdings verfügt jeder Betrieb über einen **Mindestbestand** an Wertberichtigungen, der ihm laufend zur Verfügung steht und zu seiner Selbstfinanzierung beiträgt.

***Wertberichtigungen führen zur Bildung stiller Reserven.***

### 9.3.2.2.4 Sonderposten mit Rücklagenanteil

***Unter Sonderposten mit Rücklagenanteil versteht man Rücklagen, die aus dem unversteuerten Gewinn gebildet werden.***

Sie sind ihrem Charakter nach **Eigenkapital;** in der Höhe der ersparten Steuern (Einkommen- bzw. Körperschaftsteuer und Gewerbeertragsteuer) sind sie **Fremdkapital.**

Sonderposten mit Rücklagenanteil können von Betrieben aller Rechtsformen z. B. für folgende Fälle gebildet werden:

- Rücklage für Ersatzbeschaffung (Abschnitt 35 EStR);
- Rücklage für Veräußerungsgewinne (§ 6 b EStG);

- Rücklage für Rationalisierungsmaßnahmen im Steinkohlenbergbau;
- Rücklage für Zuschüsse (Abschnitt 34 Abs. 3 EStR);
- Rücklage für den Erwerb von Betrieben, deren Fortbestand gefährdet ist (§ 6 d EStG);
- Rücklage nach dem Gesetz über steuerliche Maßnahmen bei Auslandsinvestitionen;
- Rücklage nach § 82 Städtebauförderungsgesetz;
- Rücklage zur Förderung mittelständischer Unternehmen.

Sonderposten mit Rücklagenanteil, die aus diesen Gründen gebildet werden, sind bei Kapitalgesellschaften nur zulässig, wenn sie in der Steuerbilanz gleichlautend bilanziert werden (§ 273 HGB).

Als Sonderposten mit Rücklagenanteil können auch die **Abschreibungen** auf Gegenstände des Anlage- und Umlaufvermögens ausgewiesen werden, die **nur aus steuerlichen Gründen** vorgenommen werden (§ 281 Abs. 1 HGB, z. B. Sonderabschreibungen wegen Umweltschutz, Importwarenabschlag).

Die Einstellung in den Sonderposten mit Rücklagenanteil wirkt meist nur **steueraufschiebend:** Nach einem gewissen Zeitraum sind sie z. B. aufzulösen und unterliegen dann voll den Ertragsteuern (z. B. Preissteigerungsrücklage). Der Gesetzgeber kann auch vorsehen, daß die Rücklage nur innerhalb eines bestimmten Zeitraums für einen bestimmten Zweck unversteuert verwendet werden kann; geschieht dies nicht, ist sie zu versteuern (z. B. Rücklage für Ersatzbeschaffung). Aufgrund dieser Tatsachen stehen diese Mittel dem Betrieb meist nur **kurz- bis mittelfristig** zur Verfügung.

**Wirtschaftspolitisch** betrachtet, bietet sich für den Staat die Gelegenheit, über das Gewähren/Aufheben von Einstellungsmöglichkeiten – sei es über die Bildung von Rücklagen oder über die Gewährung von Abschreibungsmöglichkeiten – die Investitionen in eine von ihm gewünschte Richtung zu lenken.

### 9.3.2.2.5 Rückstellungen

***Rückstellungen werden gebildet für Verbindlichkeiten, die in ihrer Höhe und/oder dem Zeitpunkt ihrer Fälligkeit nach unbekannt sind.***

Gemäß dieser Definition handelt es sich bei Rückstellungen um **Fremdkapital.** Sie werden aus dem Unternehmen heraus als Aufwand gebildet und wirken deshalb **gewinnschmälernd.** Dadurch verringern sich die zu zahlenden Steuern. Deshalb rechnet man Rückstellungen zur **steuerlich begünstigten Selbstfinanzierung.**

Nach der **Pflicht zur Bildung von Rückstellungen** unterscheidet man:

**Rückstellungen**

| Pflicht zur Bildung (§ 249 Abs. 1 HGB) | Möglichkeit der Bildung (§ 249 Abs. 2 HGB) | Verbot der Bildung (§ 249 Abs. 3 HGB) |
|---|---|---|

Rückstellungen **müssen** von Betrieben aller Rechtsformen aus folgenden Gründen **gebildet werden:**

- **Ungewisse Verbindlichkeiten:** z. B. Pensionsverpflichtungen, die nach dem 01.01.1987 eingegangen wurden; Verpflichtungen aus Vorruhestandsvereinbarungen, Verpflichtungen aus Sozialplänen, Urlaubsansprüche, Abschlußvergütungen, Steuerverbindlichkeiten, Provisionen, Boni, Rabatte, ausstehende Rechnungen, Prozeßrisiken.
- **Drohende Verluste aus schwebenden Geschäften:** z. B. zweifelhafte Forderungen, Wechsel- und Bürgschaftsobligo, Preisrückgang bei einer zum Festpreis bestellten, aber noch nicht gelieferten Ware.
- **Unterlassene Instandhaltungen,** die innerhalb von drei Monaten im neuen Geschäftsjahr nachgeholt werden.
- **Unterlassene Abraumbeseitigung,** die innerhalb des folgenden Geschäftsjahres nachgeholt wird.
- **Gewährleistungen,** die ohne rechtliche Verpflichtungen erbracht werden **(Kulanzrückstellungen).**

Rückstellungen **können** aus folgenden Gründen **gebildet werden:**

- **Unterlassene Instandhaltung,** die innerhalb eines Zeitraums nachgeholt wird, der sich vom 4. bis zum 12. Monat des folgenden Geschäftsjahres erstreckt.
- **Aufwendungen,**
  - deren Eigenart genau beschrieben ist;
  - dem Geschäftsjahr oder einem früheren Geschäftsjahr zuzuordnen sind;
  - am Bilanzstichtag wahrscheinlich oder sicher sind;
  - hinsichtlich ihrer Höhe oder des Zeitpunkts ihres Eintritts unbestimmt sind **(Aufwandsrückstellungen):** z. B. noch ausstehender Aufwand aus abgerechneten Lieferungen und Leistungen, Verzugsentschädigungen, Großreparaturen.
- **Pensionsrückstellungen,** bei denen der Anspruch vor dem 01.01.1987 erworben wurde.
- **Mittelbare Pensionsverpflichtungen** (über Pensions- oder Unterstützungskassen) oder pensionsähnliche Verpflichtungen (Art. 28 Abs. 1 Satz 2 EGHGB).

***Für andere als die genannten Rückstellungen besteht ein Bildungsverbot.***

Rückstellungen dürfen nur aufgelöst werden, wenn der Grund für ihre Bildung entfallen ist (§ 249 Abs. 3 Satz 2 HGB).

Grundsätzlich stehen die durch Rückstellungen selbst finanzierten Mittel dem Betrieb nur **kurzfristig** zur Verfügung: z. B. werden Garantiezusagen nur für einen bestimmten, überschaubaren Zeitraum gemacht. Jedoch hat ein Betrieb immer einen **Mindestbestand** an Garantiezusagen, Bürgschafts- und Wechselobligo usw. Dieser Mindestbestand steht dem Unternehmen **langfristig** zur Verfügung, ebenso wie die Mittel aus der Bildung von Pensionsrückstellungen.

Daneben bieten Rückstellungen die Möglichkeit, den Jahresüberschuß zu steuern. Dies gilt insbesondere für die Aufwandsrückstellungen.

***Rückstellungen führen zur Bildung stiller Reserven.***

## Zusammenfassung

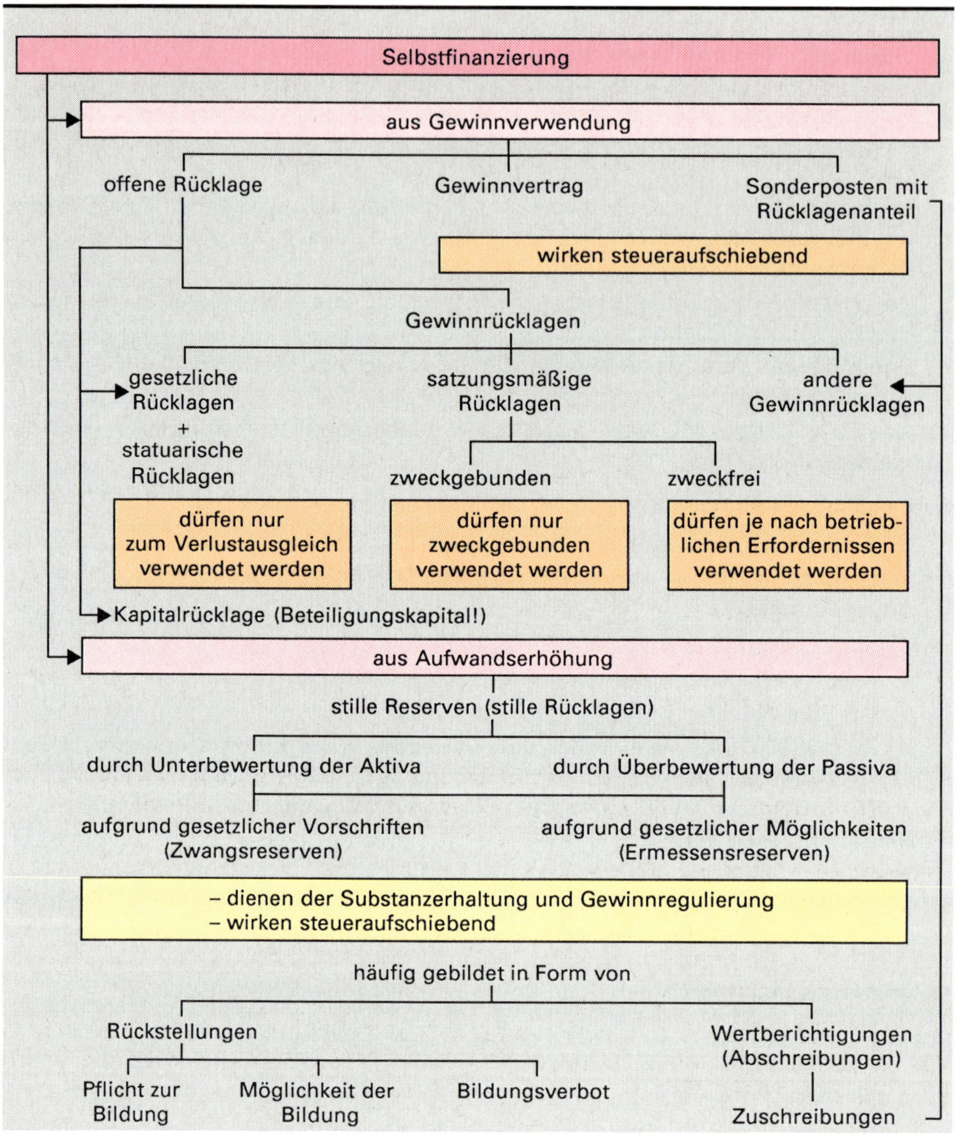


## Aufgaben

1. Erklären Sie die einzelnen Arten der Selbstfinanzierung.
2. Nehmen Sie die Bilanz einer AG zur Hand und untersuchen Sie, welche Arten der Selbstfinanzierung ausgewiesen werden.
3. Vergleichen Sie die Selbstfinanzierungsarten unter den Gesichtspunkten
   a) Eigen- oder Fremdkapital, b) der steuerlichen Belastung miteinander.



3992326

4. Welche Möglichkeit der Selbstfinanzierung sollte gewählt werden?
   a) Es besteht Grund zur Annahme, daß die Kulanzleistungen im nächsten Geschäftsjahr 500 000,00 DM betragen werden.
   b) Die Möglichkeit, Sonderabschreibungen vorzunehmen, blieb bisher ungenutzt.
   c) Es ist zu erwarten, daß die Aufwendungen für Forschung und Entwicklung in den nächsten fünf Jahren stark ansteigen werden.
   d) Das Kundenkontokorrent vermutet, daß die Forderungsausfälle wertmäßig stark steigen werden.
   e) Es wurde noch nicht entschieden, wie der Erlös aus dem Verkauf eines Zweigbetriebes verwendet werden soll.

## 9.3.2.3 Kosten der Eigenfinanzierung

Natürlich fallen auch bei der Eigenfinanzierung Kosten an. Aus der Sicht der Unternehmung wollen wir untersuchen, welche Kosten

– bei der Beschaffung des Eigenkapitals,
– während seines Verbleibs im Unternehmen (Eigenkapitalkosten),
– bei seiner Tilgung anfallen.

### Beschaffungskosten

Kosten für die Beschaffung von **Beteiligungskapital** entstehen beim Grundkapital der AG: Druckkosten für Aktien, Plazierungskosten (Kosten für den Verkauf der Aktien), Verwaltungskosten. Bei Kapitalerhöhungen fallen daneben Kosten für die Eintragung ins Handelsregister an. Dies gilt auch für die Kapitalerhöhung bei der GmbH und für die Erhöhung des Kommanditkapitals bei der KG.

Bei der **Selbstfinanzierung** fallen **Gewinnsteuern** an. Für alle Unternehmungen hat die **Gewerbeertragsteuer** Kostencharakter. Bei den Kapitalgesellschaften kommt dazu die **Körperschaftsteuer:** Nicht ausgeschüttete Gewinne, also die offenen Rücklagen, werden mit einen Steuersatz von 50 % belastet. Da andererseits der Steuersatz für ausgeschüttete Gewinne 36 % beträgt, ist nur die Differenz aus beiden Steuerbelastungen als Kosten der Selbstfinanzierung zu betrachten.

### Eigenkapitalkosten

Aus der Sicht der Unternehmung fallen für alle **unbeschränkt haftenden Eigenkapitalien keine** laufenden **Kosten** an, da Eigentümer und Unternehmung eine Einheit sind. Dies gilt auch für die GmbH.

Anders ist die Sachlage bei den **beschränkt haftenden Kapitalien:** Ihre Geber erwarten vom Unternehmen eine **Verzinsung.** Ohne sie wären sie nicht bereit, ihr Kapital zur Verfügung zu stellen. Diese Kosten wollen wir als **Nutzungskosten** bezeichnen. Die Zinsen auf das Eigenkapital sind im Gegensatz zu den Zinsen für das Fremdkapital steuerlich nicht absetzbar.

### Tilgungskosten

Kosten fallen nur an, wenn ein unbeschränkt haftender Gesellschafter oder ein GmbH-Gesellschafter ausscheidet und eine Löschung im Handelsregister notwendig ist. Das gleiche gilt beim Ausscheiden eines Kommanditisten bei der KG.

**Zusammenfassung**

**Kosten der Eigenfinanzierung**

- Beschaffungskosten
- Kapitalkosten
- Tilgungskosten

**Aufgaben**

1. Nennen Sie vier Arten der Beschaffungskosten.
2. Nehmen Sie Stellung zu folgender Behauptung: „Den ausgeschütteten Gewinn kann man als Zinsen auf das Eigenkapital betrachten."
3. Nennen Sie drei Arten von Tilgungskosten.
4. Welche Kapitalkosten gibt es bei
   a) unbeschränkt haftendem Kapital,
   b) beschränkt haftendem Kapital?

## 9.3.3 Finanzierung aus freigesetztem Kapital

Aus der **Umsatztätigkeit** fließen dem Unternehmen **Einnahmen** zu. Diesen Einnahmen stehen die Kosten gegenüber, die für diesen Umsatz anfielen, und die Umsatzsteuer. Außerdem enthalten sie den Gewinn und anteilige Abschreibungen. Da diesen **Abschreibungen** keine unmittelbaren Ausgaben gegenüberstehen, wird durch sie Kapital freigesetzt.

Nehmen wir an, ein Unternehmen besitzt Vorräte in Höhe von 2 500 000,00 DM. Gelingt es ihm, die **Vorräte** auf 2 000 000,00 DM zu **senken,** so wird Kapital in Höhe von 500 000,00 DM freigesetzt.

Dasselbe gilt, wenn die **liquiden Mittel gesenkt** werden können. Damit unterscheiden wir drei Möglichkeiten der **Finanzierung aus freigesetztem Kapital:**

- durch **Abschreibungen,**
- durch die **Erhöhung der Umlaufgeschwindigkeit im Umlaufvermögen,**
- durch den **Abbau von Liquiditätsreserven.**

### Abschreibungen

Nehmen wir an, daß ein Betrieb soeben 10 Maschinen zu je 10 000,00 DM angeschafft hat. Die Nutzungsdauer beträgt 5 Jahre; es wird kalkulatorisch linear abgeschrieben. Die folgende Tabelle zeigt, welche **Beträge durch** die **Abschreibungen freigesetzt** werden:

| Jahr | Abschreibung des laufenden Jahres | freigesetzte Mittel insgesamt | Restbuchwert der Maschinen |
|---|---|---|---|
| 1 | 20 000,00 | 20 000,00 | 80 000,00 |
| 2 | 20 000,00 | 40 000,00 | 60 000,00 |
| 3 | 20 000,00 | 60 000,00 | 40 000,00 |
| 4 | 20 000,00 | 80 000,00 | 20 000,00 |
| 5 | 20 000,00 | 100 000,00 | – |

Jährlich werden also 20 000,00 DM freigesetzt, so daß nach 5 Jahren der gesamte Investitionsbetrag zur Verfügung steht, wenn man die Abschreibungsbeträge auf einem Sonderkonto sammelt. Diese Tatsache bezeichnet man als **Kapitalfreisetzungseffekt.**

Nun wird aber kein Unternehmer die Abschreibungsbeträge einer Maschine so lange sammeln, bis deren Ersatzbeschaffung notwendig ist. Er wird die freigesetzten Kapitalbeträge benutzen, um Investitionen, sei es im Anlage- oder Umlaufvermögen, zu tätigen. In der Praxis ist die **Finanzierung von Anlagegütern durch Abschreibungen** üblich.

Verwendet der Betrieb die laufende Abschreibung und das freigesetzte Kapital zur Anschaffung neuer gleichartiger Maschinen, so erhöht er dadurch seine Kapazität. Diese Tatsache bezeichnet man als **Kapazitätserweiterungseffekt.**

In der Praxis werden beide Effekte kombiniert und in dem Satz zusammengefaßt:

***Finanzierung der Investitionen eines Jahres durch die Abschreibungen dieses Jahres.***

Die folgende Tabelle gibt diesen Tatbestand für das gewählte Beispiel wieder:

| Jahr | Zahl der Maschinen | | | laufende Abschreibg. | Investition | freigesetztes Kapital (Summe) |
|---|---|---|---|---|---|---|
| | Zugang | Abgang | Bestand | | | |
| 1 | 10 | – | 10 | 20 000,00 | 20 000,00 | – |
| 2 | 2 | – | 12 | 24 000,00 | 20 000,00 | 4 000,00 |
| 3 | 2 | – | 14 | 28 000,00 | 30 000,00 | 2 000,00 |
| 4 | 3 | – | 17 | 34 000,00 | 30 000,00 | 6 000,00 |
| 5 | 3 | – | 20 | 40 000,00 | 40 000,00 | 6 000,00 |
| 6 | 4 | 10 | 14 | 28 000,00 | 30 000,00 | 4 000,00 |
| 7 | 3 | 2 | 15 | 30 000,00 | 30 000,00 | 4 000,00 |
| 8 | 3 | 2 | 16 | 32 000,00 | 30 000,00 | 6 000,00 |
| 9 | 3 | 3 | 16 | 32 000,00 | 30 000,00 | 8 000,00 |
| 10 | 3 | 3 | 16 | 32 000,00 | 40 000,00 | – |
| 11 | 4 | 4 | 16 | 32 000,00 | 30 000,00 | 2 000,00 |
| 12 | 3 | 3 | 16 | 32 000,00 | 30 000,00 | 4 000,00 |

Dieses Verfahren ist wie folgt **begründet:**

- Am Ende der Nutzungsdauer ist eine gleichartige Maschine aufgrund der **technischen Entwicklung** nicht mehr erhältlich.
- Selbst wenn die technische Entwicklung stehen bliebe, wären die **Wiederbeschaffungspreise** im Verlauf der Nutzungsdauer so gestiegen, daß das freigesetzte Kapital nicht ausreichte.

Die Auswirkungen beider Effekte wird durch folgende, in der **Praxis** übliche Handhabungen erhöht:

- Wenn möglich, schreibt man **buchmäßig degressiv** ab oder nimmt die Möglichkeiten von **außerplanmäßigen Abschreibungen** und **Sonderabschreibungen** wahr.
- Die tatsächliche Nutzungsdauer eines Anlagegutes ist häufig größer als die in den AfA-Tabellen enthaltene. Deshalb werden in vielen Betrieben **Überabschreibungen** vorgenommen.

### Erhöhung der Umlaufgeschwindigkeit

Ein Betrieb hat Vorräte in Höhe von 8 000 000,00 DM. Bisher wurde davon ausgegangen, daß diese Vorräte eine Reichweite von 6 Monaten haben sollen. Gelingt es nun, die **Reichweite** auf 3 Monate zu begrenzen, ohne daß es zu Störungen in den Bereichen Fertigung und Absatz kommt, werden die Bestände wertmäßig um 50 % gesenkt: 4 000 000,00 DM können **einmalig** in andere Vermögensteile investiert werden.

Dieselbe Wirkung tritt ein, wenn es gelingt

- das **Zahlungsziel bei der Beschaffung zu verlängern;**
- die **Durchlaufzeit zu verkürzen;**
- das **Zahlungsziel beim Absatz zu verringern.**

### Abbau von Liquiditätsreserven

Gelingt es, den ordentlichen Finanzplan in den Griff zu bekommen, so ist es möglich,

- die **flüssigen Mittel** in ihrer Höhe zu **senken;**
- **Finanzierungsspielräume** wie nicht ausgenutzte Kreditlinien bei den Banken **besser zu nutzen.**

Dadurch werden ebenfalls **einmalig Mittel freigesetzt.**

## Zusammenfassung

**Finanzierung aus freigesetztem Kapital**

<table>
<tr><th>Maßnahmen</th><th></th><th>Wirkung</th></tr>
<tr><td>kalkulatorische Abschreibung</td><td>→</td><td>Kapital wird laufend freigesetzt.<br>↓<br>Wird dieses Kapital reinvestiert, wird die Kapazität erweitert.</td></tr>
<tr><td>Erhöhung der Umlaufgeschwindigkeit<br>Beispiele:<br>– Senkung der Bestände<br>– Verlängerung des erhaltenen Zahlungszieles<br>– Verkürzung des gewährten Zahlungszieles<br>– Verkürzung der Durchlaufzeit</td><td>→</td><td rowspan="2">Kapital wird einmalig freigesetzt.</td></tr>
<tr><td>Abbau von Liquiditätsreserven<br>Beispiele:<br>– Verringerung der flüssigen Mittel<br>– verbesserte Ausnutzung der Kreditspielräume</td><td>→</td></tr>
</table>



3992330

## Aufgaben

1. Nehmen Sie zu folgender Aussage Stellung: „Die Investitionen eines Jahres werden durch die Abschreibungen dieses Jahres finanziert.“
2. Erklären Sie den Kapitalfreisetzungseffekt und den Kapazitätserweiterungseffekt der Abschreibungen.
3. Warum wird Kapital freigesetzt, wenn
   a) die Umlaufgeschwindigkeit erhöht wird,
   b) die Liquiditätsreserven abgebaut werden?
4. Nennen Sie je vier Maßnahmen, durch die die Umlaufgeschwindigkeit erhöht bzw. Liquiditätsreserven abgebaut werden.
5. Errechnen Sie die Kapitalfreisetzung und die Kapazitätserweiterung in folgenden drei Fällen:
   a) Es wird mit 25 % degressiv abgeschrieben.
   b) Neben der linearen Abschreibung werden 5 % Sonderabschreibungen vorgenommen.
   c) Nach dem 10. Nutzungsjahr wird weitere 5 Jahre lang mit 10 % linear abgeschrieben.

Es wurden jeweils 10 Maschinen mit einem Anschaffungswert von 10 000,00 DM und einer steuerlichen Nutzungsdauer von 10 Jahren angeschafft. Werten Sie Ihre Ergebnisse aus.

## 9.3.4 Fremdfinanzierung

### 9.3.4.1 Überblick über die Kreditarten

Es gibt verschiedene Möglichkeiten, die Kredite einzuteilen:

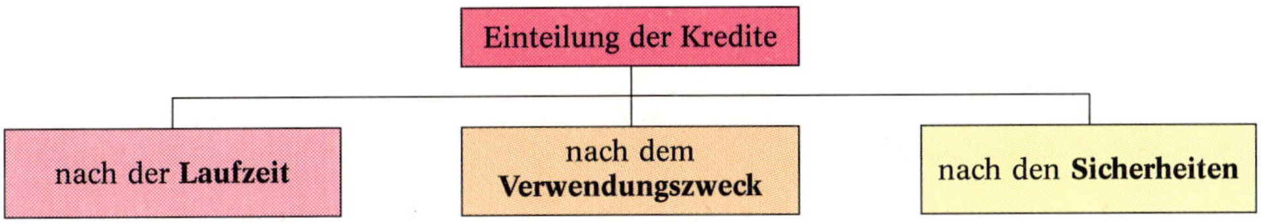


#### Kredite nach der Laufzeit

Nach der Laufzeit oder **Fristigkeit** unterscheidet man

- **kurzfristige Kredite:** bis 6 Monate Laufzeit,
- **mittelfristige Kredite:** von 6 Monaten bis 4 Jahre Laufzeit,
- **langfristige Kredite:** ab 4 Jahren Laufzeit.

#### Kredite nach dem Verwendungszweck

Im Betrieb des Kreditnehmers kann ein Kredit **(Produktivkredit)** für verschiedene Zwecke verwendet werden:

- **Investitionskredit:** Er dient zur Finanzierung von Investitionen. Die Rückzahlung erfolgt mit Hilfe der Erträge, die aus den Investitionen erwirtschaftet werden.
- **Betriebskredit:** Er dient überwiegend zum Kauf von Vorräten: Das Lager wird aufgestockt, die Fertigungsdauer verlängert sich, eine Rechnung soll unter Abzug von Skonto bezahlt werden, den Kunden wird ein längeres Zahlungsziel eingeräumt. Er wird aus dem späteren Zahlungseingang zurückgezahlt (getilgt).
- **Überbrückungskredit:** Er dient dazu, Liquiditätsengpässe zu überbrücken, die z. B. an den Steuerterminen, bei der Lohn- und Gehaltszahlung sowie der Überweisung

der Sozialversicherungsbeiträge entstehen. Der Grund für einen Liquiditätsengpaß liegt häufig darin, daß Zahlungen nicht termingerecht eingehen. Er wird aus den laufenden Zahlungseingängen getilgt.

- **Zwischenkredit:** Er dient zur Vorfinanzierung eines zugesagten, meist langfristigen Kredits (z. B. bei Baumaßnahmen). Mit der Zuteilung dieses Kredits wird der Zwischenkredit getilgt.

Von **Konsumkredit** spricht man, wenn der Kreditnehmer ein Privatmann (Konsument) ist.

### Kredite nach Sicherheit

Weiterhin können Kredite nach **Sicherheiten,** die gestellt werden müssen, unterschieden werden:

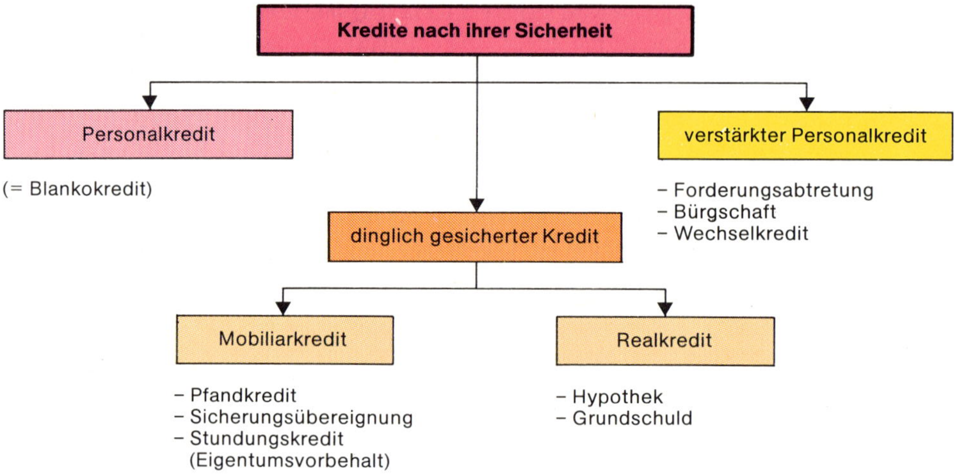


### Zusammenfassung

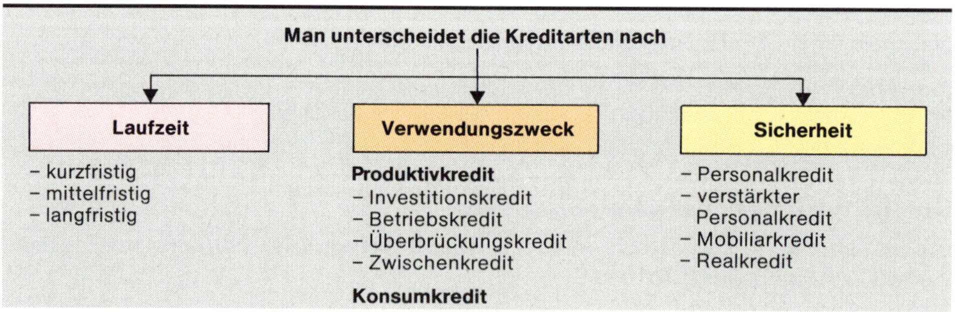


### Aufgaben

1. Was versteht man unter „Kredit"?
2. Wer kann Kreditgeber eines Unternehmens sein?
3. Grenzen Sie die Kredite nach ihrer Laufzeit voneinander ab.
4. Beschreiben Sie die Kredite nach ihrem Verwendungszweck.
5. Welche Kreditarten unterscheidet man bei der Einteilung der Kredite nach ihrer Sicherheit?



3992332

## 9.3.4.2 Kreditvertrag

### 9.3.4.2.1 Zustandekommen

***Die Überlassung von Fremdkapital setzt den Abschluß eines Kreditvertrages zwischen dem Kreditgeber und dem Kreditnehmer voraus:***

### 9.3.4.2.2 Bonitätsprüfung

***Die Bonitätsprüfung soll hinsichtlich des Kreditnehmers feststellen,***
- ***ob er rechtsgültig Kreditgeschäfte abschließen kann (Kreditfähigkeit);***
- ***in welcher wirtschaftlichen Situation er sich befindet (Kreditwürdigkeit);***
- ***wie er den Kredit absichern kann (Kreditsicherheit).***

Die Banken sind aufgrund gesetzlicher Vorschriften gezwungen, diese Punkte zu prüfen. Ein Unternehmen als Kreditgeber wird seinen Kreditnehmer ebenfalls unter diesen Gesichtspunkten unter die Lupe nehmen. Es ist jedoch lediglich durch betriebsinterne Vorschriften hinsichtlich der Strenge seiner Prüfung gebunden. Außerdem überwiegt bei ihm häufig das Streben nach höherem Umsatz das Streben nach Sicherheit.

#### Prüfung der Kreditfähigkeit

Wer rechtsgültige Verträge abschließen will, muß rechts- und geschäftsfähig sein. Dies ist bei Unternehmen in der Regel der Fall, da diese Vollkaufleute sind und Rechtsgeschäfte unter ihrer Firma tätigen.

Jemand, der für eine Firma handelt und für sie die Unterschrift abgibt, muß dazu berechtigt sein. Deshalb schrumpft die Prüfung der Kreditfähigkeit auf die Prüfung der **Vertretungsbefugnis** zusammen.

#### Prüfung der Kreditwürdigkeit

Die wirtschaftliche Situation eines Unternehmens muß unter zwei Gesichtspunkten untersucht werden:

- Der Kreditnehmer muß aufgrund seines Charakters, beruflichen Könnens, Rufes, Verhaltens, Lebenswandels usw. die Vergabe eines Kredites rechtfertigen **(persönliche Kreditwürdigkeit).** Bedeutsam ist dieser Aspekt nur bei Einzelunternehmungen und Personengesellschaften.
- Es werden die Ertragslage, die Vermögenslage und die Liquiditätslage des Kreditnehmers überprüft **(materielle Kreditwürdigkeit).**

Kreditinstitute entnehmen die benötigten Informationen aus folgenden Unterlagen:

| Art der Unterlage | Herkunft |
|---|---|
| Auskünfte – Selbstauskunft<br>– Fremdauskunft | Kreditsuchender gibt evtl. Referenzen an:<br>– gewerbliche Auskunfteien<br>– Geschäftsfreunde des Kreditsuchenden<br>– Banken untereinander<br>– Schutzgemeinschaft für allgemeine Kreditsicherung (Schufa)<br>– Zeitungsartikel |
| beglaubigte Registerauszüge | – Handelsregister<br>– Grundbuch<br>– Güterrechtsregister<br>– Schuldverzeichnisse (Konkurse)<br>– Protestliste (Wechselproteste) |
| Steuerunterlagen | Kreditsuchender |
| – Bilanzen<br>– Gewinn- und Verlustrechnungen<br>– Geschäftsberichte<br>– Geschäftsbücher | Kreditsuchender |
| Kontounterlagen | Bankeigentum |
| Betriebsbesichtigung | |

Unternehmen können wichtige Informationen den Berichten ihrer Reisenden und Vertreter entnehmen.

### Prüfung der Kreditsicherheit

Die Prüfung der Bonität des Kreditnehmers wird abgeschlossen, indem die Sicherheiten untersucht werden, die er stellen kann. Als Sicherheiten kommen in Betracht:

- Die Prüfung der Kreditwürdigkeit hat ergeben, daß keine weitere Sicherung nötig ist **(persönliche Sicherheit).**
- Eine Sicherung durch Sachen ist erforderlich **(dingliche Sicherheit).**
- Eine dingliche Sicherung ist nicht notwendig, die persönliche Sicherung reicht jedoch nicht aus **(verstärkt-persönliche Sicherheit).**

Damit besteht ein enger Zusammenhang zwischen Kapitalbeschaffung und Kreditsicherung:

***Wer seinem Kreditgeber keine Sicherheiten stellen kann, hat keine Möglichkeit der Fremdfinanzierung.***



3992334

**Zusammenfassung**

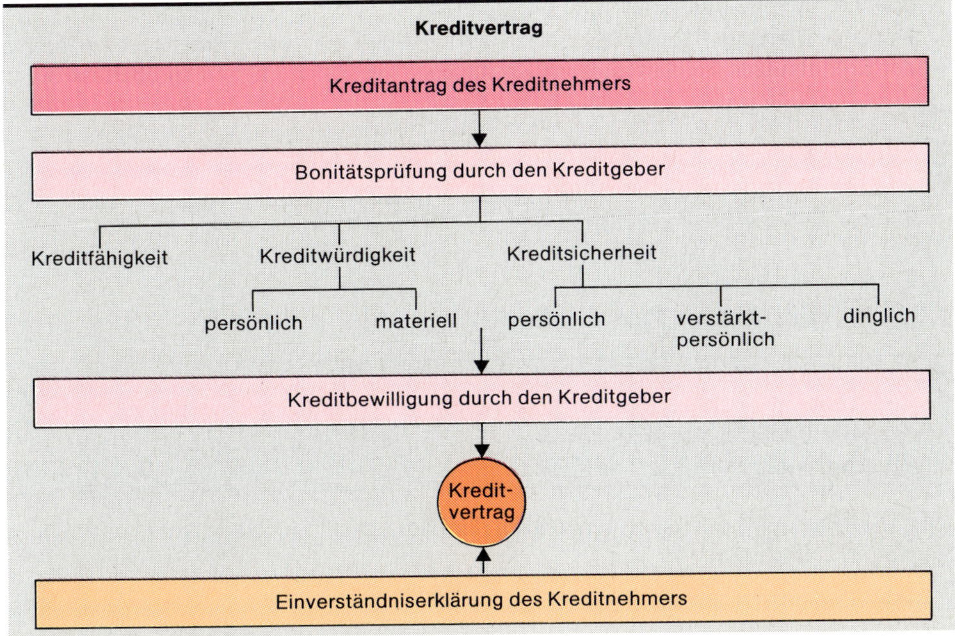


**Aufgaben**

1. Wie kommt ein Kreditvertrag zustande?
2. Begründen Sie die Notwendigkeit der Bonitätsprüfung.
3. Welche Eigenschaften des Kreditnehmers werden im Rahmen der
   a) Kreditfähigkeitsprüfung,
   b) Kreditwürdigkeitsprüfung,
   c) Kreditsicherheitsprüfung überprüft?
4. Auf welche Informationsquellen kann der Kreditgeber bei der Bonitätsprüfung zurückgreifen?
5. Welcher Zusammenhang besteht zwischen der Kapitalbeschaffung und der Kreditsicherung?

### 9.3.4.3 Personalkredit (Blankokredit)

Der Blankokredit wird in der Form des **Darlehens** oder **Kontokorrentkredits** vergeben.

Ein Personalkredit wird zugesagt, wenn die personelle und materielle Kreditwürdigkeitsprüfung aus der Sicht des Kreditgebers zufriedenstellend ausgefallen ist:

***Der Kredit wird durch die Person des Kreditnehmers und insbesondere seine Vermögenslage (nicht durch dingliche Sicherung) gesichert.***

Deshalb ist dieser Kredit besonders für Einzelunternehmungen und Personengesellschaften von Bedeutung. Allerdings verlangen die Kreditinstitute häufig eine der beiden folgenden Erklärungen:

- **Ausschließlichkeitserklärung:** Der Kreditnehmer verpflichtet sich, nur beim kreditgewährenden Institut Konten zu unterhalten.
- **Negativerklärung** (Negativklausel): Der Kreditnehmer verpflichtet sich, während der Kreditlaufzeit keinem anderen Kreditgeber Kreditsicherheiten zu überlassen.

Für den Kreditnehmer bedeutet ein Blankokredit:

- Seine Gewährung steht und fällt mit der Person des Eigentümers.
- Er steht in wirtschaftlicher Abhängigkeit von einem Kreditinstitut; seine Entscheidungsfreiheit kann eingeengt werden.

### 9.3.4.4 Verstärkter Personalkredit

***Beim verstärkten Personalkredit wird der Kredit durch***
***– Abtretung eines Teiles des Betriebsvermögens (Forderungsabtretung),***
***– das Vermögen Dritter (Bürgschaft),***
***– ein Wertpapier (Wechsel) gesichert.***

Verstärkte Personalkredite können je nach der Laufzeit der Sicherung kurz-, mittel-oder langfristiger Natur sein.

#### 9.3.4.4.1 Forderungsabtretung (Zession)

Das **Zustandekommen** der Zession gibt die folgende Abbildung wieder:

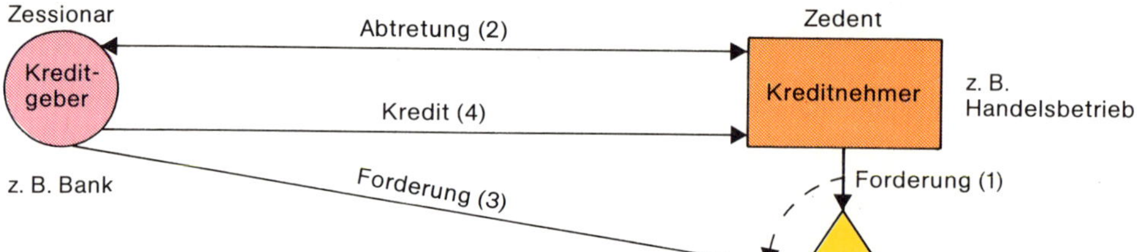


Neben dem Kreditvertrag kommt zwischen Kreditgeber und Kreditnehmer ein **Abtretungsvertrag** zustande (§§ 398 ff. BGB).

***Der Kreditnehmer (Zedent) tritt an den Kreditgeber (Zessionar) seine Forderung ab, die er gegenüber einem Dritten (Drittschuldner) hat.***

Die **Kreditsicherung** besteht darin, daß der Kreditgeber zum Gläubiger des Drittschuldners wird: So stehen die Zahlungen des Drittschuldners dem Kreditgeber zu. Der Kreditgeber hat damit **zwei Forderungen** in der Hand, die er notfalls gerichtlich durchsetzen kann:

- Die Forderung aus dem Kreditvertrag gegen den Kreditnehmer.
- Die Forderung aus dem Abtretungsvertrag gegen den Drittschuldner.

***Je nachdem, ob der Drittschuldner vom Abtretungsvertrag benachrichtigt wird oder nicht, unterscheidet man zwischen der stillen und der offenen Zession.***


3992336

| Merkmal | stille Zession | offene Zession |
|---|---|---|
| Benachrichtigung | Der Drittschuldner wird nicht benachrichtigt. | Der Drittschuldner wird benachrichtigt. |
| Vorteil für Kreditgeber | – | Die Zahlung muß direkt an ihn gehen. |
| Vorteil für Kreditnehmer | Sein Ansehen wird nicht geschädigt. | – |
| Nachteil für Kreditgeber | Der Drittschuldner zahlt an den Kreditnehmer, wodurch die Forderung erlischt. | – |
| Nachteil für Kreditnehmer | – | Sein Ansehen wird unter Umständen geschädigt. |

Wegen des Nachteils, den die stille Zession für den Kreditgeber hat, sollte er sich bei Abschluß des Abtretungsvertrages vom Kreditnehmer **Blankoabtretungsanzeigen** unterschreiben lassen: Sollte der Kreditnehmer z. B. mit seiner Verpflichtung, die Zahlungseingänge der Drittschuldner an den Kreditgeber weiterzuleiten, in Verzug kommen, so kann dieser die stille Zession jederzeit in eine offene umwandeln. Das gleiche gilt, wenn eine **Mehrfachabtretung** zu befürchten ist.

***Aus der Sicht des Kreditnehmers läßt sich die Zession für zwei Zwecke verwenden:***
- ***Kreditbeschaffung für einen bestimmten Auftrag,***
- ***Beschaffung eines Dauerkredits (z. B. Kreditlinien bei Kontokorrent- und Wechseldiskontkredit).***

Im ersten Fall spricht man von einer **Einzelzession.** Sie ist für solche Unternehmungen wichtig, die ab und zu Großaufträge erhalten. Durch die Abtretung der zukünftigen Forderung gegen ihren Auftraggeber erhalten sie die Mittel, den Auftrag vorzufinanzieren.

Im zweiten Fall muß man zwischen **Mantel-** und **Globalzession (Rahmenzessionsverträge)** unterscheiden.

| Merkmal | Mantelzession | Globalzession |
|---|---|---|
| Vertragsinhalt | Der Kreditnehmer verpflichtet sich, laufend Forderungen in Höhe eines bestimmten Gesamtbetrages an den Kreditgeber abzutreten. | Der Kreditnehmer verpflichtet sich,<br>– sämtliche Forderungen gegen bestimmte Kunden oder<br>– sämtliche Forderungen aus bestimmten Geschäften innerhalb eines festgelegten Zeitraumes oder<br>– zukünftige Forderungen<br>an den Kreditgeber abzutreten. |
| Zeitpunkt der Abtretung | Abtretung erfolgt durch Übersendung von Rechnungskopien bzw. Debitorenlisten. | Abtretung erfolgt im Zeitpunkt der Entstehung der Forderung. |

Da bei der Globalzession die Abtretung automatisch erfolgt, ist sie in der Praxis häufiger als die Mantelzession. Rechnungskopien bzw. Debitorenlisten, die der Kreditgeber auch bei der Globalzession verlangt, haben den Zweck, Bestand und Zusammensetzung der Forderungen zu überwachen.

Einzel-, Mantel- und Globalzession können sowohl eine offene als auch eine stille Zession sein.

Hinsichtlich der Forderungen, die abgetreten werden sollen, muß der **Kreditgeber** beachten:

- Die Forderungen dürfen nicht bereits an einen anderen Kreditgeber abgetreten worden sein. In Frage kommt ein Abtretungsvertrag mit einem anderen Kreditgeber oder ein verlängerter Eigentumsvorbehalt **(Mehrfachabtretung).**
- Es darf kein **gesetzliches Abtretungsverbot** bestehen. Betriebe sind davon nicht betroffen.
- Es darf kein **vertragliches Abtretungsverbot** bestehen. Solche Verbote finden sich häufig in den Allgemeinen Lieferungsbedingungen der Kunden; öffentliche Auftraggeber schließen die Abtretung ihrer Verbindlichkeiten grundsätzlich aus.

Damit können folgende Forderungen abgetreten werden:

- aus Warenlieferungen und Leistungen,
- aus Lebensversicherungsverträgen,
- aus Spar- und Bausparguthaben,
- aus Grundpfandrechten (z. B. Grundschuld).

In der Praxis ist es üblich, wegen der mit Forderungen und der Abtretung verbundenen Risiken eine sog. **Überdeckung des Kredits** zu verlangen: Der Beleihungswert der Forderung liegt bei etwa 70 %, d. h. für einen Kredit über 1 000,00 DM müssen Forderungen in Höhe von 1 450,00 DM abgetreten werden.

Die Zession ist vor allem für Einzel- und Personengesellschaften interessant, da persönliche Forderungen der Eigentümer abgetreten werden können.

## Zusammenfassung

**Die Zession**

| | |
|---|---|
| Wesen | Kreditsicherung mit Hilfe von Forderungen |
| Arten | stille Zession offene Zession<br>als<br>Einzelzession oder Mantelzession oder Globalzession |
| Kredit | auftragsbezogen Dauerkredit |
| Gefahren | Mehrfachabtretung<br>gesetzliches Abtretungsverbot<br>vertragliches Abtretungsverbot |
| geeignete Forderungen | Forderungen aus<br>– Warenlieferung und Leistung<br>– Grundpfandrechten<br>– Lebensversicherungsverträgen<br>– Sparguthaben<br>– Bausparguthaben |
| Kosten | – |



3992338

## Aufgaben

1. Worin besteht die Kreditsicherung bei einem
   a) Personalkredit, b) verstärkten Personalkredit?
2. Schildern Sie das Zustandekommen einer Zession.
3. Worin besteht die Kreditsicherung bei einer Zession?
4. Grenzen Sie stille und offene Zession voneinander ab.
5. Wie kann die stille Zession zusätzlich abgesichert werden?
6. Grenzen Sie Einzel-, Mantel- und Globalzession voneinander ab.
7. Welche Risiken erwachsen dem Kreditgeber aus der Zession?
8. Was versteht man unter "Überdeckung des Kredits" bei einer Zession?
9. Welche Forderungen eignen sich besonders für eine Zession?

## 9.3.4.4.2 Bürgschaft

Das **Zustandekommen und** das **Wesen** der Bürgschaft gibt folgende Abbildung wieder:

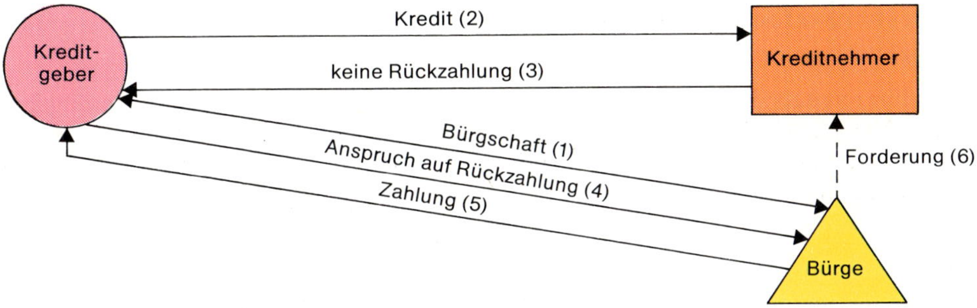


Neben dem Kreditvertrag zwischen dem Kreditnehmer und dem Kreditgeber wird ein **Bürgschaftsvertrag** zwischen diesem und dem Bürgen abgeschlossen (§§ 765 ff. BGB, § 349 HGB):

***Der Bürge verpflichtet sich gegenüber dem Kreditgeber, für die Verpflichtung des Kreditnehmers einzustehen, wenn dieser den Kredit überhaupt nicht oder nur teilweise zurückzahlt. Zahlt der Bürge anstelle des Kreditnehmers, geht die Forderung des Kreditgebers automatisch auf ihn über.***

Die Bürgschaft soll also den Kreditgeber schützen, falls der Kreditnehmer zahlungsunfähig wird. Durch den **gesetzlichen Forderungsübergang** wird das Risiko auf den Bürgen abgewälzt. Dies bedingt, daß zwischen dem Bürgen und dem Unternehmen, für das er bürgt, ein Vertrauensverhältnis besteht. Vor allem, wenn der **Bürge** nicht nur die Haftung für bestehende, sondern auch für zukünftige und bedingte Verbindlichkeiten übernimmt, **prüft** er häufig die **Kreditsicherheit** des Betriebes. Erst dann erklärt er sich bereit, den Bürgschaftsvertrag abzuschließen.

***Handelt es sich beim Bürgen um einen Vollkaufmann, so kann der Bürgschaftsvertrag auch mündlich zustande kommen.***

Aus Beweisgründen sollte der Vertrag jedoch schriftlich fixiert werden. Es ist üblich, daß der Bürge für seine Dienste eine **Provision** verlangt.

Nach der Art der Haftung, die der Bürge zu tragen hat, unterscheidet man folgende **Bürgschaftsarten:**

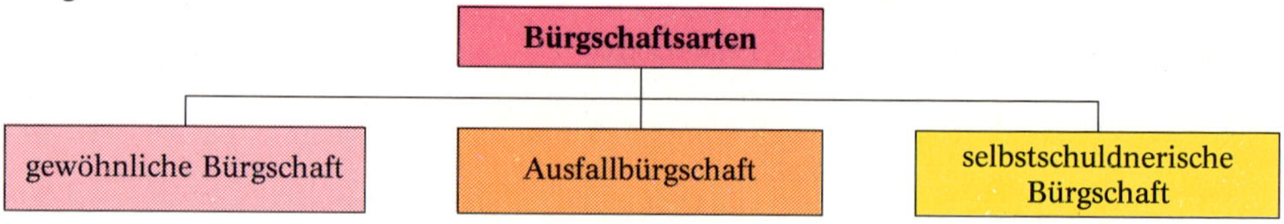


**Gewöhnliche Bürgschaft:** Der Bürge haftet, wenn der Kreditgeber vom Kreditnehmer keine Befriedigung seiner Forderung erlangt. Allerdings kann der Bürge vom Kreditgeber verlangen, daß er zuerst eine Zwangsvollstreckung in das bewegliche Vermögen des Kreditnehmers vornimmt **(Einrede der Vorausklage).** Erst wenn diese erfolglos bleibt, haftet der Bürge. Er **kann** auf die „Einrede der Vorausklage" **verzichten:** Er wird dies tun, wenn er damit rechnet, daß die Zwangsvollstreckung erfolglos bleibt. Dadurch spart er Kosten, da der Umfang der Bürgschaft auch die Kosten der Rechtsverfolgung einschließt. Er **muß** auf sie verzichten, wenn

- der Konkurs über das Vermögen des Kreditnehmers eröffnet wurde;
- anzunehmen ist, daß die Zwangsvollstreckung erfolglos bleiben wird.

**Ausfallbürgschaft:** Der Bürge haftet nur für den Verlust (=Ausfall), der dem Kreditgeber entstanden ist. Der Verlust muß dem Bürgen gegenüber nachgewiesen werden. Für den Kreditgeber bedeutet dies, daß er erst die Zwangsvollstreckung in das gesamte Vermögen des Kreditnehmers betrieben haben muß. Durch die Einrede der Vorausklage kann er gezwungen werden, erst diesen Weg zu gehen.

**Selbstschuldnerische Bürgschaft:** Hier hat der Bürge bereits im Bürgschaftsvertrag auf die Einrede der Vorausklage verzichtet; ein Vollkaufmann haftet stets selbstschuldnerisch, wenn sie für ihn ein Handelsgeschäft ist. Dies bedeutet, daß der Bürge sofort haftet, wenn der Kreditnehmer seine Verpflichtungen nicht vertragsgemäß erfüllt.

In der Praxis bedeutet dies für ein Unternehmen, das einen Kredit durch eine Bürgschaft sichern will:

***Aus Gründen der Kreditwürdigkeit sollte es sich stets Bürgen beschaffen, die selbstschuldnerisch haften.***

Einen **Sonderfall** der Bürgschaft stellt der **Avalkredit** dar:

***Bei einem Avalkredit haftet ein Kreditinstitut als Bürge.***

Dadurch steht die Kreditwürdigkeit des Kreditnehmers außer Zweifel. Die Bank berechnet für ihre Bürgschaft eine Avalprovision.

Avalkredite benutzt ein Unternehmen besonders dann, wenn ein Zug-um-Zug-Geschäft zu zeitaufwendig ist. Avale werden meist gebraucht, um **Stundungskredite** zu erhalten:

- Frachtenstundung bei der Deutschen Bundesbahn (Frachtaval),
- Zoll- und Steuerstundung bei der Finanzverwaltung (Zoll- und Steueraval),
- zur Vermeidung von Zwangsvollstreckungen nach erfolgtem Urteil vor der Ausschöpfung des Rechtsweges (Prozeßaval),
- Kaufpreisstundung bei Materialbeschaffung.

## Zusammenfassung

**Bürgschaft**

| | | |
|---|---|---|
| Wesen | Kreditsicherung durch die Erklärung eines Dritten, für den Kreditnehmer einzutreten. | |
| Haftungsumfang | gewöhnliche Bürgschaft | – Einrede der Vorausklage<br>– Haftung für Gesamtforderung |
| | Ausfallbürgschaft | – Einrede der Vorausklage<br>– Haftung nur für Verlust des Kreditgebers |
| | selbstschuldnerische Bürgschaft (stets bei Vollkaufleuten) | – Verzicht auf Einrede der Vorausklage<br>– Haftung für Gesamtforderung |
| Kredite | – Dauerkredit (Kontokorrent-, Wechseldiskontkredit)<br>– Einzelkredit | |
| Kosten | Provision für Bürgen | |
| Sonderfall | Avalkredit: Ein Kreditinstitut haftet als Bürge. | |

## Aufgaben

1. Schildern Sie das Zustandekommen einer Bürgschaft.
2. Welche Arten der Bürgschaft werden unterschieden?
3. Grenzen Sie die verschiedenen Bürgschaftsarten gegeneinander ab.
4. Welche Formvorschriften bestehen für die Bürgschaft?
5. Erklären Sie die Einrede der Vorausklage.
6. Wer kann eine selbstschuldnerische Bürgschaft eingehen?
7. Was versteht man unter einem Avalkredit?
8. Welche Kosten entstehen dem Kreditnehmer aus einer Bürgschaft?

### 9.3.4.4.3 Wechselkredit

Das **Zustandekommen und Wesen** des Wechselkredits zeigt folgende Abbildung:

Neben die Forderung aus der Warenlieferung tritt die Wechselforderung.

***Durch die Akzeptierung verpflichtet sich der Kreditnehmer, den Wechsel am Fälligkeitstag einzulösen.***

Es handelt sich um einen **Stundungskredit,** der durch einen **Wechsel gesichert** wird. Seine Vorteile sind

- aus der **Sicht des Kreditnehmers:** niedrige Finanzierungskosten (Diskont, Spesen), ohne große Formalitäten erhältlich;
- aus der **Sicht des Kreditgebers:** sicher aufgrund der Wechselstrenge, kann durch Diskontierung bei einer Geschäftsbank jederzeit in Bargeld umgewandelt werden **(Refinanzierung).**

Die Diskontierung erfolgt meist im Rahmen eines Höchstbetrages **(Diskontkontingent),** der langfristig vereinbart wird. Der Höchstbetrag legt das **Wechselobligo,** d. h. den Betrag der eingereichten, aber noch nicht fälligen Wechsel, fest. Die Tilgung des Kredits erfolgt durch die Einlösung des Wechsels durch den Bezogenen.

Die Sicherheiten, die die Bank für das **eingeräumte Kreditlimit** verlangt, richten sich hauptsächlich nach den Erfahrungen, die sie in der Vergangenheit mit Wechseln des jeweiligen Kunden gemacht hat. Meist genügt die durch die **Wechselstrenge** erzeugte Sicherheit.

Folgende **Finanzierungskosten** werden beim Wechseldiskont berechnet:

- Diskontsatz (abhängig von der Situation am Geldmarkt),
- Inkassoprovision und Spesen.

Trotzdem handelt es sich um einen billigen Kredit. Die Kreditkosten werden zudem dadurch gesenkt, daß der Gläubiger dem Schuldner für die Laufzeit des Wechsels ebenfalls Finanzierungskosten berechnet.

Der Wechseldiskontkredit ist ebenso wie der Wechselkredit ein kurzfristiger **Betriebskredit,** da die Geschäftsbanken kaum Wechsel diskontieren, deren Restlaufzeit wesentlich länger als 90 Tage ist. Dadurch sichern sie sich einen Refinanzierungsspielraum, da die Deutsche Bundesbank nur Wechsel mit einer Restlaufzeit von maximal 90 Tagen rediskontiert.

Einen **Sonderfall** des Wechsel- und Wechseldiskontkredits stellt der **Akzeptkredit** dar:

***Dem Akzeptkredit liegt keine Warenlieferung oder Leistung zugrunde. Das Akzept dient dazu, bei einem Dritten einen Kredit zu erhalten.***

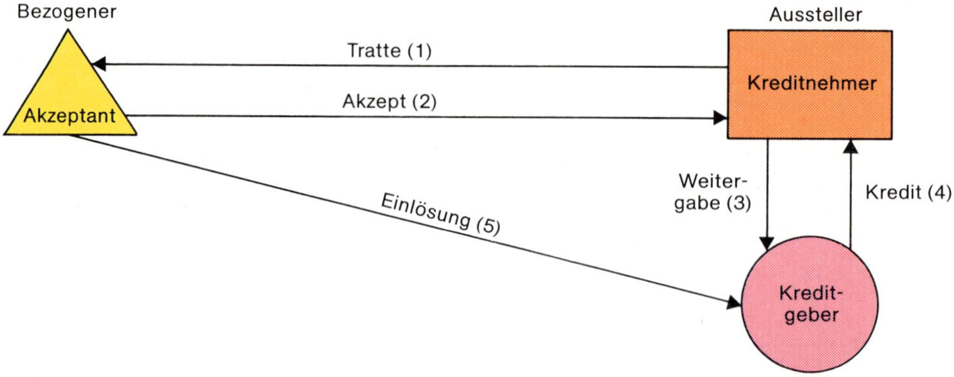


Dabei verpflichtet sich der Kreditnehmer, den Wechselbetrag **vor Fälligkeit** dem Akzeptanten zur Verfügung zu stellen. Akzeptant ist meist ein Kreditinstitut, jedoch kommen auch andere Unternehmungen in Frage. Kreditgeber können ein Kreditinstitut, das akzeptierende Kreditinstitut (Akzeptbank) oder ein anderes Unternehmen sein.



3992342

Die Verwendung des Akzepts als Kreditsicherungsmittel hängt von der Kreditwürdigkeit des Akzeptanten ab. Gleichzeitig ist die Bonität des Kunden ausschlaggebend, ob er einen Akzeptanten findet oder nicht. Kreditinstitute gewähren deshalb ihr Akzept nur guten Kunden, dann allerdings meist als Blankoakzept.

Beim Akzeptkredit handelt es sich um einen kurzfristigen Kredit.

Häufig ist auch folgender Fall:

***Dem Wechsel liegt ein Warengeschäft zugrunde. Der Wechsel wird jedoch nicht vom Verkäufer, sondern vom Käufer diskontiert (Umkehrwechsel).***

Dieses Verfahren (vgl. 7.3.6) hat für den Käufer den Vorteil, daß er

- einen billigen Kredit erhält (der Wechseldiskontkredit ist der billigste verzinsliche Kredit);
- unter Abzug von Skonto seine Schuld tilgen kann;
- mit dem Skontovorteil seinen Diskont und die Wechselspesen finanzieren kann (vgl. 7.4.3).

## Zusammenfassung

| Wechselkredit | |
|---|---|
| Wesen | Stundungskredit, der durch das Ausstellen eines Wechsels gesichert wird. |
| Kosten | Wechselsteuer, Diskont, Spesen, Inkassoprovision |
| Vorteil | Kreditgeber kann sich Geld durch die Diskontierung des Wechsels bei einem Kreditinstitut beschaffen (Wechseldiskontkredit). |
| Kredit | kurzfristiger Betriebskredit |
| Sonderfälle | – Akzeptkredit: Dem Wechsel liegt keine Warenlieferung oder Leistung zugrunde. Das Akzept dient dazu, bei einem Dritten einen Kredit zu erhalten.<br>– Umkehrwechsel: Dem Wechsel liegt eine Warenlieferung oder Leistung zugrunde, jedoch sind die Rollen vertauscht: Statt des Verkäufers diskontiert der Käufer den Wechsel. |

## Aufgaben

1. Wie kommt ein
   a) Wechselkredit,
   b) Wechseldiskontkredit,
   c) Akzeptkredit,
   d) Umkehrwechsel zustande?
2. Wodurch werden diese Kredite gesichert?
3. Schildern Sie die Vorteile eines Wechselkredits.
4. Erklären Sie die Begriffe
   a) Diskontkontingent,
   b) Wechselobligo,
   c) eingeräumtes Kreditlimit.
5. Welche Vorteile hat ein Akzeptkredit?
6. Welche Vorteile hat ein Umkehrwechsel?
7. Wodurch wird die Laufzeit eines Wechselkredits beeinflußt?

## 9.3.4.5 Dinglich gesicherter Kredit

Häufig gibt sich der Kreditgeber nicht mit der verstärkt-persönlichen Sicherung zufrieden, da die Eintreibung seiner Forderung mit beträchtlichem Aufwand verbunden ist. Deshalb verlangt er eine dingliche Sicherung. Diese kann bestehen in

- **beweglichen Sachen und Rechten:** Stundungskredit (Eigentumsvorbehalt), Pfandkredit, Sicherungsübereignung;
- **unbewegliche Sachen:** Hypothek, Grundschuld.

***Das Wesen des dinglich gesicherten Kredits besteht darin, daß der Kreditnehmer den Kredit durch Sachen sichert, die der Kreditgeber leicht verwerten kann.***

### 9.3.4.5.1 Stundungskredit (Eigentumsvorbehalt)

***Ein Lieferant gewährt einem Kunden einen Kredit, indem er ihm ein Zahlungsziel einräumt.***

Gegenüber der gesetzlichen Regelung, die ein Zug-um-Zug-Geschäft vorsieht (§ 271 BGB), stundet der Lieferant dem Kunden die Forderung für einen genau festgelegten Zeitraum. Unter dem Gesichtspunkt der **Kreditkosten** sind zwei Fälle zu unterscheiden:

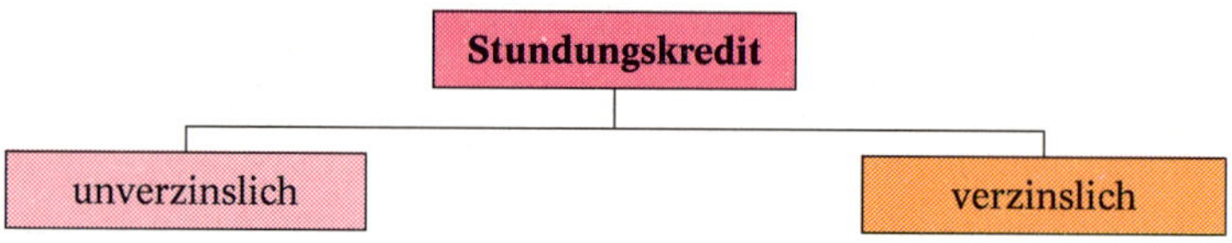


Ein Stundungskredit ist **unverzinslich,** wenn

- ein **Skontoabzug ausgeschlossen** ist („14 Tage netto");
- der Käufer sein **Zahlungsziel überschreitet** (statt nach 14 Tagen zahlt er erst nach 30 Tagen) und der Lieferant auf die Berechnung von Verzugszinsen verzichtet.

Eine **Mischform** zwischen einem unverzinslichen und einem verzinslichen Stundungskredit liegt z. B. bei der **Zahlungsbedingung** „10 Tage 3 %, 30 Tage netto" vor. Diese Formulierung bedeutet (vgl. 7.4.3):

- ***Zahlt der Kunde unter Abzug von Skonto, so entstehen ihm keine Finanzierungskosten.***
- ***Verzichtet der Kunde auf die Skontierung, so ist der Kredit verzinslich, und zwar mit 3 % für 20 Tage.***

Selbst wenn der Kunde einen Kredit (z. B. bei einem Kreditinstitut) aufnehmen müßte, um skontieren zu können, so läßt sich für die Verhältnisse der Praxis folgende **Faustregel** aufstellen:

***Es ist meist günstiger, unter Abzug von Skonto zu bezahlen, selbst wenn für die Zahlung ein Bankkredit aufgenommen werden muß.***

Der Stundungskredit in dieser Form ist ein kurzfristiger **Betriebskredit.** Zu seiner **Absicherung** wird meist ein **Eigentumsvorbehalt** (vgl. S. 173) vereinbart (§ 455 BGB).

***Durch einen Eigentumsvorbehalt bleibt der Verkäufer Eigentümer der beweglichen Sache, bis der Kaufpreis vollständig bezahlt wurde.***


3992344

Für den Zeitraum zwischen Lieferung und Zahlung klaffen Besitz und Eigentum auseinander. Dies wird durch die verschiedenen **Arten des Eigentumsvorbehalts** möglich:

| Der ... Eigentumsvorbehalt | schützt vor Forderungsausfällen aufgrund folgender Ursachen: |
|---|---|
| einfacher Eigentumsvorbehalt | z. B. – Verjährung von Forderungen<br>– Forderungsausfall durch Konkurs |
| erweiterter Eigentumsvorbehalt | Verlust der Forderung durch den kaufmännischen Kontokorrentverkehr zwischen den Vertragspartnern (§ 355 HGB) |
| verlängerter Eigentumsvorbehalt mit Verarbeitungsklausel | Verlust des Eigentums durch Verarbeitung durch den Kunden (§ 950 BGB) |
| verlängerter Eigentumsvorbehalt mit Veräußerungsklausel | Verlust des Eigentums durch Weiterverkauf durch den Kunden an einen gutgläubigen Erwerber (§ 932 BGB) |

Aufgrund dieser Sicherung ist der Stundungskredit leicht erhältlich, zumal er aus der Sicht des kreditgebenden Lieferanten ein Mittel der Absatzförderung ist. Aus der Sicht des Kreditnehmers hat der Stundungskredit den Vorteil, daß er sich elastisch an den Kapitalbedarf bei der Beschaffung der Werkstoffe anpaßt.

Eine andere Form des Stundungskredits liegt vor, wenn der Käufer den Verkäufer **förmlich um Stundung bittet,** um z. B. Zahlungsschwierigkeiten zu beheben. Dieser Kredit kann ebenfalls durch einen Eigentumsvorbehalt gesichert werden. In der Praxis wird häufig eine zusätzliche verstärkte Sicherung z. B. durch einen Wechsel (vgl. 7.3.6) verlangt. Die Tilgung des Stundungskredits erfolgt durch die Bezahlung der Rechnung.

## Zusammenfassung

**Stundungskredit (Eigentumsvorbehalt)**

| | |
|---|---|
| Wesen | Der Lieferant gewährt einem Kunden ein Zahlungsziel und sichert den Kredit durch einen Eigentumsvorbehalt ab. |
| | Zahlungsziel<br>– Der Kunde kann meist unter Abzug von Skonto bezahlen.<br>– Erst mit dem Ablauf der Skontierungsfrist ist der Kredit verzinslich. |
| | Eigentumsvorbehalt<br>Besitz und Eigentum klaffen während der Kreditlaufzeit auseinander. |

| Arten | Schutz vor |
|---|---|
| – einfacher Eigentumsvorbehalt | – Verlust einer Forderung |
| – erweiterter Eigentumsvorbehalt | – Verlust einer Forderung durch alle gelieferten Waren |
| – verlängerter Eigentumsvorbehalt mit Verarbeitungsklausel | – Verlust des Eigentums durch eine Verarbeitung der gelieferten Waren durch den Kunden |
| – verlängerter Eigentumsvorbehalt mit Veräußerungsklausel | – Verlust des Eigentums durch Verkauf der gelieferten Waren durch den Kunden |

## Aufgaben

1. Wie kommt ein a) Stundungskredit, b) Eigentumsvorbehalt zustande?
2. Welche Rolle spielt die Skontierungsfrist bei einem Stundungskredit?
3. Erläutern Sie den Eigentumsvorbehalt unter rechtlichem Aspekt.
4. Welche Arten des Eigentumsvorbehalts gibt es?
5. Grenzen Sie die einzelnen Arten des Eigentumsvorbehalts gegeneinander ab und begründen Sie ihre Notwendigkeit.
6. Welche Faustregel über die Skontierung gibt es?
7. Welche Vorteile hat der Stundungskredit aus der Sicht
   a) des Kreditgebers, b) des Kreditnehmers?
8. Erläutern Sie die Zahlungsbedingungen „30 Tage 3 %, 45 Tage netto".

### 9.3.4.5.2 Pfandkredit (Lombardkredit)

Ein Pfandkredit kommt wie folgt zustande:

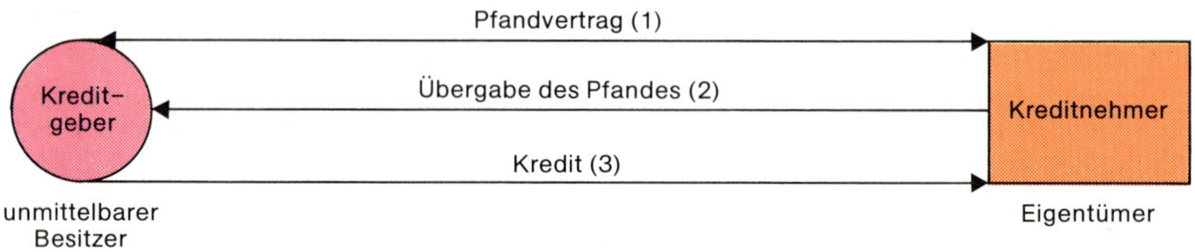


Neben dem Kreditvertrag wird ein **Pfandvertrag** geschlossen (§§ 1204 ff. BGB).

***Durch einen Pfandvertrag wird dem Kreditgeber das Recht eingeräumt, sich aus der verpfändeten Sache oder dem verpfändeten Recht zu befriedigen, wenn der Kreditnehmer seinen Verpflichtungen aus dem Kreditvertrag nicht nachkommt.***

Ein Pfandrecht kann sich auf bestehende, zukünftige oder bedingte Forderungen erstrecken. Es sichert den Kredit in seiner jeweiligen Höhe zuzüglich Zinsen und Vertragsstrafen. Ist die Forderung des Kreditgebers ganz oder teilweise fällig und zahlt der Kreditnehmer nicht, so kann der Kreditgeber das Pfand verkaufen. Da das BGB für diesen Fall sehr umständliche Regelungen vorsieht (Androhung des Verkaufs, Wartefrist, Recht auf Einreden), werden im Pfandvertrag meist Regelungen vereinbart, die die Pfandverwertung für den Kreditgeber beschleunigen.

***Durch das Pfandrecht***
- ***bleibt der Kreditnehmer Eigentümer des Pfandes,***
- ***wird der Kreditgeber unmittelbarer Besitzer des Pfandes.***

Deshalb eignen sich für einen Pfandkredit nur solche Sachen und Rechte, auf die der Kreditnehmer verzichten kann:

- **Bewegliche Sachen.** Nur solche Waren kommen als Pfänder in Betracht, die sich nicht in unmittelbarem Besitz des Kreditnehmers befinden. Diese sind in der Regel bei einem Frachtführer oder Lagerhalter. Die Verpfändung erfolgt anhand des Konnossements, Lade- oder Lagerscheins durch Einigung und Übergabe des Orderwertpapiers.
- **Forderungen.** Ihre Verpfändung muß dem Drittschuldner angezeigt werden; damit ist die Verpfändung von Forderungen aus Lieferung und Leistung uninteressant, da

sie das Ansehen des Kreditnehmers herabsetzt (wie die offene Zession). Deshalb wird ihr die stille Zession vorgezogen. Dagegen ist die Verpfändung von Forderungen aus Sparguthaben, Bausparguthaben, Lebensversicherungsbeiträgen oder Grundpfandrechten durchaus üblich und vor allem für Klein- und Mittelbetriebe geeignet. Die Verpfändung von Hypotheken- oder Grundschuldforderungen dient der langfristigen Kapitalbeschaffung und meist der Absicherung eines Kontokorrent- oder Wechseldiskontkredits.

- **Inhaberwertpapiere** eignen sich ebenfalls als Pfänder. Ihr Beleihungswert ist abhängig von Art und Qualität des Wertpapiers und schwankt zwischen 50 bis 90 %. Geeignete Inhaberwertpapiere sind Aktien, Pfandbriefe und Schuldscheine.
- **Edelmetalle** (Gold, Silber, Platin), Münzen und Schmuckstücke sind zwar geeignete Pfänder, werden jedoch für diesen Zweck nur noch sehr selten benutzt.

Als **Finanzierungskosten** fallen an:

- Lombard,
- Kreditprovision,
- Versicherungsprämien.

Pfandkredite mit z. B. einem Industrie- oder Handelsbetrieb als Kreditgeber sind selten, mit einem Kreditinstitut als Kreditgeber dagegen häufig.

***Ist der Kreditgeber bei einem Pfandkredit ein Kreditinstitut, so spricht man von einem Lombardkredit.***

Lombardkredite werden z. B. von einem Industriebetrieb aufgenommen, um Spitzen im Kapitalbedarf zu decken (z. B. Ultimo wegen Lohnzahlungen, Steuertermine). Als Pfänder werden meist Wertpapiere verwendet **(Effektenlombard):**

- Bevorzugt werden die Wertpapiere des Anlagevermögens, da der Industriebetrieb daran interessiert ist, ihr Eigentümer zu bleiben.
- Wertpapiere des Umlaufvermögens werden meist nur dann lombardiert, wenn ihr Verkauf zu Verlusten führte.

Aber auch Warenlombard, Edelmetallombard, Wechsellombard und die Lombardierung von Forderungen kommen vor, sind aber sehr selten.

## Zusammenfassung

**Pfandkredit (Lombardkredit)**

| | |
|---|---|
| Wesen | Kreditsicherung durch Übergabe von Pfändern an den Kreditgeber |
| Pfänder | – bewegliche Sachen<br>– Forderungen aus Lieferung und Leistung<br>– Forderungen aus Grundpfandrechten<br>– persönliche Forderungen des Eigentümers<br>– Inhaberwertpapiere<br>– Edelmetalle |
| Kredite | – Dauerkredite (Kontokorrent-, Wechseldiskontkredit)<br>– Überbrückungskredite |
| Kosten | Lombard, Kreditprovision, Versicherungsprämien |
| Sonderfall | Lombardkredit: Ein Kreditinstitut ist der Kreditgeber. In der Regel handelt es sich um einen Effektenlombard. |

## Aufgaben

1. Warum verlangt ein Kreditgeber eine dingliche Sicherung?
2. Worin kann die dingliche Sicherung eines Kredits bestehen?
3. Wie kommt ein Pfandkredit zustande?
4. Welche Vermögensgegenstände kommen als Pfänder in Frage?
5. Überlegen Sie: Warum ist ein Pfandkredit zwischen einem Industrie- und einem Handelsbetrieb sehr selten?
6. Was versteht man unter einem Lombardkredit?
7. Welche Arten des Lombardkredits gibt es?
8. Warum ist der Effektenlombard der häufigste Pfandkredit?
9. Vergleichen Sie die Forderungsverpfändung und die Zession.

### 9.3.4.5.3 Sicherungsübereignung

Beim Pfandkredit haben wir einen großen Nachteil entdeckt: Vorräte, Maschinen, Fuhrpark sowie Betriebs- und Geschäftsausstattung können kaum verpfändet werden und sind damit für die Absicherung eines Kredits ungeeignet, obwohl gerade diese vier Positionen betragsmäßig wichtige Vermögensteile darstellen. An diesem Punkt setzt die Sicherungsübereignung an:

Neben dem Kreditvertrag wird ein **Sicherungsübereignungsvertrag** abgeschlossen.

***Durch die Sicherungsübereignung wird der Kreditgeber Eigentümer, der Kreditnehmer bleibt unmittelbarer Besitzer der übereigneten beweglichen Sachen.***

Damit kann z. B. ein Industriebetrieb die sicherungsübereigneten Sachen weiterverwenden, durch den Verkauf liquidieren (verflüssigen) und mit dem Erlös den Kredit zurückzahlen.

Hier wird der **Nachteil der Sicherungsübereignung von Waren** deutlich: Die übereigneten Rohstoffe beispielsweise gehen, verarbeitet zu Fertigerzeugnissen, in das Eigentum des Kreditnehmers über und sind der Verwertung durch den Kreditgeber entzogen: Der Kredit ist ungesichert. Aus diesem Grunde wurden – ähnlich wie beim Eigentumsvorbehalt – die **Wirkungen** der Sicherungsübereignung **verlängert:**

- **Sicherungsübereignung mit Verarbeitungsklausel** („Werden die zur Sicherung unserer Forderung übereigneten Waren weiterverarbeitet, so wird die Anzahl der neuen Waren an uns übereignet, die dem Wert der weiterverarbeiteten Waren entspricht.")
- **Sicherungsübereignung mit Veräußerungsklausel** („Werden die zur Sicherung unserer Forderung übereigneten Waren wieder veräußert, so werden die aus der Wiederveräußerung entstehenden Forderungen an uns abgetreten.")

Eine weitere Möglichkeit, die Sicherungsübereignung zu gestalten, beruht auf folgenden Gedanken: Ein Handelsbetrieb z. B. verfügt stets über Lagerbestände, deren Höhe und

Zusammensetzung allerdings schwanken. Diese Lagerbestände sind meist in einem bestimmten Raum (Lagerhalle, Verkaufsraum usw.) aufbewahrt. Deshalb werden **Raumsicherungsverträge** abgeschlossen: Die in einem oder mehreren Räumen gelagerten Vorräte werden sicherungsübereignet, wobei die Schwankungen in der Höhe und Zusammensetzung ebenso wie das Lagerrisiko durch den Beleihungssatz berücksichtigt werden. Solche Verträge werden auch **Bassinverträge** genannt.

**Vermögensteile,** die sich besonders für diese Art der Kreditsicherung eignen, sind

- Maschinen,
- Betriebs- und Geschäftsausstattung,
- Fuhrpark,
- Waren.

Zur Sicherungsübereignung sind auch solche Sachen geeignet, die zwar zum Eigentum des Kreditnehmers gehören, sich aber nicht in seinem unmittelbaren Besitz befinden. Gründe dafür sind: Auslagerung (z. B. als Konsignationslager), Vermietung und Verpachtung. Die Übereignung erfolgt in diesen Fällen durch die **Abtretung des Herausgebeanspruchs.**

Kommt der Kreditnehmer mit der Tilgung des Kredits ganz oder teilweise in Verzug, so kann der Kreditgeber die übereigneten Sachen verwerten. In den Sicherungsübereignungsverträgen sind meist Regelungen getroffen, die denen des Pfandrechts gleichen.

Als **Finanzierungskosten** fallen beim Kreditnehmer an: Zinsen und Versicherungsprämien, durch die der Kreditgeber vor Schäden bei den übereigneten Sachen geschützt werden soll, sowie die Kreditprovision.

Obwohl dieselben Finanzierungskosten wie beim Pfandrecht anfallen, ist der Sicherungsübereignungskredit in der Praxis häufiger, weil

- der Kreditgeber die übereigneten Gegenstände in seinem Betrieb weiter verwenden kann,
- dieser Kredit je nach übereigneten Gegenständen auch langfristig sein kann,
- auch Lieferanten als Kreditgeber in Frage kommen.

## Zusammenfassung

**Sicherungsübereignung**

| | | |
|---|---|---|
| Wesen | Kreditsicherung durch Übereignung beweglicher Sachen | |
| Gefahren | | Schutz |
| Kreditgeber verliert Eigentum durch Verarbeitung bzw. Verkauf. | | Verarbeitungsklausel<br>Veräußerungsklausel<br>Raumsicherungsvertrag |
| Waren sind mit Eigentumsvorbehalt belastet. | | Anwartsrecht auf Eigentum |
| Mehrfachabtretung<br>Mehrfachsicherungsübereignung | | Kontrolle der übereigneten Sachen |
| geeignete Sachen | – Maschinen, Betriebs- und Geschäftsausstattung, Fuhrpark<br>– ausgelagerte Waren, vermietete und verpachtete Sachen | |
| Kredite | – Einzelkredit – Dauerkredit | |
| Kosten | Zinsen, Kreditprovision, Versicherungsprämien | |

## Aufgaben

1. Wie kommt ein Sicherungsübereignungsvertrag zustande?
2. Welche Vorteile hat die Sicherungsübereignung gegenüber der Verpfändung?
3. Welche Gefahren bestehen für den Kreditgeber bei der Sicherungsübereignung, und wie kann er sich dagegen schützen?
4. Welche Sachen eignen sich besonders für die Sicherungsübereignung?
5. Warum ist die Sicherungsübereignung häufiger als ein Pfandkredit?
6. Vergleichen Sie die Sicherungsübereignung mit dem Eigentumsvorbehalt.
7. Wer kommt als Kreditgeber bei der Sicherungsübereignung in Frage?
8. Überlegen Sie: Können durch die Sicherungsübereignung langfristige Kredite gesichert werden?
9. Aus welcher Rechtsquelle stammt die Sicherungsübereignung?

## 9.3.4.5.4 Grundpfandrechte

### 9.3.4.5.4.1 Zustandekommen

Die bisher betrachteten Kreditsicherungsmöglichkeiten haben einen Nachteil gemeinsam: Sie eignen sich grundsätzlich nur zur Sicherung kurzfristiger Kredite, was aufgrund der Natur der benutzten Sachen und Rechte erklärlich ist. **Grundstücke** und die zu ihnen gehörenden Gebäude haben diese Nachteile nicht: Sie erleiden in der Regel keine Wertverluste, sind risikofrei, ihr Vorhandensein muß nicht laufend kontrolliert werden. Deshalb eignet sich die **Verpfändung von Immobilien** besonders gut zur Absicherung mittel- und langfristiger Kredite.

***Unter Grundpfandrechten versteht man Hypothek und Grundschuld.***

Ein Grundpfandrecht **kommt** wie folgt **zustande** (§§ 873 ff. BGB, §§ 13 ff. GBO):

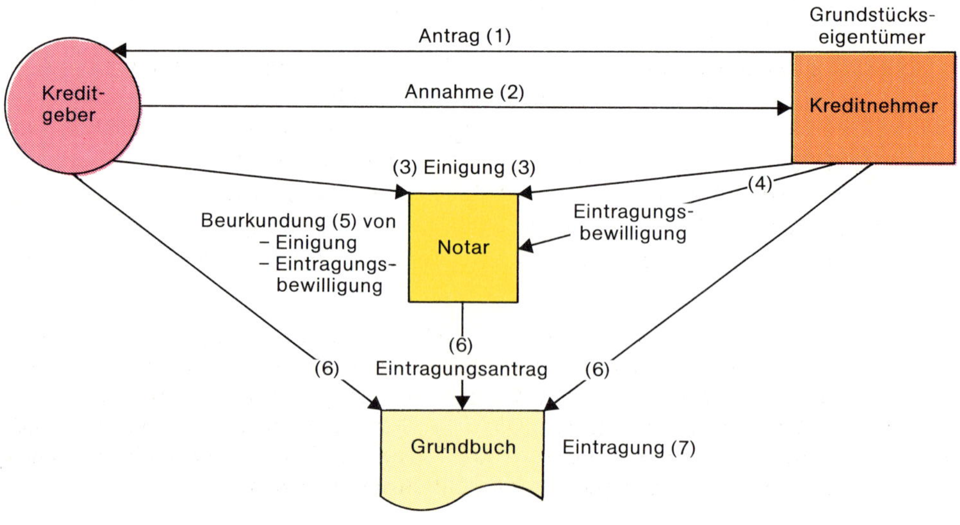

In dem Vertrag kann weiterhin vereinbart werden, daß der Grundstückseigentümer sein Grundstück der Zwangsvollstreckung unterwirft **(Zwangsvollstreckungsklausel).** Der Gläubiger hat damit einen vollstreckbaren Titel in der Hand, ohne vorher klagen zu müssen.

### 9.3.4.5.4.2 Grundbuch

Die Bestellung eines Grundpfandrechts muß in das Grundbuch eingetragen werden.

***Unter Grundbuch versteht man ein öffentliches Verzeichnis aller Grundstücke eines Amtsgerichtsbezirkes (= Grundbuchbezirkes).***

Es wird vom Grundbuchamt des Amtsgerichts geführt und enthält über jedes Grundstück im Grundbuchblatt folgende Angaben:

- Amtsgericht, Grundbuchbezirk, Band-Nr., Blatt-Nr. (Aufschrift),
- Lage, Art, Größe, Wegerechte (Bestandsverzeichnis), Eigentümer, Rechtsgrund und Zeitpunkt des Grundstückserwerbs (1. Abteilung),
- Lasten und Beschränkungen, die auf dem Grundstück ruhen (2. Abteilung),
- Grundpfandrechte (3. Abteilung).

***Da das Grundbuch öffentlichen Glauben genießt (§ 892 BGB), gilt sein Inhalt als richtig.***

Die **Eintragungen** im Grundbuch **erfolgen der Reihe nach** (§ 879 BGB). Für die Grundpfandrechte (3. Abteilung) bedeutet dies für den Fall der Zwangsversteigerung: Das unter Nr. 1 eingetragene Grundpfandrecht wird zuerst befriedigt; reicht der Versteigerungserlös aus, so wird auch die Nr. 2 voll befriedigt; den Rest erhält Nr. 3, das teilweise leer ausgeht; die Nr. 4, 5 usw. gehen vollkommen leer aus.

Die Kreditgeber können sich auf mehreren Wegen vor einem solchen **Verlust aufgrund der Rangfolge schützen:**

- **Höhe des Beleihungssatzes** (er beträgt in der Regel grundsätzlich 40–60 % des Wertes der **Haftungsmasse:** Grundstück einschließlich aller darauf errichteter Gebäude, Grundstückszubehör wie z. B. Maschinen, Feuerversicherungssumme, Miet- und Pachtzinsforderungen, Entschädigungsansprüche bei Enteignung).
- Ein nachrangiges Grundpfandrecht wird durch eine **Bürgschaft** zusätzlich gesichert.
- In einem Vertrag mit den Betroffenen vereinbart er eine **Rangänderung.**
- Er kann sich einen **Rangvorbehalt** eintragen lassen (mit Zustimmung der Betroffenen).

Das **Erlöschen** des Grundpfandrechtes erfolgt nicht automatisch, wenn der Kredit zurückgezahlt wurde: Der Grundstückseigentümer muß eine öffentlich beglaubigte **Löschungsbewilligung** des bisherigen Kreditgebers vorlegen, anhand derer das Grundbuchamt das Grundpfandrecht löscht. Dadurch rücken die nachrangigen Grundpfandrechte in der Reihenfolge auf. Auf diese Löschung haben die Kreditgeber mit nachrangigen Grundpfandrechten einen **gesetzlichen Löschungsanspruch.**

### 9.3.4.5.4.3 Verwertung

***Ist die durch eine Hypothek oder eine Grundschuld gesicherte Forderung fällig und zahlt der Kreditnehmer nicht, so kann der Kreditgeber die Verwertung seines Grundpfandrechtes betreiben.***

Die **Verwertung** ist in der ZPO und im ZVG geregelt:

- Er erwirbt einen **vollstreckbaren Titel** in das Grundstück. Dazu gibt es zwei Möglichkeiten:
  - Klage und Gerichtsurteil, oder
  - Vereinbarung der Zwangsvollstreckungsklausel, die ins Grundbuch eingetragen wird, im Vertrag über das Grundpfandrecht.
- Anschließend betreibt er die **Zwangsvollstreckung,** die in der **Eintragung einer Sicherungshypothek,** in der **Zwangsversteigerung** und der **Zwangsverwaltung** bestehen kann.

| Merkmal | Zwangsvollstreckung | |
|---|---|---|
| | Zwangsversteigerung | Zwangsverwaltung |
| wird durchgeführt vom | zuständigen Amtsgericht (Vollstreckungsgericht) | gerichtlich bestellten Verwalter |
| erforderlich | öffentliche Bekanntmachung des Versteigerungstermins | – |
| Kreditgeber wird befriedigt | sofort | allmählich |
| aus | dem Versteigerungserlös abzüglich Gerichtskosten (meistbietende Versteigerung) | den Nutzungserträgen des Grundstücks (z. B. Einnahmen aus Vermietung, Verpachtung, Ernteverkäufen) abzüglich Verwaltungskosten |
| durch | Veräußerung des Grundstücks | Entzug der Verwaltung und Nutzung |
| der Kreditnehmer | verliert sein Eigentum | bleibt Eigentümer |

Bei Hypothek und Grundschuld entstehen folgende **Finanzierungskosten:**

- Kosten der Beurkundung, Eintragung und Löschung,
- Auszahlungsdisagio,
- Zinsen.

Durch sie werden folgende Kredite abgesichert:

- Lieferantendarlehen,
- langfristiges Bankdarlehen,
- Anleihen,
- Kreditlinien bei Kontokorrent- und Diskontkredit.



3992352

## Zusammenfassung

**Grundpfandrechte**

| | |
|---|---|
| Wesen | Absicherung eines Kredits durch ein Grundstück |
| Haftungsmasse | Grundstück<br>darauf errichtete Gebäude<br>Miet- und Pachtforderungen<br>Feuerversicherungssumme<br>Entschädigungsansprüche bei Enteignung |
| Bestellung | Vertrag zwischen Kreditgeber und Kreditnehmer (Einigung), beurkundet<br>Eintragsbewilligung, beurkundet<br>Eintragungsantrag<br>möglich: Zwangsvollstreckungsklausel |
| Eintragung | ins Grundbuch in der Reihenfolge der Anmeldung (Rangfolge), möglich:<br>– Rangvorbehalt<br>– Rangänderung |
| Erlöschen | – Löschungsbewilligung durch Kreditgeber<br>– Eintragung ins Grundbuch |
| Verwertung | Voraussetzung: Kreditnehmer zahlt nicht.<br>– Kreditgeber benötigt vollstreckbaren Titel.<br>– Kreditgeber betreibt Zwangsvollsteckung:<br>- Zwangsversteigerung<br>- Zwangsverwaltung<br>- Eintragung einer Sicherungshypothek |

## Aufgaben

1. Welche Vorteile hat die Kreditsicherung durch ein Grundpfandrecht?
2. Wie kommt ein Grundpfandrecht zustande?
3. Welche Formvorschriften bestehen für das Zustandekommen eines Grundpfandrechtes?
4. Was versteht man unter Grundbuch?
5. Wie werden die Grundpfandrechte bei der Zwangsversteigerung des Grundstücks befriedigt?
6. Erläutern Sie Möglichkeiten, wie sich der Kreditgeber vor Verlusten aufgrund einer nachrangigen Eintragung sichern kann.
7. Unter welchen Voraussetzungen kann ein Kreditgeber die Verwertung seines Grundpfandrechtes betreiben?
8. Welche Maßnahmen ergreift ein Kreditgeber, wenn er die Verwertung seines Grundpfandrechtes betreiben will?
9. Grenzen Sie Zwangsverwaltung und Zwangsversteigerung gegeneinander ab.
10. Vergleichen Sie die Rechtshandlungen miteinander, die zur Eigentumsübertragung bei einem Grundstück und zur Bestellung eines Grundpfandrechtes notwendig sind.
11. Welche Finanzierungskosten entstehen bei einem Grundpfandrecht?
12. Welche Kredite werden durch Grundpfandrechte abgesichert?

### 9.3.4.5.4.4 Hypothek

***Die Belastung eines Grundstückes, die den Kreditgeber (Hypothekengläubiger) dazu berechtigt, sich wegen einer Forderung aus dem Grundstück zu befriedigen, nennt man Hypothek. (§§ 1113 ff. BGB)***

Die Hypothek hat wie Bürgschaft und Pfandrecht **akzessorischen** Charakter: Sie besteht nur in der Höhe, in der eine Forderung besteht. Oder anders ausgedrückt: Die Zwangsvollstreckung aufgrund einer Hypothek kann nur erfolgen, wenn das Bestehen einer Forderung nachgewiesen wird. Neben dieser **dinglichen Haftung** besteht noch die **persönliche Haftung** des Kreditnehmers:

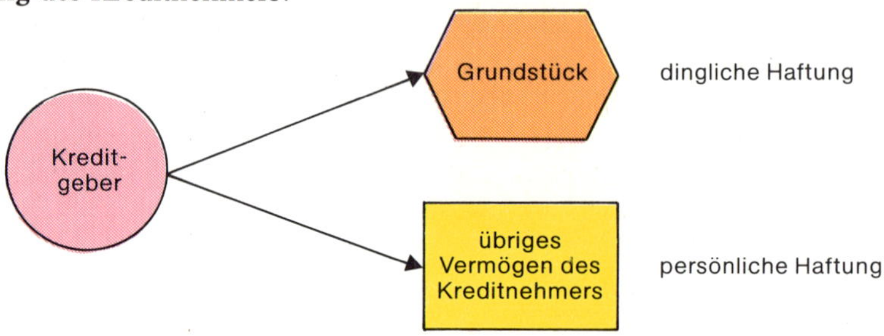


Man unterscheidet folgende **Formen der Hypothek** (§§ 1116 f. BGB):

- **Briefhypothek.** Nach der Eintragung ins Grundbuch wird vom Grundbuchamt eine **Urkunde** (Brief) ausgestellt. Die Hypothek entsteht erst durch die Übergabe des Briefes an den Kreditgeber.
- **Buchhypothek.** Die Ausstellung des Briefes kann durch Vertrag und Eintragung ins Grundbuch ausgeschlossen werden. Die Hypothek entsteht bereits durch die Eintragung.

Nach der **Rückzahlungsvereinbarung** unterscheidet man folgende Hypothekenarten:

| Art | Die Rückzahlung erfolgt |
|---|---|
| Festhypothek | zu einem vorher festgelegten Zeitpunkt bzw. nach der Kündigung in einem Betrag. |
| Abzahlungshypothek | nach einem Tilgungsplan allmählich, wobei die Raten ständig geringer werden. |
| Tilgungshypothek | nach einem Tilgungsplan allmählich, wobei die Raten (Annuitäten) stets gleich bleiben. |

In der Praxis werden Tilgungshypotheken für die langfristige Finanzierung bevorzugt.

### 9.3.4.5.4.5 Grundschuld

***Die Belastung eines Grundstücks, die den Kreditgeber (Grundschuldgläubiger) berechtigt, sich aus dem Grundstück mit einem bestimmten Geldbetrag zu befriedigen, nennt man Grundschuld. (§§ 1191 ff. BGB)***

**Diese Begriffsbeschreibung macht deutlich, daß für das Bestehen einer Grundschuld keine** Forderung vorhanden sein muß. Sie bringt dem Kreditgeber **nur** eine dingliche Haftung. Sie hat den Vorteil gegenüber der Hypothek, daß im Falle der Zwangsvollstrek-

 3992354

kung keine eingeklagte Forderung nachgewiesen werden muß. Der Kreditnehmer muß beweisen, daß die Forderung nicht oder nicht in der eingeklagten Höhe besteht.

Man unterscheidet zwei **Arten der Grundschuld:**

- **Sicherungsgrundschuld.** Begünstigter ist der Kreditgeber.
- **Eigentümergrundschuld.** Begünstigter ist der Grundstückseigentümer als potentieller Kreditnehmer.

Die Eigentümergrundschuld ist für viele Unternehmen ein Mittel, um sich einen Kreditsicherungsspielraum zu schaffen. Der Unternehmer läßt die Grundschuld auf seinen Namen möglichst mit dem ersten Rang eintragen. Der nicht belastete Wert des Grundstücks reicht zur Bestellung einer 2., häufig auch noch einer 3. Hypothek aus. Benötigt der Betrieb weiterhin Kredit und stellt der neue Kreditgeber hohe Ansprüche an den Rang seines Grundpfandrechtes, so kann die Eigentümergrundschuld in eine Sicherungsgrundschuld oder eine Hypothek umgewandelt werden. Dieses Verfahren hat in der Praxis große Bedeutung, da z. B. Industriebetriebe als Kreditgeber von Lieferanten oder Kunden häufig mit einer nachrangigen Sicherung ihrer Forderung zufrieden sind, während Kreditinstitute meist auf einer erstrangigen Sicherung bestehen.

Durch die Möglichkeit, eine Fremdgrundschuld durch Rückübertragung in eine Eigentümergrundschuld zu verwandeln, werden die nachrangigen Gläubiger benachteiligt. Um seine Kreditwürdigkeit zu verbessern, kann der Kreditnehmer mit nachrangigen oder potentiellen Gläubigern die Abtretung dieses Anspruchs vereinbaren.

Da es sich bei der Grundschuld um eine **abstrakte Forderung** handelt, ist sie besonders zur Sicherung von **Forderungen aus laufenden Geschäftsbeziehungen** (Kontokorrent-, Diskontkredite) geeignet. Bei langfristigen Krediten (Darlehen) herrscht dagegen die Absicherung durch eine Verkehrshypothek vor, da die Gefahr der mißbräuchlichen Verwendung der Grundschuld groß ist.

Bei der Grundschuld gibt es folgende **Formen:**

- Buchgrundschuld } vgl. Hypothek
- Briefgrundschuld } vgl. Hypothek
- Inhabergrundschuldbrief.

## Zusammenfassung

**Hypothek und Grundschuld**

| | Hypothek | Grundschuld |
|---|---|---|
| Wesen | akzessorisch | abstrakt |
| Haftung | dinglich und persönlich | dinglich |
| Arten nach der Urkunde | Buchhypothek<br>Briefhypothek | Buchgrundschuld<br>Briefgrundschuld<br>Inhabergrundschuld |
| Arten nach dem Eigentümer | – | Fremdgrundschuld<br>Eigentümergrundschuld |
| geeignet für | Verkehrshypothek zur Sicherung eines Darlehens (meist als Tilgungshypothek) | – Fremdgrundschuld zur Sicherung laufender Geschäftsbeziehungen<br>– Eigentümergrundschuld zur Sicherung eines Kreditspielraumes |

## Aufgaben

1. Was versteht man unter
   a) Hypothek,
   b) Grundschuld?
2. Erläutern Sie den akzessorischen Charakter der Hypothek.
3. Wer haftet aus einer Hypothek?
4. Erklären Sie die Begriffe Brief- und Buchhypothek.
5. Welche Rückzahlungsvereinbarungen kennen wir bei der Hypothek?
6. Erläutern Sie den abstrakten Charakter der Grundschuld.
7. Wer haftet aus einer Grundschuld?
8. Grenzen Sie Eigentümer- und Fremdgrundschuld gegeneinander ab.
9. Welche Kredite werden durch
   a) eine Grundschuld,
   b) eine Hypothek gesichert?
10. Schildern Sie die wirtschaftlichen Vorteile einer Eigentümergrundschuld.
11. Welche Rückzahlungsvereinbarungen kennen wir bei der Grundschuld?
12. Schildern Sie Vor- und Nachteile der Buch- und Briefgrundschuld aus der Sicht des Kreditnehmers und aus der Sicht des Kreditgebers.

# 9.4 Leasing

***Unter Leasing versteht man die Miete oder Pacht von Investitionsgütern: Dem Betrieb wird vom Vermieter oder Verpächter das Nutzungsrecht an diesen Gütern gegen die regelmäßige Zahlung eines Entgelts eingeräumt.***

Geleast werden aber nicht nur Anlagegüter, sondern auch

- **Berufskleidung** (Gründe sind z. B. Sauberkeit, Hygiene, einheitliches Erscheinungsbild aller Mitarbeiter nach außen durch einheitliche Kleidung) und
- **Computerprogramme.**
- Außerdem hat sich z. B. das Leasen von Autos durch **Privatkunden** (Konsumenten) fest am Markt etabliert.

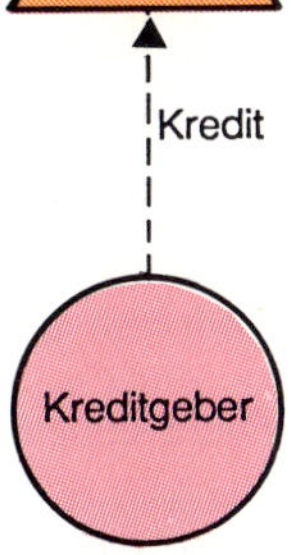


Als **Vermieter** kommen der **Hersteller** des betreffenden Investitionsgutes oder eine **Leasinggesellschaft** in Betracht. Diese werden von Banken, dem Hersteller oder von beiden gemeinsam getragen. Wirtschaftlich gesehen bedeutet Leasing: Zwischen den Betrieb und den Kreditgeber schiebt sich als Makler der Vermieter. Dieser gibt den Kredit nicht in Geld, sondern als Investitionsgut an den Betrieb weiter und verlangt dafür Miete. Diesen **„Warenkredit"** sichert der **Vermieter** dadurch ab, daß er **Eigentümer** des Gutes bleibt, während der **Betrieb** lediglich **unmittelbarer Besitzer** wird. Und darin liegt der **Vorteil** des Leasings für den Betrieb: Er kann die Investitionsgüter sofort voll nutzen und zahlt sie im Verlauf der Vertragsdauer über die Miete wie in Raten ab.

Es fragt sich nun, ob die **Miete kostengünstiger** ist als die Finanzierungskosten zuzüglich der Abschreibungen.

**Beispiel:** *Fernsprechanlage mit 2 Amtsleitungen, 5 amtsberechtigte und 5 nicht amtsberechtigte Nebenstellen, Kaufpreis 14 100,00 DM; Mindestvertragsdauer 10 Jahre.*

Die **monatliche Miete** wird vom Vermieter wie folgt errechnet:

$$\text{monatliche Miete} = \frac{\text{Kaufpreis}}{47} = \frac{14\,100{,}00}{47} = 300{,}00$$

Durch den Divisor 47 wird die Telefonanlage beim Vermieter nach 47 Monaten amortisiert, d. h. getilgt. Da die Mindestvertragsdauer 10 Jahre beträgt, muß der Mieter das 2,55fache oder 36 000,00 DM bezahlen. Aus dem **Überschuß** von 21 900,00 DM

- deckt der Vermieter seine **Verwaltungskosten,**
- erzielt er eine **angemessene Verzinsung** seines eingesetzten Kapitals,
- erwirtschaftet er einen **Gewinn,**
- erhält er eine **Risikoprämie.**

Für die Kosten des Mieters ist es weiterhin von Bedeutung, ob im Mietzins **Nebenleistungen** wie Wartung, Reparatur oder Versicherungsprämien enthalten sind.

Es muß festgestellt werden:

***Mieten ist in jedem Fall teurer als Finanzieren.***

**Warum** mieten dann Betriebe aller Größenordungen und Rechtsformen?

Der Grund liegt **nicht in der Steuerersparnis,** denn Finanzierungskosten, Abschreibungen usw. sind genauso von der Steuer abzusetzen wie die als Betriebsausgabe zu verbuchende Miete.

- Der Grund liegt darin, daß die **Eigenkapitalausstattung** deutscher Betriebe meist sehr schwach ist. Zudem ist Eigenkapital durch die Körperschaft- bzw. Einkommensteuer und die Gewerbesteuer das teuerste Kapital. Ohne Eigenkapital kann aber kein Fremdkapital aufgenommen werden.
- Ein zweiter Grund besteht in **Dienstleistungen,** die der Vermieter erbringt: Er vermittelt seinem Mieter Know-how (z. B. werden bei der Vermietung einer DV-Anlage Organisationsfachleute abgestellt, die die Anlage in Betrieb setzen, was häufig Änderungen bei der Ablauf- und Aufbauorganisation des Kunden voraussetzt).
- Ein dritter Grund ist in **bilanzpolitischen Maßnahmen** des Mieters zu sehen: Gemietete Anlagen gehören nicht zu seinem Eigentum und erhöhen dadurch die Bilanzsumme nicht; er vermeidet die Zahlung von Vermögensteuer.
- Viertens ist bei vielen Gegenständen der Betriebs- und Geschäftsausstattung das Mieten **üblicher** als das Kaufen (z. B. Kopiergeräte).
- Fünftens sinkt die Kapitalbindungsdauer und damit die Belastung der Liquidität: An die Stelle langfristig festgelegter Kapitalkosten treten laufende Kosten in Form des Mietzinses (Leasinggebühr), die aus den Erträgen, die der Betrieb mit dem geleasten Objekt erzielt, finanziert werden.
- Sechstens wird – in der Regel durch entsprechende Zusatzvereinbarungen, die entsprechend bezahlt werden müssen – gewährleistet, daß eine ständige Anpassung an die technische Entwicklung und die ständige Betreuung durch den Vermieter erfolgt.

**Beispiel:** *Ein EDV-Programm wurde geleast. Jede Programmneuerung wird dem Mieter sofort zur Verfügung gestellt, eine „hot line" ist vorhanden.*

## 9.5 Folgen falscher Finanzierungsentscheidungen

### 9.5.1 Die notleidende Unternehmung

Eine notleidende Unternehmung kann man anhand folgender **Merkmale** erkennen:

- erheblicher Umsatzrückgang,
- Rückgang der Gewinne, der schließlich in anhaltende Verluste umschlägt,
- zunehmende Verschuldung,
- Unterbilanz,
- Liquiditätsschwierigkeiten,
- Zahlungsunfähigkeit,
- Überschuldung.

Die **Gründe** für eine solche Entwicklung können im Betrieb selbst liegen oder von außen an ihn herangetragen werden:

**Ursachen**

**innerbetrieblich**

- Kapitalmangel
- falsche Finanzierung
- falsche Investitionsentscheidungen
- mangelhafte Organisation
- hohe Forderungsausfälle
- Fehldispositionen
- Überkapazitäten
- unfähige Leitung

**außerbetrieblich**

- Rückgang des Absatzes durch
  - konjunkturelle Lage
  - Strukturprobleme
  - verschärfte Konkurrenz
  - veränderte Kundengewohnheiten
  - staatliche Eingriffe
- höhere Gewalt
- Verluste durch Steuererhöhungen
- technischer Fortschritt

In diesem Zusammenhang müssen wir folgende Begriffe streng auseinanderhalten:

| Liquiditätsschwierigkeiten | Zahlungsunfähigkeit |
|---|---|
| **Merkmale:**<br>Der Betrieb kann seinen Zahlungsverpflichtungen gegenüber einem, mehreren oder allen Kunden vorübergehend oder über einen größeren Zeitraum nicht nachkommen (Zahlungsstockung). | **Merkmale:**<br>Der Betrieb kann seinen Zahlungsverpflichtungen auf Dauer nicht nachkommen (Zahlungseinstellung). |
| Der Betrieb kann diese Situation von sich aus meistern; notfalls setzt er sich mit den betreffenden Gläubigern in Verbindung. | Der Betrieb kann nur durch die Hilfe aller Gläubiger gerettet werden. Ihm droht die unfreiwillige Auflösung. |
| **Maßnahmen:**<br>– Stundung<br>– Gläubiger macht von seiner Kreditsicherung Gebrauch.<br>– Schuldner bietet Kreditsicherheiten an.<br>– Gläubiger betreibt Zwangsvollstreckung.<br>– Liquidisierung von Aktiva<br>– Stundungsvergleich | **Maßnahmen:**<br>– Erlaßvergleich<br>– gerichtlicher Vergleich<br>– Konkurs |

<table>
<tr><th>Unterbilanz</th><th>Überschuldung</th></tr>
<tr><td>
– Der Verlust ist kleiner als das Nominalkapital.<br>
– Das Fremdkapital ist durch das Vermögen gedeckt.<br>
<table>
<tr><th>A</th><th colspan="2">Bilanz der Robert Müller AG (DM Tsd.)</th><th>P</th></tr>
<tr><td>Anlagevermögen</td><td>4 000</td><td>Grundkapital</td><td>2 200</td></tr>
<tr><td>Umlaufvermögen</td><td>1 200</td><td>Verlustvortrag</td><td>800</td></tr>
<tr><td></td><td></td><td>Jahresfehlbetrag</td><td>200</td></tr>
<tr><td></td><td></td><td>Fremdkapital</td><td>4 000</td></tr>
<tr><td></td><td>5 200</td><td></td><td>5 200</td></tr>
</table>
</td><td>
– Der Verlust ist größer als das Nominalkapital.<br>
– Das Fremdkapital ist nicht mehr durch das Vermögen gedeckt.<br>
<table>
<tr><th>A</th><th colspan="2">Bilanz der Robert Müller AG (DM Tsd.)</th><th>P</th></tr>
<tr><td>Anlagevermögen</td><td>4 000</td><td>Grundkapital</td><td>2 200</td></tr>
<tr><td>Umlaufvermögen</td><td>1 200</td><td>Verlustvortrag</td><td>2 100</td></tr>
<tr><td>Nicht durch Eigenkapital gedeckter Fehlbetrag</td><td>300</td><td>Jahresfehlbetrag</td><td>400</td></tr>
<tr><td></td><td></td><td>Fremdkapital</td><td>5 500</td></tr>
<tr><td></td><td>5 500</td><td></td><td>5 500</td></tr>
</table>
</td></tr>
<tr><td>Der Betrieb kann sich selbst oder mit Hilfe seiner Eigentümer retten.</td><td>Der Betrieb kann nur noch durch die Hilfe seiner Gläubiger gerettet werden. Ihm droht die unfreiwillige Auflösung.</td></tr>
</table>



3992359

| Unterbilanz | Überschuldung |
|---|---|
| **Maßnahmen:**<br>– Sanierung<br>– Liquidation | **Maßnahmen:**<br>– Erlaßvergleich<br>– gerichtlicher Vergleich<br>– Konkurs |

## 9.5.2 Die Sanierung

***Alle organisatorischen und finanziellen Maßnahmen zur Wiederherstellung gesunder Grundlagen eines Unternehmens, die auf Kosten des Unternehmens selbst oder seiner Gesellschafter gehen.***

**Beispiele:**
- *Neuorganisation des technischen oder kaufmännischen Betriebs,*
- *Einführung rationeller Arbeitsmethoden (Umstellung auf EDV),*
- *Verkauf unrentabler Unternehmensteile,*
- *Verkauf von ungenutzten Kapazitäten (nicht genutzte Maschinen),*
- *Zuführung neuen Kapitals (Nachschuß von Einlagen).*

***Unter Sanierung im engeren Sinne versteht man nur die finanziellen Maßnahmen zur Wiederherstellung der Zahlungsbereitschaft und zur Beseitigung der Unterbilanz.***

Die Robert Müller AG (vgl. S. 359 Unterbilanz) kann auf folgenden Wegen saniert werden:

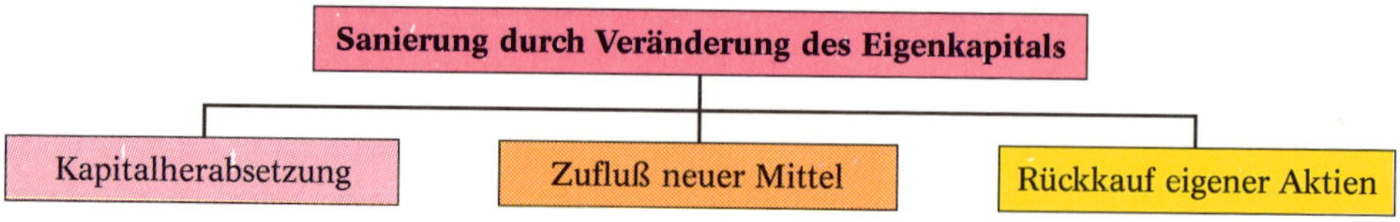


### Reine Sanierung durch Kapitalherabsetzung

***Bei der reinen Sanierung durch Kapitalherabsetzung wird der Verlust gleichmäßig auf alle Aktionäre verteilt, indem der Nennwert der Aktien um den Verlustanteil herabgesetzt wird.***

Diesen Vorgang nennt man **Abstempelung.** Sinkt der Nennwert der Aktie durch die Abstempelung unter 50,00 DM, so werden die Aktien in einem bestimmten Verhältnis **zusammengelegt:** Bei einem Verhältnis von z. B. 3 : 1 erhält der Aktionär für drei alte Aktien eine neue Aktie mit einem Nennwert von 50,00 DM.

**Bilanz der Robert Müller AG nach der Sanierung**

| A | Bilanz (DM Tsd.) | | P |
|---|---|---|---|
| Anlagevermögen | 4 000 | Grundkapital | 1 200 |
| Umlaufvermögen | 1 200 | Fremdkapital | 4 000 |
| | 5 200 | | 5 200 |



3992360

**Voraussetzung** der reinen Sanierung:

- Die freien Rücklagen sind alle aufgelöst worden.
- Die gesetzlichen Rücklagen betragen nicht mehr als 10 % des Grundkapitals.

**Nachteile** der reinen Sanierung:

- Der Verlust wird beseitigt, aber ein Zufluß neuer Mittel erfolgt nicht;
- die Zusammenlegung von Aktien kann sich nachteilig auf die Kleinaktionäre auswirken, die die fehlenden Aktien nicht hinzukaufen können;
- eine Kapitalerhöhung der Unternehmung ist nicht möglich, da Aktien unter pari (unter Nennwert 50,00 DM) nicht ausgegeben werden dürfen und über pari nicht an den Mann gebracht werden können.

## Sanierung durch Zufluß neuer Mittel

***Bei der Sanierung durch Zufluß neuer Mittel wird der Verlust dadurch ausgeglichen, daß die Aktionäre eine freiwillige Zuzahlung auf ihre alten Aktien vornehmen.***

Als Anreiz, einer Zuzahlung zuzustimmen, erhalten die Aktionäre

- **Genußscheine,** die nicht passiviert werden müssen, oder
- ihre Aktien werden im Zuge der Abstempelung in **Vorzugsaktien** umgewandelt.

Die zufließenden Mittel gleichen die Unterbilanz aus, das Grundkapital selbst bleibt gleich.

**Bilanz der Robert Müller AG nach der Sanierung**

| A | Bilanz (DM Tsd.) | | P |
|---|---|---|---|
| Anlagevermögen | 4 000 | Grundkapital | 2 200 |
| Umlaufvermögen | 1 200 | Fremdkapital | 4 000 |
| Zuzahlung | 1 000 | | |
| | 6 200 | | 6 200 |

Bei Familien-Aktiengesellschaften können die Aktionäre noch am ehesten zu freiwilligen Zuzahlungen angehalten werden. Bei weit gestreutem Aktienbesitz wird häufig die **Alternativ-Sanierung** bevorzugt. Bei dieser Form werden die Aktionäre vor die Wahl gestellt,

- entweder den Verlustanteil durch Zuzahlungen zu tilgen oder
- die Herabsetzung der Aktiennennwerte durch Abstempelung hinzunehmen.

## Sanierung durch Rückkauf eigener Aktien

***Bei der Sanierung durch den Rückkauf eigener Aktien kauft die AG eigene Aktien unter pari, d. h. unter dem Nennwert von z. B. 50,00 DM zurück.***

Voraussetzung für diese Sanierung ist, daß dem Betrieb noch liquide Mittel zur Verfügung stehen. In vielen Fällen werden nicht mehr genutzte Kapazitäten und Vorräte verkauft, um flüssige Mittel zu beschaffen.

**Bilanz der Robert Müller AG nach der Sanierung**

Bilanz 1 (DM Tsd.)

| A | | P | |
|---|---|---|---|
| eigene Aktien | 1 000 | Grundkapital | 2 200 |
| Anlageverm. | 3 000 | Fremdkapital | 4 000 |
| Umlaufverm. | 1 200 | | |
| Verlust | 1 000 | | |
| | 6 200 | | 6 200 |

Das Unternehmen verkauft Anlagen im Wert von 1 000 000,00 DM und kauft mit diesen Mitteln eigene Aktien zum Kurswert von 1 000 000,00 DM im Nennwert von 2 000 000,00 DM zurück (Bilanzierung zum Niederstwert 1 000 000,00 DM).

Bilanz 2 (DM Tsd.)

| A | | P | |
|---|---|---|---|
| Anlageverm. | 3 000 | Grundkapital | 200 |
| Umlaufverm. | 1 200 | Fremdkapital | 4 000 |
| | 4 200 | | 4 200 |

Das Unternehmen setzt das Grundkapital um 2 000 000,00 DM herab (Nennwert der eigenen Aktien). Die Bilanzposition „eigene Aktien“ fällt heraus – der Bilanzverlust wird ausgeglichen durch den Gewinn, der sich aus der Differenz zwischen Kurswert und Nennwert der eigenen Aktien ergab.

Hat sich die Geschäftslage eines Unternehmens so verschlechtert, daß das Fremdkapital nicht mehr durch Vermögen gedeckt ist und die Verluste das Eigenkapital übersteigen, so spricht man von **Überschuldung.** In diesem Falle kann das Unternehmen nicht mehr **aus eigener Kraft** gesunden, und es droht die **unfreiwillige Auflösung.**

**Aufgaben**

1. Erläutern Sie die Begriffe Liquiditätsschwierigkeiten, Zahlungsunfähigkeit, Unterbilanz, Überschuldung.
2. Nennen Sie zehn Ursachen dafür, daß ein Unternehmen notleidend wird.
3. Nennen Sie sechs Kennzeichen eines notleidenden Unternehmens.
4. Wie können sich Einzelunternehmungen und Personengesellschaften sanieren?
5. Übertragen Sie die Methoden der finanziellen Sanierung der AG auf die GmbH.

## 9.5.3 Außergerichtlicher Vergleich (Akkord)

| Stundungsvergleich (Moratorium) | Erlaßvergleich (Quotenvergleich) |
|---|---|
| Es kommt durch einen Vertrag zwischen dem Schuldner und **allen** Gläubigern zustande. | |
| Die Gläubigerforderungen werden zu 100 % nach einem Tilgungsplan befriedigt. | Die Gläubiger verzichten auf einen Teil ihrer Forderungen (z. B. 20 % = Verzichtsquote). Die Gläubiger können unterschiedlich behandelt werden (A verzichtet auf 20 %, B auf 40 %). In der Regel gestehen die Gläubiger mit großen Forderungen denen mit kleinen eine niedrigere Verzichtsquote zu, um diese vor hohen Verlusten und den damit verbundenen Folgen zu schützen. Dadurch schützen sich die größeren Gläubiger vor weiteren Verlusten, da sie meist Forderungen gegenüber den kleinen besitzen. Es besteht ein Tilgungsplan.<br>Die nicht zustimmenden Gläubiger erhalten 100 % ihrer Forderungen. |



3992362

| Stundungsvergleich (Moratorium) | Erlaßvergleich (Quotenvergleich) |
|---|---|
| Hält sich der Schuldner nicht an den Tilgungsplan, so können die Gläubiger den Konkurs beantragen. | |
| | Durch die Vereinbarung der Wiederauflebungsklausel können die Gläubiger ihre ursprüngliche Forderung zum Konkurs anmelden; ansonsten nur die Restforderung. |
| Oft ist der Schuldner unverschuldet in Schwierigkeiten geraten, so daß die Gläubiger ein Interesse am Weiterbestehen des Betriebs haben. Dazu kommt, daß die Verluste beim Erlaßvergleich niedriger sind als beim gerichtlichen Vergleich. | |
| Zwischen den Gläubigern muß ein Vertrauensverhältnis bestehen, da die Möglichkeit besteht, die Zwangsvollstreckung zu betreiben, Kreditsicherheiten geltend zu machen usw. Es sollte deshalb ein Treuhänder mit der Abwicklung des Vergleichs beauftragt werden. | |

**Aufgaben**

1. Welche finanzwirtschaftlichen Auswirkungen hat ein Stundungsvergleich auf den Gläubiger?
2. Grenzen Sie Moratorium und Quotenvergleich gegeneinander ab.
3. Welche Gründe bewegen einen Gläubiger, einem Akkord zuzustimmen?
4. Was versteht man unter Verzichtsquote?
5. Welchen Zweck haben
   a) die Wiederauflebungsklausel,
   b) die Drohung mit der Beantragung eines Konkurses
   im Rahmen des außergerichtlichen Vergleichs?

## 9.5.4 Konkurs und Bankrott

### 9.5.4.1 Konkurs

***Das Konkursverfahren ist ein gerichtliches Vollstreckungsverfahren, das den Zweck hat, die Gläubiger aus dem pfändbaren Vermögen des Gemeinschuldners gleichmäßig und anteilsmäßig zu befriedigen.***

Die **Voraussetzungen** für ein Konkursverfahren sind:

- Vorliegen eines Konkursgrundes (§ 102 KO)
- Antrag auf Eröffnung des Verfahrens (§ 103 KO)

Ein **Konkursgrund** liegt in folgenden Fällen vor:

- **Zahlungsunfähigkeit** bei allen Rechtsformen der Unternehmung (§ 102 KO)
- **Überschuldung** bei den Kapitalgesellschaften (§ 207 KO, § 92 Abs. 2 AktG, § 63 Abs. 1 GmbHG)

Der **Antrag** auf Konkurseröffnung kann **beim Konkursgericht** (Amtsgericht) gestellt werden (§§ 71, 103 KO)

- vom **Gemeinschuldner:** Dem Antrag müssen beigefügt werden ein Verzeichnis der Gläubiger und Schuldner sowie eine Vermögensübersicht (§ 104 KO).
- von **einem Konkursgläubiger:** Er muß seine Forderung und den Konkursgrund glaubhaft machen (§ 105 KO).

Das Konkursgericht kann

- den Antrag auf Konkurseröffnung **mangels Masse abweisen** (§ 104 KO);
- einen bereits eröffneten Konkurs **mangels Masse einstellen** (§ 204 KO).

***„Mangels Masse" bedeutet: Die Konkursmasse reicht nicht aus, um die Kosten des Gerichtsverfahrens zu decken.***

Die **Folgen** der Abweisung bzw. Einstellung sind:

- Die Konkursgläubiger gehen leer aus.
- Der Gemeinschuldner wird in das **Schuldnerverzeichnis** („schwarze Liste") aufgenommen.

Die **Eröffnung** des Konkursverfahrens wird

- im Bundesanzeiger und im Staatsanzeiger **veröffentlicht** (§ 111 KO),
- den Registerbehörden (z. B. Handelsregister) **mitgeteilt** (§ 112 KO),
- in das Grundbuch **eingetragen** (§ 113 KO).

Das Konkursgericht ernennt einen **Konkursverwalter** (§ 78 KO), der u. a. die Aufgabe hat, die **Konkursmasse** zu ermitteln und eine Bilanz (Konkursstatus) anzufertigen (§§ 123 f. KO).

***Unter Konkursmasse versteht man***
***– das gesamte, einer Zwangsvollstreckung unterliegende Vermögen des Gemeinschuldners,***
***– welches ihm zum Zeitpunkt der Konkurseröffnung gehörte. (§ 1 KO)***

Die Konkursmasse **umfaßt** demnach **nicht das gesamte Vermögen des Gemeinschuldners:**

**Vermögen des Schuldners zum Zeitpunkt der Konkurseröffnung**
·/. **Unpfändbare Sachen** (§ 811 ZPO)
·/. **Unpfändbare Forderungen** (§§ 850 ff. ZPO)
·/. **Ausgesonderte Gegenstände** (§§ 43 ff. KO)
(Aussonderungsberechtigt ist jeder, der einen schuldrechtlichen oder dringlichen Anspruch auf Herausgabe eines Gegenstandes hat.)
z. B. – unter Eigentumsvorbehalt gelieferte und noch nicht bezahlte Waren und Maschinen
– geliehene Gegenstände
– gemietete und gepachtete Gegenstände
– im Auftrag zu verkaufende Gegenstände (z. B. Kommissions- oder Konsignationslager)

= **Konkursmasse**

Die Konkursmasse unterliegt **Veränderungen:**

**Konkursmasse**

\+ **Gegenstände aus der Anfechtung** (§§ 29 ff. KO)
(Der Konkursverwalter kann Rechtshandlungen, die der Gemeinschuldner vor der Eröffnung des Verfahrens vorgenommen hat, anfechten.)
z. B. – Schenkungsanfechtung (§ 32 KO)
– Absichtsanfechtung (§ 31 KO)
– einfache Konkursanfechtung (§ 30 KO)

·/. **Abgesonderte Gegenstände** (§§ 47 ff. KO)
(Absonderungsberechtigt ist jeder, der ein Recht darauf hat, sich aus einem bestimmten Gegenstand zu befriedigen.)
z. B. – Hypotheken- und Grundschuldgläubiger
– Berechtigte aus einem Pfandrecht
– Berechtigte aus einem Sicherungsübereignungsvertrag
– Staat wegen solcher Zölle und Verbrauchsteuern, die auf den Massegegenständen ruhen

·/. **Aufgerechnete Forderungen** (§§ 53 ff. KO)
(Aufrechnungsberechtigt ist jeder, der gegenüber dem Gemeinschuldner Gläubiger und Schuldner zugleich ist, z. B. Gegengeschäftsverbindungen.)

---

= **Zur Verteilung verfügbare Konkursmasse**

***Aus der Konkursmasse sind vorweg die Masseschulden und die Massekosten zu befriedigen. (§§ 57, 60 KO)***

**Masseschulden** (§ 59 KO):

- Ansprüche aus Geschäften und Handlungen des Konkursverwalters
- Ansprüche der Arbeitnehmer und Handelsvertreter aus den letzten sechs Monaten vor der Konkurseröffnung
- Ansprüche aus betrieblicher Altersversorgung

**Massekosten** (§ 58 KO):

- Kosten des gerichtlichen Verfahrens
- Ausgaben und Vergütung des Konkursverwalters
- dem Gemeinschuldner und dessen Familie gewährte Unterstützung

***Der nach Abzug der Masseschulden und Massekosten verbleibende Rest der Konkursmasse wird an die Konkursgläubiger verteilt.***

***Konkursgläubiger ist,***
***– wer einen schuldrechtlichen Anspruch gegenüber dem Gemeinschuldner hat und***
***– diesen Anspruch in die Konkurstabelle hat eintragen lassen.***
***Der Anspruch muß bei Konkurseröffnung bestanden haben. (§ 3 KO)***

Es gelten folgende **Verteilungsregeln** (§ 61 KO):

- Die Konkursforderungen werden **nach** ihrer **Rangordnung** befriedigt.
- Jede Rangklasse wird erst dann zur Verteilung herangezogen, wenn die **vorhergehende zu 100 % befriedigt** ist.
- Reicht die Konkursmasse nicht aus, um alle Forderungen einer Rangklasse zu befriedigen, so werden die Forderungen zu gleichen Prozentsätzen befriedigt **(Konkursquote).**

Es besteht folgende **Rangordnung innerhalb der Konkursforderungen** (§ 61 KO):

| | |
|---|---|
| *1* | ***Bevorrechtigte Forderungen*** |
| *1.1* | ***Lohn- und Gehaltsforderungen*** |
| *1.2* | ***Forderungen des Staates wegen öffentlicher Abgaben*** |
| *1.3* | ***Forderungen der Kirchen, Schulen, öffentlichen Verbände*** |
| *1.4* | ***Forderungen der Ärzte und Apotheker*** |
| *1.5* | ***Forderungen der Kinder, Mündel und Pflegepersonen des Schuldners*** |
| *2* | ***Alle übrigen Konkursforderungen*** |

Nach der Abhaltung des Schlußtermins wird das **Konkursverfahren aufgehoben** (§ 163 KO). Es ergeben sich diese **Folgen:**

- Das Unternehmen des Gemeinschuldners ist aufgelöst.
- Nicht oder nicht voll befriedigte Konkursgläubiger haben mit dem **Auszug aus der Konkurstabelle** einen **vollstreckbaren Titel** in der Hand, den sie 30 Jahre lang geltend machen können.
- Deshalb kann sich der Gemeinschuldner nicht mehr unternehmerisch betätigen.

### 9.5.4.2 Bankrott

Straftaten, die Schuldner in Zusammenhang mit einem Konkurs begangen haben, wurden bis zum 31.07.1976 in den §§ 239 ff. KO geregelt. Das **Erste Gesetz zur Bekämpfung der Wirtschaftskriminalität,** das am 01.08.1976 in Kraft trat, hob die konkursrechtliche Regelung der Straftatbestände auf und nahm sie unter erheblicher Verschärfung in das **Strafgesetzbuch** (StGB) auf.

Zu den Konkursstraftatbeständen des § 283 StGB gehören insbesondere

- der Bankrott (§ 283 StGB),
- der besonders schwere Fall des Bankrotts (§ 283 a StGB).



3992366

Hat der Schuldner

| | | |
|---|---|---|
| seine Zahlungen eingestellt | oder ist über sein Vermögen das Konkursverfahren eröffnet | oder der Eröffnungsantrag mangels Masse abgewiesen worden, |

so wird er wegen Bankrotts mit **Freiheitsstrafe bis zu 5 Jahren oder mit Geldstrafe** bestraft, wenn er **bei** Überschuldung, **bei** drohender oder eingetretener Zahlungsunfähigkeit

- Bestandteile seines Vermögens, die im Falle der Konkurseröffnung zur Konkursmasse gehören, beiseite schafft, verheimlicht, zerstört, beschädigt oder unbrauchbar macht,
- durch Verlust- oder Spekulationsgeschäfte, Spiel oder Wette übermäßige Beträge verbraucht oder schuldig wird,
- auf Kredit beschaffte Waren oder Wertpapiere erheblich unter ihrem Wert veräußert oder abgibt,
- Rechte anderer vortäuscht oder erdichtete Rechte anerkennt,
- Handelsbücher, zu deren Führung er gesetzlich verpflichtet ist (§ 238 HGB), nicht führt, verändert, beiseite schafft, verheimlicht, zerstört oder beschädigt und dadurch die Übersicht über seinen Vermögensstand erschwert,
- Bilanzen verspätet oder so aufstellt, daß die Übersicht über seinen Vermögensstand erschwert wird.

Er wird ebenso bestraft, wenn er durch eine der genannten Handlungen seine Überschuldung oder Zahlungsunfähigkeit **herbeiführt.**

Mit **Freiheitsstrafe bis zu zwei Jahren oder mit Geldstrafe** wird der Schuldner bestraft, wenn er

- die Überschuldung oder die drohende oder die eingetretene Zahlungsunfähigkeit **fahrlässig nicht kennt** oder
- die Überschuldung oder Zahlungsunfähigkeit **leichtfertig verursacht hat.**

Hat der Schuldner

***– aus Gewinnsucht gehandelt oder***
***– wissentlich viele Personen in wirtschaftliche Gefahr oder Not gebracht,***
***so liegt nach § 283 a StGB ein besonders schwerer Fall des Bankrotts vor.***

Der Täter wird mit **Freiheitsstrafe von sechs Monaten bis zu zehn Jahren** bestraft.

## Zusammenfassung

**Konkurs**

Voraussetzungen

- Konkursgrund (Zahlungsunfähigkeit, Überschuldung)
- Antrag auf Eröffnung des Verfahrens (durch Schuldner oder einen Konkursgläubiger)

**Befriedigung der Konkursgläubiger**

| | DM | |
|---|---|---|
| | 1000000,00 | Vermögen des Gemeinschuldners bei Konkurseröffnung |
| ·/. | 20000,00 | unpfändbare Sachen |
| ·/. | 10000,00 | unpfändbare Forderungen |
| ·/. | 150000,00 | Aussonderung |
| | 820000,00 | Konkursmasse |
| + | 80000,00 | Anfechtung |
| ·/. | 250000,00 | Absonderung |
| ·/. | 50000,00 | Aufrechnung |
| | 600000,00 | zur Verteilung verfügbare Konkursmasse |
| ·/. | 120000,00 | Masseschulden |
| ·/. | 35000,00 | Massekosten |
| | 445000,00 | für die Konkursgläubiger verbleibender Rest |
| ·/. | 245000,00 | bevorrechtigte Forderungen |
| | 200000,00 | Restmasse |
| | 1100000,00 | übrige Konkursforderungen |

$$\text{Konkursquote} = \frac{\text{Restmasse} \cdot 100}{\text{übrige Konkursforderungen}} = \frac{200\,000 \cdot 100}{1\,100\,000} = 18{,}2\ \%$$

Jede der übrigen Konkursforderungen wird mit 18,2 % befriedigt.

**Folgen**

- Unternehmen des Gemeinschuldners wird aufgelöst.
- Vollstreckbare Titel für alle nicht oder nur teilweise befriedigten Konkursgläubiger.
- Gemeinschuldner kann kein Unternehmen mehr gründen.

## Aufgaben

1. Wer ist Konkursgläubiger?
2. Wie werden die bevorrechtigten Forderungen beim Konkurs befriedigt?
3. Welche Bedeutung hat ein vollstreckbarer Titel für den Gläubiger aus einem Konkursverfahren?
4. Was versteht man unter Konkursquote?
5. Welche Voraussetzungen müssen erfüllt sein, damit ein Konkursverfahren eröffnet werden kann?
6. Was bedeutet „Ablehnung mangels Masse“?
7. Welche Folgen hat die Ablehnung mangels Masse?
8. Überlegen Sie: Warum wird die Eröffnung eines Konkurses öffentlich bekanntgemacht?
9. Was versteht man unter Konkursmasse?



3992368

10. Stellen Sie anhand eines Zahlenbeispiels dar, wie
    a) die Konkursmasse ermittelt wird,
    b) die Konkursmasse vergrößert und verkleinert wird,
    c) die Konkursforderungen befriedigt werden.
11. Schlagen Sie in der ZPO und KO nach und suchen Sie Beispiele für unpfändbare Sachen, unpfändbare Forderungen und Anfechtung heraus.
12. Erläutern Sie die Folgen eines Konkurses.
13. Vergleichen Sie Konkurs und Bankrott.
14. Über das Vermögen der Firma Roland Schaller wurde das Konkursverfahren eröffnet. Der Konkursverwalter stellt fest, daß der Schuldner keine Handelsbücher geführt und Teile seines Vermögens beiseite geschafft hat. Welche Strafe könnte Schaller erwarten?

## 9.5.5 Gerichtlicher Vergleich

***Ein gerichtlicher Vergleich soll einen drohenden Konkurs des Unternehmens abwenden. (§ 1 VerglO)***

Die **Voraussetzungen** für ein gerichtliches Vergleichsverfahren sind:

- Vorliegen eines **Konkursgrundes**
- **Antrag** auf Eröffnung eines Vergleichsverfahrens

Die **Eröffnung** des Vergleichsverfahrens muß vom **Schuldner** beim **Vergleichsgericht** (Amtsgericht) **beantragt** werden (§ 2 VerglO). Der **Antrag** muß folgende **Angaben** enthalten (§§ 3 ff. VerglO):

- **Vergleichsvorschlag:** Der Schuldner bietet jedem Gläubiger an, **mindestens 35 % seiner Forderungen** innerhalb eines Jahres zu begleichen. Soll die Zahlungsfrist auf 18 Monate ausgedehnt werden, so beträgt der Mindestsatz 40 %. Eine Verlängerung der Zahlungsfrist über 18 Monate hinaus ist nur für den Betrag möglich, der 40 % übersteigt.
- **Bargebot:** Die Mindestsätze müssen in bar geboten werden.
- **Offenlegung:** Der Schuldner muß erklären, ob und wann in den letzten fünf Jahren vor Antragstellung
  - ein außergerichtliches Vergleichsverfahren stattgefunden hat,
  - ein gerichtliches Vergleichsverfahren oder ein Konkursverfahren eröffnet oder mangels Masse abgelehnt wurde,
  - im Zuge eines Zwangsvollstreckungsverfahrens eine eidesstattliche Erklärung abgegeben wurdc.
- **Verzeichnisse** aller seiner Gläubiger und Schuldner
- **Vermögensübersicht** bzw. Bilanz und Gewinn- und Verlustrechnung
- **Tilgungsplan**

Anschließend wird das Vergleichsverfahren eröffnet (§ 20 VerglO); die **Eröffnung** wird

- **öffentlich** im Bundesanzeiger und im Staatsanzeiger **bekanntgegeben** (§ 22 VerglO),
- dem **Handelsregister mitgeteilt** (§ 23 VerglO).

Der vom Gericht bestellte **Vergleichsverwalter** hat u. a. die Aufgabe, einen Vergleichsstatus zu erstellen und die Forderungen der Vergleichsgläubiger zu überprüfen.

***Vergleichsgläubiger ist, wer***
***– einen schuldrechtlichen Anspruch gegen den Schuldner hat,***
***– im Falle eines Konkurses über eine übrige Konkursforderung verfügen würde.***
***Die Forderung muß zum Zeitpunkt der Verfahrenseröffnung bestanden haben. (§ 25 VerglO)***

Am **Vergleichstermin** stimmen die anwesenden stimmberechtigten Vergleichsgläubiger über den **Vergleichsvorschlag** ab (§ 74 VerglO). Er gilt als **angenommen,** wenn

- die Mehrheit der Gläubiger den Vorschlag annimmt **(absolute Kopfmehrheit) und**
- die zustimmenden Gläubiger über mindestens 75 % der Forderungen verfügen **(Summenmehrheit).** Liegt die Vergleichsquote unter 50 %, so müssen die zustimmenden Gläubiger über 80 % der Forderungen verfügen.

Damit der angenommene Vergleich **rechtswirksam** wird, muß er vom **Vergleichsgericht bestätigt** werden (§ 78 VerglO). Die Bestätigung hat folgende **Wirkungen:**

- Der Vergleich ist **für alle Vergleichsgläubiger bindend** (§ 82 VerglO).
- Mit einem Auszug aus der Vergleichstabelle verfügen die Gläubiger über einen **vollstreckbaren Titel,** der sich auf die Forderung in Höhe des Vergleichsvorschlags erstreckt (§ 85 VerglO).
- Gerät der Schuldner mit der Erfüllung des Vergleichs in Verzug, so leben die Forderungen in ihrer ursprünglichen Höhe wieder auf (**Wiederauflebungsklausel** des § 9 VerglO).

***Durch den gerichtlichen Vergleich wird erreicht, daß***
***– die Gläubiger einen höheren Anteil ihrer Forderungen erhalten, als dies bei einem Konkurs möglich wäre;***
***– dem Schuldner ein Teil seiner Verbindlichkeiten erlassen wird (Erlaßvergleich);***
***– der Schuldner sein Unternehmen weiterführen kann.***

Beim **Liquidationsvergleich** wird das Unternehmen aufgelöst. Er liegt vor, wenn

– der Schuldner sein Vermögen ganz oder teilweise den Gläubigern zur Verwertung überläßt,
– der Liquidationserlös mindestens 35 % der Forderungen ergibt, d. h. der Erlaß höchstens 65 % der Forderungen beträgt (§ 7 Abs. 4 VerglO).

Wird die Verwertung des Vermögens einem Treuhänder übertragen, so spricht man von einem **Treuhandvergleich.**

## Zusammenfassung

**Gerichtlicher Vergleich**

Voraussetzungen

– Konkursgrund
– Antrag auf Eröffnung des Verfahrens durch den Schuldner

Inhalt des Antrags

| | |
|---|---|
| – Vergleichsvorschlag | – Verzeichnisse |
| – Bargebot | – Vermögensübersicht |
| – Offenlegung | – Tilgungsplan |

Vergleichsgläubiger

- ist, wer im Falle eines Konkurses über eine übrige Konkursforderung verfügen würde.
- stimmen über den Vergleichsvorschlag ab mit
  - absoluter Kopfmehrheit **und**
  - Summenmehrheit.

Folgen

- Schuldner kann Unternehmen fortführen.
- Gläubiger verfügen über vollstreckbare Titel in Höhe Vergleichsquote.
- Ursprüngliche Forderungen leben wieder auf, wenn der Schuldner mit der Erfüllung des Vergleichs in Verzug gerät.

## Aufgaben

1. Wer ist Vergleichsgläubiger?
2. Welche Bedeutung hat ein vollstreckbarer Titel für den Gläubiger aus einem Vergleichsverfahren?
3. Was ist günstiger für den Schuldner: Ein gerichtlicher Vergleich oder ein Konkurs? Begründen Sie Ihre Antwort.
4. Aus welchen Gründen ist ein Quotenvergleich einem gerichtlichen Vergleich vorzuziehen?
5. Welche Voraussetzungen müssen erfüllt sein, damit ein gerichtliches Vergleichsverfahren eröffnet werden kann?
6. Überlegen Sie: Warum wird die Eröffnung eines gerichtlichen Vergleichsverfahrens öffentlich bekanntgemacht?
7. Was versteht man unter Vergleichsquote?
8. Erläutern Sie die Folgen eines gerichtlichen Vergleichsverfahrens.
9. Warum ist die Zustimmung der Vergleichsgläubiger zum Vergleichsvorschlag erforderlich?
10. Welchen Zweck verfolgt ein Schuldner, der einen gerichtlichen Vergleich beantragt?
11. Erläutern Sie die Wiederauflebungsklausel.

## 9.5.6 Anschlußkonkurs

***Ein Anschlußkonkurs ist immer dann die Folge eines gerichtlichen Vergleichsverfahrens, wenn dieses scheitert. (§ 102 VerglO)***

**Gründe für ein Scheitern** des gerichtlichen Vergleichsverfahrens sind:

- die Ablehnung des Vergleichsverfahrens,
- die Einstellung des Vergleichsverfahrens (wenn sich z. B. die erforderlichen Mehrheiten der Vergleichsgläubiger nicht finden),
- die Nichtbestätigung des Vergleichs,
- die Nichterfüllung des Vergleichs.

Für den Anschlußkonkurs gelten die **Vorschriften über das ordentliche Konkursverfahren.**

## 9.5.7 Zwangsvergleich

***Im Verlauf des Konkursverfahrens kann der Gemeinschuldner den übrigen Konkursgläubigern einen Zwangsvergleich vorschlagen. (§§ 173 ff. KO)***

Voraussetzungen für einen Zwangsvergleich sind:

- Vergleichsvorschlag des Schuldners.
- Alle nicht bevorrechtigten Konkursgläubiger müssen gleich behandelt werden.
- Eine ungleiche Behandlung setzt die Zustimmung der zurückgesetzten Gläubiger voraus.

Der **Zwangsvergleich kommt zustande,** wenn

- die **Kopfmehrheit** der am Vergleichstermin anwesenden stimmberechtigten Gläubiger dem Vergleich zustimmen, **und**
- dadurch eine **Summenmehrheit von 75 % der Forderungen** erreicht wird,
- das **Konkursgericht** den Vergleich **bestätigt.**

***Dadurch kommt der Gemeinschuldner in den Genuß der Vorteile, die der gerichtliche Vergleich ihm bietet. Die Konkursgläubiger verringern durch den Zwangsvergleich ihre Forderungsausfälle, da das Vermögen des Schuldners mit höherem Erlaß als beim Konkurs verwertet werden kann.***

Der Zwangsvergleich wird häufig als **Liquidations- oder Treuhandvergleich** durchgeführt.

## 9.5.8 Die Liquidation

***Unter der Liquidation versteht man die Abwicklung der Geschäfte einer aufgelösten Handelsgesellschaft.***

Die Auflösung ist ein rechtlicher Vorgang. Im Anschluß daran findet die Liquidation (Abwicklung) statt, **wenn nicht über das Vermögen der Gesellschaft das Konkursverfahren eröffnet worden ist.**

***Die Liquidation wird auch als freiwillige Auflösung der Unternehmung bezeichnet.***

### Auflösungsgründe sind z. B.:

- Erreichung des Betriebszwecks,
- Streitigkeiten unter den Gesellschaftern,
- Tod eines OHG-Gesellschafters oder Komplementärs,
- Verschlechterung der Geschäftslage des Unternehmens,
- Verdrängungswettbewerb durch Großunternehmen,
- wesentliche Änderungen der Nachfrage.



3992372

### Aufgaben der Liquidation:

Die Abwicklung hat die Aufgabe, nach der Auflösung der Gesellschaft

- alle Forderungen einzuziehen,
- sämtliche Vermögenswerte zu veräußern,
- die Gläubiger zu befriedigen,
- den restlichen Erlös nach dem Verhältnis der Kapitalanteile unter die Gesellschafter zu verteilen.

### Durchführung der Liquidation

Die Abwicklung der aufgelösten Gesellschaft erfolgt meist durch den Vorstand (bei Aktiengesellschaften) bzw. durch die Gesellschafter (bei Personengesellschaften), sie heißen jetzt auch **Abwickler** oder **Liquidatoren.** Aus der Erwerbsgesellschaft wird eine **Abwicklungsgesellschaft.** Zur Eintragung ins Handelsregister kommt der Auflösungsbeschluß und der Firmenzusatz „i. L." (in Liquidation).

Zu Beginn der Liquidation haben die Abwickler eine **Abwicklungseröffnungsbilanz** zu erstellen. Da insbesondere bei Aktiengesellschaften sich die Liquidation über mehrere Jahre hinziehen kann, muß zum Schluß jedes Geschäftsjahres ein Jahresabschluß und Geschäftsbericht erstellt und der Hauptversammlung vorgelegt werden. Die Vorschriften über die Wertansätze, die Gliederung und Prüfung des Jahresabschlusses gelten nicht. Auf der Aktivseite der Bilanz können die Vermögenswerte mit ihrem **erwarteten** Veräußerungswert angesetzt werden, auf der Passivseite stehen die Ansprüche der Gesellschafter und die Verbindlichkeiten.

### Beendigung der Liquidation

Die **Abwicklungsschlußbilanz** ist die Grundlage für die Vermögensverteilung und dient zugleich der Rechnungslegung der Abwickler. Nach der Verteilung des Restvermögens muß die Beendigung der Abwicklung und das Erlöschen der Firma von den Abwicklern zur Eintragung ins Handelsregister angemeldet werden. Die Geschäftsbücher und Papiere sind 10 Jahre aufzubewahren.

Bei Aktiengesellschaften schreibt das AktG vor (bei der GmbH gilt entsprechendes), daß

- die Gläubiger in den Gesellschaftsblättern (z. B. einer überregionalen Tageszeitung) dreimal aufzufordern sind, ihre Ansprüche anzumelden,
- nach Ablauf eines Jahres nach der letzten Aufforderung der Liquidationserlös verteilt werden darf (Gläubigerschutz).

Bei Personengesellschaften haften die Gesellschafter persönlich und unbeschränkt noch 5 Jahre ab Eintragung des Auflösungsbeschlusses in das Handelsregister für alle offenen Verbindlichkeiten.

## Zusammenfassung

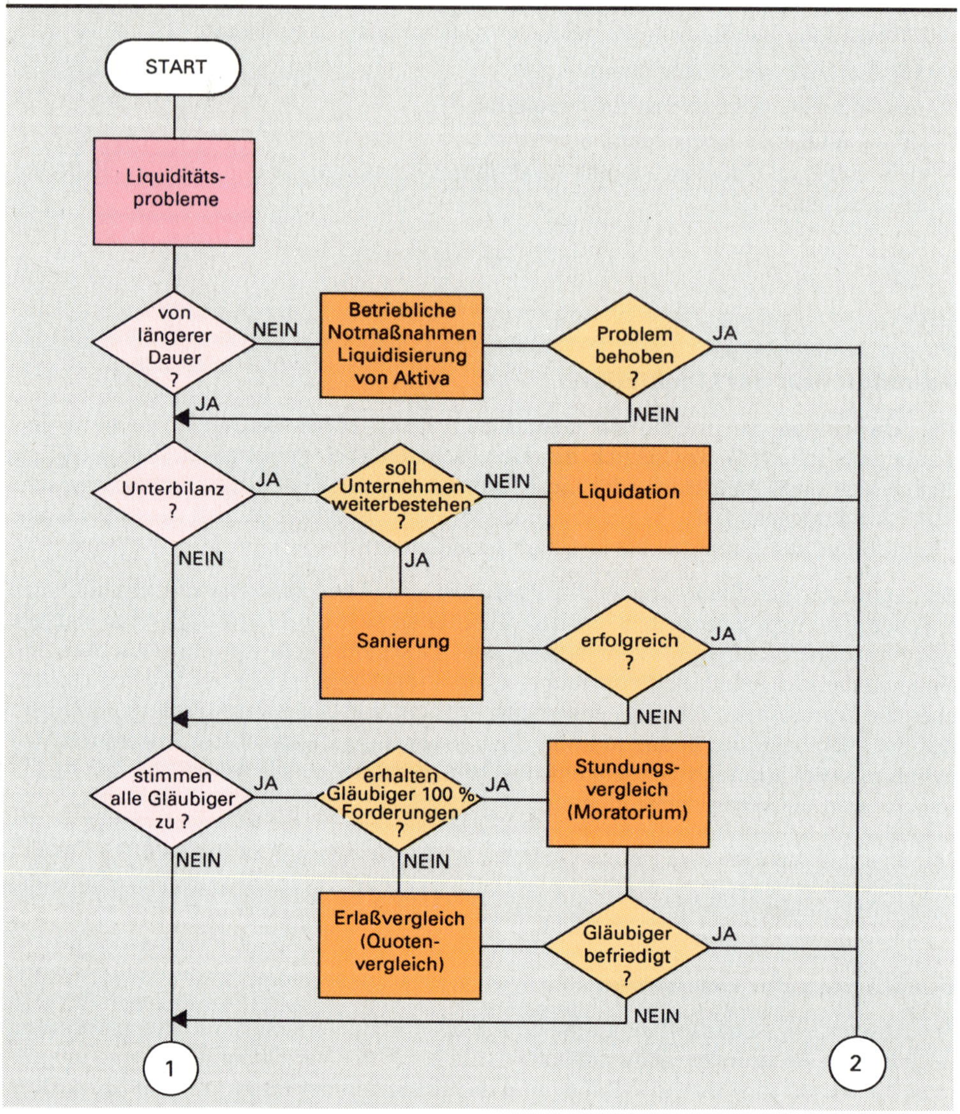


## Aufgaben

1. Wie kommt es zu einem Anschlußkonkurs?
2. Warum sollte ein Konkursschuldner stets einen Zwangsvergleich anstreben?
3. Vergleicht man die Bedingungen, die zum Zustandekommen eines Zwangsvergleichs erfüllt sein müssen, mit denen eines gerichtlichen Vergleichs, so stellt man fest, daß diese erleichtert sind. Welche Überlegungen haben den Gesetzgeber zu dieser Regelung bewogen?
4. Überlegen Sie: Warum ist ein Zwangsvergleich häufig ein Liquidations- oder Treuhandvergleich?



3992374

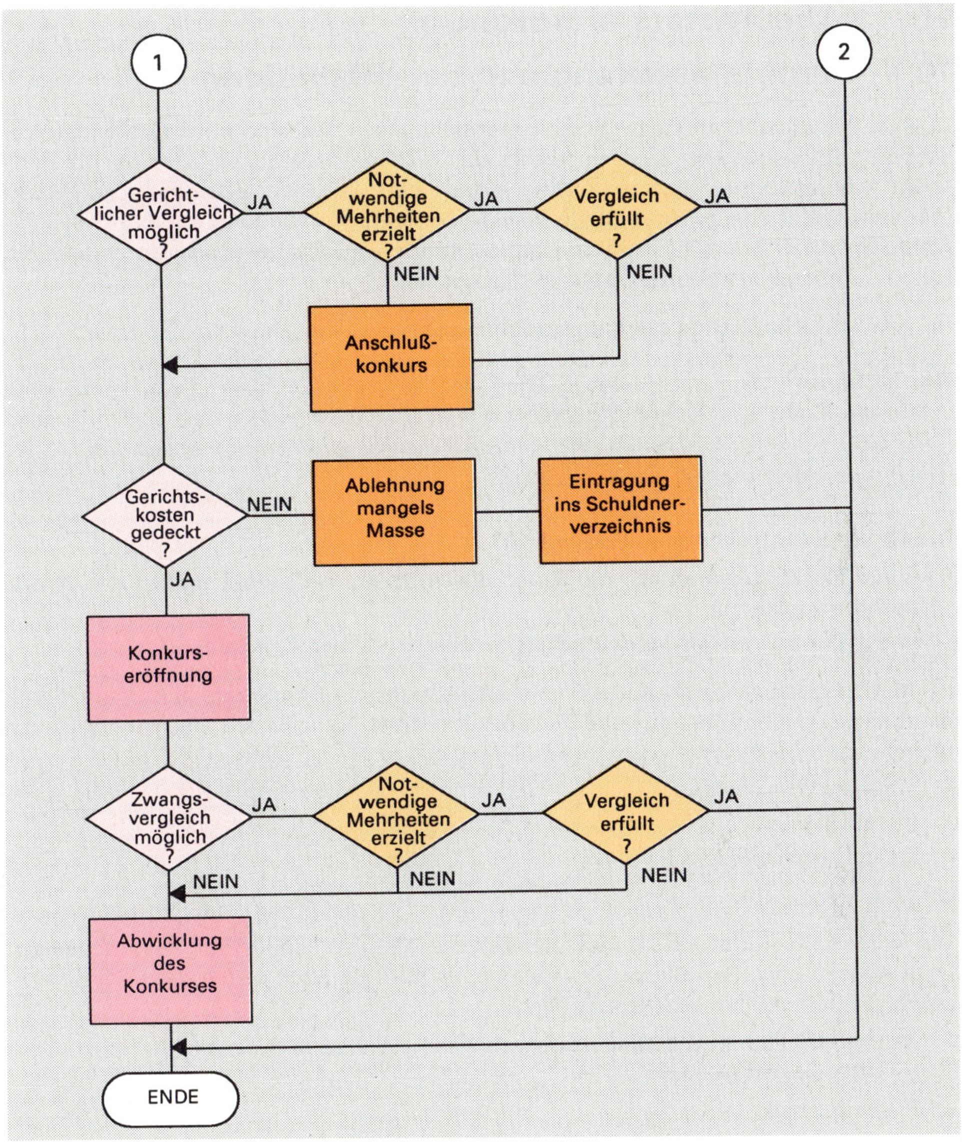


5. Welches Interesse haben die Konkursgläubiger am Zustandekommen eines Zwangsvergleiches?
6. In welchem Fall ist für den Unternehmer die Liquidation günstiger als eine Veräußerung des Unternehmens im ganzen?
7. Inwiefern können bei Liquidationen manche OHG-Gesellschafter bei der Verteilung des Restvermögens benachteiligt werden (vgl. §§ 121, 155 HGB)? Entwerfen Sie dazu ein einfaches Rechenbeispiel.

# 10 Die Wirtschaftsordnung

## 10.1 Problemstellung und Begriffsbildung

In allen Wirtschaftseinheiten – Staat, Unternehmungen, Haushalte – finden wirtschaftliche Vorgänge statt. Das Zusammenspiel aller Wirtschaftseinheiten in einer Volkswirtschaft wird von einer gewissen **Ordnung** bestimmt: entweder übernimmt der **Markt** (dezentral) oder eine **zentrale Stelle** (meist eine staatliche) die **Lenkung** der Volkswirtschaft. Im einen Fall wird die **Wirtschaftsordnung** als **„Marktwirtschaft"**, im anderen Fall als **„Zentralverwaltungswirtschaft"** bezeichnet.

Bei dem **wirtschaftlichen Lenkungsproblem** geht es im einzelnen um die Frage:

***Wer bestimmt***
***– welche Güter in welchen Mengen produziert werden sollen,***
***– in welcher Kombination der Produktionsfaktoren produziert werden soll,***
***– an wen Güter verteilt werden sollen?***

Die **Entscheidung** über diese Fragen liegt

- in der **Marktwirtschaft** bei den Wirtschaftseinheiten, vor allem bei den Produzenten und Konsumenten,
- in der **Zentralverwaltungswirtschaft** bei einer zentralen Behörde.

Als Marktwirtschaft wird z. B. die Wirtschaftsordnung der Bundesrepublik Deutschland, Frankreichs, Großbritanniens und der USA bezeichnet. Im gleichen Sinne werden auch Begriffe wie

- Wettbewerbswirtschaft,
- Privatwirtschaft,
- kapitalistische Wirtschaft

gewählt.

Die Wirtschaftsordnungen Chinas, der osteuropäischen Länder und der ehemaligen DDR wurden nach Beendigung des Zweiten Weltkrieges nach dem Muster der Sowjetunion geschaffen. Man bezeichnete sie als

- Zentralverwaltungswirtschaft oder auch als
- sozialistische Wirtschaft,
- Planwirtschaft,
- Zwangswirtschaft.

Schon vor Beginn der Wirtschaftsreformen, die seit Ende der achtziger und zu Beginn der neunziger Jahre in Osteuropa und der Sowjetunion stattfanden, waren alle diese Bezeichnungen kaum zutreffend. Die einzelnen realen Wirtschaftsordnungen sowohl der „westlichen" als auch der „östlichen" Welt sind sehr kompliziert. Einzelne **Ordnungsformen** (z. B. Eigentumsformen, Markt- und Preisbildungsformen) sind so unterschiedlich ausgeprägt, daß eine **klare Trennung** in die eine oder andere reine Form kaum vorzunehmen ist. Trotzdem lassen sich zwischen den „östlichen" und „westlichen" Ordnungen **gravierende Unterschiede** feststellen, wenn man das **Typische** an ihnen heraushebt. Deshalb stellen wir zunächst die Marktwirtschaft und die Zentralverwaltungswirtschaft als **idealtypische Modelle** heraus.


3992376

## 10.2 Das Modell der freien Marktwirtschaft

Die Theorie der reinen Marktwirtschaft wurde von den Engländern Adam **Smith** (1723–1790) und David **Ricardo** (1772–1823) entwickelt. Es ist die Wirtschaftsordnung des 19. Jahrhunderts, das durch die industrielle Revolution geprägt ist. Die Ideen des **Wirtschaftsliberalismus** basieren auf der Überzeugung, daß die Individuen völlige **wirtschaftliche Freiheit** genießen. Jeder der am Wirtschaftsprozeß Beteiligten geht von seinem **persönlichen Eigennutz** aus. Er kann frei darüber verfügen, **ob, wie lange und wo er seine Arbeitskraft einsetzt.** Sofern er über Betriebsmittel und Werkstoffe verfügt, kann er frei entscheiden, **was, wieviel und wie er produziert.** Die Preise für Güter, der Zins für das Kapital und die Höhe der Löhne werden nach den Gesetzen eines **schrankenlosen freien Wettbewerbs** bestimmt. In diesem System der natürlichen Freiheit **enthält sich der Staat jeder Einmischung** in das Wirtschaftsleben. Er sorgt für die Einhaltung der Gesetze, für den Schutz der Gesellschaft vor Angriffen anderer Nationen und schafft öffentliche Einrichtungen, wie Schulen und Krankenhäuser. Damit sich die Produzenten, Händler und Konsumenten wirtschaftlich frei entfalten können, gilt:

***Das Privateigentum, die Vertragsfreiheit, die Gewerbe- und Berufsfreiheit werden garantiert.***

Im Wettbewerb untereinander bemühen sich die Unternehmer um den **größtmöglichen Gewinn.** Dabei liegen diejenigen Unternehmer vorn, die sich am besten und schnellsten auf die **Wünsche der Verbraucher** einstellen. Die **Nachfrager bestimmen** weitgehend was und wieviel angeboten wird. Die Unternehmer erhalten diese notwendigen Informationen über die **Preise,** die sich am **Markt bilden.** Der **Markt-Preis-Mechanismus** lenkt sozusagen von „unsichtbarer Hand“ das gesamte Wirtschaftsgeschehen.

**Der Marktpreis**

- ist ein **Gleichgewichtspreis,** wenn er Angebots- und Nachfragemenge zum Ausgleich („ins Gleichgewicht“) bringt,
- zeigt den Produzenten, nach welchen Gütern und in welchem Umfang **Bedarf** besteht. Nach diesen Informationen werden die Anbieter ihr wirtschaftliches Handeln ausrichten.
- **lenkt** die wirtschaftlichen Aktivitäten von Unternehmern und Arbeitskräften dorthin, wo ein Bedarf nach ihnen besteht.

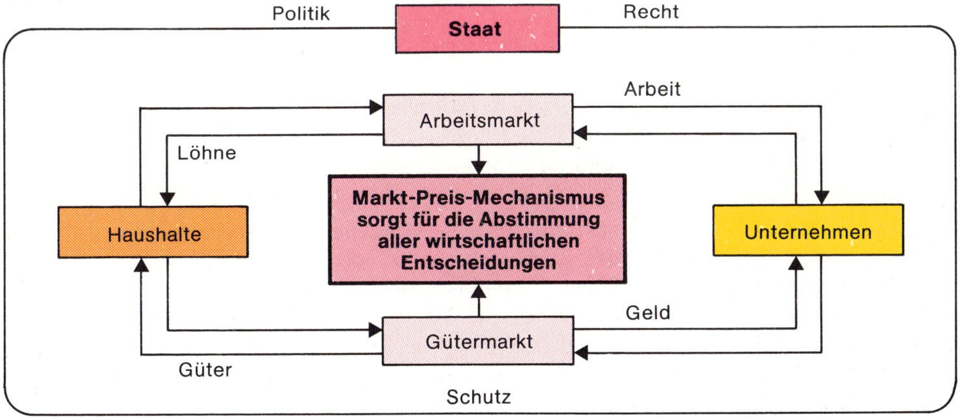

Der Markt ist als Abstimmungsmechanismus für alle Arten von angebotenen und nachgefragten Gütern, Dienstleistungen, Kapitalien und Arbeitsleistungen zu verstehen.

### Bedingungen für die Funktionsfähigkeit der freien Marktwirtschaft

Der Preismechanismus in der Marktwirtschaft funktioniert nur unter bestimmten Voraussetzungen:

- Es besteht eine Vielzahl von Anbietern und Nachfragern, von denen keiner wirtschaftlich so stark ist, daß er den Markt beeinflussen kann.
- Es werden keine Preisabsprachen getroffen.
- Die Märkte für alle Güter sind überschaubar, so daß die Marktteilnehmer jederzeit über Veränderungen orientiert sind.
- Die Marktteilnehmer handeln ausschließlich nach wirtschaftlichen Überlegungen.

### Nachteile der freien Marktwirtschaft

Die Wirtschaftsordnung des Frühkapitalismus (19. Jahrhundert), wie sie in England und später in anderen Ländern praktiziert wurde, kommt dem Modell der freien Marktwirtschaft am nächsten. Zunächst wurde, wie im Modell versucht, die Freiheit der Individuen ohne staatliche Eingriffe zu verwirklichen. Mit dem Übergang zur industriellen Arbeitsweise entstanden mit Maschinen ausgerüstete Großunternehmen, die **riesige Kapitalien** auf sich vereinigten. So kam es zur **starken Konzentration** wichtiger Wirtschaftsunternehmen (z. B. im Bergbau, in der Eisen- und Stahlindustrie), die bald große Marktanteile auf sich vereinigten. Eng damit verbunden war die Verteilung **wirtschaftlicher Macht** auf wenige Unternehmen, die den **Wettbewerb einschränken** konnten. Im freien Spiel der Kräfte waren die Arbeiter, welche nur ihre Arbeitskraft anzubieten hatten, den finanziell starken Unternehmern unterlegen. Das führte zu **Verelendung** der breiten Massen und zu **unzumutbaren Arbeitsbedingungen. Wirtschaftskrisen** und **Massenarbeitslosigkeit** waren die Folge. Auch die Rolle der **Konsumenten** wich erheblich von den modellhaften Annahmen ab. Ihre wirtschaftliche Macht war keineswegs so stark, daß sie die Produktivkräfte steuern konnten. Die soziale Frage zwang den **Staat,** aus seiner Isolation herauszutreten und in das Wirtschaftsgeschehen **einzugreifen.**

### Hauptmerkmale der freien Marktwirtschaft

| dezentrale Planung und Lenkung | Marktpreisbildung | freier Wettbewerb |
|---|---|---|
| Völlige Entscheidungsfreiheit der Wirtschaftsteilnehmer verbunden mit der Garantie des Privateigentums, der Vertragsfreiheit, der Gewerbe- und Berufsfreiheit. | Die vielfältigen Wünsche der Verbraucher und die Pläne der Anbieter werden durch den Marktpreis in Einklang gebracht. Es gelten die allgemeinen Preisgesetze. | Alle Wirtschaftsteilnehmer handeln nach dem Prinzip des Eigennutzes bzw. der Gewinnerzielung und stehen in völlig freiem Wettbewerb miteinander. |


3992378

## 10.3 Das Modell der Zentralverwaltungswirtschaft

***In der Zentralverwaltungswirtschaft wird die Frage was, wie, womit und für wen produziert werden soll, von einer zentralen Behörde entschieden.***

Das bedeutet, daß Produktion und Verteilung von Millionen von Gütern aufeinander abgestimmt werden müssen. Die Zentrale setzt die Preise und Löhne fest, dirigiert die Arbeitskräfte dorthin, wo sie gebraucht werden, und kontrolliert die Verteilung der Güter; der Außenhandel wird zentral gesteuert. Arbeitslosigkeit, Überproduktion und Absatzkrisen werden vermieden, sofern Plan und Realität übereinstimmen. Da die Planbehörde über den Einsatz der Produktionsfaktoren bestimmt, muß sie auch die rechtliche Herrschaft über diese haben. Das Privateigentum daran ist folglich ausgeschlossen. **Oberstes Ziel der Volkswirtschaft ist die Erfüllung des Plans.**

### Der Planungsvorgang

Angenommen, die politische Führung als oberste Entscheidungsstelle setzt sich zum Ziel, das Wachstum der Volkswirtschaft um rund 5 % zu erhöhen; deshalb sollen die Investitionsgüterindustrie weiter ausgebaut und u. a. 100 000 Drehbänke hergestellt werden. Der Ablauf der Planung kann folgendermaßen erfolgen:

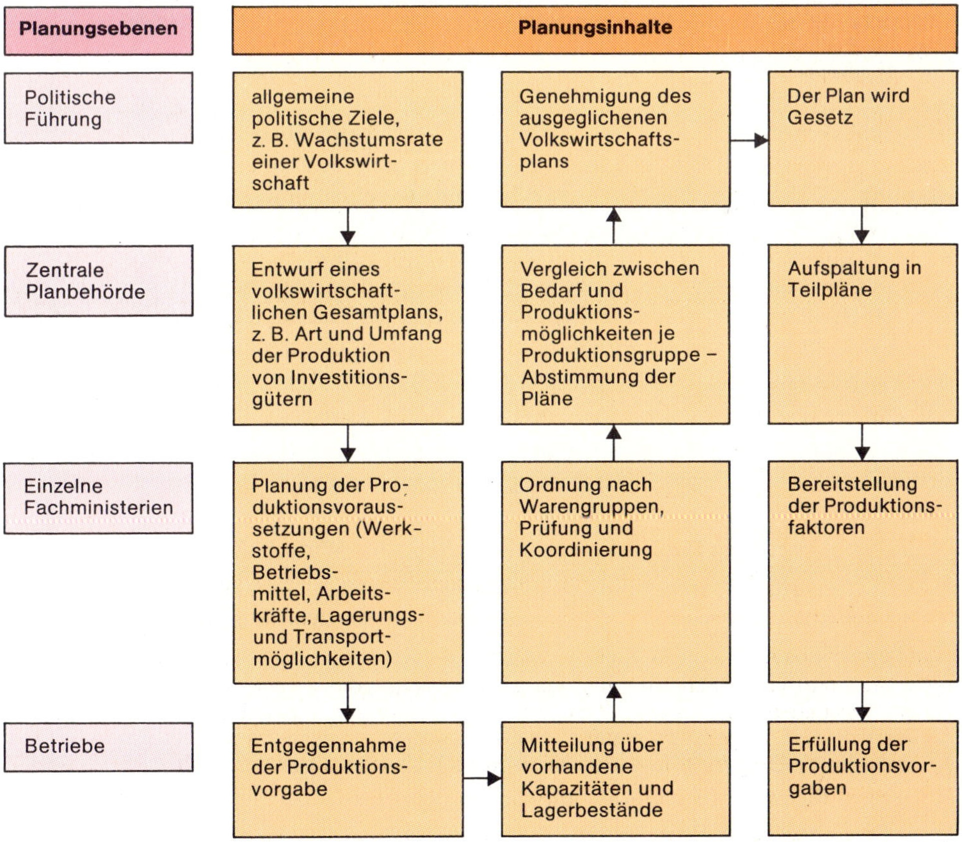

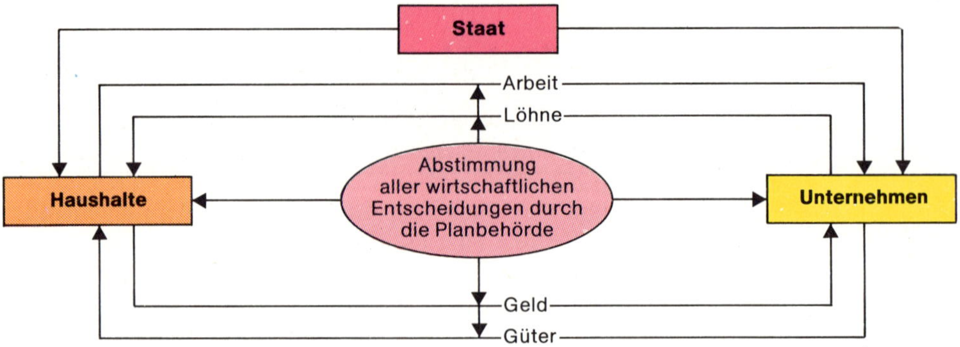


**Hauptmerkmale der Zentralverwaltungswirtschaft**

| Zentrale Planung und Lenkung | Aufhebung des Privateigentums | Zentrale Preisfestsetzung | Zentralgesteuerte Verteilung |
|---|---|---|---|
| des Wirtschaftsgeschehens. Die Entscheidungsfreiheit der Wirtschaftsteilnehmer ist eingeschränkt. Die zentrale Planbehörde teilt die Produktionsfaktoren den Behörden zu. | an Produktionsmitteln. Die zentrale Planbehörde entscheidet über ihre Verfügbarkeit, in ihren Händen liegt auch das Bank- und Versicherungswesen. | für Güter, Dienstleistungen, Kapital und Arbeit. | aller Güter (über Bezugsscheine), zentral gesteuerter Außenhandel. |

Wirtschaftskrisen (z. B. Inflation, Arbeitslosigkeit, Überproduktion, Absatzkrisen) lassen sich in einer Zentralverwaltungswirtschaft nur dann ausschließen, wenn die zentrale **Planung** mit der wirtschaftlichen **Wirklichkeit** übereinstimmt. Dies ist aber nicht der Fall. Würden z. B. einige Betriebe der Reifenindustrie ihre Planvorgaben nicht erfüllen, so hätte das verheerende Folgen für die Produktion in anderen Wirtschaftsbereichen (z. B. auf die Landmaschinenindustrie, auf die Fahrradfabriken, auf die Automobilindustrie). Die Landwirtschaft, das Transportwesen und der Handel wären betroffen, um nur einige Branchen zu nennen. Produktionsfaktoren würden verschwendet. Bei der engen Verflechtung der Wirtschaft wirken sich Fehlleistungen eines Betriebes unmittelbar auf eine Reihe anderer aus.

Allein wegen der komplizierten Bedarfserfassung ist bei Millionen von Güterarten eine in die Einzelheiten gehende **Wirtschaftsplanung** nicht möglich. Die **Umsetzung** der Planung in die Wirklichkeit scheitert u. a.

- an der schwierigen Planabstimmung zwischen allen Wirtschaftssubjekten,
- an der langsamen Anpassung an Bedarfsänderungen,
- an der totalen bürokratischen Organisation und an dem langen Instanzenweg der Behörden.

Als weitere **Nachteile der Zentralverwaltungswirtschaft** müssen genannt werden

- Tendenz zur Uniformierung der Güter,
- unbedingte Unterordnung aller Wirtschaftseinheiten unter den Plan,
- geringe Eigeninitiative und Verantwortungsbewußtsein bei den Wirtschaftssubjekten (kein Privateigentum).


3992380

## Zusammenfassung

| Freie Marktwirtschaft | Zentralverwaltungswirtschaft |
|---|---|
| – dezentrale Planung und Lenkung | – zentrale Planung und Lenkung |
| – Privateigentum | – Staats- bzw. Genossenschaftseigentum |
| – Preisbildung für Güter, Kapitalien und Arbeitskräfte auf dem freien Markt | – Preisfestsetzung durch eine staatliche Behörde |
| – Gewerbe- und Berufsfreiheit | – staatliche Niederlassungen nach Plan |
| – freier Wettbewerb mit Gewinnstreben der Betriebe | – Planziele und Planerfüllung durch die Betriebe |
| – freies Bank- und Versicherungswesen | – zentrale Geld- und Kreditversorgung durch staatliche Behörden |
| – Wirtschaftsliberalismus | – Befehlswirtschaft |
| – freies Unternehmertum | – staatliche und wirtschaftliche Macht befinden sich in einer Hand |

## Aufgaben

1. Beschreiben Sie das Modell der freien Marktwirtschaft.
2. Nehmen Sie zu folgender Aussage Stellung: „Jeder Mensch hat, solange er nicht die rechtlichen Schranken überschreitet, vollkommene Freiheit, seine eigenen Interessen so, wie er will, zu verfolgen und seine Arbeit sowie sein Kapital mit der Arbeit und den Kapitalien anderer Menschen oder anderer sozialer Schichten in Wettbewerb zu bringen."
(Adam Smith)
3. Welche Bedingungen müssen erfüllt sein, damit die freie Marktwirtschaft funktionieren kann?
4. Wie wird die Frage „was, wieviel und für wen soll produziert werden" in der freien Marktwirtschaft und in der Zentralverwaltungswirtschaft gelöst?
5. Warum ist die Zentralverwaltungswirtschaft mit dem privaten Eigentum an Produktionsmitteln unvereinbar?
6. Welche Schwierigkeiten bestanden in der Vergangenheit, das Modell der Zentralverwaltungswirtschaft zu verwirklichen?

# 10.4 Die Soziale Marktwirtschaft in der Bundesrepublik Deutschland

## 10.4.1 Ziele der Sozialen Marktwirtschaft

Das im Mai 1949 geschaffene Grundgesetz der Bundesrepublik Deutschland ließ die Frage nach einer bestimmten Wirtschaftsordnung **offen.** Die erste Bundesregierung entschied sich für die **Soziale Marktwirtschaft** als Wirtschaftsordnung der Bundesrepublik Deutschland. Mit ihr sollten Fehler und Auswüchse der liberalistischen Marktwirtschaft vermieden werden. Dem Staat sollten mehr Kompetenzen eingeräumt werden.

Das Konzept der Sozialen Marktwirtschaft übernimmt die Gesetze des **Marktmechanismus** und verbindet sie mit den Ansprüchen der Menschen nach

- sozialer Gerechtigkeit,
- persönlicher Freiheitsentfaltung,

- sozialer Sicherheit,
- Mitbestimmung,
- intakter sozialer Umwelt.

Innerhalb des Ordnungsrahmens der Sozialen Marktwirtschaft strebt die Wirtschaftspolitik folgende wichtige ökonomische Ziele an, die als das „Magische Viereck" bekannt sind (§ 1 StabG):

**Das magische Viereck der Wirtschaftspolitik**
in der Bundesrepublik Deutschland

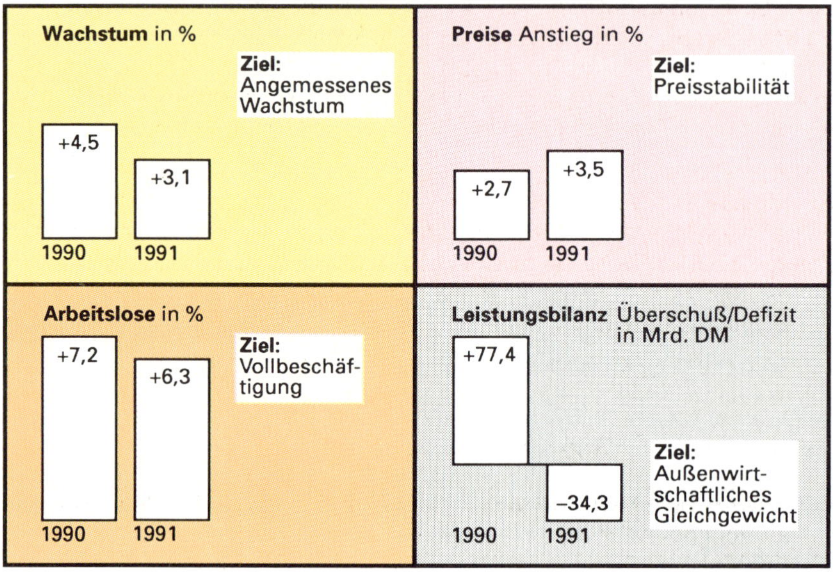


Im StabG nicht erwähnt, kommt dem wirtschaftspolitischen Ziel nach Erhaltung der natürlichen Ressourcen (Luft, Wasser, Boden, Pflanzen, Tiere) allergrößte Bedeutung zu.

**Müller-Armack,** der geistige Vater der Sozialen Marktwirtschaft, gibt folgende Erklärung: „Der Begriff der Sozialen Marktwirtschaft kann als eine ordnungspolitische Idee definiert werden, deren Ziel es ist, **auf der Basis der Wettbewerbswirtschaft** die freie Initiative mit einem gerade durch die marktwirtschaftliche Leistung **gesicherten sozialen Fortschritt** zu verbinden."

## 10.4.2 Merkmale einer sozial gebundenen Wettbewerbsordnung

***Die Aufgabe des Staates in der Sozialen Marktwirtschaft besteht darin, dort ordnend einzugreifen, wo die Marktwirtschaft versagt, zu sozialen Ungerechtigkeiten oder anderen nicht erwünschten Entwicklungen führt. Ziel ist es, wirtschaftliche Freiheit und soziale Gerechtigkeit so gut wie möglich miteinander zu verbinden.***

Daß sich die Soziale Marktwirtschaft im Spannungsfeld zwischen individueller Freiheit und sozialer Gebundenheit befindet, läßt sich an einigen Beispielen verdeutlichen.


3992382

### 10.4.2.1 Privates Eigentum und öffentliches Eigentum

In der Wirtschaftsordnung der Bundesrepublik Deutschland befindet sich das **Eigentum an Produktionsmitteln** überwiegend **in der Hand privater** Unternehmer. Art. 14 GG gewährleistet den Bürgern das Recht auf Privateigentum. Der Abs. 2 betont gleichzeitig, daß der Gebrauch des Eigentums zugleich dem **Wohle der Allgemeinheit** zu dienen habe (Sozialbindung des Eigentums). Der Grundsatz **„Eigentum verpflichtet"** äußert sich z. B. in der Mitbestimmung im Betrieb und Unternehmen, in der Verpflichtung der Eigentümer von Wäldern und Seen, diese für die Erholung der Allgemeinheit offenzuhalten. Eine **Enteignung gegen Entschädigung** ist möglich (Art. 14 Abs. 3), wenn sie dem **Wohle der Allgemeinheit** dient. Z. B. ist eine Enteignung von Grundstücken möglich, wenn der **Staat ein Interesse** am Bau einer Umgehungsstraße hat. Daneben können auch Grund und Boden, Naturschätze und Produktionsmittel (also auch Unternehmen) in Gemeineigentum (Sozialisierung von Eigentum) umgewandelt werden (Art. 15 GG). Dazu bedarf es eines Gesetzes, das Art und Ausmaß der Entschädigung regelt.

Das Ziel von Unternehmen, die sich in Gemeineigentum befinden, ist **nicht die Gewinnmaximierung,** sondern die **Kostendeckung.** Um die Versorgung der Bevölkerung mit Schulen, Krankenhäusern, Elektrizität und Wasser sicherzustellen, hat der Staat verschiedene Unternehmen in eigene Hand übernommen. Unternehmen wie z. B. Bundesbahn, Bundespost, Verkehrsbetriebe, Elektrizitäts-, Wasser- und Gaswerke sind deshalb nicht dem allgemeinen Wettbewerb ausgesetzt.

### 10.4.2.2 Vertrags- und Gewerbefreiheit

***Nach Art. 2 des Grundgesetzes genießen alle Bürger der Bundesrepublik Deutschland freie Entfaltungsmöglichkeit.***

Eingeschlossen in dieses Recht ist die Möglichkeit, Verträge mit Unternehmen und Verbrauchern frei abzuschließen (vgl. § 305 BGB). Eine **Einschränkung der Vertragsfreiheit** findet z. B. in folgenden Fällen statt:

- Personen besitzen noch nicht die volle **Geschäftsfähigkeit,**
- Rechtsgeschäfte sind nichtig,
- Rechtsgeschäfte sind anfechtbar,
- **Verbraucher** werden wegen ihrer schwachen Stellung im Wirtschaftsleben geschützt (z. B. durch Gesetz über Haustürgeschäfte und Kaffeefahrten, Verbraucherkreditgesetz, Produkthaftungsgesetz, Gesetz gegen den unlauteren Wettbewerb, AGB-Gesetz; vgl. 5.5.4),
- der Wettbewerb wird gesetzlich geschützt bzw. gefördert (z. B. durch die Kartellgesetzgebung, Mißbrauchsaufsicht, Fusionskontrolle, vgl. 10.4.2.5).

***Nach Art. 12 GG und § 1 GewO ist es grundsätzlich jedermann möglich, ein Gewerbe zu betreiben.***

Der **Schutz der Allgemeinheit** erfordert aber eine **Beschränkung der Gewerbefreiheit.** Die Gründung eines Gewerbes bedarf einer **staatlichen Genehmigung,**

- wenn Betriebsstätten aus Gründen der **Sicherheit** überwacht werden müssen,

- wenn zum Schutz der Allgemeinheit eine **besondere Ausbildung** zur Führung des Gewerbebetriebs erforderlich ist,
- wenn eine besondere **persönliche Zuverlässigkeit** nachzuweisen ist.

Einige **Beispiele** sollen den Sachverhalt verdeutlichen:

- § 1 der Handwerksordnung (HandwO) bestimmt, daß nur Personen, die im Besitz eines Meistertitels sind, zum Führen eines Handwerksbetriebes berechtigt sind.
- § 3 des Gesetzes über die Berufsausübung im Einzelhandel (EinzelhG) macht das Betreiben eines Einzelhandelsgeschäftes von der erforderlichen **Sachkunde und Zuverlässigkeit** des Unternehmers oder der mit der Leitung beauftragten Person abhängig.

Die Gewerbeordnung erfordert eine **besondere Genehmigung** für

**die Errichtung von Anlagen**
welche durch die örtliche Lage oder die Beschaffenheit der Betriebsstätte für die Besitzer oder Bewohner der benachbarten Grundstücke oder für die Öffentlichkeit überhaupt erhebliche Nachteile, Gefahren oder Belästigungen herbeiführen können (§ 16 GewO), z. B.

- Kalk-, Ziegel-, Zementindustrie (Schmutz),
- Chemiefabriken (Gefahr),
- Lackierereien (Geruch),
- Kesselbau (Lärm).

**bestimmte Gewerbetreibende,**
(§§ 30–39 GewO)
z. B. Gaststätten, Krankenanstalten, Beförderungsunternehmen, Apotheken, Versicherungsunternehmen.

## 10.4.2.3 Tarifautonomie

***Die Tarifparteien (Gewerkschaften und Arbeitgeberverbände) fassen ihre Beschlüsse unabhängig von den Weisungen der Bundesregierung.***

Sie berufen sich dabei auf die **Tarifautonomie,** welche durch Art. 9 Abs. 3 GG garantiert wird. Die Tarifpartner vertreten in erster Linie die Interessen ihrer Mitglieder, wobei sich ihre Entscheidungen durchaus zugunsten der Allgemeinheit auswirken können.

Ein **Beispiel** soll den Zusammenhang verdeutlichen:

**Hohe Tarifabschlüsse**

- bringen nach Ansicht der **Gewerkschaften** zusätzliche Einkommen für die Arbeitnehmer und verstärkte Nachfrage und Abbau der Arbeitslosigkeit,
- bedeuten nach Ansicht der **Arbeitgeber** höhere Kosten und eine Abnahme des Gewinns,
- können für die **Allgemeinheit**
  - Preissteigerungen und eine Abnahme der Reallöhne bedeuten, wenn die Unternehmer die höheren Kosten auf die Preise überwälzen,
  - bei Nichtüberwälzung der Kosten zu einem Rückgang der Investitionen und einer Zunahme der Arbeitslosigkeit führen.

Die Bundesregierung **erinnert** die Tarifpartner an ihre gesamtwirtschaftliche Verantwortung. Nach § 3 Stabilitätsgesetz hat sie die **Aufgabe,** „Orientierungsdaten für ein gleichzeitiges aufeinander abgestimmtes Verhalten der Gebietskörperschaften, Gewerkschaften und Unternehmerverbände zur Verfügung zu stellen. Diese Orientierungsdaten enthalten insbesondere eine Darstellung der gesamtwirtschaftlichen Zusammenhänge im Hinblick auf die gegebene Situation."

## 10.4.2.4 Markteingriffe des Staates (Arten)

### Arten staatlichen Eingreifens

**Marktsicherung:** Schaffung der rechtlichen Grundlagen als Voraussetzung eines echten Leistungswettbewerbs (z. B. Gesetz gegen Wettbewerbsbeschränkungen).

**Marktbeeinflussung:** Aufrufe über die Massenmedien zu einem bestimmten wirtschaftlichen Verhalten (z. B. zur Energieeinsparung).

**Marktregulierung:** Direkte Einflußnahme auf Angebot und Nachfrage zur Beeinflussung der Preise (z. B. An- und Verkäufe von Wertpapieren durch die Bundesbank zur Regulierung des Zinsniveaus, An- und Verkäufe von Nahrungsmitteln durch die staatliche Einfuhr- und Vorratsstelle zur Regulierung des Preisniveaus).

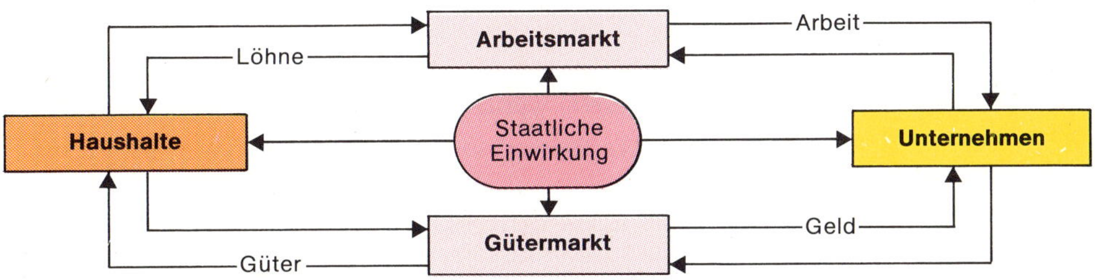


Die Eingriffe des Staates sollten marktkonform sein, d. h. der Markt-Preis-Mechanismus darf nicht gestört werden, weil der Markt sonst seiner Ausgleichsfunktion bzw. Informationsfunktion nicht nachkommen kann.

Wir bezeichnen indirekte Eingriffe des Staates als **marktkonforme Maßnahmen.** Der Staat versucht, hier die Angebots- und die Nachfragekurve zu beeinflussen, z. B. durch

- **Konsumentensubventionen** (z. B. Miet- und Heizkostenzuschüsse);
- **Stützungskäufe.** Hier tritt der Staat als Käufer auf. Der Preis wird somit vor einem Verfall geschützt. Der Staat kann die aus dem Markt genommene Ware lagern (z. B. Butterberg) oder exportieren.

Greift der Staat direkt in den Wettbewerb ein, so wird der Rahmen der Marktwirtschaft verlassen. Wir sprechen von **nicht marktkonformen Eingriffen:**

- Die Festlegung von **Höchstpreisen.** Preissteigerungen sollen zum Schutz des Verbrauchers vermieden werden. Bei niedrigen Höchstpreisen werden die Anbieter die Angebotsmenge vermindern. Die gegenüber dem Güterangebot zu große Nachfrage („Angebotslücke") wird durch ein strenges Bezugssystem rationiert oder durch illegales Handeln zu höheren Preisen neutralisiert.
- Die Festlegung von **Mindestpreisen** sollen die Anbieter schützen.

- Die **Subventionierung von Erzeugerpreisen.** Bekommen die Erzeuger Staatszuschüsse, um höhere Erzeugerpreise zu decken, so ist in der Regel zu beobachten, daß die Anbieter keinen Grund sehen, ihre Produktionsverhältnisse zu ändern (z. B. landwirtschaftliche Produktion innerhalb der EG).
- Die **Erhebung von Schutzzöllen** und die **Festlegung von Einfuhrkontingenten** sind ebenfalls kein marktkonformes Mittel, einen freien Wettbewerb zu sichern.

### 10.4.2.5 Bereiche staatlichen Eingreifens

Das Modell des vereinfachten Wirtschaftskreislaufes zeigt, daß die Soziale Marktwirtschaft einen Kompromiß aus **dezentraler Planung** und **staatlicher Einwirkung** darstellt:

- Wettbewerbssicherung
- Einkommens- und Vermögensverteilung
- Übernahme wirtschaftlicher Aufgaben durch den Staat (vgl. 10.4.2.1)
- soziale Sicherheit
- Stabilisierung des Wirtschaftsablaufes
- Erhaltung der Umwelt

#### Wettbewerbssicherung

Der freie Wettbewerb ist ein Ordnungsprinzip unserer demokratischen und ökonomischen Ordnung. Die staatliche Wettbewerbspolitik versucht zu verhindern, daß einzelne Betriebe den Wettbewerb ganz oder teilweise einschränken. Dieses allgemeine Ziel staatlicher Wettbewerbspolitik soll durchgesetzt werden mit Hilfe der

- Anwendung des **Gesetzes gegen Wettbewerbsbeschränkungen** (GWB, auch Kartellgesetz genannt),
- Anwendung der Vorschriften des **EWG-Vertrages,**
- Aufsicht bei Unternehmenszusammenschlüssen **(Fusionskontrolle)** und durch
- die **Mißbrauchsaufsicht** für marktbeherrschende Unternehmen.

Die Einhaltung der gesetzlichen Bestimmungen des GWB wird vom **Bundeskartellamt** überwacht. Verstöße können mit Bußgeldern geahndet werden.

**Das Kartellgesetz**

Grundsätzlich sind Kartellvereinbarungen in der Bundesrepublik Deutschland unwirksam (§ 1 GWB). Dieses Verbotsprinzip wird durch eine Reihe von Ausnahmeregelungen aufgelockert:

- **Anmeldepflichtig** sind nur die Bagatellkartelle (§§ 2, 5, 6 GWB): Konditionenkartelle, Rationalisierungskartelle und Ausfuhrkartelle, soweit die Absprache lediglich im Ausland wirkt.
- **Genehmigungspflichtig** sind Syndikate und Krisenkartelle (§ 4 GWB).
- **Verboten** sind Preis-, Gebiets- und Produktionsquotenkartelle.

Das GWB untersagt weiter alle horizontalen Wettbewerbsbeschränkungen, wie lediglich aufeinander abgestimmtes Marktverhalten und die vertikale Preisbindung (Ausnahmen: Verlagserzeugnisse und Arzneimittel), bei der z. B. Hersteller die Abgabepreise im Handel fest vorschreiben könnten. Der EWG-Vertrag verbietet abgestimmtes Verhalten für den grenzüberschreitenden Handel (Art. 85 EWGV).



3992386

## Die Fusionskontrolle[1]

Durch die Fusionskontrolle wird der Gefahr jeglicher Unternehmenskonzentration entgegengewirkt. Nach § 23 GWB ist dem Bundeskartellamt ein **Unternehmenszusammenschluß anzuzeigen,** wenn

- die beteiligten Unternehmen vor dem Zusammenschluß Umsatzerlöse von mindestens 500 Millionen DM hatten;
- ein Kapitalanteil erworben werden soll, der 25 % des stimmberechtigten Kapitals ausmacht.

Für marktbeherrschende Unternehmen (§ 22 GWB) hat das Bundeskartellamt Zusammenschlüsse zu untersagen. **Marktbeherrschung wird unterstellt,** wenn

- kein wesentlicher Wettbewerb vorliegt,
- der Anbieter eine überragende Marktstellung hat (z. B. nach Marktanteil, Finanzkraft, Beschaffungsvolumen).

Konkret unterstellt das GWB eine marktbeherrschende Stellung, wenn

- ein Unternehmen einen Marktanteil von mindestens einem Drittel hat und mindestens 250 Millionen DM umsetzt oder
- **drei** oder weniger Unternehmen zusammen 50 % Marktanteil besitzen oder
- **fünf** oder weniger Unternehmen einen Marktanteil von zwei Dritteln haben.

Das Kartellamt kann

- einen **Zusammenschluß untersagen,**
- die **Auflösung (Entflechtung) eines Zusammenschlusses nachträglich anordnen.**

Das **Fusionsverbot gilt nicht,** wenn

- Wettbewerbsverbesserungen eintreten, die schwerwiegender sind als die Nachteile der Marktbeherrschung,
- der Bundesminister für Wirtschaft den Zusammenschluß wegen eines gesamtwirtschaftlichen Interesses erlaubt.

## Die Mißbrauchsaufsicht

Neben den Verboten unterstellt das GWB eine Reihe von Fällen der Mißbrauchsaufsicht durch die Kartellbehörde. Davon betroffen sind:

- die nicht verbotenen Kartelle,
- der Mißbrauch wirtschaftlicher Macht durch marktbeherrschende Unternehmen,
- die Einhaltung des Verbots der Preisbindung und
- die Verbindung überzogener Preisempfehlungen („Mondpreise").

Die Mißbrauchsaufsicht gilt auch für Unternehmungen, für die das GWB nicht in vollem Umfang gilt (z. B. Banken, Versicherungen und Versorgungsunternehmungen).

---

1 Fusion = Verschmelzung von Unternehmen

## Einkommens- und Vermögensverteilung

Erfolgt die Einkommensbildung nach dem reinen Leistungsprinzip, bleiben soziale Ungerechtfertigkeiten nicht aus. Der Staat greift mit einer Reihe von Gesetzen korrigierend ein und berücksichtigt dabei z. B. auch Alter, Familienstand, Gesundheit:

- progressive Besteuerung der Einkommen,
- Kindergeld,
- Vermögensbildung,
- dynamische Rente,
- Mietbeihilfen,
- Ausbildungsförderungen,
- sozialer Wohnungsbau.

## Soziale Sicherheit

Die Aufwendungen des Bundes für Sozialleistungen nehmen den größten Anteil am öffentlichen Haushalt ein. Dazu gehören

- Zuschüsse zur Sozialversicherung,
- Sozialhilfe, Zuschüsse zur Arbeitslosenhilfe,
- Wohngeld, Hausratshilfe,
- Kindergeld, Arbeits- und Ausbildungsförderung,
- Kriegsopferversorgung.

## Stabilisierung des Wirtschaftsablaufes

In der Sozialen Marktwirtschaft betreibt der Staat eine aktive Konjunkturpolitik, um gesamtwirtschaftliche Störungen und Krisen (z. B. Inflation, Massenarbeitslosigkeit) auszuschließen. Mitte der 60er Jahre schuf man in der Bundesrepublik Deutschland Instrumente für eine koordinierte Gesamtplanung der Wirtschaft. Das **Stabilitätsgesetz** aus dem Jahre 1967 verpflichtet in § 1 Bund, Länder und Gemeinden, ihre Haushalts- und Finanzpolitik auf gesamtwirtschaftliche Ziele auszurichten („magisches Viereck"). Zu diesem Zweck ist der Bund verpflichtet, eine fünfjährige Finanz- und Investitionsplanung zu erstellen, in welcher die zu erwartenden Einnahmen und Ausgaben gegenübergestellt und Entscheidungen für die Zukunft getroffen werden. Daneben bemüht sich die staatliche Wirtschaftspolitik, andere gesamtwirtschaftliche Größen wie

- Konsum,
- Einkommen,
- Investitionen,
- Außenbeitrag

aufeinander abzustimmen. Die Entscheidungen der Unternehmen, Haushalte, Gewerkschaften und Verbände bleiben unangetastet. Zur Unterstützung der Globalsteuerung der Regierung dienen

- der **Konjunkturrat:** Beratung aller konjunkturpolitischen Maßnahmen,
- der **Finanzplanungsrat:** Koordinierung der öffentlichen Finanzpläne.



3992388

## Erhaltung der Umwelt

Angesichts der alarmierenden Umweltschäden steht die Soziale Marktwirtschaft heute vor ihrer größten Herausforderung. Die expansive Zunahme von Produktion und Konsum führt zur Zerstörung der natürlichen Umwelt, weil

- mehr Schadstoffe und Müll erzeugt und
- die Ressourcen der Welt schneller ausgebeutet werden.

Die anstehenden Probleme sind mit dem Marktmechanismus nicht zu lösen. Der Staat muß sich als **Ordnungsinstanz** in das Wirtschaftsgeschehen einschalten, um Umweltschäden zu verhindern. Damit der Staat seine Umweltschutzziele erreichen kann, stehen ihm

- marktwirtschaftlich orientierte Instrumente,
- Verbote und Gebote (nicht marktkonforme Maßnahmen) zur Verfügung.

Einige **Beispiele** sollen verdeutlichen, wie der Staat zur Vermeidung von Umweltzerstörung direkt in den Wirtschaftskreislauf eingreift.

### Marktkonforme Instrumente

- **Umweltabgabe:** Der Staat versucht, über den Preis das Handeln der Wirtschaftenden im Sinne des Umweltschutzes zu beeinflussen. Nach dem **Abwasserabgabengesetz** muß das Unternehmen, das umweltschädliche Abwasser einleitet, eine Abgabe zahlen. Das Unternehmen hat die Wahl, die Zahlung der Abgabe zu leisten oder sein Umweltverhalten zu ändern. Selbstverständlich spielt die Abgabenhöhe eine entscheidende Rolle.
- **staatliche Investitionshilfen:** Unternehmen, die Investitionen zum Umweltschutz leisten, können Sonderabschreibungen vornehmen und dadurch ihre Steuerlast verringern. In die gleiche Richtung zielen zinsverbilligte Kredite, welche Unternehmen erhalten, die umweltfreundliche Anlagen bauen. Hierher gehört auch die staatliche Förderung von Kraftfahrzeugen, die bestimmte Abgasnormen einhalten.
- **Umwelthaftung:** In der politischen Diskussion ist die **„verschuldensunabhängige Gefährdungshaftung"**. Sie bedeutet, daß ein Unternehmen, das Schadstoffe in die Umwelt abgibt, automatisch für die dadurch ausgelösten Schäden haftet. Während bisher der Geschädigte beweispflichtig war, braucht er nun nicht mehr nachzuweisen, daß die Ursache der Umweltschäden von bestimmten Schadstoffen eines bestimmten Unternehmens herrühren. Die **verschuldensunabhängige Gefährdungshaftung** hat im **Arzneimittelgesetz** und **Wasserhaushaltsgesetz** Eingang gefunden. Das Gesetz über die Umwelthaftung (Umwelt HG) vom 01.01.1991 führte zur Verbesserung des Schutzes vor Umweltschäden. Die **verschuldensunabhängige Gefährdungshaftung** wurde für die Umweltmedien **Luft und Boden neu eingeführt.** Auch ohne Verschulden wird derjenige Betrieb haften, der durch den Betrieb seiner technischen Anlagen Luft und Boden beeinträchtigt und Schäden verursacht. Es werden alle Schäden ersetzt, die durch Verletzung von Körper, Gesundheit oder Eigentum entstehen. Die Haftung ist betragsmäßig nicht beschränkt. Die **Marktkonformität** dieser Maßnahmen liegt darin, daß ein Unternehmen die Abgabe umweltschädlicher Substanzen von vornherein vermeiden wird, um **Schadenersatzforderungen** aus dem Wege zu gehen.

### Nicht marktkonforme Instrumente

- **Verbote:** Entscheidungen zugunsten der Umwelt werden erzwungen und nicht über den Marktmechanismus herbeigeführt.

**Beispiele:** *Tempolimit auf Straßen*
*Verbot bleihaltigen Benzins*
*Fahrverbot für Kraftfahrzeuge bei Smogalarm*
*Verbot von Einwegflaschen*

Verbote greifen schnell und zuverlässig, allerdings sind genaue Kontrollen und empfindliche Strafen erforderlich.

- **Gebote:** Eine weitere nicht marktkonforme Methode in das Wirtschaftsleben einzugreifen, stellen die vielfältigen Gebote dar. An erster Stelle seien hier die Grenzwerte genannt, die für die Abgabe von Schadstoffen staatlich festgelegt wurden. Höchstzulässige Grenzwerte wurden z. B. erlassen für
  - die Abgabe industrieller Schadstoffe in die Luft (Technische Anleitung – Luft),
  - die Abgabe von Schadstoffen der Kraftfahrzeuge (Smog-Verordnung, EG-Abgasnorm),
  - die Abgabe von Schadstoffen aus Kraftwerken (Großfeuerungs-VO).

Ob in einer Marktwirtschaft mit derartigen Vorschriften wirksamer Umweltschutz erreicht werden kann, hängt von der **Höhe** der zulässigen Grenzwerte ab. Es ist zu fragen, ob die Soziale Marktwirtschaft des zu Ende gehenden zwanzigsten Jahrhunderts die richtigen Rezepte hat, die anstehenden ökologischen Probleme zu lösen. In der öffentlichen Diskussion wird die Forderung erhoben, das ökologische Element stärker zu berücksichtigen und die Marktwirtschaft zu einer „ökologisch-sozialen“ weiterzuentwickeln.

## Zusammenfassung

**Merkmale der Sozialen Marktwirtschaft**

1. Ihre Grundlagen sind Prinzipien, die bereits in der freien Marktwirtschaft vor 200 Jahren galten:
   - dezentrale Planung und Lenkung,
   - Privateigentum,
   - Marktpreisbildung.
2. Fehlentwicklungen der freien Marktwirtschaft werden durch staatliche Eingriffe korrigiert:
   - der Staat sorgt für einen funktionierenden marktwirtschaftlichen Wettbewerb (vgl. Gesetz gegen Wettbewerbsbeschränkungen),
   - der Staat betreibt aktive Konjunkturpolitik (vgl. das im Stabilitätsgesetz verfolgte Ziel des magischen Vierecks),
   - der Staat greift **direkt** und **indirekt** in den Wettbewerb ein. Er bedient sich dabei marktkonformer Methoden mit dem Ziel, den Menschen
   - soziale Sicherheit,
   - soziale Gerechtigkeit,
   - persönliche Freiheitsentfaltung,
   - Mitbestimmung in Unternehmen

   zu garantieren. In letzter Zeit ist die Erhaltung der natürlichen **Umwelt** als wichtige Aufgabe der Marktwirtschaft hinzugekommen.

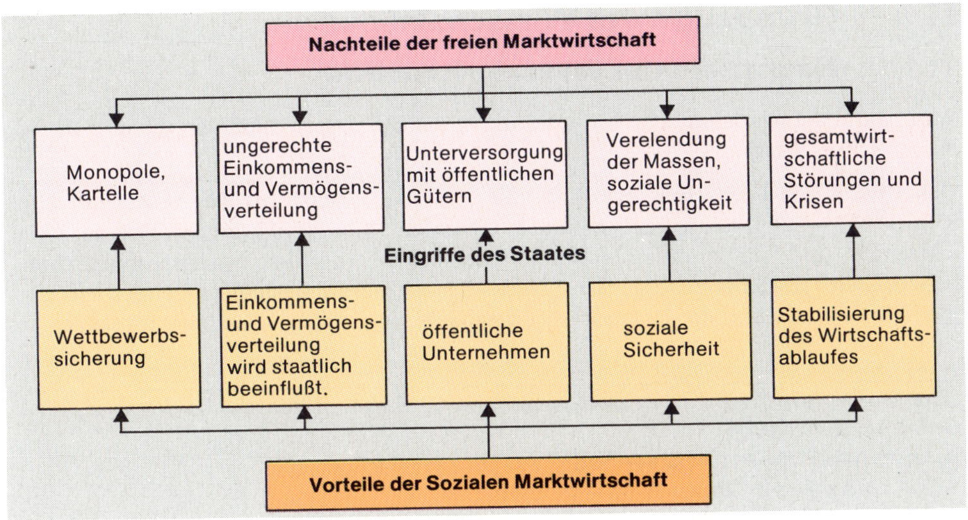


## Aufgaben

1. Welche Nachteile versucht der Staat in der Sozialen Marktwirtschaft auszugleichen?
2. Wie regelt und steuert der Staat in der Sozialen Marktwirtschaft das Wirtschaftsgeschehen?
3. Welche Gesetze sollen der sozialen Gerechtigkeit dienen?
4. Nehmen Sie Stellung zu der These: „Wettbewerb soweit wie möglich – Planung soweit wie nötig."
5. Was soll die Aussage bedeuten: „Mehr Markt – weniger Staat"?
6. Nennen Sie Beispiele, wie der Staat auf Haushalte und Unternehmen einwirkt.
7. Im StabG sind vier wirtschaftspolitische Zielsetzungen verankert. Ergänzen Sie das „magische Viereck" zu einem „Fünfeck", in dem Sie ein weiteres wirtschaftspolitisches Ziel beschreiben.
8. Erklären Sie den Begriff „Soziale Marktwirtschaft" anhand folgender Merkmale: privates Eigentum, Gewerbefreiheit, Berufswahlfreiheit, sozialer Ausgleich, Unternehmerrisiko, Planung, Wettbewerb, Angebot und Nachfrage, Konsumfreiheit.

# 11 Grundzüge der Wirtschaftspolitik

## 11.1 Hauptziele der Wirtschaftspolitik

Wann kann die wirtschaftliche Entwicklung in der Bundesrepublik Deutschland als stabil bezeichnet werden?

**Das Gesetz zur Förderung der Stabilität und des Wachstums der Wirtschaft vom 8. Juni 1967** („Stabilitätsgesetz") nennt als **Oberziel:** „Bund und Länder haben bei ihren wirtschafts- und finanzpolitischen Maßnahmen die Erfordernisse des **gesamtwirtschaftlichen Gleichgewichts** zu beachten." **Nach diesem Gesetz** besteht **Gleichgewicht** und damit Stabilität, wenn die folgenden **4 Einzelziele** gleichzeitig verwirklicht werden.

***„Die Maßnahmen sind so zu treffen, daß sie im Rahmen der marktwirtschaftlichen Ordnung gleichzeitig***
- ***zur Stabilität des Preisniveaus,***
- ***zu einem hohen Beschäftigungsstand und***
- ***außenwirtschaftlichem Gleichgewicht***
- ***bei stetigem und angemessenem Wirtschaftswachstum beitragen." (§ 1 StabG)***

Die Bundesregierung bekam mit dem Stabilitätsgesetz **Steuerungsmittel** in die Hand, um Instabilitäten der Wirtschaft zu bekämpfen. Die **Notwendigkeit des Gesetzes** ergab sich aus der Entwicklung einer hochindustrialisierten mit der Weltwirtschaft verflochtenen Volkswirtschaft, in welcher die **Selbststeuerungskräfte** der Marktwirtschaft nicht mehr ausreichten.

„Stabilität und Wachstum der Wirtschaft erfordern heute vielmehr in unserer marktwirtschaftlichen Ordnung einen systematischen Einsatz von globalen[1] Steuerungsmitteln, mit denen der Wirtschaftsprozeß vor **gesamtwirtschaftlichen Fehlentwicklungen** bewahrt werden kann." (Bundesministerium für Wirtschaft, „Das Gesetz zur Förderung der Stabilität und des Wachstums der Wirtschaft", Bonn 1970, S. 5)

In welchem gesellschaftlichen Zusammenhang ist die Stabilität der Wirtschaft zu sehen? Hat die Wirtschaft einen Eigenwert oder dient sie nur den vom Menschen aufgestellten Zielen? In einer demokratischen Gesellschaft kommen zu den im StabG genannten Zielen **weitere** hinzu wie **Erhaltung einer lebenswerten Umwelt, gerechte Einkommens- und Vermögensverteilung, soziale Sicherheit, Wohlstand und Freiheit. Besondere Bedeutung für die Gesellschaft hat der Kampf gegen die Umweltzerstörung gewonnen.**

Ob die Gesamtwirtschaft sich stabil oder instabil entwickelt, kann an Hand von Indikatoren (Meßziffern) festgestellt werden.

Die **4 Stabilitätsindikatoren** sind die Entwicklung
- des Preisniveaus,
- der Beschäftigung,
- der Differenz zwischen Exporten und Importen,
- der Produktion.

1 global = umfassend, hier: geld-, fiskal- und außenwirtschaftliche Maßnahmen.



3992392

Das StabG enthält **keine zahlenmäßigen Angaben** darüber, wann die Gesamtwirtschaft sich stabil entwickelt hat. Herrscht **Preisniveaustabilität** bei 3 % oder bei bis 1 % Preissteigerungen der Lebenshaltungskosten? Herrscht **Vollbeschäftigung** bei einer Arbeitslosenquote von 2 % oder 4 %, ist das **Wachstum** der Wirtschaft bei 2 % oder bei 5 % angemessen? Die Bundesregierung ist nach § 2 des StabG verpflichtet, im Januar jedes Jahres dem Bundestag und Bundesrat einen **Jahreswirtschaftsbericht** vorzulegen, in welchem die vier wirtschaftspolitischen Ziele für das laufende Jahr quantifiziert werden. **Die Zielvorgaben (Zielprojektionen) des Bundeswirtschaftsministeriums beruhen auf der aktuellen wirtschaftlichen Lage.**

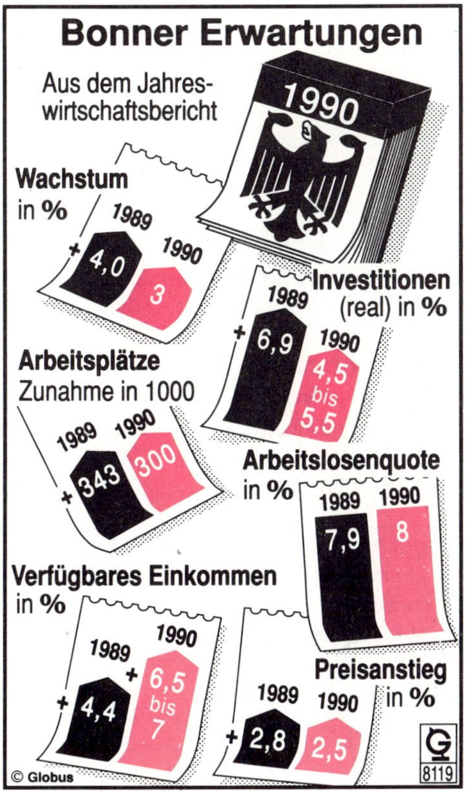


## 11.2 Wirtschaftspolitische Zielkonflikte

Im Stabilitätsgesetz wird das gleichzeitige Erreichen der vier wirtschaftspolitischen Ziele verlangt.

***Gesamtwirtschaftliches Gleichgewicht besteht, wenn die in den Jahreswirtschaftsgutachten quantifizierten Ziele erreicht sind.***

**Ungleichgewichte** bestehen, wenn die vorgegebenen Ziele von der tatsächlichen wirtschaftlichen Entwicklung abweichen. Aus der Darstellung des Konjunkturverlaufs der letzten Jahre geht hervor (vgl. 11.5), daß ein gesamtwirtschaftliches Gleichgewicht bisher nicht erreicht werden konnte und der Wirtschaftsablauf erheblichen Schwankungen unterlag. Weil das Idealziel nicht realisiert, sondern nur angestrebt werden kann, spricht man vom **„magischen Viereck"**.

**Magisches Viereck**

Preisniveaustabilität

außenwirtschaftliches Gleichgewicht | Vollbeschäftigung

Wirtschaftswachstum

***Das Problem besteht vor allem darin, daß innerhalb des magischen Vierecks einzelne Ziele untereinander unvereinbar sind, andere hingegen sich einander ergänzen.***

- **Konkurrenz der Ziele:** ein Ziel wird um so leichter erreicht, je mehr ein oder andere Ziele vernachlässigt werden.
- **Komplementarität der Ziele:** mit der Verfolgung eines Zieles wird gleichzeitig ein anderes Ziel erreicht (z. B. wenn mit der Verfolgung des Zieles Wirtschaftswachstum gleichzeitig Vollbeschäftigung erreicht wird).

***Mögliche Zielkonflikte können sich aus dem gleichzeitigen Streben nach***
- ***Preisniveaustabilität und Vollbeschäftigung,***
- ***außenwirtschaftliches Gleichgewicht und Vollbeschäftigung,***
- ***Preisniveaustabilität und Wirtschaftswachstum ergeben.***

Aus dem Viereck wird ein Fünfeck, Sechseck oder Vieleck, wenn **andere wichtige gesellschaftspolitische Ziele** einbezogen werden, z. B.
- die Erhaltung der natürlichen Lebensgrundlagen,
- gerechte Einkommens- und Vermögensverteilung,
- soziale Gerechtigkeit,
- Ausgleich der öffentlichen Haushalte.

## 11.2.1 Preisniveaustabilität – Vollbeschäftigung

Statistische Untersuchungen in westlichen Industrieländern haben ergeben, daß die **Inflationsrate** immer dann am höchsten ist, wenn **Vollbeschäftigung** herrscht. Daraus wurde vielerorts die These abgeleitet, daß Inflation der Preis für geringe Arbeitslosenquoten ist. Mit anderen Worten: Die Bekämpfung der Inflation ist nur auf Kosten der Vollbeschäftigung zu führen. Die Wechselbeziehung zwischen hohem Beschäftigungsstand und höheren Steigerungsraten des Preisniveaus kann nicht geleugnet werden. Aber liegt die Ursache der Preisänderungen im hohen Beschäftigungsstand?

Dies wäre der Fall, wenn bestimmte **Voraussetzungen** gegeben sind:
- Bei höherem Beschäftigungsstand steigt der Prozentsatz der Lohnsteigerungen,
- mit zunehmenden Steigerungsraten der Normallöhne erhöhen sich auch die Preissteigerungsraten.

***Wenn die Änderung des Preisniveaus eindeutig durch die Lohnentwicklung bestimmt wird, besteht eine Unvereinbarkeit zwischen den Stabilitätszielen Preisniveaustabilität und Vollbeschäftigung.***

Der hohe Beschäftigungsgrad kann **nicht als einzige Ursache** für den Anstieg des Preisniveaus angesehen werden. Steigt das Preisniveau des Inlands langsamer im Vergleich zum Ausland, so führt die hohe Auslandsnachfrage in einer vollbeschäftigten Wirtschaft zu Preissteigerungen (importierte Inflation).

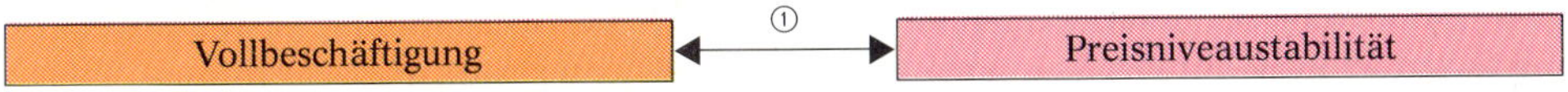


## 11.2.2 Außenwirtschaftliches Gleichgewicht – Vollbeschäftigung

Um Zahlungsbilanzüberschüsse in einer **vollbeschäftigten Wirtschaft** abzubauen, verfolgt die Regierung die Politik des Zahlungsbilanzausgleichs (indem sie z. B. die Währung aufwertet). Dies führt zu einem Sinken der Exportüberschüsse. Wird der Rückgang der Auslandsnachfrage nicht durch eine Zunahme der anderen Komponenten der gesamtwirtschaftlichen Nachfrage (Investitions-, Konsum- und Staatsnachfrage) ausgeglichen, so kommt es zu einem **Rückgang der Beschäftigung,** gleichzeitig aber auch zu einem Eindämmen der importierten Inflation.

- **Konkurrierendes Zielpaar:** außenwirtschaftliches Gleichgewicht – Vollbeschäftigung.
- **Komplementäres Zielpaar:** außenwirtschaftliches Gleichgewicht – Preisniveaustabilität.

Ist die Zahlungsbilanz in einer **unterbeschäftigten Volkswirtschaft** ausgeglichen, wird die Regierung eine Politik der gesamtwirtschaftlichen Nachfragesteigerung (z. B. durch Erhöhung der Staatsausgaben, Stärkung der Auslandsnachfrage wie Abwertung und Exportförderung) betreiben. Das Ziel des außenwirtschaftlichen Gleichgewichts wird bewußt vernachlässigt, damit das Ziel der Vollbeschäftigung leichter erreicht wird. Nachfragesteigerungen führen, solange die Wirtschaft unterbeschäftigt ist, zu keinen nennenswerten Preisniveauerhöhungen.

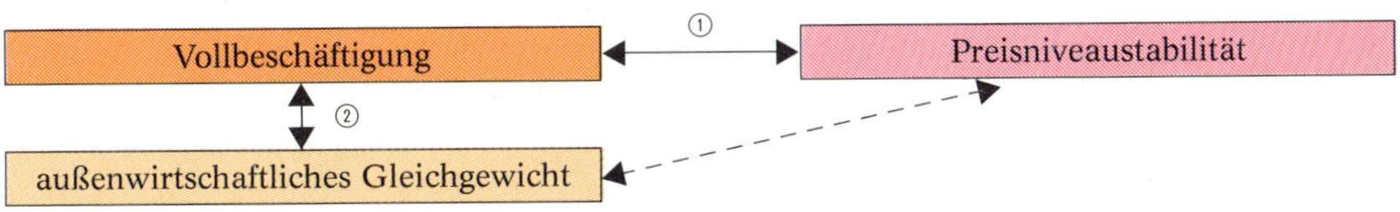


## 11.2.3 Preisniveaustabilität – Wirtschaftswachstum

***Ein Wachstum der Wirtschaft (gemessen an der Höhe des Bruttosozialprodukts) führt zu Preissteigerungen, wenn bei ausgelasteten volkswirtschaftlichen Kapazitäten die gesamtwirtschaftliche Nachfrage größer ist als das gesamtwirtschaftliche Angebot.***

In einer solchen Zeit der Hochkonjunktur wachsen die Einkommen und es herrscht Vollbeschäftigung. Versucht die Regierung die hohen Preissteigerungsraten durch eine entsprechende Wirtschaftspolitik zu bremsen, so führt dies zu einem Wachstumsrückgang und zu einer höheren Arbeitslosenquote. Viele Wirtschaftspolitiker betrachten eine schleichende Inflation als „Schmiermittel einer wachsenden Wirtschaft". Allerdings führen langfristig hohe Inflationsraten zur Einschränkung der unternehmerischen und staatlichen Investitionen sowie zur Kürzung der Konsumausgaben der Haushalte. Die Folge ist ein Wachstums- und Beschäftigungsrückgang. Dieser Prozeß wird verstärkt, sollte das Inland höhere Preissteigerungsraten als das Ausland aufweisen.

Ist die gesamtwirtschaftliche Nachfrage geringer als das gesamtwirtschaftliche Angebot und es herrscht bei **unausgelasteter Kapazität** Preisniveaustabilität, ist die staatliche Wirtschaftspolitik auf Wachstum ausgerichtet. Eine Ausweitung der Investitions-, Staats- und Konsumnachfrage führt dann zu einer höheren Beschäftigung und einer Zunahme des Bruttosozialprodukts. **Solange die Wirtschaft bei Unterbeschäftigung wächst, bleibt die Preisniveaustabilität unangefochten.** Sind hingegen die Produktionsanlagen bei steigender Nachfrage **voll ausgelastet,** werden die Unternehmen die **Preise erhöhen,** soweit es die Wettbewerbslage zuläßt. Ob die Beschäftigung mit steigendem Bruttosozialprodukt zunimmt, hängt u. a. davon ab, inwieweit die Unternehmen Erweiterungsinvestitionen tätigen. Rationalisierungsinvestitionen führen in den meisten Fällen zu Arbeitsplatzverlusten bei gleichzeitiger Vermehrung der Güter und Dienstleistungen.

- **Konkurrierendes Zielpaar:** Preisniveaustabilität – Wirtschaftswachstum
- **Komplementäres Zielpaar:** Wirtschaftswachstum – Vollbeschäftigung

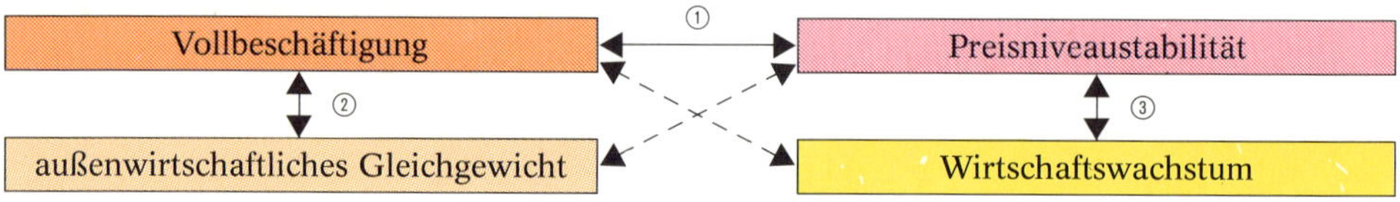


## 11.2.4 Wirtschaftswachstum – außenwirtschaftliches Gleichgewicht

Eine expansive, auf Wachstum ausgerichtete Wirtschaftspolitik erhöht bei Unternehmen und Haushalten die Einkommen. Sollte die inländische Produktion der steigenden Nachfrage nicht nachkommen, oder/und die Importgüter können billiger angeboten werden, kommt es zu einer Zunahme des Imports an Gütern und Dienstleistungen. **Das außenwirtschaftliche Gleichgewicht wird gestört.**

Zahlungsbilanzüberschüsse können der Motor für inländisches Wirtschaftswachstum sein. Mit der Zunahme der Exporte wächst der Auftragsbestand innerhalb der Unternehmen; infolgedessen muß mehr Personal beschäftigt werden. Sofern die Kapazitäten an Betriebsmitteln nicht ausreichen, müssen Neuinvestitionen getätigt werden. In einer wachsenden Wirtschaft steigen die Einkommen bei Unternehmen und Arbeitnehmern, wodurch weitere Wachstumseffekte ausgelöst werden.

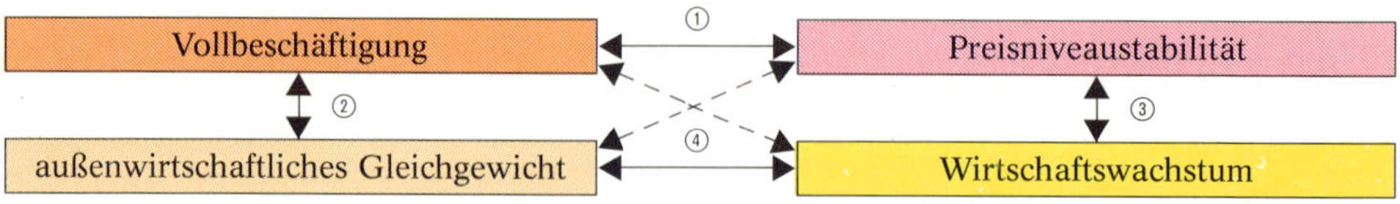

## Zusammenfassung

**Ziele der Wirtschaftspolitik**

**Oberziel:** gesamtwirtschaftliches Gleichgewicht

gesamtwirtschaftliches Angebot = gesamtwirtschaftliche Nachfrage

**Steuerung von Angebot und Nachfrage**

**Selbststeuerung:**
Markt – Preismechanismus sorgt dafür
– was,
– wieviel,
– wie,
– für wen produziert
werden soll.

**Globalsteuerung nach dem Stabilitätsgesetz:**
Über die Nachfragesteuerung wird das gesamtwirtschaftliche Gleichgewicht hergestellt. Die Maßnahmen sind auf die Erfordernisse gesamtwirtschaftlicher Ziele auszurichten:

Vollbeschäftigung ↔ Preisniveaustabilität
↕ ↕
außenwirtschaftliches Gleichgewicht ↔ Wirtschaftswachstum

Globale Maßnahmen werden getroffen
- von der Deutschen Bundesbank (Geldpolitik),
- von der Bundesregierung (Fiskalpolitik, Außenwirtschaftspolitik).

## Aufgaben

1. Welche möglichen Zielkonflikte können entstehen, wenn zum „magischen Viereck" das Ziel der „Erhaltung einer lebenswerten Umwelt" hinzutritt?
2. **Zielprojektion des Jahreswirtschaftsberichts**

| Zeitraum | Arbeitslose | Preisanstieg | Wachstum |
|---|---|---|---|
| 1968 | 0,8 % | 1,0 % | 4,0 % |
| 1978 | 4,3 % | 2,7 % | 3,5 % |
| 1980 | 4,0 % | 4,5 % | 2,5 % |
| 1985 | unter 9 % | 2,0 % | 2,5 % |

Begründen Sie den Wandel in den Jahreszielvorgaben für die Bundesrepublik Deutschland mit der wirtschaftlichen Entwicklung.

3. Die folgende Übersicht zeigt die Verwirklichung der wirtschaftspolitischen Ziele:

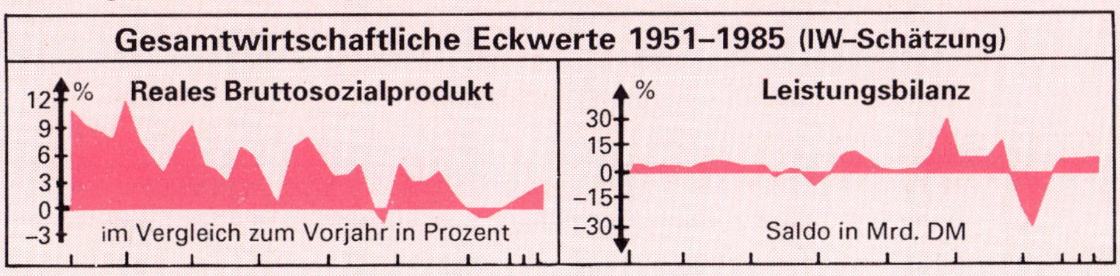

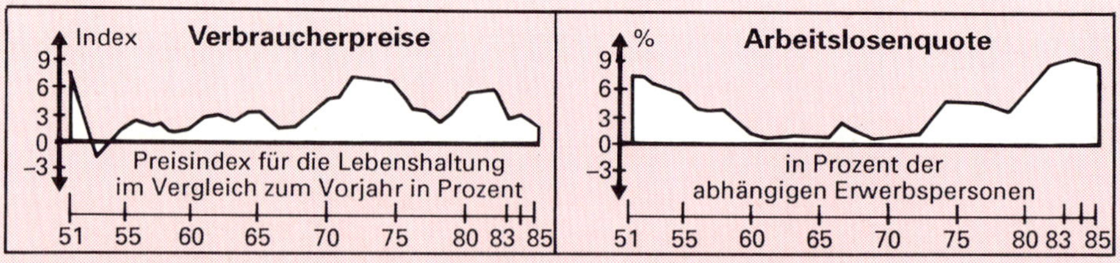


a) In welchem Jahr befand sich Ihrer Meinung nach die Volkswirtschaft im Gleichgewicht?
b) Prüfen Sie, ob in den Jahren 68, 78, 80 und 85 einzelne Zielvorgaben erreicht wurden.
c) In welchen Jahren ergaben sich Zielkonflikte bzw. Zielharmonie?

# 11.3 Gesamtwirtschaftliche Ungleichgewichte

## 11.3.1 Geldwertschwankungen

### 11.3.1.1 Messung von Geldwertveränderungen

Preisniveaustabilität bedeutet **nicht,** daß die Preise für Güter und Dienstleistungen in einem bestimmten Zeitraum gleichbleiben. In einer Marktwirtschaft müssen sich die Einzelpreise verändern können. Das Preisniveau bleibt aber konstant, wenn die Preissteigerungen durch Preissenkungen anderer Güter und Dienstleistungen ausgeglichen werden. **Steigt das Preisniveau deutlich an, so spricht man von Inflation oder Geldentwertung.** Das bedeutet, daß der Käufer für 100,00 DM **weniger** kaufen kann, seine Kaufkraft ist gesunken. Umgekehrt: Sinkt das Preisniveau, so steigt die Kaufkraft.

$$\text{Kaufkraft} = \frac{100}{\text{Preisniveau}}$$

**Beispiel:** *Steigt der Preisindex für die Lebenshaltung der Haushalte von 1985 bis 1991 von 100 auf 110,7, so sinkt die Kaufkraft:*

$$\textit{Kaufkraft: } \frac{100}{110{,}7} = 0{,}9058$$

*Das bedeutet, daß 100,00 DM im Jahre 1991 noch einen Wert von 90,58 DM hatten, verglichen mit 1985.*

Die Veränderungen des Preisniveaus werden mit Hilfe von **Preisindizes** gemessen:

- Preisindex des Bruttosozialprodukts
- industrieeller Erzeugerpreisindex
- Preisindex für Importgüter
- Preisindex für die private Lebenshaltung

***Der Preisindex für die Lebenshaltung aller privaten Haushalte zeigt die Entwicklung des Preisniveaus für bestimmte „Gütermengen" innerhalb eines bestimmten Zeitraumes.***

Eine Geldentwertung tritt ein, wenn die Ausgaben für den Warenkorb gegenüber früheren Zeiträumen gestiegen sind. Im **Warenkorb 1985** sind die Güter und Dienstleistungen zu folgenden **Anteilen** vertreten:

**Nahrungsmittel, Getränke** und **Tabak 23,0 %**
**Bekleidung** und **Schuhe 7,0 %**
**Wohnungsmiete** und **Energie 25,0 %**
**Möbel** und **Haushaltsgeräte 7,2 %**
**Gesundheits-** und **Körperpflege 4,1 %**
**Verkehr einschließlich Auto** und **Nachrichtenübermittlung 14,4 %**
**Bildung, Unterhaltung** und **Freizeit 8,4 %**
**Sonstiges** (z. B. **Pauschalreisen** und **Versicherungsbeiträge 10,9 %**)

Wegen der Bedeutung für die privaten Haushalte wird der Preisindex für die Lebenshaltung ständig in Presse, Rundfunk und Fernsehen veröffentlicht.[1]

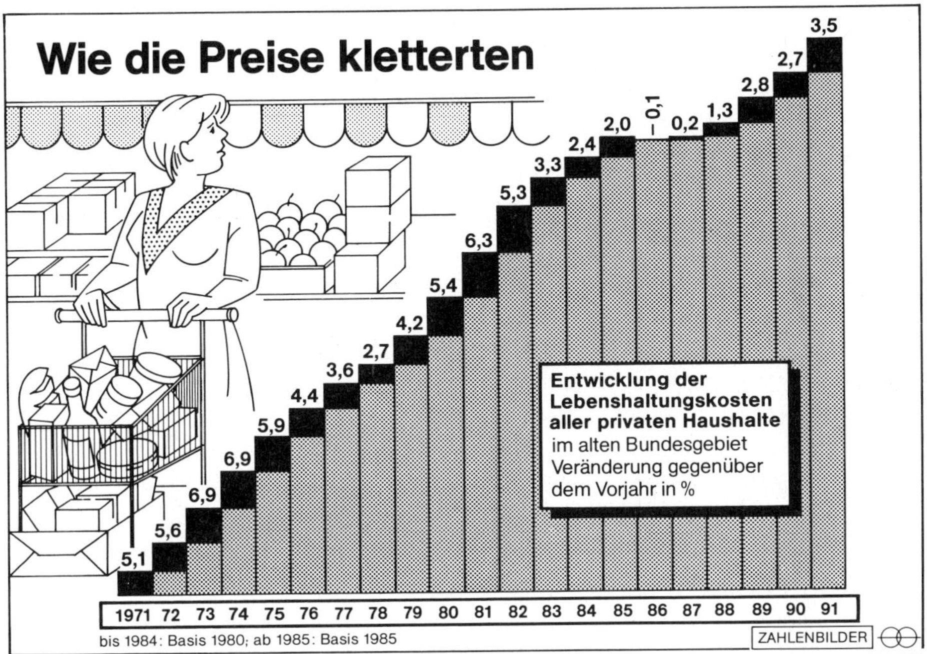


© Erich Schmidt Verlag 293 652

Die Übersicht zeigt, daß das Preisniveau bis auf Ausnahmen ständig angestiegen ist. Die **absolute** Preisniveaustabilität wird von vielen als unrealistisch angesehen, weil die Bundesrepublik Deutschland mit dem Ausland wirtschaftlich eng verflochten ist und sich deshalb den Preissteigerungen des Auslands kaum entziehen kann. Die **relative** Preisniveaustabilität ergibt sich aus dem Vergleich mit dem Ausland, wobei die Bundesrepublik Deutschland möglichst am Ende rangieren sollte.

**Schwierigkeiten bei der Messung** der Preisänderungen für Güter und Dienstleistungen der privaten Lebenshaltung ergeben sich aus der **Änderung der Verbrauchsstruktur.**

**Im Warenkorb** müssen die Güter und Dienstleistungen (751 Positionen) entsprechend ihrer Bedeutung für den Verbraucher **gewichtet** und **aktualisiert** werden. Die zuletzt auf Basis 1980 dargestellten Preisindizes wurden auf Basis 1985 neu berechnet, außerdem wurden verschiedene Güter aus dem „Warenkorb" entfernt (z. B. der Schwarzweißfernseher), andere kamen neu hinzu (z. B. bleifreies Super- und Normalbenzin, Diätmargarine, Karottensaft). Selten gehen Produktverbesserungen in den Index ein, wohl aber die entsprechenden Preiserhöhungen, was zu einer Erhöhung des Preisindex beiträgt.

1 Für die neuen Bundesländer wird ein gesonderter Lebenshaltungskostenindex berechnet.

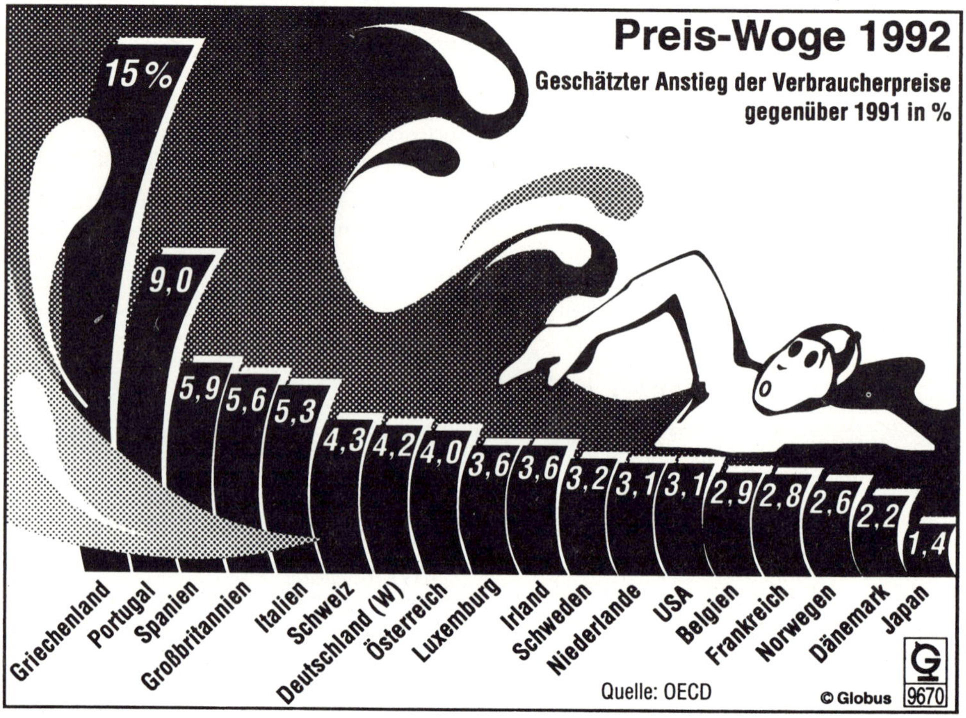


### Zielvorgaben

Eine quantitative Zielvorstellung von der Stabilität des Preisniveaus veröffentlichte das Bundeswirtschaftsministerium erstmals im **Jahreswirtschaftsbericht** 1967. Das Preisniveau ist stabil, wenn der Preisindex für das Bruttosozialprodukt um nicht mehr als 1 % steigt. Eine Änderung brachte der Jahreswirtschaftsbericht aus dem Jahre 1971; danach liegt Geldwertstabilität bei einem Anstieg des Preisniveaus von 1,8–2,3 % vor.

***Die Definition der Stabilität kann nicht ein für allemal zahlenmäßig bestimmt werden, sondern muß von den politisch Handelnden in Anbetracht der wirtschaftlichen Entwicklung ständig neu bewertet werden. Ausdruck der politischen Bewertung der Ziele ist der Jahreswirtschaftsbericht.***

## 11.3.1.2 Ursachen für die Ungleichgewichte beim Geldwert

Veränderungen des Geldwertes können in zweifacher Form auftreten:

**Der Geldwert sinkt**

(= Inflation)

Für eine bestimmte Gütermenge ist innerhalb einer Zeitspanne ein höherer Geldbetrag aufzubringen.

**Der Geldwert steigt**

(= Deflation)

Für eine bestimmte Gütermenge ist innerhalb einer Zeitspanne ein geringerer Geldbetrag aufzuwenden.

## Ursachen der Inflation

Ursprünglich können Preisniveausteigerungen von der **Nachfrageseite** oder der **Angebotsseite** ausgehen.

### Nachfragebedingte Inflation

| Angebot | Nachfrage |
|---|---|
| Angebot an Gütern durch In- und Ausland | Nachfrage nach Gütern durch In- und Ausland |

= Gleichgewicht

Es besteht Gleichgewicht, wenn die nachfragewirksame Geldmenge dem gesamtwirtschaftlichen Güterangebot entspricht.

| Angebot | Nachfrage |
|---|---|
| mengenmäßige Ausdehnung | zusätzliche monetäre Nachfrage |

= erneutes Gleichgewicht

Durch Geldschöpfung dehnt sich die gesamtwirtschaftliche Nachfrage aus. Solange keine Vollbeschäftigung besteht und die Kapazitäten nicht ausgelastet sind, kann das güterwirtschaftliche Angebot sich anpassen.

| Angebot | Nachfrage |
|---|---|
| | zusätzliche monetäre Nachfrage |

= Ungleichgewicht

Die Wirtschaft befindet sich im Zustand der Vollbeschäftigung – auch die übrigen Produktionsfaktoren sind ausgelastet. Nimmt infolge der Geldschöpfung die gesamtwirtschaftliche Nachfrage weiterhin zu, so kommt es zum Anstieg des Preisniveaus, weil die Gütermenge nicht weiterhin gesteigert werden kann.

Die **Ausdehnung der monetären gesamtwirtschaftlichen Nachfrage** wird durch die **Geldschöpfung der Bundesbank** (z. B. Kreditaufnahmen der Geschäftsbanken bei der Bundesbank, Kapitalzuflüsse aus dem Ausland) und durch eine **erhöhte Umlaufgeschwindigkeit des Geldes** (je schneller das Geld eingenommen und wieder ausgegeben wird, um so stärker verbreitert sich der Geldstrom) ermöglicht.

***Die gesamtwirtschaftliche Überschußnachfrage führt dann zur Inflation, wenn sie durch Geldschöpfung finanziert wird und das Güterangebot mengenmäßig nicht gesteigert werden kann (vgl. die Übersicht auf S. 402).***

## Angebotsbedingte Inflation

In den letzten Jahrzehnten konnte in den westlichen Industriestaaten beobachtet werden, daß trotz Unterbeschäftigung und rückläufiger Nachfrage das Preisniveau gestiegen ist (Stagflation = Stagnation + Inflation). Die Theorie der Nachfrageinflation konnte dafür keine Erklärung bieten, denn danach hätte das Preisniveau sinken müssen.

***Die Theorie der angebotsbedingten Inflation geht davon aus, daß die Preise sich nicht nur durch das Spiel von Angebot und Nachfrage auf dem Markt bilden, sondern von den Unternehmen je nach Kostensituation und Gewinnaufschläge autonom[1] bestimmt werden.***

1 autonom: selbständig, allein

Die Überschußnachfrage setzt sich aus 4 Komponenten zusammen:

**Überschußnachfrage**

| | | | |
|---|---|---|---|
| der Haushalte nach Konsumgütern für den privaten Konsum | der Unternehmer nach Investitionsgütern | des Staates für seinen Konsum und seine Investitionen | des Auslandes nach Konsum- und Investitionsgütern |
| führt zur: Konsuminflation | führt zur: Investitionsinflation | führt zur: Staatsinflation | führt zur: importierten Inflation |
| Nachfragesteigerung durch Einkommenserhöhungen, Auflösung von Sparguthaben und Kreditaufnahmen führt zu höherem Preisniveau bei Konsumgütern. | Erhöhte Nachfrage nach Investitionsgütern wird durch Kreditaufnahmen bei Geschäftsbanken finanziert. Da die Investitionsgüterindustrie ihre Kapazitäten ausgelastet hat, steigt das Preisniveau bei derartigen Gütern. | Finanzieren in einer ausgelasteten Volkswirtschaft Bund, Länder und Gemeinden ihre Haushaltsdefizite (Ausgaben > Einnahmen) über Kredite, so führt dies zu einem Anstieg des Preisniveaus. | Exportüberschüsse führen zu einem Ansteigen der inländischen Geldmenge bei gleichzeitiger Abnahme der entsprechenden Gütermenge (Güterlücke). Die Ursachen der erhöhten Auslandsnachfrage liegen in dem stärkeren Preisanstieg des Auslands gegenüber dem Inland. Die inländische Geldmenge weitet sich gleichfalls bei Kapitalzuflüssen infolge eines höheren inländischen Zinsniveaus aus. |

**Angebotsbedingte Inflation**

- **Kosteninflation**
  - Anstieg der Löhne und Gehälter
  - Verteuerung der Importgüter (bes. Rohstoffe)
- **Gewinninflation**

- **Kosteninflation**
  Die Automobilindustrie konnte in den Jahren 1973 und 1974 die Preise für Kraftfahrzeuge trotz rückläufiger Nachfrage deutlich heraufsetzen. Die Ursache einer solchen Entwicklung ist in der zunehmenden **Unternehmenskonzentration** und der **Vermachtung der Märkte,** die zur Einschränkung des Wettbewerbs führt, zu suchen. Oligopolistische und monopolistische Marktformen überwiegen.
- **Lohninflation:** Die Löhne und Gehälter steigen, ohne daß die Produktivität gesteigert wird. Die Unternehmer wälzen die höheren Lohnkosten auf Grund ihrer Machtstellung auf dem Markt auf die Preise ab. Sind die Gewerkschaften in der Lage, wegen der Preissteigerungen höhere Löhne durchzusetzen **(Lohn-Preis-Spirale),** so steigt das allgemeine Preisniveau.
- **Importierte Kosteninflation:** Je höher der Konzentrationsgrad im betreffenden Wirtschaftszweig ist, um so eher können Preissteigerungen bei Rohstoffen (z. B. Rohöl) auf die Preise abgewälzt werden.
- **Gewinninflation**
  Die Unternehmen kalkulieren auf ihre Kosten einen bestimmten Gewinnzuschlag und können den **Preis auf dem Markt durchsetzen.** Je stärker die Machtstellung auf dem Markt, desto höher die Gewinnzuschläge. Bei rückläufigem Absatz und Kapazitätsgrad steigen die Kosten (Vollkostenprinzip) und damit die Preise, weil die Gewinnspanne nach Möglichkeit beibehalten werden soll. Selbstverständlich kann auch der Staat für eine Reihe von Gütern und Dienstleistungen die Preise direkt (Tarife für Post und Bahn) und indirekt (z. B. über die Erhöhung der Verbrauchssteuer) erhöhen.

***Die Ursachen der Inflation lassen sich nicht eindeutig der einen oder anderen Theorie zuordnen, weil Impulse sowohl von der Nachfrageseite als auch von der Angebotsseite ausgehen können. Dennoch ist es für die Bekämpfung von Inflation von Bedeutung, die ursächlichen Zusammenhänge zu kennen.***

**Formen der Inflation**

**Sichtbarkeit**

- **offene**
  Preisniveausteigerungen sind für jedermann erkennbar.
- **verdeckte (zurückgestaute)**
  Obwohl ein Nachfrageüberhang besteht, verhindert der Staat durch die Verhängung von Preisstopps ein Ansteigen der Preise, z. B. während und nach dem Ende des Zweiten Weltkrieges ist ein Nachfrageüberhang durch die Kriegsfinanzierung des Staates eingetreten.

**Geschwindigkeit**

**schleichende**
geringes, aber ständiges Ansteigen des Preisniveaus von Jahr zu Jahr, z. B. seit 1950 in der Bundesrepublik Deutschland

**galoppierende** (Hyperinflation)
Bei Preissteigerungen von monatlich mehr als 50 %, z. B. von 1918–1923 wurden riesige Defizite des Staates durch die Geldschöpfung gedeckt.

**Ursachen der Deflation**
**gesamtwirtschaftliche Nachfrage $<$ gesamtwirtschaftliches Angebot**

Haushalte konsumieren weniger.

- zu hohe Kreditzinsen
- zu hohe Steuern
- zu starke Preissteigerungen
- pessimistische Beurteilung der Zukunft

Unternehmen investieren weniger.

- zu hohe inländische Kreditzinsen
- pessimistische Beurteilung der Zukunft
- lohnende Geldanlagen im Ausland

Staatliche Einnahmen sind größer als die Ausgaben.

- Rückgang der Staatsaufträge
- rigorose Sparmaßnahmen

Ausländische Nachfrage nach Inlandsgütern sinkt.

- Preisniveau im Ausland sinkt
- Außenwert der inländischen Währung steigt
- abschwächende Konjunktur auf wichtigen Exportmärkten

**Verlauf der Deflation**

Nachfragerückgänge führen zu **unausgelasteten Kapazitäten.**

↓

In der **Investitionsgüterindustrie** kommt es zu Entlassungen und Verminderung der Einkommen.

↓

Die Nachfrage nach Konsumgütern geht wegen der Einkommensverminderung zurück – die Preise für diese Güter sinken **(Geldwert steigt).**

↓

Die Konsumgüterindustrie fragt weniger Investitionsgüter nach – die Preise für diese Güter sinken **(Geldwert steigt).**

↓

Weitere Nachfragerückgänge lösen erneute Entlassungen aus **(Massenarbeitslosigkeit), Notverkäufe** und **Flucht aus den Sachwerten** erhöhen das Güterangebot.

↓

Die gesamte Volkswirtschaft kann in die Depression **(Tiefstand)** geraten.

In der Weimarer Republik kam es in den Jahren von 1929–1933 zu einer tiefgreifenden Deflation.



3992404

## 11.3.1.3 Auswirkungen von Geldwertschwankungen

### Inflationsauswirkungen

Je mehr das Preisniveau steigt (gemessen am Preisindex für die Lebenshaltung), desto stärker sinkt der Geldwert.

Von dem Verlust der Kaufkraft sind alle **Unternehmen,** alle **privaten** und **öffentlichen Haushalte** betroffen.

### Auswirkungen auf die Einkommensverteilung

- Benachteiligt sind vor allem die **Rentner** und **Arbeitnehmer,** weil deren Einkommen für einen gewissen Zeitraum fest fixiert sind. Die **Rente** ist zwar „dynamisiert", aber die Anpassung der Rente an die Einkommensentwicklung erfolgt erst im nachhinein. Die Kaufkraftverluste sind **um so größer,** je stärker die Preise steigen und je länger der Zeitraum zwischen den jeweiligen Rentenerhöhungen ist. Das gleiche trifft auf die **Arbeitnehmer** zu, deren Höhe der Einkommen durch Tarifverträge von meist einem Jahr fest verankert ist. Sie werden zusätzlich benachteiligt durch die Erhöhung der Beiträge zur Sozialversicherung sowie durch die stärkere Lohnbesteuerung.

| DM je Monat | 1970 | 1979 | 1980 | 1981 | 1982 | 1983 | 1984 | 1985 | 1986 | 1987 | 1988 |
|---|---|---|---|---|---|---|---|---|---|---|---|
| **Bruttoeinkommen** | **1 351** | **2 860** | **3 058** | **3 217** | **3 352** | **3 479** | **3 598** | **3 708** | **3 849** | **3 962** | **4 083** |
| davon ab: | | | | | | | | | | | |
| Sozialbeiträge | 321 | 825 | 888 | 951 | 1 003 | 1 060 | 1 115 | 1 159 | 1 210 | 1 244 | 1 288 |
| Lohnsteuer | 136 | 358 | 406 | 424 | 452 | 479 | 509 | 542 | 552 | 592 | 600 |
| **Nettoeinkommen** | **894** | **1 677** | **1 764** | **1 843** | **1 897** | **1 940** | **1 974** | **2 006** | **2 087** | **2 126** | **2 195** |
| **Reales Nettoeinkommen** (zu Preisen von 1980) | **1 449** | **1 765** | **1 764** | **1 734** | **1 694** | **1 678** | **1 667** | **1 659** | **1 729** | **1 760** | **1 799** |

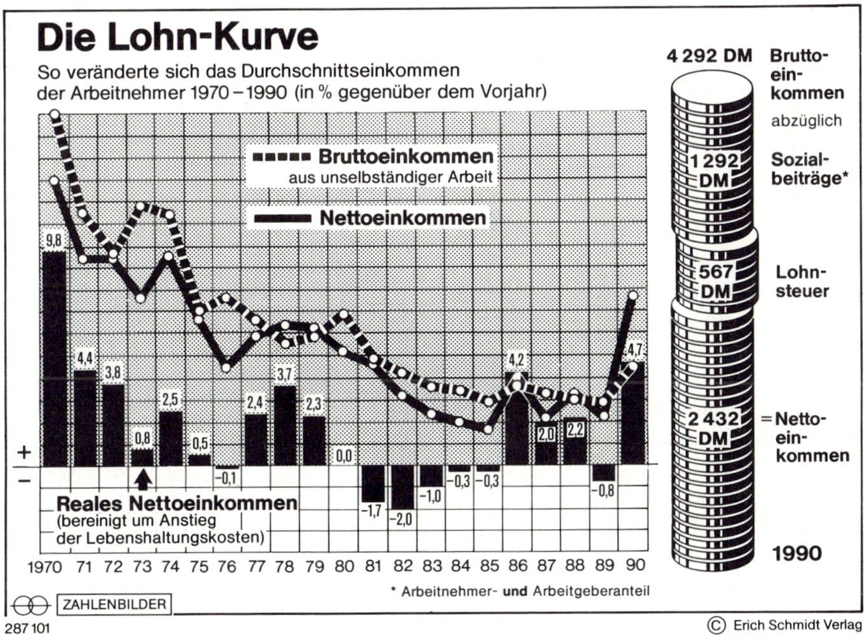

- Für die **Unternehmer** ist ein Preisanstieg mit Kostenerhöhungen beim Einsatz von Produktionsfaktoren verbunden. Bei **nachfragebedingter** Inflation gelingt es den Unternehmern, die Inflationsrate auf die Preise abzuwälzen. Von der **angebotsbedingten** Inflation sind auch die Unternehmen benachteiligt.

### Auswirkungen auf die Vermögensverteilung

- **Für Inflationen gilt:** Der **Gläubiger** wird **benachteiligt,** der **Schuldner begünstigt.** Dies gilt insbesondere dann, wenn die Inflationsrate (z. B. 7 %) höher als der Kreditzinssatz (z. B. 4 %) ist. Je länger zudem der Kreditzeitraum ist, um so größer ist der Geldwertschwund und der Verlust des Gläubigers. Weil gerade die Arbeitnehmer und Rentner in den meisten Fällen Kontensparer sind oder ihr Geld in fest verzinslichen Wertpapieren angelegt haben, sind sie vom Geldwertschwund besonders betroffen. Alle diejenigen, die ihr Vermögen in Sachwerten (z. B. Grundstücke, Häuser, Produktivvermögen) investiert haben (z. B. Selbständige, Unternehmer), können ihre Vermögenswerte erhalten bzw. durch Spekulation sogar vermehren. Die Hyperinflation von 1923 führte zur Vermögensumschichtung zuungunsten der Schwachen, weil die Schuldner (z. B. Staat, Unternehmen) sich mit „wertlosem" Geld von ihrer Verpflichtung befreiten.
- Die Inflation führt zu einer „Flucht in die Sachwerte". **Besitzer von Geldvermögen** versuchen, sich vor Kaufkraftverlusten zu schützen, in dem sie **Sachvermögen** erwerben. Damit verschiebt sich die Vermögensverteilung zugunsten der Selbständigen und Unternehmer.

### Auswirkungen auf den Staat

Die Löhne und Gehälter der Arbeitnehmer steigen nominell besonders in der schleichenden Inflation an. Die **Einkommen** des Staates **steigen,**

- weil immer mehr Arbeitnehmer in die Progressionszone der Lohnbesteuerung geraten und mehr Lohn- und Einkommensteuer zahlen,
- weil durch das höhere Preisniveau die Arbeitnehmer auch höhere indirekte Steuern (besonders Umsatzsteuer) zahlen.

Andererseits **steigen** die **Ausgaben** des Staates,

- weil die Beamten und Beschäftigten des öffentlichen Dienstes höhere Lohn- und Gehaltsforderungen durchsetzen,
- weil für die nachgefragten Güter ein höherer Preis zu zahlen ist,
- weil die öffentlichen Haushalte in Zeiten steigender Steuereinnahmen dazu neigen, hohe Staatsausgaben zu beschließen, die bei späteren rückläufigen Einnahmen zu hohen Haushaltsdefiziten führen. Der Staat ist also nicht nur Gewinner der Inflation.

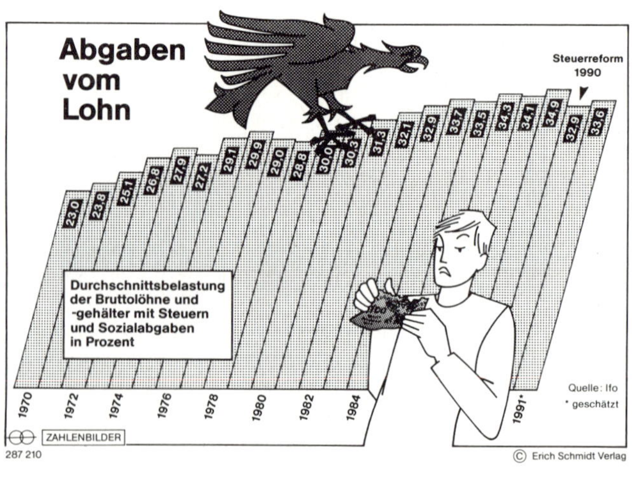

## Deflationsauswirkungen

***Eine Deflation führt zum Sinken des Preisniveaus und bewirkt eine Steigerung der Kaufkraft.***

Man könnte annehmen, daß alle Wirtschaftsteilnehmer aus Deflationen Vorteile ziehen würden. In Wirklichkeit führt sie zu weitreichenden nachteiligen Einschnitten in die Wirtschaft:

- Die Kapazitätsauslastung der Unternehmen sinkt, es kommt zu Einschränkungen bzw. Stillstand der Produktion.
- Massenentlassungen von Arbeitnehmern sind die Folge.
- Die Einkommen und Gewinne sinken rapide.
- Sachwerte werden verkauft. Ein Zusammenbruch der gesamten Volkswirtschaft ist möglich.
- Sparer und Gläubiger von Darlehen werden begünstigt – Schuldner benachteiligt.

## Zusammenfassung

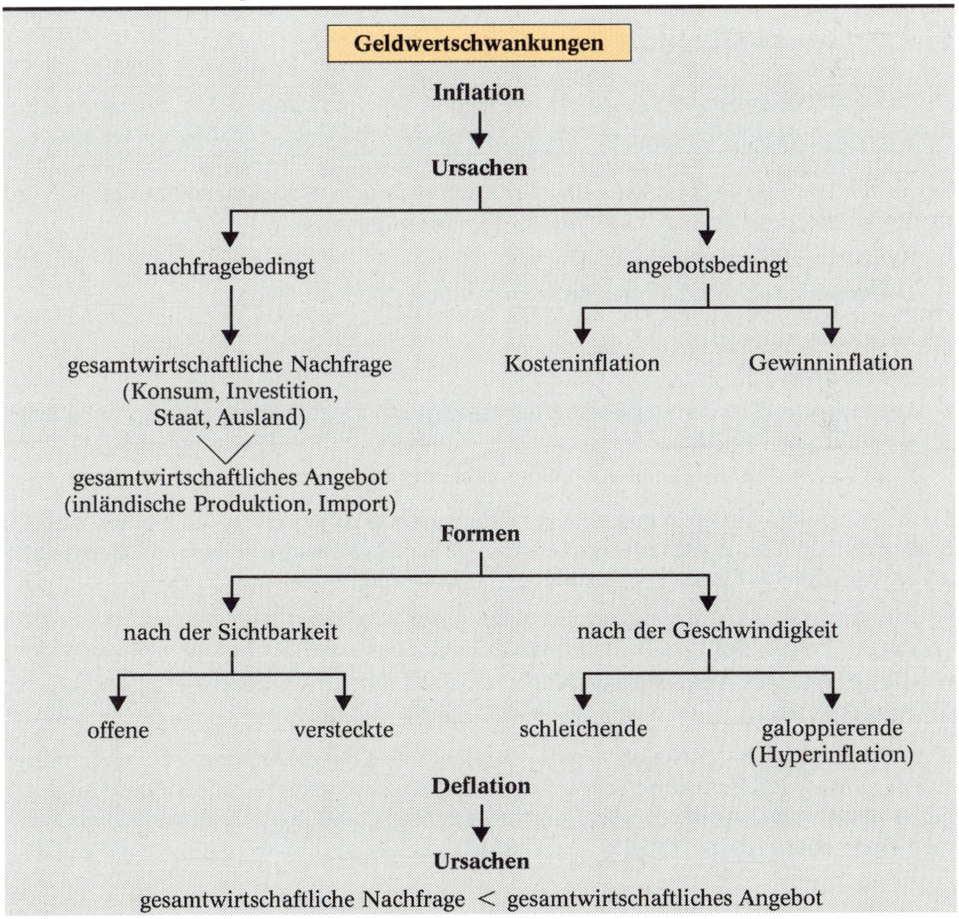

## Aufgaben

1. Unterscheiden Sie zwischen der nachfragebedingten und der angebotsbedingten Inflation
   - im Hinblick auf die Ursachen,
   - im Hinblick auf die Auswirkungen auf Unternehmen und Arbeitnehmer.
2. Welche Ursachen hatte die Hyperinflation von 1923?
3. Wie kam die zurückgestaute Inflation während und nach dem Zweiten Weltkrieg zustande?
4. Erklären Sie, warum eine Inflation gerade „den kleinen Mann" trifft.
5. Wie kann eine Stagflation entstehen?
6. Worauf beruhte die Preisniveaustabilität (gemessen am Lebenshaltungskostenindex) des Jahres 1986?
7. Begründen Sie die individuelle unterschiedliche Belastung der privaten Haushalte durch Preissteigerungen, indem Sie die prozentualen Anteile der Güter am Warenkorb betrachten. Legen Sie dabei auch Ihre private Verbrauchsstruktur zugrunde.
8. Legen Sie dar, warum sich die Deflation von 1930 bis 1932 im Deutschen Reich heute in der Sozialen Marktwirtschaft nicht mehr wiederholen könnte.

## 11.3.2 Beschäftigungsschwankungen

### 11.3.2.1 Messung des Beschäftigungsstandes

***Der Beschäftigungsstand einer Volkswirtschaft erreicht dann 100 %, wenn alle Produktionsfaktoren voll ausgelastet sind (Produktionsanlagen und Arbeitskräfte).***

Betrachtet man die Vollbeschäftigung der Arbeitskräfte in einer Volkswirtschaft, so wird der Beschäftigungsstand an folgenden **Indikatoren**[1] gemessen:

- **Arbeitslosenquote** bzw.
- **Differenz** zwischen Zahl der Arbeitslosen und offenen Stellen.

Als **arbeitslos** gilt, wer

- erwerbsfähig ist,
- vorübergehend in keinem Beschäftigungsverhältnis steht oder nur eine geringfügige Beschäftigung ausübt,
- beim Arbeitsamt als Arbeitssuchender gemeldet ist.

Finden nicht alle Erwerbsfähigen und -willigen einen Arbeitsplatz, obwohl die offenen Stellen die Zahl der registrierten Arbeitslosen übersteigt, so spricht man von **Bodensatzarbeitslosigkeit.** Als Ursachen können genannt werden

- **die saisonale Arbeitslosigkeit:** Sie wird verursacht durch jahreszeitliche und witterungsbedingte Einflüsse (z. B. im Winter im Baugewerbe). Sie ist kaum zu vermeiden;
- **die friktionelle Arbeitslosigkeit:** Sie entsteht durch den freiwilligen Wechsel des Arbeitsplatzes.

Zum Bodensatz der Arbeitslosen gehören auch jene Erwerbspersonen, die wegen ihres Alters oder wegen Krankheit schwer zu vermitteln sind oder die nicht bereit sind, für einen neuen Arbeitsplatz den Wohnort zu wechseln oder nach Umschulungsmaßnahmen eine andere Art der Tätigkeit auszuüben.

1 Indikator = Anzeiger

**Indikator**

$$\text{Arbeitslosenquote} = \frac{\text{Arbeitslose}}{\text{abhängig Beschäftigte}} \cdot 100\ \%$$

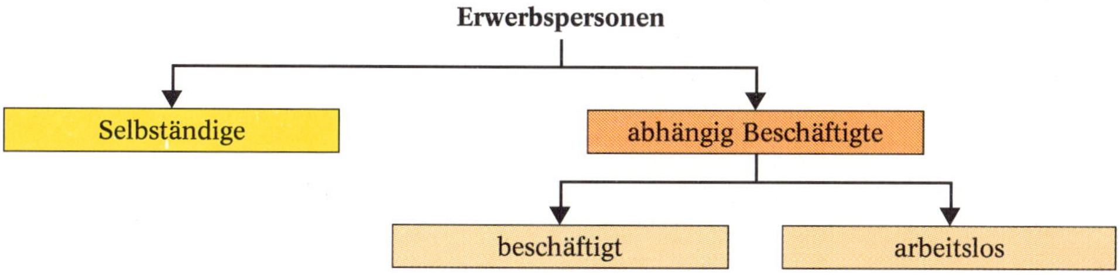


Dieser Indikator hat allerdings nur beschränkte Gültigkeit, weil

- ein Teil der Arbeitnehmer nach Verlust ihres Arbeitsplatzes sich **nicht registrieren** lassen,
- **ausländische Arbeitnehmer,** die keine Arbeit mehr finden, in ihre Herkunftsländer zurückkehren,
- **Arbeitnehmer aus Nicht-EG-Ländern** nach Auslaufen der Arbeitserlaubnis das Land verlassen müssen,
- **ein Teil** der Arbeitslosen nur **scheinbar** eine Arbeit sucht.

**Entwicklung der Arbeitslosigkeit von 1973–1990 in der Bundesrepublik Deutschland**

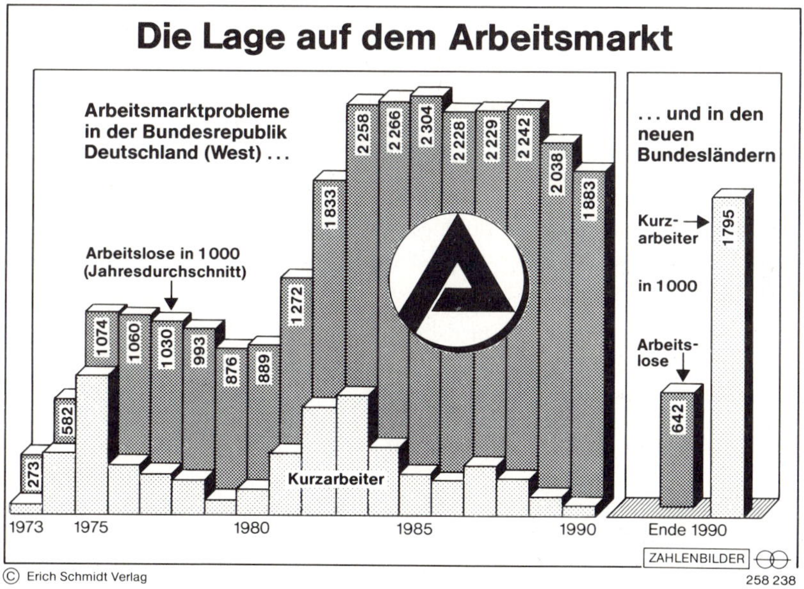



In den alten Bundesländern ging ab dem Jahre 1990 die Arbeitslosenzahl zurück, obwohl mehrere hunderttausend Zuwanderer auf dem Arbeitsmarkt untergebracht werden mußten. Demgegenüber stieg die Zahl der Arbeitslosen in den neuen Bundesländern schnell an. Hinter der Zahl der Kurzarbeiter verbirgt sich weitere Arbeitslosigkeit, weil viele Kurzarbeiter nur pro forma noch einen Arbeitsplatz hatten, tatsächlich ihn aber nicht mehr ausfüllten (Übergangsregelungen zum Schutz vor Kündigungen).

***Vollbeschäftigung: Zahl der Arbeitslosen = Zahl der offenen Stellen***

Für die Zeit von 1965 bis 1984 hat sich gezeigt, daß die Zahl der offenen Stellen mit Abnahme der Arbeitslosenzahlen zunimmt und umgekehrt.

Auch aus diesem Beschäftigungsindikator können nur beschränkte Schlußfolgerungen in bezug auf die Beschäftigung von Erwerbspersonen gezogen werden, weil

- auch in den sogenannten Boomjahren, wo die Zahl der offenen Stellen größer war als die der registrierten Arbeitslosen, **nicht alle** Erwerbstätigen einen Arbeitsplatz gefunden haben **(Bodensatzarbeitslosigkeit),**
- viele Unternehmen **vorsorglich einen Bedarf** an Arbeitskräften **anmelden,** obwohl ihre Produktionskapazitäten zur Beschäftigung dieser Personen nicht ausreichen (Zahl der offenen Stellen wird zu hoch ausgewiesen).

### Zielvorgaben

Das Ziel „Vollbeschäftigung" wurde **erstmals im Jahresbericht** der Bundesregierung **1967** fixiert: „Unter Vollbeschäftigung – oder hohem Beschäftigungsgrad wird in der Zielprojektion eine Arbeitslosenquote von **0,8 %,** gemessen als Anteil der Arbeitslosen an den abhängigen Erwerbspersonen, verstanden." Seither ist das Ziel „Vollbeschäftigung" in der Bundesrepublik Deutschland immer wieder in **veränderter** Form vorgegeben worden. Die Bundesregierung definiert heute „Vollbeschäftigung" als einen **möglichst geringen Anteil** der Arbeitslosen an den Beschäftigten **(Arbeitslosenquote).**

## 11.3.2.2 Ursachen für die Ungleichgewichte in der Beschäftigung

### Unterbeschäftigung

Die letzten 10 Jahre zeigen Instabilitäten auf dem Beschäftigungssektor, weil die quantitativ definierten Ziele in der Realität nicht erreicht wurden. Die Meinungen über die **Ursachen** gehen weit auseinander. Die **Grundformen der Arbeitslosigkeit** lassen sich folgendermaßen gliedern:

**Strukturelle Arbeitslosigkeit:** Sie wird durch langfristige Veränderungen in der Angebots- und Nachfragestruktur einer Volkswirtschaft verursacht.

- **Lücken in der Nachfrage,** weil Bezieher kleinerer Einkommen als Käufer „nicht zum Zuge" kommen (z. B. relativ hohe Belastung durch direkte und indirekte Steuern);
- **Güterangebot** wird durch staatliche Eingriffe (z. B. Subventionen) fehlgesteuert (z. B. im Schiffsbau);
- **zunehmender Einsatz der EDV und Mikroelektronik** in der Produktion und Verwaltung von Unternehmen (z. B. Einführung des elektronischen Lichtsatzes in der Druckindustrie);
- **Arbeitsplätze** werden unrentabel, weil die Personalkosten über dem Produktivitätswachstum liegen (führt zu Schwarzarbeit in der Bauindustrie, zu Billigimporten in der Spielwarenindustrie, zu Produktionsverlagerungen der Pelzindustrie in das Ausland);
- **Bevorzugung** von Rationalisierungsinvestitionen gegenüber Innovationsinvestitionen;
- **Ausbleiben** von Produktneuentwicklungen, für die bei breiten Einkommensschichten noch ein ungesättigter Bedarf besteht;
- **andere Ursachen:** die Außenwirtschaft, die Wechselkurse, die Finanzpolitik des Staates, die Geldpolitik der Bundesbank.



3992410

**Konjunkturelle Arbeitslosigkeit:** Die gesamtwirtschaftliche **Nachfrage** ist zu **gering,** so daß die Beschäftigung in zahlreichen Wirtschaftszweigen zurückgeht und nicht alle Erwerbswilligen einen Arbeitsplatz finden.

**Gleichgewicht besteht,** wenn die gesamtwirtschaftliche Nachfrage ebenso groß ist wie das gesamtwirtschaftliche Angebot. Dieses Gleichgewicht kann bei Vollbeschäftigung oder bei Unterbeschäftigung bestehen, wenn nicht alle Erwerbswilligen beschäftigt werden können. Im letzten Fall muß, um ein Vollbeschäftigungsgleichgewicht zu erreichen, die **Nachfrage gesteigert** oder die Importe beschränkt werden.

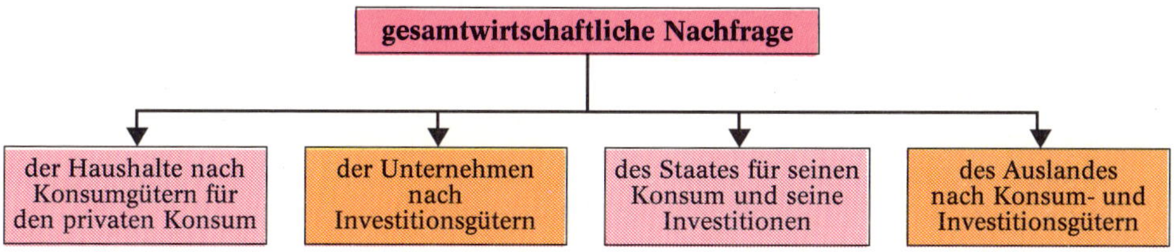

## Überbeschäftigung

Der Begriff ist umstritten.

***Man spricht von Überbeschäftigung, wenn die Zahl der offenen Stellen erheblich größer ist als die Zahl der Arbeitslosen.***

Auf die mangelnde Aussagefähigkeit des Indikators „offene Stellen“ wurde bereits hingewiesen (vgl. S. 410).

Die „**Überbeschäftigung**“ des Produktionsfaktors Arbeit ließe sich so umschreiben:

- **alle Erwerbspersonen** besitzen einen Arbeitsplatz,
- **darüber hinaus** müssen Rentner und bisher nicht berufstätige Frauen beschäftigt werden,
- **ausländische Arbeitskräfte** müssen angeworben werden,
- oft muß **Mehrarbeit** geleistet werden.

Selbst in Boomjahren, z. B. Mitte der sechziger Jahre, ist dies nicht der Fall gewesen.

## 11.3.3 Außenwirtschaftliche Ungleichgewichte

Als rohstoffarmes Land muß die Bundesrepublik Deutschland die meisten Rohstoffe importieren. Diese müssen mit Devisen (ausl. Zahlungsmittel) bezahlt werden, an die das Land durch Exporte an Fertigprodukten oder Kapitalimporte (Ausländer legen Geld bei heimischen Banken an) gelangt. Schließlich wirken sich Zahlungen an internationale Organisationen, Ausgaben deutscher Touristen im Ausland, Überweisungen der Gastarbeiter in ihre Heimatländer, Investitionen im Ausland ähnlich wie Güterimporte aus. Sind in einem Land die Importe ständig größer als die Exporte, wären die Devisen und Goldvorräte bald aufgebraucht und das Land zahlungsunfähig. Im umgekehrten Fall erhöht sich die inländische Geldmenge um den Betrag des Exportes (bei Abnahme der Gütermenge im Inland), so daß die Gefahr von Preissteigerungen besteht. Wegen der Wichtigkeit der Außenwirtschaft

- auf den Geldwert,
- für die Beschäftigung,
- für das Wachstum,
- für die Versorgung der Bevölkerung mit Gütern und Dienstleistungen

ist es notwendig, alle Vorgänge im internationalen Waren-, Dienstleistungs- und Kapitalverkehr innerhalb einer Wirtschaftsperiode systematisch darzustellen **(Zahlungsbilanz).**

***Von außenwirtschaftlichem Gleichgewicht spricht man, wenn sich die Zahlungseingänge und Zahlungsausgänge zwischen der Bundesrepublik Deutschland und dem Ausland ausgleichen.***

Außenwirtschaftliche Ungleichgewichte führen zu Störungen im Wirtschaftsverkehr mit dem Ausland.

| **Inland** | | **Ausland** |
|---|---|---|
| Abnahme der Gütermenge | Exporte → | Zunahme der Gütermenge |
| Zahlungseingänge<br>= Zunahme der Devisen<br>(Gefahr der importierten Inflation) | ← Geld | Zahlungsausgänge<br>= Abnahme der Devisen<br>(Gefahr der internationalen Zahlungsunfähigkeit) |

***Der Außenbeitrag ist die Differenz zwischen dem Export und dem Import von Waren und Dienstleistungen (Saldo von Handels- und Dienstleistungsbilanz).***

### Zielvorgaben

Noch in den siebziger Jahren erachtete die Bundesrepublik Deutschland als außenwirtschaftliches Gleichgewicht, wenn der Außenbeitrag **1,5 % bis 2 % des Bruttosozialprodukts beträgt.** Dieser Betrag sollte dazu dienen, daß die Bundesrepublik Deutschland ihren Zahlungsverpflichtungen für Entwicklungshilfe und internationale Organisationen (EG, UNO, Weltbank, Weltwährungsfonds) nachkommen kann. Wegen der ständigen Ölpreiserhöhungen modifizierte die Bundesregierung in den achtziger Jahren das außenwirtschaftliche Gleichgewicht auf 3 % Außenbeitrag. In den letzten zwanzig Jahren betrug der **Außenbeitrag** durchschnittlich 2,3 % des Bruttosozialprodukts. Die Jahre 1985 bis 1990 brachten ein Rekord-Hoch für den Außenbeitrag. Der Grund lag vor allem im Rückgang der Energiepreise und im Sinken des Dollarkurses.

## Zusammenfassung

**Wirtschaftliche Ungleichgewichte**

**in der Beschäftigung**

**Überbeschäftigung**

**Unterbeschäftigung**
- saisonale
- friktionelle
- strukturelle
- konjunkturelle

**Indikatoren:**
- Arbeitslosenquote
- Differenz zwischen der Zahl der Arbeitslosen und offenen Stellen

**in der Außenwirtschaft**

Differenz zwischen den Zahlungseingängen und -ausgängen im Wirtschaftsverkehr des Inlandes mit dem Ausland

**Indikator:**
- Außenbeitrag

## Aufgaben

1. Erklären Sie den Begriff „Bodensatzarbeitslosigkeit".
2. Unterscheiden Sie konjunkturelle und saisonale Arbeitslosigkeit.
3. Nennen Sie Ursachen für die hohe Arbeitslosigkeit in der Zeit zwischen 1975 und 1986.
4. Was versteht man unter „Überbeschäftigung"?
5. Mit welchen Indikatoren werden Schwankungen in der Beschäftigung und in der Außenwirtschaft gemessen?

# 11.4 Grundprobleme der Industriegesellschaft

## 11.4.1 Grenzen des quantitativen Wachstums

In der vorindustriellen Zeit lebten die Menschen im Einklang mit der Natur. Die Abfälle, die bei der Produktion und beim Konsum anfielen, wurden von der Natur **mühelos verkraftet.** Heute wird die Natur

- als Mittel zur Produktion von immer **mehr Gütern**
- für immer **mehr Menschen**

weitgehend ohne Rücksicht auf ökologische Zusammenhänge benutzt.

**Wirtschaftswachstum kann quantitativ und qualitativ verstanden werden:**

**quantitatives Wachstum** → **Zunahme des Sozialprodukts**

**qualitatives Wachstum** → **Verbesserung der Lebensbedingungen**

Ein **quantitatives Wachstum** kann erzielt werden durch

- die **Steigerung des Einsatzes aller Produktionsfaktoren** (Boden, Arbeit, Kapital),
- die **Verwirklichung des technischen Fortschritts,** was zu Einsparungen beim Einsatz eines Produktionsfaktors führt.

Es **setzt** also **voraus:**

- die **Verfügbarkeit der Produktionsfaktoren** (besonders der Energie, der Rohstoffe und der Arbeitskräfte),
- das technische und ökonomische Wissen **(Know-how),**
- günstige gesellschaftliche, politische und wirtschaftliche **Rahmenbedingungen** (Verfassung, Gesetze, Arbeitsverhalten usw.).

Die Erhöhung des Sozialprodukts ist **wünschenswert,** weil

- sie Arbeitsplätze sichert und **neue** Arbeitsplätze schafft,
- sie **mehr Konsum** ermöglicht (besonders für kaufkraftschwache Konsumenten),
- die **Einkommens- und Vermögensverteilung** problemloser erfolgt; alle bekommen einen Anteil an der Mehrproduktion,
- die Ausgaben aus der **Sozialversicherung** eher bewältigt werden können,
- günstige Voraussetzungen für die Gestaltung der **Arbeitsbedingungen** geschaffen werden können.

Ein **ungesteuertes quantitatives Wachstum** hat aber viele **negative Folgen:**

- Die Energie- und Rohstoffvorräte der Erde werden zu **schnell ausgebeutet.** Nicht regenerierbare (wieder herstellbare) Bodenschätze werden für immer verbraucht.
- Laufende Produktionssteigerungen erzeugen **Schadstoffe** (Abwasser, Gase, Gifte), die von der Natur nicht mehr aufgenommen und neutralisiert werden. Die Folge ist eine Zerstörung der natürlichen Lebensbedingungen für Mensch und Tier.
- Auch eine wachsende Wirtschaft gewährleistet noch **keine gerechte** Einkommens- und Vermögensverteilung.
- **Materialistische Weltanschauungen** werden gefördert.
- Mit der Verwirklichung des technischen Fortschritts **erlahmen** auch die **Beschäftigungseffekte des Wachstums.**
- Dem wachsenden Wohlstand in den Industrienationen stehen der **Hunger** und die **Armut** in den Entwicklungsländern gegenüber **(Nord-Süd-Gefälle).**

Das mit der zunehmenden Zerstörung der natürlichen Lebensbedingungen entstehende Umweltbewußtsein ist verantwortlich, daß heute das **qualitative Wachstum** gefordert wird. Die Messung dieser Größe bereitet erhebliche Schwierigkeiten. Allgemein muß man von einer **Verbesserung der Lebensbedingungen** ausgehen.

Diese könnte mit Hilfe der **sozialen Indikatoren** erfaßt werden:

- Verbesserung des **Gesundheitswesens:** z. B. Senken der Säuglingssterblichkeit, Zahl von Personal und Betten in Krankenhäusern,
- **Umweltschutz:** Wasser-, Luft- und Bodenreinhaltung, Abfallbeseitigung,
- **Bildung:** Verbesserung des Bildungsniveaus, Zahl der Schüler pro Lehrer,
- **Wissenschaft und Forschung:** Forschungsaufgaben, Zahl der wissenschaftlich Tätigen,

- **Erwerbstätigkeit:** Arbeitslosenzahl, Arbeitszeit, Urlaubsdauer, Arbeitssicherheit,
- **Vermögensverhältnisse:** z. B. Wohnungsbestand, betriebliche Vermögensbeteiligung.

## Zusammenfassung

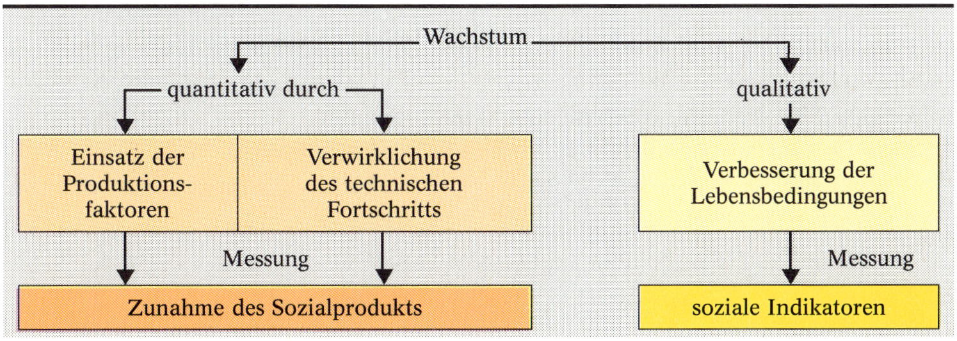


## Aufgaben

1. Können wir auf ein quantitatives Wachstum verzichten?
2. Warum war nach Kriegsende das quantitative Wachstum so wichtig?
3. Beschreiben Sie die Beziehungen zwischen Wachstum und Arbeitsplätzen aus der unten wiedergegebenen Übersicht.
4. Wie ist es zu erklären, daß trotz Konjunkturaufschwung die Arbeitslosigkeit nicht deutlich zurückgeht?
5. Erwägen Sie die Vorteile und die Nachteile des quantitativen Wachstums?
6. Was verstehen Sie unter qualitativem Wachstum? Wie kann dieses gemessen werden? Überlegen Sie weitere soziale Indikatoren.

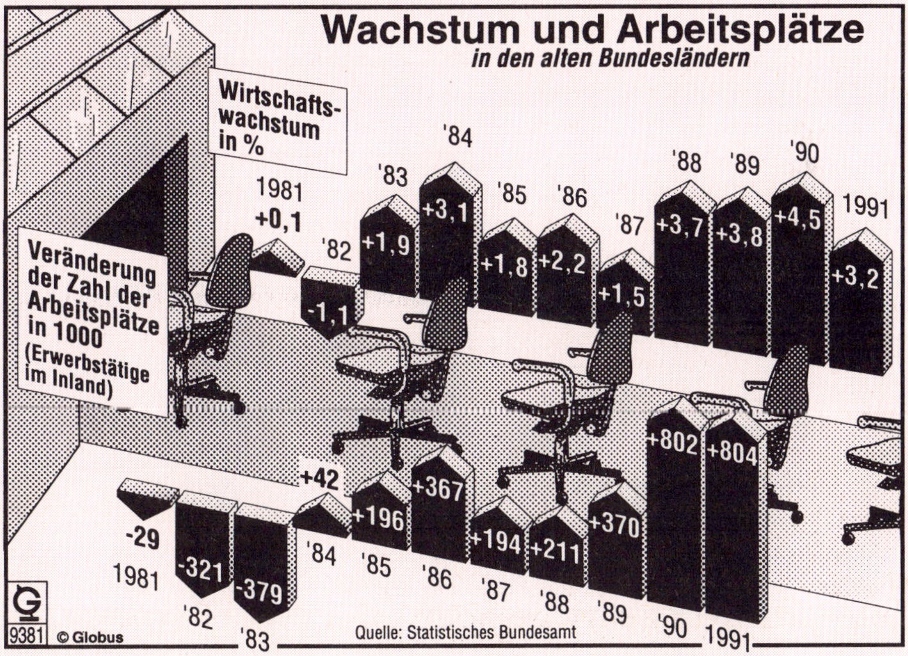

## 11.4.2 Umweltschutz

***Die langfristige Wirtschaftspolitik muß so angelegt sein, daß die Wiederherstellung und die Erhaltung einer lebenswerten Umwelt gewährleistet sind.***

Dem Umweltschutz kommt wirtschaftspolitisch eine **wachsende Bedeutung** zu. Deshalb ist zu klären, welche

- Aufgaben die **Umwelt als Wirtschaftsfaktor** übernimmt,
- **Ziele** für die Umweltschutzpolitik formuliert werden müssen,
- **Instrumente** der Umweltschutzpolitik wirksam, bereits vorhanden bzw. erst entwickelt werden müssen.

### 11.4.2.1 Ökologie und Ökonomie

Die **Natur** hat ökonomisch folgende **Aufgaben:**

- Die Natur stellt **Konsumgüter** zur Verfügung (Luft, Wasser, Erholung).
- Sie liefert wichtige Rohstoffe und Energieträger **(Ressourcen).**
- Sie nimmt **Schadstoffe** auf, die bei der Produktion und beim Konsum anfallen.

Zwischen diesen Funktionen können folgende **Zusammenhänge** sichtbar gemacht werden:

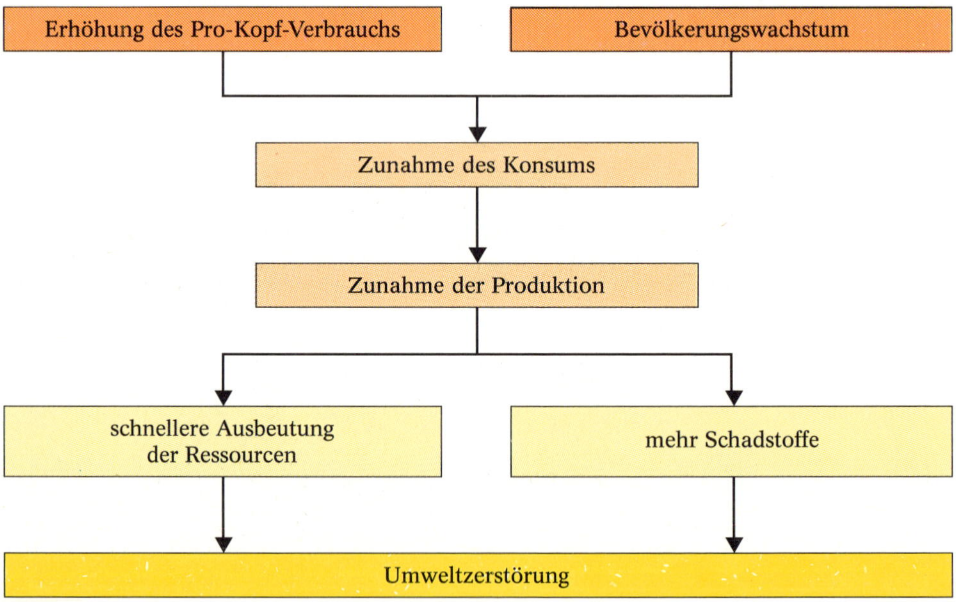

Daraus ergeben sich für die Gegenwart und für die Zukunft **Folgen:**

- Das quantitative Wachstum wird durch die **Umweltbelastung** begrenzt.
- Die **Beseitigung** der Umweltschäden verursacht **hohe Aufwendungen.**
- Der Umweltschutz löst weitere **wirtschaftliche Aktivitäten** aus und schafft somit **neue Arbeitsplätze** (siehe Tabelle).
- Die Ausgaben für den Umweltschutz können z. B. durch den sparsameren Umgang mit den Rohstoffen (**Recycling,** d. h. Wiederverwertung von Rohstoffen) reduziert werden.

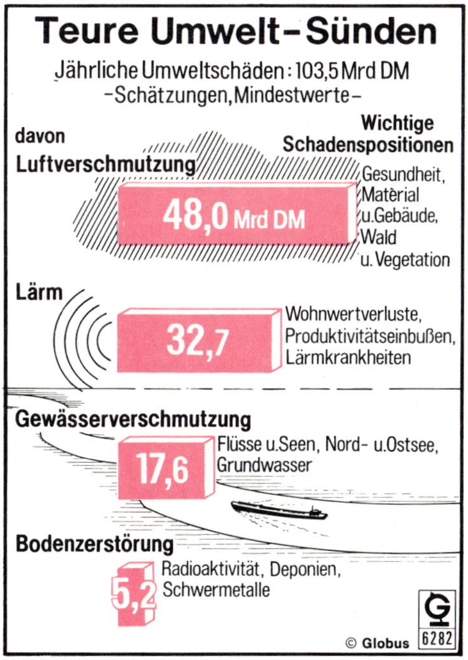


| Gewinne und Verluste von Arbeitsplätzen: | |
|---|---|
| positive Beschäftigungswirkungen | negative Beschäftigungswirkungen |
| 150 000 bis 370 000 Arbeitsplätze werden durch<br>– Investitionen,<br>– Betrieb von Anlagen,<br>– Verwaltungsaufgaben<br>für den Umweltschutz<br>– ausgelastet,<br>– gesichert oder<br>– geschaffen. | 50 000 bis 70 000 Arbeitsplätze können durch Verzögerung oder Behinderung von Investitionen (Investitionsstau) zeitweise nicht besetzt werden.<br><br>5 000 Arbeitsplätze gehen jährlich durch Auslandsinvestitionen infolge von strengeren Umweltschutzbedingungen im Inland verloren.<br>2 000 Arbeitsplätze gehen jährlich durch Kostensteigerungen infolge von Umweltschutzmaßnahmen verloren. |

Quelle: Wicke, Lutz: Umweltökonomie – Eine praxisorientierte Einführung, München 1982, S. 293

## 11.4.2.2 Ziele der Umweltschutzpolitik

Das Hauptziel der Umweltschutzpolitik kann **allgemein** wie folgt formuliert werden:

***Gegenstand der Umweltschutzpolitik ist***
***– die Aufrechterhaltung oder***
***– die Verbesserung***
***der Umweltqualität.***

Das Anspruchsniveau der Umweltqualität wird

- von der Möglichkeit des **Überlebens** der Menschen, aller Tierarten und aller Pflanzenarten als **Mindestbedingung** und
- von den gesellschaftlichen Ansichten

bestimmt.

In der Öffentlichkeit werden **konkrete Ziele** zum Teil heftig und kontrovers diskutiert. Die folgende Aufstellung soll einen Überblick geben, ohne den Anspruch auf Vollständigkeit bzw. eine schnelle Realisierung zu erheben:

- **Herstellung langlebiger, reparaturfreundlicher Güter:** z. B. das Langzeitauto.
- **Energiesparen und Ersatz der nicht regenerierbaren Energieträger durch regenerative Energiequellen** (soweit wie möglich):
  - Einsatz energiesparender Techniken bei Elektrogeräten,
  - Nutzung der Sonnen- und Windenergie,
  - Biogaserzeugung,
  - Bau von Müllkraftwerken,
  - Abwärmenutzung durch Kraft-Wärme-Kopplung,
  - bessere Wärmedämmung bei Gebäuden und Heißwasserleitungen,
  - Erschwerungen für die Klimatisierung von Räumen,
  - Einführung von Höchstgeschwindigkeiten im Straßenverkehr.

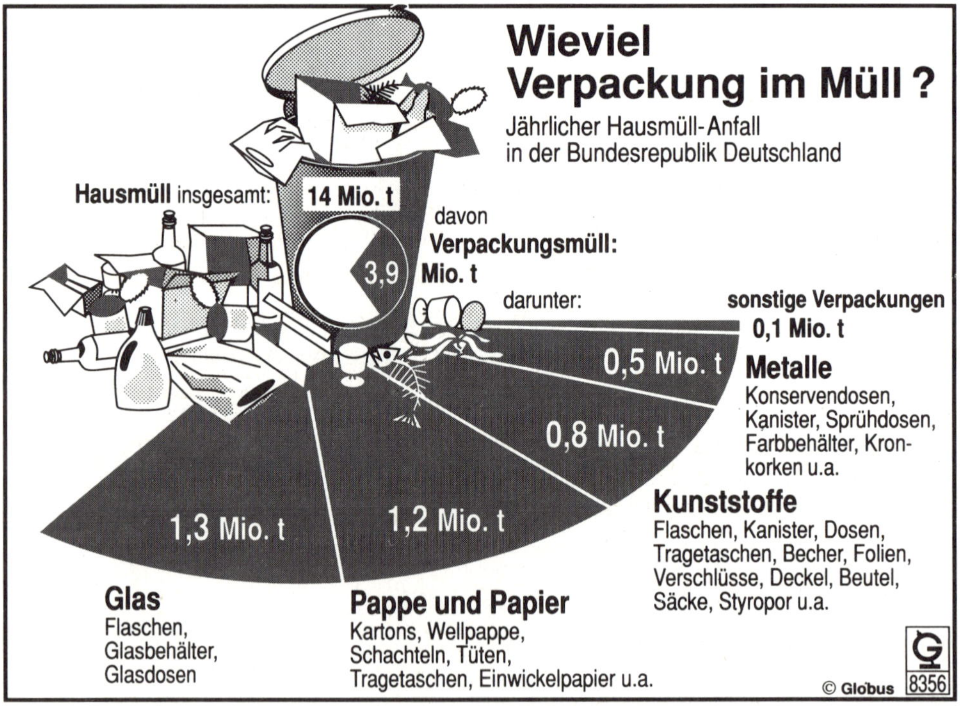


- **Beseitigung** oder **Vermeidung** von **Schadstoffen:**
  - vermehrte Produktion des Katalysatorautos,
  - Einführung eines Tempolimits,

– Rauchgasentschwefelung,
– mehrere Sicherungssysteme bei Kernkraftwerken,
– Verschärfung der Sicherungssysteme für chemisch-pharmazeutische Betriebe,
– Herabsetzung der zulässigen Normen für Abwasser,
– Förderung biologisch-organischer Anbaumethoden in der Landwirtschaft.

- Förderung der **öffentlichen Verkehrsbetriebe:**
  – Ausbau der öffentlichen Verkehrsmittel,
  – Einschränkung des Individualverkehrs usw.
- Umwelt- und energieschonender **Städtebau:**
  – Sanierung der Innenstädte,
  – Schaffung verkehrsberuhigter Zonen,
  – Tempo 30 in Wohngebieten,
  – Begrünung der Städte.

Umweltschutz ist teilweise eine **internationale Aufgabe** (Reinhaltung der Luft und der Gewässer). **National** besteht für viele Forderungen eine Übereinstimmung bei allen politischen Kräften. Einzelne Forderungen (z. B. Ausstieg aus der Anwendung der Kernenergie) werden kontrovers diskutiert.

***Umweltschützende Maßnahmen sind immer dann geboten, wenn ihr gesellschaftspolitischer Nutzen größer ist als ihre Kosten.***

### 11.4.2.3 Instrumente der Umweltschutzpolitik

Zur Durchsetzung der Umweltschutzziele stehen folgende **Instrumente** zur Auswahl:

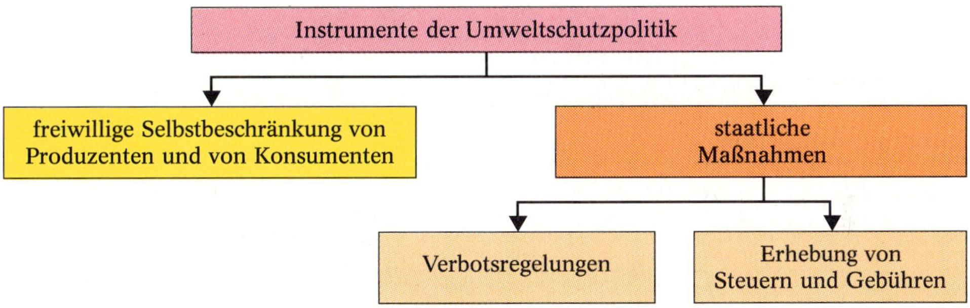


**Freiwillige Selbstbeschränkung** von Produzenten und von Konsumenten: Dieses Instrument baut auf ein **ausgeprägtes Umweltbewußtsein** in der Gesellschaft auf. Die Vorteile sind darin zu sehen, daß der Staat nicht reglementierend eingreifen muß, und daß somit die Selbstbeschränkung nicht als Einbuße an persönlicher Freiheit empfunden wird. Nachteilig ist, daß sich ein Problembewußtsein erst entwickelt, wenn bereits ein Schaden eingetreten ist.

**Beispiel:** – *freiwilliges Tempolimit,*
– *Abgabe von Problemmüll (z. B. Batterien) bei Sammelstellen,*
– *Verwendung von Pfandflaschen,*
– *Landbau nach biologischen Verfahren.*

**Verbotsregelungen:** Durch Gesetze, Verordnungen und Verwaltungsvorschriften führt der Staat **hoheitliche Regelungen** herbei. Er erzeugt mit seinen Vorschriften ein bestimmtes Niveau an Umweltqualität. Nachteilig ist, daß verlangte Normen (z. B. Immissionen) willkürlich festgelegt werden. So stellen sich zulässige Ausstoßmengen an Schadstoffen im nachhinein zuweilen als zu niedrig heraus. Verbotsregelungen schreiben Strukturen fest bzw. verlangen häufige Neufassungen der Vorschriften (z. B. Novellierungen des Bundes-Immissionsschutzgesetzes).

**Beispiel:**

**Gesetze:**
- *Bundes-Immissionsschutzgesetz*
- *Abfallbeseitigungsgesetz*
- *Wasserhaushaltsgesetz*
- *Waschmittelgesetz*

**Verordnungen und Verwaltungsvorschriften:**
- *Großfeuerungsanlagen-Verordnung*
- *Technische Anleitung (TA)-Luft*
- *TA-Abfall*
- *Katalog wassergefährdender Stoffe*
- *Gefahrstoffverordnung*
- *Smog-Verordnung*

**Abgabenlösung:** Hier wird eine Schadstoffeinheit (z. B. eine Tonne Schwefeldioxid) mit einer **Steuer** oder einer **Gebühr** belegt. Nachteilig wirken sich die Verteuerungen der Produktionskosten aus. Betriebe weichen, um die Kostenerhöhung zu umgehen, auf ausländische Standorte aus. Arbeitsplätze gehen verloren. Für die Abgabenlösung sprechen aber folgende **Vorteile:**

- Die Umwelt stellt für die Betriebe keine freien Güter mehr zur Verfügung. Für die „Nutzung der Umwelt“ ist ein **Preis** zu zahlen.
- Das **Verursacherprinzip** wird angewendet. Wer umweltschädigende Prozesse betreibt, trägt dafür auch die Kosten.
- Werden die Kostenerhöhungen über den Preis weitergegeben, so **sinkt die Nachfrage** nach umweltschädigenden Gütern.
- Die Unternehmer werden veranlaßt, **umweltschonende Verfahren** rasch einzuführen.
- **Der Staat erzielt zusätzliche Einnahmen,** die für die Verbesserung der Umweltqualität ausgegeben werden können.

## Zusammenfassung

Ökonomische **Aufgaben** der Natur:

Die Natur

| stellt Güter zur Verfügung. | liefert Rohstoffe und Energie. | nimmt Schadstoffe auf. |
|---|---|---|

**Ziele** der Umweltschutzpolitik:

- allgemein: Erzielung einer Umweltqualität
- konkret:
  - Energie und Rohstoffeinsparungen,
  - Reduktion von Schadstoffen,
  - Landschaftspflege usw.

**Instrumente** der Umweltschutzpolitik:

- Förderung des Umweltbewußtseins,
- staatliche Maßnahmen
  - Verbote,
  - Erhebung von Angaben.

**Aufgaben**

1. Welche Maßnahmen des Umweltschutzes können Sie in Ihrem privaten Bereich vornehmen? Stellen Sie diese Maßnahmen zu folgenden Schwerpunkten zusammen:
   - Einkauf umweltschonender Produkte,
   - wiederverwendbare Verpackungen,
   - Energieeinsparungen,
   - Problemmüll,
   - Wasserverbrauch,
   - Verwendung von Hygiene- und Putzmitteln.
2. Interpretieren Sie das nebenstehende Schaubild. Was ist die Folge, wenn Entwicklungsländer weiter industrialisiert werden, und die Industrieländer auf ein rein quantitatives Wachstum setzen? Ziehen Sie auch Folgen für die deutsche Wirtschaft.
3. Die Kehrseite des Wohlstands der Deutschen ist der Abfall an Müll. 1987 stammten 31 Mio. Tonnen aus der häuslichen Mülltonne, das sind für jeden Bewohner der alten Bundesländer 10 Zentner. Machen Sie Vorschläge, wie das dringende Müllproblem zu bewältigen ist.

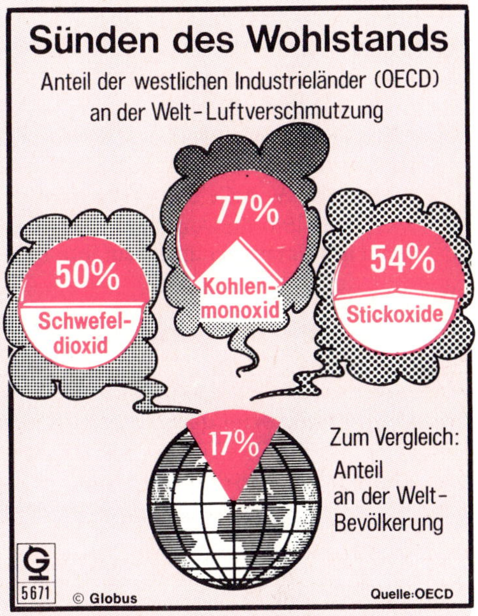


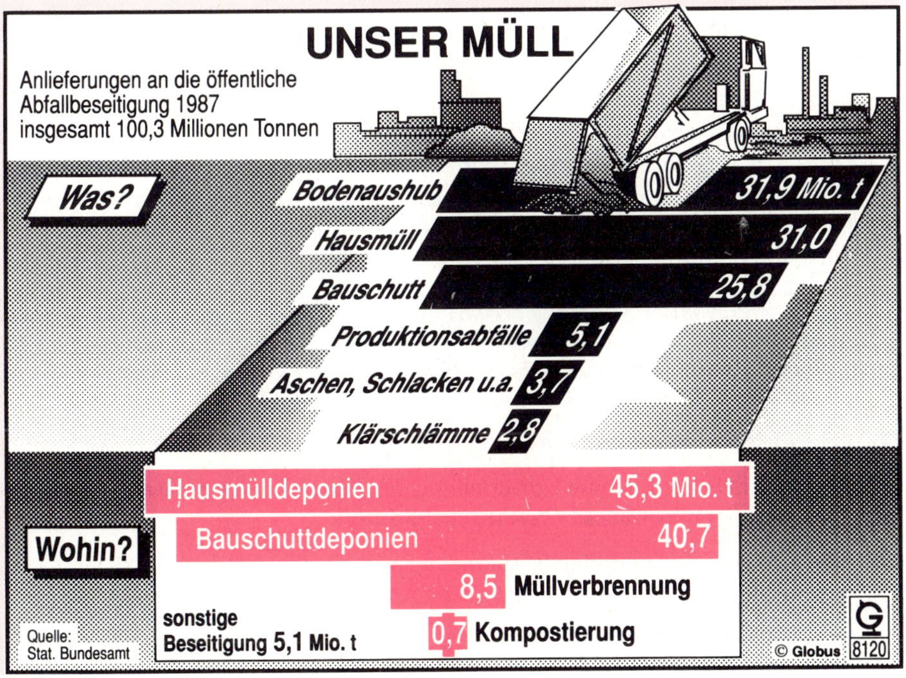

4. Welche Konsequenzen hat der Umweltschutz für den Arbeitsmarkt?
5. Denken Sie nach: Welche Konsequenzen ergeben sich für die Automobilindustrie, wenn sie zum Bau des Langzeitautos übergeht?
6. Erwägen Sie die Vorteile und die Nachteile eines Ausstiegs aus der Kernenergie?
7. Stellen Sie Ihre persönlichen Vorteile und Nachteile aus der Inanspruchnahme der öffentlichen Verkehrsbetriebe gegenüber.
8. Von einem Bonner Politiker stammt der Satz: „Ohne staatliche Maßnahmen gibt es keinen wirksamen Umweltschutz." Überprüfen Sie diese Aussage auf ihre Richtigkeit.
9. Was sind die Vorteile und die Nachteile der Verbotsregelungen.
10. Überprüfen Sie die Aussage: „Die Abgabenlösung ist die marktwirtschaftliche Entsprechung des Umweltschutzes" auf ihre Richtigkeit.

## 11.4.3 Einkommens- und Vermögensverteilung

***Maßnahmen, mit deren Hilfe der Staat versucht, Änderungen bei der Einkommens- und Vermögensverteilung herbeizuführen, sind Gegenstand der Verteilungspolitik.***

Das **Ziel der Verteilungspolitik** muß es sein,

- eine ungerechte Konzentration
- von Einkommen und Vermögen
- auf wenige Haushalte

zu verhindern.

### Mittel der Einkommensverteilungspolitik:

- Das **wichtigste Mittel** ist die **Gestaltung des Einkommensteuerrechts,** besonders des Steuertarifs. Der progressive Steuertarif belegt die Bezieher höherer Einkommen mit einem höheren Steuersatz als die Bezieher niedriger Einkommen.
- **Indirekte Steuern** (Mehrwertsteuer, Verbrauchsteuern) belasten die Bezieher kleiner Einkommen relativ stärker.
- Mit **Subventionen** (z. B. Kindergeld, Wohngeld, Investitionshilfen) werden Einkommens- bzw. Leistungsschwachen geholfen.
- Der Staat nimmt auch einen **Einfluß auf die Lohnbildung.** Er ist Tarifpartner bei den Lohnabschlüssen für den öffentlichen Dienst. Politiker werden zuweilen als Schlichter bei Tarifauseinandersetzungen gewählt.

***Man spricht von einer Einkommensumverteilung, wenn die Bezieher höherer Einkommen stärker belastet werden, die Steuereinnahmen für Transferzahlungen (z. B. Wohngeld) an einkommensschwache Personen verwendet werden.***

### Mittel der Vermögensverteilungspolitik:

Hier geht es entweder um eine Umverteilung des **Vermögensbestandes** oder die **Verteilung** der **Vermögenszuwächse (Vermögensbildung).**

Die Umverteilung des **Vermögensbestandes** kann bewirkt werden durch

- die **Erbschaftsteuer,**
- die **Lastenausgleichsabgabe,** bei der Vermögensbesitzer zugunsten von Vertriebenen und von Flüchtlingen zu Abgaben verpflichtet waren.

Zum Zwecke der **Vermögensbildung** wurden eine Reihe von Instrumenten entwickelt.

**Beispiele:** – *4. Vermögensbildungsgesetz („936-DM-Gesetz"),*
– *Begünstigungen beim Erwerb von Wohneigentum (Abschreibung, Kreditzinsenabzug),*
– *Begünstigungen beim Erwerb von Arbeitnehmerbeteiligungen.*

# 11.5 Schwankungen gesamtwirtschaftlicher Entwicklungen und Einwirkungsmöglichkeiten

## 11.5.1 Konjunkturelle und saisonale Schwankungen

### 11.5.1.1 Begriffe

Nach aller Erfahrung vollzieht sich der Wirtschaftsablauf nicht gleichmäßig, sondern unterliegt gewissen Schwankungen. Diese Störungen werden manchmal durch besondere Ereignisse hervorgerufen, wie z. B. technische Erfindungen, Kriege, politische Ereignisse, Naturkatastrophen. Beobachtungen haben ergeben, daß der Wirtschaftsablauf **regelmäßig wiederkehrenden Schwankungen** unterliegt: Nach einer Zeit wirtschaftlicher Blüte folgt ein Niedergang und diesem wiederum ein wirtschaftlicher Aufschwung. Diesen in einem Zeitabstand von drei bis sechs Jahren erfolgenden wellenförmigen Verlauf der Wirtschaftstätigkeit bezeichnet man als **Konjunkturzyklus.**

***„Konjunktur ist eine Erscheinung mehrjähriger und mit gewisser Regelmäßigkeit auftretender wirtschaftlicher Expansion (Ausdehnung) und Kontraktion (Schrumpfung)." (Spiethoff)***

**Ein Konjunkturzyklus läßt sich in verschiedene Phasen (Konjunkturphasen) unterteilen.** Am häufigsten wird das Vierphasenmodell verwendet:

1. Phase: Aufschwung (Expansion)
2. Phase: Hochkonjunktur (Boom)
3. Phase: Abschwung (Rezession, Kontraktion)
4. Phase: Tiefstand (Depression)

Man unterscheidet zwei Wendepunkte eines Konjunkturzyklus:

- unterer Wendepunkt: Übergang vom Tiefstand zum Aufschwung
- oberer Wendepunkt: Übergang von der Hochkonjunktur zum Abschwung

Als **Maßstab** zur **Messung** von Konjunkturschwankungen wird im allgemeinen das **reale Bruttosozialprodukt** verwendet. Das Bruttosozialprodukt wird auch als Schlüsselindikator bezeichnet, weil es besonders treffend die Veränderungen einer abgelaufenen Wirtschaftsperiode kennzeichnet und alle Arten von Gütern und Dienstleistungen umfaßt.

Von den Konjunkturschwankungen zu unterscheiden sind **saisonale Schwankungen** und der **Trend.**

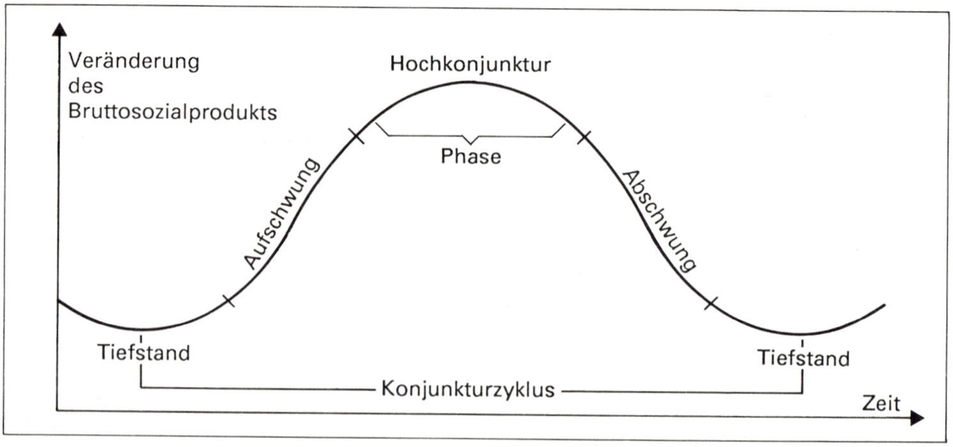


**Saisonschwankungen** treten zu besonderen Jahreszeiten auf und dauern meist nur einige Wochen oder Monate. Sie können in den meisten Fällen von den Wirtschaftsbeteiligten gut vorhergesehen werden. Ihre Ursachen sind ganz unterschiedlich, sie liegen z. B.

- im Klima und Wetter (Bauindustrie, Land- und Forstwirtschaft, Brennstoffhandel, Getränkeindustrie, Sportartikel),
- im Verbraucherverhalten (hohe Einzelhandelsumsätze zur Weihnachtszeit),
- in der Lage der Urlaubszeiten und Feiertage (ausgebuchte Ferienhotels),
- in Modeerscheinungen (Bekleidungsindustrie).

Die langfristige Veränderung des realen Bruttosozialprodukts bezeichnet man als **Trend.** Er zeigt die Entwicklungstendenz einer Volkswirtschaft an. Einzelne Konjunkturabschwünge und -aufschwünge sind als Abweichungen vom langfristigen Mittelwert anzusehen.

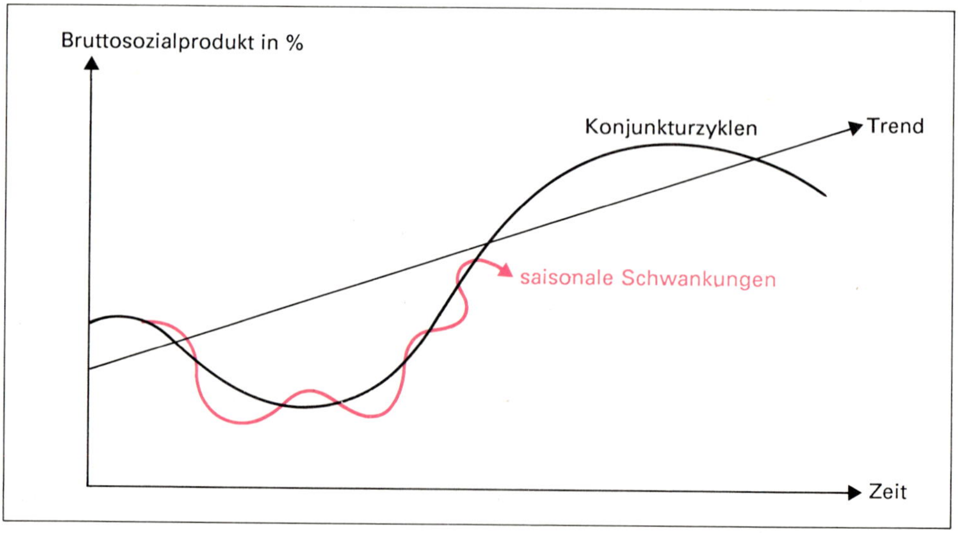



3992424

### 11.5.1.2 Konjunkturphasen

Kein bisher beobachtetes Konjunkturgeschehen wiederholt sich in derselben Weise. Jeder Konjunkturablauf zeigt individuelle Züge und ist historisch einmalig. Der Grund liegt darin, daß sich die technischen und wirtschaftlichen Bedingungen (z. B. neue technische Erfindungen, Produktneuentwicklungen, Veränderungen der Nachfrage und Produktionsmethoden) im Laufe der Zeit ständig ändern.

***Es gibt bei den Konjunkturphasen typische Merkmale, die wiederkehren und die sich abgrenzen und beschreiben lassen.***

#### 1. Aufschwungphase

In dieser Phase steigt die gesamtwirtschaftliche Nachfrage; dadurch nimmt der Auftragsbestand und die Kapazitätsauslastung zu. Zusätzliche Arbeitskräfte werden eingestellt und beziehen Einkommen. Die Nachfrage nach Konsumgütern steigt. Die Unternehmer nehmen Kredite bei zunächst noch niedrigen Zinsen auf. Die Aktienkurse steigen, da allgemein mit steigenden Unternehmergewinnen gerechnet wird.

#### 2. Phase der Hochkonjunktur

In der Hochkonjunktur herrscht Vollbeschäftigung, und in den Unternehmen sind die Produktionskapazitäten ausgelastet – Lohn- und Preiserhöhungen sind die Folge. Die Investitionsbereitschaft der Unternehmer nimmt ab, weil die Zinsen steigen und die Gewinne infolge der Kostensteigerungen abnehmen. In der Investitionsgüterindustrie sinkt in Folge die Beschäftigung. Der obere Wendepunkt ist überschritten – eine neue Phase der wirtschaftlichen Entwicklung beginnt.

#### 3. Abschwungphase

Die Verringerung der gesamtwirtschaftlichen Nachfrage führt zur Drosselung der Produktion und zu einem Anstieg der Kurzarbeit und der Arbeitslosenzahl. Mit der Abnahme der Kreditnachfrage ist ein Sinken der Zinssätze verbunden. Die Gewinne schrumpfen – die Aktienkurse sinken. Die Zuwachsraten der Löhne nehmen ab, ebenso die Preissteigerungsraten.

#### 4. Phase des Tiefstands (Depression)

Die geringe gesamtwirtschaftliche Nachfrage führt zu unausgenützten Kapazitäten, Betriebsstillegungen und Konkursen. Eine enorme Zunahme der Arbeitslosigkeit ist die Folge. Weil die Banken einen hohen Kreditspielraum besitzen, sinken die Zinsen. Die rückläufige Nachfrage wirkt bremsend auf die Preissteigerungsraten. Die Einschätzung der wirtschaftlichen Lage ist äußerst pessimistisch.

### 11.5.1.3 Konjunkturindikatoren

Die Veränderung des realen Bruttosozialprodukts diente uns bisher zur Messung des Konjunkturverlaufs. Es gibt eine ganze Reihe **anderer** Indikatoren (z. B. Arbeitslosenquote, Auftragseingang, Veränderung der Industrieproduktion, Kapazitätsauslastung), mit deren Hilfe die allgemeine wirtschaftliche Lage festgestellt (diagnostiziert) werden kann.

***Die Konjunkturdiagnose ist die statistische Erfassung der gesamtwirtschaftlichen Lage und die Analyse einzelner gesamtwirtschaftlicher Größen (z. B. Produktion, Beschäftigung, Nachfrage, Preise).***

Nach der Feststellung der gesamtwirtschaftlichen Lage können an Hand der Indikatoren Voraussagen (Prognosen) über die zukünftige konjunkturelle Entwicklung angestellt werden.

***Indikatoren sind Zeitreihen einzelner gesamtwirtschaftlicher Größen, die den Wirtschaftsverlauf messen und Voraussagen über seine zukünftige Entwicklung gestatten.***

**Derartige Konjunkturindikatoren** sind z. B.

- der Auftragseingang der Industrie,
- die Zukunftserwartungen der Unternehmen,
- die Produktion in verschiedenen Wirtschaftszweigen,
- der Preisindex für die Lebenshaltung, für die industriellen und landwirtschaftlichen Produkte,
- die Lagerbestände,
- die Kapazitätsauslastung,
- die industrielle Güterproduktion,
- die Zahl der Arbeitslosen,
- die Zinsentwicklung,
- das Volkseinkommen,
- das Bruttosozialprodukt,
- die Güterexporte und -importe,
- das Geldvolumen.

**Konjunkturforschung** (Konjunkturdiagnose und -prognose) betreiben in der Bundesrepublik Deutschland z. B. die Deutsche Bundesbank, wirtschaftswissenschaftliche Forschungsinstitute, bestimmte Bundesministerien. Ihre Ergebnisse sind die Grundlage für konjunkturpolitische Entscheidungen der **Bundesregierung** und **Bundesbank.**

Wie schwer es ist, den Verlauf der Konjunktur für das nächste Jahr vorauszusagen, zeigt das **Frühjahrsgutachten** der fünf führenden Wirtschaftsforschungsinstitute aus dem Jahre 1987. Die Wirtschaftsforscher konnten sich auf keine gemeinsame Prognose einigen:

| | Wachstum | reale Zunahme der Investitionen | Abnahme des Exports | Preisanstieg |
|---|---|---|---|---|
| drei Institute | 2,0 % | 3,5 % | 0,5 % | 0,5 % |
| zwei Institute | 1,0 % | 2,0 % | 2,5 % | 0,5 % |

***Ziel konjunkturpolitischer Maßnahmen ist die Beeinflussung von konjunkturellen Schwankungen, um Störungen des gesamtwirtschaftlichen Gleichgewichts (gesamtwirtschaftliche Nachfrage = gesamtwirtschaftliches Angebot) zu vermeiden.***

Der Verwirklichung dieser Ziele dient

- die Geldpolitik (vgl. 11.5.3),
- die Fiskalpolitik (vgl. 11.5.2),
- die Außenwirtschaftspolitik.

## Zusammenfassung

**Konjunkturphasen und -indikatoren**

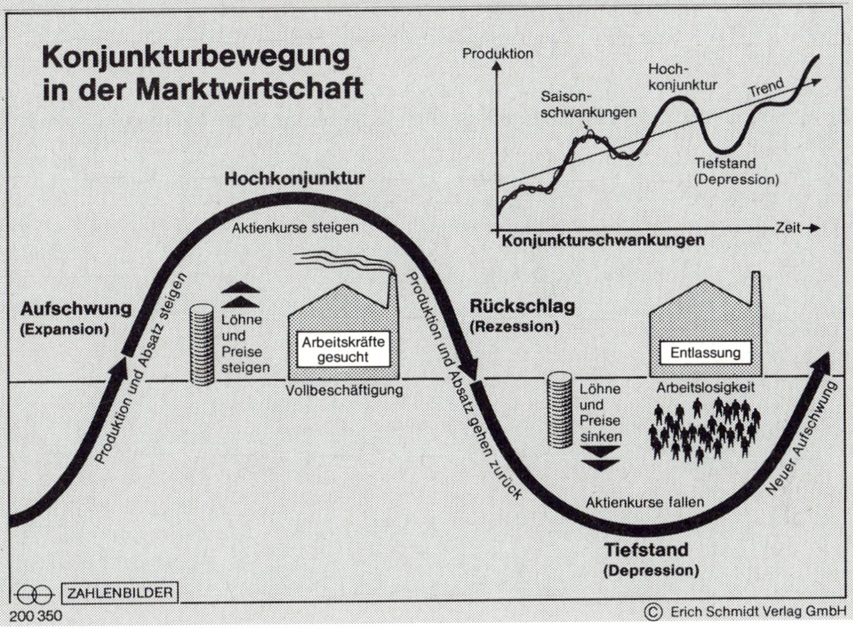


## Aufgaben

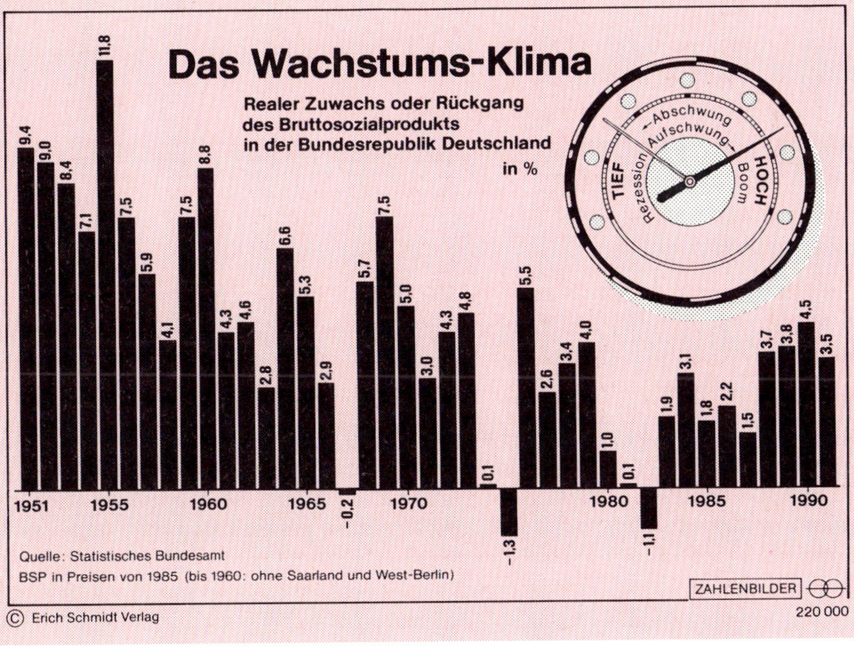

1. Interpretieren Sie den Konjunkturverlauf in der Bundesrepublik Deutschland nach der vorstehenden Abbildung:
   a) Nach welchem Gesichtspunkt wurden die acht abgeschlossenen Konjunkturzyklen ermittelt?
   b) Vergleichen Sie die jeweiligen Konjunkturaufschwünge.
   c) Wie entwickelte sich das reale Wachstum des Bruttosozialprodukts?
   d) Vergleichen Sie den durchschnittlichen Zuwachs des Bruttosozialprodukts in den letzten 35 Jahren und suchen Sie Gründe für die Unterschiede.
   e) Ermitteln Sie den Trend in der Entwicklung des realen Bruttosozialprodukts von 1951 bis 1985.
2. Erstellen Sie eine Matrix für die Entwicklung der folgenden Konjunkturindikatoren in den einzelnen Konjunkturphasen nach folgendem Muster:

| Bezeichnung der Phasen / Konjunkturindikatoren | Aufschwung | Hochkonjunktur (Boom) | Abschwung (Rezession) | Tiefstand (Depression) |
|---|---|---|---|---|
| | | | | |

- Absatz
- Produktion
- Beschäftigung
- Einkommen
- Zinsniveau
- Preisentwicklung
- Aktienkurse

## 11.5.2 Fiskalpolitik

### 11.5.2.1 Begriffe

Der Staat hat in einer Gesellschaft wie der Bundesrepublik Deutschland vielfältige Aufgaben zu übernehmen. Er hat z. B.

- die öffentliche Sicherheit zu gewährleisten,
- Einrichtungen im Bildungs- und Kulturbereich zu schaffen,
- Verkehrswege zu erschließen,
- die Gerichtsbarkeit zu gewährleisten,
- Vermögen umzuverteilen.

Zur Erfüllung seiner Aufgaben benötigt der Staat Einnahmen. Einnahmen und Ausgaben werden im öffentlichen Haushalt gegenübergestellt. Die Haushalte von Bund, Länder und Gemeinden nehmen über ihre Einnahmen und Ausgaben am gesamtwirtschaftlichen Geschehen teil.

***Die Finanzwissenschaft untersucht die Wirtschaft der öffentlichen Hand. Die Finanzpolitik zeigt geeignete Wege und Mittel des Staates, um mit Hilfe seiner Einnahmen und Ausgaben bestimmte Ziele zu erreichen. Der Teil der Finanzpolitik, der sich die Beeinflussung der Konjunktur zum Ziele setzt, wird als Fiskalpolitik[1] bezeichnet.***

1 Fiskus (lat. = Geldkorb): Bezeichnung des Staates als Wirtschaftseinheit, die Einnahmen und Ausgaben tätigt und Staatsvermögen verwaltet. Fiskalpolitik wird auch als Sammelbegriff für fiskalische und monetäre Maßnahmen des Staates im Dienste der Konjunkturpolitik bezeichnet.

## Der Staatshaushalt

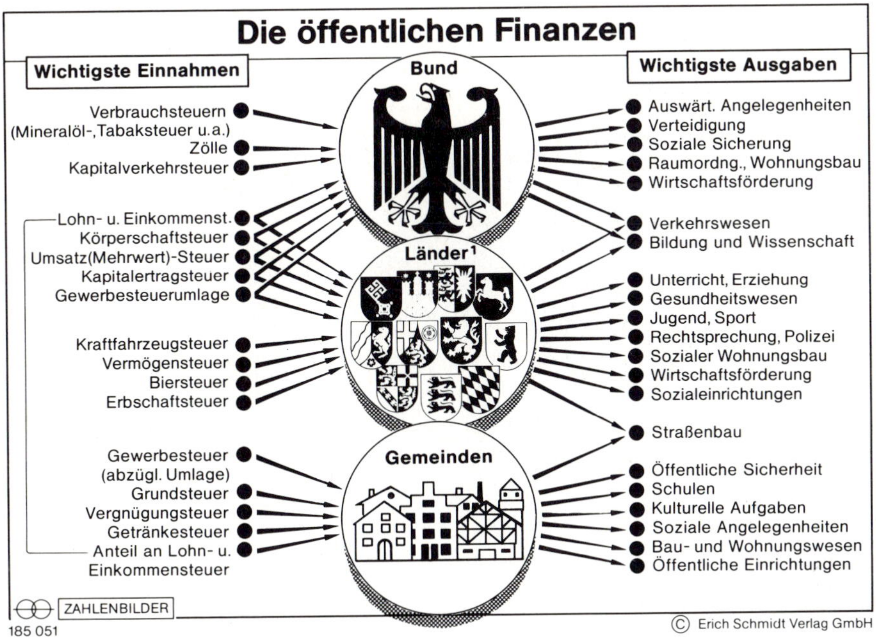


Die Einnahmen und Ausgaben des Staates werden in **ordentliche** und **außerordentliche** unterteilt und im Haushalt gegenübergestellt.

**Einnahmen**

**ordentliche**
(regelmäßig auftretende)

Abgaben
- Steuern
- Gebühren
- Beiträge (vor allem bei Gemeinden: Straßenanliegerbeiträge)

Erwerbseinkünfte (Staat als Unternehmer)

**außerordentliche**
(unregelmäßig auftretende)

insbesondere Kreditaufnahmen bei Privaten und Unternehmen

**Ausgaben**

**ordentliche**
z. B. für Personal- und Sachausgaben

**außerordentliche**
z. B. für Katastrophenschäden

1 Ab 03.10.1990 sind 5 Bundesländer hinzugekommen.

Der Haushaltsplan des Bundes für das Jahr 1992 sieht folgendermaßen aus:

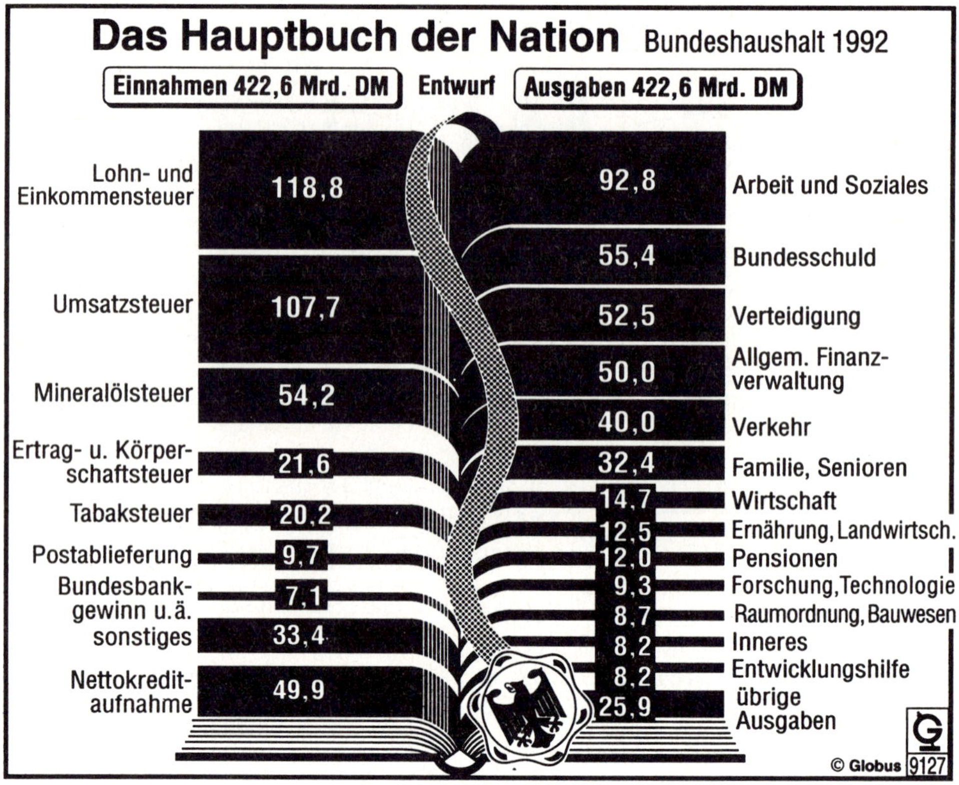


## 11.5.2.2 Das klassische Haushaltsprinzip

Nach dieser Auffassung ist der Haushalt des Staates stets **ausgeglichen,** d. h. die Steuereinnahmen entsprechen in ihrer Höhe den Staatsausgaben. Das bedeutet, daß

- in der **Hochkonjunktur** die vermehrten Steuereinnahmen zu höheren Staatsausgaben führen,
- in der **Depression** die gesunkenen Steuereinnahmen sinkende Staatsausgaben nach sich ziehen.

Man bezeichnet eine solche Finanzpolitik als **prozyklisch,** weil sie in einem Fall die Hochkonjunktur weiter anheizt und im anderen Fall die depressive Phase verstärkt.

Das klassische Haushaltsprinzip führte die deutsche Wirtschaft Anfang der dreißiger Jahre noch tiefer in die Krise. Als während der Weltwirtschaftskrise 1929 bis 1932 die Arbeitslosenquote auf 25 % stieg und das Volkseinkommen und damit die Steuereinnahmen drastisch zurückgingen, senkte die Reichsregierung die Staatsausgaben.

## 11.5.2.3 Die Theorie von Keynes

Der britische Nationalökonom John Maynard Keynes (1883–1946) vollzog die Abkehr vom ausgeglichenen Staatshaushalt. Abweichend vom klassischen Haushaltsprinzip sollten nach seiner Theorie die Staatseinnahmen je nach Konjunkturzyklus mal größer oder kleiner als die Staatsausgaben sein. Seine Gedanken, die 1967 in das Stabilitätsgesetz aufgenommen wurden, beruhen auf der folgenden Theorie:

***Das Niveau der Beschäftigung und des Volkseinkommens wird von der Höhe der gesamtwirtschaftlichen Nachfrage bestimmt.***

Nachfrage der Unternehmer nach Investitionsgütern nimmt wegen verringerter Gewinnerwartung ab.

↓

Höhe der Investitionsgüterproduktion sinkt.

↓

Rückgang der Beschäftigung in der Investitionsgüterindustrie.

↓

Volkseinkommen verringert sich.

↓

Ausgaben der Haushalte für privaten Konsum gehen zurück.

↓

Nachfrage nach Konsumgütern schrumpft.

↓

Höhe der Konsumgüterproduktion sinkt.

↓

Rückgang der Beschäftigung in der Konsumgüterindustrie.

↓

Weiteres Absinken des Volkseinkommens.

↓

Gesamtwirtschaftliche Nachfrage und gesamtwirtschaftliches Angebot gleichen sich auf einem Produktionsniveau aus, bei dem **Unterbeschäftigung** herrscht.

Ob die Exportnachfrage in diesem Prozeß zu- oder abnimmt, hängt u. a. von der wirtschaftlichen Situation des Auslands selbst ab.

**Nach Keynes** reichen die **Selbstheilungskräfte** der Volkswirtschaft nicht aus, um **automatisch** aus dem Zustand der **Dauerarbeitslosigkeit** herauszufinden. Die gesamtwirtschaftliche Nachfrage kann nach der Keynesschen Theorie über die **ökonomische Tätigkeit des Staates** gesteigert werden, so daß sie dem Ziel der Vollbeschäftigung entspricht. Ein umgekehrter, sich verstärkender Prozeß würde beginnen.

***Ziel der Fiskalpolitik muß es sein, über eine Steigerung der gesamtwirtschaftlichen Nachfrage das gesamtwirtschaftliche Gleichgewicht zu erreichen.***

## 11.5.2.4 Antizyklische Fiskalpolitik

Die gesamtwirtschaftliche Nachfrage kann gesteuert werden, indem

- die Gebietskörperschaften ihre eigenen Ausgaben verändern,
- die Nachfrage der privaten Unternehmen und
- die Nachfrage der privaten Haushalte über Steuer- und Transferzahlungen beeinflußt wird.

***Man spricht von antizyklischer Fiskalpolitik, wenn der Staat seine Einnahmen und Ausgaben zur Dämpfung konjunktureller Schwankungen einsetzt.***

Konjunkturschwankungen äußern sich auf zweierlei Weise:

- Die gesamtwirtschaftliche Nachfrage ist **größer** als das gesamtwirtschaftliche Angebot: Der Staat betreibt eine Politik der Nachfragedämpfung, indem er die öffentlichen und privaten Ausgaben drosselt. Haushaltsüberschüsse sind stillzulegen (Tilgung von Schulden oder Bildung einer Konjunkturausgleichsrücklage).
- Die gesamtwirtschaftliche Nachfrage ist **kleiner** als das gesamtwirtschaftliche Angebot:

  Die fehlende Nachfrage hat der Staat durch die Erhöhung seiner Ausgaben über die Einnahmen auszugleichen. Dabei entstehende Haushaltsdefizite werden durch Kredite ausgeglichen.

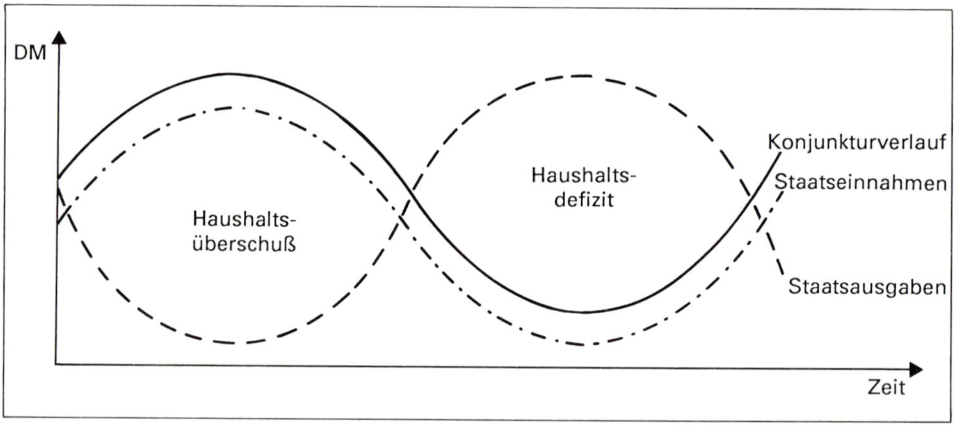


## 11.5.2.5 Konjunktursteuerung auf der Grundlage des Stabilitätsgesetzes

### Instrumente

***§ 1 des Stabilitätsgesetzes verpflichtet Bund und Länder, ihre Haushalts- und Finanzwirtschaft auf gesamtwirtschaftliche Ziele auszurichten (vgl. 11.1).***

Zu diesem Zweck bestimmen die §§ 5–8 und 14 eine antizyklische Finanzpolitik und die §§ 9–11 eine fünfjährige Finanz- und Investitionsplanung.

Zur Beeinflussung der gesamtwirtschaftlichen Nachfrage stellt das Stabilitätsgesetz die folgenden Instrumente zur Verfügung:

- **Ausgabenpolitik**
  - Veränderung der Staatsnachfrage (§ 6 Abs. 1,2 StabG)
- **Einnahmenpolitik**
  - Veränderung der Einkommen- und Körperschaftsteuer sowie der Abschreibungssätze (§ 26 StabG)
  - Begrenzung und Erweiterung der Kreditaufnahmen (§§ 6 Abs. 3 und 19 StabG)

### Maßnahmen in der Hochkonjunktur

Nach dem StabG können folgende nachfragedämpfende Maßnahmen von der Bundesregierung ergriffen werden:

- **Senkung der Staatsausgaben**

Die Bundesregierung kann den Bundesfinanzminister ermächtigen,

- „die Verfügung über bestimmte Ausgabemittel,
- den Beginn von Baumaßnahmen und
- das Eingehen von Verpflichtungen zu Lasten künftiger Rechnungsjahre von dessen Einwilligung abhängig zu machen" (§ 6 Abs. 1 StabG).

Dadurch freiwerdende Mittel sind zur **Schuldentilgung** oder zur Bildung einer **Konjunkturausgleichsrücklage** zu verwenden. Dadurch wird wirksame Nachfrage dem Wirtschaftskreis direkt entzogen. Diese Vorschrift gilt entsprechend für die Länder.

- **Konjunkturausgleichsrücklage**

  Nach § 5 Abs. 2 StabG sollen Haushaltsüberschüsse zur Schuldentilgung sowie zur Überführung in die Konjunkturausgleichsrücklage verwendet werden. Mit der Stilllegung von Steuermehreinnahmen wird die gesamtwirtschaftliche Nachfrage gedrosselt. Die Konjunkturausgleichsrücklage ist bei der Deutschen Bundesbank zinslos anzusammeln und darf nur zur Deckung zusätzlicher Ausgaben verwendet werden (§ 7 StabG).

- **Erhöhung der Einkommen- und Körperschaftsteuer**

  Die Dämpfung der Nachfrage der **privaten Haushalte** und **Unternehmen** erfolgt durch die Heraufsetzung der Einkommensteuer und Körperschaftsteuer um maximal 10 % für die Dauer eines Jahres (§ 26 Abs. 3 StabG). Eine besondere Form stellt der rückzahlbare Konjunkturzuschlag zur Einkommen- und Körperschaftsteuer dar.

- **Aufhebung von Sonderabschreibungen und erhöhten Absetzungen (§ 26 Abs. 2 StabG)**

  Diese Maßnahme führt zur Abschöpfung von Nachfrage, weil das zu versteuernde Einkommen bzw. der zu versteuernde Gewinn steigt und somit einer höheren Besteuerung unterliegt.

  **Beispiel:** – *Unternehmen:* *zeitweise Aussetzung der degressiven Abschreibung,*
  – *private Haushalte:* *befristete Aufhebung von erhöhten Absetzungen für Ein- und Zweifamilienhäuser und Eigentumswohnungen.*

- **Begrenzung der Kreditaufnahme (§ 19 StabG)**

  Zur Abwehr einer Störung des gesamtwirtschaftlichen Gleichgewichts kann die Bundesregierung eine Begrenzung der Kreditaufnahme von Bund, Ländern und Gemeinden anordnen.

**Maßnahmen in der Rezession bzw. Depression**

- **Erhöhung der Staatsausgaben**

  Nach § 6 Abs. 2 StabG kann die Bundesregierung bestimmen, daß bei einer Abschwächung der allgemeinen Wirtschaftstätigkeit **zusätzliche** Ausgaben (zusätzlich zu den in den ordentlichen Haushalten beschlossenen Ausgaben) getätigt werden. Die erforderlichen Maßnahmen können in Form von Konjunkturprogrammen getroffen werden, wie sie zur Überwindung der Rezessionen 1967/68 und 1974/75 abgewickelt wurden (z. B. **Vergabe** von staatlichen Aufträgen an private Wirtschaftsunternehmen, wie Bauindustrie, Elektroindustrie, **Subventionen** für den sozialen Wohnungsbau, **Transferzahlungen,** wie Kindergeld, Renten).

- **Die Finanzierung zusätzlicher öffentlicher Ausgaben**

  erfolgt

  – aus der Konjunkturausgleichsrücklage (§ 7 StabG),
  – durch Kreditaufnahmen bei der Bundesbank (aber nur kurzfristig und in begrenztem Umfang).

  Die Politik des Verschuldens des Staates zum Zwecke der Konjunkturförderung bezeichnet man als **Deficit-spending.** Mit den nicht durch Einnahmen gedeckten Staatsausgaben erwartet der Staat, daß über die Ankurbelung der Wirtschaft die zukünftigen Einnahmen wieder steigen.

  Durch Deficit-spending wird dem Wirtschaftskreislauf **zusätzliche nachfragewirksame** Geldmenge zugeführt. In einer unterbeschäftigten Wirtschaft entsteht keine Inflationsgefahr.

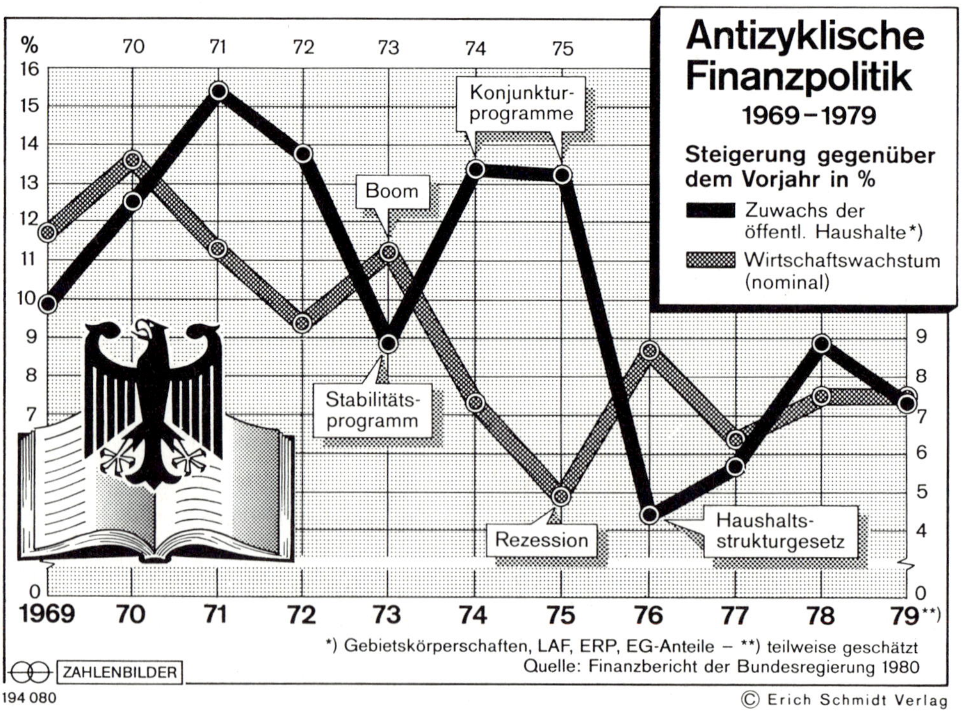




3992434

- Nach § 11 StabG sind bei abschwächender Wirtschaftstätigkeit **Investitionsvorhaben beschleunigt** zu planen und kurzfristig durchzuführen.
- **Senkung der Einkommen- und Körperschaftsteuer**

  Nach § 26 Abs. 3 StabG wird die Bundesregierung ermächtigt, durch Rechtsverordnung für ein Jahr die erwähnten Steuern um maximal 10 % zu senken. Ziel dieser Maßnahme ist die Erhöhung des verfügbaren Einkommens der Privaten bzw. die Erhöhung des Gewinns der Unternehmen. Der Staat erwartet eine Belebung der Konsum- und Investitionsnachfrage.

***Mit Hilfe der antizyklischen Haushaltspolitik wird versucht, das gesamtwirtschaftliche Gleichgewicht wiederherzustellen. Allerdings kann eine solche Politik, über mehrere Konjunkturzyklen hinaus betrieben, zu neuen Ungleichgewichten führen.***

- **Investitionsbonus (§ 27 StabG)**

  Zur Belebung der Investitionstätigkeit kann einem Unternehmen bei Anschaffung oder Herstellung eines Wirtschaftsgutes (z. B. einer Maschine im Wert von 100 000,00 DM) ein Abzug von der Körperschaftsteuer bis zur Höhe von 7,5 % der Anschaffungs- oder Herstellkosten gewährt werden (7 500,00 DM können von der Steuerschuld abgezogen werden). Der Investitionsbonus ist als eine Art von Geldgeschenk zu verstehen, mit dem Investitionen belohnt werden sollen.
- **Wiedereinführung von Abschreibungsvergünstigungen**
- **Finanzierung der Einnahmeausfälle**

  Steuersenkungen, Abschreibungsvergünstigungen und Investitionsboni führen zu Einnahmeausfällen, die durch
  - Auflösung der Konjunkturausgleichsrücklage und
  - durch Kreditaufnahme bei privaten Haushalten und Unternehmen (durch Ausgabe von Geldmarktpapieren gemäß § 6 Abs. 3 StabG) und bei der Deutschen Bundesbank finanziert werden (vgl. S. 438).

## Zusammenfassung

| Möglichkeiten staatlicher Konjunkturpolitik | | |
|---|---|---|
| | Einsatz der Instrumente in der Hochkonjunktur | Einsatz der Instrumente in der Rezession bzw. Depression |
| **Maßnahmen** | Drosselung der Staatsausgaben<br>Steuererhöhungen<br>Abbau von Steuervergünstigungen<br>Herabsetzung der Abschreibungssätze<br>Abbau von Transferzahlungen<br>Schuldentilgung<br>Konjunkturrücklage<br>Beschränkung der Kreditaufnahmemöglichkeit | zusätzliche Staatsausgaben<br>Steuersenkungen<br>Investitionsprämien<br>Erhöhung der Abschreibungssätze<br>Erhöhung von Transferzahlungen<br>Kreditaufnahmen finanzieren Haushaltsdefizite |
| **Auswirkungen** | Dämpfung der gesamtwirtschaftlichen Nachfrage<br>↓<br>Preisniveaustabilität | Ausweitung der gesamtwirtschaftlichen Nachfrage<br>↓<br>Vollbeschäftigung |

## Aufgaben

1. Erläutern Sie die klassische Haushaltspolitik.
   Warum verstärkte eine solche Politik Anfang der dreißiger Jahre die Depression?
2. Erklären Sie das Prinzip der antizyklischen Fiskalpolitik.
3. Welche Eingriffsinstrumente des Stabilitätsgesetzes sind geeignet, bei folgenden Wirtschaftseinheiten die Nachfrage **einzudämmen** bzw. **zu beleben:**
   a) Staat,
   b) private Unternehmen,
   c) private Haushalte.
4. Angenommen, das Oberziel der Wirtschaftspolitik bestünde in einer Dämpfung der gesamtwirtschaftlichen Nachfrage. Um welche Maßnahmen der Geldpolitik müßten die Instrumente der Fiskalpolitik ergänzt werden? Beantworten Sie die Frage nach dem Bearbeiten des Punktes 11.5.3.
5. Erläutern Sie die direkte und indirekte staatliche Beeinflussung der gesamtwirtschaftlichen Nachfrage an Hand der folgenden Fakten:
   Die Staatsquote (Anteil der öffentlichen Ausgaben insgesamt am Bruttosozialprodukt zu Marktpreisen) hat sich bei 50 % eingependelt. Dabei ist zu beachten, daß ein großer Teil der Staatsausgaben nicht für die eigentlichen Staatszwecke (z. B. Personalausgaben für Beamte und Angestellte, Rüstungsausgaben), sondern für die Umverteilung des (Transfer-)Einkommens getätigt wird. Die Umverteilungsquote beträgt ca. 30 %.
   $$(\text{Umverteilungsquote} = \frac{\text{öffentliche Einkommensübertragungen}}{\text{Ausgaben der öffentlichen Haushalte insgesamt)}} \cdot 100$$
6. Welche Ausgabenposten des Bundeshaushalts können nicht zur antizyklischen Haushaltspolitik herangezogen werden? Begründen Sie Ihre Meinung.
7. Welchen Zweck erfüllt die Konjunkturausgleichsrücklage?
8. Unter welchen Umständen kann eine antizyklische Fiskalpolitik zu einer immer größeren Staatsverschuldung führen?

## 11.5.3 Geldpolitik der Deutschen Bundesbank

### 11.5.3.1 Stellung und Aufgaben der Deutschen Bundesbank

Stellung und Aufgaben der Deutschen Bundesbank werden durch das Gesetz über die Deutsche Bundesbank von 1957 (BBankG) geregelt.

***„Die Deutsche Bundesbank ist verpflichtet, unter Wahrung ihrer Aufgabe die allgemeine Wirtschaftspolitik der Bundesregierung zu unterstützen. Sie ist bei der Ausübung der Befugnisse, die ihr nach diesem Gesetz zustehen, von Weisungen der Bundesregierung unabhängig." (§ 12 BBankG)***

Die Bundesbank ist also eine von der Bundesregierung unabhängige Institution mit eigenem Zuständigkeitsbereich:

***Die Bundesbank ist die Hüterin der Währung, d. h. sie ist für die Währungspolitik verantwortlich. (§ 3 BBankG)***

Im Rahmen dieser Zuständigkeit muß sie

- die allgemeine Wirtschaftspolitik der Bundesregierung, die sich am Stabilitätsgesetz ausrichtet, unterstützen,

- die Bundesregierung in währungspolitischen Angelegenheiten beraten (§ 13 Abs. 1 BBankG).

***Aufgabe der Währungspolitik ist es, den Geldumlauf und die Kreditversorgung der Wirtschaft zu regeln mit dem Ziel, die Währung zu sichern. (§ 3 BBankG)***

„Sicherung der Währung“ bedeutet in den Augen der Bundesbank „Geldwertstabilität“. **Geldwertstabilität** hat zwei Aspekte:

- Im **Inland** bedeutet der Begriff **Preisniveaustabilität,** also z. B. einen möglichst geringen Anstieg der Verbraucherpreise (Lebenshaltungskosten). Sie ist für den **Binnenwert des Geldes** verantwortlich.
- Gegenüber dem **Ausland** muß sie den **Außenwert des Geldes** unter dem Gesichtspunkt der **Kaufkraftstabilität** regeln, d. h. sie muß versuchen, eine importierte Inflation über den Wechselkurs der Deutschen Mark abzuwehren. Innerhalb des Europäischen Währungssystems (EWS) ist sie dabei auf die Mitwirkung der Bundesregierung angewiesen, da diese für Paritätsänderungen (Änderungen des Wechselkurses durch Auf- und Abwertungen) zuständig ist.

***Die Bundesbank ist die Notenbank, d. h. nur sie darf auf DM lautende Bankkonten ausgeben. (§ 14 BBankG)***

**Banknoten** lauten grundsätzlich auf einen Betrag von 10,00 DM. Noten, die auf kleinere Beträge lauten (z. B. 5,00 DM), dürfen nur im Einvernehmen mit der Bundesregierung ausgegeben werden.

***Die Bundesbank ist die Bank der Banken.***

Im Rahmen dieser Aufgabe

- versorgt sie die Geschäftsbanken mit Zentralbankguthaben (z. B. durch die Gewährung eines Kredits) und Bargeld,
- stellt sie Einrichtungen zur technischen Abwicklung des Zahlungsverkehrs im Inland und mit dem Ausland zur Verfügung,
- ist sie an der Bankenaufsicht beteiligt und arbeitet eng mit dem Bundesaufsichtsamt für das Kreditwesen zusammen.

***Die Bundesbank ist die Bank des Staates.***

Im Rahmen dieser Aufgabe

- gewährt sie dem Bund, seinen Sondervermögen (z. B. Bahn und Post) und den Ländern (kurzfristige) **Kassenkredite** innerhalb eines Kreditplafonds (Höchstkredit, § 20 BBankG),
- wickelt sie die Kreditaufnahmen des Bundes und der Länder (z. B. durch Anleihen) am Markt ab,
- betreibt sie die Kurspflege bei Bundesanleihen (durch An- und Verkauf),
- wickelt sie den bargeldlosen Zahlungsverkehr von Bund und Ländern ab.

***Die Bundesbank ist die Verwalterin der Währungsreserven.***

Die **Währungsreserven,** die durch den Überschuß im Verkehr mit dem Ausland entstehen, werden allein von der Bundesbank verwaltet. Durch diese Reserven wird die **Zahlungsfähigkeit** der Bundesrepublik Deutschland gegenüber dem **Ausland** gewährleistet.

### Zusammenfassung

**Stellung und Aufgaben der Deutschen Bundesbank**

**Stellung**

- Sie ist von der Bundesregierung unabhängig.
- Sie unterstützt die allgemeine Wirtschaftspolitik der Bundesregierung.
- Sie berät die Bundesregierung in währungspolitischen Fragen.

**Aufgaben**

- Hüterin der Währung
- Notenbank
- Bank der Banken
- Bank des Staates
- Verwalterin der Währungsreserven

### Aufgaben

1. Überlegen Sie: Welche Vorteile und Nachteile hat die Unabhängigkeit der Deutschen Bundesbank?
2. Warum bezeichnet man die Deutsche Bundesbank als
   a) Hüterin der Währung,
   b) Notenbank,
   c) Bank der Banken,
   d) Bank des Staates,
   e) Verwalterin der Währungsreserven?
3. Nennen Sie die Ziele der Wirtschaftspolitik der Bundesregierung.

## 11.5.3.2 Das geldpolitische Instrumentarium der Deutschen Bundesbank

### Einführung

*„Die Deutsche Bundesbank regelt mit Hilfe der währungspolitischen Befugnisse, die ihr nach diesem Gesetz zustehen, den Geldumlauf und die Kreditversorgung der Wirtschaft mit dem Ziel, die Währung zu sichern ..." (§ 3 BBankG)*

Als **währungspolitische Befugnisse** stehen der Bundesbank zur Verfügung:

- Diskontpolitik,
- Lombardpolitik,
- Offenmarktpolitik (§ 15 BBankG),
- Mindestreservepolitik (§ 16 BBankG),
- Devisengeschäfte (§ 7 BBankG).

Nach der **angestrebten Wirkungsweise** lassen sich die geldpolitischen Instrumente wie folgt einteilen:

angestrebte Wirkungsweise

Beeinflussung der Liquidität
**(liquiditätspolitische Instrumente)**

- Mindestreservepolitik
- Offenmarktpolitik
- Lombardpolitik
- Devisengeschäfte

Beeinflussung der Zinshöhe
**(zinspolitische Instrumente)**

- Diskontpolitik
- Offenmarktpolitik
- Lombardpolitik

Nach der **beabsichtigten Wirkungsdauer** unterscheidet die Bundesbank

- **Grobsteuerung** und
- **Feinsteuerung.**

**beabsichtigte Wirkungsdauer**

**Grobsteuerung**

**liquiditätspolitisch**
Decken des Geldbedarfs der Banken auf längere Sicht durch:
- Mindestreservepolitik
- Diskontpolitik
- Lombardpolitik
- Offenmarktpolitik

**zinspolitisch**
Setzen längerfristiger Orientierungsdaten für die Zinsbildung durch:
- Diskontpolitik
- Lombardpolitik

**Feinsteuerung**

**liquiditätspolitisch**
Ausgleich vorübergehender Schwankungen der Bankenliquidität durch
- Offenmarktpolitik.

**zinspolitisch**
Geräuschlose Lenkung der Geldmarktsätze durch
- Offenmarktpolitik.

Die geldpolitischen Instrumente werden an den **Finanzmärkten** eingesetzt, um mit Hilfe der Marktgesetze die angestrebte Wirkung herbeizuführen. Deshalb spricht man auch von **marktkonformen Instrumenten.**

***Die Finanzmärkte der Bundesrepublik Deutschland sind der Geldmarkt, der Kredit- und Kapitalmarkt sowie der Devisenmarkt.***

Die Finanzmärkte lassen sich wie folgt beschreiben:

- **Geldmarkt:** An ihm werden **kurzfristige Gelder** unter Banken, aber auch unter Nichtbanken (z. B. großen Industriebetrieben, Versicherungen) gehandelt.
- **Kredit- und Kapitalmarkt:** An ihm werden **langfristige Gelder** unter Vermittlung der Banken gehandelt.
- **Devisenmarkt:** An ihm werden, meist telefonisch, an ausländischen Plätzen zahlbare **Fremdwährungsguthaben** mit den Banken als Vermittler und Händler gehandelt.

### 11.5.3.3 Mindestreservepolitik

***Die Kreditinstitute sind verpflichtet, einen vom Zentralbankrat festgesetzten Prozentsatz der Einlagen sowie der aufgenommenen kurz- und mittelfristigen Kredite zinslos als Guthaben bei der Landeszentralbank zu unterhalten (Mindestreserve). (§ 16 BBankG)***

Man unterscheidet folgende Arten von **Einlagen:**

- **Sichteinlagen:** Darunter versteht man täglich fällige Gelder, über die jederzeit verfügt werden kann. Sie werden auf Kontokorrent-, Gehalts- und Girokonten von den Kreditinstituten geführt.
- **Termineinlagen:** Darunter versteht man Einlagen, die den Kreditinstituten mit einer Laufzeit oder Kündigungsfrist von mindestens einem Monat zur Verfügung gestellt werden. Sie werden entweder als Festgeld oder als Kündigungsgeld geführt.
- **Spareinlagen:** Darunter versteht man Geld, das der Ansammlung oder der Anlage von Vermögen der privaten Haushalte dient. Über die Spareinlage wird ein Sparbuch ausgestellt. Über eine Spareinlage kann je nach dem geschlossenen Vertrag mit einer Kündigungsfrist von 90 Tagen (gesetzliche Kündigungsfrist) oder mit einer vereinbarten Kündigungsfrist verfügt werden. Innerhalb von 30 Tagen können Beträge bis 2 000,00 DM jederzeit abgehoben werden.

Je nach Einlagenart sind **Höchstsätze für die Mindestreservesätze** gesetzlich festgelegt:

- Einlagen von Gebietsansässigen
  Sichteinlagen: 30 % Termineinlagen: 20 % Sparguthaben: 10 %
- Einlagen von Gebietsfremden: 100 %

Gehen wir, um die Wirkungsweise der Mindestreservepolitik zu verstehen, von einem **Beispiel** aus: Herr Müller zahlt bei der X-Bank 2 000,00 DM auf sein Gehaltskonto ein. Nehmen wir an, die X-Bank muß 20 % der Einlage als Mindestreserve auf ihr Girokonto bei der Landeszentralbank überweisen.

***Durch die Mindestreserve wird dem Bankensystem Liquidität entzogen.***

Dadurch, daß die X-Bank 200,00 DM auf ihrem Girokonto bei der LZB unterhalten muß, kann sie nicht mehr 2 000,00 DM als Kredit vergeben, sondern nur noch 1 800,00 DM. Die Tatsache, daß die X-Bank aus einer Einlage von 2 000,00 DM einen Kredit von 1 800,00 DM machen kann, bezeichnet man als **Buchgeldschöpfung.**

***Durch die Mindestreserve werden die Möglichkeiten der Geschäftsbanken, Buchgeld zu schöpfen, beeinflußt.***



3992440

Frau Huber nimmt bei der X-Bank einen Kredit über 1800,00 DM auf, den sie natürlich verzinsen muß (Sollzinsen). Die Höhe der Zinsen hängt ab von der Höhe der

- Mindestreserve,
- Zinsen, die die Bank an Herrn Müller als Habenzinsen zahlen muß,
- Kosten der Bank,
- Gewinnerwartung der Bank,
- Zinssätze von Konkurrenzbanken.

Berücksichtigen wir **nur die Habenzinsen,** die Herr Müller erhält, so können wir eine **Mindestverzinsung des Kredits** errechnen:

- Habenzinsen an Herrn Müller: 3 % von 2 000,00 DM: 60,00 DM
- Sollzinsen von Frau Huber: 60,00 DM

in %: $\frac{100}{1800} \cdot 60 = 3{,}33\ \%$

Das bedeutet:

***Durch die Mindestreserve wird die Höhe der Sollzinsen (Kreditzinsen) beeinflußt.***

**Senkt** der Zentralbankrat die Mindestreservesätze, so

- steigt die Liquidität im Bankensystem;
- sinken die Kreditzinsen;
- steigt die Kreditaufnahme;
- wird die Wirtschaftstätigkeit (Konjunktur) angekurbelt.

**Erhöht** der Zentralbankrat die Mindestreservesätze, so

- sinkt die Liquidität im Bankensystem;
- steigen die Kreditzinsen;
- sinkt die Kreditaufnahme;
- wird die Konjunktur gebremst.

Der Zentralbankrat wird demnach

- bei nachlassender oder geringer Wirtschaftstätigkeit die Mindestreservesätze senken,
- in der Hochkonjunktur die Mindestreservesätze erhöhen.

Die Möglichkeit, für die **Einlagen Gebietsfremder** höhere Mindestreservesätze festzulegen, wird vom Zentralbankrat benutzt, um unerwünschte **Devisenzuflüsse abzuwehren.**

Zur Zeit werden folgende Mindestreservesätze berechnet (Stand: 01.07.92):

- Reservesätze gegenüber Gebietsansässigen

| | |
|---|---|
| Sichteinlagen | 6,6–12,10 % |
| Termineinlagen | 4,95 % |
| Spareinlagen | 4,15 % |

- Reservesätze gegenüber Gebietsfremden

| | |
|---|---|
| Sichteinlagen | 12,10 % |
| Termineinlagen | 4,95 % |
| Spareinlagen | 4,15 % |

(Quelle: Monatsbericht der Deutschen Bundesbank für Juli 1992, S. 46*)

Insgesamt wurden am 31.05.92 durch die Mindestreserve dem Geldkreislauf 100 Mrd. DM entzogen, das sind 6 % der reservepflichtigen Einlagen. Eine Senkung oder Erhöhung des Mindestreservesatzes um 10 %

- erhöht den Geldumlauf um 10 Mrd. DM bzw.
- verringert den Geldumlauf um 10 Mrd. DM.

Kommt ein Kreditinstitut seinen Mindestreserveverpflichtungen nicht nach, so muß es für den Fehlbetrag einen Sonderzins bezahlen, der 3 % über dem Lombardsatz liegt.

**Zusammenfassung**

**Mindestreservepolitik**

**Mindestreserven:** unverzinsliche Guthaben der Geschäftsbanken bei der Bundesbank

Ansatzpunkt: **Mindestreservesätze**

| | |
|---|---|
| Erhöhung | Senkung |
| ↓ | ↓ |
| Liquiditätsentzug | Liquiditätszuführung |
| ↓ | ↓ |
| Einschränkung der Möglichkeit zur Buchgeldschöpfung | Erhöhung der Möglichkeit der Buchgeldschöpfung |
| ↓ | ↓ |
| Sollzinsen steigen | Sollzinsen sinken |
| ↓ | ↓ |
| Kreditnachfrage sinkt | Kreditnachfrage steigt |
| ↓ | ↓ |
| Wirtschaftstätigkeit wird gebremst | Wirtschaftstätigkeit wird angekurbelt |

## 11.5.3.4 Diskontpolitik

Erhöht der Zentralbankrat die Mindestreservesätze, so müßten die Banken ihre Barreserve (Geld, das sie für Barabhebungen der Kunden bereithalten) verringern, um ihre Mindestreserveverpflichtungen zu erfüllen. Dies hätte zur Folge, daß die Banken nicht mehr in der Lage wären, alle Barabhebungen zu befriedigen. Deshalb müssen die Banken sich Bargeld beschaffen: Da alle Banken vor dem gleichen Problem stehen, müssen sie sich wegen der notwendigen Kredite an die **Bundesbank** wenden. Diese gewährt ihnen

- **Rediskontkredite** bzw.
- **Lombardkredite,**

deren Zinssätze vom Zentralbankrat festgelegt werden. Man bezeichnet diesen Vorgang als **Refinanzierung.**

***Unter Refinanzierung versteht man die Kreditgewährung der Bundesbank an die Geschäftsbanken in Form von Rediskont- und Lombardkrediten.***

Die **Geschäftsbank** gewährt ihrem Kunden einen **Diskontkredit** in Höhe des **Barwertes,** d. h. sie zieht von der **Wechselsumme** den **Diskont** (und Provision, Spesen usw.) ab. Beim **Diskont** handelt es sich um

- Zinsen,
- deren Höhe über dem Diskontsatz liegt.

Wird die Geschäftsbank gezwungen, sich bei der Landeszentralbank zu refinanzieren, so sinkt ihre Rentabilität, da die **Landeszentralbank** bei einem **Rediskontkredit** ebenfalls nur den **Barwert** (Wechselsumme abzüglich Diskont) **gutschreibt.** Die Geschäftsbank wird diesen Schritt also nur unternehmen, wenn er unvermeidlich ist.

**Gesichert** werden beide Kredite durch einen **Wechsel.**

Betrachten wir, um das Wesen des **Rediskontkredits** zu verstehen, den **Weg eines Wechsels:**

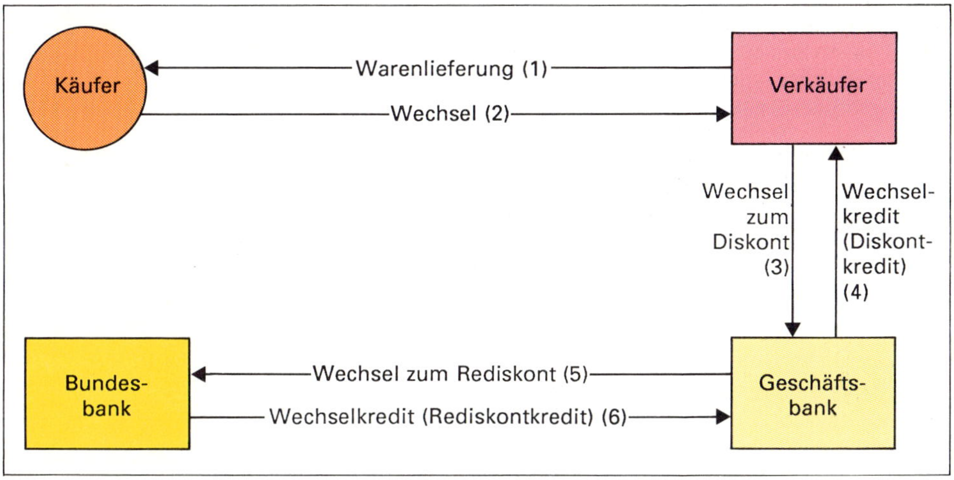


***Unter einem Rediskontkredit versteht man den Ankauf von Wechseln durch die Bundesbank unter Anwendung des Diskontsatzes als Zinssatz. (§§ 15, 19 Abs. 1 Sätze 1 und 2 BBankG)***

Kennzeichen des **Rediskontkredits** sind:

- Die Kreditlaufzeit beträgt höchstens 90 Tage, da die Bundesbank nur Wechsel mit einer Restlaufzeit von höchstens 90 Tagen rediskontiert.
- Er ist ohne große Formalität erhältlich.

**Senkt** der Zentralbankrat den Diskontsatz, so

- sinkt der Druck auf die Rentabilität der Geschäftsbanken,
- sinkt der Diskont, den die Geschäftsbanken beim Diskontkredit anwenden,
- sinken die Sollzinsen allgemein,
- steigt die Kreditaufnahme.

**Erhöht** der Zentralbankrat den Diskontsatz, so

- steigt der Druck auf die Rentabilität der Geschäftsbanken,
- steigt der Diskont, den die Geschäftsbanken beim Diskontkredit anwenden,
- steigen die Sollzinsen allgemein,
- sinkt die Kreditaufnahme.

Ob diese Ziele erreicht werden, ist abhängig von der Bereitschaft

- der Geschäftsbanken, Rediskontkredite aufzunehmen,
- der Unternehmen und privaten Haushalte, Diskont- und andere Kredite aufzunehmen.

Aus der Sicht der Deutschen Bundesbank ist der **Diskontsatz** der **Kern der zinspolitischen Grobsteuerung.** Sie schreibt über die Wirkung der Diskontpolitik:

„Der Diskontsatz ist in einem Bankensystem, das permanent im Diskontkredit bei der Notenbank verschuldet ist, eine Art untere Grenze der Zinssätze für das Monats- und Dreimonatsgeld. Der Tagesgeldsatz kann dagegen den Diskontsatz durchaus weit unterschreiten, da die Banken einmal in Anspruch genommene Diskontkredite nur nach Maßgabe der Wechselfälligkeiten abbauen können."

(Quelle: Die Deutsche Bundesbank, Geldpolitische Aufgaben und Instrumente, Sonderdrucke der Bundesbank Nr. 7, Frankfurt am Main 1983, S. 51.)

***Der Diskontsatz bestimmt nicht nur die Höhe der Sollzinsen, sondern auch die Höhe der Habenzinsen.***

Die Höhe des Diskontsatzes ist weder nach unten noch nach oben begrenzt. Seit 1948 schwankte er zwischen 2,5 % und 8,75 %.

Von der Diskontpolitik gehen nicht nur zinspolitische, sondern auch **liquiditätspolitische Wirkungen** aus. Als Instrumente dafür setzt die Bundesbank die **Rediskontkontingente** ein.

***Durch die Rediskontkontingente wird festgelegt, bis zu welcher Höhe die Bundesbank den einzelnen Geschäftsbanken Rediskontkredite gewährt.***

Der Zentralbankrat setzt die Höhe des **Rediskontkontingents für das gesamte Bankensystem** fest. Nach einem einheitlichen Bemessungsverfahren wird für jedes **Kreditinstitut** ein **Normkontingent** durch die zuständige Landeszentralbank ermittelt. Aufgrund des Normkontingents wird das **individuelle Rediskontkontingent** festgelegt.

**Setzt** der Zentralbankrat das Rediskontkontingent herab, so

- verringern sich die Refinanzierungsmöglichkeiten der Geschäftsbanken;
- sinkt die Liquidität im Bankensystem;
- steigen die Kreditzinsen und die Guthabenzinsen.

Diese Wirkung wird dadurch verstärkt, daß die Banken auf die teurere Refinanzierungsart Lombardkredit umsteigen müssen.

**Erhöht** der Zentralbankrat die Rediskontkontingente, so

- erhöhen sich die Refinanzierungsmöglichkeiten der Geschäftsbanken;
- steigt die Liquidität im Bankensystem;
- sinken die Kreditzinsen und die Guthabenzinsen.

Diese Wirkung wird dadurch verstärkt, daß die Banken von der teureren Refinanzierungsart Lombardkredit auf den Rediskontkredit umsteigen können.

Sind die Rediskontkontingente höher als die in Anspruch genommenen Rediskontkredite, so entsteht ein **unausgenutzter Rediskontspielraum.**

## Zusammenfassung

**Diskontpolitik**

| **Diskontsatzpolitik** | **Rediskontkontingentpolitik** |
|---|---|
| legt den Zinssatz für Rediskontkredite fest.<br>(zinspolitisches Mittel) | legt Gesamtsumme der Rediskontkredite fest.<br>(liquiditätspolitisches Mittel) |
| Senkung des Diskontsatzes:<br>↓<br>Refinanzierung billiger.<br>↓<br>Diskontkredite billiger.<br>↓<br>Sollzinsen sinken, Habenzinsen sinken.<br>↓<br>Kreditaufnahme steigt.<br>↓<br>Habenzinsen sinken. | Erhöhung der Rediskontkontingente:<br>↓<br>Liquidität der Banken steigt.<br>↓<br>Sollzinsen sinken.<br>↓<br>Kreditaufnahme steigt. |

## 11.5.3.5 Lombardpolitik

***Unter einem Lombardkredit versteht man einen Kredit der Bundesbank, der auf der Beleihung von Wertpapieren und Schuldbuchforderungen beruht und dessen Verzinsung im Lombardsatz besteht. (§§ 15, 19 Abs. 1 Satz 3 BBankG)***

Kennzeichen des Lombardkredits sind:

- Seine Laufzeit beträgt höchstens 7 Tage.
- Er darf nur zur Überbrückung eines vorübergehenden Liquiditätsbedarfs dienen.
- Gegen den Zweck der Kreditaufnahme dürfen keine Bedenken bestehen.
- Die verpfändeten Wertpapiere werden nicht zu 100 % beliehen, die Beleihungsgrenzen liegen bei 75 %, d. h. für einen Lombardkredit über 9 Mio. DM müssen Sicherheiten verpfändet werden, deren Wert sich auf 12 Mio. DM beläuft (Ausnahme: rediskontierbare Wechsel werden mit 90 % beliehen).
- Festverzinsliche Wertpapiere, die verpfändet werden sollen, müssen im von der Bundesbank herausgegebenen Lombardverzeichnis enthalten sein (lombardfähige Wertpapiere).
- Lombardkredite dürfen nicht als Dauerkredite benutzt werden.
- Die Geschäftsbanken haben einen Anspruch auf die Gewährung eines Lombardkredits.

**Senkungen und Erhöhungen** des Lombardsatzes wirken wie eine Senkung bzw. Erhöhung des Diskontsatzes.

Der Lombardsatz lag seit 1948 stets über dem Diskontsatz, obwohl es darüber keine Vorschriften gibt. Er schwankte in dieser Zeit zwischen 3,75 % und 9,75 %.

Wie wir beim Rediskontkredit gesehen haben, stellt der Lombardkredit gewissermaßen das Schlupfloch dar, durch das die Geschäftsbanken den Liquiditätsbeschränkungen durch die Rediskontkontingente entwischen. Deshalb hat die Bundesbank

- in der Vergangenheit den Lombardkredit durch eine **Lombardlinie** (Lombardkontingent) **betragsmäßig begrenzt.** Die Lombardlinie kann z. B. an das Rediskontkontingent des betreffenden Kreditinstituts geknüpft werden (z. B. 20 % der eingeräumten Rediskontkontingente);
- die **Gewährung von Lombardkrediten** an die Kreditinstitute vorübergehend ganz **ausgesetzt,** um auf die Konjunktur restriktiv (einschränkend) zu wirken;
- anstelle des Lombardkredits sogenannte **Sonderlombardkredite** gewährt.

***Unter einem Sonderlombardkredit versteht man einen Kredit, der zum Sonderlombardsatz verzinst wird und betragsmäßig begrenzt ist.***

Weitere Kennzeichen des Sonderlombardkredits sind:

- Er wird nur gewährt, wenn anders die Liquidität des Bankensystems nicht aufrechterhalten werden kann.
- Der Sonderlombardsatz liegt über dem Lombardsatz.
- Der Sonderlombardsatz kann täglich geändert werden.
- Der Sonderlombardkredit kann jederzeit eingestellt werden, d. h. er ist, wenn die Bundesbank so entscheidet, am nächsten Tag fällig.

Durch den Sonderlombardkredit wird bewirkt, daß

- die Liquidität im Bankensektor noch mehr eingeschränkt wird,
- daß die Kreditzinsen hoch bleiben bzw. weiter steigen,
- die Konjunktur gebremst wird.

Die Bundesbank setzt den Lombardsatz ebenso wie den Diskontsatz als **Kern der Zinspolitik** ein.

## Zusammenfassung

**Lombardsatzpolitik**

| **Lombardpolitik** | **Sonderlombardpolitik** |
|---|---|
| legt den Zinssatz für Lombardkredite fest. | legt Zinssatz und die Höhe der Sonderlombardkredite fest. |
| Erhöhung des Lombardsatzes:<br>↓<br>Refinanzierung teurer.<br>↓<br>Sollzinsen steigen, Habenzinsen steigen.<br>↓<br>Kreditaufnahme sinkt. | Gewährung:<br>↓<br>Liquidität im Bankensektor gesichert.<br>↓<br>Sollzinsen bleiben bzw. steigen.<br>↓<br>Kreditaufnahme sinkt. |
| • Gewährung von Lombardkrediten kann ausgesetzt werden.<br>• Lombardkredite können betragsmäßig begrenzt werden (Lombardlinie). | Sonderlombardkredite werden anstelle der ausgesetzten Lombardkredite gewährt. |

### 11.5.3.6 Offenmarktpolitik

***Unter Offenmarktpolitik versteht man den Ankauf und Verkauf von Wertpapieren am offenen Markt durch die Bundesbank. (§§ 15, 21 BBankG)***

Kennzeichen der Offenmarktpolitik sind:

- Der Handel erfolgt **auf eigene Rechnung,** d. h. Gewinne und Verluste trägt die Bundesbank. Im Gegensatz dazu erfolgt die **Kurspflege** bei öffentlichen Anleihen auf **fremde Rechnung,** d. h. auf Rechnung des Emittenten (Bund oder Sondervermögen des Bundes).
- Der Handel erstreckt sich auf **Wertpapiere aller Laufzeiten** (kurz-, mittel- und langfristige), hat aber stets die Regelung des Geldmarktes zum Ziel.
- Geschäftspartner sind in der Regel die **Geschäftsbanken.**
- Der Handel erfolgt zu **Marktsätzen.**

Die Geschäftsbanken können nicht gezwungen werden, an den Offenmarktgeschäften teilzunehmen. Deshalb muß die Bundesbank stets Konditionen (Laufzeit, Gestaltung des Zinssatzes, Gesamtbetrag) bieten, die – wenn auch nur geringfügig – besser als die Marktsätze sind.

Offenmarktgeschäfte wirken sich auf die **Bankenliquidität** wie folgt aus:

- Der **Verkauf** von Offenmarktpapieren **vermindert** die Liquidität.
- Der **Ankauf** von Offenmarktpapieren **erhöht** die Liquidität.

Zur **Feinsteuerung** setzt die Bundesbank eine Sonderform des Offenmarktgeschäfts, das **Wertpapierpensionsgeschäft,** ein:

***Unter Wertpapierpensionsgeschäft versteht man ein Offenmarktgeschäft mit Rücknahmevereinbarung.***

**Beispiel:** *Die Bundesbank verkauft am 01.08. Wertpapiere mit der Verpflichtung, sie nach 30 Tagen wieder zurückzunehmen.*

Der sich bei Pensionsgeschäften ergebende Zinssatz heißt **Pensionssatz.**

Am 15.07.92 wies die Bundesbank 143 Mrd. DM als Forderungen aus Offenmarktgeschäften in ihrer Bilanz aus.

#### Zusammenfassung

**Offenmarktpolitik**

| **Offenmarktgeschäfte**<br>Ankauf und Verkauf von Offenmarktpapieren | **Wertpapierpensionsgeschäfte**<br>Offenmarktgeschäfte mit Rücknahmevereinbarung |
|---|---|
| • Ankauf: erhöht Liquidität.<br>• Verkauf: vermindert Liquidität. | • Ankauf: erhöht Liquidität.<br>• Verkauf: vermindert Liquidität.<br>↓<br>Pensionssatz<br>↓<br>Feinsteuerung der Geldmenge |

## 11.5.3.7 Geldmengenbegriffe

Gemäß dem Bundesbankgesetz gehört es zu den Aufgaben der Bundesbank, die **Geldmenge zu steuern.** Es kann aber nur etwas gesteuert werden, wenn

- ein **Ziel** festgelegt worden ist **(Soll),**
- die **Wirklichkeit (Soll)** anhand von **Indikatoren** gemessen wird,
- die Abweichungen des Soll vom Ist ermittelt wird **(Soll-Ist-Vergleich).**

Im 4. Quartal eines jeden Kalenderjahres legt der Zentralbankrat seit 1974 das **Ziel** fest: Er beschließt, in welchem Umfang die **Geldmenge** in den kommenden 12 Monaten **steigen** soll. Dabei geht er von folgenden **Überlegungen** aus:

- Wie wird in den kommenden 12 Monaten das reale Produktionspotential (Produktionskapazität) wachsen **(erwartetes Wachstum des Produktionspotentials)?**
- Wie hoch wird der **unvermeidliche Preisanstieg** sein?

Als Ergebnis wird das Wachstum der Geldmenge als **Bandbreite** festgelegt: So lautet das Wachstumsziel für 1992 3,5 bis 5,5 %. Die Bundesbank bezeichnet dies als **Zielkorridor,** der der Geldpolitik einen **Spielraum** geben soll, um

- auf unerwartete Störungen in der Konjunkturentwicklung, der Preisentwicklung und der Wechselkurse reagieren zu können.

Als **Indikator** für die **Geldmenge** verwendet die Bundesbank die **Geldmenge M 3** (Geldvolumen M 3), die sich wie folgt errechnet:

| | | Mai 1992 |
|---|---|---|
| | Bargeldumlauf (ohne Kassenbestände der Kreditinstitute) | 172,3 Mrd. DM |
| + | Sichteinlagen inländischer Nichtbanken | 395,4 Mrd. DM |
| = | Geldmenge M 1 | 567,7 Mrd. DM |
| + | Termineinlagen (mit Befristung bis unter 4 Jahren) | 517,0 Mrd. DM |
| = | Geldmenge M 2 | 1 084,7 Mrd. DM |
| + | Spareinlagen (mit gesetzlicher Kündigungsfrist) | 506,8 Mrd. DM |
| = | Geldmenge M 3 | 1 591,5 Mrd. DM |

Die Geldmengen M 1 und M 2 werden überwiegend verwendet, um **internationale Vergleiche** anzustellen.

Der Zielkorridor wird monatlich mit der tatsächlichen Geldmenge M 3 verglichen:

***Hat der Vergleich der tatsächlichen Geldmenge M 3 mit dem Zielkorridor ergeben, daß die Geldmenge den Zielkorridor nach unten oder oben verlassen hat, so wird die Bundesbank ihre geldpolitischen Instrumente einsetzen, um die Geldmenge in den Zielkorridor zurückzubringen.***



3992448

## Zusammenfassung

**Die Geldpolitik der Deutschen Bundesbank**

**Deutsche Bundesbank**

betreibt als Hüterin der Währung Geldpolitik mit dem Ziel der

**Preisstabilität**

↓

Steuerung der Geldmenge (Geldmenge M 3)

↓

mit Hilfe der

**geldpolitischen Instrumente**

- Mindestreservesätze
- Diskontsatz
- Resdiskontkontingente
- Lombardsatz
- Sonderlombard
- Offenmarktgeschäfte
- Wertpapierpensionsgeschäfte

↓

Auswirkungen auf Geldkosten (Soll- und Habenzinsen)

## Aufgaben

1. Beschreiben Sie die in der Zusammenfassung genannten geldpolitischen Instrumente.
2. Wie setzt die Bundesbank diese Instrumente in der
   a) Hochkonjunktur, b) Rezession ein.
3. Welchen Geldmengenbegriff verwendet die Bundesbank für welchen Zweck?
4. Aufgrund welcher Überlegungen legt die Bundesbank das Wachstum der Geldmenge fest?
5. Was versteht man im Zusammenhang mit dem Wachstum der Geldmenge unter Zielkorridor?
6. Besorgen Sie sich den letzten Monatsbericht der Bundesbank und schlagen sie nach:
   a) die Mindestreservesätze
   b) den Diskont- und Lombardsatz
   c) die Rediskontkontingente
   d) den Zielkorridor
   e) das Wachstum von M 3
   f) M 1, M 2, M 3
   g) Maßnahmen der Bundesbank zur Erhaltung des Zielkorridors
   h) den Bargeldumlauf
7. Stellen Sie fest, welche geldpolitischen Instrumente sich in der Bilanz der Bundesbank niederschlagen.
8. Auf welche Einlagen werden Mindestreserven erhoben?
9. Wovon ist die Wirkung der Diskont- und Lombardsatzpolitik abhängig?
10. Welche Instrumente dienen überwiegend der
    a) Grobsteuerung, b) Feinsteuerung?

## 11.6 Globale Probleme

### 11.6.1 Die Bevölkerungsentwicklung

#### Ausgangslage

Aus dem Jahresbericht des Bevölkerungsfonds der Vereinten Nationen (UNFPA) von 1990 geht hervor, daß

- heute 5,3 Milliarden Menschen auf der Erde leben,
- jede Sekunde 5 Menschen geboren werden, pro Tag etwa eine Viertelmillion, pro Monat etwa 7,5 Millionen,
- jedes Jahr die Menschheit um 90 bis 100 Millionen Menschen wächst.

Die UNFPA rechnet bis zum Jahre 2000 mit einer Weltbevölkerung von 6,25 Milliarden Menschen und prognostiziert für das 3. Jahrtausend 11–14 Milliarden.

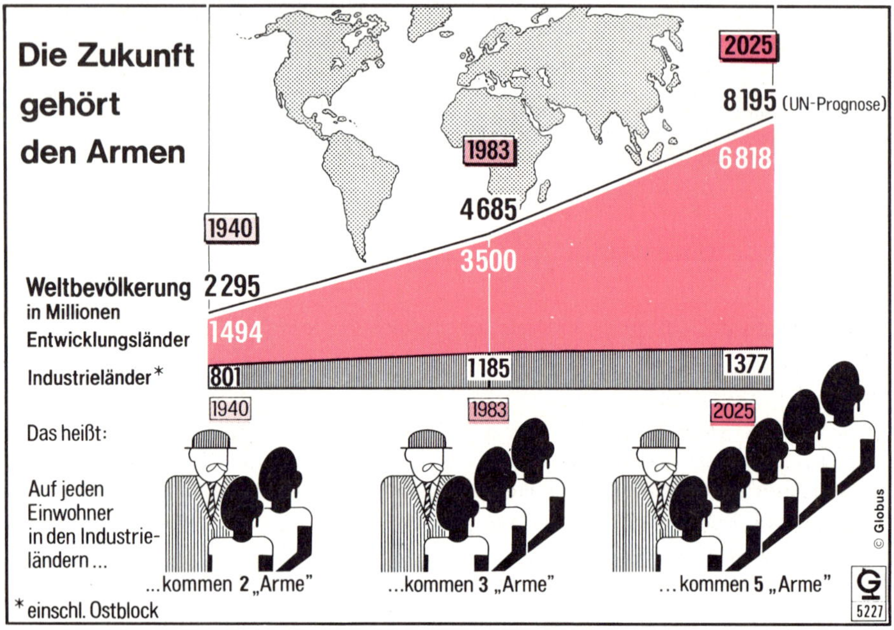


Das rasanteste Wachstum der Bevölkerung werden die Länder der Dritten Welt erleben, besonders Schwarzafrika, Südasien und die arabischen Länder. Ihre Wachstumsraten bewegen sich um 3 %, was einer **Verdoppelung der Bevölkerung** eines Landes innerhalb von **24 Jahren** entspricht. Die Menschen in den Industriestaaten nehmen dagegen nur um ca. 0,7 % zu, was dazu führt, daß die Bewohner der wohlhabenden Industrieländer im Jahre 2000 nur ein Fünftel, im Jahre 2025 nur noch ein Sechstel der Erdbevölkerung stellt.

#### Ursachen der Bevölkerungsexplosion

Das **starke Bevölkerungswachstum** wird allgemein mit folgender **Formel** erklärt: Die Armut in der Dritten Welt ist nicht durch den Kinderreichtum verursacht, sondern umgekehrt ist der Kinderreichtum eine Folge der Armut und sozialen Unsicherheit. Eine

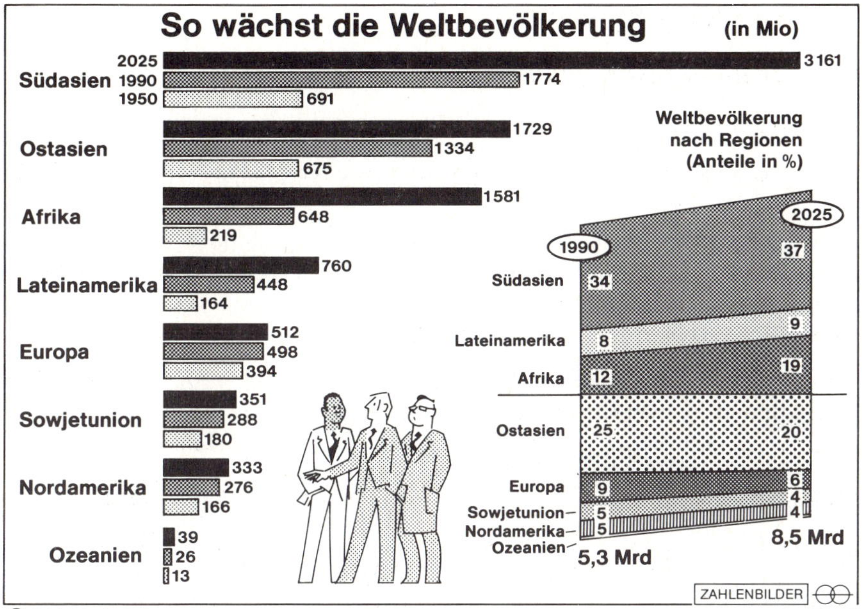


© Erich Schmidt Verlag 603 135

große Kinderzahl ist für viele Erwachsene geradezu die Versicherung für die Zeit des Alters. Eine hohe Kinderzahl wiederum macht es noch schwieriger, die Armut zu überwinden.

Untersuchungen der UN und der Weltbank haben u. a. ergeben:

- der Kinderreichtum nimmt ab mit **zunehmendem Familieneinkommen** und **stärkerer sozialer Sicherheit.** Ohne Anhebung des wirtschaftlichen Wohlstandes **keine** Senkung der Geburtenraten.
- Frauen, die **besser ausgebildet** sind und eine **bessere soziale Stellung** in der Gesellschaft innehaben, gebären **weniger** Kinder;
- eine **hohe Kindersterblichkeit** erzeugt den Wunsch nach **mehr** Kinder. Durch hygienische Maßnahmen und ausreichendes Nahrungsangebot läßt sich die Kindersterblichkeitsrate senken. In der Dritten Welt **sterben täglich 40 000 Kinder** an Unterernährung und Krankheiten.

***Armut und rasches Bevölkerungswachstum sind miteinander verknüpft und verstärken sich gegenseitig:***

- der wirtschaftliche und soziale Fortschritt trägt zur Verringerung der Bevölkerungszunahme bei,
- aber auch umgekehrt gilt: Ein starkes Bevölkerungswachstum hemmt die wirtschaftliche Entwicklung.

Als Beispiele für die genannten Zusammenhänge werden die Schwellenländer[1] Taiwan, Südkorea, Singapur und Hongkong angeführt, die hohe wirtschaftliche Wachstumsraten und niedrige Geburtenziffern erreicht haben.

1 Als Schwellenländer werden Entwicklungsländer bezeichnet, die sich auf der Schwelle zum Industriestaat befinden.

## Folgen der Bevölkerungszunahme

Die explosive Vermehrung des Menschengeschlechts gehört zu den drängendsten Problemen dieser Welt, auch wenn die Folgen zunächst die armen Länder der Erde treffen.

- Die UNFPA prognostiziert einen Anstieg der Zahl der Armen, Hungernden und Analphabeten. Nach Schätzungen der Welthungerhilfe sterben auf der Welt jährlich zwanzig Millionen Menschen an Hunger und seinen Folgen,
- zu dieser Bedrohung kommt der ökologische Kahlschlag durch immer mehr Menschen. Die UNFPA erwartet ein „anhaltendes Wachstum der Städte, Zerstörung der Böden, Verseuchung des Wassers, massive Waldrodungen und die fortschreitende Konzentration von Treibhausgasen in der Atmosphäre".

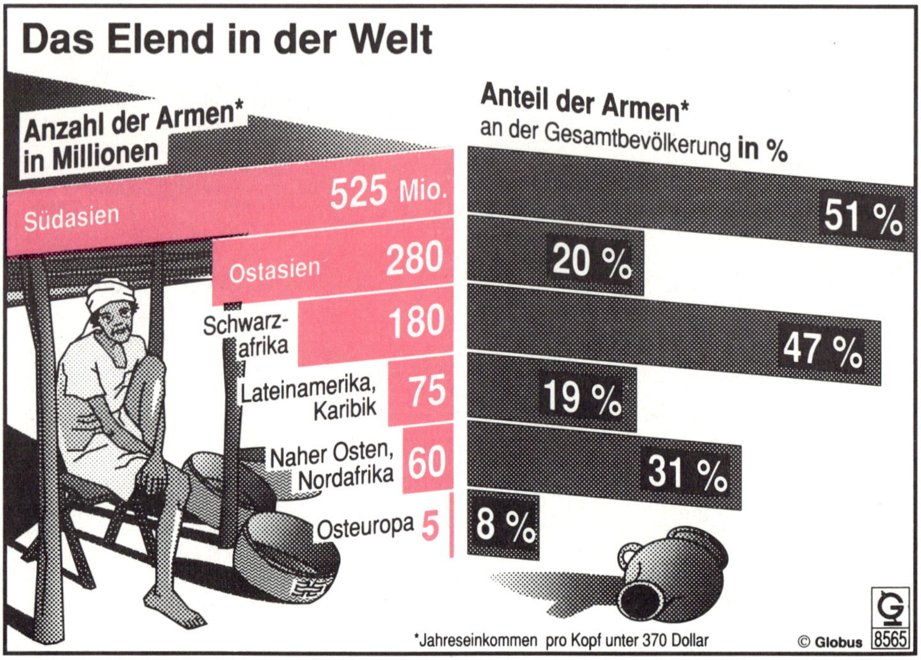


### Südasien am ärmsten

Gegenwärtig lebt jeder fünfte Erdenbürger in Armut – das heißt, unter der von der Weltbank definierten Armutsgrenze von weniger als 370 Dollar Einkommen im Jahr. Legt man diese Definition zugrunde, sind insgesamt über eine Milliarde Menschen arm. Zwei Drittel von ihnen müssen sogar mit weniger als 275 Dollar Jahreseinkommen darben, sie vegetieren am Rande des Existenzminimums. Am stärksten betroffen von der Armut ist Südasien – und hier besonders Indien – mit 525 Millionen Armen, was der Hälfte der südasiatischen Gesamtbevölkerung entspricht. In Schwarzafrika ist das Elend ähnlich groß, auch hier ist jeder zweite Bewohner arm. Was aber beide Kontinente voneinander unterscheidet, sind die Zukunftsaussichten. Während sich in Asien nach Prognosen der Weltbank die Zahl der Armen bis zum Jahr 2000 um ein Drittel verringern wird, reicht die Wirtschaftskraft Afrikas zu einer Linderung der Not nicht aus. In Europa ist nach Definition der Weltbank nur noch der Osten von Armut betroffen. Dort leben fünf Millionen Menschen von weniger als 370 Dollar jährlich.

Quelle: Globus



3992452

- In den meisten Entwicklungsländern hält das Wirtschaftswachstum mit dem Anstieg der Bevölkerungsrate nicht Schritt. Die Folge ist ein sinkendes Pro-Kopf-Einkommen. Die Menschen können mit jedem Jahr weniger konsumieren. Allerdings gibt es innerhalb der Entwicklungsländer große Unterschiede in den Einkommen.

**Asien im Aufschwung**

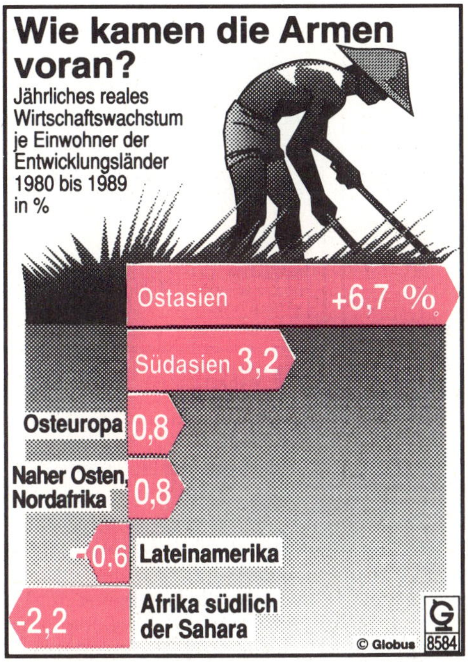


Im Gesamtdurchschnitt sind die Entwicklungsländer in den letzten Jahren deutlich vorangekommen; je Einwohner gerechnet, kamen sie auf ein Wirtschaftswachstum von 2,3 Prozent jährlich. Aber der Durchschnitt verwischt entscheidende Unterschiede. Während sich Ostasien mit einem jährlichen Wirtschaftswachstum von 6,7 Prozent je Einwohner mit großen Schritten besseren Lebensumständen nähert, während Südasien mit kleineren Schritten – 3,2 Prozent je Kopf und Jahr – dem gleichen Ziel zustrebt, fällt beispielsweise Schwarzafrika immer weiter zurück. Im Durchschnitt sank dort die Wirtschaftsleistung und damit der ohnehin niedrige Lebensstandard um jährlich 2,2 Prozent. Die Schwarzafrikaner sind heute also sehr viel ärmer als vor zehn Jahren. Der wichtigste Grund: Das explosionsartige Bevölkerungswachstum frißt dort jegliches Wirtschaftswachstum auf. Und wie geht es weiter? Die Weltbank-Experten wagen eine optimistische Prognose. Sie sagen für Schwarzafrika im kommenden Jahrzehnt 0,5 Prozent, für alle Entwicklungsländer zusammengenommen sogar drei Prozent Wachstum je Kopf und Jahr voraus.

Quelle: Globus

## 11.6.2 Die Zerstörung von Lebensräumen in der Dritten Welt

Für das Zusammenstürzen des Ökosystems der Erde ist die Zerstörung des tropischen Waldes ein dramatisches Beispiel:

Von dem ursprünglich vorhandenen tropischen Regenwald auf der Welt sind heute ca. 42 % zerstört,

- in Ost- und Westafrika sind es 72 %,
- in Zentralafrika 45 %,
- in Lateinamerika 37 %,
- in Südasien 63 %,
- in Südostasien (Indonesien, Malaysia, Philippinen) 38 %.

## Der tropische Regenwald ist bedroht

- Der tropische Regenwald bedeckt 7 % der Landfläche der Erde. Er hat eine wichtige Funktion bei der Regulierung des Erdklimas und des Kohlendioxidgehalts der Atmosphäre. Er schützt die Böden der Tropen vor Überschwemmung und Erosion.
- Im tropischen Regenwald finden sich zwei Drittel aller Pflanzenarten; er ist Lebensraum für 80 % aller Insekten und 90 % aller Primaten (Affen u. ä.). Der Regenwald ist ein unersetzliches Reservoir für die Vielfalt des Lebens.

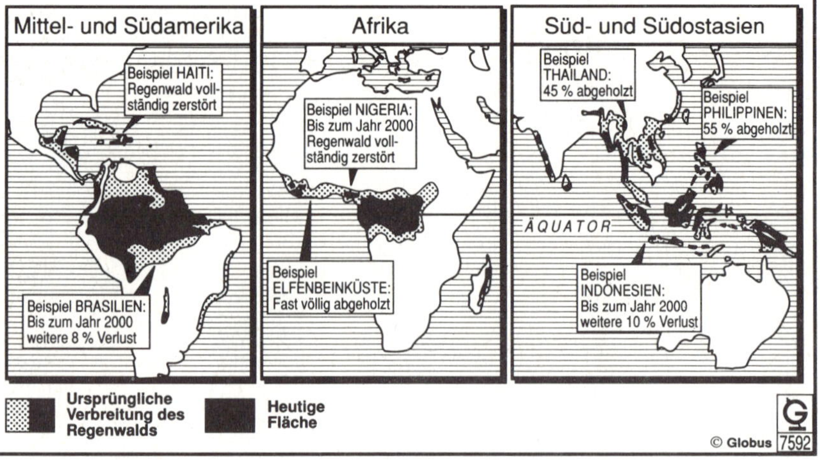


Umweltschutz wird ein zentrales Thema der Entwicklungszusammenarbeit in den 90er Jahren sein. Am Beispiel der Zerstörung der Tropenwälder wird deutlich, mit welchen Interessenkonflikten zu rechnen ist. Beteiligt an der Zerstörung sind z. B.: die Holzimporteure der Industrieländer im Verein mit den auf Exporte angewiesenen Entwicklungsländern, Kleinbauern, die – den Einschlagschneisen der Holzfäller folgend – durch Brandrodung sich eine Existenz zu schaffen versuchen; multinationale Bergbau- und Industriekonzerne, die – so im Falle Amazoniens – in der Region auf Betreiben der brasilianischen Regierung investieren. Wie wirksam könnte sich hier Entwicklungshilfe mit Umweltauflagen (zunehmend praktiziert) erweisen?

Die Zerstörung schreitet immer schneller voran. Nach vorsichtigen Schätzungen wird jährlich eine Tropenwaldfläche von 150 000 km$^2$ abgeholzt, was der Hälfte der Fläche der alten Bundesrepublik Deutschland entspricht. Das Tempo vollzieht sich so schnell, daß der Wald sich kaum noch regenerieren kann. Gleichzeitig dehnen sich die Wüsten auf der Erde unaufhaltsam aus und 20 000 Pflanzen- und Tierarten sind vom Aussterben bedroht.

Das **Verschwinden** der Feucht- und Tropenwälder hat außerdem zur **Folge,**

- daß die **Bodenerosion** zunimmt (wertvolle Muttererde wird fortgeschwemmt und kann nicht mehr ersetzt werden),
- daß schon heute 1 Milliarde Menschen (zur Jahrtausendwende 2,3 Mrd.) an **Feuerholzknappheit** leiden,
- daß die **Luftverschmutzung** und der **Kohlendioxidgehalt** in der Atmosphäre zunehmen.

Unumstritten ist auch, daß die Abholzung der Wälder Einfluß auf die Veränderung des Klimas hat.

Die Umweltschäden in der Dritten Welt haben trotz einer gewissen Ähnlichkeit andere Ursachen als in den Industrieländern. In vielen Fällen ist die ökologische Frage **eine Folge ungelöster sozialer Fragen.**


3992454

**Schrumpfung der Waldbestände und Zunahme der Bevölkerung in der Dritten Welt**

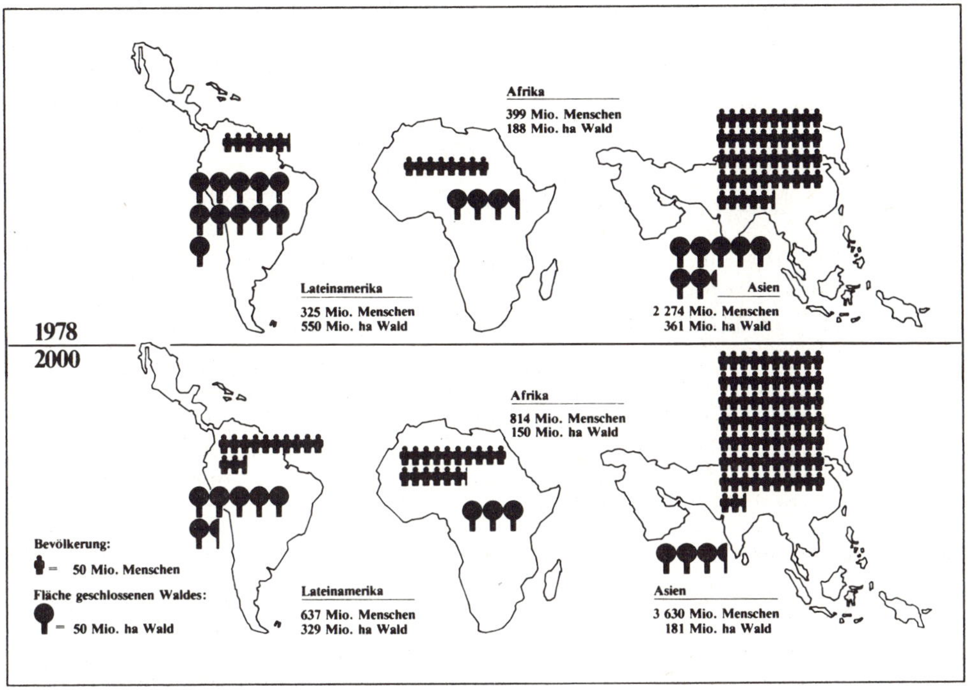


Quelle: Bericht Global 2000

- **Armutbedingte Umweltzerstörung:** Die Zerstörung der Tropenwälder ist u. a. darauf zurückzuführen, daß Land und Produktionsmittel für immer mehr Menschen ungleich verteilt sind (z. B. haben in Brasilien die 1 % Reichsten einen gleich großen Anteil am Volkseinkommen wie die ärmeren 50 % der Gesamtbevölkerung). Die ungelöste Landverteilungsfrage in der Dritten Welt fördert die Rodungen des Regenwaldes. In Brasilien wurden mit Hilfe internationaler Gelder Straßen durch das Gebiet des Amazonas gebaut, wozu 18 Millionen ha Urwald gerodet wurden. Multinationale Konzerne errichten im gerodeten Wald Großplantagen und entlang der Verkehrswege siedeln sich Farmer und Viehzüchter an und nehmen weitere Abholzungen vor.
- **Das gegenwärtige Weltwirtschaftssystem:**
  - der enorme Verbrauch der Industrieländer an tropischen Edelhölzern für Bauten und Möbel,
  - die Verschuldung der Entwicklungsländer,
  - der ständige Abfluß der Gewinne der internationalen Konzerne aus den Dritte-Welt-Ländern und die Kapitalflucht der Reichen dieser Länder,
  - die immer ungünstiger werdenden Preisverhältnisse zwischen Landwirtschaftsprodukten und Rohstoffen einerseits und den Industrieprodukten und Importwaren andererseits,
  - ca. 25 % der Weltbevölkerung in den Industrieländern verbrauchen 80 % der Energiereserven der Erde.

- **Reichtumbedingte Umweltzerstörung:** Der Bau von riesigen Stauseen und andere großtechnische Eingriffe in die Natur verschlingen große Waldgebiete.
- **Klimaveränderungen und Dürrekatastrophen** sind die Folgen, aber nicht die Ursachen der Naturzerstörung.

### 11.6.3 Wohlstandsmehrung im Nord-Süd-Gefälle

Die Kluft zwischen dem „reichen Norden" (Industrieländer) und dem „armen Süden" (Entwicklungsländer) wird immer größer.

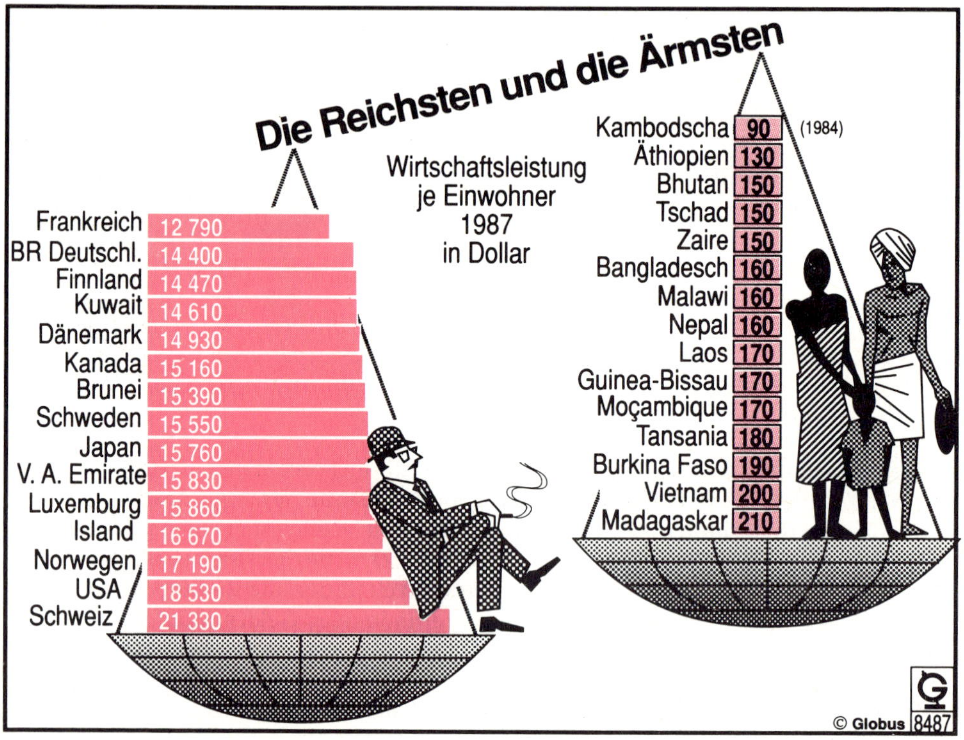


**Unüberbrückbare Kluft**

Die Kluft zwischen den reichsten und ärmsten Ländern dieser Welt erscheint unüberbrückbar. Die Bewohner Kambodschas beispielsweise fristen mit einer Wirtschaftsleistung je Kopf von 90 Dollar im Jahr ein Hungerleben. Die Schweizer haben mit 21 330 Dollar im Jahr genau 237mal soviel. Die Industrieländer erwirtschaften in wenigen Tagen einen Betrag, der in den ärmsten Ländern für das ganze Jahr reichen muß.

Zu den reichsten aller reichen Länder zählen freilich auch einige Staaten der Dritten Welt. Die Vereinigten Arabischen Emirate, das Sultanat Brunei und Kuwait – alle drei mit Öl gesegnet – kommen auf eine Wirtschaftsleistung je Einwohner, wie sie die reichen westlichen Industrieländer aufweisen. Entwicklungsländer bleiben sie trotzdem;

denn die Ausbildung der Bevölkerung, der allgemeine wissenschaftliche und technische Standard, der Produktionsapparat außerhalb der Welt des Öls sind noch immer verhältnismäßig rückständig. Quelle: Globus

Die folgende Abbildung zeigt, daß das Welt-Bruttosozialprodukt extrem ungleich verteilt ist. Am Beispiel der Bundesrepublik (alt) ließe sich die Einkommenskluft so verdeutlichen:

Wären die Privateinkommen ähnlich ungleich verteilt wie in der Welt insgesamt, dann hätten ca. 10 Mio. Bundesbürger (16 %) ein monatliches Einkommen von über 10 000,00 DM, während 46 Millionen Bürger (75 %) nur ca. 500,00 DM zur Verfügung hätten.

Unerträgliche soziale Spannungen wären die Folge. Auf die Weltwirtschaft übertragen bedeutet die Kluft zwischen arm und reich, daß der Nährboden der Konflikte, die auch den Weltfrieden bedrohen können, entsteht.

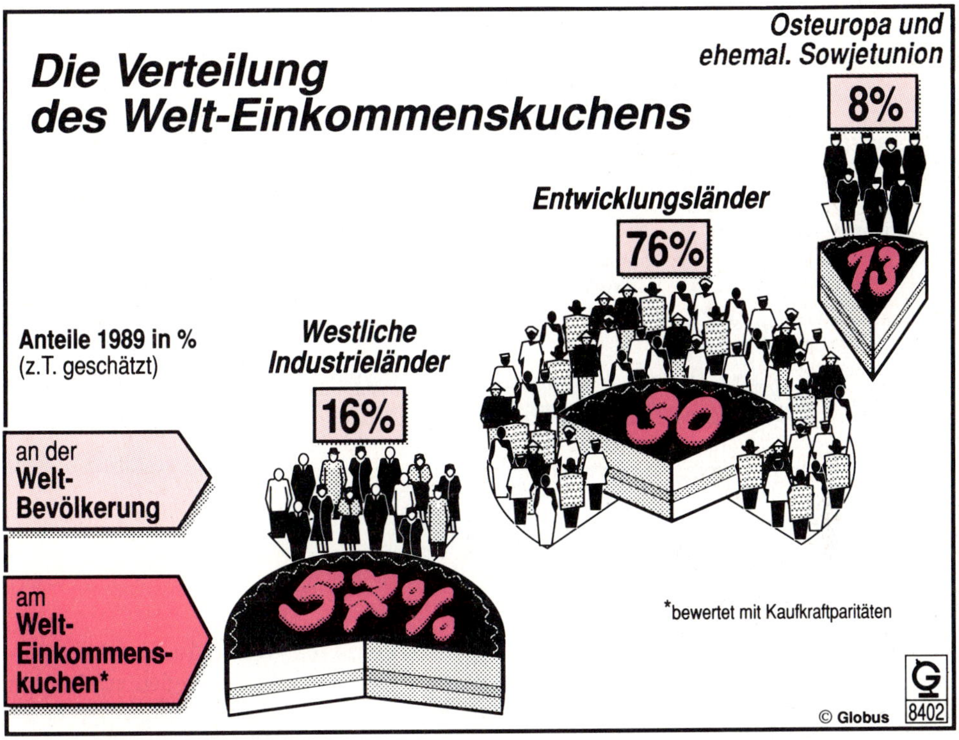


**Nährboden für Konflikte**

Der Welt-Einkommenskuchen (= Welt-Bruttosozialprodukt) ist außerordentlich ungleichmäßig verteilt. In den westlichen Industrieländern wohnen 843 Millionen Menschen; das sind 16 Prozent der Weltbevölkerung von rund 5,2 Milliarden Menschen. Aber sie haben weit über die Hälfte – 57 Prozent – des Welt-Einkommenskuchens zu ihrer Verfügung. Die fast vier Milliarden Menschen in den Entwicklungsländern – 76 Prozent der Weltbevölkerung – müssen mit 30 Prozent des Welt-Einkommens vorliebnehmen. Quelle: Globus

### Der Welthandel

Ca. 70 % der Weltexporte werden von den Industrieländern getätigt. Der Anteil der Entwicklungsländer (einschließlich der Ölstaaten) betrug 1988 20 %, die Ostblockländer (ehemalige) waren mit 10 % beteiligt. Dem Wert nach bestanden ca. 73 % der Ausfuhren aus Industrieprodukten, 14 % aus Agrargütern und 13 % aus mineralischen Rohstoffen. Der Handel unter den Entwicklungsländern (Süd-Süd-Handel) ist noch wenig entwickelt.

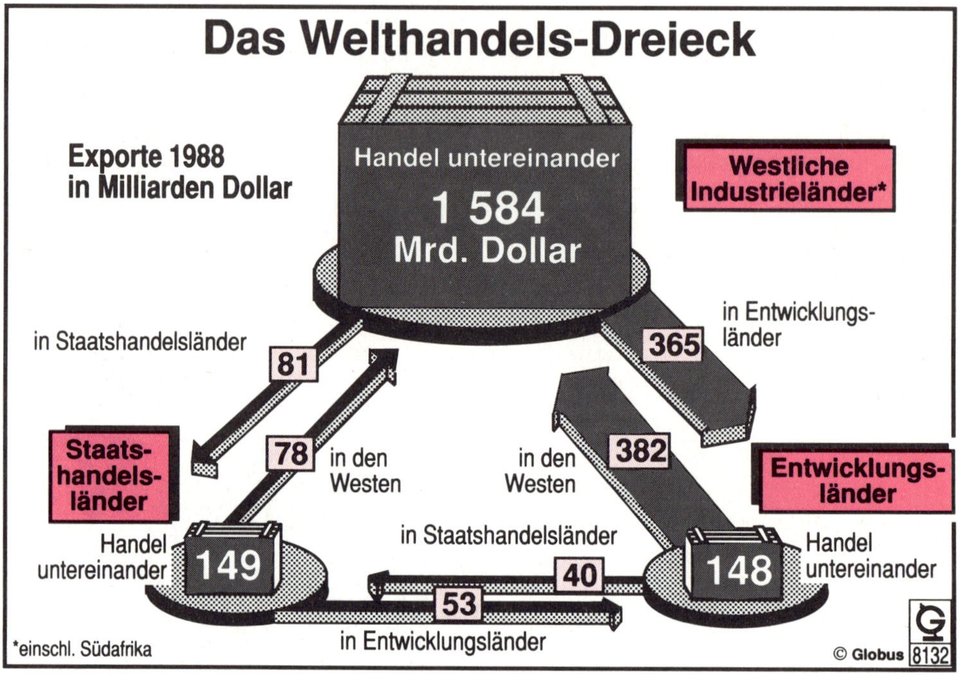


### Die Entwicklung der Rohstoffpreise

Das Verhältnis von Exportpreisen zu Importpreisen nennt man reales Austauschverhältnis oder **Terms of trade.** Eine **Verschlechterung** der Terms of trade bedeutet, daß ein Land **mehr** von seinen Produkten **exportieren** muß, **um gleich viel** Importgüter zu bezahlen (z. B. 1975 zahlten die Kaffeeländer für 1 Barrel Erdöl 7 kg Kaffee, 1982 bereits 14 kg Kaffee). Bei den meisten Entwicklungsländern hängt die Kaufkraft der Exporte vom Verhältnis der Preise **weniger** Rohstoffe zu den Preisen der Einfuhren, die meist aus Industrieprodukten bestehen, ab. In den achtziger Jahren sanken die Preise vieler Rohstoffe (ohne Öl) auf das niedrigste Niveau seit 1945. Der Terms-of-trade-Verlust der Entwicklungsländer von 1985 auf 1986 entsprach einem Wertverlust von 66 Mrd. Dollar und einem entsprechenden Gewinn für die Industrieländer. Durch die Verschlechterung der Terms of trade erleiden diese Länder Verluste, die die erhaltene Entwicklungshilfe übersteigen. Andererseits sind manche Erfolge der Industrieländer bei der Inflationsbekämpfung auf den Rohstoffpreisverfall zurückzuführen.


3992458

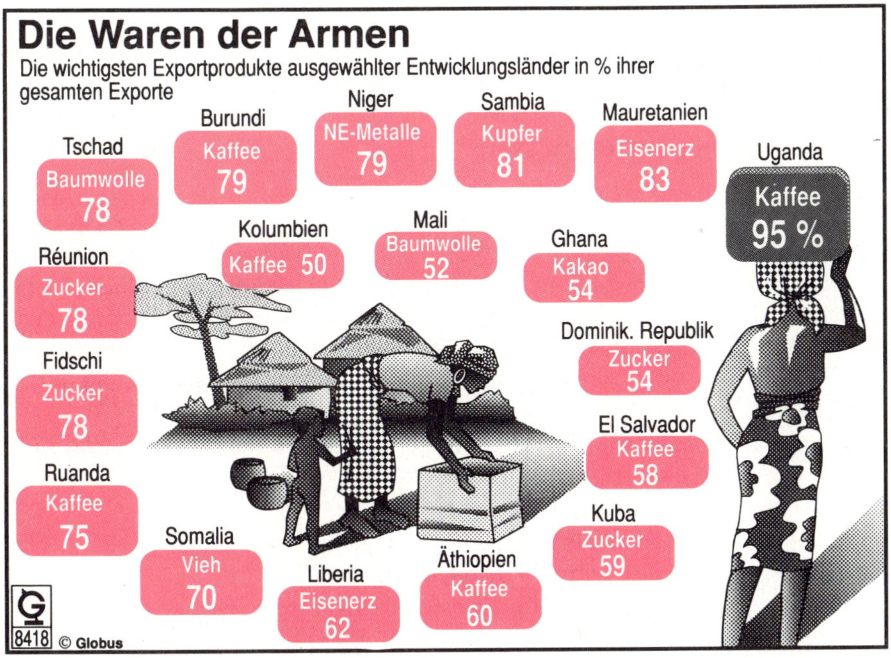


**Veränderung der Exportpreise und der Terms of trade, 1965 bis 1987 (durchschnittliche jährliche Veränderung in %)**

| Ländergruppe | 1965–73 | 1973–80 | 1980–84 | 1985 | 1986[1] | 1987[2] |
|---|---|---|---|---|---|---|
| *Veränderung der Exportpreise* | | | | | | |
| Entwicklungsländer | 6,4 | 14,0 | – 3,2 | – 4,0 | – 6,4 | 12,2 |
| Industrieprodukte | 7,2 | 8,1 | – 2,7 | – 1,1 | 12,0 | 10,9 |
| Nahrungsmittel | 5,3 | 9,1 | – 2,3 | – 9,8 | 4,9 | – 4,3 |
| Sonstige Agrarprodukte | 4,5 | 10,3 | – 4,1 | – 13,8 | 0,1 | 23,8 |
| Metalle und Mineralien | 2,5 | 4,7 | – 5,2 | – 5,5 | – 4,2 | 13,2 |
| Brennstoffe | 8,0 | 27,1 | – 4,0 | – 3,5 | – 47,2 | 23,9 |
| Ölexporteure mit hohem Einkommen | 7,6 | 26,9 | – 4,1 | – 2,6 | – 45,3 | 20,8 |
| Industrieländer | | | | | | |
| Insgesamt | 4,8 | 10,4 | – 3,5 | – 0,6 | 13,9 | 8,4 |
| Industrieprodukte | 4,6 | 10,8 | – 3,4 | 0,9 | 19,8 | 9,4 |
| *Veränderung der Terms of trade* | | | | | | |
| Entwicklungsländer | 0,7 | 1,6 | – 0,9 | – 2,3 | – 7,3 | 0,6 |
| Länder mit niedrigem Einkommen | 1,7 | – 2,5 | 0,0 | – 3,6 | – 2,0 | 0,5 |
| Länder mit mittlerem Einkommen | 0,6 | 2,2 | – 1,0 | – 2,1 | – 7,9 | 0,4 |
| Ölexporteure | 0,0 | 10,0 | – 1,8 | – 3,1 | – 38,7 | 9,3 |
| Exporteure von Industrieprodukten | 1,8 | – 2,7 | 0,3 | – 0,4 | 3,9 | – 2,4 |
| Hochverschuldete Länder | 1,4 | 3,5 | – 0,7 | – 2,3 | – 14,3 | – 0,5 |
| Afrika südlich der Sahara | – 8,4 | 4,8 | – 1,4 | – 5,9 | – 23,5 | 1,1 |
| Ölexporteure mit hohem Einkommen | 0,3 | 13,4 | – 2,3 | – 2,2 | – 49,1 | 7,6 |
| Industrieländer | – 1,0 | – 3,0 | 0,1 | 1,7 | 9,5 | – 0,1 |

1 geschätzt 2 Projektion

Quelle: Weltbank, Weltentwicklungsbericht 1988

Die Verschlechterung der Terms of trade während der achtziger Jahre traf Afrika südlich der Sahara und Lateinamerika am härtesten. Der Preisrückgang machte im Jahre 1989 im Durchschnitt 33 % gegenüber dem Jahr 1980 aus.

## Die Verschuldung der Dritten Welt

Die Verschuldung der Entwicklungsländer gegenüber dem Ausland ist auf astronomische Höhen angewachsen. Neue Kredite müssen aufgenommen werden, um die Zinsen für die Altschulden bezahlen zu können. Der Schuldenberg wächst weiter, die Länder geraten in die **Schuldenspirale.** Gerät ein Entwicklungsland in die Zahlungsunfähigkeit, schalten Gläubigerland und Gläubigerbank eine übergeordnete Behörde, den **Internationalen Währungsfonds** (IWF), ein. Dieser verschreibt dem Schuldnerland harte Sparmaßnahmen als Bedingung für neue Kredite zur Tilgung der alten und Verringerung der neuen Schulden, z. B.

- Lohnstopp (bei steigenden Preisen sinkt die inländische Kaufkraft),
- Senkung der Sozialausgaben (betrifft auch Schulen, Krankenhäuser, soziale Einrichtungen),
- Abbau von Subventionen zur Verbilligung von Nahrungsmitteln, (betrifft hauptsächlich die ärmsten Schichten),
- Abwertung der Währung (Importpreise steigen, Exportpreise sinken).

Die **harten Auflagen des IWF** werden von Regierungen zunehmend kritisiert. An sich sollen sie die Zahlungsbilanzsituation der Schuldnerländer verbessern, doch die Kaufkraftverschlechterung der Bevölkerung haben zu Arbeitslosigkeit, Verarmung und Konkurs kleiner und mittlerer Unternehmen in vielen Entwicklungsländern geführt.

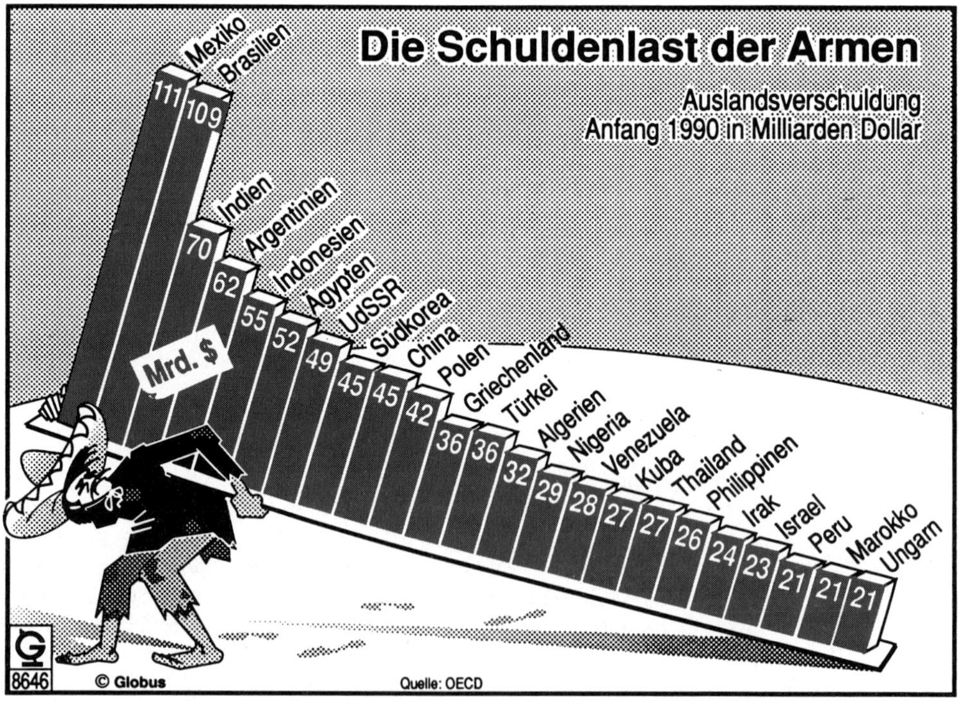

**Spirale der Armut**

Der billionenschwere Schuldendruck auf den armen Ländern der Welt hat im vergangenen Jahr kaum nachgelassen. Besonders viele hoch verschuldete Länder finden sich in Lateinamerika – so Mexiko mit 91 Milliarden Dollar, Brasilien mit 117 und Argentinien mit 53,8 Milliarden Dollar. Ein nennenswerter Abbau des Schuldenbergs ist nicht in Sicht. Im Gegenteil: Viele Länder stecken in einer Schuldenspirale; sie müssen neue Kredite aufnehmen, um die Zinsen für alte Kredite bezahlen zu können. Harte Sparmaßnahmen und verstärkte Exportanstrengungen sollen einen Weg aus der Armut weisen. Doch die Erfahrungen zeigen, daß die Erfolgsaussichten solcher Maßnahmen begrenzt sind. Bergen die Sparmaßnahmen oft sozialen Sprengstoff in sich, so stoßen die Exportbemühungen schnell an die Handelsgrenzen, die die industrialisierten Ländern gezogen haben, um die eigene Wirtschaft vor unliebsamer Konkurrenz zu schützen. Quelle: Globus

## Ursachen

Die Ursachen der Schuldenkrise sind komplex. Verschiedene ineinandergreifende Entwicklungen haben die Krise herbeigeführt. Vereinfacht dargestellt lassen sich die Zahlungsschwierigkeiten auf vier Ursachen zurückführen:

- Die beiden Ölpreissteigerungen von 1973/74 und 1979/80 führten bei zahlreichen Entwicklungsländern zu Rekorddefiziten in der Zahlungsbilanz und bescherten den Ölproduzenten unter ihnen gewaltige Überschüsse. Die Defizite wurden mit Auslandskrediten gedeckt, die Überschüsse dienten zur Stützung der Währung, der Schuldentilgung, wurden fehlverwendet oder verschwanden auf Privatkonten.
- Die Entwicklungsländer importieren mehr als sie exportieren und finanzieren die Importzunahme mit Krediten. Die Industrieländer, die an neuen Absatzmärkten interessiert sind, sichern ihre Exportkredite durch Versicherungen oder Bürgschaften ab (in Deutschland: die HERMES Kreditversicherungs-AG). So flossen in der Vergangenheit die Mittel reichlich in die Dritte Welt.
- Die Verschlechterung der Terms of trade.
- Reiche Oberschichten und Firmen in den verschuldeten Entwicklungsländern bringen ihr Vermögen geheim ins Ausland (z. B. in die USA, Schweiz), um sich vor Währungsverfall und wirtschaftlichen und politischen Krisen zu schützen. Ein Großteil der im Inland benötigten Auslandskredite fließt somit als Fluchtkapital in die Ursprungsländer zurück.

**Drehtür-Effekt**

Viele Entwicklungsländer befinden sich in einer Zwickmühle. Einerseits brauchen sie dringend Kapital, um ihre schlechte wirtschaftliche Lage durch Investitionen nachhaltig verbessern zu können. Andererseits ist es eben diese schlechte Wirtschaftslage, die viele einheimische Kapitalbesitzer dazu veranlaßt, ihr Geld außer Landes in Sicherheit zu bringen. Das zeigt sich besonders deutlich in vielen lateinamerikanischen Ländern. Mexiko beispielsweise hat Auslandsschulden in Höhe von 100 Milliarden Dollar (in den Jahren 1977–1988); zugleich haben einheimische Mexikaner 84 Milliarden Dollar im

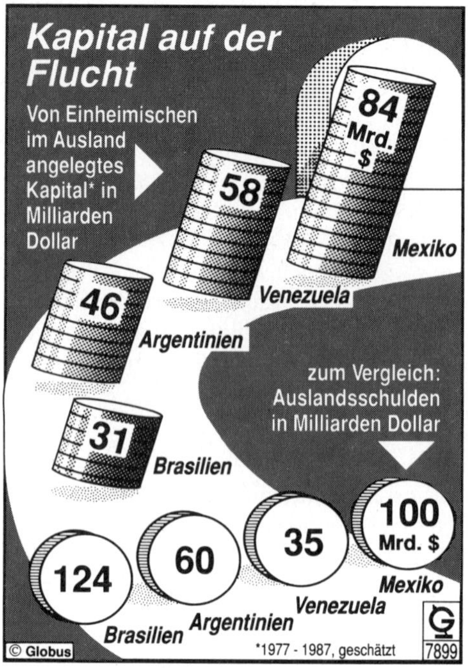


Ausland angelegt. Natürlich fragen sich ausländische Kreditgeber, welchen Sinn es haben kann, Mexiko neue Kredite zu geben, wo doch in einer Art Drehtür-Effekt der größte Teil davon wieder zurückkommt. Und wenn die Mexikaner selbst kein Vertrauen zu ihrer wirtschaftlichen Zukunft haben – wie können sie dann solches Vertrauen von ausländischen Kreditgebern erwarten? Quelle: Globus

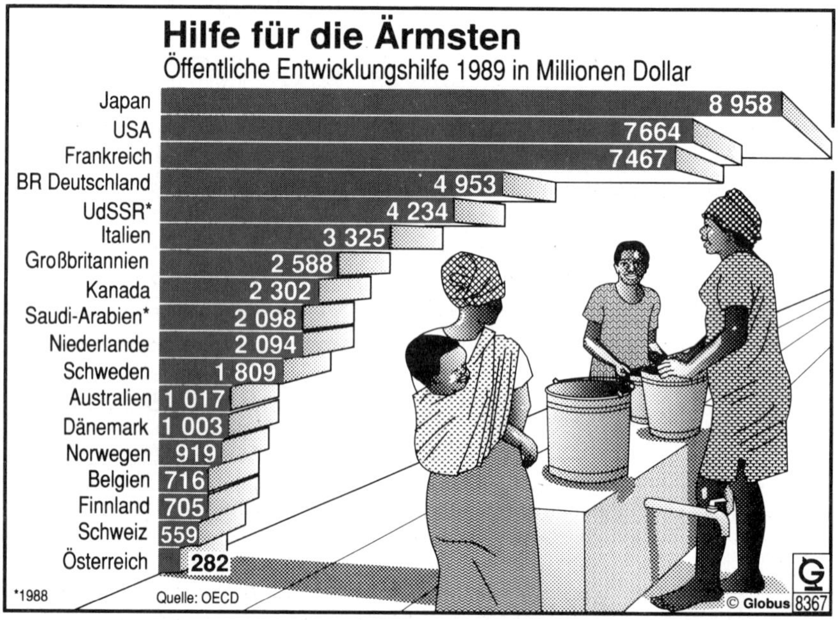


Ganz anders sieht die Reihenfolge allerdings aus, wenn die Geberländer ihre Entwicklungshilfe-Zahlungen an ihrer Wirtschaftskraft messen lassen. Dann setzen sich Norwegen, Dänemark und Schweden mit jeweils rund einem Prozent ihres Bruttoinlandsprodukts an die Spitze der Entwicklungshelfer, während Japan lediglich 0,32 Prozent seiner Wirtschaftsleistung für die Ärmsten der Welt abzweigt. Quelle: Globus



3992462

Eine Reihe von Entwicklungsländern (die Gruppe der 77) fordert die Einführung einer **neuen Weltwirtschaftsordnung,** die gerechtere Rohstoffpreise garantiert und eine Industrialisierung ihrer Länder ermöglichen soll. Im einzelnen fordern sie:

- eine Veränderung der kolonialen Arbeitsteilung Rohstoffe gegen Industriewaren,
- den Abbau der vielfältigen Zoll- und Handelshemmnisse, die Öffnung der Märkte der Industrieländer für Waren aus dem Süden,
- die Bindung der Rohstoffpreise an die Industriepreise,
- mehr Mitbestimmung im IWF und in der Weltbank bei der Kreditvergabe, Umschuldung und Schuldenerlaß,
- mehr und bessere Entwicklungshilfe: Die Geberländer sollen 1 % ihres Bruttosozialproduktes als öffentliche Entwicklungshilfe leisten.

(nach: Dritte Welt. Der Weg in die Armut, Hrsg.: Aktion Dritte Welt/Informationszentrum 3. Welt, Oktober 1988)

## 11.7 Überstaatliche Zusammenschlüsse und Konferenzen

### GATT

Das **Allgemeine Zoll- und Handelsabkommen** (General Agreement on Tariffs and Trade – GATT) wurde 1947 von 23 Nationen (heute 100) gegründet. Nach dem Zweiten Weltkrieg ist man zu der Überzeugung gelangt, daß nur ein freier Warenaustausch auf dem Weltmarkt für die beteiligten Länder zu Wirtschaftswachstum und Wohlstand führt. Das GATT will die **Handelsschranken abbauen** und **Handelsbeziehungen weltweit ausweiten** und dabei auch die Interessen der Entwicklungsländer berücksichtigen. Heute werden 90 % des Welthandels nach den GATT-Regeln abgewickelt, die Zölle werden weltweit gesenkt, so daß der Welthandel seit den fünfziger Jahren auf das Achtfache wuchs.

***Zentrale Prinzipien des GATT sind:***
***Allgemeine Meistbegünstigung, d. h. z. B. wenn sich zwei Staaten für ein Produkt auf niedrige Zölle einigen, so gilt der gesenkte Zollsatz auch für alle anderen Mitgliederländer. Abbau von Zöllen. Beseitigung mengenmäßiger Beschränkungen.***

**Handelshürden** dürfen ausnahmsweise dann aufgebaut werden, wenn die Wirtschaft eines Landes ernsthaft bedroht ist. Nachdem sich der internationale Wettbewerb verschärfte und sich Konjunktureinbrüche (besonders nach den Ölpreisschocks in den 70er und 80er Jahren) bemerkbar machten, griffen viele Länder zu neuen Maßnahmen, Handelshemmnisse aufzubauen: Es sind die **„nichttarifären Handelshemmnisse"** (NTH), die auf einzelne Wettbewerber oder Produktgruppen abzielen und die nicht beim GATT angezeigt werden müssen.

Zu den **nichttarifären Handelshemmnissen** gehören:

- **Subventionen,** die der inländischen Wirtschaft gegenüber dem Ausland Wettbewerbsvorteile verschaffen sollen.

  **Beispiele:** *In fast allen Ländern ist der Agrarhandel praktisch vom freien Welthandel ausgeklammert, massive Subventionen für die Landwirtschaft sind die Regel; Exportsubventionen sind u. a. im Schiffsbau üblich. Mit Ausfuhrerstattungen sollen die hohen EG-Preise auf das Preisniveau des Weltmarktes heruntersubventioniert werden, eine Exportförderung von Agrarerzeugnissen zu Lasten des Steuerzahlers. Mit Einfuhrabschöpfungen werden die Importpreise von Agrarprodukten, die in die EG wollen, auf EG-Preisniveau angehoben.*

- **Produktstandards** (technische Normen) oder **Vorschriften,** die von ausländischen Wettbewerbern kaum zu erfüllen sind.

  **Beispiel:** *Bei Nahrungsmitteln strenge medizinische Vorschriften.*

- **Selbstbeschränkungsabkommen,** bei denen sich einzelne Länder bereiterklären, ihre Exporte von Produktgruppen zu beschränken.

  **Beispiele:** *In dem Welttextilabkommen, das 1986 ausgelaufen ist, hatte die EG 30 Abkommen mit Textil- und Bekleidungsexporteuren in Asien, Lateinamerika und dem damaligen Ostblock ausgehandelt. Ziel der Vereinbarungen: Schutz der heimischen Textilindustrie vor Billigimporten. Andere Abkommen betreffen Stahlprodukte, Automobile, elektronische Geräte, Agrarprodukte.*

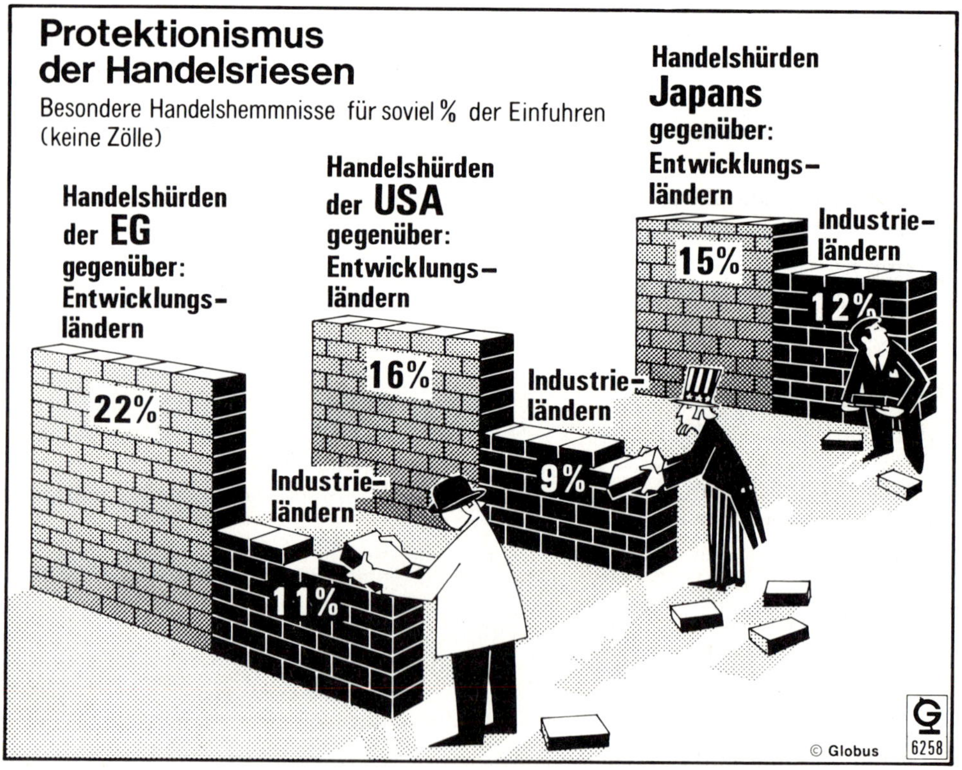

Die Aufgabe der nächsten GATT-Konferenz besteht darin, diese Rückwärtsentwicklung in den neunziger Jahren zu stoppen.

**Folgen für den Welthandel**

- Nach Schätzungen des GATT waren 40 % des Welthandels von Handelshemmnissen betroffen. Die NTHs trafen die Importe
  - von Eisen und Stahl (62 %),
  - Bekleidung (59,6 %),
  - Agrarprodukte (44,1 %).

**Folgen für die Entwicklungsländer**

- Nach Schätzungen der Weltbank wären die Exporte dieser Länder ohne Handelshemmnisse 30 Milliarden höher gewesen. Das entspricht ungefähr dem Betrag der Entwicklungshilfe, den die großen Industrienationen zwischen 1980 und 1984 zahlten.

## Internationaler Währungsfonds (IWF)

Im IWF, der 1944 gegründet wurde, waren bis Mitte der 80er Jahre 151 Staaten Mitglied, davon 117 Länder der Dritten Welt. In den IWF zahlen die Länder entsprechend ihrer wirtschaftlichen und finanziellen Stärke **(Quoten)** Geld ein. Der IWF vergibt Kredite, damit die Defizite in den Zahlungsbilanzen der Länder ausgeglichen werden. Die Höhe der möglichen Kredite **(Ziehungen)** hängt mit der eingezahlten Quote zusammen. Allerdings hat in den achtziger Jahren der IWF die Kreditmöglichkeiten für die Entwicklungsländer erweitert, um ihre wirtschaftliche Lage zu erleichtern.

Die Zahlungsbilanz eines Entwicklungslandes kann u. a. deshalb ein Defizit aufweisen, weil

- es für importierte Waren mehr Geld bezahlen muß als es für seine Exporte erlöst (die Terms of trade haben sich für dieses Land ungünstig entwickelt),
- es für Tilgung und Zinsen für Altschulden mehr bezahlen muß als es für exportierte Güter und Dienstleistungen erhält.

**Der IWF hat daneben die Aufgabe,**

- für die Stabilität der Währungen und
- eine Verbesserung der internationalen Zusammenarbeit

zu sorgen.

Zu den Prinzipien des IWF zählt, daß mit jedem einzelnen Schuldnerland gesondert verhandelt wird, ein globaler Schuldenabbau also nicht zugelassen wird. Voraussetzung für die Auszahlung des Zahlungsbilanzkredits (in Raten) ist, daß sich das Schuldnerland bestimmten **Bedingungen** („Anpassungsvorschläge") des IWF unterwirft, z. B.

- **Abwertung der Inlandswährung** (Importdrosselung und Exportankurbelung),
- **Verringerung der Staatsausgaben** (z. B. Streichung von Subventionen für Nahrungsmittel, Einschränkung von öffentlichen Dienst- und Sozialleistungen, Entlassungen im öffentlichen Dienst),
- **Senkung der Reallöhne** (d. h. die Lohnerhöhungen bleiben unterhalb der Inflationsrate, was zu Konsumverzicht führt).

Die Politik des IWF wird in der Öffentlichkeit konträr diskutiert. Hier einige Argumente:

**Pro-Stimmen:**

Der IWF kann keine Blankoschecks ausstellen, wenn er Kredite zur Wiederherstellung der Zahlungsfähigkeit vergibt. Der IWF muß als Buhmann herhalten für unpopuläre Maßnahmen, die dem Land ohnehin nicht erspart geblieben wären. Die Schuldner wälzen die Verantwortung auf einen Sündenbock ab, um von ihrem Versagen abzulenken.

**Contra-Stimmen:**

IWF-Programme schwächen die Massenkaufkraft, so daß die Kapitalbesitzer im Inland keinen Anlaß für Investitionen sehen. Ein Ansteigen der Konkurse und der Arbeitslosigkeit ist die Folge. Die Armen werden durch Kürzung der Subventionen für Grundnahrungsmittel und soziale Dienstleistungen noch ärmer. Kranke können sich keine Medikamente und keinen Arzt mehr leisten, weil die sozialen Dienste verteuert wurden. Kinder können nicht mehr zur Schule gehen, weil die Schulgebühren verteuert wurden. Scharen von Kleinbauern und Landarbeitern werden in die Städte getrieben, die durch Kriminalität immer unsicherer werden.

Willy Brandt faßte die Problematik zusammen:

„Wenn der IWF kommt, ist es schlimm; kommt er nicht – oder zu spät –, ist es noch schlimmer."

## Weltbank

Die Internationale Bank für Wiederaufbau und Entwicklung (International Bank for Reconstruction and Development – IBRD) zählt zu den wichtigsten Kreditgebern der Entwicklungsländer. Zusammen mit der Internationalen Entwicklungsorganisation (IDA = International Development Association) werden hauptsächlich Kredite für Projekte der Grundbedürfnisbefriedigung vergeben, z. B.

- ländliche Entwicklung,
- Stromversorgung, Wasserversorgung,
- Verkehrswesen, Erziehungswesen,
- Gesundheit/Ernährung.

Die Kredite werden langfristig (15–20 Jahre) vergeben und überwiegend aus Mitteln finanziert, die die Bank auf den internationalen Kapitalmärkten aufnimmt. Als Sicherheit dient das Kapital der Mitgliedsländer.

## OECD

Die Organisation für wirtschaftliche Zusammenarbeit und Entwicklung (Organization for Economic Cooperation and Development) verfolgt folgende **Ziele:**

- Ausweitung des Welthandels,
- Steigerung des Lebensstandards ihrer Mitgliedstaaten unter Wahrung der finanziellen Stabilität,
- Förderung des Wirtschaftswachstums in den Mitgliedstaaten und den Entwicklungsländern.

**Aufgaben der OECD:**

- Zusammenarbeit in der allgemeinen Wirtschafts- und Währungspolitik,
- Koordinierung der Hilfe für die Entwicklungsländer sowie hilfsbedürftige OECD-Länder (z. B. Türkei),
- Behandlung von politischen und technischen Problemen etwa im Energie-, Verkehrs-, Agrar- und Arbeitsmarktbereich.

Zur OECD gehören: Australien, Belgien, Bundesrepublik Deutschland, Dänemark, Finnland, Frankreich, Griechenland, Großbritannien, Irland, Island, Italien, Japan, Kanada, Luxemburg, Neuseeland, Niederlande, Norwegen, Österreich, Portugal, Schweden, Schweiz, Spanien, Türkei und USA.

### OPEC

Organisation der Erdöl exportierenden Länder (Organization of the Petroleum Exporting Countries); Mitglieder: Algerien, Ecuador, Gabun, Indonesien, Irak, Iran, Katar, Kuwait, Libyen, Nigeria, Saudi-Arabien, Venezuela und die Vereinigten Arabischen Emirate. Es handelt sich um ein Produktionskartell zur Stabilisierung des Marktes und der Preise. Die 13 Mitglieder haben sich mit dem Ziel zusammengeschlossen, Nachfrage und Fördervolumen „zur Sicherung eines gerechten Einkommens" zu regeln.

1973/74: erste große Ölpreiserhöhung durch das OPEC-Kartell; 1979/80: zweite Ölpreiserhöhung; Anfang der 80er Jahre: Rückgang der Öleinnahmen infolge Überangebots (sinkender Bedarf in der Weltrezession; Energiesparpolitik; Konkurrenz anderer Anbieter: Mexiko, Großbritannien, Norwegen).

## Zusammenfassung

1. **GATT:** Allgemeines Zoll- und Handelsabkommen
   Ziele: Abbau von Handelsschranken und Zöllen, Förderung von weltweiten Handelsbeziehungen.
2. **IWF:** Internationaler Währungsfonds
   Aufgabe: finanzielle Hilfe bei Zahlungsbilanzstörungen (Voraussetzung: wirtschaftliches Stabilisierungsprogramm des Mitgliedslandes).
3. **Weltbank:** Internationale Bank für Wiederaufbau und Entwicklung
   Ziele: Förderung der wirtschaftlichen Entwicklung in den Entwicklungsländern durch finanzielle und andere Hilfen (z. B. technische Hilfe, Beratung in wirtschaftlichen und technischen Fragen).
4. **OECD:** Organisation für wirtschaftliche Zusammenarbeit und Entwicklung
   Ziel: internationale Zusammenarbeit der marktwirtschaftlich ausgerichteten Volkswirtschaften (Stabilität, Wachstum, Vollbeschäftigung, Zahlungsbilanzgleichgewicht, Energie).
5. **OPEC:** Organisation der Erdöl exportierenden Länder
   Ziel: Absprache von Preisen und Förderungen von Erdöl zwischen den Mitgliedsländern.

## Aufgaben

1. Untersuchen Sie: Inwieweit trägt Armut in der Dritten Welt zur Umweltzerstörung bei, in welchem Maße wirkt das auf die Lebensbedingungen in den Industrieländern zurück? Welche Bedeutung hat das Wirtschaftswachstum an der Umweltbelastung?
2. Nehmen Sie Stellung zu folgender Nachricht aus dem Spiegel, Nr. 33 vom 13.08.1984, S. 85: Arroganz über den Kinderreichtum der Dritten Welt steht den Industriestaaten schlecht an. Denn obwohl die Geburtenrate bei ihnen rapide zurückging, ist das „Bevölkerungswachstum in den USA das gefährlichste auf der Welt", behauptete der amerikanische Bevölkerungsexperte Paul Ehrlich: „Durch ihre Verschwendungswirtschaft richten 50 Millionen zusätzlicher Amerikaner auf dem Planeten soviel Schaden an wie 2 Milliarden Menschen mehr in den Entwicklungsländern."

3. Erläutern Sie die folgende Abbildung in bezug auf die Bevölkerungsexplosion.

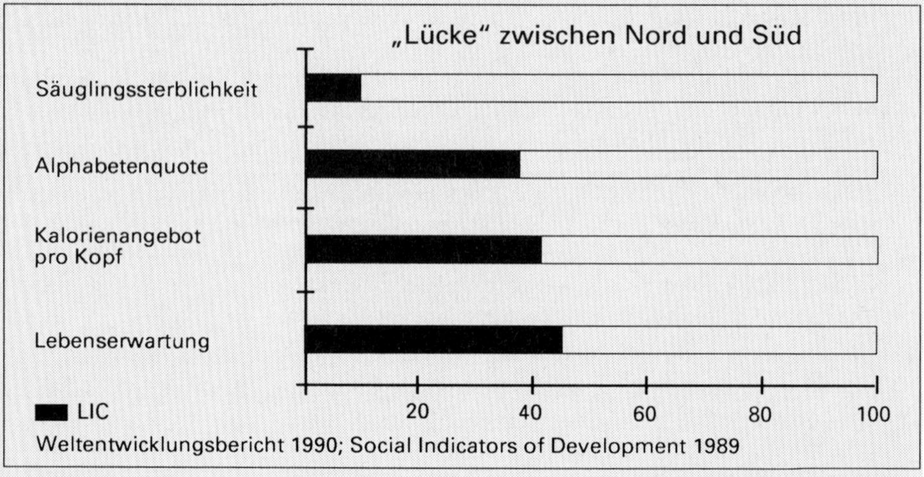


aus: Franz Nuscheler: Lern- und Arbeitsbuch Entwicklungspolitik, Bonn 1991

4. Was sind Terms of trade? Welche Rolle spielen sie im internationalen Handel, und welche Bedeutung haben sie für die Entwicklungsländer?
5. Warum fordern die Entwicklungsländer, daß die Preise für ihre Produkte entsprechend den Industriegüterpreisen angepaßt werden?
6. Kommentieren Sie die folgende Grafik:

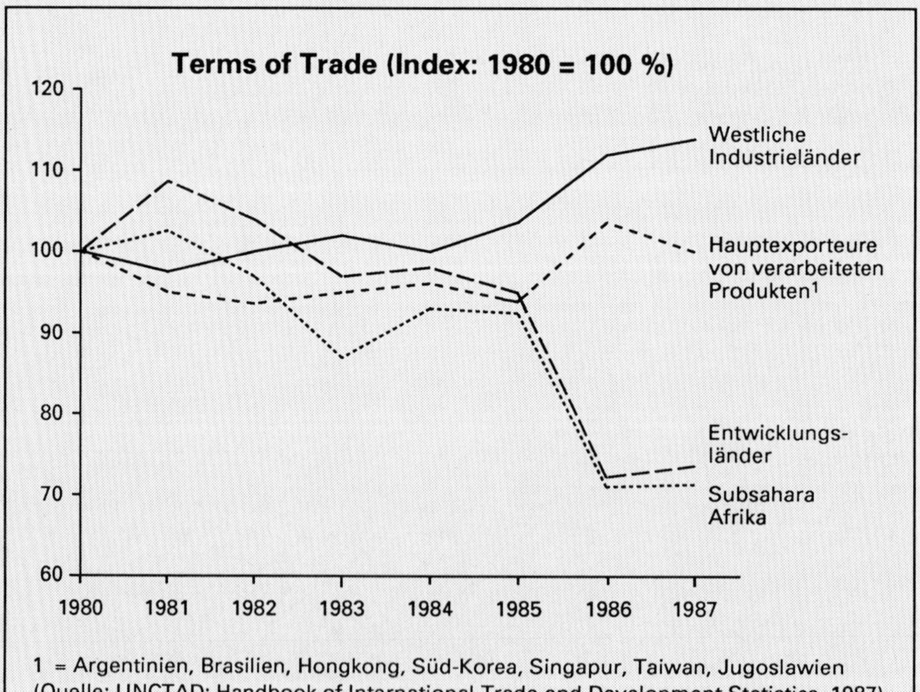


1 = Argentinien, Brasilien, Hongkong, Süd-Korea, Singapur, Taiwan, Jugoslawien
(Quelle: UNCTAD: Handbook of International Trade and Development Statistics, 1987)

7. Warum sind Bevölkerungsexplosion und Armut so eng miteinander verbunden? Worin könnten Lösungen bestehen?
8. Nehmen Sie Stellung zu der These: „Die vom Nord-Süd-Gefälle ausgehende Friedensgefährdung liegt nicht in der Gefahr eines militärischen Nord-Süd-Zusammenstoßes, sondern im Konfliktpotential von Hunger, Klassenkämpfen, Staatskrisen, von inner- und zwischenstaatlichen Verteilungskämpfen und Massenfluchtbewegungen."

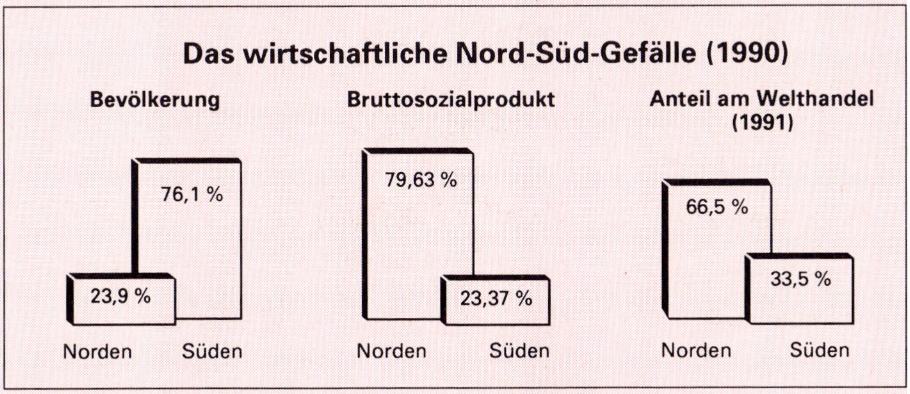


9. Welche Rolle spielt die Kluft innerhalb der Entwicklungsländer?
10. Welche Ursachen und welche globalen Folgen hat die Zerstörung der tropischen Regen- und Feuchtwälder?
11. Welche Vorteile hat ein Weltmarkt, der frei ist von irgendwelchen Handelshemmnissen?
12. Warum spricht man vom süßen Gift des Protektionismus?
13. Welche Wirtschaftseinheiten haben in der Bundesrepublik Deutschland Vor- und Nachteile von den NTHs?
14. Warum erleidet die Dritte Welt Verluste, wenn die Industrieländer ihre Märkte abschotten?
15. Welche Aufgaben haben IWF und Weltbank?
16. Welcher Kritik müssen sie sich aussetzen?

## Die EG (Europäische Gemeinschaft)

### Gründung der EG

**1951** begann die europäische Einigung mit der Unterzeichnung des Vertrages über die Gründung der **Europäischen Gemeinschaft für Kohle und Stahl (EGKS),** auch Montanunion genannt. Die Gründungsmitglieder waren die Bundesrepublik Deutschland, Frankreich, Italien und die Beneluxstaaten (Belgien, Niederlande, Luxemburg). Man beabsichtigte, einen gemeinsamen Markt für Kohle, Eisen und Stahl zu schaffen, um die damals knappen Güter rationell unter die Mitgliedstaaten zu verteilen. Ende der fünfziger Jahre kam es zu einem Überangebot an diesen Gütern, so daß der Vertrag an Bedeutung verlor.

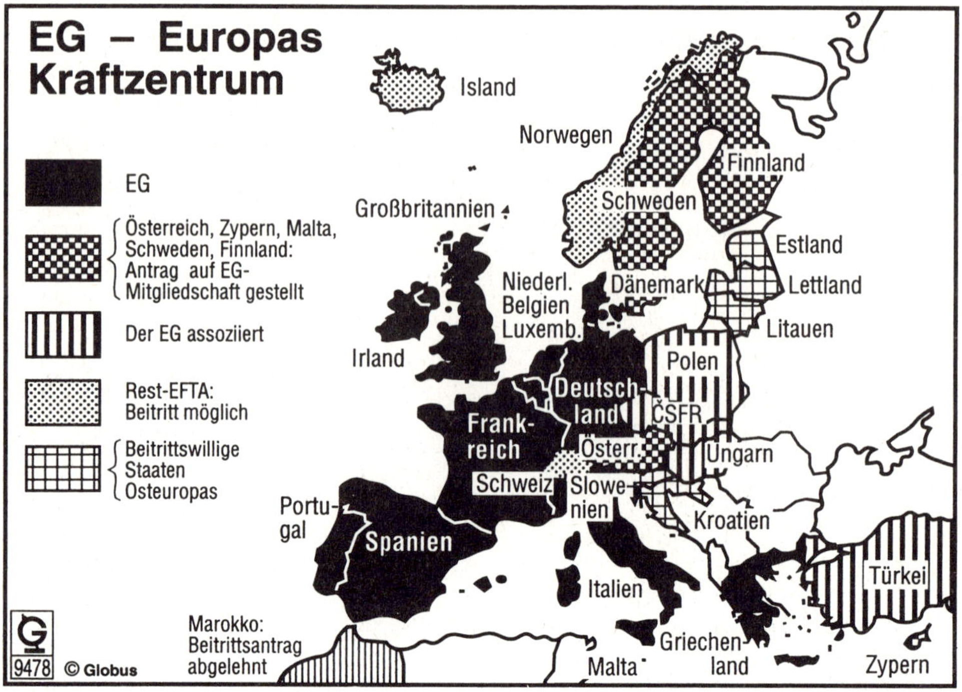


**1957** unterzeichneten die sechs Gründerstaaten die Römischen Verträge und schufen die **Europäische Wirtschaftsgemeinschaft (EWG)** und die **Europäische Atomgemeinschaft (EAG). 1967** wurden die drei Institutionen zur **Europäischen Gemeinschaft (EG)** zusammengeschlossen. **1973** traten Dänemark, Irland und Großbritannien der EG bei. Seit **1981** gehören Griechenland und seit **1986** Portugal und Spanien dazu.

Im Gegenzug zur Gründung der EG bildete sich 1960 die Europäische Freihandelszone (EFTA), zu der Dänemark, Norwegen, Österreich, Portugal, Schweden und die Schweiz gehörten. Schon bald suchte die EFTA eine Annäherung an die EG. **1992** schlossen die heutigen sieben EFTA-Staaten (Schweiz, Österreich, Liechtenstein, Finnland, Norwegen, Schweden und Island) mit der EG einen Vertrag zur **Schaffung eines gemeinsamen Wirtschaftsraumes (EWR).** Dieser Wirtschaftsraum, der ab 1. Januar 1993 gelten soll, zählt mit seinen 377 Millionen Menschen zu dem kaufkräftigsten Markt der Welt. Die folgenden vier Freiheiten, die ab 1993 auf die EG zutreffen, gelten mit zahlreichen Ausnahmen dann auch für die EFTA-Länder:

- **Freier Warenverkehr,**
- **freier Personenverkehr,**
- **freier Dienstleistungsverkehr,**
- **freier Kapitalverkehr.** (vgl. Der EG-Binnenmarkt)

Auch die osteuropäischen Staaten suchen nach dem Zusammenbruch des Kommunismus über Zwischenstufen (Assoziationsverträge) eine Annäherung an die EG.

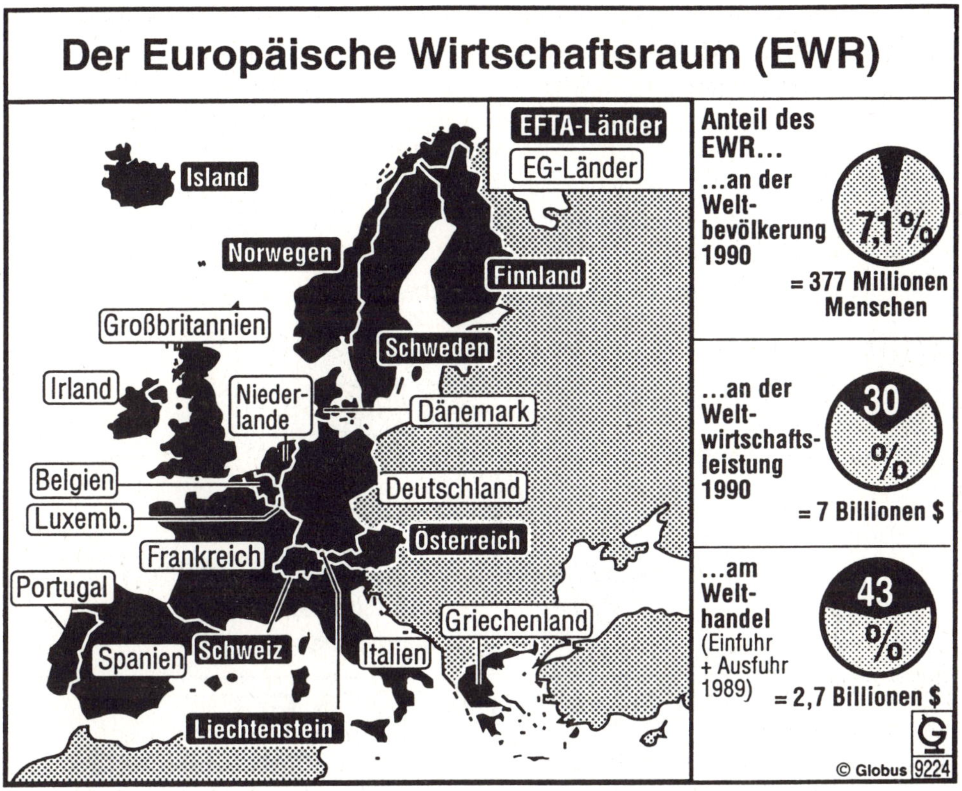


**Aufgaben und Ziele der EG**

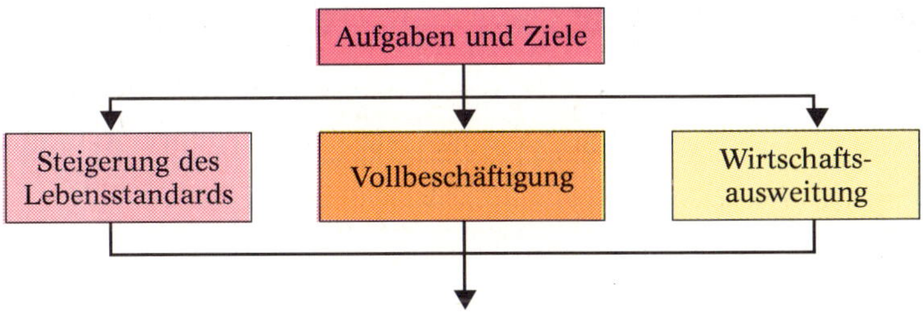


**durch die drei Gemeinschaften:**

**EAG: Förderung der Kernindustrie**

- Forschung und Verbreitung der Kenntnisse,
- Kontrollen,
- einheitliche Sicherheitsnormen,
- gemeinsamer Kernenergiemarkt u. a. m.

**EWG: Errichtung eines gemeinsamen Marktes**

- Abschaffung der Zölle und der mengenmäßigen Beschränkungen zwischen den EG-Staaten,
- Einführung eines gemeinsamen Zolltarifs gegenüber Drittländern,
- Rechtsangleichung,
- Niederlassungsfreiheit und Freizügigkeit für Unternehmen,
- freier Dienstleistungs- und Kapitalverkehr,
- gemeinsame Außenhandels-, Agrar- und Verkehrspolitik,
- Angleichung der nationalen Wirtschaftspolitik.

**EGKS: Rationelle Verteilung der Erzeugnisse**

- Sichere Versorgung des gemeinsamen Marktes mit Kohle, Eisen und Stahl,
- Preisregulierung,
- Förderung des Handels und der Investitionen u. a. m.

## Die Organe der EG

**Die hauptsächlichen Organe der EG sind:**

- **der Rat,**
- **die Kommission,**
- **das Parlament,**
- **der Gerichtshof.**

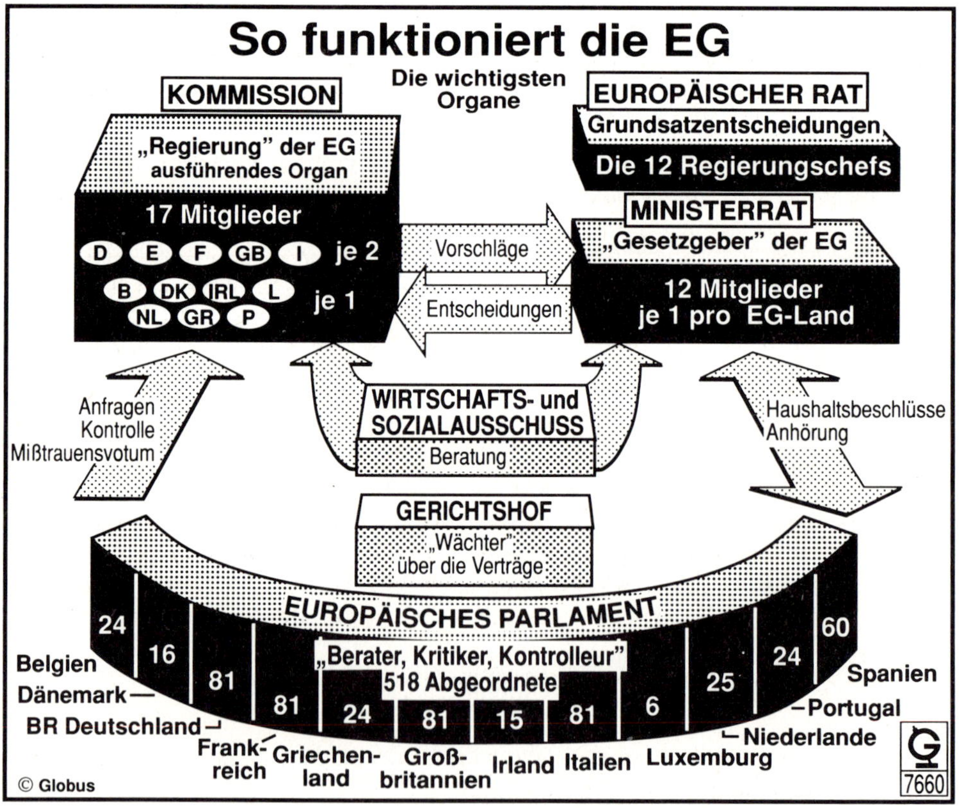




3992472

- Der **Rat** der EG (auch Ministerrat genannt) ist das eigentliche **Entscheidungsorgan.** Er setzt sich aus Ministern, meist den Fachministern, der Mitgliedstaaten zusammen. Diese bleiben Vertreter ihrer Regierungen und bringen bei den Beschlußfassungen ihre eigenen nationalen Interessen zum Ausdruck, z. B. bei der Festsetzung der Agrarpreise, über die Harmonisierung der Steuersätze.

- **Die Kommission** der EG (Sitz in Brüssel) sorgt für die Anwendung und Einhaltung der Bestimmungen. Sie ist das **ausführende Organ** (Exekutivorgan) und nur dem Interesse der Gemeinschaft verpflichtet. Sie kann Durchführungsverordnungen erlassen, beschlossene Gesetze durchsetzen und Bußgelder gegen Unternehmen verhängen, die gegen die EG-Bestimmungen verstoßen.

- Die Abgeordneten des **Europäischen Parlaments** (Sitz in Straßburg) sind keine Vertreter der Mitgliedstaaten, sondern **bilden Fraktionen** gemäß ihrer politischen Ausrichtung, z. B. sozialistische Fraktion, Fraktion der Christdemokraten usw.

Laut Vertrag hat das Europäische Parlament bestimmte **Kontrollrechte,** z. B. Fragerecht. Über das **Mißtrauensvotum** kann es die Kommission zum Rücktritt zwingen. Weder besitzt es gesetzgebende Gewalt, noch kann es eigene Gesetzesentwürfe vorlegen. Dieses Recht ist allein der Kommission vorbehalten. Bei der Verabschiedung des EG-Haushaltes (1990 ca. 98 Mrd. DM) hat das Parlament das Recht, den Haushaltsplan zu verabschieden oder ihn abzulehnen (so 1980 und 1985). Auf diese Weise kann es auf Sachentscheidungen einwirken. An den Beschlüssen des Rates hat das Parlament eine echte Mitwirkung. Das bisherige Verfahren der Anhörung wurde in Fragen der Herstellung des Binnenmarktes in ein Verfahren der Zusammenarbeit umgewandelt. Allerdings ist die absolute Mehrheit des Parlaments erforderlich, um einen Vorschlag des Rates oder der Kommission abzuändern (z. B. Abstimmung über den Vertrag zur Schaffung eines Europäischen Wirtschaftsraumes).

- Der **Europäische Gerichtshof** (EuGH) mit Sitz in Luxemburg sichert die Wahrung des Rechts bei der Auslegung und Anwendung der Verträge und entscheidet mit verbindlicher Wirkung gegenüber Mitgliedstaaten (z. B. Überprüfung des Vertrages zur Schaffung des EWR mit EG-Recht). Mit seinen Urteilen trägt er dazu bei, einheitliches europäisches Recht zu schaffen. Vor dem Gerichtshof können die Organe der EG und die Mitgliedstaaten klagen und verklagt werden. Der EuGH ist als internationales Gericht zugleich Verfassungsgericht, Verwaltungsgericht, Zivilgericht und Schiedsgericht.

## Der EG-Binnenmarkt

Das Ziel, einen gemeinsamen Markt zu schaffen, setzten sich die Gründungsstaaten der Europäischen Wirtschaftsgemeinschaft bereits 1957. Schon frühzeitig gelang im Agrarbereich **„der kleine Binnenmarkt".** Weniger erfolgreich war man bei der Beseitigung der **Hemmnisse** im freien Waren-, Personen-, Dienstleistungs- und Kapitalverkehr.

### Hürden auf dem Weg zum einheitlichen Binnenmarkt

**Beispiele:**

- unterschiedliche Mehrwertsteuersätze (von 12 % bis 25 %) und Verbrauchssteuern (z. B. bei Mineralölen, Tabak, Spirituosen),

- uneinheitliche Anforderungen an Produkte im Hinblick auf Umweltverträglichkeit, Verbraucherschutz, Gesundheits- und Sicherheitsschutz,
- Personenkontrollen an den Grenzen (z. B. Paß- und Zollkontrolle),
- unterschiedliche Rechtsvorschriften in bezug auf die Visapolitik, das Asylrecht, das Waffenrecht,
- unterschiedliche Besteuerung von Kapitalerträgen führt zu Steuerparadiesen (z. B. Luxemburg),
- unterschiedliche Anerkennung von beruflichen Befähigungsnachweisen (z. B. Berufsabschlüsse),
- unterschiedliches Arbeits- und Sozialrecht (z. B. Arbeitszeiten, sozialer Schutz, Arbeitssicherheit),
- unterschiedliche verkehrsspezifische Steuern und Abgaben (z. B. Kfz-Steuer, Autobahngebühren),
- unterschiedliche Umweltabgaben.

**Die Einheitliche Europäische Akte** (1987) stellt die erste grundlegende Reform der EG dar. Sie bezieht sich vor allem auf den EWG-Vertrag. Der Kern der Reform: Durch einen beschleunigten Plan soll bis Ende 1992 ein **einheitlicher europäischer Binnenmarkt** verwirklicht werden. Er umfaßt einen Raum ohne Binnengrenzen und stellt mit 324 Millionen Einwohnern (USA: 246 Mio., Japan: 123 Mio.) den größten Absatzmarkt der Welt dar. In ihm muß **der freie Verkehr von Waren, Personen, Dienstleistungen und Kapital gewährleistet sein.**

Vier Grundfreiheiten des Binnenmarktes

| freier Warenverkehr | freier Personenverkehr | Niederlassungs- und Dienstleistungsfreiheit | freier Kapitalverkehr |
|---|---|---|---|
| z. B. Abschaffung von Zöllen und Handelshemmnissen, Angleichung von Normen und Lebensmittelvorschriften, Steuerangleichung, Angleichung im Verbraucherschutz | z.B. Freizügigkeit der Arbeitnehmer, Niederlassungsfreiheit, Abschaffung der Grenzkontrollen, freie Berufswahl und Berufsausübung, gleicher Sozialversicherungsschutz u. a. m. | z. B. Diplomanerkennung, Angleichung von Transportbestimmungen, Angleichung des Versicherungsschutzes, Niederlassungsfreiheit der Kreditinstitute und Versicherungen | z. B. Angleichung der Besteuerung von Kapitalerträgen, freier Kapitalverkehr und Freiheit in der Kapitalanlage |

## Vorteile des Binnenmarktes

- Verbesserung der Wettbewerbsfähigkeit der EG gegenüber den Konkurrenten USA und Japan,
- erwarteter Rückgang der Verbraucherpreise um ca. 6 %,
- erwartete zusätzliche 1,8 Mio. Arbeitsplätze,
- Anstieg des Bruttosozialprodukts,

- engerer wirtschaftlicher, sozialer und politischer Zusammenhalt der Mitgliedstaaten,
- Stärkung der wirtschaftlichen Leistungsfähigkeit der Marktwirtschaft, besonders durch höhere Investitionen und Einkommensteuersenkungen.

Auch nach dem 01.01.1993 stehen wichtige wirtschaftliche **Probleme** zur Lösung an.

- die Angleichung der direkten und indirekten Steuern in den einzelnen Mitgliedstaaten,
- die Schaffung einer einheitlichen Währung,
- die Abstimmung auf eine einheitliche Wirtschaftspolitik (z. B. Geld- und Fiskalpolitik).

Ein wichtiger Schritt zur **Währungsunion** ist das Europäische Währungssystem (EWS). Es schafft stabile Wechselkurse zwischen den europäischen Währungen. Die Unterschiede zwischen währungsstarken und währungsschwachen Ländern werden ausgeglichen.

## Zusammenfassung

1. Organisation der EG

2. Zusammensetzung und Reform

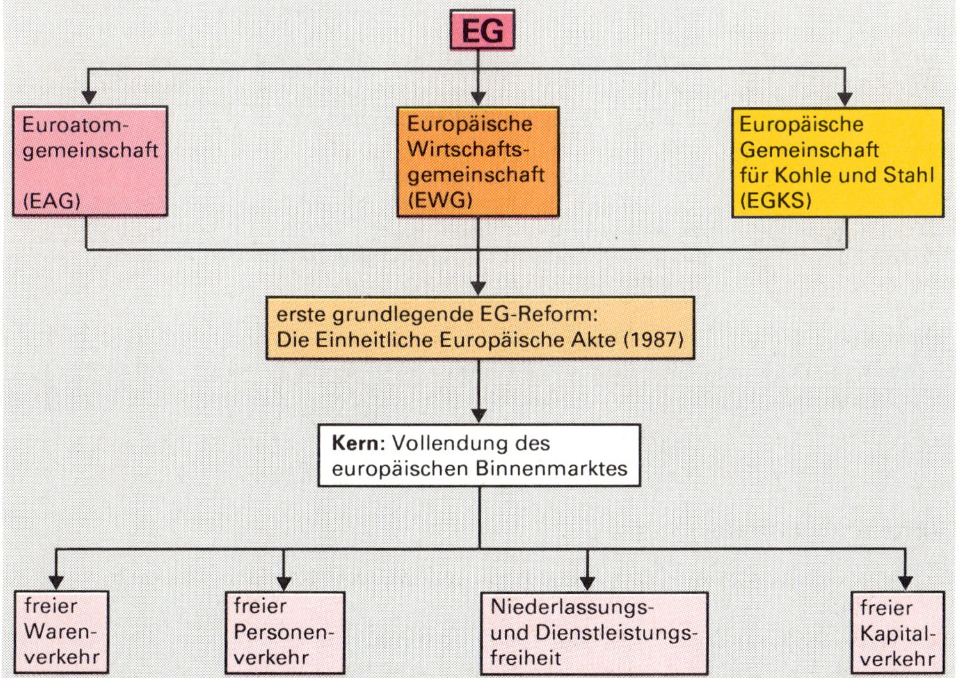


3. Erweiterung des Wirtschaftsraumes EG + EFTA = EWR (Europäischer Wirtschaftsraum)

## Aufgaben

1. Skizzieren Sie den zeitlichen Weg von der Montanunion bis zur Vollendung des Binnenmarktes.
2. Wie wirkt sich die europaweite Angleichung von Produktnormen auf die Kosten der Produktion aus?
3. Welche Bedeutung hat die Verwirklichung der vier Marktfreiheiten des einheitlichen Marktes
   a) für Ihren Ausbildungsbetrieb,
   b) für Sie persönlich als Verbraucher/in, Tourist/in, Arbeitnehmer/in, Nachfrager/in und umweltbewußter Bürger/in?
   Stellen Sie Ihre Ergebnisse in einer Übersicht dar.
4. Auf welches Problem weist der Text hin? Nennen Sie aus Ihrem persönlichen Erfahrungsbereich weitere Beispiele für unterschiedliche Dienstleistungen innerhalb der EG.

*Verbraucher fordern freie Wahl*

**Haftpflicht kennt kein „Europa 93"**

**Autoversicherungsprämien in der EG klaffen gewaltig auseinander**

**BRÜSSEL (vwd) – Zwischen den Prämien zur Haftpflichtversicherung für Autos liegen in den Ländern der Europäischen Gemeinschaft zum Teil Welten.**

Die Dachorganisation der Verbraucherverbände (BEUC) in der EG hat in einer Studie festgestellt, daß die Versicherungskosten in einigen Staaten bis zu zehnmal so hoch sind wie in anderen. Allerdings verwies sie auch darauf, daß Deckung und Leistung in den einzelnen Mitgliedsländern unterschiedlich sind.

Die Verbraucherverbände forderten daher die Brüsseler Behörde auf, den Autofahrern die Möglichkeit der freien Wahl ihrer Haftpflichtversicherung in allen Ländern der Gemeinschaft zu ermöglichen.

Quelle: „Nürnberger Nachrichten"

5. Nennen Sie Vor- und Nachteile des EG-Binnenmarktes für die deutsche Volkswirtschaft.
6. Welche Bedeutung gewinnt der Europäische Wirtschaftsraum (EWR) im Hinblick auf die Weltwirtschaft?
7. Welche Aufgaben haben die Organe der EG?

# 12 Steuern und Versicherungen

***Steuern sind Zwangsabgaben, die natürliche und juristische Personen an den Staat zahlen müssen, ohne daß sie dafür eine direkte Gegenleistung erhalten.***

## 12.1 Überblick über die Steuerarten

Die Steuern lassen sich nach mehreren Gesichtspunkten einteilen.

**Steuern**

| Besitzsteuern | Verbrauchsteuern | Verkehrsteuern |
|---|---|---|
| Personensteuern:<br>–Einkommensteuer<br>–Lohnsteuer<br>–Körperschaftsteuer<br>–Erbschaftsteuer<br>–Vermögensteuer<br>–Kapitalertragsteuer<br><br>Realsteuern:<br>(Objektsteuern):<br>–Grundsteuer<br>–Gewerbesteuer<br>–Hundesteuer | –Mineralölsteuer<br>–Tabaksteuer<br>–Biersteuer<br>–Branntweinsteuer<br>–Zölle | –Umsatzsteuer<br>–Grunderwerbsteuer<br>–Versicherungsteuer |

**Besitzsteuern** sind entweder **Personensteuern,** die von natürlichen oder juristischen Personen erhoben werden, oder **Realsteuern (Objektsteuern),** d. h. Steuern, die unabhängig von der Leistungsfähigkeit von Personen nach sachlichen Gesichtspunkten ermittelt werden.

**Verbrauchsteuern** werden auf den Verbrauch bestimmter Waren (z. B. von Genußmitteln, Benzin) erhoben. Zu den Verbrauchsteuern können auch die Zölle gerechnet werden.

Mit den **Verkehrsteuern** wird der Warenumsatz und der Umschlag bestimmter Werte (z. B. Grundstücke) belastet.

### Einteilung nach der Erhebungsart

**Direkte Steuern** werden vom Steuerschuldner erhoben und sind auch von diesem zu tragen. Der Steuerschuldner zahlt diese Steuern direkt an den Steuergläubiger, das Finanzamt. Eine Ausnahme bildet die Lohnsteuer, die der Einfachheit halber vom Arbeitgeber einbehalten und überwiesen wird.

**Indirekte Steuern** sind Bestandteil der Güterpreise und werden von den Unternehmen vereinnahmt und an den Steuergläubiger weitergeleitet.

**Direkte Steuern**
Steuerschuldner zahlt unmittelbar an Steuergläubiger:
- Einkommensteuer,
- Lohnsteuer,
- Körperschaftsteuer,
- Vermögensteuer.

**Indirekte Steuern**
Steuerschuld wird durch Preisaufschlag bezahlt:
- Verbrauchsteuern,
- Umsatzsteuer.

### Einteilung nach dem Empfänger

Die Steuern fließen entweder ausschließlich dem Bund, den Ländern bzw. den Gemeinden zu oder sie werden zwischen ihnen aufgeteilt (Gemeinschaftsteuern).

Wir unterscheiden folglich:

- **Bundessteuern:** Verbrauchsteuern (mit Ausnahme der Biersteuer), Zölle, Versicherungsteuer;
- **Ländersteuern:** Biersteuer, Kraftfahrzeugsteuer, Lotteriesteuer, Erbschaftsteuer, Vermögensteuer;
- **Gemeindesteuern:** Grundsteuer, Hundesteuer, Vergnügungsteuer, Gewerbesteuer;
- **Gemeinschaftsteuern:** Lohn- und Einkommensteuer (je 42,5 % für Bund und Länder, 15 % für die Gemeinden), Kapitalertragsteuer (hälftig für Bund und Länder), Umsatzsteuer (wird nach Art. 106 GG im Wege des Finanzausgleichs zwischen dem Bund und den Ländern jährlich aufgeteilt), Körperschaftsteuer (hälftig für Bund und Länder).
- **Kirchensteuern:** Sie werden zusammen mit den Lohnsteuern an die Finanzämter überwiesen und von dort an die Kirchen weitergeleitet.

## 12.1.1 Einkommensteuer

***Die Einkommensteuer ist eine Personensteuer, die von natürlichen und juristischen Personen zu zahlen ist.***

Unter **Personen-** oder **Subjektsteuern** versteht man Steuern, die von Personen bezahlt werden müssen, weil ihnen z. B. ein Einkommen zufließt.

Man unterscheidet folgende **Arten der Einkommensteuer:**

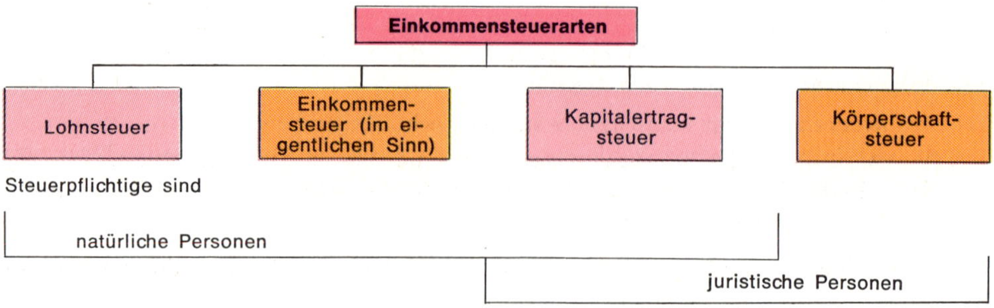

### 12.1.1.1 Einkommensteuer (im eigentlichen Sinn)

***Die Einkommensteuer im eigentlichen Sinn ist von natürlichen Personen zu entrichten und ist im Einkommensteuergesetz (EStG) geregelt.***

Besteuert wird das Einkommen, das in einem Kalenderjahr erzielt wurde. Man unterscheidet folgende **sieben Einkunftsarten:**

| Einkunftsart | Beispiele |
|---|---|
| 1. Einkünfte aus Land- und Forstwirtschaft | Weinbau, Tierzucht, Tierhaltung, Ackerbau, Waldbau |
| 2. Einkünfte aus Gewerbebetrieb | Industrie, Handel, Handwerk |
| 3. Einkünfte aus selbständiger Tätigkeit | freie Berufe (z. B. Ärzte, Rechtsanwälte), Künstler, Schriftsteller |
| 4. Einkünfte aus nichtselbständiger Tätigkeit | Löhne, Gehälter, Provisionen, Pensionen |
| 5. Einkünfte aus Kapitalvermögen | Zinsen, Dividenden, Gewinnanteile |
| 6. Einkünfte aus Vermietung und Verpachtung | von Grundstücken, beweglichem Vermögen, Lizenzen |
| 7. Sonstige Einkünfte | Spekulationsgewinne, Renten |

Die Einkünfte der ersten drei Einkunftsarten (Einkünfte aus Land- und Forstwirtschaft, Gewerbebetrieb, selbständiger Tätigkeit) bestehen im **Gewinn,** der durch

- die Bilanz mit Gewinn- und Verlustrechnung bzw.
- die Gegenüberstellung der Betriebseinnahmen und der Betriebsausgaben ermittelt wird.

Bei den übrigen Einkünften (Einkunftsarten 4 bis 7) werden die sogenannten **Werbungskosten** von den Einnahmen abgezogen.

***Die Einkommensteuer wird im Veranlagungsverfahren erhoben.***

**Beim Veranlagungsverfahren** macht der Steuerpflichtige auf amtlichen Formularen eine **Steuererklärung.** Diese ist nach dem Ablauf des Kalenderjahres bis zum 31. Mai des folgenden Kalenderjahres beim Finanzamt einzureichen. Anhand der Steuererklärung errechnet das Finanzamt die **Steuerschuld.** Der Steuerpflichtige erhält einen **Steuerbescheid:** Darin legt das Finanzamt

- **die tatsächlich zu zahlende Einkommensteuer** und
- **die vierteljährlichen Vorauszahlungen** fest, die jeweils zur Quartalsmitte (15.02., 15.05., 15.08., 15.11.) zu leisten sind und mit der tatsächlich zu zahlenden Einkommensteuer verrechnet werden.

Überzahlte Steuern werden zurückerstattet, zu wenig bezahlte Steuern sind nachzuentrichten.

***Der Steuertarif legt fest, welcher Prozentsatz des zu versteuernden Einkommens an das Finanzamt abgeführt werden muß.***

**Der Steuertarif** ist in mehrere **Zonen** gestaffelt, um höhere Einkommen stärker zu belasten:

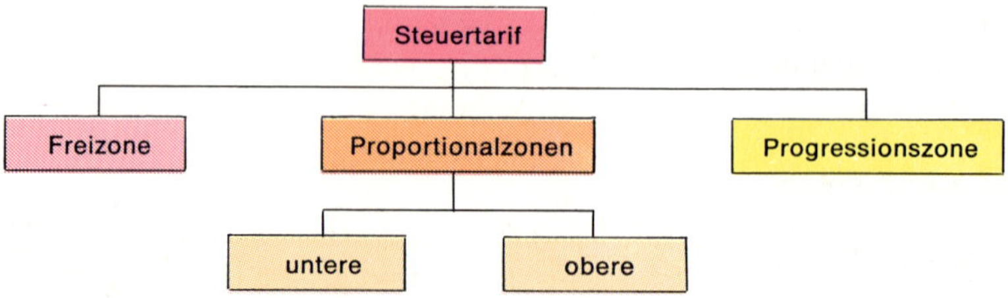


Es gilt **folgender Steuertarif** (Einkommensteuertarif 1990):

- **Grundfreibetrag (Nullzone):** Einkommen bis 5 616,00 DM bei Ledigen bzw. 11 232,00 DM bei Verheirateten unterliegen einem Steuersatz von 0 %.
- **Tarif-Proportionalzone (untere Proportionalzone):** Einkommen von 5 617,00 DM bis 8 153,00 DM (Ledige) bzw. von 11 233,00 DM bis 16 307,00 DM (Verheiratete) werden mit gleichbleibend 19 % versteuert.
- **Progressionszone:** Bei Einkommen von 8 154,00 DM bis 120 041,00 DM (Ledige) bzw. von 16 308,00 DM bis 240 083,00 DM (Verheiratete) steigt der Steuersatz gleichmäßig und geradlinig (linear) von 19 bis 53 % an.
- **Obere Proportionalzone (Spitzensatz):** Einkommen ab 120 042,00 DM (Ledige) bzw. 240 084,00 DM (Verheiratete) werden mit 53 % besteuert.

Die folgende Abbildung zeigt den **Steuertarif 1990:**

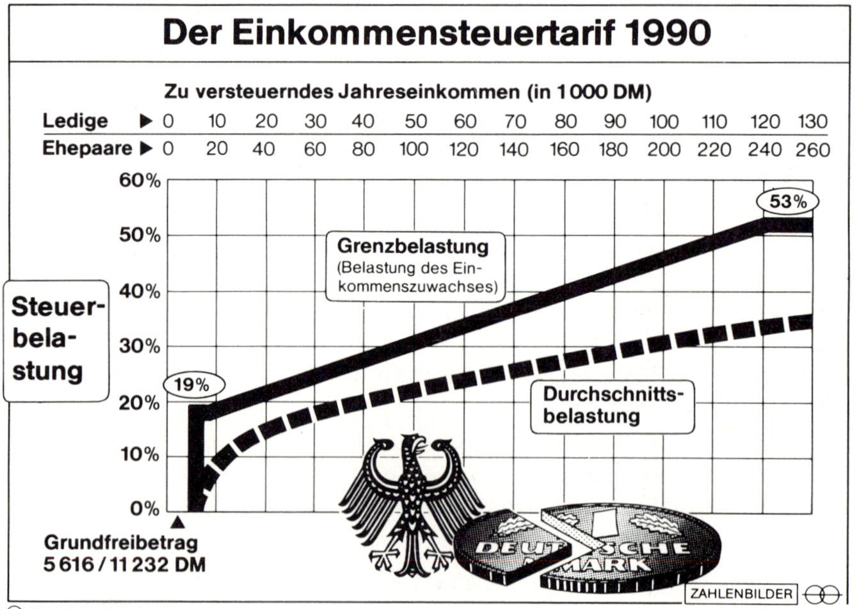

Die Steuerschuld wird aus der **Einkommensteuertabelle** abgelesen, die sich auf ein Jahr bezieht:

- Bei **Ledigen** findet die **Grundtabelle** Anwendung.
- **Ehepaare,** die beide unbeschränkt steuerpflichtig sind, werden zusammenveranlagt, d. h. es wird die **Splittingtabelle** angewandt. Bei Splittingverfahren wird das gemeinsame Einkommen halbiert und dann die Steuerschuld verdoppelt. Dieses Verfahren erspart Ehepaaren einen hohen Progressionstarif.

### 12.1.1.2 Lohnsteuer

***Die Lohnsteuer ist die Einkommensteuer für Einkünfte aus nichtselbständiger Tätigkeit.***

Eine Besonderheit der Lohnsteuer stellt das **Abzugsverfahren** dar: Der Arbeitgeber errechnet im Rahmen der Nettolohnabrechnung die Lohn- und Kirchensteuer ab, behält sie ein und überweist sie zum Steuertermin (10. des Folgemonats) an das Finanzamt. Zur Errechnung der Lohn- und Kirchensteuer benutzt er die Tages-, Wochen- oder Monatslohnsteuertabellen, die aufgrund der Jahreseinkommensteuertabelle von der Finanzverwaltung erstellt werden.

Nach Ablauf des Kalenderjahres kann der Steuerpflichtige im Rahmen der **freiwilligen Einkommensteuererklärung** direkt mit dem Finanzamt abrechnen und überzahlte Beträge zurückfordern.

***Beim Lohnsteuerabzug werden die persönlichen Verhältnisse des Steuerpflichtigen durch Eintragungen in der Lohnsteuerkarte berücksichtigt.***

Es werden eingetragen:

- die **Steuerklassen;**
- die **Kinderzahl;**
- die **Zahl der Kinderfreibeträge.**

**Beispiel:** *Der Eintrag „drei 2,0 02“ auf der Lohnsteuerkarte bedeutet: Lohnsteuerklasse III, 2 Kinderfreibeträge, 2 Kinder unter 16 Jahren.*

Die **Steuerklassen** und die **Kinderfreibeträge** sind:

| Steuerklasse | Steuerpflichtige |
|---|---|
| I 0<br>0,5 | Ledige, ohne Kinder<br>Alleinstehende, unterhaltspflichtig für 1 Kind |
| II 0,5<br>1 | Alleinstehende, 1 Kind im Haushalt<br>verwitwet, 1 Kind im Haushalt |
| III<br><br>0<br>1 | – Verheiratete, deren Ehegatte kein Einkommen bezieht;<br>– Verheiratete, deren Ehegatte auf Antrag in die Steuerklasse V eingestuft wurde.<br>ohne Kinder<br>1 Kind |
| IV<br>0<br>1<br>V | Verheiratete, die beide Einkommen beziehen.<br>kein Kind<br>1 Kind<br>Verheiratete, deren Ehegatte auf Antrag in Steuerklasse III eingestuft wurde. |
| VI | – Der Arbeitnehmer steht in einem zweiten oder in mehreren Arbeitsverhältnissen (2. oder 3. usw. Lohnsteuerkarte);<br>– Arbeitnehmer, die keine Lohnsteuerkarte vorgelegt haben. |

Die **Kinderfreibeträge** erhöhen sich natürlich mit der Zahl der Kinder:

**Beispiel:** *1,5 Kinderfreibeträge können bedeuten:*
- *Der Arbeitnehmer ist für drei Kinder unterhaltspflichtig.*
- *Der Arbeitnehmer hat ein Kind im Haushalt und ist für ein Kind unterhaltspflichtig.*

Vor Beginn des Kalenderjahres erhält jeder Arbeitnehmer von seiner **Gemeindebehörde** eine **Lohnsteuerkarte,** auf der bereits die Lohnsteuerklasse, die Zahl der Kinderfreibeträge (für Kinder bis zum 16. Lebensjahr) und der Kinder vermerkt ist.

***Um einen Zinsverlust durch zuviel entrichtete Lohnsteuer zu vermeiden, sollte der Lohnsteuerpflichtige vor Beginn des Kalenderjahres Frei- und Pauschbeträge in seine Lohnsteuerkarte eintragen lassen.***

Dabei muß der Lohnsteuerpflichtige unterschiedliche Wege gehen:

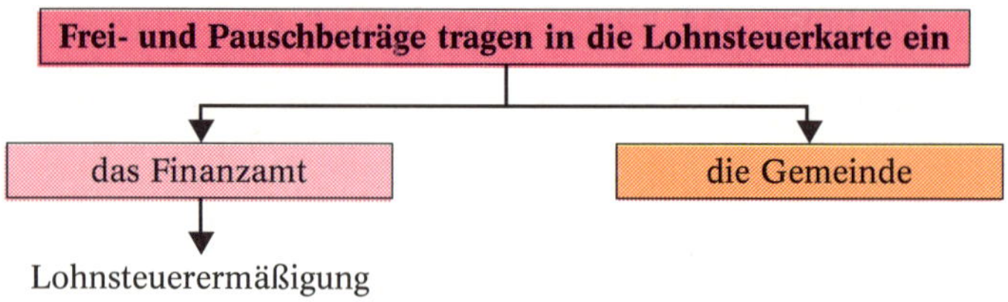


Im Rahmen der **Lohnsteuerermäßigung** trägt das **Wohnortfinanzamt** auf Antrag des Lohnsteuerpflichtigen einen Freibetrag ein. Wird der Antrag bis zum 31. Januar des betreffenden Kalenderjahres gestellt, so gilt der Freibetrag ab dem Beginn dieses Kalenderjahres. Er empfiehlt sich in folgenden Fällen:

- Die Zahl der Kinderfreibeträge für Kinder über 18 Jahre soll erhöht werden.
- Der Steuerpflichtige kann wegen der Förderung des Wohneigentums einen Freibetrag beanspruchen.
- Die Werbungskosten übersteigen voraussichtlich den Arbeitnehmerfreibetrag (z. B. wegen der Kilometerpauschale); Sonderausgaben und außergewöhnliche Belastungen sind höher als 1 200,00 DM.

Aber auch durch **Eintragungen der Gemeinde** auf der Lohnsteuerkarte läßt sich der monatliche Steuerabzug vermindern; es wird wiederum ein Zinsgewinn erzielt:

- richtige Steuerklasse (z. B. nach der Eheschließung und bei Ehegatten, die beide berufstätig sind)
- richtige Zahl der Kinderfreibeträge (z. B. nach der Geburt eines Kindes)
- Eintragung eines Pauschbetrages für Behinderte

***Die meisten Arbeitgeber führen im Rahmen der letzten Lohn- und Gehaltsabrechnung eines Kalenderjahres einen Lohnsteuerjahresausgleich durch.***

Dabei wird zuviel einbehaltene Lohnsteuer an den Lohnsteuerpflichtigen zurückgezahlt und zuwenig einbehaltene Lohnsteuer wird einbehalten. Auch in diesem Fall empfiehlt es sich für Arbeitnehmer, die eine Einkommensteuererklärung abgeben können, einen entsprechenden **Antrag zu stellen.**

***Mit Hilfe der Einkommensteuererklärung kann jeder Arbeitnehmer nach dem Ablauf des Kalenderjahres mit dem Finanzamt auf Heller und Pfennig abrechnen.***

Nach Ablauf des Kalenderjahres müssen bei den Lohnsteuerpflichtigen zwei Gruppen unterschieden werden:

**Lohnsteuerpflichtige,**

die eine Einkommensteuererklärung abgeben müssen → Pflichtveranlagung

die eine Einkommensteuererklärung abgeben können → Antragsveranlagung

***Personen, die Einkünfte aus unselbständiger Tätigkeit beziehen, sind unter bestimmten Bedingungen einkommensteuerpflichtig (Pflichtveranlagung).***

Einkommensteuerpflichtig sind z. B. Personen mit Einkünften aus unselbständiger Tätigkeit, wenn

- ihr steuerpflichtiges Einkommen 27 000,00 DM bei Ledigen bzw. 54 000,00 DM bei Verheirateten übersteigt;
- die Einkünfte, von denen keine Lohnsteuer einbehalten worden ist, mehr als 800,00 DM betragen (z. B. Einkünfte aus Vermietung und Verpachtung);
- ein Arbeitnehmer von mehreren Arbeitgebern gleichzeitig Arbeitslohn bezogen hat;
- deren Einkünfte aus Kapitalvermögen 6 100,00 DM bei Ledigen bzw. 12 200,00 DM bei Verheirateten übersteigen.

Dieser Personenkreis unterliegt der **Pflichtveranlagung,** d. h., er **muß** bis zum 31.05. des Folgejahres eine **Einkommensteuererklärung abgeben.**

Alle anderen lohnsteuerpflichtigen Personen unterliegen der **Antragsveranlagung,** d. h., sie **können** bis zum 31.12. des übernächsten Jahres (für 1992: 31.12.94) eine **Einkommensteuererklärung abgeben.** Dies **empfiehlt sich** für diesen Personenkreis z. B. immer in folgenden Fällen:

- Die Werbungskosten, Sonderausgaben oder außergewöhnlichen Belastungen übersteigen die in die Lohnsteuertabellen eingearbeiteten Frei- und Pauschbeträge.
- Ehegatten sind Doppelverdiener.
- Der Lohnsteuerpflichtige hat auf der Lohnsteuerkarte die Steuerklasse oder die Zahl der zu berücksichtigenden Kinder nicht zu seinen Gunsten ändern lassen.
- Es wurde kein Lohnsteuerfreibetrag auf der Lohnsteuerkarte eingetragen.
- Der gezahlte Lohn/das gezahlte Gehalt schwankte im Verlauf des Jahres (z. B. durch Urlaubsgeld, Weihnachtsgeld, Überstundenvergütung).
- Der Steuerpflichtige hat nicht das ganze Jahr gearbeitet.
- Es soll die Arbeitnehmersparzulage beantragt werden.

In jedem Fall wird die Einkommensteuer bei **Einkünften aus nichtselbständiger Tätigkeit** nach folgendem Schema ermittelt:

| | | | |
|---|---|---|---|
| | Bruttoarbeitslohn | | |
| ·/. | Arbeitnehmer-Pauschbetrag | | 2 000,00 DM |
| = | Einkünfte aus nichtselbständiger Tätigkeit | | |
| ·/. | übrige Sonderausgaben | | |
| | mindestens Sonderausgabenpauschbetrag | Ledige | 108,00 DM |
| | | Verheiratete | 216,00 DM |
| ·/. | Vorwegabzug | Ledige | max. 4 000,00 DM |
| | | Verheiratete | max. 8 000,00 DM |
| ·/. | außergewöhnliche Belastungen | | |
| = | Einkommen | | |
| ·/. | Kinderfreibetrag je Kind | | 4 104,00 DM |
| ·/. | Haushaltsfreibetrag für Alleinstehende mit mindestens einem Kind | | 5 616,00 DM |
| ·/. | Altersentlastungsbetrag | | max. 3 720,00 DM |
| = | Zu versteuerndes Einkommen | | |

↓

Einkommensteuertabelle

↓

Einkommensteuer
·/. Steuerermäßigung (z. B. für Mitgliedsbeiträge und Spenden an politische Parteien)
·/. gezahlte Lohnsteuer usw.
= Erstattungsbetrag/Abschlußzahlung

In die **Einkommensteuertabelle** sind bereits eingearbeitet:

- die Werbungskostenpauschale (Arbeitnehmer-Pauschbetrag);
- die Vorsorgepauschale, abhängig vom Personen- und Familienstand.

Das bedeutet, daß für den Steuerpflichtigen erst dann Steuern anfallen, wenn sein zu versteuerndes Einkommen die Summe aller Freibeträge (einschließlich des Grundfreibetrags) und Pauschalen übersteigt.

Jeder Steuerpflichtige kann über die genannten Freibeträge und Pauschbeträge hinaus sein **Einkommen kürzen** um **individuelle Beträge:**

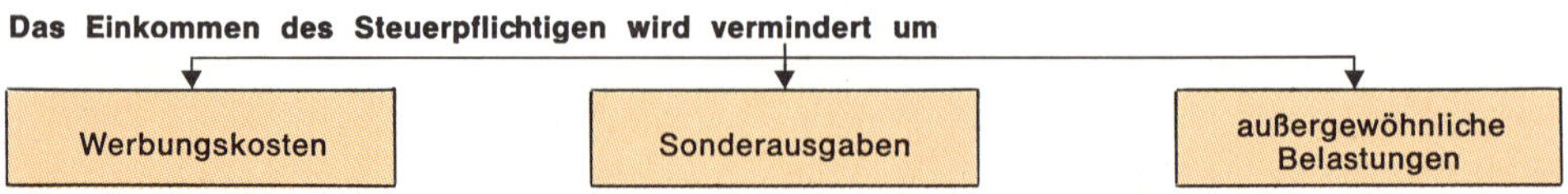


***Werbungskosten sind alle Aufwendungen, die zur Erwerbung, Sicherung und Erhaltung der Einnahmen entstehen.***



3992484

Es handelt sich also um Aufwendungen, welche die Berufsausübung mit sich bringt. Da in der Einkommensteuertabelle bereits ein Werbungskostenpauschbetrag in Höhe von 2 000,00 DM eingearbeitet ist, braucht der Steuerpflichtige seine Werbungskosten nur anzugeben und mit Belegen nachzuweisen, wenn sie den Pauschbetrag übersteigen. Als Werbungskosten kommen in Betracht:

- **Aufwendungen für die Fahrten zwischen Wohnung und Arbeitsplatz (1992):** Monatskarten für öffentliche Verkehrsmittel, 0,65 DM Pauschale für Fahrten mit dem eigenen Pkw je Einfachkilometer, 0,30 DM bei der Verwendung eines Motorrads oder eines Motorrollers.
- **Beiträge zu Berufsverbänden:** z. B. Gewerkschaftsbeitrag, Beitrag zum Technikerverband;
- **Aufwendungen für typische Arbeitsmittel:** z. B. Fachliteratur, Berufskleidung, Büromaterial, Sicherheitskleidung;
- **Aufwendungen für Dienstreisen:** z. B. Reisekosten, Übernachtungskosten, gekürzt um den vom Arbeitgeber erstatteten Betrag;
- **Aufwendungen für die Fortbildung im ausgeübten Beruf:** z. B. Kursgebühren, Prüfungsgebühren für den Sprachkurs eines Sachbearbeiters in der Exportabteilung;
- **Aufwendungen für ein Arbeitszimmer,** wenn dieses beruflich notwendig ist und ausschließlich beruflich genutzt wird: z. B. Abschreibung eines Schreibtisches, einer Schreibmaschine, anteilige Miete;
- **beruflich bedingte Umzugskosten;**
- **Bewerbungskosten:** z. B. Inserate, Telefonate, Kopierkosten, Reisekosten;
- **Kontoführungsgebühr:** Das Finanzamt erkennt stets einen Pauschbetrag von 30,00 DM an.

***Aufwendungen für die Ernährung, Kleidung und Wohnung sind Kosten der privaten Lebensführung und werden als Werbungskosten nicht anerkannt.***

Eine zweite Gruppe von berücksichtigungsfähigen Aufwendungen sind die **Sonderausgaben.**

***Sonderausgaben sind Ausgaben der privaten Lebensführung, die steuerlich abzugsfähig sind.***

Ihre Abzugsfähigkeit wird aus sozialen, wirtschaftlichen und politischen Gründen zugelassen.

Es wird ein Vorwegabzug von maximal 4 000,00 DM (Ledige) bzw. 8 000,00 DM (Verheiratete) gewährt, der gekürzt wird um

- 9 % vom Arbeitslohn für nicht besteuerte Drittleistungen zur Altersvorsorge (z. B. Arbeitgeberbeiträge zur Rentenversicherung, zugesagte Betriebspensionen);
- 3 % vom Arbeitslohn der nicht versteuerten Drittleistungen zur Krankheitsvorsorge (z. B. Arbeitgeberbeiträge zur Krankenversicherung, Krankheitsbeihilfe).

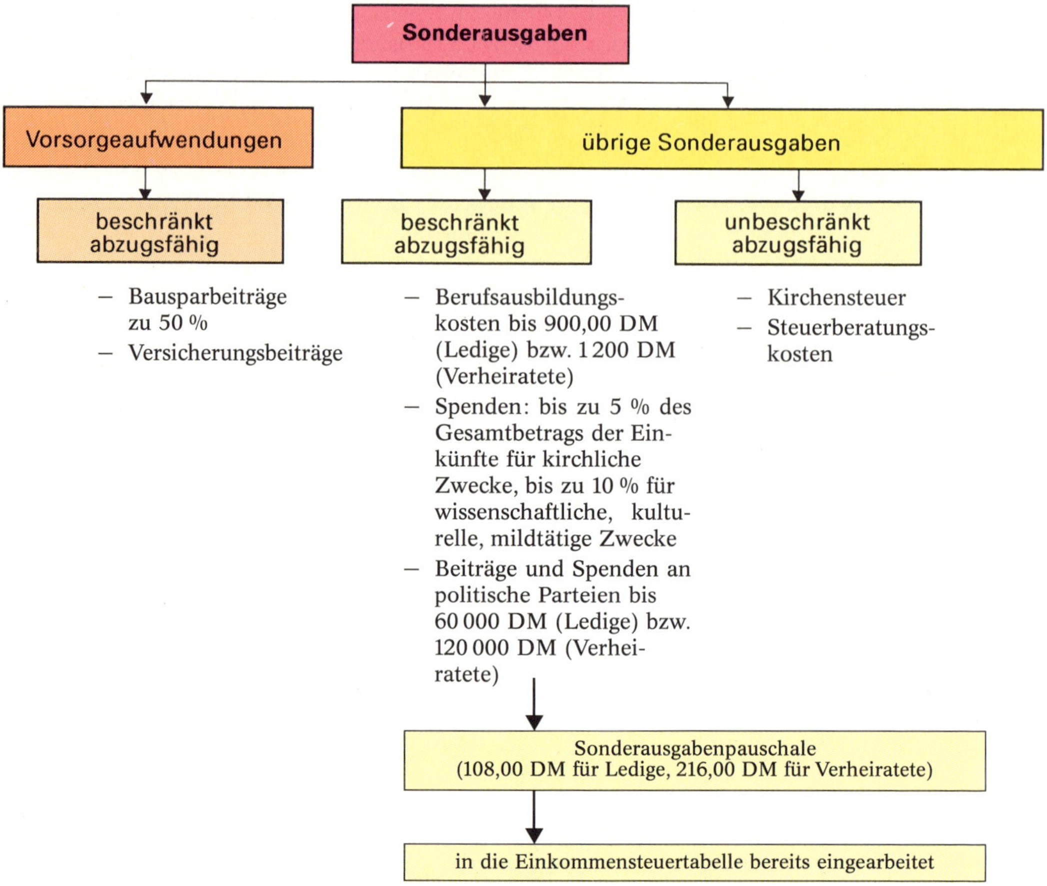


***Außergewöhnliche Belastungen sind Ausgaben, die aufgrund besonderer Umstände zwangsläufig anfallen.***

Durch außergewöhnliche Belastungen wird der Steuerpflichtige verglichen mit durchschnittlich nach Familienstand und Einkommen vergleichbaren Steuerpflichtigen härter getroffen. Solche Aufwendungen sind deshalb steuerlich abzugsfähig. In Betracht kommen z. B.:

- **Nicht gedeckte** Krankheits-, Unfall-, Kur-, Beerdigungskosten (abzüglich einer zumutbaren Eigenbelastung);
- **Kinderbetreuungskosten:** Ist ein Kind des Steuerpflichtigen krank oder behindert, so kann er einen Pauschbetrag von 480,00 DM geltend machen. Bei einem Einzelnachweis höherer Kosten kann er für das 1. Kind bis zu 4 000,00 DM und für jedes weitere Kind bis zu 2 000,00 DM geltend machen. Voraussetzung ist, daß das Kind das 16. Lebensjahr noch nicht vollendet hat. Eine zumutbare Eigenleistung wird abgezogen.

- **Unterhaltsleistungen** für bedürftige Verwandte (z. B. Eltern, Großeltern) 5 400,00 DM und Kinder, für die kein Anspruch auf Kinderfreibetrag besteht: maximal 3 024,00 DM; dies gilt auch für Kinder, deren Ausbildung sich durch Ableistung des Grundwehrdienstes oder Zivildienstes über das 27. Lebensjahr (bis höchstens zum 29. Lebensjahr) hinaus erstreckt.
- **Ausbildungsfreibetrag:** Hat das Kind das 18. Lebensjahr bereits und das 27. Lebensjahr noch nicht vollendet und wohnt im Haushalt des Steuerpflichtigen, so kann er 2 400,00 DM steuerlich geltend machen. Das gleiche gilt, wenn ein Kind, für das der Steuerpflichtige keinen Kinderfreibetrag erhält, den gesetzlichen Grundwehrdienst oder Zivildienst geleistet hat, für die Zeit bis zur Vollendung des 29. Lebensjahres des Kindes. Bei auswärtiger Unterbringung beträgt der Freibetrag 4 200,00 DM. Bei Kindern unter 18 Jahren beträgt er in diesem Fall 1 800,00 DM. Grundvoraussetzung ist, daß der Steuerpflichtige für das Kind einen Kinderfreibetrag erhält.
- **Pauschalbeträge für Körperbehinderte,** abhängig vom Grad der Behinderung.
- Es gibt einen **Pflegepauschalbetrag** von 1 800,00 DM, wenn eine ständig hilflose Person häuslich gepflegt wird.
- Ein **Pflegefreibetrag** von 1 800,00 DM für die Beschäftigung einer Haushaltshilfe, wenn ein Verwandter pflegebedürftig ist.

Um eine **Doppelbesteuerung** zu vermeiden, kann sich der Steuerpflichtige

- die vom Unternehmen **einbehaltene Körperschaftsteuer** auf Dividenden und GmbH-Gewinnanteile;
- die von der Bank **einbehaltene Kapitalertragsteuer** auf Zinsen und Dividenden;
- die von der Bank **einbehaltene Zinsabschlagsteuer** auf Zinsen

auf seine Steuerschuld anrechnen lassen.

**Beispiel:** *Der Arbeitnehmer besitzt 3 Aktien der XY-AG. Er erhält von seiner Bank folgende Dividendenabrechnung:*

| | | |
|---|---|---|
| | *Dividende* | *48,00 DM* |
| + | *anrechenbare Körperschaftsteuer* | *27,00 DM* |
| = | *zu versteuernde Einnahmen* | *75,00 DM* |
| ·/. | *anrechenbare Kapitalertragsteuer* | *12,00 DM* |
| | *Gutschrift* | *36,00 DM* |

*Der Steuerpflichtige*

- *muß 75,00 DM als Einkünfte aus Kapitalvermögen versteuern;*
- *kann sich 39,00 DM (27,00 DM Körperschaftsteuer und 12,00 DM Kapitalertragsteuer) auf seine Einkommensteuerschuld anrechnen lassen, d. h. seine eventuelle Steuernachzahlung sinkt um diesen Betrag.*

## Zusammenfassung

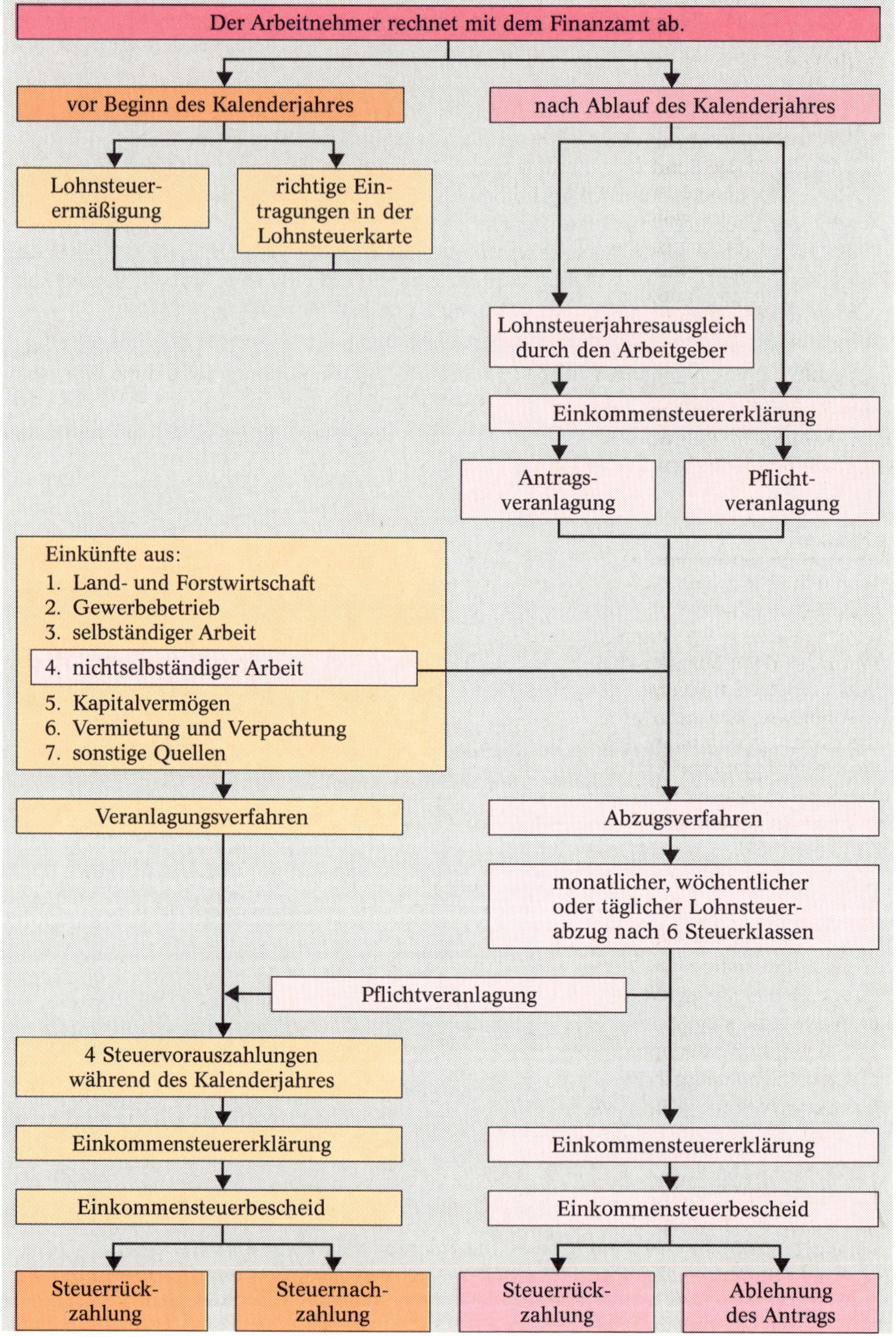




3992488

Staffelung des Steuertarifs:

- Grundfreibetrag
- untere Proportionalzone
- Progressionszone
- obere Proportionalzone

**Ermittlung der Einkommensteuerschuld**

| | |
|---|---|
| | Einnahmen aus nichtselbständiger Arbeit |
| ·/. | Werbungskosten (bzw. Arbeitnehmerpauschbetrag) |
| = | Einkünfte aus nichtselbständiger Tätigkeit |
| ·/. | übrige Sonderausgaben |
| ·/. | Vorsorgeaufwendungen |
| ·/. | außergewöhnliche Belastungen |
| = | Einkommen |
| ·/. | Altersentlastungsbetrag |
| ·/. | Kinderfreibetrag |
| ·/. | Haushaltsfreibetrag |
| = | zu versteuerndes Einkommen |

**Werbungskosten:** Aufwendungen für Erwerb, Sicherung und Erhaltung der Einnahmen;
**Sonderausgaben:** Vorsorgeaufwendungen, übrige Sonderausgaben;
**Außergewöhnliche Belastungen:** über das durchschnittliche, für den Steuerpflichtigen zumutbare Ausmaß hinausgehende Aufwendungen.

## Aufgaben

1. Wodurch unterscheiden sich Einkommen- und Lohnsteuer?
2. Welche Aufgabe hat die Lohnsteuerkarte? Wer stellt sie aus? Wer trägt Änderungen im Familienstand und Steuerfreibeträge ein?
3. Warum sind Werbungskosten unbeschränkt abzugsfähig, Sonderausgaben und außergewöhnliche Belastungen dagegen nur beschränkt abzugsfähig?
4. Besorgen Sie sich beim Finanzamt die „Anleitung zur Einkommensteuererklärung" sowie die amtlichen Formulare, und füllen Sie diese für sich selbst aus. (Vergessen Sie das Einreichen beim Finanzamt für sich selbst nicht!)
5. Welche Steuerklasse ist richtig?
   a) Manfred Eckert, ledig, 52 Jahre
   b) Babette Maier, ledig, 24 Jahre, 1 Kind
   c) Karlheinz Straßner, verheiratet, die Ehefrau arbeitet
   d) Hermann und Elfriede Rauch, 3 Kinder, Elfriede befindet sich in Steuerklasse V
   e) Willi Heider, ledig, arbeitet nebenberuflich als Kellner im Gasthaus „Zum Blauen Affen"
   f) Otto und Hanne Fuß, beide berufstätig, er hat seine Steuerkarte nicht abgegeben
6. Ordnen Sie die folgenden Aufwendungen nach
   a) Werbungskosten,
   b) Vorsorgeaufwendungen,
   c) übrige Sonderausgaben,
   d) außergewöhnliche Belastungen,
   e) nicht abzugsfähige Aufwendungen.

   Gewerkschaftsbeiträge, Beiträge zum Fußballverein, Kirchensteuer, Ausgaben für Fachliteratur, Ausgaben für Zahnersatz, Arbeitgeberanteil zur Sozialversicherung, Arbeitnehmeranteil zur Sozialversicherung, Kauf eines Fernsehapparates, Spende für die Opfer einer Erdbebenkatastrophe, Gebühren für einen Schreibmaschinenkurs, Beiträge zur Bausparkasse, Lebensversicherungsprämie, Kosten für Hausgehilfin, Haftpflichtversicherung, Hausratversicherung, Monatsfahrkarte für die Straßenbahn.
7. Wie werden die Einkommensteuer und die Lohnsteuer erhoben?

## 12.1.2 Die Umsatzsteuer

Die Umsatzsteuer ist nach der Einkommen- und Körperschaftsteuer die zweitgrößte Einnahmequelle des Bundes. Besteuert werden folgende Umsätze:

- **Lieferungen und Leistungen eines Unternehmens im Inland gegen Entgelt.** Nicht steuerpflichtig sind also
  - Umsätze, die im Ausland ausgeführt werden,
  - unentgeltliche Leistungen (z. B. Schenkungen),
  - Umsätze, die der Unternehmer in seinem Privatbereich ausführt (z. B. Verkauf seines Fahrrades an seinen Freund).
- **Eigenverbrauch.** Dieser liegt vor, wenn der Unternehmer
  - Gegenstände zur privaten oder sonstigen Verwendung entnimmt (Sachentnahmen), z. B. Privatentnahme,
  - betriebliches Vermögen für private oder sonstige Zwecke benutzt (Nutzungsentnahmen), z. B. private Nutzung des betrieblichen Telefons, der betrieblichen Fahrzeuge,
  - unangemessene Betriebsausgaben tätigt (Repräsentationsaufwendungen), z. B. Sachgeschenke an Geschäftsfreunde, die 75,00 DM übersteigen. Dies gilt aber nicht für Sachgeschenke mit dauerhaftem Werbeaufdruck (Werbeträger), deren Wert unter 75,00 DM liegt.
- **Einfuhr von Waren.** Beim Import wird die **Einfuhrumsatzsteuer** erhoben. Steuergläubiger ist nicht das Finanzamt, sondern die Zollämter. Der Tarif entspricht dem der Umsatzsteuer.

Von der Umsatzsteuer sind z. B. **befreit:**

- die Warenausfuhr,
- die Umsätze der Schiffahrt,
- die Umsätze im Geld- und Kapitalverkehr,
- die Umsätze aus Vermietung und Verpachtung von Grundstücken,
- die Umsätze, die anderen Verkehrsteuern unterliegen (z. B. der Versicherungsteuer, der Grunderwerbsteuer),
- die Umsätze im Post- und Fernmeldewesen.

Das Umsatzsteuerrecht kennt zwei Steuersätze:

- Der allgemeine Steuersatz beträgt 15 %.
- Der ermäßigte Steuersatz beträgt 7 %. Er ist z. B. anzuwenden für die meisten Lebensmittel und für die Umsätze des Buchhandels.

Steuerschuldner ist der Unternehmer, d. h. auf jeder Wirtschaftsstufe ist der Warenumsatz steuerpflichtig. Damit sich die Umsatzsteuer bis zum Verbraucher nicht kumuliert (anhäuft), wird jeder Unternehmer berechtigt, die von seinem Lieferanten in Rechnung gestellte **Vorsteuer** von seiner Umsatzsteuerschuld abzusetzen. Besteuert wird also nur die **Wertschöpfung** des Unternehmens (Mehrwertsteuer).



3992490

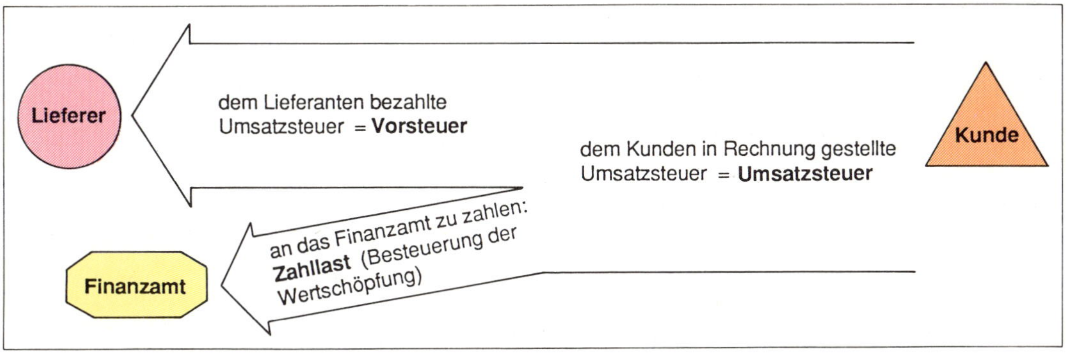


Der Vorsteuerabzug bewirkt, daß die Umsatzsteuer

- keinen betrieblichen Aufwand darstellt,
- auf nachfolgende Wirtschaftsstufen weitergewälzt wird (durchlaufender Posten),
- letztlich vom Verbraucher zu tragen ist („Endverbrauchersteuer").

Um den Vorsteuerabzug zu ermöglichen,

- sind bei der Rechnungserstellung der Leistungspreis (Nettopreis) und der Umsatzsteuerbetrag gesondert auszuweisen,
- ist bei Kleinbetragsrechnungen (unter 200,00 DM Bruttobetrag) der anzuwendende Steuersatz anzugeben, wenn die Rechnung nur den Bruttobetrag ausweist. Die Vorsteuer kann in diesem Fall mühelos herausgerechnet werden.

Jeder Unternehmer hat monatlich (spätestens bis zum 10. des Folgemonats) eine **Umsatzsteuervoranmeldung** beim Finanzamt einzureichen und die ermittelte Zahllast als **Vorauszahlung** zu leisten. Oft übersteigt die abzugsfähige Vorsteuer kurzfristig die Umsatzsteuer (z. B. bei Saisonbetrieben und bei exportorientierten Betrieben). Der sich ergebende Vorsteuerüberhang wird vom Finanzamt zurückerstattet. Nach Ablauf des Kalenderjahres ist eine **Jahresumsatzsteuererklärung** abzugeben, die die Grundlage für den Steuerbescheid darstellt.

## Zusammenfassung

| Steuerarten | | | Beispiele: |
|---|---|---|---|
| nach dem Steuergegenstand | | | |
| | Besitzsteuern | | |
| | | Personensteuern | Einkommensteuer, Körperschaftsteuer |
| | | Realsteuern | Grundsteuer, Gewerbesteuer |
| | Verbrauchsteuern | | Mineralöl-, Tabak-, Biersteuer |
| | Verkehrsteuern | | Umsatzsteuer |
| nach der Erhebungsart | | | |
| | direkte Steuern | | Einkommensteuer, Vermögensteuer |
| | indirekte Steuern | | Verbrauchsteuern, Umsatzsteuer |
| nach dem Empfänger | | | |
| | Bundessteuern | | Mineralölsteuern, Tabaksteuern, Zölle |
| | Ländersteuern | | Biersteuer, Kraftfahrzeugsteuer |
| | Gemeindesteuern | | Grundsteuer, Hundesteuer, Gewerbesteuer |
| | Gemeinschaftssteuern | | Einkommensteuer, Lohnsteuer Umsatzsteuer |

## Aufgaben

1. Welche der folgenden Umsätze sind umsatzsteuerpflichtig?
   a) Bankzinsen
   b) Verzugszinsen, die Kunden in Rechnung gestellt werden
   c) Miete für das Verwaltungsgebäude
   d) Einfuhr von Südfrüchten
   e) Kauf von Gold am Bankschalter
   f) private Nutzung der betrieblichen Telefonanlage
   g) Geschenkkorb für einen Geschäftsfreund (Wert 95,00 DM)
   h) Provisionen des Handelsvertreters bzw. des Handlungsreisenden
2. Nennen Sie Beispiele für Betriebe, bei denen es kurzfristig zu einem Vorsteuerüberhang kommt.
3. Was bedeutet: „Die Umsatzsteuer ist eine Endverbrauchersteuer?“

## 12.2 Überblick über die Versicherungsarten

***Versicherungen übernehmen private und betriebliche Risiken gegen Beitragsleistung (Prämie).***

Im einzelnen erfüllen Versicherungen folgende Aufgaben:

- **Schaden ersetzen** (z. B. Haftpflichtversicherung),
- **Schaden verhüten** (z. B. Unfallverhütungsvorschriften, Vorsorgeuntersuchungen),
- **Vorsorge treffen** (z. B. Lebensversicherung, Ausbildungsversicherung).

Die Vielfalt des Versicherungsschutzes, der von den Versicherungsgesellschaften gewährt wird, kommt in der folgenden Übersicht zum Ausdruck:

| Versicherungsarten | | | |
|---|---|---|---|
| Sozialversicherung | Individualversicherungen | | |
| | Personen | Sachen | Vermögen |
| Kranken-, Renten-, Arbeitslosen-, Unfallversicherung | Lebens-, private Unfall-, private Krankenversicherung | Feuer-, Transport-, Hausrat-, Einbruchdiebstahl-, Leitungswasser-, Glasversicherung | private Haftpflicht-, Kreditversicherung |
| | Insassen | Kasko | Haftpflicht |
| | Kraftfahrtversicherung | | |

Über die **Bedeutung der einzelnen Versicherungsarten** gibt das nebenstehende Schaubild Auskunft. 40 % aller Aufwendungen, die Bundesbürger für ihren Versicherungsschutz machen, fließen in **Lebensversicherungen.** 67 Millionen Verträge gibt es gegenwärtig allein bei der Lebensversicherung.

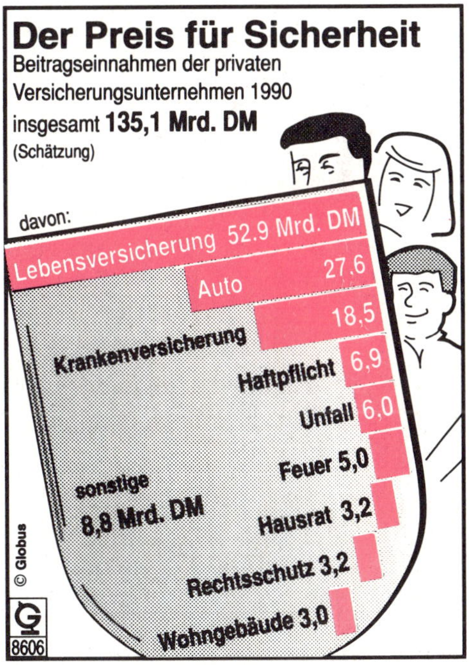


Das Beispiel zeigt, daß die Versicherungsgesellschaften wichtige **Kapitalsammelstellen** darstellen.

Die für Versicherungsleistung nicht benötigten Mittel werden verwendet

- zum Kauf **festverzinslicher Wertpapiere** und
- zur Vergabe von **Krediten an Großbetriebe** (Schuldscheindarlehen).

Die privaten Versicherungsbetriebe unterliegen einer **Staatsaufsicht.** Sie wird vom Bundesaufsichtsamt für das Versicherungswesen vorgenommen. Dieses Amt beaufsichtigt besonders die **Tarifgestaltung** und die **Anlage des Versicherungsvermögens.** So wird z. B. die Bildung eines **„Deckungsstocks“** verlangt. Er hat die Aufgabe, Prämienreservefonds zu bilden, die besonders sicher, aber auch liquide sein müssen.

## 12.2.1 Soziale Sicherung der Arbeitnehmer

### 12.2.1.1 Ziele, Merkmale und Probleme der Sozialversicherung

Der Mensch ist in seinem Leben Risiken wie Krankheit, Unfall, Alter und Arbeitslosigkeit ausgesetzt. In der Industriegesellschaft ist die Familie meistens nicht in der Lage, ihre Mitglieder ausreichend abzusichern. Vermögende Personen können sich gegen Gefährdungen ihrer Existenz durch ihr Kapital absichern. Bei den übrigen Individuen besteht die Sicherung darin, daß sie aus einem Arbeitsverhältnis ein Einkommen beziehen.

Das Ziel der sozialen Sicherung von Millionen von Menschen muß es sein, das Arbeitsverhältnis vor Verlust, Gefährdungen oder Verhinderung der Aufnahme zu schützen.

Die **Sozialversicherung** knüpft an die Gefährdungen an, denen die Menschen als Arbeitnehmer ausgesetzt sind. Es besteht eine **gesetzliche** Versicherungspflicht. Dem einzelnen bleibt nicht überlassen, ob er sein Leben absichert oder nicht. Die Beiträge werden nicht nach der Höhe des Risikos, sondern nach der **Höhe des Einkommens** berechnet. Trotzdem erhalten alle Versicherten die gleichen Sachleistungen **(Solidaritätsprinzip).** Der Charakter der Sozialversicherung als **Solidarversicherung** kommt u. a. darin zum Ausdruck, daß die arbeitenden Versicherten für diejenigen mitzahlen, die krank sind. Die Versicherungsgemeinschaft finanziert ebenso die Leistungen, die an die Kinder, Jugendlichen und an die Alten fließen. **(„Generationenvertrag“).**

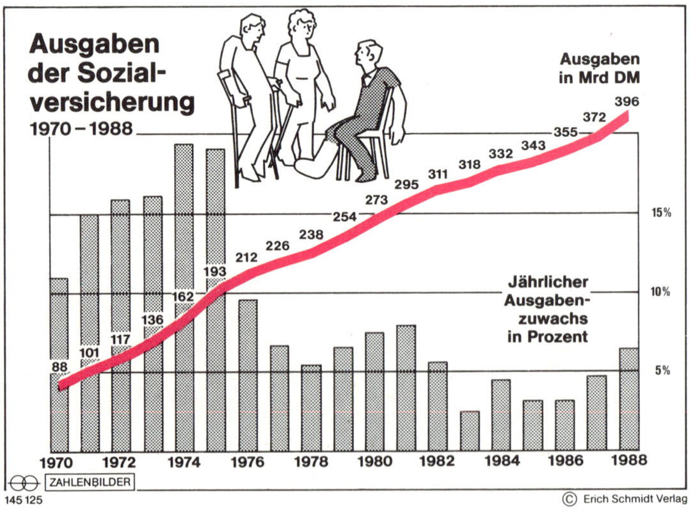


Mitte der siebziger Jahre geriet das System der Sozialversicherung in eine ernste Finanzkrise. Nur noch 85 % der Ausgaben waren durch Beitragseinnahmen gedeckt. Die Gründe dieser Entwicklung lagen vor allem darin, daß

- Leistungsverbesserungen zugunsten der Versicherten zu **Mehrbelastungen** führten und
- das nachlassende wirtschaftliche Wachstum zu Einnahmeausfällen führte.

In allen Zweigen der Sozialversicherung mußten Ausgabenbegrenzungen bzw. Beitragserhöhungen vorgenommen werden.

### 12.2.1.2 Die Entwicklung der sozialen Sicherung

1883 Krankenversicherung für Arbeiter
1884 Unfallversicherung
1889 Invaliditäts- und Alterssicherung
1911 Angestelltenversicherung
1927 Arbeitslosenversicherung
1951 Mutterschutzgesetz
1957 Reform der Rentenversicherung
1963 Neuregelung der gesetzlichen Unfallversicherung
1969 Arbeitsförderungsgesetz
1969 Lohnfortzahlung für Arbeiter im Krankheitsfall
1971 Unfallversicherung für Schüler, Studenten und Kinder in Kindergärten
1974 Schwerbehindertengesetz
1975 Gesetz über die Krankenversicherung der Studenten
1977 Gesetz zur Dämpfung der Ausgabenentwicklung und zur Strukturverbesserung in der gesetzlichen Krankenversicherung
1984 Vorruhestandsgesetz
1985 Bundeserziehungsgeldgesetz
1989 Gesetz zur Strukturreform im Gesundheitswesen
1992 Pflegeversicherung (soll zum 01.01.1996 in Kraft treten)

### 12.2.1.3 Zweige der Sozialversicherung

Drei Sozialversicherungszweige gehen aus der folgenden Nettolohnabrechnung hervor.

| Bruttolohn | Lohnsteuer | Kirchensteuer | Krankenversicherung | Rentenversicherung | Arbeitslosenversicherung | Gesamtabzüge | Nettolohn |
|---|---|---|---|---|---|---|---|
| 3 400,00 | 330,50 | 26,44 | 207,40 | 300,90 | 107,10 | 972,34 | 2 427,66 |

Der Arbeitnehmer hat zu zahlen für

| | |
|---|---|
| • Krankenversicherung | 207,40 DM |
| • Rentenversicherung | 300,90 DM |
| • Arbeitslosenversicherung | 107,10 DM |
| | 615,40 DM |

Diesen Beitrag bezeichnen wir als **Arbeitnehmerbeitrag.** Den gleichen Betrag zur Sozialversicherung zahlt der Arbeitgeber **(Arbeitgeberanteil).**

Der vierte Zweig der Sozialversicherung ist die **Unfallversicherung.** Die Beiträge hierzu zahlt der Arbeitgeber allein.

Die Krankenkassen sind verpflichtet, den gesamten Sozialversicherungsanteil in einer Summe einzuziehen. Sie leitet die einzelnen Beiträge an die zuständigen Versicherungszweige weiter.

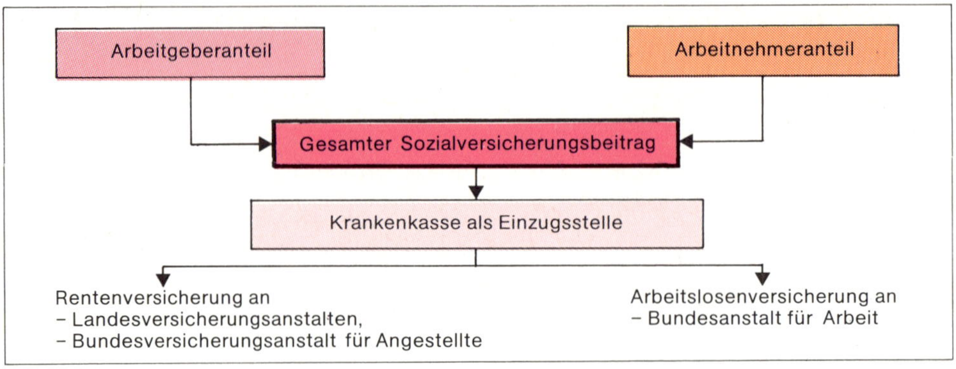


## 12.2.1.4 Die Krankenversicherung

### Versicherte Personen

Arbeiter, Angestellte, Rentner, Übergangsgeldbezieher, Studierende, Arbeitslose, Landwirte, Bergleute, einige Selbständige, Auszubildende.

Angestellte, Arbeiter und Selbständige sind nur dann **pflichtversichert,** wenn ihr Einkommen 75 % der Beitragsbemessungsgrenze[1] der Rentenversicherung nicht überschreitet (1992: 75 % von 6 800,00 DM, in den neuen Bundesländern 75 % von 3 900,00 DM). Sie können sich **freiwillig** versichern bzw. in eine **private** Krankenversicherung eintreten, wenn ihre Einkommen über dieser Grenze liegen.

### Finanzierung

- Beiträge der Versicherten (Beitragssätze der einzelnen Krankenkassen sind verschieden, 1992: ca. 12,2 %),
- Beiträge der Arbeitgeber,
- Bundesanstalt für Arbeit,
- Beiträge der Rehabilitationsträger und der Träger der Rentenversicherung der Arbeiter und Angestellten,
- Zuschuß des Bundes zu den Studentenbeiträgen.
- Sofern das monatliche Arbeitsentgelt die Geringverdienergrenze von 610,00 DM nicht überschreitet, trägt der Arbeitgeber auch den Arbeitnehmeranteil.

In den siebziger Jahren erlebte die Krankenversicherung eine Kostenexplosion. Um die Ausgabenflut einzudämmen, wurde eine Reihe von Gesetzen erlassen, z. B.

- das Krankenversicherungs-Kostendämpfungsgesetz,
- das Kostendämpfungs-Ergänzungsgesetz,
- das Krankenhaus-Kostendämpfungsgesetz.

---

1 Die Beitragsbemessungsgrenze ist in den neuen Bundesländern ungefähr halb so hoch wie in der alten Bundesrepublik, weil dort das Lohnniveau niedriger ist.

Obwohl der jährliche Ausgabenzuwachs beschnitten wurde, entwickeln sich die Kosten nach wie vor stärker als die versicherungspflichtigen Einkommen.

Die Folge ist ein Ansteigen der Beitragssätze. Das **Gesetz zur Strukturreform im Gesundheitswesen** (1988 vom Bundestag als Gesetz beschlossen) setzte sich zum Ziel, die Beitragszahler zu entlasten sowie die Aufgaben der gesetzlichen Krankenversicherung neu zu gewichten (z. B. Verbesserung der häuslichen Pflege von Kranken und Gebrechlichen). Das Gesundheitsstrukturgesetz 1993 (1992 als Gesetzentwurf in den Bundestag eingebracht) will die gesetzlichen Krankenkassen um jährlich 11,4 Milliarden DM entlasten. Beitragen sollen dazu die Ärzte, Krankenhäuser, Pharmaindustrie, Apotheken (mit insges. 8,2 Mrd. DM) und die Versicherten (mit 3,2 Mrd. DM).

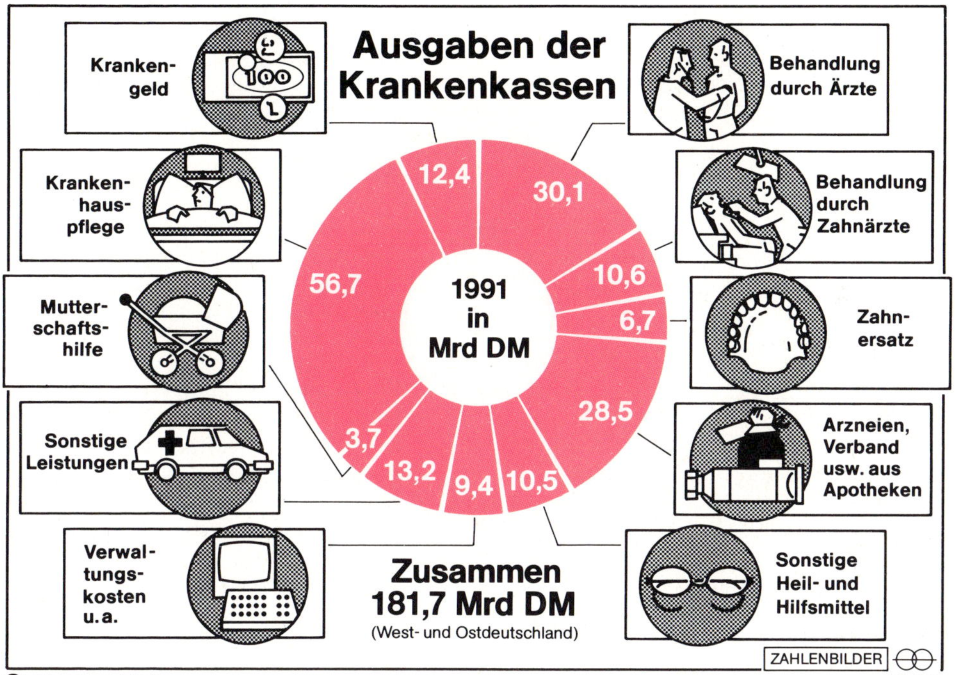


 146 223

**Übersicht über die Leistungen der Krankenversicherung**

| Aufgabenbereich | versicherungsrechtl. Bezeichng. der Leistung | Art der Ausführung |
|---|---|---|
| Vorsorge | Maßnahmen zur Früherkennung von Krankheiten | ärztliche Untersuchung |
| | Maßnahmen zur Verhütung v. Krankheiten | z. B. Kuren, Impfungen, Vorsorge (z. T. Eigenbeteiligung) |

| Aufgabenbereich | versicherungsrechtl. Bezeichng. der Leistung | Art der Ausführung |
|---|---|---|
| Heilung von Krankheit | Krankenpflege | ärztliche und zahnärztliche Behandlung, Zahnersatz, Arznei-, Verband-, Heilmittel (z. T. Eigenbeteiligung)[1] orthopädische Versorgung Belastungserprobung, Arbeitstherapie |
| | Krankenhauspflege | stationäre ärztliche und zahnärztliche Behandlung, Zahnersatz pflegerische Betreuung (z. T. Eigenbeteiligung)[1] Arznei-, Verband-, Heilmittel orthopädische Versorgung Belastungserprobung, Arbeitstherapie |
| | Behandlung in Kur- oder Spezialeinrichtungen | ärztliche u. pflegerische Betreuung, medizinische Versorgung (z. T. Eigenbeteiligung)[1] |
| | Hauspflege | ärztliche u. pflegerische Betreuung zu Hause |
| | Hilfen für Genesende | Aufenthalt in einem Genesungsheim |
| Schwangerschaft und Entbindung | Mutterschaftshilfe | ärztliche Untersuchung u. Betreuung während der Schwangerschaft und zur Entbindung Hebammenhilfe Arznei- und Heilmittel, stationäre Entbindung und Pflege, Hauspflege Pauschbetrag bei Entbindung, einmaliges Mutterschaftsgeld |
| Empfängnisregelung, Sterilisation, Schwangerschafts-abbruch | Sonstige Hilfen | ärztliche Beratung, Untersuchung, Behandlung Arznei-, Heil-, empfängnisregelnde Mittel Krankenhauspflege |
| Weiterführung von Haushalt u. Betrieb | Haushaltshilfe Betriebshilfe | Ersatzkraft oder Übernahme der dafür angemessenen Kosten |
| Sicherung des Einkommens | Krankengeld Mutterschaftsgeld | |
| Todesfall | Sterbegeld | |

aus: Übersicht über die soziale Sicherung, BMi für Arbeit und Sozialordnung, Bonn 1979

**Gewährung von Krankengeld:** Es beträgt grundsätzlich 80 % des regelmäßigen Arbeitsentgelts (höchstens 80 % der Beitragsbemessungsgrenze), jedoch nicht mehr als das Nettoarbeitsentgelt. Das Krankengeld wird ohne zeitliche Begrenzung bezahlt, jedoch bei Arbeitsunfähigkeit wegen derselben Krankheit höchstens 78 Wochen innerhalb von 3 Jahren. Danach muß die Rente beantragt werden. Während der ersten sechs Wochen der Krankheit erhält der Arbeitnehmer sein volles Arbeitsentgelt vom Arbeitgeber weiterbezahlt.

1 z. T. Eigenbeteiligung des Versicherten

**Versicherungsträger**

- Allgem. Ortskrankenkasse (AOK)
- Ersatzkassen
- Betriebskrankenkassen (BKK)
- Innungskrankenkassen (IKK)
- Bundesknappschaft
- Seekrankenkasse
- Landwirtschaftliche Krankenkasse

## 12.2.1.5 Die Rentenversicherung der Arbeiter und Angestellten

### Versicherte Personen

Arbeiter, Angestellte, Auszubildende, Wehr- und Zivildienstleistende, Personen, die ein freiwilliges soziales Jahr ableisten, Arbeitslose, Entwicklungshelfer, Übergangsgeldbezieher, Behinderte, die z. B. in Berufsbildungswerken beschäftigt werden, Selbständige **auf Antrag.**

### Finanzierung

- Beiträge des Versicherten → 8,85 %
- Beiträge des Arbeitgebers → 8,85 %

} des Arbeitsverdienstes bis zur Höhe der Beitragsbemessungsgrenze (1992: 6 800,00 DM bzw. 4 800,00 DM)

- Zuschüsse des Bundes
- Der Arbeitgeber trägt den Beitrag allein, wenn das monatliche Bruttoarbeitsentgelt des Versicherten unter der Geringverdienergrenze von 610,00 DM bleibt. Selbständige und Versicherungsberechtigte zahlen ihre Beiträge allein.

### Leistungen

- Maßnahmen zur Erhaltung, Besserung, Wiederherstellung der Erwerbsfähigkeit,
- Rente wegen Berufs- oder Erwerbsunfähigkeit,
- Witwen- und Waisenrente, Renten an frühere Ehegatten,
- Altersruhegeld,
- Krankenversicherung der Rentner (Beitragszuschüsse).

**Berufsunfähig** ist, wessen Erwerbsfähigkeit auf weniger als die Hälfte eines gesunden Versicherten mit ähnlicher Ausbildung und gleichwertigen Fähigkeiten herabgesunken ist.

## Die Altersrente

| Von welchem Alter an? | | Für wen? | Unter welchen Voraussetzungen? |
|---|---|---|---|
| Regelaltersrente | 65 | Alle Versicherten | 5 Jahre Wartezeit = Mindestversicherungszeit (Beitragszeiten, Ersatzzeiten und Zeiten aus Versorgungsausgleich) |
| „Flexible" Altersrente | 63 | Alle Versicherten | 35 Jahre Wartezeit (Beitragszeiten, Ersatzzeiten, Zeiten aus Versorgungsausgleich, beitragsfreie Anrechnungszeiten, Berücksichtigungszeiten) |
| | 60 | Schwerbehinderte, Berufs- und Erwerbsunfähige | |
| „Vorzeitige" Altersrente | 60 | Frauen | 15 Jahre Wartezeit, 121 monatliche Pflichtbeiträge seit dem 40. Lebensjahr |
| | 60 | Arbeitslose | Innerhalb der letzten 1½ Jahre 1 Jahr arbeitslos. 15 Jahre Wartezeit, 96 Pflichtbeiträge in den letzten 10 Jahren |

Rentenversicherung der Arbeiter und der Angestellten

ZAHLENBILDER

 149 390

**Erwerbsunfähigkeit** liegt vor, wenn eine Person auf absehbare Zeit keinerlei Erwerbstätigkeit mehr ausüben kann.

Besondere Bedeutung kommt der **Altersrente** zu. Sie ist an einige Vorbedingungen gebunden.

### Entwicklung des Rentenniveaus

Die Finanzierung der Rentenversicherung geriet seit 1973 ins Schwanken, als mit dem ersten Ölschock die Wirtschaft in eine Abschwungphase geriet und die Arbeitslosenzahlen stiegen. Erschwerend kam dazu, daß durch die Öffnung der Rentenversicherung für Selbständige und Hausfrauen die Rentenansprüche stiegen. Überdies mußten die Rentenanpassungen an vorhergehende Steigerungsraten der Löhne **(„dynamische Rente")** finanziert werden.

Um die finanzielle Leistungsfähigkeit der Rentenversicherung wieder auf sichere Beine zu stellen, wurden verschiedene **Maßnahmen zur Ausgabenbegrenzung** beschlossen, so u. a.

- Verschiebung des Termins der Rentenerhöhung (1978 und 1983);
- Abkoppelung der Rentenanpassung von der Entwicklung der Bruttolöhne (1979 bis 1981);
- steigende Eigenbeteiligung der Rentner an ihren Krankenversicherungsbeiträgen (1983);
- ab 1984 „Aktualisierung" der Rentenanpassung, d. h. die Rentenanhebung richtet sich nicht mehr nach der Lohnentwicklung in einem Dreijahreszeitraum, sondern nach dem Lohnzuwachs im unmittelbar vorhergehenden Kalenderjahr.

Die **künftige Finanzentwicklung** der Rentenversicherung wird von folgenden Faktoren bestimmt:

- **Der frühe Rentenbeginn:** In den letzten fünfzehn Jahren hat sich eine deutliche Vorverlagerung des Rentenbeginns gezeigt, z. B. sind aus dem Altersjahrgang 1920 nur noch rund 20 % der Frauen und Männer mit Vollendung des 65. Lebensjahres in die Altersrente gegangen. Der frühere Rentenbeginn führt einerseits zu **längeren Rentenlaufzeiten** und andererseits zu einer **höheren Anzahl von Rentnern.**
- **Die steigende Lebenserwartung:** Die Lebenserwartung der Menschen ist in diesem Jahrhundert fast ständig gestiegen. Es wird damit gerechnet, daß im Jahre 1996
  - die Lebenserwartung für Männer bei ca. 78,5 Jahren und
  - die der Frauen bei etwa 83,5 Jahren liegt.

  In 25 Jahren soll die Lebenserwartung um 3,5 bzw. 4,5 Jahren gestiegen sein.
- **Die veränderte Erwerbstätigkeit:** Weil die Ausbildungsphase der Menschen sich in den letzten Jahren verlängert hat, schiebt sich auch ihr Eintritt in das Erwerbsleben hinaus. Die Erwerbsquote der 15- bis 65jährigen
  - Frauen ist von 1970 bis 1986 von 47 % auf 51 % gestiegen;
  - aber die der Männer von 90 % auf 79 % gesunken.
- **Das zahlenmäßige Verhältnis zwischen Rentnern und Beitragszahlern (Rentenquotient):** Modellrechnungen zur Bevölkerungsentwicklung haben ergeben, daß die Zahl der Rentner im Verhältnis zu den Erwerbstätigen und damit den Beitragszahlern in den kommenden Jahren zunehmen wird, und zwar
  - von 50 % im Jahre 1990 auf 72 % im Jahre 2000;
  - auf 74 % im Jahre 2010
  - und 117 % im Jahre 2030.

Wenn solche Verhältniszahlen über so lange Zeiträume auch mit vielen Unsicherheiten verbunden sind, so zeigen sie doch gewisse Tendenzen auf.

Eine wichtige Aufgabe für die künftige Finanzentwicklung der Rentenversicherung wird es sein, das finanzielle Gleichgewicht zwischen der Einnahmen- und Ausgabenseite sicherzustellen.

**Schwerpunkte der künftigen Rentenreform,** die 1992 in Kraft treten soll:

- **Rentendynamik** bedeutet, daß die Renten der allgemeinen Lohnentwicklung angepaßt werden, aber sie werden nicht mehr stärker steigen als die **Nettolöhne.** Renten und Nettolöhne entwickeln sich also gleichgewichtig.
- **Die Anhebung der Altersgrenzen** erfolgt schrittweise, bis die **Regelaltersgrenze** von **65 Jahren** wieder erreicht ist (ab 1995 steigt die Altersgrenze jährlich um 6 Monate).
- Die **Beitragssätze** werden voraussichtlich betragen
  - im Jahre 1992 17,7 %;
  - im Jahre 2000 20,1 %;
  - im Jahre 2010 21,5 %.

  Dieses Festsetzungsverfahren soll sicherstellen, daß die Einnahmen die Ausgaben decken.
- **Der Bundeszuschuß** steigt künftig entsprechend der Bruttolöhne an, während die Renten dem Anstieg der Nettolöhne angepaßt werden. Wenn sich der Beitragssatz in

der Rentenversicherung erhöht, steigt zusätzlich auch der Bundeszuschuß. Finanziell wirkt sich die **Dynamisierung des Bundeszuschusses** wie folgt aus:

| im Jahr | in Mrd. | in % der Rentenausgaben |
|---|---|---|
| 1992 | 38,4 | 19,9 |
| 2000 | 52,5 | 19,6 |
| 2010 | 73,8 | 19,5 |

**Entwicklung des Rentenniveaus 1987 bis 2010**

| Jahr | Brutto-renten-niveau | Netto-renten niveau | Veränderung des Renten-zahlbetrages gegenüber Vorjahr % |
|---|---|---|---|
| | % bei 45 Versicherungsjahren | | |
| | im Jahresdurchschnitt | | |
| 1987 | 50,8 | 72,1 | 2,6 |
| 1988 | 51,0 | 71,9 | 3,0 |
| 1989 | 51,3 | 72,4 | 2,6 |
| 1990 | 51,1 | 70,3 | 2,5 |
| 1991 | 50,9 | 70,8 | 3,0 |
| 1992 | 50,6 | 71,0 | 2,7 |
| 1993 | 50,2 | 70,8 | 2,3 |
| 1994 | 50,0 | 70,8 | 2,5 |
| 1995 | 49,7 | 70,6 | 2,5 |
| 1996 | 49,5 | 70,6 | 2,6 |
| 1997 | 49,3 | 70,6 | 2,6 |
| 1998 | 49,1 | 70,6 | 2,6 |
| 1999 | 49,0 | 70,6 | 2,6 |

| Jahr | Brutto-renten-niveau | Netto-renten niveau | Veränderung des Renten-zahlbetrages gegenüber Vorjahr % |
|---|---|---|---|
| | % bei 45 Versicherungsjahren | | |
| | im Jahresdurchschnitt | | |
| 2000 | 48,8 | 70,7 | 2,6 |
| 2001 | 48,6 | 70,6 | 2,5 |
| 2002 | 48,4 | 70,5 | 2,6 |
| 2003 | 48,2 | 70,6 | 2,7 |
| 2004 | 48,1 | 70,6 | 2,7 |
| 2005 | 47,9 | 70,5 | 2,7 |
| 2006 | 47,8 | 70,4 | 2,7 |
| 2007 | 47,7 | 70,6 | 2,8 |
| 2008 | 47,6 | 70,6 | 2,7 |
| 2009 | 47,4 | 70,6 | 2,6 |
| 2010 | 47,3 | 70,6 | 2,7 |

aus: Sozialpolitische Informationen, Nr. 15, 02.12.88, hrsg. vom Bundesminister für Arbeit und Sozialordnung, Seite 24

**Versicherungsträger**

- für die Rentenversicherung der Angestellten: die Bundesversicherungsanstalt in Berlin,
- für die Rentenversicherung der Arbeiter: die Landesversicherungsanstalten.

## 12.2.1.6 Die Arbeitslosenversicherung

### Versicherte Personen

**Pflichtversichert** sind alle Arbeiter, Angestellten und Auszubildenden. **Versicherungsfrei** sind Selbständige, Beamte, Arbeitnehmer ab 63. Lebensjahr, Rentner wegen Erwerbsunfähigkeit.

### Finanzierung

- Beiträge des Versicherten → 3,15 %
- Beiträge des Arbeitgebers → 3,15 %

} des Arbeitsverdienstes bis zur Höhe der Beitragsbemessungsgrenze der Rentenversicherung (1992: 6 800,00 DM bzw. 4 800,00 DM).

- Zuschüsse und Darlehen des Bundes.
- Der Arbeitgeber trägt den Beitrag allein, wenn das monatliche Arbeitsentgelt 610,00 DM (Geringverdienergrenze) nicht übersteigt.



3992502

Seit 1973 stieg die Zahl der Arbeitslosen stark an; dementsprechend wurde die Arbeitslosenversicherung stärker in Anspruch genommen. Die Aufwendungen der Bundesanstalt für Arbeit erhöhten sich für das Arbeitslosengeld von ca. 1,4 Mrd. DM (1973) auf über 18 Mrd. DM (1983), die Zahlungen für die Arbeitslosenhilfe stiegen im gleichen Zeitraum von 144 Mio. DM auf ca. 5 Mrd. DM.

Durch die anhaltende Arbeitslosigkeit hat der Staat erhebliche

- **Mehrausgaben,** z. B. für Arbeitslosengeld bzw. -hilfe, für Beiträge für die Kranken- und Rentenversicherung, für Sozialhilfe und Wohngeld,
- **Mindereinnahmen,** z. B. durch Beitragsausfälle für die Sozialversicherung, durch Entgang von direkten Steuereinnahmen (insbesondere der Lohn- und Einkommensteuer) und indirekten Steuereinnahmen (insbesondere der Umsatzsteuer).

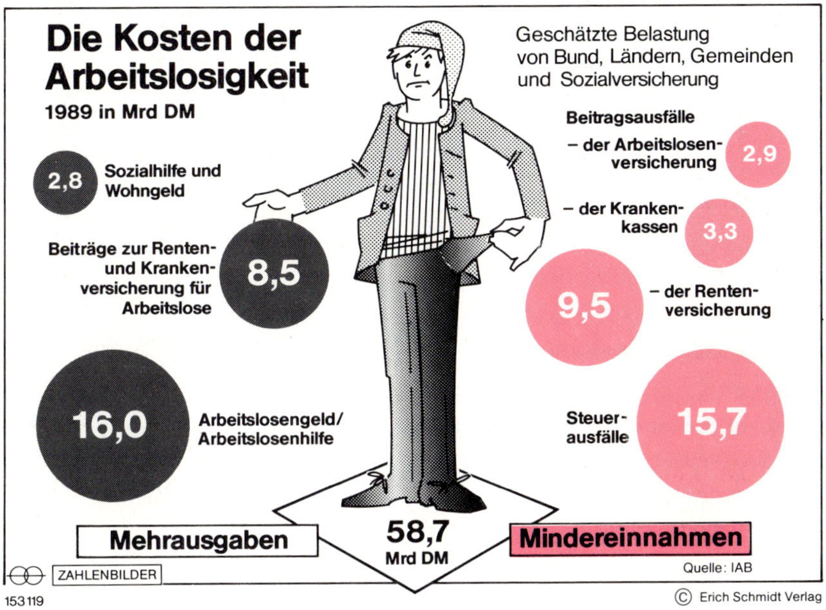


## Leistungen

- **Arbeitsvermittlung,** Berufsberatung, Vermittlung von Berufsausbildungsstellen, Umschulung, berufliche Fortbildung, Leistungen zur Erhaltung und Schaffung von Arbeitsplätzen, berufliche Rehabilitation,
- **Unterhaltsgeld** bei Maßnahmen zur Eingliederung in den Arbeitsprozeß, berufliche Fortbildung, Umschulung,
- **Kurzarbeitergeld,**
- **Konkursausfallgeld** bei Ansprüchen auf Arbeitsentgelt für die letzten 3 Monate des Arbeitsverhältnisses vor Eröffnung des Konkursverfahrens,
- Zahlung von Beiträgen zur **Renten- und Krankenversicherung** der Arbeitslosen und für bestimmte Rehabilitanten,
- **Förderung** der ganzjährigen Beschäftigung in der Bauwirtschaft (z. B. Zahlung von Schlechtwettergeld),
- **Arbeitslosengeld,**
- **Arbeitslosenhilfe.**

### Arbeitslosengeld

**Anspruch auf Arbeitslosengeld** hat jeder Versicherte, der

- **arbeitslos** ist,
- der Arbeitsvermittlung zur **Verfügung** steht,
- sich beim Arbeitsamt arbeitslos **gemeldet** hat und Arbeitslosengeld **beantragt** hat,
- die **Anwartschaft** erfüllt hat, d. h. in den letzen drei Jahren vor der Arbeitslosenmeldung mindestens 360 Kalendertage versicherungspflichtig beschäftigt war.

Das **Arbeitslosengeld** beträgt etwa 68 % des zuvor erzielten Nettoeinkommens und wird für höchstens 312 Tage gewährt (kinderlose Empfänger erhalten nur 63 %). Es wird **versagt,** wenn der Arbeitslose seiner Meldepflicht ohne wichtigen Grund nicht nachkommt. Der Anspruch wird **gesperrt,** wenn der Arbeitslose

- das Arbeitsverhältnis selbst gelöst oder durch ein vertragswidriges Verhalten Anlaß für die Kündigung gegeben hat oder
- eine vom Arbeitsamt angebotene zumutbare Arbeit nicht angenommen oder angetreten hat oder
- eine Maßnahme zur beruflichen Förderung nicht wahrgenommen hat.

Die Sperrzeit beträgt 12 Wochen.

### Arbeitslosenhilfe

Wer die Voraussetzungen für den Bezug von Arbeitslosengeld noch nicht bzw. nicht mehr erfüllt, kann für ein Jahr Arbeitslosenhilfe beantragen. Anspruch auf Arbeitlosenhilfe hat, wer

- arbeitslos ist,
- der Arbeitsvermittlung zur Verfügung steht,
- sich beim Arbeitsamt arbeitslos gemeldet hat,
- Arbeitslosenhilfe beantragt hat,
- **bedürftig** ist, d. h., das Einkommen oder Vermögen des Arbeitslosen oder seiner Familienangehörigen reicht für den Lebensunterhalt nicht aus.

Die **Arbeitslosenhilfe** beträgt etwa 58 % des zuvor erzielten Nettoarbeitsverdienstes (kinderlose Empfänger erhalten 56 %). Im Gegensatz zum Arbeitslosengeld hat die Arbeitslosenhilfe den Charakter einer Fürsorgeleistung und wird aus dem Bundeshaushalt finanziert. Beide gemeinsam werden wie die Rentenversicherung dynamisiert.

### Versicherungsträger

Träger der Arbeitslosenversicherung als auch der Arbeitsförderung ist die **Bundesanstalt für Arbeit** in Nürnberg. Ihr sind die Landesarbeitsämter und die Arbeitsämter angegliedert.



3992504

### 12.2.1.7 Die Unfallversicherung

#### Versicherte Personen

Pflichtversichert sind

- alle Arbeitnehmer und bestimmte Selbständige während der beruflichen Tätigkeit, auf dem Weg von und zur Arbeit,
- Kinder während des Kindergartenbesuchs,
- Schüler und Studenten während des Besuchs der Schule oder Hochschule, auf dem Weg zur oder von der Schule bzw. Hochschule.

#### Finanzierung

Die Beiträge tragen die **Arbeitgeber allein** (für Schüler der Schulaufwandsträger). Die Höhe ist abhängig von

- dem Arbeitsverdienst aller Versicherten in dem Unternehmen und
- dem Grad der Unfallgefahr.

#### Leistungen

Sie beziehen sich einerseits auf die **Unfallverhütung** und andererseits darauf, die **Unfallfolgen** zu beseitigen bzw. zu mildern.

Die Unternehmen sind verpflichtet, jeden Unfall zu melden. Je nach Art und Schwere des Unfalls wird von Amts wegen festgestellt, ob die Erwerbsfähigkeit wiederhergestellt werden kann oder in welcher Höhe eine Rente zu zahlen ist (bei bleibenden Schäden oder Tod des Versicherten).

#### Entstehen des Leistungsanspruchs

Versicherte haben Anspruch auf Leistung bei Arbeits- und Wegeunfällen und Berufskrankheiten.

- **Arbeitsunfälle,** z. B. Unfälle am Arbeitsplatz, bei Betriebsveranstaltungen, -ausflügen und Betriebssport, Botengängen, beruflichen Reisen u. a. m.
- **Wegeunfälle,** z. B. Unfälle, die sich auf dem Weg von der Wohnung des Versicherten bis zu seiner Arbeitsstätte ereignen, unabhängig von dem benützten Verkehrsmittel;
- **Berufskrankheiten:** Voraussetzung für die Anerkennung ist ein ursächlicher Zusammenhang zwischen der versicherten Tätigkeit und der Berufskrankheit (z. B. Infektionskrankheiten beim Pflegepersonal in Krankenhäusern).

#### Art und Umfang der Leistungen

- **Unfallverhütung:** Die Berufsgenossenschaften erlassen **Unfallverhütungsvorschriften** und überwachen diese durch Aufsichtsbeamte. Die **Unternehmer** sind verpflichtet,
  - die Arbeitsstätten, Betriebseinrichtungen, Maschinen und Werkzeuge so einzurichten, daß die Arbeitnehmer gegen Unfälle und Berufskrankheiten geschützt sind,
  - auf die Einhaltung der Unfallverhütungsvorschriften zu achten (Bekanntgabe an die Arbeitnehmer, Hinweise auf Beachtung).

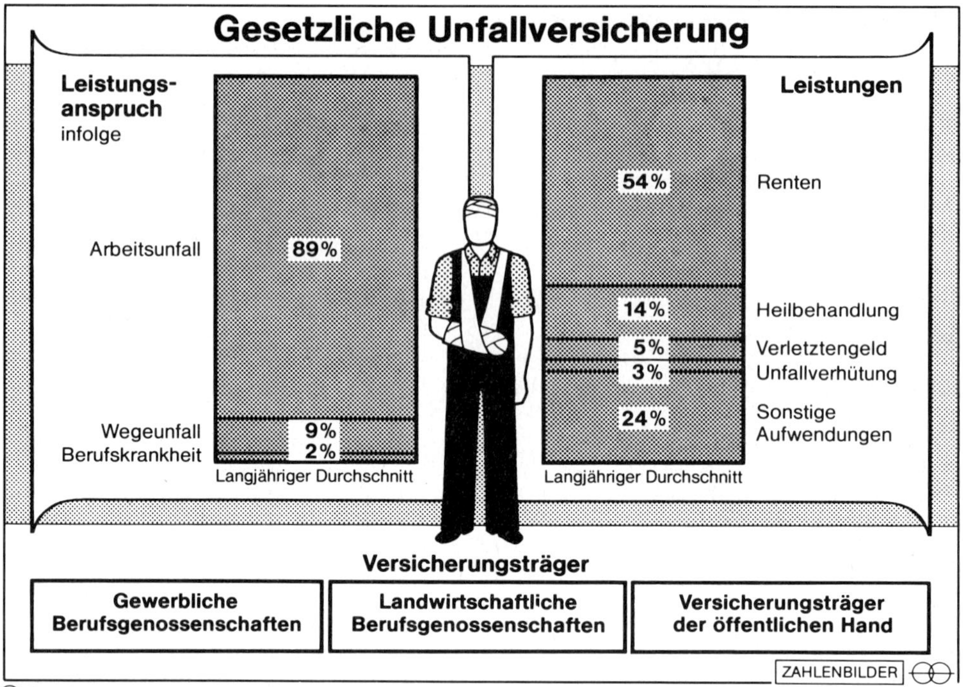


 147 114

Die **Arbeitnehmer** haben die Unfallverhütungsvorschriften unbedingt zu beachten.

Unternehmen, die mehr als zwanzig Mitarbeiter beschäftigen, müssen einen oder mehrere **Sicherheitsbeauftragte** bestellen. Sie unterstützen den Unternehmer bei der Durchführung des Unfallschutzes.

- **Heilbehandlung:** Dadurch sollen die Folgen eines Unfalles oder Berufskrankheit beseitigt oder gemildert werden, z. B. durch ärztliche und zahnärztliche Behandlung, Arznei-, Verband- und Heilmittel, Ausstattung mit Körperersatzteilen sowie stationäre Behandlung.
- **Übergangsgeld:** Ist der Verletzte oder Erkrankte länger als sechs Wochen arbeitsunfähig, erhält er von der Berufsgenossenschaft das Übergangsgeld bezahlt. Es wird auf die gleiche Weise wie das Krankengeld berechnet und für die Dauer der Arbeitsunfähigkeit bezahlt.
- **Berufshilfe:** Ist es auch durch Hilfen nicht möglich, daß der Verletzte seine bisherige Berufstätigkeit wieder ausführen kann, so soll er für einen anderen Beruf ausgebildet werden. Die Kosten für die Ausbildung und Umschulung übernimmt die Berufsgenossenschaft. Während der Berufshilfe erhält der Versicherte Übergangsgeld.
- **Verletztenrente:** Der Versicherte hat Anspruch auf Verletztenrente, wenn seine Erwerbsfähigkeit länger als 13 Wochen um mindestens 20 % gemindert ist. Die Höhe der Rente richtet sich nach der Erwerbsminderung und dem Jahreseinkommen. Bei der Vollrente (Erwerbsminderung 100 %) erhält der Betroffene zwei Drittel des Jahresarbeitsverdienstes.

– **Hinterbliebenenrente:** Sollte der Versicherte an den Folgen eines Unfalls oder einer Berufskrankheit gestorben sein, wird Witwenrente, Witwerrente, Waisenrente, Elternrente oder Geschiedenenrente gewährt.

**Versicherungsträger** sind die Berufsgenossenschaften.

## Zusammenfassung

**Krankenversicherung** ist eine Versicherung, die dem einzelnen und seiner Familie bei Krankheit, Mutterschaft und Tod Hilfen gewährt. Man unterscheidet Pflichtversicherte und freiwillig Versicherte. Die Beitragssätze sind unterschiedlich (ca. 12,2 % bzw. 12,8 % des Bruttoverdienstes). Arbeitgeber und Arbeitnehmer zahlen je die Hälfte.

**Rentenversicherung** ist eine Versicherung, die bei Erwerbsminderung, Alter und Tod Renten gewährt. Arbeiter und Angestellte sind pflichtversichert, die freiwillige Mitgliedschaft steht jedermann offen. Der Beitragssatz beträgt 1991/92 17,7 % des Bruttoverdienstes und wird je zur Hälfte vom Arbeitgeber und Arbeitnehmer getragen. Freiwillig Versicherte zahlen den vollen Beitrag. Rentner sind gegen Krankheit versichert (6,4 %).

**Arbeitslosenversicherung** ist eine Versicherung, die Arbeitslosen Arbeitslosengeld oder Arbeitslosenhilfe gewährt. Daneben hat sie die Aufgabe, Arbeitsplätze zu erhalten und zu schaffen. Arbeiter und Angestellte sind pflichtversichert. Der Beitragssatz beträgt 6,3 % (1992) und wird je zur Hälfte vom Arbeitgeber und Arbeitnehmer getragen.

**Unfallversicherung:** Ihre vordringlichste Aufgabe ist die Verhütung von Unfällen. Pflichtversichert ist der überwiegende Teil der Bevölkerung. Die Beiträge zahlt allein der Unternehmer. Die Höhe ist abhängig vom Arbeitsverdienst aller Versicherten und vom Grad der Unfallgefahr des Betriebes.

## Aufgaben

1. Welche Verpflichtung hat ein erkrankter Mitarbeiter gegenüber dem Arbeitgeber?
2. Zu welchem Zeitpunkt beginnt die Krankenversicherungspflicht der Arbeitnehmer?
3. Welche Personen sind zum freiwilligen Beitritt in die Krankenversicherng berechtigt?
4. Von welcher Stelle wird der Gesamtsozialversicherungsbeitrag eingezogen?
5. Unterbreiten Sie Vorschläge, wie die Kostenexplosion in der Krankenversicherung gestoppt werden kann.
6. Der kaufmännische Angestellte Uwe Sebald, 50 Jahre, hat sich von einer Infektionskrankheit nie mehr erholt. Er überlegt, wovon er leben soll, wenn er seinen Beruf aus gesundheitlichen Gründen nicht mehr ausüben kann.
7. Erklären Sie den Begriff „Rentendynamik“.
8. Welche Probleme ergeben sich bei der Sicherstellung der Rente über das Jahr 2000 hinaus? Welche Lösungsmöglichkeiten erkennen Sie?
9. Frau Kinzel, 40 Jahre alt, Hausfrau, hat seit ihrer Heirat vor 15 Jahren nicht mehr versicherungspflichtig gearbeitet. Bis zur Heirat wurden für sie 72 Pflichtmonatsbeiträge abgeführt. Hat Frau Kinzel bei Erreichen des Rentenalters Anspruch auf Altersrente? Überprüfen Sie die Möglichkeit einer freiwilligen Versicherung.
10. Gert Lüders, im 2. Jahr der Ausbildung zum Industriekaufmann, erleidet einen schweren Sportunfall, durch den er erwerbsunfähig wird. Welche Leistungen kann Gert Lüders beanspruchen?

11. Prüfen Sie, in welchen der folgenden Fälle Berufsunfähigkeit vorliegt:
    - eine Angestellte kann wegen chronischer Sehnenscheidentzündung nicht mehr an der Schreibmaschine arbeiten. Sie ist durchaus imstande, andere Arbeiten im Büro zu verrichten,
    - ein Sachbearbeiter im Personalwesen, 45 Jahre alt, wird nach einer Operation stark gehbehindert. Er kann seine Arbeitsstelle nur noch im PKW erreichen. Dazu ist er nach ärztlichem Gutachten auch in der Lage, außerdem hat er eine jahrelange Fahrpraxis aufzuweisen,
    - wie ist der Fall zu beurteilen, wenn der Sachbearbeiter 56 Jahre alt ist und sich auf Grund seines Alters und seiner starken Kurzsichtigkeit nicht zutraut, einen Führerschein zu erwerben?
12. Der Dreher Leitner, seit 25 Jahren ununterbrochen versicherungspflichtig beschäftigt, wird arbeitslos. Er möchte in seinem Beruf gerne wieder arbeiten und meldet sich arbeitslos. Gleichzeitig beantragt er Arbeitslosengeld. Hat Herr Leitner Anspruch auf Arbeitslosengeld und wenn ja, für welchen Zeitraum und in welcher Höhe?
13. Wer kann Arbeitslosenhilfe beanspruchen? In welcher Höhe ist sie zu gewähren?
14. Welche Leistungen gewährt die Unfallversicherung
    - bei einem tödlichen Arbeitsunfall,
    - bei einer durch Arbeitsunfall bedingten 50%igen Erwerbsminderung des Arbeitnehmers?

## 12.2.2 Personenversicherungen

### 12.2.2.1 Lebensversicherung

Sie leisten keinen Schadenersatz. Die Lebensversicherung leistet bei Eintritt des Versicherungsfalles die vereinbarte **Versicherungssumme.** Dies gilt auch schon nach Zahlung einer Prämie.

**Risikoversicherung:** Sie hat ausschließlich die **Vorsorge** gegen das **finanzielle Risiko eines vorzeitigen Todesfalles** zum Ziel und wird für eine bestimmte Laufzeit abgeschlossen. Stirbt der Versicherte in dieser Zeitspanne nicht, so verfallen die Prämien. Kapital kann bei dieser Versicherung also nicht gebildet werden.

**Kapitalbildende Lebensversicherung auf den Todes- und Erlebensfall:** Diese bei uns häufigste Lebensversicherung bietet eine doppelte Sicherheit:

- Stirbt der Versicherte **vor Vertragsablauf,** so erhalten die Hinterbliebenen die Versicherungssumme.
- Im **Erlebensfall** erhält der Versicherte selbst die Versicherungssumme. Die Versicherungssumme kann für die vertragliche Laufzeit gleichbleiben oder dynamisiert, d. h. den aktuellen Preissteigerungen angepaßt werden.

Bei der üblichen kapitalbildenden Lebensversicherung ist die Versicherungssumme für den Erlebens- und den Todesfall gleich hoch. Es gibt auch Versicherungen mit einer erhöhten Todesfallsumme.

**Lebensversicherung auf zwei verbundene Leben:** Zwei Personen sind zugleich in einem Vertrag versichert. Im Versicherungsfall ist der Begünstigte jeweils der über-


3992508

lebende Partner. Diese Versicherungsform wird von **Ehepartnern** gewählt. Sie ist aber auch geeignet als **Teilhaber-Versicherung** für Personen, die gemeinsam einen Betrieb unterhalten. Beim vorzeitigen Tod eines der Geschäftspartner können Erbauseinandersetzungsansprüche der Hinterbliebenen ausbezahlt werden, ohne daß die Substanz des Betriebes leidet.

**Vermögensbildende Lebensversicherung:** Hier werden nach dem 4. Vermögensbildungsgesetz die Beiträge zu dieser Versicherung ganz oder teilweise aus **tarifvertraglichen Leistungen** des Arbeitgebers finanziert. Der Arbeitgeber kann natürlich auch höhere Anteile gewähren. Außerdem gewährt der Staat eine **Sparzulage,** wenn bestimmte Einkommensgrenzen nicht überschritten werden (27 000,00 DM für Alleinstehende, 54 000,00 DM für Verheiratete). Übersteigt der Beitrag zur Lebensversicherung jährlich 624,00 DM, so kann er als **Vorsorgeaufwand** in der Steuererklärung steuerlich abgesetzt werden.

**Ausbildungs- und Aussteuerversicherung:** Die Versicherungsleistung wird zum voraussichtlichen **Beginn einer Ausbildung** (z. B. Studium) bzw. bei der **Heirat** (oder zu einem festen Termin) ausgezahlt. Stirbt der Versicherungsnehmer (hier: Vater), so läuft die Versicherung beitragsfrei weiter.

### 12.2.2.2 Private Krankenversicherung

Die private Krankenversicherung

- bietet **Schutz für Personen,** die **nicht sozialversicherungspflichtig** sind;
- **ergänzt die gesetzliche Krankenversicherung.**

Das Angebot der privaten Krankenversicherung erstreckt sich auf

- Krankheitskosten-Vollversicherung,
- Krankheitskosten-Zusatzversicherung,
- Krankenhaustagegeld,
- Krankentagegeld und
- Auslandsreise-Versicherung.

Der Versicherungsschutz tritt nach einer in der Regel dreimonatigen Wartefrist ein. Bei Unfällen entfällt eine Wartezeit.

### 12.2.2.3 Private Unfallversicherung

Sie gewährt Versicherungsschutz für

- eigene Schäden
- im privaten Bereich.

Fremden Personen zugefügter Schaden wird von der Haftpflichtversicherung gedeckt. Eigene Schäden im beruflichen Umfeld deckt die gesetzliche Unfallversicherung.

### 12.2.3 Sachversicherungen

Sie ersetzen grundsätzlich nur **Sachschäden.** Ein grober Überblick kann durch die folgende Übersicht gewonnen werden:

| Versicherungsart | Versicherungsschutz |
|---|---|
| Feuerversicherung | Schäden durch Brand, Blitzschlag, Explosion, Trümmerschäden bei Flugzeugabsturz, Folgeschäden (z. B. beim Löschen) |
| Leitungswasserversicherung | Schäden am Gebäude, der Einrichtung, den Vorräten durch Austritt von Leitungswasser |
| Transportversicherung | Schäden am Transportgut, die während des Transports auftreten |
| Einbruchdiebstahl-versicherung | Ersatz für entwendete und beschädigte Güter |
| Glasversicherung | Ersatz des Glases an Fenstern, Schaufenstern, Firmenschildern, Glasdächern usw. |
| Hausratversicherung | kombinierte Versicherung für Hausrat bei Feuer-, Leitungswasser-, Sturm- und Glasschaden |

### 12.2.4 Vermögensversicherungen

Diese Versicherungen versuchen, **Wertminderungen bei Vermögensmassen** aufzufangen.

#### 12.2.4.1 Haftpflichtversicherung

Wer anderen schuldhaft einen Schaden zufügt, ist ihm zum **Schadenersatz** verpflichtet. Die Haftpflichtversicherung übernimmt

- die **Zahlung des Schadenersatzes** (bis zur Höhe der Versicherungssumme),
- den **Rechtsschutz** (zur Abwehr ungerechtfertigter Ansprüche).

#### 12.2.4.2 Kreditversicherung

Sie deckt **Forderungsverluste durch Zahlungsunfähigkeit** von Schuldnern. Der Versicherte hat im Rahmen einer **Selbstbeteiligung** einen Teil des Schadens selbst zu tragen.

Man unterscheidet:

- **Warenkreditversicherungen** bei Zahlungsunfähigkeit eines Kunden im Inland und
- **Ausfuhrkreditversicherungen** für ausländische Kunden.



3992510

Die besonderen **Risiken des Ausfuhrhandels** können durch die Hermes Kreditversicherungs-AG bzw. die Treuarbeit AG abgedeckt werden. Bei der Übernahme der Deckung wird zwischen Geschäften mit privaten ausländischen Unternehmen (Garantien) sowie Geschäften mit ausländischen Körperschaften des öffentlichen Rechts (Bürgschaften) unterschieden.

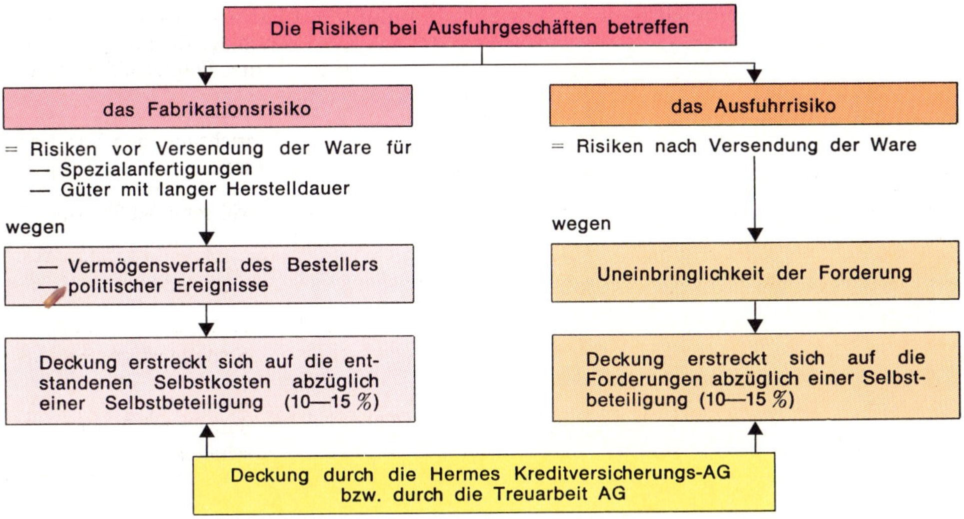


Exporteure können schließlich noch das **Wechselkursrisiko für langfristige Forderungen** (über zwei Jahre Laufzeit) in Dollar, Pfund Sterling und Schweizer Franken bei Hermes versichern.

## 12.2.5 Kraftfahrtversicherung

Sie ist eine **kombinierte Versicherung** und umfaßt den

| Haftpflichtschutz | Insassenunfallschutz | Fahrzeugschadenersatz |
|---|---|---|
| ↓ | ↓ | ↓ |
| Vermögensversicherung | Personenversicherung | Sachversicherung |

### 12.2.5.1 Kraftfahrzeug-Haftpflichtversicherung

Jeder Fahrzeughalter ist zum Abschluß dieser Versicherung **gesetzlich verpflichtet.** Der Versicherer kommt für Personen-, Sach- und Vermögensschäden auf, die gerechtfertigt sind und gegen den Fahrer oder Halter des Fahrzeugs gerichtet sind. Fast alle Versicherungsverträge gewähren einen unbegrenzten Deckungsschutz.

Die **Höhe des Versicherungsbeitrages** ist abhängig von
- der **Art des Fahrzeugs** (Pkw, Lkw, Motorrad, Taxi),
- der **Fahrzeugstärke** (Motorleistung, Nutzlast),
- dem **Wohnort des Versicherungsnehmers** (unterschiedliche Schadenshäufigkeit in verschiedenen Regionen),
- dem **Schadensfreiheitsrabatt** für langjähriges unfallfreies Fahren,
- dem **Einsatz des Fahrzeuges** (Gewerbe, Landwirtschaft, Privat).

### 12.2.5.2 Fahrzeugversicherung

Sie ersetzt Schäden, die durch Beschädigung, Zerstörung oder Verlust **des eigenen Fahrzeugs** entstehen. Nicht versichert sind im Fahrzeug beförderte Sachen („Ladung"). Man unterscheidet zwei Arten der Fahrzeugversicherung:
- **Fahrzeugteilversicherung (Teilkasko):** Sie deckt Schäden durch Brand oder Explosion, Entwendung, Einwirkung von Sturm, Hagel, Blitzschlag, Überschwemmung, Bruchschäden an der Verglasung, Zusammenstoß mit Haarwild.
- **Vollkaskoversicherung:** Hier sind die Schäden über die Teilkaskoversicherung hinaus, die durch Unfall oder mutwillige Handlungen Dritter entstehen, versichert. Sie kann mit und ohne Selbstbeteiligung abgeschlossen werden.

### 12.2.5.3 Kraftfahrt-Unfallversicherung

Sie versichert die Insassen eines Fahrzeugs. Es kommen zwei Möglichkeiten in Betracht:
- **Pauschalsystem:** Die Versicherungssumme wird auf die Anzahl der sich im Fahrzeug befindlichen Personen geteilt.
- **Platzsystem:** Für jeden Platz im Fahrzeug ist eine feste Versicherungssumme vorgesehen.

#### Aufgaben

1. Welche Vorzüge bieten die verschiedenen Arten der Lebensversicherung?
2. Warum unterliegen Versicherungsunternehmen der Staatsaufsicht?
3. Inwiefern kommt das 4. Vermögensbildungsgesetz dem Sparen durch Lebensversicherungen entgegen?
4. Vergleichen Sie Leistungen der gesetzlichen und der privaten Krankenversicherung. Warum schließen viele gesetzlich versicherte Arbeitnehmer eine Zusatzversicherung ab?
5. Eltern mit kleinen Kindern schließen gern private Haftpflichtversicherungen ab. Warum ist dies sinnvoll?
6. Welche Sachversicherungen würden Sie einem Inhaber eines Reihenhauses empfehlen? Warum?
7. Welche Risiken im Außenhandel werden durch die Kreditversicherung erfaßt?
8. Robert Müller kauft sich ein Motorrad. Welche Versicherung muß er abschließen? Welche Versicherungen wären zweckmäßig? Wie werden die Prämien berechnet?

# Verzeichnis der verwendeten Gesetzesabkürzungen

| | |
|---|---|
| AGB-Gesetz | Gesetz zur Regelung der Allgemeinen Geschäftsbedingungen |
| AktG | Aktiengesetz |
| AO | Abgabenordnung |
| BBankG | Bundesbankgesetz |
| BBiG | Berufsbildungsgesetz |
| BetrVG | Betriebsverfassungsgesetz |
| BGB | Bürgerliches Gesetzbuch |
| EheG | Ehegesetz |
| EVO | Eisenbahnverkehrsordnung |
| GBO | Grundbuchordnung |
| GenG | Gesetz betreffend die Erwerbs- und Wirtschaftsgenossenschaften (Genossenschaftsgesetz) |
| GewO | Gewerbeordnung |
| GG | Grundgesetz der Bundesrepublik Deutschland |
| GmbHG | Gesetz betreffend die Gesellschaften mit beschränkter Haftung (GmbH-Gesetz) |
| GWB | Gesetz gegen Wettbewerbsbeschränkungen (Kartellgesetz) |
| HGB | Handelsgesetzbuch |
| KO | Konkursordnung |
| PAngV | Preisangabenverordnung |
| PBefG | Personenbeförderungsgesetz |
| PostG | Postgesetz |
| PreisG | Preisgesetz |
| RabG | Rabattgesetz |
| ScheckG | Scheckgesetz |
| StabG | Stabilitätsgesetz |
| StGB | Strafgesetzbuch |
| UmweltHG | Gesetz über die Umwelthaftung |
| UWG | Gesetz gegen den unlauteren Wettbewerb |
| VerbrKrG | Gesetz über Verbraucherkredite |
| VerglO | Vergleichsordnung |
| VerpackV | Verpackungsverordnung |
| WG | Wechselgesetz |
| WZG | Warenzeichengesetz |
| ZPO | Zivilprozeßordnung |
| ZugabeVO | Zugabeverordnung |

# Sachwortverzeichnis


A

Abbuchungsauftrag 218
Absatz 41
– direkter 130 f.
– indirekter 131
Absatzmittler 133 ff.
Absatzorganisation
– eigene 124 ff.
– Formen 124
– fremde 123 f.
– funktionsorientiert 125
– gebietsorientiert 127
– kundenorientiert 126 f.
– produktorientiert 125 f.
Absatzplan 92 ff.
Absatzwege 130 ff.
Absatzwirtschaft 87 ff.
Abschreibungen, außerplanmäßige 329
Abzahlungsgeschäft 118
Abzugsverfahren 481
AG, Organe 302
AIDA-Formel 96
Aktienarten 303 f.
Aktiengesellschaft (AG) 301 ff.
Akzeptarten 232
Akzeptkredit 342
Alleinvertretungsbefugnis 294, 305
Altersentlastungsbetrag 484
Altersrente 500
Altersruhegeld 499 f.
Andienungskauf 172
Anerkennungsurteil 263
Anfrage 169 f.
Angebot 23, 72 ff., 170 ff.
– Bindung 176 ff.
– Inhalt 170 ff.
Angebotsanalyse 169 ff.
– überhang 24
– vergleich 178 ff.
Annahmeverzug 199 ff.
Anrechnung von Einkommensteuern auf die Steuerschuld 487
Anschlußkonkurs 371
Antrag 72 ff.
Arbeitnehmer-Pauschbetrag 484
Arbeitslosengeld 503 f.
– hilfe 504
– quote 408 f.
Arbeitslosenversicherung 502 ff.
– Finanzierung 502
– Leistungen 503 f.
– Träger 504
– versicherte Personen 502
Arbeitslosigkeit
– Arten 408 f.
– friktionelle 408
– konjunkturelle 411
– saisonale 408
– strukturelle 410
Arbeitsteilung, international 36
Arbeitsunfall 505
Arbeitsvermittlung 503
Aufbewahrungspflicht, kaufmännische 190
Auftragsbestätigung 183
Ausbildungsordnung 11
– system, duales 9
– versicherung 509
– vertrag 11 f.
Ausfuhrgeschäfte, Risiko 511
Ausgaben, kapitalbindende 243
Ausgabenplan 243
Auslieferungslager 129
Außenbeitrag 412
– finanzierung 314
– verhältnis 290
außergewöhnliche Belastungen 484, 486 f.
Aussteuerversicherung 509
Avalkredit 340

B

Bagatellkauf 119
Bankrott 366 f.
Barscheck 208 f., 227
Bedarf 19
Bedarfsermittlung 161 ff.
– weckung 96
Bedürfnisse 18
Beförderungsarten 156
Beglaubigung, öffentliche 70
Berufsberatung 503
– bildungsgesetz 10 f.
– genossenschaften 507
– krankheiten 505
– unfähigkeitsrente 499
Berufung 263
Beschaffung 41
Beschaffungswesen 160 ff.
– zeit 162
Beschäftigungsschwankungen 408 ff.
Besitz 66 f.
– mittelbar 66 f.
– steuern 477
– unmittelbar 66 f.
Besitz und Eigentum 76
Besitzmittlungsverhältnis 67
Bestellmenge, wirtschaftliche 164




3992514

Bestellung 182
– Abwicklung 182 ff.
Beteiligungsfinanzierung 314 f.
Betreuung Volljähriger 62
Betriebe
– genossenschaftliche 32
– öffentliche u. gemeinwirtschaftliche 32
– privatwirtschaftliche 32
Betriebsrat 281 ff.
– Aufgaben 282 f.
Betriebsverfassungsgesetz 281 ff.
Betriebswirtschaft und Volkswirtschaft 35
Beugehaft 260
Beurkundung, notarielle 69 f.
Bevölkerungsexplosion
– Folgen 452 f.
– Ursachen 450 f.
Bezugsquellenermittlung 166 f.
– kartei 166
BGB-Gesellschaft 292 f.
Binnenschiff, Versandarten 154
Bonitätsprüfung 254, 333 f.
Brief 142
Bringschuld 76, 176, 199
Bundesanstalt für Arbeit 504
Bundesbahn 145 ff.
– Schadenshaftung 145, 148
Bundespost 136 ff.
Bürgschaft 339 f.
– Arten 340

**C**

Chargenfertigung 49
Containerverkehr 155

**D**

Dauerauftrag 216
Deckungskauf 196
Deficit-spending 434
Deflation 400, 404
– Auswirkungen 407
– Ursachen 404
Delkredereprovision 267
Depression 425, 430
Desinvestition 311
Deutsche Bundesbank
– Aufgaben 436 f.
– geldpolitisches Instrumentarium 438 ff.
Dienstleistungsbetriebe 42 f.
Dienstvertrag 85
Diskontpolitik 442 ff.
Disposition
– bedarfsgesteuert 163
– termingesteuert 163
– verbrauchsgesteuert 161 f.
Distributionspolitik 123 ff.
Diversifikation 111 f.
– horizontale 111
– laterale 112
– vertikale 112
Dritte Welt
– Bevölkerungsexplosion 450 ff., 455
– Drehtüreffekt 461 f.
– Einkommen 457
– Entwicklungshilfe 462 f.
– Rohstoffpreise 458 ff.
– Verschuldung 460 f.
– Wohlstand 456
– Zerstörung von Lebensräumen 453 ff.

**E**

EDV-Freimachung 140
Effektenlombard 347
EG 469 ff.
EG-Binnenmarkt 473 ff.
Eigenfinanzierung 314
– Kosten 327
Eigentum 66 ff.
– privates und öffentliches 383
Eigentumsübergang 77
– vorbehalt 173 f., 244 f.
Einbruchdiebstahlversicherung 510
Eindrittelbeteiligung 285
Einheitliche Europäische Akte 474
Einkommens-
und Vermögensverteilung 388, 422 f.
Einkommensteuer 479 ff.
– Arten 478
– erklärung 479, 483
– tabelle 481, 484
– tarif 1990 479
Einkommensverteilung auf der Welt 457
Einkunftsarten 479
Einnahmen
– kapitalfreisetzende 242, 311
– kapitalzuführende 311
Einnahmenplan 242 f.
Einwilligungsvorbehalt 62
Einzelbeschaffung, auftragsweise 163
– fertigung 50 f.
– geschäftsführungsbefugnis 293
– handel, Betriebsformen 134 f.
– unternehmung 290 f.
– wertberichtigungen 323
Einzugsermächtigung 217

Erbbaurecht 64
Erfüllungsgehilfe 195, 199
– geschäft 77
– ort 172, 176
– ort und Gerichtsstand 175 ff.
Erlaßvergleich 362 f.
Ersatzlieferung 188
Erwerbsunfähigkeitsrente 500
Eurail Expreß 150 f.
Eurocheque 211, 228
Europäische Atomgemeinschaft 469, 471
– Gemeinschaft 469 ff.
– Gemeinschaft für Kohle und Stahl 469, 472
– Gemeinschaft, Organe 472 f.
– Währungsunion 475
– Wirtschaftsgemeinschaft 469, 472
Europäischer Gerichtshof 473
– Wirtschaftsraum 470 f., 473 ff.
Europäisches Parlament 473
– Währungssystem 475
Eurocheque-Karte 228
Expreßgut 149 ff.

**F**

Factoring 267 f.
Fahrzeugversicherung 512
Fertigungsverfahren 47 ff.
Feuerversicherung 510
Finanzbedarf 245
Finanzbedarfsplan 244 ff.
Finanzierung 42
– aus freigesetztem Kapital 328 ff.
– und Investition 310 ff.
Finanzierungsarten 313 ff.
Finanzplan 245 f.
Finanzplanung 242 ff.
Finanzplanungsrat 388
Finanzpolitik, prozyklisch 430
Finanzstatus, täglich 248
Firma 274 ff.
– Arten 275
Firmengrundsätze 275 ff.
– marken 110
– werbung 99
Fiskalpolitik 428 ff.
– antizyklisch 432
Fixgeschäft 76, 172
Fließbandfertigung 55
– fertigung 55
– straßenfertigung 55
Flußprinzip 53 ff.
Forderungen, Überwachung 249 ff.
Forderungsabtretung (Zession) 336 ff.
– ausfall 254 ff.
Formkaufmann 272 f.
– mangel 80
Frachtbrief 145 ff.
Franchisesystem 129
Freizeichnungsklauseln 177
Fremdfinanzierung 331 ff.
Fusionskontrolle 386 f.

**G**

Garantie 191
Gatt 463 ff.
Gattungsschulden 77, 187
Gebrauchsmuster 116 f.
Gefahrenübergang 175 f.
Geldbedarfsplan 242
– mengenbegriffe 448
– politik 436 ff.
– wertschwankungen 398 ff.
Gelegenheitsgesellschaft 292 f.
Geltungsnutzen 109
Gemeinschaftswerbung 98
Gerichtsstand 172, 176
Gesamtgeschäftsführungsbefugnis 293 f., 299, 305
– schuldner 293
– vertretungsbefugnis 294, 299, 305
Geschäftsfähigkeit 60 ff.
– beschränkte 61
– volle 61
Geschäftsführung und Vertretung 290
Geschäftsunfähigkeit 61 f.
Geschmacksmuster 117
Gesellschaft mit beschränkter Haftung (GmbH) 298 ff.
Gesetz von Angebot und Nachfrage 24
Gewährleistung 186 f.
Gewährleistungsfristen 188
Gewichtsabzüge 171
Gewinnrücklage 318 f.
– rücklagen, andere 321
– vortrag 322
Gironetze 213
Glasversicherung 510
Gleichgewichtspreis 24
globale Probleme 450 ff.
GmbH (AG) & Co. 297
– Arten 301
Großhandel, Betriebsformen 133 f.
Grundbuch 351
– handelsgewerbe 271
– pfandrecht, Verwertung 352
– pfandrechte 350 ff.

 3992516

– satz von Treu und Glauben 81
– schuld 350 f., 354 f.
– stoffe 39
Gruppenfertigung 56
Güter 20
– fernverkehr 154
– kraftverkehr 154
– linienverkehr 154
– nahverkehr 154
– verkehr 136 ff.
Gütezeichen 117

**H**

Haftpflichtversicherung
– Kraftfahrt 511 f.
– privat 510
Haftung 289 f.
Halb- und Fertigerzeugnisse 40
Handelsbetriebe 42
– Funktionen 133
– gewerbe 271
– hürden 463
– kauf, einseitiger 252
– kauf, zweiseitiger 252
– marken 110
Handelsregister 278 ff., 305
– Wirkungen der Eintragung 279 f.
Händlerumwerbung 98
Hausfracht 145
Haushaltsfreibetrag für Alleinstehende 484
– prinzip, klassisches 430
Haus-Haus-Verkehr 145
Hausratversicherung 510
Haustürgeschäfte 118 f.
Hermes-Versicherung 511
Herrschaft
– rechtliche 66
– tatsächliche 66
Herstellermarken 110
Höchstbestand 163
Holschuld 76, 199
Homebanking 222 f.
Huckepackverkehr 156
Hypothek 350, 352, 354

**I**

Individualwerbung 97
Indossamente 235
Industriebetrieb, Aufgaben 40 ff.
Inflation 400 ff.
– Arten 401 ff.
– Auswirkungen 405 f.
– Formen 403 f.
– Ursachen 401
Informationsquellen 167
Inhaberscheck 227
Innenfinanzierung 314
– verhältnis 290
Instrumente, absatzpolitische 95 ff.
InterCargo-System 152
Intercity-Kuriergut 150
Internationaler Währungsfonds 465
Investitionsarten 312
– bonus 435
– güter 20
– güterwerbung 98
– motive 313
IWF 465 f.

**J**

Jahresumsatzsteuererklärung 491
Jugendarbeitsschutz 14 ff.
– Arbeitszeit 14
– Aufsicht 16
– Berufsschule 15
– Beschäftigungsbeschränkungen 16
– Beschäftigungsverbote 16
– gesundheitliche Betreuung 16
– Nachtruhe 15
– Ruhepausen 14
– Samstagsruhe 15
– Sonntagsruhe 14
– Strafen 16
Jugend- und Auszubildendenvertretung 281

**K**

Kaffeefahrten 118 f.
Kannkaufmann 272
Kapazitätserweiterungseffekt 329
Kapitalaufbringung 289, 315 f.
– beschaffung 311
– freisetzung 244
– freisetzungseffekt 329
– rücklage 318 f., 320
– sammelstellen 493
– zufuhr 244
Kassenscheck 211
Kauf auf Abruf 172
Käufermarkt 87 f.
Kaufkraft 398
Kaufmannsarten 271 ff.
Keynes-Theorie 430 ff.
Kinderfreibeträge 481 f., 484
Klage 262 f.

kombinierter Verkehr 155 f.
Kommanditgesellschaft (KG) 295
Kommanditist 295
Kommission der EG 473
Komplementär 295
Konditionenkartei 166
– politik 107
Konjunktur 423 ff.
– ausgleichsrücklage 433 f.
– indikatoren 425 f.
– phase 423 ff.
– rat 388
– zyklus 423 f.
Konkurs 241, 363 ff.
– ausfallgeld 503
– forderungen, Rangordnung 366
– masse 364 f.
Konnossement 155
Konsumgüter 20
Kontenarten 208 f., 214
Kontrahierungszwang 80
Kosten, auflagenfix 49
Kostendeckungsprinzip 33
Kraftfahrt
– haftpflichtversicherung 511 f.
– unfallversicherung 512
– versicherung 511 f.
Krankengeld 498
Krankenversicherung
– Finanzierung 496
– gesetzlich 496 f.
– Leistungen 497 f.
– privat 509
– versicherte Personen 496
Kredit
– arten 331 f.
– dinglich gesicherter 244 f.
– fähigkeit 333 f.
– karten 222 f.
– limit 245 f.
– plan 246
– sicherheit 334
– vermittlungsvertrag 118
– versicherung 510 f.
– vertrag 117, 333 f.
– würdigkeit 333 f.
Kulanz 191
Kundendienst 113
Kuppelproduktion 49
Kurzarbeitergeld 503

**L**

Lastschriftauftrag 217
Leasing 357 f.
– vertrag 84
Lebensversicherung 508 f.
– auf den Erlebensfall 508
– auf den Todesfall 508
– auf zwei verbundene Leben 508 f.
Leistungsprozeß
– betrieblicher 39 ff.
– im Handelsbetrieb 45 f.
– im Produktionsbetrieb 43 f.
Leitungswasserversicherung 510
Lieferantenauswahl 166 ff.
– kartei 166
Lieferbedingungen 171
Lieferungstermin, Überwachung 183
Lieferungsverzug 194 ff.
Lieferzeit 172
Liquidität 241, 248, 359, 372 f.
Liquiditätsreserven 330
Lizenz 116
Lohnsteuer 478, 481 ff.
– Antragsveranlagung 478
– ermäßigung 482
– Freibeträge 482
– jahresausgleich 482 f.
– karte 481, 482
– Pauschbeträge 479
– Pflichtveranlagung 483
Lombardkredit 346 f.
– linie 446
– politik 445 f.
Löschungsanspruch 351
– bewilligung 351
Losgröße, optimale 49
Luftfrachtverkehr 155

**M**

Magisches Viereck 382, 392, 393 f.
Magnetband-Clearing-Verfahren 221
Mahnbescheid 255 f.
– schlüssel 250
Mahnverfahren
– außergerichtliches 250 f.
– betriebliches 266
– gerichtliches 254 ff., 266
Mängelarten 189 f.
Mängelrüge 186 ff.
– Pflichten des Kaufmanns 189
Marken für Warenfamilien 110
Markenpolitik 110
Marketing 87 f.
– teilpläne 93
Marketingsmix 87 f.
Markt, abstrakt und konkret 21
Markt und Preis 21 ff.
Markt-Preis-Mechanismus 377



3992518

Marktanalyse 89 ff.
– beobachtung 89 f.
– bericht 88, 91
– eingriffe des Staates 385 f.
– erkundung 89 ff.
– faktoren, Erhebung 89
– forschung 88 ff.
– mechanismus 21 ff.
– preis 23 f., 377
– prognose 88 ff.
– segmentierung 93
– trend 91
– wirtschaft 376 ff.
– wirtschaft, freie 377 f.
– wirtschaft, soziale 381 ff.
Massekosten 365
Massenfertigung 48
Masseschulden 365
Materialwirtschaft 160
– Bedeutung 160
Maximalprinzip 24
Mehrfachfertigung 49 f.
Meldebestandsverfahren 162 f.
Mengenplanung 161 ff.
Mietvertrag 84
Minderkaufmann 273, 274
– mengenzuschläge 171
Minderung 187
Mindestbestand 162
– reservepolitik 440 f.
Minimalkostenkombination 30 f.
– prinzip 24
Mißbrauchsaufsicht 386 f.
Mitbestimmung 281 ff.
– paritätisch 286 f.
Mitwirkung der Arbeitnehmer 281 ff.
Mondpreise 106
Montanmitbestimmung 284 f., 303
Moratorium 362 f.
Mußkaufmann 271

**N**

Nachbesserung 188
Nachfragekurve 22
– überhang 24
Nachnahme 210 f.
Nachschußpflicht 298
nichttarifäre Handelshemmnisse 464 f.
Niederstwertprinzip 321
Nord-Süd-Gefälle 456 f.
Normung 50 f.
notleidende Unternehmung 258 f.

**O**

OECD 466 f.
Offene Handelsgesellschaft (OHG) 293 f.
Offenmarktpolitik 447
öffentlicher Glaube 351
Ökologie 416
ökonomisches Prinzip 25
OPEC 467
Orderscheck 227

**P**

Pachtvertrag 84
Päckchen 140 f.
Paket 136 ff.
Partiefertigung 50
– fracht 148
Patent 116
Pauschalwertberichtigungen 323
Personalkredit 335 f.
– verstärkter 336 ff.
Personen
– juristische 59
– natürliche 59
Personenversicherungen 508 ff.
Persönlichkeitsrechte 64
Pfandkredit 346 f.
Pfändung 258 ff.
Pläne, betriebliche 92 f.
Planung
– dezentral 378, 386
– zentral 380
POP-Werbung 98
POS-Banking 222 f.
Postanweisung 207
Postbarscheck 227
Postgut 140
Preisangabenverordnung 115
– auszeichnungspflicht 115 f.
– bindung, vertikale 105
– differenzierung 105 f.
– empfehlungen, unverbindliche 106
– gesetz 115
– gleitklausel 171
– index für die Lebenshaltung 398 f.
– politik 105 ff.
Primärforschung 90
– Befragung 90
– Beobachtung 90
– Test 90
Produktelimination 112
– haftungsgesetz 119 f.
– innovation 108
Produktion 41
Produktionsfaktor
– Arbeit 27

– Boden 26 f.
– Kapital 28
Produktionsfaktoren 26 ff.
– betriebswirtschaftlich 28 f.
– Knappheit 31
– Kombination 29 f.
– Substitution 29 f.
– volkswirtschaftlich 26 ff.
Produktionsgüter 20
Produktmanagement 126
– marken 110
– politik 108 ff.
– variation 108
– werbung 99
Propaganda 95
Protektionismus 464 f.
Prüfungspflicht 300
Public Relation 95
Publizitätspflicht 297, 300

**Q**

Quittung 206

**R**

Rabattarten 107
– gesetz 115
– politik 107
Rangänderung 351
– folge 351
– vorbehalt 351
Rat der EG 473
Rechnungsprüfung 184 f.
Rechte 64 f.
– absolute 65
– relative 65
Rechtsfähigkeit 59 f.
– formen der Unternehmen 271 ff., 289 ff.
Rechtsgeschäfte 68 ff.
– anfechtbare 81
– äußere Form 69 f.
– einseitige 68
– nichtige 80
– zweiseitige 68
Rechtsobjekte 63 ff.
– schutz der Erzeugnisse 116 f.
– subjekte 59
Rediskontkontingent 444
– kredit 442 f.
Reichweite
– qualitativ 102
– quantitativ 101
Reihenfertigung 55
Reinvestition 311
Reisender 129
Reklame 95
Rentabilität, Eigenkapital 32
Rentendynamik 500 f.
– niveau 502
Rentenversicherung 499 ff.
– Finanzierung 499
– Leistungen 499 f.
– versicherte Personen 499
Reservefonds 299
Revision 263
Risikolebensversicherung 508
Rückgriffskapital 315
Rücklagen
– gesetzliche 319 f.
– offene 319 f.
– satzungsmäßige 320
– stille 319, 321 f.
Rückstellungen 324 f.
Rügepflicht 189
– Ausnahmen 189
Rüstkosten 49

**S**

Sach- und Dienstleistungsbetriebe 39 f.
Sachen 64
– bewegliche 64
– unbewegliche 64
– unvertretbare 64
– vertretbare 64
Sachgüter 20
Sachmängelhaftung, Ausschluß 188
Sachversicherungen 510
Sales Promotion 98
Sammelladung 152
– überweisung 216
– werbung 98
Sanierung 360 ff.
Schadensersatz wegen Nichterfüllung 187
Scheck
– Arten 226
– Einlösung 229
Scheck-Wechsel-Verfahren 233, 343
Scheingeschäft 80
Scherzgeschäft 80
Schickschuld 76, 176, 199
Schiffahrt 154 f.
Schlechtwettergeld 503
Schlüsselqualifikationen 9
Schlüssigkeitsprüfung 255
Schriftform 69
Schuldnerverzeichnis, öffentliches 260
Schuldverhältnis 75

Sekundärforschung 89 f.
Selbstbucherverfahren 139
– finanzierung 318 ff., 324
– hilfeverkauf 190, 201
Serienfertigung 48 f.
Serviceleistungen 113
– provision 267
Sicherheitsstreben 33
Sicherungseinbehalt 267
– hypothek 352
– übereignung 348 f.
Skonto 249 f., 269 f., 344
Sofortkauf 172
Solidaritätsprinzip 32
Sollkaufmann 272
Sonderabschreibungen 329
– ausgaben 484, 485 f.
– ausgabenpauschbetrag 484, 486
– lombard 446
– posten mit Rücklagenanteil 323 f.
Sortenfertigung 49
Sortimentsbreite 111
– erweiterung 111 f.
– politik 111 ff.
– tiefe 11
Sozialprodukt 35
Sozialversicherung 494 ff.
– Beiträge 496
– Entwicklung 495
– Finanzierung 495 f.
– Ziele 494
– Zweige 495
Staatshaushalt 429
Stabilitätsgesetz 388, 392 ff., 432 ff.
Stammeinlage 298
– kapital 298
Steuerklassen 481
Steuern 477 ff.
– Arten 477
– Empfänger 478
– Erhebungsarten 477 f.
Steuertarif 480
Stiftung Warentest 121
Stille Gesellschaft 291
Streugebiet 99, 102
– mengen 99, 102
– plan 102
– zeit 99, 102
Stückfracht 145 ff.
– liste 163
Subventionen 35

**T**

Talonscheck 219
Tarifautonomie 282, 384 f.
Teilkaskoversicherung 512
Termingeschäft 172
– gut 150
Terms of Trade 458 ff., 468
Transportversicherung 158, 510
Typung 50 f.

**U**

Überabschreibung 329
– beschäftigung 411
– schuldung 359, 363
– schußnachfrage 402
– weisung 214 ff.
– ziehungskredit 118, 246
Umkehrwechsel 233, 343
Umlaufgeschwindigkeit 330
Umsatzsteuer 490 f.
– voranmeldung 491
Umtausch 187
Umweltabgabe 389
– haftung 389
Umweltschutz 416 ff.
– in Entwicklungsländern 454
Umweltschutzpolitik 417 ff.
– Instrumente 419 f.
Umweltzerstörung, Gründe 455 f.
Unfallverhütung 505 f.
Unfallversicherung
– Finanzierung 505
– gesetzlich 505
– Kraftfahrt 512
– Leistungen 505 ff.
– privat 509 f.
– Träger 507
– versicherte Personen 505
Ungleichgewichte, gesamtwirtschaftliche 398 ff.
unmögliche Leistung 80
Unpfändbarkeitserklärung 259
Unterbeschäftigung 410 f.
– bilanz 359
– suchungspflicht 189
Urproduktion 39
Urteil, streitiges 263
UWG 114 f.

**V**

Veranlagungsverfahren 479
Verbrauch, durchschnittlicher 162
Verbraucheraufklärung 121
– kreditgesetz 117 ff.
– schutz 117 ff.
– verbände 121
– werbung 98

Verbrauchsteuern 477
Verbundwerbung 98
Verfügungsgeschäft 77 f.
Vergleich 263, 359 f.
– außergerichtlicher 362 f.
– gerichtlich 241
– gerichtlicher 369 f.
Verjährung
– Hemmung 265 f.
– Unterbrechung 264 f.
– von Forderungen 264 ff.
Verjährungsfristen von Forderungen 264
Verkäufermarkt 87 f.
Verkaufsbüro 128
– filiale 128
– förderung 98
Verkehrsteuer 477
Vermögensrechte 64
– versicherung 510
Verpackung 109 f.
Verpackungskosten 171
Verpflichtungsgeschäft 75 ff.
Verrechnungsscheck 218 ff., 227
Verrichtungsgehilfe 195
Versandkosten 176
Versäumnisurteil 263
Verschulden 195
Versendungskauf 190
Versicherung, eidesstattliche 260
Versicherungen 493 ff.
– Arten 493
– Aufgaben 493
Verstoß gegen die guten Sitten 80
Verträge 68, 72 ff.
– einseitig verpflichtende 68, 72
– Zustandekommen 72 ff.
– zweiseitig verpflichtende 68, 72
Vertragsfreiheit 79 ff.
– Grenzen 79 ff.
– Grundsatz 79
– Schutz vor Mißbrauch 80
Vertrags- und Gewerbefreiheit 383
Vertragsrecht 59 ff.
– verletzungen 186 ff.
Vertrieb
– dezentraler 128 ff.
– zentraler 127
Vertriebsgenossenschaft 129
– gesellschaft 129
Vertriebssystem 127 ff.
– werksgebunden 129
Verwaltung 41
Verzichtsurteil 263
Verzugszinsen 252
vierteljährliche Vorauszahlungen 479
Volkseinkommen 35
Vollbeschäftigung 410
– kaskoversicherung 512
– kaufmann 273, 278
Vollstreckungsbescheid 256, 358
Von-Haus-zu-Haus-Verkehr 155
Vormundschaftsgericht 62
Vorsteuerabzug bei der Umsatzsteuer 491
Vorwegabzug 484

**W**

Wachstum
– qualitativ 414
– quantitativ 413 f.
Wagenladung 152
Währungspolitik 437
Wandelung 187
Wareneingang, Arbeiten 184
– korb 399
– lombard 347
– sendung 142 f.
– zeichen 117
– zeichengesetz 115
Wechsel 220, 230 ff.
– Arten 232 f.
– Einzug 235
– gesetzliche Bestandteile 233 f.
– Indossamente 235
– kaufmännische Bestandteile 234
– Klage 237 f.
– notleidend 235
– Prolongation 238
– Protest 235 f.
– Regreß 237
– Strenge 238
– Verwendung 235
Wechselkredit 341 ff.
Wegeunfall 505
Weltbank 466
Welthandel, Anteile 458
Weltwirtschaftssystem 455, 463
Werbemittel 100 f.
Werbeplanung 99 ff.
– stil 100
– träger 101 f.
– verhalten 97
Werbung 95 ff.
– Arten 97 ff.
– Aufgaben 95 ff.
– gemeinsame 98
– Kritik 103
Werbungskosten 484 f.
Werkbankfertigung 51
– lieferungsvertrag 83
– stättenfertigung 52 f.



3992522

– verkehr 154
– vertrag 83
Wertberichtigungen 322 f.
– papierpensionsgeschäfte 447
Wettbewerb, unlauterer 114 f.
Wettbewerbsordnung 382 ff.
– sicherung 386
Widerrufsrecht 118
Wiederauflebungsklausel 363, 370
Willenserklärung 72 ff.
Wirtschaftskreislauf 33 ff.
– einfacher 33 f.
– erweiterter 34 f.
Wirtschaftsliberalismus 377 f.
– ordnung 376 ff.
– politik, Hauptziele 392 ff.


## Z


Zahlschein 208 f.
Zahlung
– bargeldlose 213 ff.
– halbbar 208 ff.
Zahlungsanweisung 210 f.
– arten 204 ff.
– bedingungen 171 f.
– fähigkeit 241
– formen 205 ff.
– kraft 241
– mittel 204
Zahlungsverkehr 204 ff.
– EDV-Einsatz 220 f.
Zahlungsverpflichtungen 241
– verzug 250, 252 f.
Zeitdisposition 164
Zentralverwaltungswirtschaft 376, 379 f.
– Hauptmerkmale 380
– Planungsvorgang 379
Zerstörung von Lebensräumen in der Dritten Welt 453 ff.
Zession 336 ff.
– Mantel und Global 337 f.
– offene und stille 336 f.
Ziele, unternehmerische 32 f.
Zielgruppe 100 f.
– konflikte (Wirtschaftspolitik) 393 ff.
– korridor 448
Zugabeverordnung 115
Zwangsvergleich 372
– versteigerung 352
– verwaltung 260, 352
– vollstreckung 254 f., 258 ff.

Gesamtherstellung: Winklers Verlag · Gebrüder Grimm · 6100 Darmstadt



3992528